Psychologie

Psychologie

von

Prof. Dr. Detlef Fetchenhauer

Universität zu Köln

Verlag Franz Vahlen München

Leider war es nicht in allen Fällen möglich, die Inhaber der Bildrechte zu ermitteln.
Wir bitten deshalb gegebenenfalls um Mitteilung.
Der Verlag ist bereit, berechtigte Ansprüche abzugelten.

ISBN 978 3 8006 3713 3

Wilhelmstr. 9, 80801 München
Satz: Fotosatz H. Buck
Zweikirchener Str. 7, 84036 Kumhausen
Druck und Bindung: Firmengruppe APPL
aprinta druck GmbH & Co. KG
Senefelder Str. 3–11, 86650 Wemding
Umschlaggestaltung: Ralph Zimmermann – Bureau Parapluie
Bildnachweis: © rolffimages-fotolia.com

Gedruckt auf säurefreiem, alterungsbeständigem Papier
(hergestellt aus chlorfrei gebleichtem Zellstoff)

Vorwort – Eine Gebrauchsanweisung für den Leser

Diese Einladung zur Psychologie hat zwei Ziele: Sie soll den Leser informieren und gut unterhalten.

Beim Schreiben ist mir klar geworden, dass die Fertigstellung eines solchen Buches ein recht einsames Geschäft ist – Kommunikationspsychologen würden von einseitiger Kommunikation sprechen. Anders als beim Halten eines Vortrags hat man das Publikum nicht vor Augen und kann deshalb auch nicht abschätzen, ob dieses gespannt zuhört oder sich gelangweilt abwendet.

Deshalb fände ich es schön, wenn Sie mir zumindest im Nachhinein mitteilen würden, was Ihnen gefallen, aber auch, was Ihnen nicht gefallen hat. Schreiben Sie mir eine E-Mail (detlef.fetchenhauer@uni-koeln.de) oder gerne auch einen Brief (Universität zu Köln, Institut für Wirtschafts- und Sozialpsychologie, Detlef Fetchenhauer, Albertus-Magnus-Platz, 50923 Köln). Ich werde Ihnen auf jeden Fall darauf antworten – und Ihre Anregungen bei zukünftigen Auflagen dieses Buches berücksichtigen.

Mein Anspruch liegt nicht darin, einen vollständigen Überblick über das gesamte Gebiet der Psychologie zu geben. Stattdessen ist es vor allem mein Ziel, Sie für unser Fach zu begeistern und zum Weiterlesen zu verführen.

Demzufolge wende ich mich mit diesem Buch auch ganz bewusst an psychologische Laien. Es ist mir wichtiger, den Novizen zu interessieren als den Fachkollegen zu beeindrucken. Wenn diese an einigen Stellen das Gefühl haben sollten, dass ich komplexe Sachverhalte sehr vereinfacht dargestellt habe, wäre dies für mich kein Tadel, sondern ein Kompliment.

Auch wenn in diesem Buch nicht alle Bereiche der Psychologie angesprochen werden können, deckt es doch eine große Breite psychologischer Themen ab.

Den Einstieg bilden die ersten 4 Kapitel, in denen es um allgemeine Grundlagen menschlichen Verhaltens wie Kognition, Emotion, Motivation und Lernen geht.

In den Kapiteln 5 bis 7 beschäftigen wir uns mit der Frage, was Wissenschaft eigentlich vom Alltagswissen unterscheidet und warum Menschen an Dinge glauben, die vermutlich nicht existieren.

Wir sind nicht alle gleich und unser Verhalten ist maßgeblich von unserer Persönlichkeit, unserem Geschlecht und unserem kulturellen Hintergrund geprägt. Den Unterschieden zwischen Menschen gehen wir in den Kapiteln 8 bis 10 auf den Grund.

Kapitel 11 und 12 befassen sich mit der Frage, wie man eine gute Entscheidung trifft und warum es uns oftmals so schwer fällt, das Richtige zu tun, auch wenn wir durchaus wissen, was das Richtige wäre.

Die Frage, wie Menschen ihre soziale Umwelt und sich selber wahrnehmen, ist Thema der Kapitel 13 und 14. Wir werden diskutieren, warum die Welt nicht immer so ist, wie wir sie sehen und dass wir über andere, aber auch über uns selbst oftmals verblüffend wenig wissen.

In den Kapitel 15 und 16 ergründen wir die Bedeutung von Einstellungen, Stereotypen und Vorurteilen für unser Verhalten. Hier werden Sie lernen, warum Menschen allzu oft versuchen, ihre eigenen Entscheidungen schönzureden und dass wir Anderen nicht immer so unvoreingenommen begegnen, wie wir denken.

Zum Schluss geht es in den Kapiteln 17 bis 19 darum, wie unsere soziale Umwelt unser Verhalten beeinflusst. Wir werden diskutieren, warum andere Menschen für uns zugleich Himmel und Hölle sind und warum wir Anderen oftmals weniger vertrauen als diese verdient hätten. Zudem werden Sie lernen, warum Menschen weder kalte Egoisten noch Heilige sind.

Ich wünsche Ihnen viel Spaß beim Lesen und Endecken!

Detlef Fetchenhauer

Köln im Sommer 2011

Danksagungen

„So eine Arbeit wird eigentlich nie fertig, man muß sie für fertig erklären, wenn man nach Zeit und Umständen das mögliche getan hat.“ (Goethe).

Auch wenn lediglich mein Name auf dem Buchrücken steht: Ein solches Buch schreibt der Autor nicht alleine und es gibt viele Menschen, denen ich für ihre Unterstützung sehr dankbar bin.

Ich möchte mich bei den vielen Studierenden meiner Einführungsvorlesung bedanken, die mich in den letzten Jahren durch ihre Begeisterung für unser Fach darin bestärkt haben, Psychologie ohne ideologische Scheuklappen und ohne Berührungsängste mit anderen Disziplinen zu betreiben.

Ich möchte mich bei meinen akademischen Lehrern Günter Wiswede, Lorenz Fischer, Hans-Werner Bierhoff und Sigi Lindenberg bedanken, die mich in meinem Denken sehr viel stärker geprägt haben als ihnen vermutlich bewusst ist.

Ich möchte mich bei den vielen Menschen bedanken, die Teile des Manuskripts gelesen und mir wertvolles und (hoffentlich?) ehrliches Feedback gegeben haben: Thomas Bade, Fabian Christandl, Felix Fetchenhauer, Gudrun und Karl-Theodor Grashof, Alexandra Haferkamp, Mareike Hoffmann und Julia Pradel.

Ich möchte mich bei allen Mitarbeitern meines Instituts für angeregte Fachgespräche bedanken und für die Freude, die es macht, mit Euch zusammenarbeiten. Ein besonderer Dank geht an Julia Pradel und Thomas Schlösser – wie schön, dass es Euch gibt.

Ich möchte mich bei Katharina Schneider und Jonathan Grashof für ihre Ausdauer an einem sehr, sehr langen letzten Wochenende bedanken. Ihr wart super!

Ich möchte mich bei Vanessa Köneke bedanken, die in unendlicher Geschwindigkeit Quellen, Bilder und Daten recherchiert und die mit der faszinierenden Präzision ihres Denkens gnadenlos auf logische Widersprüche im Manuskript hingewiesen hat. Gott sei Dank werden nicht alle Leser dieses Buch so aufmerksam und kritisch durcharbeiten wie Du.

Mein größter Dank aber gilt Julia Sauerbrey, die dieses Buch über viele Monate hinweg zu ihrem eigenen Projekt gemacht und mit professioneller Umsicht sowie unermüdlichem Engagement vorangetrieben hat. Dein grenzenloser Einsatz hat mich sowohl beglückt als auch beschämt. Ohne Dich hätte dieses Buch sehr viel weniger Spaß gemacht!

Widmen möchte ich dieses Buch meinen Söhnen, meiner Mutter, allen Querdenkern, Neugierigen, Suchenden und Romantikern dieser Welt, vor allem aber meiner seelenverwandten Weggefährtin und guten Prognose.

Hinweis für alle Freunde: Die Geschichte mit den Aalen steht auf Seite 20.

Inhaltsverzeichnis

Kapitel 1

Was ist eigentlich Psychologie und wie beeinflusst die Steinzeit unser Verhalten?

Kapitel 1 Was ist eigentlich Psychologie und wie beeinflusst die Steinzeit unser Verhalten?

Inhalt

Einladung zur Psychologie

Willkommen bei dieser Einladung zur Psychologie. Ich freue mich sehr, dass Sie dieses Buch lesen wollen und hoffe, dass Sie dies nicht nur deshalb tun, weil Sie seinen Inhalt für eine Klausur lernen müssen.

Falls Sie gerade in einer Buchhandlung stehen und sich überlegen, ob Sie dieses Buch tatsächlich erwerben sollen, rate ich Ihnen ganz uneigennützig: Kaufen Sie es! Nie mehr werden Sie ihr Leben derart tiefgreifend für unter 40 € verändern können.

Im vorliegenden Buch geht es um Psychologie, d.h. um die Frage, wie man menschliches Denken, Fühlen, Wollen und Handeln verstehen und vorhersagen kann. Dies ist eine spannende Frage. Ich finde sogar, aber vielleicht hat dies mit meinem Beruf zu tun, dies ist die spannendste Frage, die man sich überhaupt stellen kann. Ich werde versuchen, Ihnen auf den nächsten 4 Seiten zu erläutern, welche Antworten die Psychologie auf diese Frage gefunden hat.

Einige meiner Mitarbeiter haben mich beim Probelesen dieses Buches davor gewarnt, dass ich den Leser – das heißt Sie – durch zu große Komplexität überfordern könnte. Aber wenn Sie bis hierher gekommen sind, schaffen Sie es auch bis ans Ende. Lassen Sie es mich so formulieren: Vor Ihnen liegt durchaus mehr als eine halbe Stunde „Nordic Walking" im flachen Gelände. Manchmal werden wir auf unserem Weg einen Abstecher ins Hochgebirge machen, mag sein, dass Sie an der ein oder anderen Stelle ins Schwitzen kommen werden, mag sein, dass sie in den ein oder anderen Abgrund nur mit Schwindel werden blicken können, aber dafür werden Sie auch mit dem Hochgefühl belohnt, irgendwann auf dem Gipfel zu stehen. Am Ende dieses Buches werden Sie sich selbst und ihre Umwelt besser verstehen. Versprochen.

„Ich habe keine besondere Begabung, sondern ich bin nur leidenschaftlich neugierig." Albert Einstein (1879–1955), dt. Physiker

Was Sie für dieses Buch allerdings mitbringen sollten, ist eine gewisse Offenheit, sich von den Theorien, Gedanken und Erkenntnissen der Psychologie beeindrucken und manchmal auch verunsichern zu lassen. Wie Goethe einmal gesagt hat: „Es gibt nichts, das ich mir von mir nicht vorstellen könnte." Wenn Sie diesem Satz zustimmen können, dann ist dieses Buch genau das Richtige für Sie.

Abbildung 1.1: Gleichzeitig erwecken und verzaubern – wie eine Bergwanderung im Nebel, bei der man irgendwann den Gipfel erklimmt und den Nebel am Fuße des Berges plötzlich mit ganz anderen Augen sieht – das ist Ziel dieses Buches. (Quelle: Wanderer über dem Nebelmeer; Caspar David Friedrich)

Was ist Psychologie?

Psychologie lässt sich ganz allgemein beschreiben als die Lehre vom Erleben und Verhalten des Menschen. Mit dieser Frage beschäftigen sich allerdings nicht nur Psychologen, sondern auch Soziologen, Ökonomen, Anthropologen, Biologen, Philosophen und einige andere wissenschaftliche Disziplinen. Uns wird es in diesem Buch nicht um die Unterscheidungen zwischen verschiedenen Wissenschaften gehen, sondern nur darum, welche spannenden und guten Antworten es auf spannende und gute Fragen gibt. Ob eine solche Antwort von einem Psychologen oder jemand Anderem gegeben wird, ist dabei vollkommen egal: „Interdisziplinarität ist gut, völlige Disziplinlosigkeit ist besser."

Interdisziplinarität

Es wird mir auch nicht darum gehen, mich in diesem Buch auf eine einzelne Theorie oder Forschungsperspektive festzulegen, da meines Erachtens keine einzige Theorie oder Forschungsperspektive in der Lage ist, der Fülle des Lebens und der menschlichen Psyche gerecht zu werden. Gleichwohl werde ich mich an der grundlegenden Idee orientieren, dass die menschliche Psyche nur erklärbar ist vor dem Hintergrund ihrer evolutionären Vergangenheit. Der moderne Mensch ist nicht einfach „vom Himmel gefallen", sondern er ist entstanden in einer langen Geschichte, die ihn auch heute noch prägt. Unser Verhalten ist abhängig von unserer ganz individuellen Lern- und Lebensgeschichte, von der Umwelt, der Epoche und der Kultur, in der wir leben. Aber es ist eben auch abhängig von unseren genetischen Prädispositionen, die über Millionen von Jahren evolviert sind und die sich in den letzten 20 000 bis 100 000 Jahren kaum geändert haben.

Dieser Standpunkt, von dem ich auch Sie überzeugen möchte, fußt auf der Erkenntnis, dass die menschliche Existenz nur zu verstehen ist aus dem ganz eigentümlichen Spannungsverhältnis, welches die Conditio Humana kennzeichnet. Wir müssen versuchen, in einer hochkomplexen Umwelt mit Internet, Interkontinentalflügen und Speed-Dating zurechtzukommen, obwohl unser Körper und unser Geist an eine Existenz als Jäger und Sammler angepasst sind.

Bevor wir uns mit Psychologie im engeren Sinne beschäftigen, möchte ich Sie deshalb bitten, mich auf einen kurzen Exkurs in die Geschichte der Menschheit zu begleiten.

Eine kurze Geschichte der Erde und der Menschheit

Als die Erde vor ca. vier Milliarden Jahren entstand, war sie zunächst ein glühend heißer Ball, deren Oberfläche flüssig war und dessen Atmosphäre noch keinerlei Sauerstoff enthielt. Aber bereits vor 3,8 Milliarden Jahren gab es erste Einzeller,

„Die einzige Konstante im Universum ist die Veränderung." Heraklit von Ephesus (etwa 540–480 v. Chr.), gr. Philosoph

die über viele Entwicklungsstufen hinweg vor ca. 220 Millionen Jahren zu den ersten Säugetieren führten. Aus ihnen sind vor ca. 30 Millionen Jahren die ersten Primaten entstanden, aus denen sich wiederum vor ca. 7 Millionen Jahren im Nordosten Afrikas die ersten Hominiden entwickelten. Über verschiedene Entwicklungsstufen hinweg evolvierte schließlich vor ca. 150 000 bis 200 000 Jahren homo sapiens (d. h. der moderne Mensch) (Storch et. al, 2007).

Einige unserer Vorfahren machten sich etwa 100 000 Jahre später erstmals von Afrika auf den Weg „in die weite Welt" und wanderten zunächst nach Vorderasien und Australien. Zentraluropa erreichten die ersten Menschen vor ca. 30 000 und das hintere Asien vor ca. 20 000 Jahren. Von dort aus wanderten sie über eine damals am Ort der heutigen Beringstraße existierende Landbrücke zwischen Asien und Alaska nach Amerika (Wells, 2003). Vor circa 10 000 Jahren hatte der homo sapiens schließlich selbst den südamerikanischen Kontinent besiedelt (Wells, 2003)

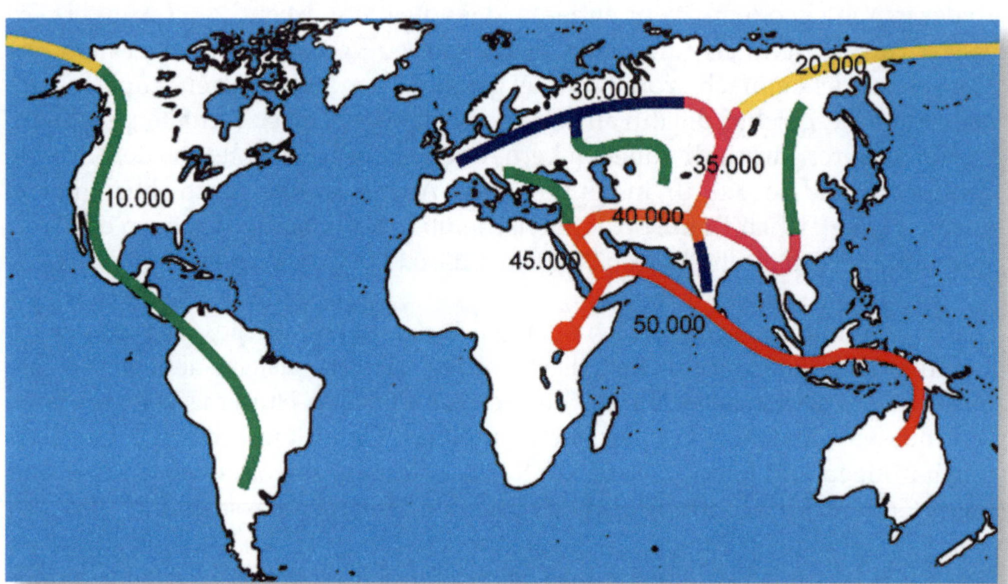

Abbildung 1.2: Out of Africa. Von Afrika aus breitete sich der moderne Mensch (homo sapiens) über Europa und Asien bis nach Amerika aus. Die Farben und Zahlen geben den Zeitraum der Ausbreitung an (Wells, 2003); die Zahlen bedeuten vor unserer Zeit. (Quelle: Jürgen Paeger; www.oekosystem-erde.de)

Für den größten Teil der Menschheitsgeschichte lebten alle unsere Vorfahren als Jäger und Sammler in kleinen Gruppen von ca. 50 bis 150 Mitgliedern, die sich als nichtsesshafte Nomaden in ständiger Wanderschaft befanden (Diamond, 1999).

Erst vor ca. 10 000 Jahren wurden im heutigen Irak die ersten Menschen sesshaft, indem sie begannen, Ackerbau und Viehzucht zu betreiben. Während Jäger und Sammler darauf angewiesen sind, das zu essen, was sie in der Natur vorfinden, produzieren Ackerbauer und Viehzüchter ihre Nahrung selbst. Der Nutzen dieser Lebensweise besteht allerdings keineswegs darin, dass die Ernährung zuverlässiger zu gewährleisten war oder das Leben dadurch gesünder und länger wurde. Im Gegenteil: Wie paläontologische Studien zeigen wurde das Leben anstrengender und kürzer (Junker, & Paul. 2009, S. 27).

Warum dann aber der Wechsel? Der wesentliche Vorteil von Ackerbau und Viehzucht besteht darin, dass es möglich ist, sehr viel mehr Menschen in einem gegebenen Gebiet zu ernähren. Da Menschen seit jeher Krieg miteinander geführt haben, war eine große Anzahl an Kriegern in einem Stamm ein entscheidender Vorteil und der Grund dafür, dass immer mehr Menschen sesshaft wurden. Archäologische Studien zeigen, dass schon bald nach der Entwicklung der Landwirtschaft die ersten Wachtürme installiert wurden, um die eigenen Ressourcen (wie Tiere oder Ernten) vor den Angriffen verfeindeter Stämme zu schützen (Keeley, 1996).

Von Jared Diamond (1999) ist darauf hingewiesen worden, dass die relative Vorteilhaftigkeit einer sesshaften gegenüber einer nomadischen Existenz in hohem Maße davon abhängig ist, welche Tiere und Pflanzen in der natürlichen Umwelt vorhanden sind. In Eurasien gab es, im Gegensatz zu allen anderen Kontinenten, eine Vielzahl domestizierbarer Pflanzen- und Tierarten, die vom Menschen für ihre Zwecke verwendet werden konnten: Verschiedene Getreidearten wie Gerste und Einkorn – ein Vorfahr des Weizen –, sowie Tierarten wie Kühe, Schafe und Schweine. Besonders Kühe und Schafe hatten hierbei eine wichtige Bedeutung, weil ihr Fleisch gegessen, ihre Milch getrunken und ihre Arbeitskraft in der Landwirtschaft genutzt werden konnten.

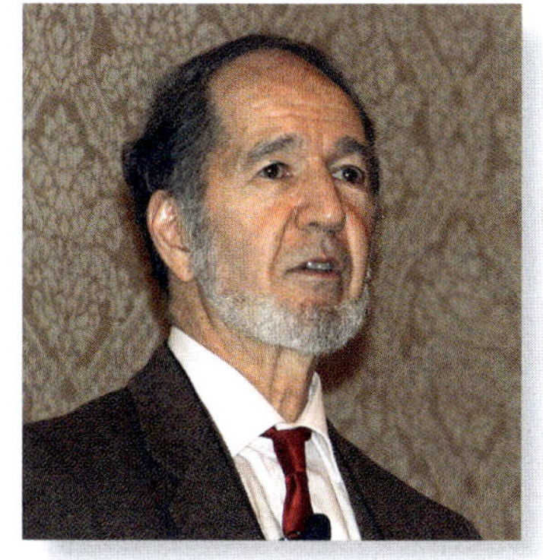

Jared Diamond (*1937)

US-amerikanischer Evolutionsbiologe und Geograph – Durch zahlreiche populärwissenschaftliche Bücher ist Diamond wohl einer der prominentesten Verfechter der Evolutionstheorie Charles Darwins (s.u). Sein Buch „Guns, Germs and Steels“ beschäftigt sich mit der Erklärung kultureller Unterschiede durch geografische und klimatische Bedingungen.

Als die Flotten der europäischen Großmächte am Ende des 15ten Jahrhunderts begannen, die Welt zu erobern, stießen sie in anderen Erdteilen auf Menschen, denen sie kulturell und militärisch haushoch überlegen waren. Dies hatte jedoch nichts mit genetischen Unterschieden zwischen Eroberern und Eroberten zu tun, sondern einzig mit ihrer unterschiedlichen Geschichte, die wiederum ihren Ursprung hatte in der unterschiedlichen Anzahl an Tieren und Pflanzen, die tausende Jahre zuvor für eine Domestizierung zur Verfügung gestanden hatte.

Es ist aber wichtig darauf hinzuweisen, dass der durchschnittliche Wohlstand der Menschen durch die „Entdeckung“ der Landwirtschaft keineswegs zugenommen hat. Die Lebenserwartung war nach wie vor sehr niedrig. Wer krank wurde, wurde von selber wieder gesund – oder starb. Bis zur industriellen Revolution lebte der weitaus überwiegende Teil der Menschheit in bitterer Armut. Erst seit der industriellen Revolution ist weltweit eine enorme Zunahme des menschlichen Wohlstands zu beobachten (siehe Graphik). Seit dem Jahr 1750 hat sich der Wohlstand eines durchschnittlichen Bewohners unseres Planeten vervielfacht.

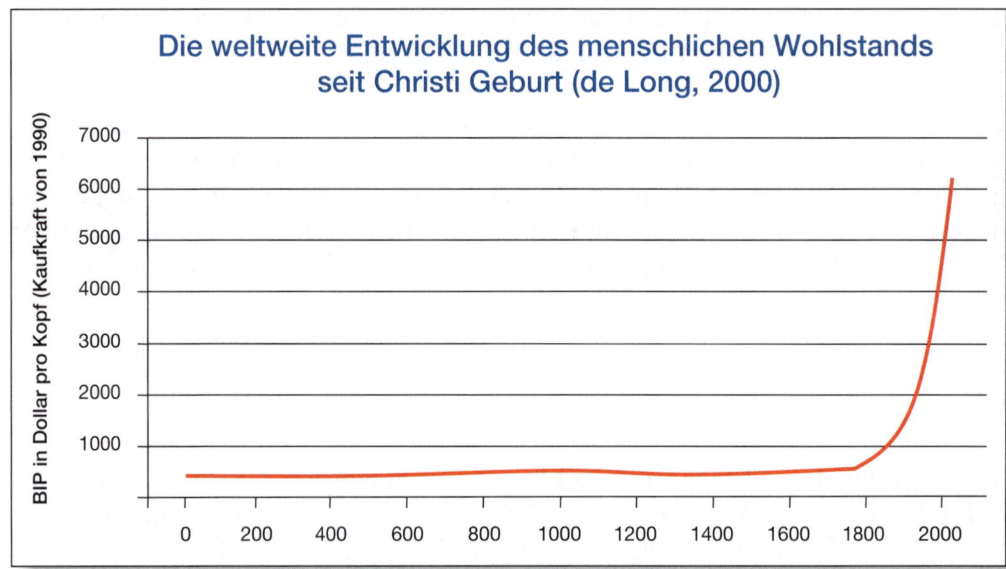

Abbildung 1.3: Wirtschaft- und Wohlstandswachstum gibt es aus evolutionärer Sicht erst seit sehr kurzer Zeit. (Quelle: de Long, 2000; eigene Übersetzung)

Mit nur geringer Übertreibung ließe sich behaupten: Der Durchschnittsdeutsche heute lebt besser als ein König vor 500 Jahren! Ein König hatte keine Zentralheizung, schlechteres Essen und schlechteren Wein. Es war mühsamer sich fortzubewegen (man vergleiche eine rumpelnde königliche Kutsche mit dem Komfort eines Volkswagen-Golf). Es gab kein Fernsehen und kein Telefon (es gab also kaum aktuelle Informationen über das eigene Reich, geschweige denn andere Königreiche).

Fassen wir zusammen: Aus den ersten Einzellern haben sich im Laufe der Evolution über mehrere Milliarden Jahre verschiedenste und hochkomplexe Spezies entwickelt. Homo sapiens existiert seit ca. 150 000 Jahren, aber erst durch den Übergang zu Ackerbau und Viehzucht bzw. durch die industrielle Revolution ist die Menschheit zu ihrem gegenwärtigen Wohlstand gelangt.

Wie aber kann die biologische Entwicklung des Menschen und aller anderen Arten erklärt werden? Auf diese Frage gibt die Evolutionstheorie von Charles Darwin eine Antwort.

Die Theorie der natürlichen Selektion von Charles Darwin

In seinem Buch „The Origin of Species" (erstmals publiziert 1859) entwickelte Charles Darwin seine revolutionäre Theorie, wie die Vielfalt und komplexe Adaptivität der verschiedenen Pflanzen- und Tierarten auf der Erde zu erklären sei.

Die Reichweite der Theorie Darwins sowie die Anzahl an wissenschaftlichen Disziplinen und Theorien, die durch Darwin beeinflusst wurden, ist extrem beeindruckend. Im Gegensatz zur modernen Physik ist ihre Grundstruktur hingegen verblüffend simpel (in Anlehnung an einen Werbespruch könnte man sagen: „genial einfach, einfach genial"). Die Relativitätstheorie Einsteins oder die moderne Stringtheorie sind nur nach einem mehrjährigen Physikstudium zu verstehen (wenn überhaupt), die grundlegenden Annahmen der Evolutionstheorie von Darwin lassen sich jedoch erstaunlich knapp zusammenfassen.

Charles Darwin (1809–1882)

Britischer Naturforscher – Darwin gilt als Begründer der Evolutionstheorie. Seine wichtigsten Werke sind „Origins of Species" und „The descent of man". Die Übertragung der Evolutionstheorie ins Politische – im Rahmen des Sozialdarwinismus – geht allerdings nicht auf Darwin selbst zurück.

Erstens: Die Individuen einer Art unterscheiden sich. Das gilt für Menschen, aber auch für alle anderen Tiere und Pflanzen. Küchenchefs und erfahrene Hausfrauen wissen dies und wählen deshalb in der Gemüseabteilung nicht gleich den erstbesten Blumenkohl.

Zweitens: Kinder gleichen in gewissem Maße ihren Eltern, weil sich Eigenschaften von Eltern auf ihre Kinder vererben. Auch dies gilt nicht nur für Menschen, sondern auch für alle anderen Tier- und Pflanzenarten.

Drittens: Das Leben ist schwer. Alle Spezies produzieren sehr viel mehr Nachkommen als für den Bestand der Population notwendig sind. Das bedeutet: Nur ein kleiner Teil aller geborenen Organismen erreicht ein Alter, in dem sie in der Lage sind, eigene Nachfahren zu zeugen. Die Mitglieder einer Spezies stehen somit im Wettbewerb um knappe Ressourcen (z. B. Wasser, Nahrung, Schutz vor Fressfeinden) und nur ein Teil aller Organismen überlebt diesen Wettbewerb.

Darwin (1859/1979) erläutert diese Tatsache am Beispiel von Elefanten. Wenn wir davon ausgehen, dass jedes Elefantenweibchen im Laufe eines 90jährigen Lebens sechs Nachfahren produziert und jedes dieser Nachfahren seinerseits sechs Nachfahren zeugt, so ergäbe sich aus dieser Kalkulation, dass ein Elefantenpaar innerhalb von nur 500 Jahren insgesamt 15 Millionen Nachfahren hätte – wenn nicht die Mehrzahl aller Elefanten stürbe, bevor sie alt genug sind, sich fortzupflanzen.

Wovon hängt es nun ab, ob ein bestimmter Organismus diesen Wettbewerb überlebt? Hierbei sind grundsätzlich zwei Möglichkeiten zu unterscheiden:

Zum einen kann die Wahrscheinlichkeit, zu überleben, vollkommen vom Zufall abhängig und für alle Organismen gleich groß sein. Dies ist in der Realität vielfach der Fall, z. B. bei den Mitgliedern eines Fischschwarms, die von einem Raubfisch gefressen werden.

Survival of the fittest

Zum anderen aber kann zwischen den verschiedenen Organismen einer Spezies ein systematischer Unterschied in der individuellen Überlebenswahrscheinlichkeit bestehen. Darwin postulierte, dass derjenige Organismus überlebt, der am besten an die herrschenden Umweltbedingungen angepasst ist. Er betitelte dieses Prinzip mit dem Ausdruck „Survival of the fittest". Fälschlicherweise fand die Wendung mit der Übersetzung „das Überleben des Stärksten" Einzug in die deutsche Sprache, was die Sichtweise Darwins nicht zutreffend wiedergibt. Darwin ging keinesfalls davon aus, dass der Kräftigste gewinnt; er war vielmehr der Überzeugung, dass der Organismus überlebt, dessen Schlüssel (= genetische Ausstattung) am besten ins Schloss (= Umwelt) passt.

Durch welche Faktoren wird die relative Überlebenswahrscheinlichkeit eines Organismus determiniert?

Kontinuierliche Merkmale

Zum einen spielen hierbei Variationen in kontinuierlichen Merkmalen eine wichtige Rolle (wie z. B. der Größe oder der Intelligenz eines Organismus). Warum ist z. B. das Fell von Eisbären weiß? Stellen wir uns eine Bärenart vor, die in der Arktis lebt und sich von anderen Tieren ernährt. Das Fell dieser Bären sei braun, was ihren Jagderfolg offensichtlich beeinträchtigt, weil diese braunen Bären aufgrund der Farbe ihres Fells schon von weitem zu erkennen sind. Gehen wir nun davon aus, dass sich die Bären ein wenig in der Bräune ihres Fells unterscheiden. Einige Bären haben ein dunkleres Fell als andere. Wenn nun die Bären mit einem etwas helleren Fell eine etwas höhere Überlebenswahrscheinlichkeit durch den etwas höheren Jagderfolg haben als Bären mit einem etwas dunkleren Fell, so werden die Bären mit einem helleren Fell mehr Nachfahren produzieren, d. h. in der nachfolgenden Generation werden die Bären im Schnitt ein helleres Fell haben als in der Generation zuvor. Im Laufe der Zeit wird sich somit die Fellfarbe der Bären soweit ändern, bis diese in ihrer Farbe optimal an ihre Umwelt angepasst sind. Voilà: der moderne Eisbär (Haring, 2003).

Mutationen

Zum anderen unterscheiden sich Organismen auch durch das Vorliegen von Mutationen, d. h. Fehlern bei der Rekombination der elterlichen DNA (d. h. ihres Erbmaterials) im Zuge der Reproduktion. Mutationen sind in den allermeisten Fällen nachteilig. Lediglich ein ganz kleiner Teil an Mutationen führt zu einer positiven Veränderung der Erbstruktur, die zu einer Erhöhung der Überlebenswahrscheinlichkeit führt.

Abbildung 1.4: Tarnung als Überlebensstrategie: Natürliche Selektion und genetische Variation haben dazu geführt, dass Eisbären ein weißes Fell haben. (© outdoorsman – Fotolia.com)

Laktoseverträglichkeit

Ein oft zitiertes Beispiel für diesen Effekt ist die Entwicklung der Laktoseverträglichkeit des Menschen. Als vor ca. 10 000 Jahren die Menschen begannen, Rinder, Schafe und Ziegen zu domestizieren, stand ihnen auch die Milch dieser Tiere als Nahrung zur Verfügung. Allerdings waren zunächst die meisten Menschen im Erwachsenenalter gegen Tiermilch allergisch. Unter diesen veränderten kulturellen Bedingungen war es offensichtlich in hohem Maße adaptiv, auch als Erwachsener nicht allergisch gegen Milch zu sein, was erklärt, dass heute Laktoseunverträglichkeit beim Menschen selten ist – allerdings nur bei Menschen, deren Vorfahren in Umwelten lebten, in denen das Trinken von Tiermilch Teil der lokalen Kultur war. So ist in Asien auch heute noch eine Mehrheit aller Erwachsenen nicht in der Lage, sich von Tiermilch zu ernähren.

Hierbei müssen die relativen Reproduktionsvorteile sowohl von kontinuierlichen Merkmalen als auch von Mutationen nicht sehr groß sein, um im Laufe der Zeit eine große Wirkung zu haben. Stellen wir uns eine Population einer bestimmten Art vor, die aus zwei verschiedenen Subtypen bestehe: Subtyp A habe eine bestimmte Eigenschaft (z. B. Laktoseverträglichkeit), Subtyp B aber nicht. Wir nehmen der Anschaulichkeit halber eine Gesamtpopulation von 100 Individuen dieser Spezies an. Beide Subtypen machen 50 % der Gesamtpopulation aus, es gibt demnach 50 mit und 50 ohne Laktoseverträglichkeit. Nun kommt die entscheidende Annahme: Wir nehmen an, dass die Wahrscheinlichkeit, ihre Gene an zukünftige Generationen weiterzuleiten, für den Subtyp A (Laktoseverträglichkeit) geringfügig höher als für den Subtyp B. Für ein Individuum des Subtyp A betrage die Gesamtzahl an Nachfahren im Durchschnitt also 1,01 (für Subtyp B hingegen nur 0,99). Nach nur hundert Generationen wäre in diesem Fall ein Individuum des Subtyps A sieben Mal so häufig wie der Subtyp B. Die Auswirkung dieser Entwicklung verdeutlicht die folgende Abbildung:

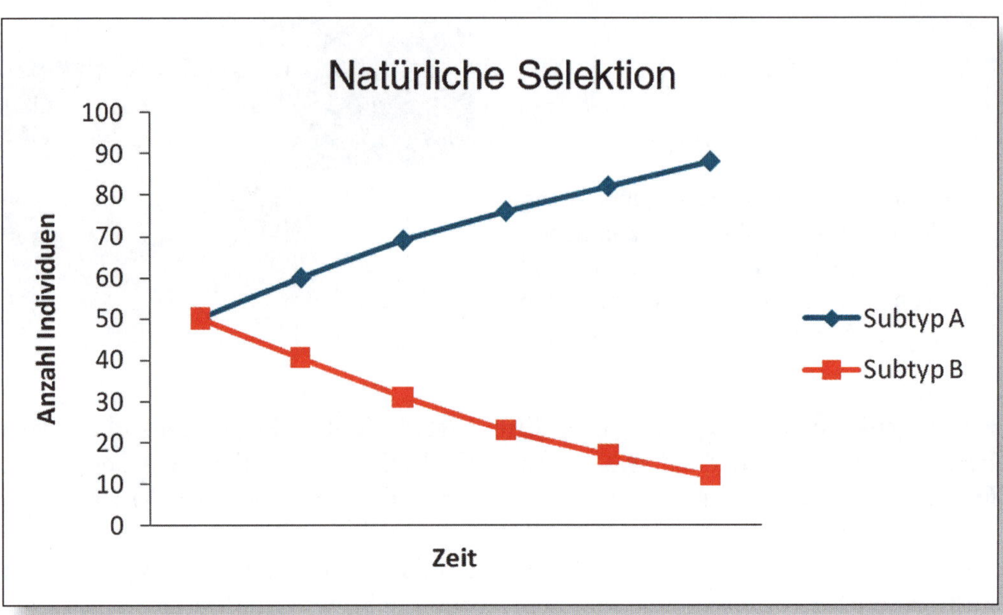

Abbildung 1.5: Natürliche Selektion führt zur Fortpflanzung von Subtypen mit adaptiven Eigenschaften und zum Aussterben von Subtypen mit maladaptiven Eigenschaften. (Quelle: eigene Darstellung)

Richard Dawkins (*1941)

Britischer Evolutionsbiologe – Dawkins wurde bekannt durch seine Arbeit zur evolutionären Genetik – besonders durch die Einführung des Begriffes des Memes bzw. der Memetik (s. Kapitel 7), sowie durch seine Religionskritik (s. Kapitel 7).

Aus evolutionärer Perspektive sind hundert Generationen vergleichsweise wenig. Wenn man davon ausgeht, dass Hominiden seit ca. vier Millionen Jahren existieren und dass sich Menschen durchschnittlich im Alter von 30 Jahren fortpflanzen, liegen zwischen dem Beginn der Menschheit und der Gegenwart ca. 130 000 Generationen.

Zusammengefasst besagt die Theorie Darwins, dass kleine Unterschiede zwischen den Individuen einer Art sowie der harte Konkurrenzkampf zwischen ihren Mitgliedern dafür sorgen, dass diese im Laufe der Evolution immer besser an ihre Umwelt angepasst sind. Wichtig ist hierbei, den Begriff der Anpassung nicht falsch zu verstehen. Kein Lebewesen passt sich genetisch seiner Natur an, sondern die bereits am besten angepassten haben die höchste Überlebenswahrscheinlichkeit. Evolution ist nichts anderes als die nicht intendierte (d. h. nicht beabsichtigte) Konsequenz eines immerwährenden Selektionsprozesses.

Die enorme Leistung dieser Theorie ist nur zu verstehen, wenn wir uns verdeutlichen, dass vor Darwin die einzige plausible Alternativerklärung in der Annahme eines allmächtigen Schöpfergottes bestand. Wie sonst hätte die Komplexität und Angepasstheit von Tieren und Pflanzen erklärt werden können? Der britische Theologe William Payley gebrauchte hierfür im Jahr 1809 das Bildnis einer Uhr, die wir am Strand finden. Selbst wenn wir nicht wüssten, was eine

Uhr sei, würden wir nicht vermuten, dass dieses komplexe Gebilde aus Metall und Glas zufällig entstanden sei. Stattdessen würden wir uns fragen, wer diese Uhr gemacht habe. Genauso sei auch die komplexe Adaptivität von Pflanzen und Tieren nicht zufällig entstanden, sondern durch einen Schöpfergott so intendiert worden. Die Theorie Darwins hingegen kommt ohne die Annahme eines solchen allmächtigen Schöpfers aus. Richard Dawkins spricht deshalb von der Evolution auch als einem „blinden Uhrmacher" (Dawkins, 1996).

Die Darwinsche Evolutionstheorie kann hierbei nicht nur die Angepasstheit von Arten an ihre Umwelt erklären, sondern auch, wie es zur Entstehung verschiedener Arten kommt: Wenn die Mitglieder einer Art sich im Laufe der Evolution immer mehr an ihre eigene ökologische Nische anpassen, dann unterscheiden sie sich irgendwann deutlich von den Mitgliedern der gleichen Art, die eine andere ökologische Nische bewohnen, bis es sich irgendwann um zwei verschiedene Arten handelt (technisch lassen sich zwei Organismen dann zwei verschiedenen Arten zuordnen, wenn diese sich untereinander nicht fortpflanzen können).

Ökologische Nische

Grundlagen der modernen Evolutionspsychologie

Bisher haben wir die Evolutionstheorie in einer sehr allgemeinen Form besprochen, d.h. wir haben uns noch nicht mit der Frage beschäftigt, inwiefern auch das Denken, Fühlen und Handeln des Menschen durch die Gesetze der Evolution erklärt werden kann. Hierzu gibt es sehr kontroverse Ansichten.

Viele Sozialwissenschaftler bestreiten, dass unser Verhalten sonderlich viel mit unserer evolutionären Geschichte zu tun habe. Sie argumentieren, der Mensch sei – im Gegensatz zu allen anderen Tieren – gleichsam aus der Natur herausgetreten, indem sein Verhalten nicht durch Instinkte gesteuert sei. Stattdessen werde der Mensch als eine tabula rasa (d.h. ein unbeschriebenes Blatt) geboren und zeichne sich dadurch aus, äußerst flexibel auf seine jeweilige Umwelt zu reagieren (c.f. Locke, 1690). Menschliches Verhalten sei deshalb vollständig durch die jeweiligen Lebensbedingungen determiniert. Hieraus lasse sich auch die enorme Bandbreite menschlichen Verhaltens in unterschiedlichen Kontexten bzw. Kulturen erklären.

Evolutionspsychologen sind hingegen anderer Meinung (c.f. Pinker, 2002). Sie argumentieren, dass der Mensch – wie auch jede andere Spezies – nur zu erklären sei als Produkt seiner evolutionären Vergangenheit. Aus dieser Perspektive betrachtet wandeln Menschen mit einer Psyche über unseren Globus, die sich seit der Entstehung des homo sapiens nicht nennenswert verändert habe. Dieses evolutionäre Erbe zeige sich sowohl in unserem Denken, als auch in unseren Motiven

Motive und Emotionen

und Emotionen sowie in unserem Verhalten (Buss, 2004). Der Amerikaner David Buss (2004) etwa erklärt sowohl Emotionen wie Neid, als auch kognitive Vorgänge wie die Einschätzung von sozialem Status, als auch Verhalten wie Mord oder gar Stalking aus evolutionspsychologischer Perspektive.

David Buss (*1953)

US-amerikanischer Evolutionspsychologe – Buss ist einer der bekanntesten Evolutionspsychologen, was unter anderem auf eine Vielzahl veröffentlichter Bücher zurückgeht. Dazu gehören „The Evolution Of Desire:", „Dangerous Passion" und „The Murderer Next Door:".

Um ein bestimmtes Verhalten zu verstehen, müsse man deshalb folgendes untersuchen: Zur Lösung welchen adaptiven Problems könnte dieses Verhalten evolviert sein? Bevor diskutiert werden soll, welcher dieser beiden Positionen zuzustimmen ist, wollen wir zunächst einige Grundannahmen der evolutionären Psychologie verdeutlichen.

Proximate versus ultimate Erklärungen

Auf der Suche nach evolutionstheoretischen Erklärungen muss man bei der Analyse physischer und psychischer Anpassungen grundsätzlich unterscheiden zwischen einer proximaten und einer ultimaten Analyseebene.

Auf der proximaten Ebene wird untersucht, welche physischen und psychischen Prozesse zu einem bestimmten Verhalten führen. Auf der ultimaten Ebene liegt der Fokus hingegen auf der Frage, welchen langfristigen, adaptiven Nutzen dieser proximate Mechanismus hat.

Nehmen wir als Beispiel die Präferenz von Männern für junge und gesunde Frauen. Auf einer proximaten Ebene ließe sich zunächst feststellen, dass Männer solche Frauen bevorzugen, weil sie diese als „schöner" und „attraktiver" empfinden. Eine solche Antwort wäre aus evolutionärer Perspektive allerdings sehr unbefriedigend. Um eine ultimate Erklärung für dieses Phänomen zu erhalten, müsste untersucht werden, welche adaptiven Fitnessvorteile Männer mit diesen Partnerwahlpräferenzen haben.

Eine solche Analyse würde zu folgendem Ergebnis führen: Männer können nur dann ihre Gene an folgende Generationen weitergeben, wenn sie sich mit fruchtbaren Frauen verpaaren, die in der Lage sind, gesunde Kinder zu gebären. Diese Eigenschaften sind bei jüngeren Frauen sehr viel stärker ausgeprägt als bei älteren Frauen. So steigt z. B. die Wahrscheinlichkeit schwerer Missbildungen eines Säuglings mit dem Alter der Mutter. Beispiel: 0,1 Prozent aller Kinder einer 20jährigen Mutter leiden unter einem Down-Syndrom, aber 4 Prozent aller Kinder einer 45jährigen Mutter. Zudem ist die Fruchtbarkeit einer Frau durch die Menopause begrenzt. Wer sich als junger Mann in eine 50jährige verliebt, wird mit dieser Frau keine Kinder bekommen, die seine Gene in zukünftige Generationen transportiert.

Dies bedeutet: Männer, die eine Präferenz für junge Frauen hatten, haben in unserer Vergangenheit mehr Nachfahren gezeugt als Männer mit einer Präferenz für ältere Frauen. Und diese Nachfahren haben die Präferenzen ihrer Väter geerbt.

Die Vergangenheit erklärt die Gegenwart

Da Evolutionsprozesse auf der relativen Vorteilhaftigkeit bereits vorliegender Merkmale beruhen, vollziehen sie sich immer nur mit einer gewissen Trägheit und Verzögerung. Hieraus lässt sich ableiten, dass moderne Menschen nicht an ihre gegenwärtige hochkomplexe Umwelt adaptiert sind, sondern an ein Leben als Jäger und Sammler, weil diese Existenzform die conditio humana über Hunderttausende von Jahren determiniert hat, bis vor ca. 10 000 Jahren die ersten Menschen sesshaft wurden.

Dies bedeutet, dass viele Verhaltensweisen des Menschen, die in der so genannten „Environment of evolutionary adaptedness“ (Bowlby, 1969) adaptiv waren, unter heutigen Lebensbedingungen maladaptiv sind.

Environment of evolutionary adaptedness

Hierzu gehört z. B. die menschliche Präferenz für süße und fette Speisen. Jäger- und Sammlergesellschaften leben in aller Regel unter der Bedingung ständiger Nahrungsknappheit. Eine Präferenz für Süßes und Fettes war daher in hohem Maße adaptiv, weil solche Speisen einen hohen Kaloriengehalt haben und deshalb ihre Aufnahme zum Überleben eines Individuums beitragen. Unter heutigen Lebensbedingungen führt die menschliche Bevorzugung hochkalorischer Speisen jedoch zu Übergewicht, orthopädischen Überbelastungen und Herz-Kreislauferkrankungen. So ist in den USA mittlerweile mehr als die Hälfte aller Menschen im medizinischen Sinne übergewichtig.

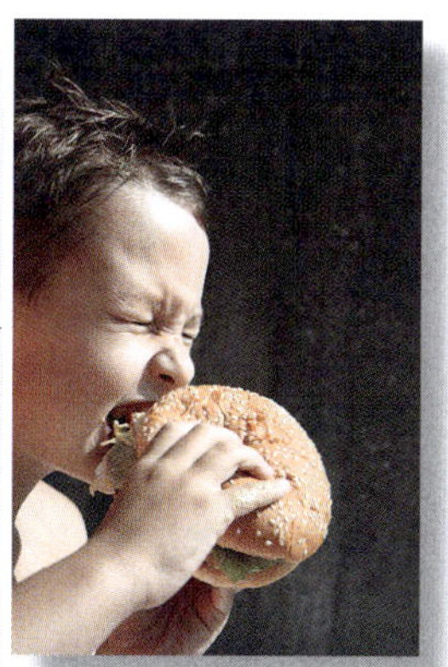

Abbildung 1.6: Süß und fettig: Kalorienhaltiges Essen sorgt heutzutage für schwerwiegende gesundheitliche Probleme, doch lieben wir Menschen es, da fettige und süße Speisen früher durchaus sinnvoll waren. (Quelle: Fotolia)

Exkurs: Warum gibt es heute so wenige Kinder?

Ein anderes Beispiel für eine nur mangelnde Anpassung an unsere modernen Lebensumstände sind die stets weiter sinkenden Fertilitätsraten (d.h. Geburtenraten) in westlichen Gesellschaften. Für alle nichtmenschlichen Spezies und für Menschen in Jäger- und Sammlergesellschaften gilt, dass die Reproduktionsrate umso höher ist, je günstiger die Lebensbedingungen sind. Dies erscheint plausibel: Je weniger Ressourcen in das eigene Überleben investiert werden müssen, desto mehr Ressourcen stehen für Reproduktionszwecke zur Verfügung. In modernen Industriegesellschaften gibt es hingegen einen negativen Zusammenhang zwischen sozialem Status (d.h. Ressourcenausstattung) und Fertilitätsraten. Dies gilt sowohl innerhalb von Gesellschaften (Akademikerinnen bekommen weniger Kinder als Nicht-Akademikerinnen) als auch beim Vergleich zwischen Gesellschaften: In den reichsten Ländern dieser Welt sind die Reproduktionsraten niedriger als in den Entwicklungsländern.

Zu erklären ist dieses Paradox wahrscheinlich damit, dass beim Menschen durch die zur Verfügung stehenden Kontrazeptionsmittel (d.h. Empfängnisverhütungsmittel) der deterministische Zusammenhang zwischen sexueller Betätigung und Fortpflanzung unterbrochen ist. In vorindustriellen Gesellschaften sowie bei nicht-menschlichen Spezies funktioniert Reproduktion vor allem durch das Vorliegen eines hinreichend starken Sexualtriebs. Ein genuiner und bereits zum Zeitpunkt der Zeugung antizipierter Wunsch, eigene Kinder großzuziehen ist dort – im Gegensatz zu modernen Industrienationen – nicht notwendig, um eine hohe Reproduktionsrate sicher zu stellen.

Diese Erklärung verweist auf einen wichtigen Unterschied zwischen zwei verschiedenen evolutionären Denkschulen, nämlich der *evolutionären Psychologie* auf der einen und der *Verhaltensökologie* auf der anderen Seite (Laland & Brown, 2002; Voland, 2000).

Evolutionspsychologische Perspektive

Evolutionäre Psychologen betonen Unterschiede zwischen der „Environment of evolutionary Adaptedness" und der Umwelt, in der heutige moderne Menschen leben. Ihr Forschungsgegenstand besteht vor allem in der Untersuchung bestimmter kognitiver Module und Steuermechanismen. Sie untersuchen dabei, wie diese aus ihrer evolutionären Vergangenheit zu erklären sind, ohne die Annahme zu treffen, dass diese Module auch heute noch dazu geeignet sind, die Fitness eines Individuums zu maximieren (siehe unsere Präferenz für süße und fette Speisen). Am aktuellen Reproduktionserfolg eines Individuums sind evolutionäre Psychologen kaum interessiert.

Verhaltensökologen gehen hingegen davon aus, dass alles Verhalten unter den gegebenen Umweltbedingungen und unter Berücksichtigung aller Alternativen dazu geeignet ist, den Reproduktionserfolg eines Individuums zu maximieren. So wird z. B. versucht, die geringe Kinderzahl moderner Frauen damit zu erklären, dass diese in die „Qualität" anstatt in die „Quantität" ihrer Kinder investierten (Kaplan, 1996).

Verhaltensökologische Perspektive

Warum Evolution nichts mit Moral zu tun hat

Wie bei allen wissenschaftlichen Theorien gilt auch für die Evolutionspsychologie, dass ihre Aussagen rein deskriptiv sind und kein Urteil über die Moralität des von ihr untersuchten Gegenstandes implizieren. Dennoch wird Evolutionspsychologen immer wieder vorgeworfen, dass sie durch ihre Erklärungen den gesellschaftlichen Status Quo verteidigen, weil sie bestimmte Verhaltensweisen bzw. gesellschaftliche Phänomene als „natürlich" und damit als unveränderbar auffassen würden.

David Hume (1711–1776)

Schottischer Philosoph und Ökonom – Hume gilt als einer der bedeutendsten Vertreter der Aufklärung und des Empirismus. Für die Psychologie ist er auch bedeutend, da er als einer der ersten zwischen Vernunft und Sinneseindrücken unterschied (siehe auch Kapitel 5).

Dieses Problem sei an folgendem Beispiel erläutert. Im Jahr 2000 veröffentlichten die beiden Amerikaner Randy Thornhill und Craig Palmer ihr Buch „A Natural History of Rape", in dem sie sich mit der Frage beschäftigen, warum manche Männer unter bestimmten Umständen zu sexueller Gewalt neigen. Hierbei diskutieren sie, dass ein solches Verhalten unter bestimmten Umständen adaptiv sein könne. Sie kommen zu dem Schluss, dies könne vor allem bei solchen Männern der Fall sein, die nicht in der Lage sind, eine Partnerin zu finden, die bereit ist, freiwillig mit ihnen zu schlafen. Eine solche „Desperado" Taktik sei für solche Männer somit die einzige Möglichkeit, überhaupt Nachfahren zu zeugen.

Obwohl Thornhill und Palmer an unzähligen Stellen ihres Buches betonen, dass sie mit dieser Überlegung sexuelle Gewalt gegenüber Frauen in keiner Weise rechtfertigen wollten, löste dieses Buch einen Sturm der Entrüstung aus (Smith, Bogerhoff et al., 2001). Auf einer Tagung erzählte mir Craig Palmer sehr eindrucksvoll, dass er über mehrere Jahre unter Polizeischutz gestanden habe, weil er immer wieder körperlich bedroht worden sei.

Dabei hat schon David Hume 1739 erkannt, dass aus einem „Sein" kein „Sollen" gefordert werden kann und aus einem „Sollen" kein „Sein" (Hume 1739, 2004). Mit anderen Worten: Die Erklärung von Thornhill und Palmer mag zutreffend sein oder nicht, es ist aber Unsinn, eine solche Erklärung als unmoralisch zu beschimpfen. Dieser „naturalistische Fehlschluss" findet sich in verschiedenen Varianten.

Naturalistischer Fehlschluss

Zum einen gibt es – wie im Falle von Thornhill und Palmer – Kritiker, die der Evolutionspsychologie vorwerfen, diese rechtfertige z. B. Gewalt oder Rassismus, weil sie diese Phänomene evolutionär erkläre. Dieses Argument folgt einer ähnlichen Logik wie die Aussage, Mediziner würden Krankheiten wie HIV oder Krebs rechtfertigen, weil sie deren Ursachen untersuchen.

Zum anderen aber ist darauf hinzuweisen, dass einige Vertreter der Evolutionstheorie tatsächlich manchmal den Eindruck erwecken, sie verteidigten den Status Quo damit, dass dieser eben „natürlich" und deshalb nicht zu ändern sei. Auf diesen Aspekt werden wir in Kapitel 4 zurückkommen.

Ist Evolutionspsychologie nichts anderes als das Erzählen von Anekdoten?

Gelegentlich wird der Evolutionspsychologie der Vorwurf gemacht, bei ihr handle es sich gar nicht um eine echte Theorie, sondern lediglich um eine Sammlung von Anekdoten, die dazu dienten, bereits vorhandenes Wissen im Nachhinein ohne allzu große logische Stringenz evolutionär zu interpretieren.

Ein Beispiel: Ein Evolutionspsychologe (und eigentlich hoch verehrter Kollege von mir) wurde einmal vom Radio angerufen und gefragt, warum Frauen immer gemeinsam aufs Klo gehen. Darüber hatte er – zumindest wissenschaftlich – noch nie nachgedacht, aber nach wenigen Minuten rief er den Sender zurück und wusste die Antwort: Schon in der Environment of Evolutionary Adaptedness hätten Menschen ihre Notdurft außerhalb der eigenen Lagerstätte verrichtet und hätten sich dabei von der Gruppe entfernt. Dabei habe aber für Frauen die Gefahr bestanden, von einem fremden Mann vergewaltigt zu werden, weswegen es adaptiv gewesen sei, seine Notdurft in Begleitung einer weiblichen Gefährtin vorzunehmen. Diese Erklärung ist gar nicht so abwegig, vielleicht ist sie sogar zutreffend, aber sie kann auch völlig falsch sein. Aus wissenschaftstheoretischer Perspektive ist sie eine schlechte Theorie, weil sie nur etwas erklärt, was lange bekannt war und sie nicht angibt, welche innovativen Forschungshypothesen sich aus ihr ableiten lassen.

Im 5. Kapitel werden wir uns intensiv damit beschäftigen, was eine gute Theorie ausmacht. An dieser Stelle sei lediglich darauf hingewiesen, dass eine gute Theorie zweierlei können sollte. Zum einen sollte sie in der Lage sein, bereits bekannte Phänomene zu erklären. Zum anderen aber sollte sie auch in der Lage sein, zukünftige Ereignisse vorherzusagen, z. B. den Ausgang eines Experiments, das bisher noch gar nicht durchgeführt wurde.

Ein Beispiel für eine gute Theorie, die beide Kriterien in hohem Maße erfüllt, ist die Newtonsche Gravitationstheorie, die nicht nur erklärt, weshalb ein Apfel auf den Boden fällt, wenn man ihn loslässt, sondern darüber hinaus Sonnen- und Mondfinsternisse präzise vorhersagen kann.

Der Vorwurf, Evolutionspsychologie zimmere sich lediglich Erklärungen für bereits Bekanntes, sei aber nicht in der Lage, eigenständige Forschung zu stimulieren, trifft vor allem auf die Art von Evolutionspsychologie zu, die man in Bahnhofsbuchhandlungen kaufen kann (z.B. den Bestseller „Warum Männer nicht zuhören und Frauen nicht einparken können" von Barbara und Allan Pease).

Entdeckung gänzlich neuer Phänomene

Wir werden im Verlauf dieses Buches immer wieder auf Forschung zu sprechen kommen, die höchst innovativ zur Entdeckung gänzlich neuer Phänomene beigetragen hat. An dieser Stelle soll zur Illustration lediglich ein Beispiel vorgestellt werden: Während Männer in allen Kulturen übereinstimmende Präferenzen hinsichtlich der Attraktivität von Frauen haben (z.B. bei der Bewertung von Gesichtszügen), gibt es große interkulturelle Unterschiede im Idealgewicht (Buss, 1989). So präferieren Männer in armen Ländern dicke Frauen und Männer in reichen Ländern dünne Frauen. Wie lassen sich diese Unterschiede erklären?

Die Evolutionspsychologie gibt eine gute Begründung für dieses Phänomen: Hohes Gewicht steht für eine hohe Verfügbarkeit physischer Ressourcen in armen Ländern, aber für eine erhöhte Anfälligkeit gegenüber Herz- und Kreislauferkrankungen in reichen Ländern. Da Männer im Laufe der Evolution Mechanismen entwickelt haben, eine gesunde Sexualpartnerin zu bevorzugen, haben sie, je nach Krankheitsrisiko, unterschiedliche Präferenzen im Idealgewicht. Ähnliche Unterschiede lassen sich auch innerhalb von Kulturen finden: So bevorzugen arme Männer dickere Frauen als reiche Männer. Dies bedeutet: Die Ressourcenausstattung eines Mannes beeinflusst das Idealgewicht der von ihm präferierten Frau.

Die beiden US-Psychologen Nelson und Morrison (2005) wollten wissen, wie Männer zu einer solchen Einschätzung ihrer eigenen Ressourcen gelangen und daraus – gänzlich unbewusst – zu ihren Präferenzen hinsichtlich des Idealgewichts ihrer Partnerin. Hierbei stellten sie die Hypothese auf, dass Männer dazu die so genannte „Feeling as Information" Heuristik verwenden. Diese Heuristik besagt, dass Menschen sich bei der Einschätzung abstrakter Sachverhalte häufig auf ihr momentanes Gefühl verlassen (Schwarz 2002). Die Idee von Nelson und Morrison bestand nun darin, dass es sich bei diesem Gefühl um den gegenwärtigen Hunger von Männern handeln könne. Für hungrige Männer sollte das Idealgewicht einer Frau höher sein als für satte Männer.

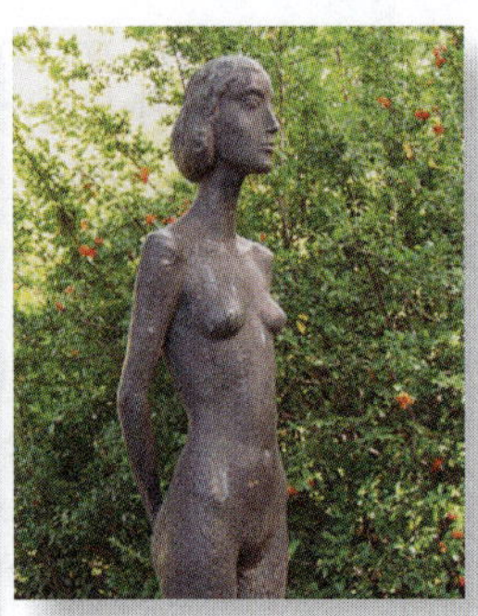

Abbildung 1.7: Dick oder dünn? Ob ein Mann eher schlanke oder eher etwas füllige Frauen liebt, hängt davon ab ob er selbst eher reich oder arm ist. (Quelle: Die Toilette der Venus, Peter Paul Ruben; re: Pixelio)

Um diese Hypothese zu überprüfen, wurden männliche Studierende entweder vor dem Betreten oder beim Verlassen einer Mensa darum gebeten, das Idealgewicht ihrer Traumfrau anzugeben. Und tatsächlich: Die Hypothese konnte eindeutig bestätigt werden. Diese Studie ist insofern bemerkenswert als vor dem Vorliegen ihrer Daten nicht bekannt war, dass Männer das Idealgewicht ihrer Traumfrau auch in Abhängigkeit davon bewerten, wie voll oder leer ihr Magen ist.

Darüber hinaus zeigt die Studie, welche lebenspraktischen Ratschläge aus evolutionspsychologischen Ergebnissen gezogen werden können. Wenn Sie als Frau ein Rendezvous mit einem Mann haben, sollten Sie vorher in den Spiegel schauen und sich genau überlegen, ob sie sich von diesem Mann ins Restaurant oder ins Kino einladen lassen.

Let's talk about Sex – zur Bedeutung sexueller Selektion

Kennen Sie folgenden Witz: Ein Schweizer wird in einer Meinungsumfrage danach gefragt, woran er beim Anblick der Schweizer Nationalflagge denke. Seine Antwort (in Schweizer Dialekt): „Da denk ich an Geschlechtsverkehr". Auf die entgeisterte Frage des Interviewers, warum er ausgerechnet bei der Nationalflagge an Sex denke, antwortet der Schweizer: „Ich denke immer an Geschlechtsverkehr". Dabei handelt es sich allerdings keinesfalls nur um einen albernen Witz, denn Sex ist in der Tat wichtig. Der Grund dafür ist einfach: Nur die Organismen einer bestimmen Spezies, die über einen hinreichend großen Sexualtrieb verfügen, werden Nachkommen produzieren.

Sexuelle Selektion

Ein wunderschönes Beispiel dafür ist der Aal. Die Larven des Aals schlüpfen im Golf von Mexiko. Von dort werden sie mit dem Golfstrom zu den Küsten Europas und Nordamerikas getrieben, wandeln sich dort zum Süßwasserfisch und wandern über Flüsse und Bäche in stehende Gewässer, wo sie ihr weiteres Leben verbringen. In dieser Umgebung haben Aale kaum Fressfeinde und können lange überleben. Mit etwa 9–15 Jahren aber werden sie geschlechtsreif. Was machen sie? Sie begeben sich auf eine äußerst mühsame Reise zurück in den Golf von Mexiko. Dort laichen sie ein einziges Mal und sterben. Tatsächlich überlebt im Übrigen nur ein kleiner Teil aller Aale diese anstrengende Reise. Stellen wir uns nun einen Aal vor, dem dies alles zu anstrengend ist und der beschließt, lieber kinderlos zu bleiben. Dieser Aal wird noch einige Jahre vergnügt und stressfrei leben, aber er wird keine Nachkommen produzieren. Die jungen Aale, die jedes Jahr im Golf von Mexiko geboren werden, erben hingegen von ihren Eltern den unbändigen Trieb, zumindest einmal im Leben Sex zu haben.

Sexualpartner

Ein Lebewesen, welches Nachkommen produzieren will, muss allerdings nicht nur einen hinreichend großen Sexualtrieb haben, sondern es muss darüber hinaus in der Lage sein, einen geeigneten Sexualpartner finden. Darwin leitete aus dieser Tatsache eine weitere bedeutende These ab: Männchen und Weibchen einer Spezies konkurrieren miteinander um die attraktivsten und besten Vertreter des jeweils anderen Geschlechts. Dieses Phänomen wird seit Darwin als *„sexuelle Selektion“* bezeichnet (zur Bedeutsamkeit der sexuellen Selektion für die Evolution des Menschen, siehe Miller, 2000).

Die Bedeutung der sexuellen Selektion zeigt sich darin, dass die Maximierung der eigenen Lebenserwartung oftmals im Widerspruch zur Maximierung der eigenen reproduktiven Fitness steht. Das Beispiel mit dem Aal verdeutlicht dies sehr gut. Manche Spezies beschränken sich sogar selbst – man spricht von handicapping (Zahavi, 1975) –, um zu zeigen, dass sie trotz Einschränkung überleben können und daher erst recht attraktive Sexualpartner sind. Ihre Ressourcen sind sozusagen so gut, dass sie sie verschwenden können. Das am häufigsten zitierte Beispiel für dieses handicapping ist das prächtige Gefieder des männlichen Pfau, das einzig dem Zweck dient, die Weibchen zu beeindrucken, ansonsten aber außerordentlich hinderlich ist.

Abbildung 1.8: Schönheit als Indiz für Fruchtbarkeit: Je schöner das Pfauenauge, desto attraktiver ist der Pfau für Paarungspartnerinnen, obwohl er selbst eher unter dem großen Gefieder leidet.

Sexuelle Selektion und Unterschiede zwischen Frauen und Männern

Um reproduktiv erfolgreich zu sein, müssen Frauen und Männer Partner finden, die bereit sind, mit ihnen zu schlafen und Kinder zu zeugen. Aus der Theorie der sexuellen Selektion von Darwin lässt sich ableiten, dass sowohl Männer als auch Frauen um die attraktivsten Sexualpartner konkurrieren. Der Biologe Robert Trivers hat allerdings darauf hingewiesen, dass sich dieser Wettbewerb aus der Sicht von Frauen bzw. Männern sehr unterschiedlich gestaltet (Trivers, 1972).

Elterliches Investment

Hierzu ist es wichtig, sich klar zu machen, dass Frauen sehr viel mehr in die Geburt eines Nachkommens investieren als Männer. Um ein Kind zu zeugen, benötigen Menschen im Extremfall nicht mehr als wenige Minuten. Nach diesem Zeugungsakt ist das Überleben des befruchteten Embryos auch dann möglich, wenn sich der Mann nach dem Zeugungsakt vollständig von der begatteten Frau zurückzieht. Aus der Perspektive einer Frau hingegen sind sehr viel mehr Investitionen notwendig, um das Überleben eines Kindes zu sichern. Da sind zunächst einmal neun Monate Schwangerschaft, die eine erhebliche physische Anstrengung für die werdende Mutter implizieren. Nach der Geburt sind Kinder nahezu vollständig darauf angewiesen, von ihrer Mutter mit Nahrung versorgt zu werden. In Jäger- und Sammlergesellschaften werden Kinder bis zu vier Jahre gestillt. Die Substitution der Muttermilch durch künstliche Milch ist hingegen erst seit sehr kurzer Zeit möglich.

Die Anzahl an eigenen Kindern hängt für einen Mann hauptsächlich davon ab, wie oft es ihm gelingt, sich sexuellen Zugang zu einer jungen (d.h. fruchtbaren) Frau zu verschaffen. Die Anzahl solcher Frauen ist jedoch durch die lange Dauer von Schwangerschaft und Stillzeit sehr viel niedriger als die Anzahl paarungswilliger Männer. Der Zugang zu fruchtbaren Frauen ist somit für Männer eine äußerst wichtige Ressource, um die sie heftig – und notfalls mit Gewalt – konkurrieren.

„it takes two to tango"

Es ist evident, dass die *durchschnittliche* Kinderzahl von Frauen und Männern sich nicht unterscheidet, da jedes Kind immer genau einen Vater und eine Mutter hat. Was sich jedoch unterscheidet ist die *Varianz* des Fortpflanzungserfolgs bei Männern und Frauen.

Eine Folge des Konkurrenzkampfes zwischen Männern besteht darin, dass Fortpflanzungserfolg bei Männern sehr viel ungleicher verteilt ist als bei Frauen. Während einige Männer sehr viele Frauen (und sehr viele Kinder) haben, gehen andere Männer in diesem Wettkampf leer aus, das heißt, es gelingt ihnen nicht, sich fortzupflanzen („some guys have all the luck, some guys have all the pain"). Die Anzahl an Nachkommen für Frauen ist hingegen sehr viel weniger variabel und hauptsächlich dadurch limitiert, dass die Aufzucht eines jeden Kindes erhebliche physische und zeitliche Investitionen impliziert.

In Kapitel 9 werden wir diskutieren, dass aus evolutionspsychologischer Perspektive Unterschiede zwischen Männern und Frauen in Empathie (d. h. Einfühlungsvermögen) und Fürsorglichkeit, Ehrgeiz und Kompetitivität sowie Selbstbewusstsein und Assertivität auf die Tatsache zurückzuführen sind, dass eine hohe bzw. niedrige Ausprägung dieser Merkmale für Männer und Frauen einen jeweils unterschiedlichen reproduktiven Nutzen hatten.

Evolutionspsychologie – Sackgasse oder Königsweg?

Es wurde bereits angedeutet, dass die Grundannahmen der Evolutionspsychologie keineswegs von allen Sozialwissenschaftlern geteilt werden. Gelegentlich stehen sich beide Lager geradezu „feindselig" gegenüber und bezichtigen sich gegenseitig, dass der jeweils gegnerische Standpunkt weniger wissenschaftlich als vielmehr weltanschaulich motiviert sei.

Nach meiner Einschätzung liegt die Wahrheit – wie so oft im Leben – auch hier in der Mitte. Es ist unsinnig, die evolutionären Wurzeln und die daraus resultierenden genetischen Grundlagen menschlichen Verhaltens zu negieren und zu argumentieren, dass menschliches Verhalten „nichts mit Biologie zu tun" habe. Es ist aber ebenso wenig sinnvoll, zu erklären, der Mensch sei nichts anderes als eine Spezies wie Tausend andere auch und menschliches Verhalten könne somit durch die gleichen Theorien vollständig erklärt werden, die auch bei anderen Tierarten angewandt werden.

Beide Sichtweisen werden der Komplexität der Fragestellung nicht gerecht. Die Erklärung menschlichen Verhaltens wird nur dann gelingen, wenn man sie als Wechselspiel von Anlage, Evolutionsgeschichte und Genen einerseits und physikalischer sowie sozialer Umwelt andererseits begreift. Wer den Menschen nicht auch als Tier begreift wird menschliches Verhalten nicht erklären können. Das Gleiche gilt für manchen Biologen oder Evolutionspsychologen, der die Tatsache ignoriert, dass sich Menschen durch sehr spezifische Eigenschaften auszeichnen, welche den Vergleich mit anderen Arten immer einschränken.

Die Stellung des modernen Menschen im Spannungsverhältnis zwischen Genen und Kultur, Anlage und Umwelt, biologischer Determination und Selbstbestimmung wird uns durch das gesamte Buch begleiten. Bevor wir uns dem nächsten Kapitel zuwenden, sollen aber die grundsätzlichen Aussagen der Evolutionspsychologie noch einmal mit den Worten Erich Kästners zusammengefasst werden:

Die Entwicklung der Menschheit (Erich Kästner)

Einst haben die Kerls auf den Bäumen gehockt,
behaart und mit böser Visage.
Dann hat man sie aus dem Urwald gelockt
und die Welt asphaltiert und aufgestockt,
bis zur dreißigsten Etage.

Da saßen sie nun, den Flöhen entflohn,
in zentralgeheizten Räumen.
Da sitzen sie nun am Telefon.
Und es herrscht noch genau derselbe Ton
wie seinerzeit auf den Bäumen.

Sie hören weit. Sie sehen fern.
Sie sind mit dem Weltall in Fühlung.
Sie putzen die Zähne. Sie atmen modern.
Die Erde ist ein gebildeter Stern
mit sehr viel Wasserspülung.

Sie schießen die Briefschaften durch ein Rohr.
Sie jagen und züchten Mikroben.
Sie versehn die Natur mit allem Komfort.
Sie fliegen steil in den Himmel empor
und bleiben zwei Wochen oben.

Was ihre Verdauung übrigläßt,
das verarbeiten sie zu Watte.
Sie spalten Atome. Sie heilen Inzest.
Und sie stellen durch Stiluntersuchungen fest,
dass Cäsar Plattfüße hatte.

So haben sie mit dem Kopf und dem Mund
den Fortschritt der Menschheit geschaffen.
Doch davon mal abgesehen und
bei Lichte betrachtet sind sie im Grund
noch immer die alten Affen.

Kurz und gut

1. Psychologie ist die Wissenschaft vom Denken, Fühlen und Handeln des Menschen. Da sich auch andere Wissenschaften mit diesen Themen beschäftigen, ist gute Wissenschaft immer interdisziplinär.
2. Die menschliche Psyche ist geprägt von unserer kulturellen und gesellschaftlichen Umgebung, unseren individuellen Lernerfahrungen sowie von unseren genetischen Prädispositionen.
3. Für den größten Teil ihrer Geschichte haben Menschen in kleinen Gruppen von 50 bis 150 Mitgliedern als Jäger und Sammler gelebt.
4. Die Evolutionstheorie von Charles Darwin basiert auf der Beobachtung, dass die Individuen einer Spezies sich unterscheiden, dass diese Unterschiede zum Teil vererbt sind, und dass sich die Überlebens- und Fortpflanzungswahrscheinlichkeiten der einzelnen Individuen unterscheiden.
5. Die relative Überlebenswahrscheinlichkeit eines Menschen hängt ab vom Vorhandensein adaptiver Mutationen sowie der Ausprägung bestimmter kontinuierlicher Eigenschaften.

6. Während viele Sozialwissenschaftler den Einfluss der Gene als gering erachten, betonen Evolutionspsychologen die Bedeutung unserer evolutionären Vergangenheit für die Erklärung menschlichen Verhaltens.
7. Evolutionspsychologen unterscheiden zwischen proximaten und ultimaten Erklärungen.
8. Aus einem „Sein“ kann grundsätzlich kein „Sollen“ abgeleitet werden. Die Analyse eines bestimmten Verhaltens als „natürlich“ beinhaltet deshalb keineswegs seine moralische Legitimität.
9. Eine gute Theorie ist nicht nur in der Lage, bereits bekannte Tatsachen zu erklären, sondern kann darüber hinaus auch bislang unbekannte Phänomene vorhersagen.
10. Um ihre Gene an zukünftige Generationen weiterzuleiten, müssen Menschen nicht nur physisch überleben, sondern auch einen geeigneten Reproduktionspartner finden. Hierbei stellen sich für Frauen und Männer unterschiedliche Herausforderungen, welche einen großen Teil der Geschlechterunterschiede erklären können.

Studentenfutter

Buss, D. (2004). *Evolutionäre Psychologie.* München: Pearson Studium.

Diamond, J. M. (1999). *Guns, germs, and steel: The fates of human societies.* New York: W. W. Norton & Company.

Kapitel 2

Wenn Du denkst, Du denkst ... zur Psychologie von Kognitionen und Bewusstsein

Kapitel 2 Wenn Du denkst, Du denkst ... zur Psychologie von Kognitionen und Bewusstsein

Inhalt

Welche kognitiven Fähigkeiten unterscheiden den Menschen von anderen Spezies?

Wenn man Menschen danach fragt, was den Menschen von anderen Tieren unterscheide, wird man als Antwort oftmals zu hören bekommen, dies sei unsere größere Intelligenz. Auch wenn dies in gewissem Maße zutrifft, sollte man sich klar darüber sein, dass auch andere Spezies über zum Teil ganz erstaunliche Fähigkeiten verfügen. Dies bezieht sich nicht nur darauf, dass viele Tiere schneller laufen, besser klettern oder sogar fliegen können, sondern auch auf bestimmte kognitive Fähigkeiten.

Im letzten Kapitel hatten wir schon auf den langen Reiseweg der Aale zu ihren Laichplätzen verwiesen. Neben einem enorm hohen Antrieb, eine solche Reise

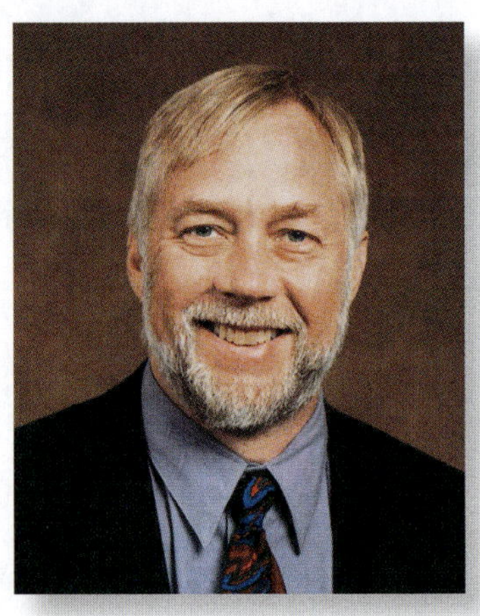

Roy Baumeister (*1953)

US-amerikanischer Sozialpsychologe – Baumeister beschäftigt sich mit einer Vielzahl von psychologischen Themen: der Idee der sozialen Zusammengehörigkeit (s. Kapitel 10 und 17), den Prinzipien von Motivation und Aggression (s. Kapitel 3 und 9) sowie Ideen, die sich um das Selbst drehen – etwa Selbstbewusstsein, Selbstbetrug und Selbstkontrolle (s. u. a. Kapitel 12).

anzutreten, braucht es offensichtlich auch bemerkenswerte kognitive Fähigkeiten, um ohne Landkarte, Kompass oder moderne Navigationsgeräte den Weg vom Rursee in der Eifel in den Golf von Mexiko zu finden. Andere Beispiele sind die Fähigkeiten von Zugvögeln, im Frühjahr bzw. Herbst das Habitat zu wechseln oder der Adler, der selbst aus 2000 Metern Höhe noch jede Maus erspähen kann.

Vor diesem Hintergrund behaupten viele Biologen, es gäbe nichts, worauf der Mensch hinsichtlich seiner kognitiven Fähigkeiten besonders stolz zu sein habe. Dennoch aber gibt es einige Fähigkeiten, bei denen sich Menschen in hohem Maße von allen anderen Tieren unterscheiden. Der Psychologe Roy F. Baumeister (2005, S. 179) drückt diesen Gedanken wie folgt aus: „Although it is fashionable nowadays to say that each species is well suited to its niche and therefore cross-species comparisons of intelligence are meaningless, there are still some thinkers who are willing to state the obvious: Human beings are capable of much more complex, abstract, and otherwise intelligent thought than any other species".

Im Folgenden sollen drei spezifisch menschliche Fähigkeiten etwas ausführlicher diskutiert werden, nämlich seine Sprachfähigkeit, seine Fähigkeit zur Empathie und seine Fähigkeit zur Unterscheidung zwischen Realität und Phantasie.

Sprache

„Ohne Wort, ohne Schrift und Bücher gibt es keine Geschichte, gibt es nicht den Begriff der Menschheit"
Hermann Hesse

Homo sapiens ist die einzige Spezies mit einem elaborierten Sprachvermögen. Zwar verfügen auch Schimpansen über ein Vokabular von ca. 100 Wörtern, dies aber wird allenfalls in Zwei-Wort-Sätzen miteinander kombiniert.

Was menschliche Sprache ausmacht ist, sind die folgenden Eigenschaften:

Arbiträre Bedeutungszuweisung

1) Die Zuweisung von Wörtern zu einer bestimmten Bedeutung erfolgt vollkommen arbiträr (d. h. willkürlich). Nur wenige Wörter haben einen lautmalerischen Ursprung (wie z. B. die Wörter „Peng" oder „Uff"), die meisten Wörter könnten jedoch auch vollkommen anders lauten. So könnte z. B. das Wort „Tisch" auch dasjenige bezeichnen, was wir mit dem Wort „Stuhl" umschreiben und umgekehrt. Auf diese Weise ist es möglich, neue Sachverhalte dadurch auszudrücken, dass man ihnen einen Namen gibt (so gab es bis vor ca. 25 Jahren das Wort „Internet" noch nicht).

Universalgrammatik

2) Alle menschlichen Sprachen folgen einer universellen Grammatik (Chomsky, 1985, 2002), welche es ermöglicht, diese willkürlich definierten Begriffe in einer

unendlichen Vielzahl von Kombinationen miteinander zu verknüpfen. Teil dieser Universalgrammatik ist die Unterscheidung zwischen Substantiven, Adjektiven, die zur Beschreibung von Substantiven dienen, sowie Verben, die Handlungen von Subjekten umschreiben. Durch diese Eigenschaften der menschlichen Sprache ist es uns möglich, nahezu beliebige Sachverhalte in Sätzen zu formulieren, die so bislang noch niemand je formuliert hat. Evolutionspsychologen wie Steven Pinker (2000) führen die Existenz der Universalgrammatik daher auf deren direkte Adaptivität zurück.

Steven Pinker (*1954)

Kanadisch-US-amerikanischer Psychologe – Pinker beschäftigt sich vorrangig mit Kognitionspsychologie – speziell mit Sprachpsychologie – und ist durch etliche populärwissenschaftliche Bücher auch einem breiten Publikum außerhalb der Wissenschaft bekannt.

Sprache ermöglicht Kommunikation und die Weitergabe von Information. Dadurch führte Sprache zu einer Vervielfachung menschlichen Wissens, weil Erfahrungen nicht mehr von jedem Individuum selbst gemacht werden mussten, sondern verbal an andere weitergegeben werden konnten. Durch die Fähigkeiten des menschlichen Gedächtnisses kann mittels Sprache nicht nur Wissen über aktuelle Sachverhalte weitergegeben werden, sondern auch Wissen, das zu einem früheren Zeitpunkt von einer bestimmten Person erworben wurde.

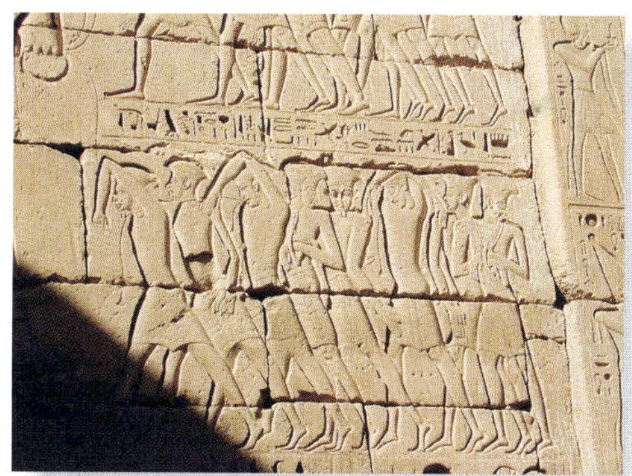

Abbildung 2.1: Schriftzeichen zur Verständigung: Nur Menschen haben ein ausgeprägtes Sprachvermögen und nutzen schriftliche Sprache, um sich über Zeit und Raum hinweg zu verständigen.

Weitergabe von Information

Vor diesem Hintergrund wird auch die Tatsache erklärt, dass ältere Menschen in ihrer fluiden Intelligenz (d.h. ihrer geistigen Flexibilität) und in ihrem Kurzzeitgedächtnis nachlassen, ihre kristalline Intelligenz (d.h. ihre Fähigkeit, feststehenden kognitiven Regeln zu folgen) und ihr Langzeitgedächtnis hingegen kaum (Bjorklund & Greve, 2009). Eine adaptive Funktion dieses differentiellen Fähigkeitsverlustes könnte darin bestehen, dass Wissen über Geschehnisse erhalten bleibt, die nur sehr selten eintreten, aber von großer Bedeutung sind (z.B. das Wissen, dass sich die Flutwelle eines Tsunamis dadurch ankündigt, dass sich das Meer *zurück*zieht).

Schrift

Vor ca. 2700 Jahren (1700 v. Chr.) haben Menschen im Nahen Osten die Schrift erfunden (Haarmann, 2002). Diese Erfindung bestand darin, dass bestimmten Lauten willkürliche Zeichen zugeordnet werden, die vom Leser in den entsprechenden Laut zurückübersetzt werden können. Schrift ist ein effizienter Schutz vor dem Vergessen von Informationen und ermöglicht Kommunikation jenseits von Zeit und Raum. Denn durch die Möglichkeit, schriftliche Zeugnisse zu kopieren, stehen diese unterschiedlichen Lesern zeitgleich zur Verfügung. So können Sie heute ein Exemplar von Darwins „The Origin of Species" lesen, obwohl dieses Buch vor 150 Jahren an einem ganz anderen Ort geschrieben wurde. Diese Entwicklung der Vervielfachung von Informationen und Wissen hat sich seit der Entwicklung der Buchdruckerkunst vor 560 Jahren (1450 nach Chr.), der Entwicklung von Computern und im Gefolge von Internet und E-Mails noch einmal deutlich beschleunigt.

Das menschliche Sprachvermögen ist angeboren, jeder – geistig nicht behinderte – Mensch lernt seine Muttersprache nahezu perfekt. Hierbei lernt ein Kind zwischen seinem zweiten und seinem achtzehnten Lebensjahr insgesamt 80 000 neue Wörter (das entspricht ca. 13 Wörtern am Tag!) (Miller & Gildea, 1987). Zudem lernen Kinder die extrem komplexen Regeln der Grammatik ihrer Muttersprache, die sie selbst dann anwenden können, wenn niemand ihnen diese beigebracht hat.

Am Beispiel Sprache lässt sich übrigens auch aufzeigen, wie sehr Anlage und Umwelt bei der Entwicklung bestimmter menschlicher Eigenschaften bzw. Fähigkeiten miteinander interagieren. Menschen haben offensichtlich ein angeborenes Vermögen zum Erwerb ihrer Muttersprache. Welche Sprache sie von ihrer Mutter lernen, ist hingegen vollkommen von ihrer Umwelt abhängig. Dies gilt im Übrigen auch für die Unfähigkeit einzelner Ethnien, bestimmte Buchstaben auszusprechen. Franzosen können z. B. kein „H" sprechen. Diese Unfähigkeit hat aber nichts mit genetischen Unterschieden zwischen Franzosen und Deutschen zu tun, sondern einzig damit, dass im Französischen ein „H" niemals so ausgesprochen wird wie im Deutschen und deshalb französische Kinder diese Fähigkeit nicht erwerben.

Selbstbewusstsein

Ein weiteres Spezifikum des Menschen ist seine Fähigkeit zur Empathie, d. h. das Vermögen, sich in andere Menschen hineinzuversetzen und die Welt aus der Perspektive eines anderen zu betrachten.

Eine Vorstufe von Empathie besteht in der Fähigkeit, sich selbst als *Subjekt* wahrzunehmen, das über seine eigene Person, seine eigenen Wünsche, Ziele und Ängste reflektieren kann.

In einer weiteren Stufe werden später auch andere Menschen als Subjekte wahrgenommen, die eigene Wünsche, Ziele und Ängste haben, die sich von den eigenen Wünschen, Zielen und Ängsten unterscheiden können. Diese Fähigkeit zur Perspektivenübernahme wird häufig als „Theory of Mind" (Premack & Woodruff, 1978) bezeichnet, wobei dieser Ausdruck nicht auf eine wissenschaftliche Theorie verweist, sondern darauf, dass Menschen die subjektive Theorie haben, dass auch andere Menschen über ein Bewusstsein verfügen. Sie entwickelt sich bei gesunden Kindern im Alter von ca. vier bis fünf Jahren (Doherty, 2009).

Theory of Mind

Ob ein Kind über diese Fähigkeit verfügt, kann man wie folgt überprüfen: Zwei Kinder befinden sich in einem Raum. Der Versuchsleiter versteckt einen Ball in einem Korb. Danach verlässt eines der Kinder den Raum. In dessen Abwesenheit entfernt der Versuchsleiter den Ball aus dem Korb und legt ihn in eine sich ebenfalls im Raum befindende Kiste. Das Kind, welches im Raum geblieben ist, wird nun gefragt, an welcher Stelle das zweite Kind, wenn es den Raum wieder betritt, den Ball suchen wird.

Kinder, die über eine Theory of Mind verfügen, sind sich darüber im Klaren, dass nur sie das neue Versteck kennen. Kinder, bei denen dieser Reifungsprozess noch nicht abgeschlossen ist, werden antworten, dass das zweite Kind den Ball im neuen Versteck suchen wird.

Ob auch Primaten über eine „Theory of Mind" verfügen, wird kontrovers diskutiert (siehe Dunbar, 2004), unstrittig scheint jedoch, dass diese beim Menschen sehr viel elaborierter ist. So können Menschen sich nicht nur in den mentalen Zustand einer anderen Person versetzen, sondern auch darüber nachdenken, welche Mutmaßungen eine zweite über eine dritte Person hat. Beispiel: Peter denkt, dass Heinz glaubt, dass Sabine in ihn verliebt ist.

Lügen und Manipulation

Ein solches Abstraktionsvermögen erleichtert menschliche Kommunikation, kann aber auch dazu verwandt werden, andere Menschen anzulügen bzw. zu manipulieren. Eine erfolgreiche Lüge setzt immer voraus, dass der Lügner sich in die Lage des Anderen versetzt, um so abzuschätzen, wie er seine Lüge glaubhaft machen kann. Autisten, die über keine oder nur eine sehr rudimentäre Theory of Mind verfügen, sind denn auch nicht in der Lage, zu lügen, ja sie verstehen den Sinn einer Lüge zumeist nicht (ebenso übrigens wie den Sinn von Höflichkeitsregeln) (Baron-Cohen, 1997).

Übrigens trainieren wir unsere Fähigkeit zur Perspektivenübernahme ständig und ohne es zu merken – wenn wir den Erzählungen eines Freundes zuhören, einen Kinofilm gucken oder einen Roman lesen (Pette, 2001).

In Film und Fernsehen sehen wir die Welt permanent durch die Augen eines Anderen, wobei diese Perspektive oftmals wechselt (z. B. wenn ein Tor beim Fußball aus verschiedenen Kameraeinstellungen gezeigt wird).

Abbildung 2.2: Test der Theory of Mind mit einem Comic: Sally kann nicht wissen, dass der Ball nun woanders ist. Wenn ein Kind dies bemerkt, kann es Bewusstseinsvorgänge in anderen Menschen erahnen und interpretieren. (Quelle: Frith, 2003, S. 83)

Phantasie

„Phantasie ist wichtiger als Wissen, denn Wissen ist begrenzt."
Albert Einstein (1879–1955), dt. Physiker

Eng verbunden mit der Fähigkeit zur Empathie ist die Fähigkeit zur Phantasie. Beides setzt voraus, dass wir uns die Welt in einem anderen Zustand vorstellen können als er jetzt und hier von uns wahrgenommen wird (Dunbar, 2004). Kinder, die über eine Theory of Mind verfügen, zeigen auch ein Interesse an Rollenspielen, wobei entweder den Spielpartnern bestimmte Rollen zugewiesen werden („Ich bin heute ein Indianer und Du ein Cowboy"), oder aber objektiv unbelebten Gegenständen menschliche Eigenschaften zugeschrieben werden, z. B. wenn kleine Kinder mit ihren Puppen oder ihren Supermanfiguren spielen.

Phantasiespiele

Solche Phantasiespiele enden keineswegs mit der Kindheit, auch Erwachsene verbringen einen enormen Teil ihrer Freizeit mit dem Gucken von Spielfilmen und Krimis oder mit dem Lesen von Romanen. Diesen Aktivitäten ist gemeinsam, dass Informationen verarbeitet werden über Geschehnisse, die nicht wirklich stattfinden (Tooby & Cosmides, 2001). Die menschliche Neigung, sich für Fiktionen zu interessieren, ist dabei keinesfalls auf moderne Gesellschaften beschränkt. Auch in Jäger- und Sammlergesellschaften versammelt man sich abends um das Lagerfeuer und hört zu, wie andere Märchen erzählen.

Hierbei reagieren Menschen auf solche Fiktionen emotional zum Teil sehr intensiv, sind sich aber dennoch zu jedem Zeitpunkt der Fiktionalität des Geschehens vollständig bewusst, so dass aus dem Erlebten keine eigenen Handlungen folgen. So mögen Menschen im Kino weinen, wenn beim Untergang der Titanic Leonardo Di Caprio sein Leben für Kate Winslet opfert, aber sie haben keine Angst davor, selber unterzugehen (selbst nicht im Meer ihrer Tränen) und verlassen deshalb auch nicht panisch das Kino.

Die Fähigkeit zur Phantasie ist dabei nicht nur ein eitler Zeitvertreib, sondern sie dient dazu, mentale Probehandlungen auszuführen. Wir können uns eine bestimmte Handlung *vorstellen*, überlegen, zu welchen Konsequenzen diese Handlung führen würde und in Abhängigkeit davon entscheiden, ob wir diese Handlung tatsächlich ausführen wollen (Freud, 1925; Schwender, 2001; Tooby & Cosmides, 2001).

Probehandlungen

In späteren Kapiteln werden wir allerdings sehen, dass Menschen durchaus Schwierigkeiten damit haben, in der Zukunft liegende Gefühle valide vorherzusagen.

Von Schweizer Armeemessern: Modulare Intelligenz

Fassen wir das Kapitel bis hierhin zusammen: Menschen unterscheiden sich in einigen wichtigen Domänen deutlich von anderen Spezies. Durch ihr Sprachvermögen, durch ihre Fähigkeit, sich in andere Menschen hineinzuversetzen sowie durch ihr Vorstellungsvermögen sind Menschen mehr als alle anderen Spezies in der Lage, abstrakt und komplex zu denken und zu urteilen.

Abstraktes und komplexes Denken

Diese Fähigkeiten aber sind vergleichsweise neue Errungenschaften des Menschen und wie viele Neuprodukte arbeiten sie oftmals nur wenig zuverlässig. Zudem ist unser kognitiver Apparat zwar zu abstrakterem und komplexerem Prozessen in der Lage als der aller anderen Spezies, diese Fähigkeit aber ist phylogenetisch (d. h. stammesgeschichtlich) vergleichsweise jung und baut auf älteren Denkstrukturen auf, die keineswegs ihre Funktion verloren haben. So unterscheiden sich Menschen von anderen Primaten vor allem durch einen größeren Neocortex, dennoch hat auch beim Menschen das sehr viel ältere Stammhirn eine wesentliche Funktion (Kasten, 2007).

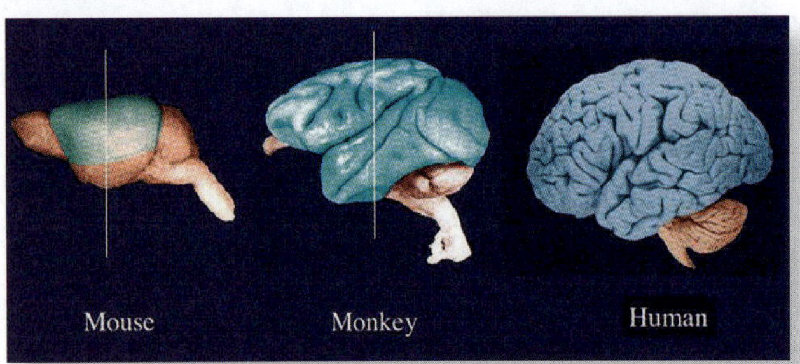

Abbildung: 2.3: Der Neocortex bei Maus, Affe und Mensch: Das Basisfunktionen bestimmende Stammhirn ist bei allen Arten fast gleich groß, doch der evolutionär neue Neocortex ist vor allem beim menschlichen Gehirn ausgeprägt. (Quelle: Abdruck mit Erlaubnis von www.brainmuseum.org und dem Japanischen Nationalinstitut für Basisbiologie)

Darüber hinaus ist Folgendes zu beachten: Das Gesamtsystem unserer kognitiven Fähigkeiten ist nicht im Zuge *eines* großen Entwurfs entstanden ist, sondern hat sich Stückchen für Stückchen aus unserem evolutionären Erbe weiterentwickelt. Hierbei dient unser kognitiver Apparat nicht der Lösung abstrakter Probleme, sondern dazu, in unserer physikalischen und sozialen Umwelt möglichst sinnvolle Entscheidungen zu treffen (d.h. solche Entscheidungen, die geeignet sind, die eigene reproduktive Fitness zu erhöhen). Wie William James (1890) bereits vor über hundert Jahren formulierte: „Thinking is for doing!".

Thinking is for doing!

William James (1842–1910)

US-amerikanischer Psychologe und Philosoph – James ist einer der Urväter der Psychologie. Sein über 1000seitiges Werk „Principles of Psychology" umfasst alle damaligen psychologischen Teildisziplinen und ist noch heute ein bedeutendes Referenzwerk.

Unser Geist ist dabei nicht als eine abstrakte Hochleistungsmaschine zur Lösung beliebiger Probleme zu verstehen. Stattdessen ist unsere Intelligenz modular aufgebaut, wobei jede Teilfähigkeit der Lösung ganz bestimmter Probleme dient. Das lässt sich mit der Idee eines Schweizer Taschenmessers vergleichen, bei dem jedes einzelne Werkzeug genau einer Funktion zugeordnet ist und man z.B. mit einer Schere keine Weinflasche öffnen kann (Tooby & Cosmides, 1994).

Damit ist zu erklären, dass bestimmte Teilsysteme zu deutlich komplexeren Leistungen in der Lage sind als andere. Während Menschen auf der einen Seite die Grammatik ihrer Muttersprache intuitiv nahezu vollständig begreifen, haben sie auf der anderen Seite große Probleme mit mathematischen Operationen, die über die vier Grundrechenarten hinausgehen. Dies hat damit zu tun, dass z.B. die Fähigkeit zur Differential- und Integralrechnung in der Umwelt eines Jägers und Sammlers keine notwendige Fähigkeit darstellen. Zu Divisionsaufgaben sind Menschen hingegen intuitiv in der Lage, weil sie für die Aufteilung von Ressourcen notwendig sind, z.B. wenn fünf Menschen zusammen 15 Früchte gesammelt haben und diese unter sich aufteilen sollen. Zu einer solchen Aufgabe sind übrigens auch Menschen fähig, deren Sprache keine eigenständigen Bezeichnungen für Zahlen kennt, die größer als drei sind.

Unsere mangelnde mathematische Begabung kann in unseren modernen Umwelten jedoch ein großer Nachteil sein, z.B. wenn Menschen nicht in der Lage sind, abstrakte Wahrscheinlichkeitsaussagen zu verstehen (Tversky & Kahneman, 2003) oder hinsichtlich ihrer Altersvorsorge die exponentiellen Effekte von Wachstumsraten zu begreifen (Christandl & Fetchenhauer, 2009; Dörner, 1989).

Gerd Gigerenzer (*1947)

Deutscher Entscheidungspsychologe – Gigerenzer ist einer der international renommiertesten deutschen Psychologen. Er ist Experte für Heuristiken (s. auch Kapitel 11) und Direktor des Max-Planck „Center for Adaptive Behavior and Cognition“ (ABC), was seinem Team den Namen ABC-Group verliehen hat. Daniel Goldstein war einst Gigerenzers Schüler.

Heuristiken und kluge Daumenregeln

Zur Ausstattung unseres Schweizer Armeemessers gehören auch so genannte Heuristiken. Solche Heuristiken basieren nicht auf elaborierten und rationalen Überlegungen, sondern sie sind zu verstehen als Regeln, die in einem bestimmten Kontext unter Anwendung einfacher Regeln ohne großen Aufwand und in hoher Geschwindigkeit zu einer Entscheidung führen (Gigerenzer, 2008).

Ein Beispiel für eine solche Heuristik ist die von Gigerenzer und Goldstein entdeckte Rekognitionsheuristik (Goldstein & Gigerenzer, 2002). Diese Heuristik kann angewandt werden, um zu entscheiden, welche von zwei Alternativen den höheren Wert auf einer bestimmten Dimension hat. Zur Entscheidung einer solchen Frage besagt die Rekognitionsheuristik: „If one of two objects is recognized and the other is not, then infer that the recognized object has the higher value" (Goldstein & Gigerenzer, 1999, S. 41). Goldstein und Gigerenzer demonstrierten die Wirkung dieser Heuristik mit Hilfe des folgenden Experiments: Sie fragten Studierende in München und Chicago danach, welche Stadt mehr Einwohner habe – San Diego oder San Antonio. Von den deutschen Versuchspersonen gaben 100% die richtige Antwort (San Diego), von den amerikanischen Versuchspersonen hingegen nur 62%. Die beiden Autoren erklären diesen Befund damit, dass viele der deutschen Studierenden zwar schon einmal von San Diego gehört hatten, aber noch nie von San Antonio. Unter Verwendung der Rekognitionsheuristik gingen sie davon aus, dass der Bekanntheitsgrad einer Stadt mit ihrer Einwohnerzahl steigt und waren somit in der Lage, diese schwierige Aufgabe zu lösen. Da die meisten der amerikanischen Studierenden hingegen schon einmal von beiden Städten gehört hatten, konnten sie die Rekognitionsheuristik nicht anwenden.

Rekognitionsheuristik

An diesem simplen Beispiel lassen sich einige Eigenschaften von Entscheidungsheuristiken verdeutlichen.

Eigenschaften von Entscheidungsheuristiken

Erstens: Obwohl, bzw. gerade weil die amerikanischen Studenten mehr über die beiden Städte wussten, waren ihre Schätzungen hinsichtlich ihrer relativen Größe schlechter. Dies bedeutet: Manchmal ist es besser, weniger zu wissen (Hertwig & Todd, 2003). Daher hat auch menschliches Vergessen eine Funktion. Nämlich diejenige, die so genannte „Fluency Heuristic" zu ermöglichen, welche besagt, dass man alles, was sich leicht und schnell erinnern lässt – zum Beispiel weil nur wenige Informationen oder vergleichbare Erinnerungen vorhanden sind –, für korrektere Erinnerungen hält (Schooler & Hertwig, 2005).

Zweitens: Die Anwendung von Heuristiken führt nicht immer zu einer guten Entscheidung, sondern kann unter bestimmten Bedingungen systematisch in die Irre führen. So machte es z. B. wenig Sinn, den Ort für Ihren Strandurlaub nach der Rekognitionsheuristik auszusuchen, wenn Sie dadurch in einen Ort fahren würden, der Ihnen deshalb durch die Medien bekannt ist, weil es dort ständig zu Umweltskandalen kommt.

Drittens: Die Anwendung von Heuristiken lohnt sich immer dann, wenn es zu ihrer Nutzung keine Alternativen gibt. So hatten z. B. die Versuchspersonen von Goldstein und Gigerenzer nicht die Möglichkeit, systematisch nach Informationen zu suchen, um die Frage fundiert zu beantworten (etwa, im Internet die Einwohnerzahl der beiden Städte zu recherchieren).

Auch die Befolgung sozialer Normen (auf die wir im Kapitel 18 noch näher eingehen werden) kann als die Anwendung einer simplen und effizienten Heuristik betrachtet werden. Neben einer solchen Strategie, der Mehrheit zu folgen, kann man auch gezielt das Verhalten besonders erfolgreicher Anderer imitieren (Boyd & Richerson, 2005). Diese Heuristik wird von Sozialpsychologen unter dem Stichwort Modelllernen behandelt (siehe Kapitel 4).

Default-Heuristic

Eng mit diesen Strategien verwandt ist die so genannte „Default-Heuristic“, welche besagt, dass man sich an Vorgaben halten soll, die anscheinend gesellschaftliche Erwartungen zum Ausdruck bringen. Ein besonders beeindruckender Beleg dafür, dass Menschen dieser Heuristik folgen, ist die Analyse interkultureller Unterschiede in der Häufigkeit von Organspenden. Solche Unterschiede können nahezu vollständig dadurch erklärt werden, ob Menschen sich aktiv dafür entscheiden müssen, ihre Organe zu spenden (so wie dies z. B. in Deutschland der Fall ist) oder aber ob Menschen sich aktiv dafür entscheiden müssen, ihre Organe *nicht* zu spenden (Johnson & Goldstein, 2003).

Auf die Frage, wie Menschen Entscheidungen treffen sollten und welche Rolle Urteilsheuristiken dabei spielen, werden wir in Kapitel 11 zurückkommen.

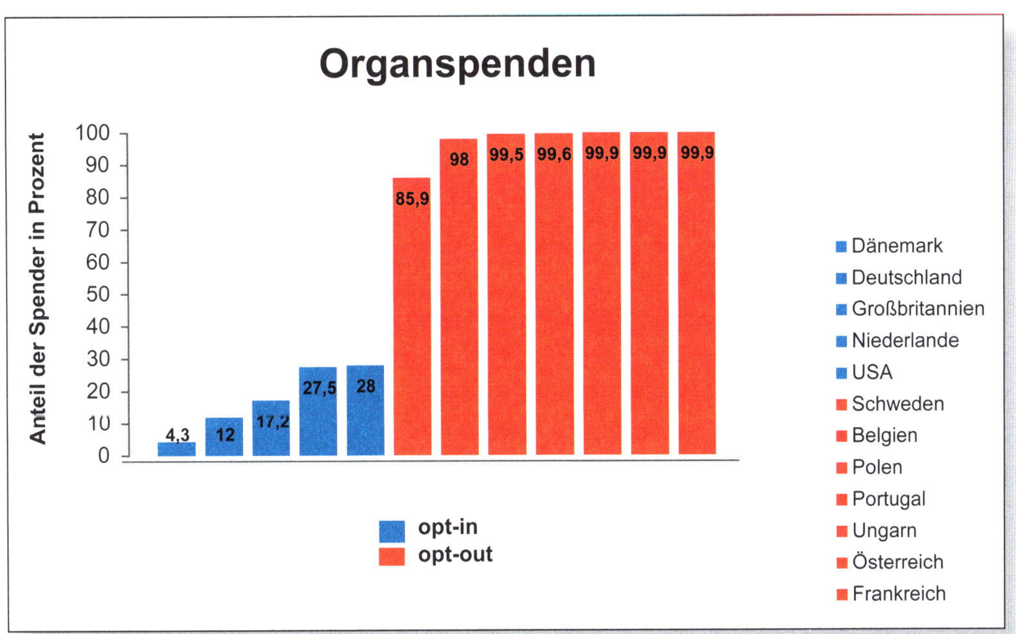

Abbildung 2.4: Machen was alle machen: Der Anteil an Organspenden zeigt deutlich, wie sehr Menschen an von außen vorgegebenen – und daher als „normal" erachteten – Einstellungen festhalten, obwohl sie willkürlich sind und änderbar wären. (Quelle: Eigene Darstellung, basierend auf Johnson & Goldstein, 2003)

Exkurs: Ein Beispiel für eine adaptive Heuristik – Einfädeln auf der Autobahn

Abbildung 2.5: Einfädeln auf der Autobahn: Wie schnell andere Autos sind, wissen wir intuitiv, d. h. ohne uns bewusst zu sein, woran wir die Schnelligkeit eigentlich einschätzen. (Quelle: Pixelio)

Stellen Sie sich vor, Sie wollen mit Ihrem Auto von einer Autobahnauffahrt auf die rechte Spur einer Autobahn fahren. Im Rückspiegel sehen Sie ein Auto, welches ebenfalls auf der rechten Spur fährt. Ein Problem, das sich vor allem Anfängern stellt: Wie entscheiden Sie, ob Sie Gas geben und vor dem anderen Fahrzeug auf die Autobahn fahren oder aber warten und hinter dem anderen Fahrzeug auf die Autobahn fahren? Wenn ich diese Frage in meiner Vorlesung stelle, ergeben sich immer wieder die gleichen Antworten: „Je nachdem wer schneller ist." Dies aber ist keine Antwort, sondern lediglich eine Reformulierung des Problems. „Auf jeden Fall den anderen vorlassen" (wird eher von Frauen genannt); „auf jeden Fall vor dem Anderen auf die Fahrbahn, der wird schon bremsen" (wird eher von Männern genannt); „auf die Automarke achten – einen BMW vorlassen, bei einem Opel Gas geben" (wird eher von Studenten der Betriebswirtschaftslehre genannt). Tatsächlich ist keine dieser Regeln geeignet, das Problem zu lösen. Wer alle anderen vorlässt, steht irgendwann am Ende der Auffahrt und kann kaum noch gefahrlos auf die rechte Spur gelangen. Wer sich immer vordrängelt, wird dies irgendwann mit seinem Leben bezahlen. Wer sich immer an der Automarke orientiert, kollidiert irgendwann mit einem getunten Opel Astra. Stattdessen gibt es eine sehr viel einfachere Heuristik. Wenn wir in den linken Außenspiegel schauen, sehen wir ein Abbild des anderen Fahrzeugs. Wenn dieses Abbild größer wird, ist das andere Fahrzeug schneller als wir und wir sollten es vorlassen. Wenn dieses Abbild kleiner wird, sind wir schneller als das andere Fahrzeug, wir sollten weiter beschleunigen und uns vor dem anderen Fahrzeug auf die rechte Fahrbahn einfädeln.

Noch etwas anderes lässt sich an diesem Beispiel verdeutlichen: In unseren modernen Umwelten benutzen wir oftmals kognitive Fähigkeiten, die ursprünglich für einen anderen Zweck evolviert sind (Cartwright, 2000). Die soeben beschriebene Fähigkeit ist vermutlich entstanden aus einem gänzlich anderen Lebenszusammenhang, in dem die Abschätzung relativer Geschwindigkeiten überlebenswichtig war: der Jagd auf wilde Tiere bzw. der Flucht vor ihnen. Wenn wir von einem wilden Tier verfolgt werden, ist es extrem wichtig, einzuschätzen, wer von uns beiden schneller läuft. Wenn wir ein Tier jagen, spart es wertvolle Ressourcen, wenn wir erkennen, dass das andere Tier schneller ist als wir.

Warum haben Menschen ein Bewusstsein?

Psychologen neigen manchmal dazu, Fragen zu stellen, deren Beantwortung eigentlich völlig trivial erscheint – zumindest so lange, bis man beginnt, darüber nachzudenken. Eine dieser Fragen ist die, warum Menschen eigentlich ein Bewusstsein haben. Spontan werden Sie vielleicht antworten, bewusste Entscheidungen seien viel rationaler und sinnvoller als solche, die man trifft, ohne „seinen Verstand einzuschalten".

Ganz so simpel ist die Antwort allerdings nicht. Dies sieht man schon daran, dass kognitive Komplexität auch bei nichtmenschlichen Spezies zu beobachten ist, die nicht eindeutig über ein Bewusstsein verfügen.

Unbewusste vs. bewusste Prozesse

Auch bei Menschen spielen unbewusste Prozesse eine wichtige Rolle. Ein Beispiel: Pro Sekunde kann unser Bewusstsein ca. 40–60 Informationseinheiten verarbeiten, unser unbewusster kognitiver Apparat hingegen 11 200 000 Informationseinheiten (Wilson, 2002). Allein acht Millionen dieser Informationseinheiten verarbeitet unser visuelles System. Und trotzdem, wenn man uns danach fragt, was wir eigentlich tun, wenn wir sehen, dann können wir diesen Vorgang nicht erklären.

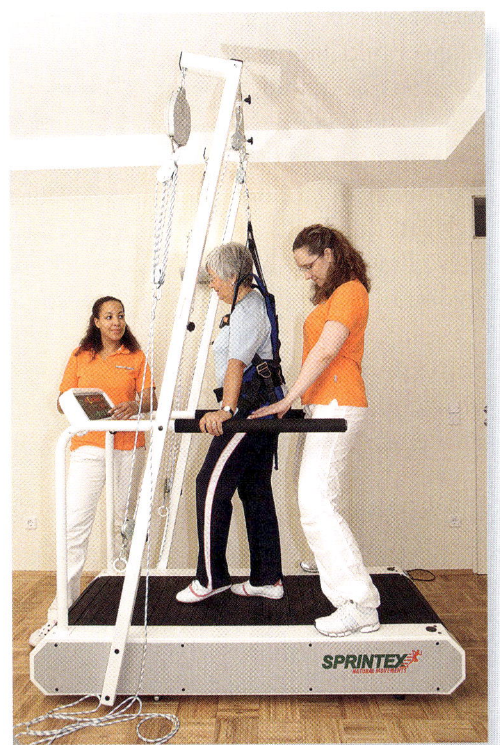

Abbildung 2.6: Wie geht man eigentlich? Schlaganfallpatienten müssen neu lernen, was sie vorher ganz unbewusst gemacht haben. (Quelle: www.frehe-watzel.de)

Ähnlich verhält es sich mit so simplen Aktivitäten wie Gehen oder Stehen. Dies fällt einem gesunden Menschen leicht, dennoch kann er nur schwer verbalisieren, wie er dies tut. Für Schlaganfallpatienten ist hingegen das Gehen und Stehen nur sehr schwer wieder erlernbar, weil dieser Prozess bewusst und reflektiert geschehen muss. Eben weil die meisten Menschen nicht erklären können, *wie* man geht und steht, benötigen diese Patienten Betreuung von ausgebildetem Fachpersonal, welches dazu in der Lage ist, den menschlichen Bewegungsapparat kognitiv begreiflich zu machen.

Viele Funktionen des Menschen sind unbewusst bereits so perfekt organisiert, dass sie durch willentliche Kontrolle kaum verbessert werden könnten. Dazu zählt z. B. unser Herz-Kreislaufsystem (zumindest bei gesunden Menschen): Wenn Sie Sport machen, ist Ihr Puls höher als wenn Sie sitzen, d. h. Ihr Körper erhöht die Sauerstoffzufuhr des Körpers dadurch, dass er die Herzschlagrate erhöht. Die meisten Menschen sind jedoch nicht dazu in der Lage, ihren Pulsschlag willkürlich zu senken oder zu heben. Und das ist auch gut so. Stellen Sie sich vor, unser gesamtes Herz-Kreislauf System wäre bewusst gesteuert und wir lebten beständig in der Gefahr, das Atmen zu vergessen!

Automatizität

Unbewusste Informationsverarbeitung

Ferner lässt sich beobachten, dass wir Verhaltensweisen, die wir zunächst bewusst ausüben, nach einer gewissen Dauer „automatisieren", d. h. ganz unbewusst praktizieren (Bargh & Chartrand, 2000). Ein Beispiel: Sehr wahrscheinlich werden Sie manchmal auf einer Computertastatur tippen. Vielleicht haben Sie sich hierzu selber ein „Zwei-Finger-Adler-Suchsystem" beigebracht, vielleicht sind Sie aber auch in der Lage, „blind" zu tippen, d. h. ohne beim Schreiben auf die Tastatur zu blicken. Nun kommt meine Frage: Welcher Buchstabe befindet sich auf der Tastatur weiter links, das „e" oder das „r"? Viele Menschen können diese Frage nicht beantworten, selbst dann, wenn sie beim täglichen Tippen diese Tasten in Sekundenbruchteilen finden.

John Bargh

US-amerikanischer Sozialpsychologe – Bargh ist seit den 1980ern einer der führenden Psychologen im Bereich der automatischen und unbewussten Informationsverarbeitung.

Nun könnte man das bislang Gesagte so interpretieren, dass unser Bewusstsein unwichtige Routineaufgaben an unser Unbewusstes delegiere, gleichwohl aber immer die Kontrolle über unsere Wahrnehmung und Entscheidungen behalte.

Umfangreiche Forschungen aus den letzten 20 Jahren stellen dieses Bild jedoch deutlich in Frage (Bargh & Morsella, 2008). Sie zeigen, dass Menschen sich oftmals nicht bewusst sind, welche Stimuli sie wahrnehmen, wie sie diese verarbeiten bzw. welchen Einfluss diese unbewusst verarbeiteten Stimuli auf ihre Ziele bzw. ihr Verhalten haben.

Ein berühmtes Beispiel ist die folgende Studie von John Bargh (Bargh, Chen & Burrows, 1996): Versuchspersonen nahmen an einem Experiment teil, in der es angeblich um die Messung ihrer Sprachfähigkeit ging. Hierbei wurden ihnen jeweils fünf Wörter vorgegeben, wovon sie jeweils vier Wörter verwenden sollten, um einen grammatikalisch korrekten und sinnvollen Satz zu bilden. Dabei beschäftigten sich die Versuchspersonen entweder mit neutralen Wörtern oder aber mit Wörtern, die mit dem Stereotyp alter Menschen assoziiert sind, so wie „grau", „konservativ" oder „Florida" (wo viele ältere Menschen in den USA ihren

Wohnsitz haben). Die abhängige Variable bestand in der Zeit, welche die Versuchspersonen brauchten, um nach dem Abschluss des Experiments vom Büro des Versuchsleiters zum Aufzug zu gehen. Tatsächlich gingen die Versuchspersonen, die zuvor Sätze mit Wörtern bilden sollten, welche mit dem Stereotyp alter Menschen assoziiert sind, deutlich langsamer als die Versuchspersonen aus der Kontrollbedingung. Das heißt: Die Versuchspersonen wurden unbewusst von dem Stereotyp über alte Menschen beeinflusst, dass zuvor bei ihnen aktiviert worden war.

Keiner der Versuchspersonen war sich bewusst, dass sein Gehtempo von dem Experiment beeinflusst war, an dem sie gerade teilgenommen hatten. Hätte man sie danach gefragt, warum sie schnell oder langsam gehen, hätte ihr Bewusstsein vermutlich dennoch eine plausible Begründung gegeben (z.B. „ich habe keine Eile, weil ich ohnehin erst in einer halben Stunde zu meiner nächsten Verabredung muss").

Wie kommt es aber dann, dass Menschen in aller Regel das *Gefühl* haben, Herr über ihre Handlungen zu sein, d.h. sich bewusst für oder gegen ein bestimmtes Verhalten zu entscheiden? Vielleicht ist dies nichts anderes als ein Beispiel dafür, dass Menschen automatisch einen kausalen Zusammenhang zwischen zwei Variablen annehmen, wenn diese regelmäßig zur gleichen Zeit auftreten. Ein Zusammenhang zwischen zwei Variablen besagt jedoch nicht, dass dieser kausal bedingt sein muss. Möglicherweise hängen zwei Variablen nur deshalb zusammen, weil beide durch eine dritte Variable verursacht sind. Mit anderen Worten: Es ist denkbar, dass unbewusste Motive und Handlungsintentionen *sowohl* unsere Handlungen *als auch* unsere bewussten Intentionen determinieren. Da uns die unbewussten Intentionen verborgen bleiben – sonst wären sie ja nicht unbewusst – bringen wir nur die bewussten Intentionen und die Handlung in Verbindung. So bleiben wir im Glauben der völligen Kontrolle unseres Handelns (Wegner & Wheatley, 1999).

Von einigen Autoren wird vor dem Hintergrund dieser und vieler anderer Ergebnisse argumentiert, das Bewusstsein habe keinerlei echte Funktion, sondern es handle sich bei diesem um ein reines Epiphänomen: Menschen denken sie hätten Handlungen intentional verursacht, obwohl dies gar nicht der Fall war (Wegner, 2002).

Wenn dies so wäre, dann würde sich allerdings die Frage stellen, warum so etwas wie ein Bewusstsein beim Menschen überhaupt evolvieren konnte. „Natural selection went through a great deal of trouble and expense to give us the capacity for conscious thought, and it would be surprising if it couldn't do anything useful" (Baumeister, 2005, S. 297).

Sinnvoller erscheint deshalb die Annahme, dass Informationsverarbeitung und Entscheiden sowohl durch unser Bewusstsein als auch durch unser Unbewusstes beeinflusst sind, wobei beide Systeme teilweise redundant sind, sich teilweise ergänzen, sich teilweise aber auch widersprechen.

Dual Process Theories

System 1 und System 2

Die Idee, dass unser kognitiver Apparat aus zwei parallelen Systemen besteht, hat in den letzten Jahren zur Entwicklung einer Vielzahl von „Dual Process Theories" geführt (für einen Überblick siehe Fiske & Taylor, 2008). Wir wollen im Folgenden in Anlehnung an den Psychologen und Nobelpreisträger Daniel Kahneman (Kahneman & Frederick, 2002) von System 1 und System 2 sprechen.

Die folgende Tabelle fasst die Eigenschaften beider Systeme zusammen:

System 1 (Unbewusstes System)	System 2 (Bewusstes System)
Phylogenetisch alt	Phylogenetisch neu
Intuitiv	Rational / reflexiv
Introspektiv nicht zugänglich	Introspektiv zugänglich
Ganzheitlich	Analytisch
Assoziativ	Regelbasiert
Automatisch	Kontrolliert
Schnell	Langsam
Parallel	Sequentiell
Wenig anstrengend	Anstrengend

Abbildung 2.7: Dual Process: Beim menschlichen Denken und Handeln lassen sich unbewusst und bewusste Systeme unterscheiden. (Quelle: Eigene Darstellung)

System 1. Dieses stellt sozusagen unseren unbewussten Autopiloten dar. Es ist phylogenetisch alt (d.h. wir teilen dieses System mit vielen anderen Spezies), es arbeitet weitgehend intuitiv und ist somit unserer Introspektion nur schwer zugänglich. Informationen werden ganzheitlich und assoziativ miteinander verknüpft, wodurch es Informationen automatisch, sehr schnell und parallel verarbeitet, ohne dabei zu ermüden. Beispiel: Visuelle Wahrnehmung.

System 2. Dieses System ist phylogenetisch jung (d.h. es ist so nur beim Menschen evolviert). Es arbeitet rational, ist unserer eigenen Introspektion zugänglich (d.h. wir können zumindest im Prinzip wissen, warum wir welche Regel anwenden) und arbeitet analytisch, regelbasiert und kontrolliert (d.h. wir können bewusst entscheiden, ob wir in einer gegebenen Situation eine bestimmte Regel für angemessen halten). Dieser kognitive Mehraufwand sorgt allerdings dafür, dass dieses System langsam arbeitet, immer nur eine Aufgabe zugleich bewältigen kann und anstrengend ist. Beispiel: das Schreiben eines Lehrbuchs.

Zusammengefasst bedeutet dies: Bewusste Handlungen und Entscheidungen sind flexibel und kontrolliert, aber sie beanspruchen enorme kognitive Kapazitäten, d.h. sie sind wenig effizient und „teuer". Unbewusste Handlungen und Entscheidungen sind hingegen fehlerbehaftet und relativ starr, aber sie erfolgen schneller und beanspruchen deutlich weniger kognitive Kapazitäten, d.h. sie sind sehr viel effizienter und „preiswerter" als bewusste Entscheidungen.

In den meisten Fällen gelingt es beiden Systemen, effizient zusammenzuarbeiten, indem jedes die Aufgaben übernimmt, für die es besonders geeignet ist. Hierbei sollten wir uns aber keinen Illusionen hingeben. Oftmals ringen unser Unbewusstes und unser Bewusstsein auch miteinander, wie sich am Problem der Selbstkontrolle und anderen intrapsychischen Konflikten einer Person zeigt.

Knifflige Fragen: Das Leib-Seele-Problem und die Frage der Willensfreiheit

Die Frage, ob unser Verhalten von unserem Bewusstsein gesteuert oder zumindest kontrolliert wird, ist auch für zwei Probleme von Bedeutung, mit denen sich die Psychologie und viele andere Disziplinen schon seit Jahrhunderten beschäftigen:

Erstens: Das Leib-Seele Problem, d.h. die Frage, inwiefern alle psychischen Entitäten wie Emotionen oder Kognitionen auf körperliche Prozesse reduzierbar sind.

Zweitens: Das Problem des freien Willens, d.h. die Frage, ob alles menschliche Verhalten durch externe Ursachen determiniert ist oder aber, ob Menschen das Vermögen besitzen, Entscheidungen zu treffen, die nicht durch externe Ursachen kausal verursacht sind.

Beide Probleme sind offensichtlich miteinander verknüpft: Wenn alle Psychologie auf physikalische Prozesse reduzierbar ist, erscheint es wenig plausibel, zu argumentieren, menschliches Entscheiden unterliege einem freien Willen. Darum lohnt es sich, beide Fragen genauer zu betrachten.

Das Leib-Seele-Problem und die Relevanz neurologischer Forschung

Intuitiver Dualismus

Die meisten Menschen lassen sich als „intuitive Dualisten" beschreiben (Boyer, 2001). Wir nehmen wahr, dass wir einen Körper „haben", aber wir erleben, sehr viel mehr zu sein als die Summe unserer physiologischen Prozesse. Stattdessen empfinden wir unser eigentliches „Ich" als eine rein psychische Entität, die unabhängig von unserem Körper existiert.

Der Dichter Robert Gernhardt fasst diese Wahrnehmung in seinem Gedicht „Mein Körper" wie folgt zusammen:

„Mein Körper ist voll Unvernunft, ist gierig, faul und geil.
Tagtäglich geht er mehr kaputt, ich mach ihn wieder heil."

Neurowissenschaft

Die moderne Neurowissenschaft lehrt uns etwas anderes (Roth, 2003). Nach ihr ist die Idee einer immateriellen Seele, die unser Verhalten steuert, ein vollkommener Irrglaube. Stattdessen seien alle psychischen Prozesse auf neurologische und damit letztlich physikalische Prozesse reduzierbar.

Ist unser „Ich" somit nichts weiter als eine Illusion?

Dem widerspricht zum einen unser subjektives Empfinden. Wenn man dieses Empfinden als reine Täuschung erklärt, bleibt zumindest die Frage, wie und warum es zu dieser Täuschung kommt.

Physische Entsprechung mentaler Prozesse

Hinzu kommt etwas anderes: Alle mentalen Prozesse haben eine physikalische Entsprechung. Ohne Hirn kein Denken. Daran kann es beim heutigen Wissensstand keinen Zweifel geben. Aber lässt sich daraus logisch ableiten, psychische Prozesse wie Denken, Fühlen oder Motivation seien auf physikalische Prozesse zu reduzieren? Die Tatsache, dass mentale Prozesse eine physikalische Entsprechung haben, bedeutet keineswegs, dass die physikalischen Prozesse die kausale Ursache der mentalen Prozesse sind oder gar, dass unser Geist auf seine materiellen Grundlagen „reduzierbar" ist. Beispiel: Wir beobachten, wie eine Person, deren Handy klingelt, an den Apparat geht und in diesem Telefonat erfährt, dass ihr Partner einen schweren Verkehrsunfall hatte, in Lebensgefahr schwebt und ins nächste Krankenhaus gebracht wurde. Wäre diese Person zum Zeitpunkt ihres Telefonats an die entsprechenden Apparaturen angeschlossen, ließen sich mit Sicherheit dramatische physiologische Prozesse beobachten. Aber was wäre hier Ursache, was wäre Wirkung? Wäre es nicht absurd, zu formulieren, die Person habe Angst, weil physiologischen Prozesse beobachtbar sind, die als Indikator für Angst gelten? Nein, diese Person hat Angst, weil sie gerade erfahren hat, dass ihr Partner im Krankenhaus liegt. Diese Angst offenbart sich auf verschiedenen Ebenen: Auf einer mentalen Ebene ebenso wie auf einer physiologischen, aber

„Wenn einer keine Angst hat, hat er keine Phantasie."
Erich Kästner (1899–1974), dt. Schriftsteller

es wäre absurd, in diesem Fall die physiologische Ebene als die kausal wirkende zu betrachten.

Auffallend ist übrigens, dass bei der Interpretation von physiologischen und neurologischen Phänomenen stets Vokabeln aus der Phänomenologie der Psychologie bzw. der mentalen Prozesse verwendet werden. Ein Beispiel: Studien haben gezeigt, dass soziale Stimuli (wie andere Menschen) neurologisch anders verarbeitet werden als nonsoziale Stimuli (wie Kaffeetassen oder Autos) (Fiske & Taylor, 2008). Das ist sicher spannend, aber die Klassifikation der Stimuli als sozial versus nonsozial liefert nicht die Neurologie, sondern die Psychologie.

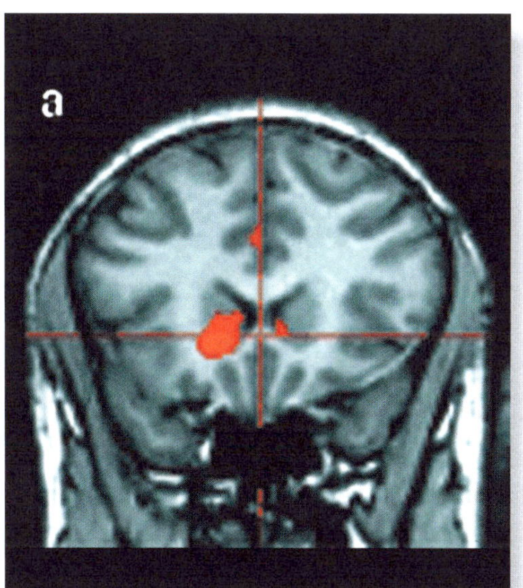

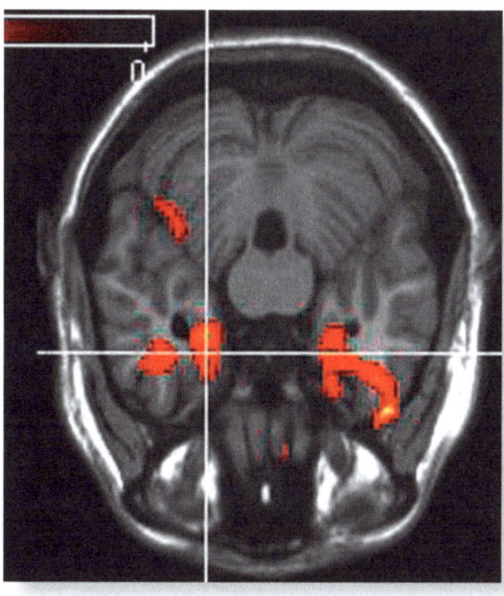

Abbildung 2.8: Das Gehirn bei der Vorfreude auf eine finanzielle Belohung (li) und bei Angst (re): Fühlen wir etwas, weil unsere Neuronen aktiv sind oder sind die Neuronen aktiv, weil wir etwas fühlen? (Quelle: li: Knutson, 2001; re: Prof. Rupert Lanzenberger, Wien)

Neuroeconomics

Auch viele Ökonomen haben in den letzten Jahren die Neurowissenschaften für sich entdeckt und daraus eine Forschungslinie entwickelt, die sie als „Neuroeconomics“ bezeichnen (Loewenstein et al., 2008). Ein Grund für ihre Begeisterung liegt vermutlich darin, dass sie auf diese Weise zur Erklärung menschlichen Verhaltens nicht auf weiche Konzepte wie „Kognitionen“ oder „Einstellungen“ zurückgreifen müssen.

Dennoch: Durch Fortschritte der Neurologie wird Psychologie nicht obsolet (auch nicht für Ökonomen) und mit der Analyse neurologischer Prozesse analysieren wir keineswegs die „wahren“ Ursachen menschlichen Verhaltens.

Gibt es einen freien Willen?

Ähnlich komplex wie die Frage nach dem Zusammenhang zwischen psychischen und physiologischen Prozessen ist die Frage danach, ob Menschen eigentlich so etwas wie einen freien Willen haben. Auch hier scheint es einen nahezu unüberbrückbaren Gegensatz zu geben zwischen formaler Logik auf der einen und unserem subjektiven Empfinden auf der anderen Seite.

Logisch kann argumentiert werden, die Idee eines freien Willens sei absurd, weil alles, was sich ereignet, eine Ursache habe, d. h. kausal determiniert sei. Dieser Erkenntnis widerspreche jedoch die Idee eines freien Willens, da dieser definitionsgemäß nicht kausal erklärt werden könne (Dennett, 2004).

Dennoch empfinden Menschen dies anders. Wenn ich jetzt aufstehe, um mir eine Tasse Kaffee einzuschenken, habe ich subjektiv das Gefühl, eine freie Entscheidung zu treffen. Ich könnte mich auch dazu entscheiden, keinen Kaffee zu trinken. Diese Wahrnehmung mag eine Illusion sein, aber wenn man diesen Standpunkt vertritt, dann muss man auch erklären, warum Menschen dieser Illusion unterliegen.

Reaktanztheorie

Und wir wissen, dass für Menschen diese Illusion sehr wichtig ist. Die Reaktanztheorie z. B. beschäftigt sich mit der Frage, wie wir darauf reagieren, wenn man unsere Entscheidungsfreiheit einschränkt (Brehm & Brehm, 1981). Das Ergebnis: Steht eine Verhaltensalternative unerwartet nicht mehr zur Verfügung, so werten Menschen diese spontan auf und nehmen erhebliche Anstrengungen auf sich, sie doch noch realisieren zu können.

Der deutsche Philosoph Arthur Schopenhauer hat einmal festgestellt: „Ein Mensch kann zwar tun, was er will, aber nicht wollen, was er will". Dies mag wohl sein, aber es macht für uns einen enormen Unterschied, ob wir das tun können, was wir wollen oder aber, ob wir das tun müssen, was andere wollen.

Freiheitsgrad einer Entscheidung

Eine vermittelnde Position vertritt Baumeister (2008), der argumentiert, dass sich Entscheidungen im Grad ihrer Freiheit bzw. Unfreiheit unterscheiden und dass die menschliche Fähigkeit, eine freie Entscheidung zu treffen, ein vergleichsweise junges Produkt der menschlichen Evolution sei. Ihre Funktion liege vor allem darin, sich für die Verfolgung langfristiger Ziele entscheiden zu können, auch wenn diese im Widerstreit mit anderen, kurzfristigen Zielen stünden (auf das Problem der menschlichen Selbstkontrolle werden wir im Kapitel 12 noch ausführlicher zu sprechen kommen).

Ausblick

Fragen, wie die nach dem Zusammenhang von Leib und Seele bzw. danach, ob Menschen so etwas wie einen freien Willen haben, sind sowohl logisch als auch empirisch nur äußerst schwer zu beantworten. Der deutsche Phyisologe Emil du Bois-Reymond meinte hierzu bereits vor hundert Jahren: „Ignoramus et ignorambimus" (Wir wissen es nicht und werden es niemals wissen) (Du Bois-Reymond, 1872).

Auch wenn es letztlich eine Illusion ist, wir könnten Entscheidungen bewusst treffen, wir seien mehr als die Summe unserer physiologischen Prozesse und wir hätten so etwas wie einen freien Willen, erscheinen diese Illusionen aus evolutionärer Perspektive höchst funktional. Stellen wir uns einen Menschen vor, der die Erkenntnisse der modernen Naturwissenschaft radikal akzeptiert. Woher sollte ein solcher Mensch die Kraft nehmen, zu leben?

Abbildung 2.9: Wenn du denkst, du denkst: Lohnt sich das denken überhaupt oder ist alle Willensfreiheit nur Illusion? Zumindest werden die Menschen wohl nie aufhören, sich als rationalen Entscheider zu sehen. Der Denker, Auguste Rodin. (© Justimagine – Fotolia.com)

Kurz und gut

1. Sprachfähigkeit, Empathie und die Fähigkeit zur Unterscheidung zwischen Phantasie und Realität sind wichtige Eigenschaften, durch die sich homo sapiens von allen anderen Spezies unterscheidet.
2. Menschliche Sprache ist dadurch gekennzeichnet, dass bestimmten Bedeutungsinhalten willkürlich bestimmte Wörter zugeordnet sind.
3. Alle menschlichen Sprachen folgen einer Universalgrammatik, d. h. sie sind in ihrer logischen Grundstruktur identisch.
4. Unter „Theory of Mind" versteht man die Fähigkeit des Menschen, zu begreifen, dass auch andere Menschen über ein Bewusstsein verfügen, welches sich vom eigenen Bewusstsein deutlich unterscheidet.
5. Unser kognitiver Apparat hat vor allem die Funktion, unser Handeln zu steuern: „Thinking is for doing" (William James).
6. Menschliches Denken und Entscheiden folgt häufig so genannten kognitiven Heuristiken. Diese sind simple Daumenregeln, die ohne großen Aufwand an Informationsverarbeitung oftmals zu guten Ergebnissen führen.
7. Viele Funktionen des Menschen (wie z. B. unser Herz-Kreislauf System) sind unbewusst bereits so perfektioniert, dass sie durch eine bewusste Steuerung kaum verbessert werden könnten.
8. Viele Verhaltensweisen, die wir zunächst bewusst ausüben, werden nach einer gewissen Weile automatisiert, d. h. ganz unbewusst praktiziert (wie z. B. das Tippen mit 10 Fingern oder das Fahren eines Autos).
9. Das menschliche kognitive System besteht aus einem (intuitiven) unbewussten und einem (reflektierten) bewussten Teilsystem.
10. Psychische und physische Prozesse beim Menschen sind durch hochgradig komplexe Wechselwirkungen gekennzeichnet. Versuche, die menschliche Psyche vollständig auf physiologische Prozesse zu reduzieren, erscheinen deshalb fragwürdig.

Studentenfutter

Pinker, S. (1997). *How the mind works*. London: Penguin. (deutsch: *Wie das Denken im Kopf entsteht*).

Wegner, D. M. (2002). *The illusion of conscious will*. Massachusetts: The MIT Press.

Kapitel 3

Eine Frage des Gefühls – zur Psychologie von Emotion und Motivation

Kapitel 3 Eine Frage des Gefühls – zur Psychologie von Emotion und Motivation

Inhalt

Über das grundsätzliche Verhältnis von Motiven und Emotionen

In diesem Kapitel geht es um die Frage, welchen Einfluss Motive und Emotionen (d. h. Gefühle) auf das Verhalten von Menschen haben. Die Antwort lässt sich in einem Satz wie folgt zusammenfassen: Motive haben einen energitisierenden Charakter, indem sie uns dazu antreiben, bestimmte Emotionen anzustreben oder zu vermeiden. Anders ausgedrückt: Unsere Motive bestimmen, *was* wir wollen, Kognitionen vermitteln uns Informationen darüber, *wie* wir etwas erreichen. Emotionen informieren uns darüber, inwiefern unser Verhalten uns einem angestrebten Ziel näher bringt oder nicht.

Diese Perspektive ist keineswegs unumstritten. In den letzten Jahrzehnten ist der Mensch oftmals vor allem als ein Informationen verarbeitendes Wesen betrachtet worden. Die derzeit dominierende Strömung innerhalb der Sozialpsychologie

Social Cognition

bezeichnet sich selber als „Social Cognition“ und beschäftigt sich vor allem mit der Frage, wie Menschen Informationen aus ihrer sozialen Umwelt verarbeiten, motivationale Aspekte werden hierbei bewusst vernachlässigt. „Motivation is secondary in importance to cognition“ (Fiske & Taylor, 2008, S. 11.).

Aus einer evolutionspsychologischen Perspektive hingegen ist zu betonen, dass wir nur dann das Verhalten eines Menschen verstehen können, wenn wir neben seinen Kognitionen auch die Motive seines Verhaltens untersuchen.

Die Bedeutung des menschlichen Motivsystems kann man sich auch dadurch verdeutlichen, dass Menschen mit Computern verglichen werden. Der wesentliche Unterschied liegt nicht so sehr darin, dass Computer anders „denken“, sondern vor allem darin, dass Computer keine Motive (d. h. keine eigenständigen Ziele) haben. In Science Fiction Filmen (wie z. B. „I, Robot“) sieht man immer wieder, dass Computer sich von ihren menschlichen Benutzern loslösen und die Weltherrschaft übernehmen. Warum aber um alles in der Welt sollten sie dies tun wollen (Pinker, 1998)?

Verhältnis von Motiven und Emotionen

Wie genau ist nun das Verhältnis von Motiven und Emotionen zu umschreiben? Auf den ersten Blick ist man versucht, anzunehmen, dass wir aus Art und Stärke unserer Emotionen auf die Stärke unserer Motive schließen können. Eine solche Sichtweise wäre jedoch irreführend. Nehmen Sie z. B. das menschliche Bedürfnis, zu atmen. Die meisten Menschen sind sich dieses Bedürfnisses kaum bewusst und die Tatsache, dass Sie in den letzten fünf Minuten ca. 70mal Luft geholt haben, wird bei Ihnen kaum positive Emotionen hervorgerufen haben. Es wäre dennoch falsch, daraus zu folgern, dass Ihnen Atmen nicht so wichtig ist. Wie wichtig es ist, zu atmen, erleben z. B. kranke Menschen, die einen Asthma-Anfall erleiden oder die zum Hyperventilieren neigen, wenn sie sich aufregen. Auch gesunde Menschen reagieren mit überaus starken Gefühlen von Angst und Panik, wenn man ihnen die Luft zum Atmen nimmt (eine Tatsache, die sich der CIA in den letzten Jahren durch die Methode des so genannten „Water Boarding“ zunutze gemacht hat).

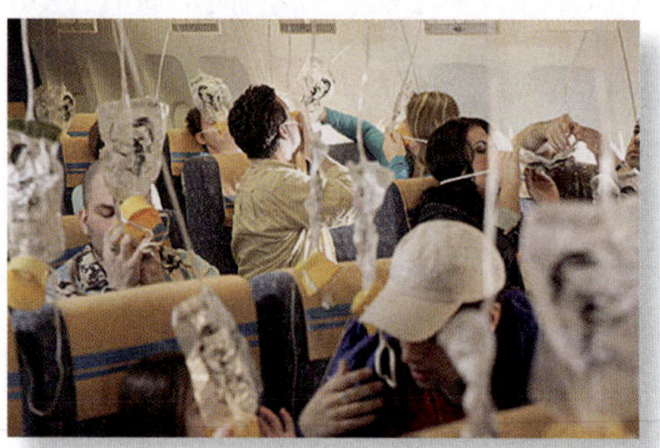

Abbildung 3.1: Atemnot: Viele Bedürfnisse und Motive werden uns erst bewusst, wenn wir sie nicht mehr automatisch befrieden können. (Quelle: National Geografic).

Allgemein formuliert: Wenn ein bestimmtes Motiv kontinuierlich befriedigt wird, ist es nur mit schwachen Emotionen verbunden, hieraus sollte jedoch nicht geschlussfolgert werden, dass zugrunde liegende Motiv sei ebenfalls nur schwach ausgeprägt.

Wie lassen sich verschiedene Emotionen unterscheiden?

Drei grundlegende Dimensionen von Emotionen

Psychologen interessiert die Frage: Wie lassen sich unterschiedliche Emotionen unterscheiden und klassifizieren? Darum haben sie versucht, die große Vielzahl menschlicher Emotionen auf einigen wenigen Dimensionen zu lokalisieren und unterscheiden zumeist drei grundlegende Dimensionen (Turner & Stets, 2005):

(1) Eine Bewertungsdimension (Emotionen sind entweder positiv oder negativ);
(2) eine Erregungsdimension (Emotionen sind entweder ruhig oder aufgeregt) sowie
(3) eine Potenzdimension (Emotionen unterscheiden sich darin, ob wir uns groß und stark oder klein und schwach empfinden).

Die Bewertungs- und Erregungsdimension erweisen sich hierbei als weitgehend unabhängig. So ist z. B. „Entspannung" eine positive Emotion mit niedrigem Erregungsgrad, „Ekstase" eine positive Emotion mit einem hohen Erregungsgrad; „Trauer" ist eine negative Emotion mit einem niedrigem Erregungsgrad, „Wut" hingegen eine negative Emotion mit einem hohen Erregungsgrad.

Die Bewertungs- und Potenzdimension sind hingegen zumeist positiv miteinander verknüpft. Wenn wir uns gut fühlen, fühlen wir uns zumeist nicht klein und schwach. Ausnahmen wären die positiven Gefühle eines Katholiken im Kölner Dom oder die Gefühle eines Masochisten beim Sex mit einem dominanten Partner, wobei sich diese beiden Emotionen selbstverständlich auf der Erregungsdimension erheblich unterscheiden.

Auch wenn es möglich ist, alle Gefühle in einem dreidimensionalen Raum von Bewertung, Erregung und Potenz zu verorten, wird man der phänomänologischen Komplexität von Emotionen dadurch nicht wirklich gerecht. Tatsächlich fühlen sich in unserer subjektiven Wahrnehmung auch scheinbar sehr ähnliche Emotionen unterschiedlich an (z. B. das Gefühl von Intimität und Nähe, dass wir einerseits beim Zusammensein mit unserem Sexualpartner und andererseits unserem besten Freund oder unseren Eltern erleben) (Frijda, 2007).

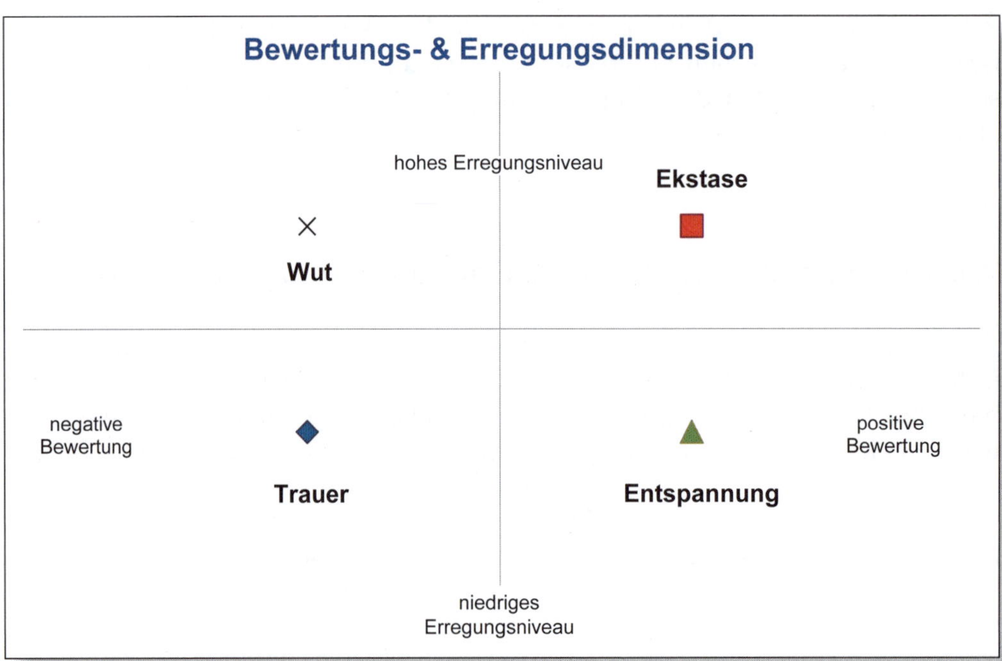

Abbildung 3.2: Bewertungs- und Erregungsdimension: Erst wenn man mehrere Dimensionen gleichzeitig betrachtet, lassen sich Emotionen klar voneinander unterschieden und klassifizieren. (Quelle: Eigene Darstellung)

William Isaac Thomas (1863–1947)

US-amerikanischer Soziologe – Namensgeber für das Thomas-Theorem, welches besagt, dass etwas dann reale Konsequenzen hat, wenn Menschen es für wahr halten – unabhängig davon, ob es tatsächlich existiert.

Zur Subjektivität von Emotionen

Emotionen sind nicht Reaktionen auf objektive Umweltzustände, sondern auf deren subjektive Interpretation. Dies wird z. B. bei Furchtemotionen deutlich. So fürchten sich viele Menschen vor Spinnen, auch wenn sämtliche in Deutschland lebenden Spinnenarten für uns gänzlich ungefährlich sind. Andere Beispiele für die Wichtigkeit subjektiver Interpretationen von Situationen als Auslöser bestimmter Emotionen sind Aggressionen („ist mir der Typ gerade absichtlich auf den Fuß getreten?") bzw. Eifersucht („ist dieser Lackaffe wirklich nur daran interessiert, sich mit meiner Partnerin über ihre gemeinsame Seminararbeit zu unterhalten?").

An dieser Stelle soll auf das dem amerikanischen Soziologen William Isaac Thomas zugeschriebene Thomas-Theorem verwiesen werden, welches besagt: „If men define situations are real, they are real in their consequences" (Thomas & Thomas, 1928, S. 572).

Thomas-Theorem

Den letzten Satz sollten Sie sich in jedem Falle merken, denn er beschreibt eine der wichtigsten Erkenntnisse der Sozialwissenschaft überhaupt. Die fundamentale

Tragweite dieser scheinbar so einfachen Aussage kann Sie die Welt mit anderen Augen sehen lassen.

Aus diesem Theorem lässt sich auch ableiten, dass Vorhersagen, selbst wenn sie zunächst auf völlig falschen Prämissen basieren, zu ihrer eigenen Bestätigung beitragen können (Merton, 1957). So genannte sich selbst erfüllende Prophezeiungen. Als ein – auch heutzutage – aktuelles Beispiel ist der Fall zu nennen, dass Anleger einer bestimmten Bank ihr gesamtes Geld abheben, wenn sie befürchten, dass diese Bank ihre Zahlungsfähigkeit einbüßen könnte.

Neben sich selbst erfüllenden gibt es übrigens auch sich selbst zerstörende Prophezeiungen, d.h. Vorhersagen, die zu ihrem eigenen Nichteintreten beitragen. Man denke z.B. an einen hunderte Kilometer langen Stau, der für den ersten Tag der Sommerferien vorhergesagt ist – und der dann viel kürzer ist als erwartet, weil viele Menschen stattdessen einen Tag früher oder einen Tag später fahren.

Was wollen wir?

Motivationsforschung

Fassen wir zusammen: Emotionen informieren uns über die Stärke eines Motivs und steuern somit unser Verhalten. Was aber wollen wir? Eine der schwierigsten Aufgaben der Motivationsforschung besteht seit jeher darin, verschiedene Motive zu ordnen und zu systematisieren. Wie viele Motive gibt es und wie lassen diese sich unterscheiden?

Jeremy Bentham (1748–1832)

Englischer Philosoph – Bentham gilt u.a. als Begründer des Utilarismus, welcher die Konsequenzen und nicht die Motive einer Handlung als ausschlaggebend für die Richtigkeit oder Fehlerhaftigkeit einer Handlung erachtet.

Von Jeremy Bentham ist argumentiert worden, dass jegliches menschliches Verhalten durch das so genannte „Lustprinzip“ erklärt werden könne: „Nature has placed mankind under the governance of two sovereign masters, pain and pleasure. It is for them alone to point out what we ought to do, as well as to determine what we shall do.“ (Bentham, 1789/2005, S. 11).

Zu sagen, menschliches Verhalten sei dadurch motiviert, positive Emotionen zu erleben und negative Emotionen zu vermeiden, wirkt auf den ersten Blick recht trivial. Wenn diese Aussage stimmt, hat diese Tatsache jedoch fundamentale Auswirkungen darauf, wie wir so etwas wie menschliche *Rationalität* definieren. Rationale Handlungen sind dann nämlich dadurch definiert, dass sie geeignet sind, das Ausmaß zukünftiger positiver Emotionen zu maximieren und das Ausmaß zukünftiger negativer Emotionen zu minimieren (Loewenstein, 1996). Im Gegensatz zu den üblichen Standardlehrbüchern der Ökonomie ginge es im menschlichen Verhalten also nicht darum, einen wie auch immer definierten abstrakten Nutzen zu maximieren, sondern um die Herbeiführung bestimmter

Emotionen (zum Zusammenhang von Emotionen und rationalen Entscheidungen siehe auch Kapitel 11).

Bei der Analyse von Motiven ist es wichtig, sich zu vergegenwärtigen, dass einzelne Handlungen oftmals nicht nur auf die Befriedigung eines singulären Motivs abzielen. So dient z. B. Nahrungsaufnahme nicht nur dazu, unseren Körper mit Energie zu versorgen, sondern kann zugleich auch unser Motiv nach Affiliation (d. h. sozialer Anschluss), unser Neugiermotiv beim Ausprobieren neuer, exotischer Speisen oder auch unser Statusmotiv zu befriedigen. So können wir durch das Essen in einem teuren Restaurant sowohl unseren Wohlstand als auch unsere Distinguiertheit demonstrieren und haben zumeist mehr Spaß daran mit anderen zu essen als alleine.

Auch bei nichtmenschlichen Spezies lässt sich beobachten, dass bestimmte Handlungen oftmals im Dienste unterschiedlicher Motive stehen. So dient z. B. das so genannte „Grooming", also die gegenseitige Körperpflege, bei vielen Affenarten vordergründig dazu, den Rücken des Anderen von Läusen zu befreien, hat daneben aber auch eine starke soziale Funktion (Dunbar, 2004a).

Im Folgenden werden wir uns mit einzelnen konkreten Motiven auseinandersetzen. Diese lassen sich aufgliedern in nichtsoziale und soziale, intrinsische und extrinsische sowie explizite und implizite Motive.

Abbildung 3.3: Zwei oder gar mehr Fliegen mit einer Klappe schlagen: Wie das Grooming bei Affen dienen viele Handlungen mehreren Motiven gleichzeitig. (Quelle: Pixelio)

Nichtsoziale Motive

Nahrung und Flüssigkeit

Nahrung und Flüssigkeit. Alle Organismen können nur überleben, wenn sie regelmäßig Nahrung und Flüssigkeit zu sich nehmen. Emotionen, die mit diesem Motiv verbunden sind, sind offensichtlich Hunger und Durst. Auf Speisen, die für unseren Körper schädlich wären (z. B. Schimmel oder verdorbenes Fleisch), reagieren Menschen mit Gefühlen von Abscheu und Ekel.

Weiter oben hatten wir schon darauf hingewiesen, dass homo sapiens unter Bedingungen relativer Nahrungsknappheit evolviert ist. Dies erklärt, dass wir relativ lange (mehrere Wochen) ohne Nahrung überleben können, und dass wir unter den Bedingungen moderner Überflussgesellschaften dazu neigen, viel zu viel Fett, Zucker und Salz zu uns zu nehmen. Wasser war hingegen während der Evolution des modernen Menschen in den meisten Lebensräumen ausreichend vorhanden. Das erklärt, warum wir bereits nach wenigen Tagen ohne Flüssigkeitsaufnahme sterben. Dies erklärt aber auch, warum Menschen bei der Aufnahme von Flüssigkeit sehr viel weniger Probleme haben, das rechte Maß zu finden. Wenn wir sagen, jemand habe sich „zu Tode getrunken", dann meinen wir damit eben nicht, jemand habe sein Bedürfnis nach Flüssigkeit übererfüllt.

Körperliche Unversehrtheit und Überleben

Körperliche Unversehrtheit und die Sicherung des eigenen Überlebens. Allen Lebewesen ist zu Eigen, dass sie an ihrem eigenen physischen Fortbestand interessiert sind. Deshalb sind Menschen motiviert, Verletzungen und Krankheiten zu vermeiden. Emotionen, die zur Befriedigung dieser Motive beitragen, sind offensichtlich das Empfinden von Schmerz sowie verschiedene Formen von Furcht. Die evolutionäre Psychiatrie hat darauf aufmerksam gemacht, dass viele Angstneurosen aus übersteigerten Gefühlen bestehen, die im rechten Maß durchaus sinnvoll sind (so macht es Sinn, sich vor wilden Tieren zu fürchten, panische Angst vor Mäusen ist hingegen reichlich irrational) (Nesse, 1987).

Neugier und Kompetenz

Neugier und Kompetenz. Diese Motive führen dazu, dass Menschen versuchen, möglichst viele Informationen über ihre physikalische und soziale Umwelt zu erhalten und möglichst viele Fähigkeiten zu erwerben, um erfolgreich in diesen Umwelten zu agieren. Sie lassen sich z. B. bei kleinen Kindern sehr lebhaft beobachten, wenn diese unermüdlich versuchen, Stehen bzw. Laufen zu lernen oder wenn diese ihren Eltern mit unendlich vielen „Warum?" Fragen auf die Nerven gehen.

Kontrolle und Autonomie

Kontrolle und Autonomie. Menschen haben ein starkes Bedürfnis danach, ihre Umwelt zu kontrollieren, u. a. um zu vermeiden, in ihrem Verhalten durch andere kontrolliert zu werden. „The fundamental motivation of human beings, and all other complex organisms, is to achieve some level of control over the social (e. g., other people), biological (e. g., food) and physical (e. g., territory) resources that support life and allow one to reproduce" (Geary, 1998, Seite 11).

In einem Feldexperiment an Bewohnern verschiedener Altenheime zeigte sich sehr eindrucksvoll, wie wichtig es für Menschen ist, Einfluss auf ihre Umwelt auszuüben (Langer & Rodin, 1976). In der Experimentalbedinung erhielt jeder Bewohner die Aufgabe, sich um eine Pflanze in seinem Zimmer zu kümmern und diese regelmäßig zu gießen. In der Kontrollbedingung hingegen wurden diese Aufgaben von den Altenpflegern übernommen. Dieser simple Unterschied hatte dramatische Konsequenzen. Die Teilnehmer der Experimentalbedingung bezeichneten sich als glücklicher und zufriedener, wurden von den Ärzten als gesünder bewertet und hatten eine höhere Lebenserwartung (!) als die Teilnehmer in der Kontrollbedingung.

Vor dem Hintergrund dieser Ergebnisse ist es nicht verwunderlich, dass viele Studierende, vor allem wenn sie Studiengänge mit großen Massenvorlesungen studieren, an ihrem Studium verzweifeln. Eine Existenz als bloße „Nummer" mit der Anforderung, in Klausuren lediglich das zu reproduzieren, was einem zuvor eingetrichtert wurde, ist nur wenig geeignet, bei den Studierenden ein Empfinden von Kontrolle und Autonomie hervorzurufen.

Soziale Motive

Das Bedürfnis nach Zugehörigkeit

Das Bedürfnis nach Zugehörigkeit. Dieses Motiv – im Englischen spricht man von „the need to belong"– ist eines der basalsten und stärksten Motive des Menschen (Baumeister & Leary, 1995). Der Grund dafür ist einfach: Nur Menschen, die fähig sind, Beziehungen zu anderen Menschen zu knüpfen, sind in der Lage, ihr eigenes Überleben zu sichern bzw. sich fortzupflanzen.

Mit dem Bedürfnis nach Zugehörigkeit sind eine Vielzahl unterschiedlicher Emotionen verbunden: Wir sind stolz, wenn wir eine Leistung erbracht haben, die von unseren Mitmenschen als wichtig und gut angesehen wird; auf die Aussicht, aus einer Gruppe ausgeschlossen zu werden, reagieren wir mit Furcht; auf die Wahrnehmung, keiner Gruppe anzugehören, reagieren wir mit Einsamkeit und Verzweiflung; wir schämen uns, wenn wir eine bestimmte Gruppennorm nicht erfüllt haben.

Am Beispiel der Scham lässt sich im Übrigen gut zeigen, dass unsere Gefühle immer zugleich genetisch *und* kulturell bedingt sind. Die Fähigkeit, sich zu schämen, ist eine menschliche Universalie (d.h. sie ist in jeder Kultur beobachtbar),

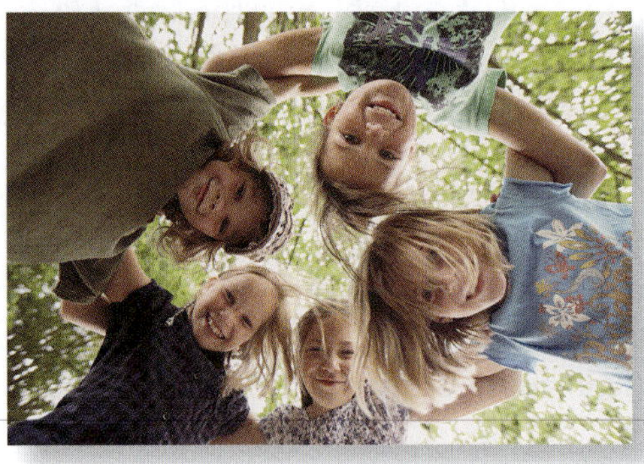

Abbildung 3.4: Cliquenwirtschaft: Jeder Mensch hat ein Bedürfnis nach Zugehörigkeit zu einer Gruppe. (© Christian Schwier – Fotolia.com)

was Scham auslöst, ist jedoch in hohem Maße kulturabhängig (Hammerstein, 2003). Auf die Frage, inwiefern unser Verhalten durch das Bedürfnis nach Zugehörigkeit geprägt ist, werden wir in späteren Kapiteln noch ausführlich zurückkommen.

Sexualität und Intimität

Sexualität und Intimität. Die Bedeutung dieses Motivs für jedes sich geschlechtlich fortpflanzende Lebewesen ist offensichtlich. Asexuelle Individuen, die nicht an Sex interessiert sind, werden keine eigene Nachkommen haben bzw. sind niemandes Vorfahre. Gefühle, die durch unser Sexualmotiv ausgelöst werden, sind offensichtlich sexuelle Erregung, aber auch Zärtlichkeit und – wenn unsere sexuelle Beziehung gefährdet ist – Eifersucht.

Sigmund Freud (1865–1939)

Österreicher Arzt und Psychologe – Freud ist der Begründer der Psychoanalyse, welche sich mit der Psychodynamik des Unbewussten – besonders der Triebe und der Spannung aus Es, Ich und Über-Ich – befasst.

Für Freud (der sehr von Darwin beeinflusst war, siehe Sulloway, 1982) war deshalb der Sexualtrieb lange Zeit die einzige Triebfeder menschlichen Verhaltens. Unter dem Eindruck des ersten Weltkriegs stellte Freud der Sexualität einen zweiten Trieb gegenüber, den er als „Thanatos“ (Todes- bzw Zerstörungstrieb) bezeichnete.

Interessanterweise wird von anderen Autoren das Sexualmotiv hingegen kaum erwähnt (siehe z. B. die Motivationstheorie von McClelland bzw. das Lehrbuch von Fischer & Wiswede, 2009). In vielen Registern moderner Lehrbücher sucht man das Stichwort „Sexualität“ vergeblich (z. B. bei Stroebe et al., 2002) oder findet es allenfalls in Verbindung mit antisozialen Konnotationen wie „Sexismus“ oder „sexuelle Aggression“ (Bierhoff & Frey, 2006). Nach meinem Eindruck ist die wachsende Verbreitung der Evolutionspsychologie gerade in den Populärwissenschaften auch darauf zurückzuführen, dass dort Themen wie Partnerwahl und Sexualität besonders prominent behandelt werden (Teilnehmer unserer Vorlesung zum Thema „Evolutionspsychologie“ sind manchmal ganz enttäuscht, wenn es dort auch um andere Themen geht).

David McClelland (1917–1998)

US-amerikanischer Sozialpsychologe – McClelland entwickelte eine Theorie der Motivation, welche Motivation in drei dominante Bedürfnisse gliederte: das Bedürfnis nach Erfolg, nach Macht und nach Zugehörigkeit.

Im Kapitel 9 werden wir uns eingehender mit dem Thema Geschlechterunterschiede befassen. An dieser Stelle sei nur darauf hingewiesen, dass sich die sexuellen Bedürfnisse von Männern von denen der Frauen in allen Kulturen unterscheiden. So sind Männer eher als Frauen bereit, auch Sex mit einer Person zu haben, der sie sich emotional nicht verbunden fühlen (Schmitt, 2005), und sie sind eher an aggressiven Sexualpraktiken interessiert (wobei Männer sowohl mehr Spaß daran haben, ihren Partner zu unterwerfen als auch daran, von diesem unterworfen zu werden) (Baumeister, 1989; Donelly & Fraser, 1998; Fetchenhauer, unveröffentlichte Daten; Hald, 2006; Wilson & Lang, 1981).

Unabhängig von der Art der Sexualität, müssen sich Männer damit abfinden, dass Frauen schlicht seltener an Sex interessiert sind als Männer. So gab in einer Befragung niederländischer Studierender lediglich ein Viertel aller Frauen an, sie

Mihály Csíkszentmihályi (*1934)
Ungarisch-US-amerikanischer Psychologe – Csíkszentmihályi ist neben dem Psychologen Martin Seligman Mitbegründer und einer der Hauptvertreter der so genannten „positiven Psychologie“. Jene beschäftigt sich mit gemeinhin als positiv empfundenen Phänomenen wie Glück und Optimismus und grenzt sich daher stark von der ursprünglich stark an Krankheiten orientierten Tradition der Psychologie ab.

hätten am liebsten „einmal“ oder „mehrmals“ am Tag Sex, bei Männern waren dies hingegen nahezu zwei Drittel (die Befragten sollten sich hierbei optimale Bedingungen wie einen perfekten Partner und die Abwesenheit von Stress vorstellen) (Fetchenhauer, unveröffenlichte Daten).

Weitere wichtige soziale Motive des Menschen sind *Fürsorge*, das *Streben nach Status* sowie *Aggression*, das Streben nach einem möglichst hohen *Selbstwert* sowie nach einem *sinnvollen Leben*. Da diese Motive jedoch in späteren Kapiteln noch ausführlich behandeln werden, sollen sie hier nur kurz erwähnt werden.

Intrinsische versus extrinsische Motivation

Neben einer inhaltlichen Unterscheidung können Motive auch hinsichtlich der Dimensionen extrinsisch und intrinsisch kategorisiert werden. Eine Person ist extrinsisch motiviert, wenn sie ein bestimmtes Verhalten ausführt, weil sie sich davon zu einem späteren Zeitpunkt positive Effekte verspricht. Eine Person ist intrinsisch motiviert, wenn sie ein bestimmtes Verhalten um seiner selbst willen zeigt. Allerdings sollte man beide Motivationsarten nicht als Gegensatzpaar betrachten, bei vielen Handlungen gehen beide Motive ineinander über. Beispiel: Jemand steigt auf einen hohen Berg, weil es ihm Spaß macht (intrinsische Motivation), aber auch, um nachher seinen Freunden von seiner Leistung erzählen zu können (extrinsische Motivation).

Intrinsisch motivierte Handlungen können unter bestimmten Umständen zu einer Art Schaffensrausch, von Mihaly Csíkszentmihályi „Flow“-Erlebnis genannt, führen (Csíkszentmihályi, 2000). Ein solches Flow Erleben stellt sich ein, wenn Menschen hochkonzentriert und ungestört einer anspruchsvollen Tätigkeit nachgehen, deren Anforderungen ziemlich genau dem eigenen Leistungsvermögen entsprechen, und wenn eine unmittelbare Rückmeldung über die Güte der eigenen Handlungen erfolgt. Im Zustand des Flow verlieren Menschen oftmals das Gefühl für Zeit und Raum (d.h. sie gehen vollkommen in ihrer Tätigkeit auf). Während des Flow-Zustands erleben wir nur wenige positive Emotionen. Rückblickend wird das Erlebnis allerdings zumeist als sehr erfüllend empfunden und sehr positiv bewertet.

Intrinsische Motivation

Intrinsische Motivation kann durch die Hinzufügung extrinsischer Belohnung untergraben werden, vor allem, wenn sich dadurch die „subjektive Definition der Situation“ ändert (Deci, 1971). Dies gilt z.B. für die Befolgung sozialer Normen. So litten die Mitarbeiter einer Kindertagesstätte darunter, dass viele Eltern ihre Kinder zu spät abholten, wodurch sich die Arbeitszeit der Mitarbeiter verlängerte. Um die Befolgung der sozialen Norm, sein Kind pünktlich abzuholen, zu erhöhen, führte die Tagesstätte eine Strafgebühr ein, welche Eltern für das zu späte

Abholen zu zahlen hatten. Diese Strafgebühr führte jedoch nicht dazu, dass die Eltern pünktlicher kamen. Im Gegenteil – sie kamen später, weil sie die Strafe nicht als normatives Signal verstanden, sondern als Gebühr interpretierten, die viele von ihnen zu zahlen bereit waren, wenn sie dadurch noch ein wenig länger im Büro bleiben konnten (Gneezy & Rustichini, 2000).

Ein ähnlicher Effekt lässt sich bei der Anwesenheitskontrolle von Studierenden beobachten. Wenn ein Dozent die Regel einführt, dass Studierende nur zweimal pro Semester fehlen dürfen, wird dies von vielen als Anreiz erlebt, an den letzten beiden Sitzungen nicht mehr teilzunehmen, falls sie bis dahin noch nie gefehlt haben.

Die vorhandene intrinsische Motivation, sich an eine bestehende soziale Norm zu halten, kann somit durch externe Anreize und Bestrafungen systematisch beeinträchtigt werden.

Explizite versus implizite Motive

Es ist zu betonen, dass Menschen sich ihrer eigenen Motive keineswegs immer bewusst sind, weshalb zwischen bewussten (expliziten) und unbewussten (impliziten) Motiven unterschieden werden muss (McClelland, 1980, 1989; Wilson, 2002). Diese Unterscheidung entspricht der im letzten Kapitel diskutierten Unterscheidung zwischen unserem Bewusstsein und unserem Unbewussten.

Dieser Gedanke soll im Folgenden anhand des so genannten Leistungsmotivs verdeutlicht werden, d.h. dem Motiv, den Erfolg einer eigenen Handlung mit einem objektiven Tüchtigkeitsmaßstab zu vergleichen (Heckhausen, J. & Heckhausen, H., 2009)

Messung expliziter und impliziter Motive

Explizite Motive zeichnen sich dadurch aus, dass sie das bewusste Selbstbild einer Person widerspiegeln. Wenn z. B. eine Person glaubt, sie sei besonders leistungsmotiviert, so wird sie in einem Fragebogen der Aussage „Ich setze mir häufig anspruchsvolle Ziele" zustimmen.

Die Messung *impliziter Motive* ist wesentlich schwieriger, weil Menschen introspektiv keinen Zugang zu diesen Motiven haben. Insofern ist es auch nicht möglich, die impliziten Motive eines Menschen zu erfassen, in dem man ihn einen Fragebogen ausfüllen lässt.

Eine Möglichkeit zur Messung impliziter Motive bietet der „Thematische Apperzeptionstest" (TAT), was so viel heißt wie thematischer Auffassungstest. Bei diesem Test werden Versuchsteilnehmern Bilder vorgelegt, auf denen Personen bei einer bestimmten Tätigkeit zu beobachten sind. Die Aufgabe der Probanden besteht darin, zu beschreiben, was auf dem Bild passiert. Sie werden gefragt, was Ihrer Meinung nach in den Köpfen der gezeigten Personen vorgeht (d.h., was diese fühlen und denken) und wie die Geschichte weitergehen und enden könnte. Ziel dieses Tests ist es, anhand der Aussagen der Versuchsteilnehmer auf deren eigene implizite Motive zu schließen. Die folgende Abbildung zeigt ein Bild, welches in einem thematischen Apperzeptionstest verwendet wird.

Der Inhalt der Bilder ist bewusst uneindeutig. So könnte die Person im Vordergrund die andere Person im nächsten Moment kritisieren, bewundern oder ihr einen Rat geben wollen.

Abbildung 3.5: Unbewusste Motive: Mit einem Thematischen Apperzeptionstest (Auffassungstest) kann man herausfinden, welche impliziten, d. h. unbewussten Motive jemand hat. (Quelle: Murray, 1943)

Zusammenhang von expliziten und impliziten Motiven

Warum macht es Sinn, zwischen *expliziten* und *impliziten* Motiven zu unterscheiden? Weil eine Vielzahl an Studien gezeigt hat, dass beide Motive kaum miteinander zusammenhängen. Mit anderen Worten: Wenn wir wissen, dass eine bestimmte Person über ein hohes explizites Leistungsmotiv verfügt, sagt uns das wenig darüber, in welchem Maße diese Person auch implizit leistungsmotiviert ist.

Wenn dies so ist, mag man sich fragen, welche Motive denn die „wahren" Motive eines Menschen darstellen, seine impliziten oder seine expliziten Motive. Mit anderen Worten: Welcher Test eignet sich besser, um z. B. leistungsmotiviertes Verhalten vorherzusagen, ein klassischer Fragebogentest oder ein TAT? Die Antwort lautet: Es kommt darauf an.

Ein explizites Leistungsmotiv korreliert positiv mit Verhalten in Anreizbedingungen, in denen externe Standards gesetzt werden und relevante Bezugspersonen eine Belohnung in Aussicht stellen. Ein implizites Leistungsmotiv hingegen korreliert positiv mit Verhalten in Anreizbedingungen, in denen Beharrlichkeit bei der eigenständigen Verfolgung eines selbst gesetzten Zieles gefordert ist (Spangler, 1992).

Ein Beispiel: Ein Fragebogenverfahren zur Messung des expliziten Leistungsmotivs hilft uns, vorherzusagen, welche Schüler sich von ihrem Physiklehrer davon begeistern lassen, am Wettbewerb „Jugend forscht" teilzunehmen. Wenn es aber darum geht, wie viel Ausdauer ein Schüler in ein einmal begonnenes Projekt bei „Jugend forscht" investiert und wie beharrlich er das Projekt vorantreibt, selbst wenn der Lehrer bereits nach Hause gegangen ist, werden sich nur sehr geringe Zusammenhänge mit dem expliziten Leistungsmotiv zeigen, sehr wohl aber mit dem impliziten Leistungsmotiv.

Während wir uns also unseres expliziten Motivsystems zumindest potentiell bewusst sind, haben wir zu unserem impliziten Motivsystem keinen introspektiven Zugang. Darüber hinaus belegen viele Studien, dass beide Motivsysteme nahezu unabhängig voneinander sind.

Allerdings zeigt sich, dass eine hohe Korrespondenz beider Motivsysteme zu einem höheren Maß an Lebenszufriedenheit führt als eine Divergenz der beiden Systeme (Schultheiss & Brunstein, 2001; Brunstein et al., 1995, 1998; Hofer & Chasiotis, 2003; Kehr, 2004).

Um ein Beispiel zu geben: Viele Studierende der Betriebswirtschaft wollen nach ihrem Studium im Marketing arbeiten. Um in diesem Bereich erfolgreich zu sein, ist ein hohes Maß an Durchsetzungsvermögen und eine hohe Kontaktfähigkeit notwendig. Viele dieser Studierenden versuchen, ihr bewusstes Selbstkonzept diesen Berufsanforderungen anzupassen. Wenn aber das implizite Macht- und Affiliationsmotiv nur gering ausgeprägt ist, werden diese Studierenden in ihrem Beruf nicht glücklich werden, ohne zu begreifen, warum dies so ist. Sie werden lediglich registrieren, als wie unendlich anstrengend sie ihr Berufsleben empfinden, obwohl sie doch „gerne mit anderen Menschen" zusammen sind.

Warum unser Motivsystem kein Dampfkochtopf ist

Motivstärke und -befriedigung

Motive werden vielfach mit einem Dampfkochtopf verglichen, indem ein bestimmter Druck aufgebaut und dann über ein Ventil wieder abgelassen wird. Hierbei liegt die scheinbar plausible Annahme zu Grunde, dass Motive umso stärkere Gefühle hervorrufen, je länger sie nicht befriedigt wurden.

Eine nähere Analyse zeigt allerdings, dass diese Annahme nur für einige wenige und sehr basale (d.h. grundlegende) physiologische Bedürfnisse gilt. So wird

z. B. Durst in der Tat umso stärker, je länger wir nichts getrunken haben. Schon beim Hunger hingegen sind die Zusammenhänge sehr viel komplexer. Viele Menschen, die sich einer Heilfastenkur unterziehen, berichten z. B. davon, dass sich das Gefühl des Hungers nach einigen Tagen vollkommen verliere.

Ganz allgemein lässt sich sagen, dass die meisten Motive *stärker* werden, je *häufiger* wir sie befriedigen. Dies lässt sich z. B. bei Suchtverhalten beobachten. So wird das Verlangen nach Heroin bei einem Abhängigen umso größer, je häufiger er Heroin zu sich nimmt. Dies mag ein Grund sein, warum viele Süchtige die Illusion haben, sie hätten ihre Sucht im Griff, wenn sie nach langer Zeit zum ersten Mal erneut zur Droge greifen, da sie erleben, nach der ersten Dosis nicht sofort eine zweite zu brauchen.

Die Hoffnung für viele Süchtige besteht genau darin, dass das Verlangen nach ihrer Droge immer geringer wird, je länger man ihr nicht nachgegeben hat, bis man seine Sucht irgendwann erfolgreich überwunden hat.

Ein positiver Zusammenhang zwischen Motivstärke und Motivbefriedigung lässt sich auch für den Sexualtrieb beobachten. Viele Menschen – vor allem Frauen – berichten darüber, dass ihr sexuelles Verlangen deutlich höher sei, wenn sie in einer Beziehung leben (d. h. ihr sexuelles Verlangen regelmäßig befriedigt wird) als wenn sie Single sind (d. h. ihr sexuelles Verlangen manchmal über Monate bzw. Jahre nicht befriedigt wird) (Baumeister, 2005).

Neben der Häufigkeit, mit der ein Motiv befriedigt wird, ist die Stärke eines Motivs aber auch davon abhängig, inwiefern es stimuliert wird. Dies machen sich z. B. katholische Klöster zunutze, in denen Gemeinschaften gleichgeschlechtlicher Mönche oder Nonnen mit dem Ziel zusammenleben, jegliche sexuelle Versuchung nach Möglichkeit zu vermeiden. Die meisten Emotionen bezüglich bestimmter Motive steigen entgegen einer spontanen Vermutung *nicht* durch längere Abwesenheit einer Motivbefriedigung.

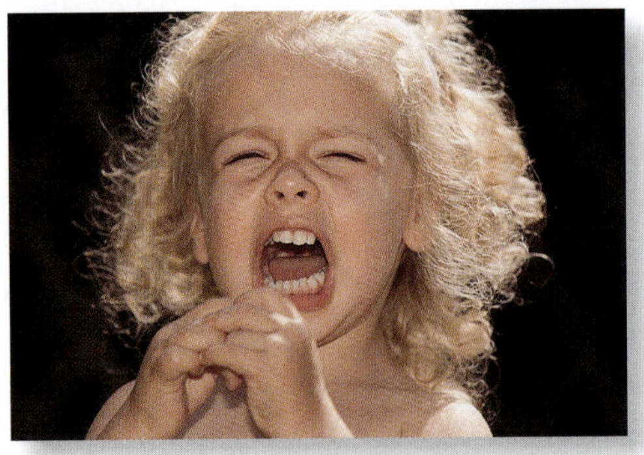

Abbildung 3.6: Spiralwirkung: Schreien und Quengeln an der Supermarktkasse lassen Eltern ihren Kinder oft Süßigkeiten kaufen. Doch Motiven nachgehen, befriedigt sie meist nur kurz und macht sie langfristig nur noch stärker.
(© Ramona Heim – Fotolia.com)

Anfangs wollt ich fast verzagen … warum auch starke Gefühle nicht von Dauer sind

Relevanz von Zustandsveränderungen

Starke Emotionen werden zumeist nicht durch absolute Zustände ausgelöst, sondern durch die Wahrnehmung von Veränderungen bzw. der Antizipation solcher Veränderungen (Frijda, 2007).

Dies erklärt die bemerkenswerte Fähigkeit von Menschen, sich schnell an neue Lebensumstände zu gewöhnen, Schicksalsschläge zu verarbeiten und auch nach Niederlagen weiter zu kämpfen.

Man gewöhnt sich an alles im Leben. Wie Heinrich Heine formulierte:

„Anfangs wollt' ich fast verzagen,
und ich dacht', ich trag' es nie.
Und ich hab' es doch ertragen,
aber fragt mich nur nicht, wie."

Nur leider gewöhnen wir uns eben auch schnell an das Gute. Wie Goethe einmal bemerkte: „Nichts ist schwerer zu ertragen als eine Reihe von guten Tagen".

Amerikanische Psychologen haben die Hypothese, dass der Mensch sich an alles gewöhne, an zwei denkbar extremen Stichproben untersucht (Brickman et al., 1978). Die eine Stichprobe bestand aus Lottomillionären, das heißt aus Menschen, deren materieller Wohlstand sich plötzlich deutlich erhöht hatte. Am Tag des Lottogewinns ging es diesen Menschen ganz phantastisch – der plötzliche Reichtum schien alle Probleme zu lösen. Aber ein Jahr danach waren diese Menschen nicht glücklicher als eine Vergleichsgruppe von Menschen, die nicht im Lotto gewonnen hatte.

Die andere Stichprobe bestand aus einer Gruppe von Menschen, die nach einem schweren Unfall querschnittsgelähmt war. Unmittelbar nach ihrem Unfall waren diese Menschen trivialerweise sehr unglücklich und ihr ganzes Denken kreiste um ihren Verlust an Lebensqualität. Aber ein Jahr später waren diese Menschen kaum weniger zufrieden als der Rest der Bevölkerung.

Diese Idee, das Leben sei nichts Anderes als eine „hedonische Tretmühle" in der nichts dauerhaft zur Glückssteigerung beiträgt, wird durch zahlreiche Studien bestätigt (Diener & Oishi 2000; Frank 2005; Layard et al. 2008). In jüngerer Zeit vertreten allerdings einige Autoren den Standpunkt, dass sich Menschen nie vollständig an Neues anpassen und sehr wohl Veränderungen im Glückempfinden erfahren (Hagerty & Veenhoven 2003; Inglehart et al. 2008).

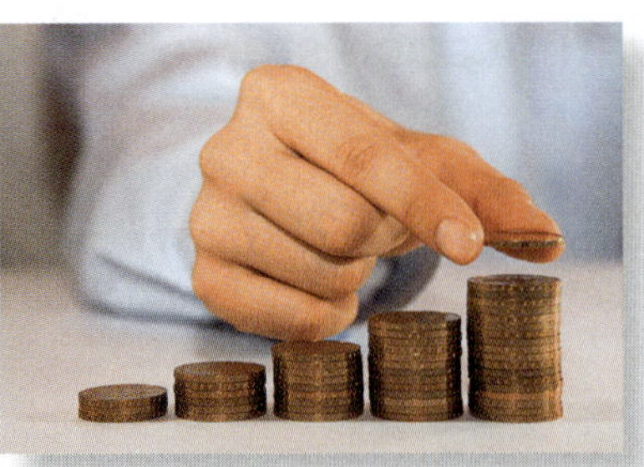

Abbildung 3.7: Gewohnheit ist alles: Menschen können sich fast allen Lebensveränderungen anpassen. Manchmal zu dem Vorteil, Schicksalsschläge zu meistern, oft aber zu dem Nachteil des ständigen Strebens nach mehr. (© Varina Patel – Fotolia.com und © Jakub Krechowicz – Fotolia.com)

Impact Bias

Interessanterweise sind sich Menschen dieser Tatsachen kaum bewusst. Menschen können die Vergänglichkeit von Emotionen nicht antizipieren; sie überschätzen sowohl die Dauer als auch die Intensität von Emotionen, was von Gilbert und Kollegen als „Impact Bias" bezeichnet wurde (Wilson & Gilbert, 2005; Gilbert et al., 1998), wobei Bias ein häufig in der Psychologie gebrauchter Begriff ist, der so viel wie (kognitive) Verzerrung bedeutet.

So wurden in einer Studie junge Wissenschaftler an amerikanischen Universitäten danach gefragt, wie sie sich fühlen würden, wenn sie in einigen Jahren eine Festanstellung erhalten bzw. wenn sie die Universität verlassen müssten. In ihrem Urteil waren sich die meisten Befragten einig: Eine „Tenure Position" zu haben würde das Paradies bedeuten, die Universität verlassen zu müssen käme hingegen einem Scheitern gleich, von dem man sich auch nach vielen Jahren nicht erholen würde. Doch der Vergleich zwischen ehemaligen Assistant Professoren mit aktueller Tenure Stelle und jenen, die keine Festanstellung erlangt hatten, ergab ein anderes Ergebnis: Diejenigen, die tatsächlich an der Universität hatten bleiben können, waren nicht glücklicher als jene, die aus dem Paradies vertrieben worden waren (Gilbert et al., 1998).

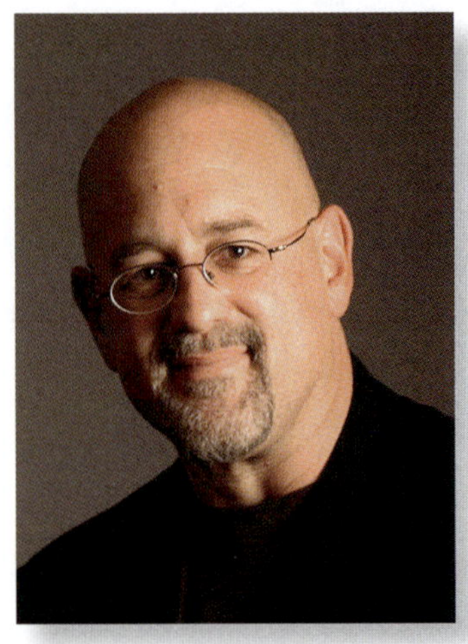

Daniel Gilbert (*1957)

US-amerikanischer Sozialpsychologe – Gilbert forscht zusammen mit seinem Kollegen Timothy Wilson (s. Kapitel 14) auf dem Gebiet des „affective forecasting", d. h. der Vorhersage von Emotionen. Durch sein Buch „Stumbling on happiness" wurde er auch einem nichtwissenschaftlichen Publikum international bekannt.

Ein solcher Impact Bias macht aus einer evolutionären Perspektive durchaus Sinn, weil er uns dazu motiviert, positive Situationen anzustreben und negative Situationen zu vermeiden. Was hätten wir von der Weisheit der Erkenntnis, dass am Ende doch „alles eitel" ist?

Warum Menschen keine Sonnenuhren sind

Vielleicht kennen Sie den optimistischen Spruch: „Mach' es wie die Sonnenuhr, zähl' die schönen Stunden nur." Tatsächlich aber sind die meisten Menschen zu einer solchen Lebenshaltung kaum in der Lage. Warum aber ist das so? Wieso gelingt es uns nicht, unsere Wahrnehmung auf positive Ereignisse zu fokussieren und negative Ereignisse ganz einfach zu ignorieren oder sie so zu interpretieren, dass sie eigentlich positiv sind („ein Glück, dass ich den Kerl los bin …")?

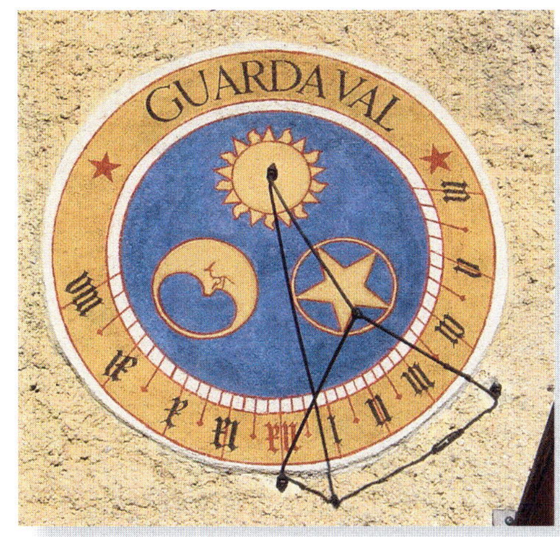

Abbildung 3.8: Mach es wie die Sonnenuhr! Das ist nicht immer einfach, denn aus psychologischer Sicht ist es durchaus sinnvoll, dass Menschen nicht nur positive Emotionen wahrnehmen, sondern sogar negativen mehr Wert beimessen.

Relevanz negativer Emotionen

Aus evolutionspsychologischer Perspektive ist diese Frage einfach zu beantworten. Negative Emotionen haben die Funktion, uns über negative Zustände zu informieren und uns dadurch zu motivieren, unsere Umwelt bzw. unsere Situation zu verändern – sie zu ignorieren wäre lebensgefährlich.

Wenn wir Schmerz erleben, informiert uns dies darüber, dass wir krank bzw. verletzt sind (so dass wir z. B. Ruhe halten und einen verstauchten Fuß für ein paar Tage nicht belasten). Tatsächlich gibt es Menschen, deren Schmerzempfinden in hohem Maße beeinträchtigt ist. Das Risiko, trotz gefährlicher Krankheiten nicht zum Arzt zu gehen, ist für solche Menschen sehr viel höher. Wenn wir eifersüchtig sind, informiert uns dies darüber, dass unser Partner im Begriff sein könnte, sexuell untreu zu werden bzw. uns zu verlassen (Rost, 2001). Wenn wir uns schämen, informiert uns dies darüber, dass wir einer bestimmten sozialen Norm nicht gefolgt sind (Marks, 2007).

Diese Beispiele zeigen, dass negative Emotionen oftmals die Funktion haben, uns zu Handlungen zu motivieren, die zu ihrer Vermeidung führen. So hat z. B. die Furcht vor Scham die Funktion, Handlungen zu verhindern, für die wir uns später schämen.

„Der Optimist erklärt, dass wir in der besten aller Welten leben, und der Pessimist fürchtet, dass dies wahr ist." James Branch Cabell (1879–1958), US-amerikanischer Autor

Ferner verdeutlichen diese Beispiele, dass Emotionen unserer kognitiven Kontrolle weitgehend entzogen sind. Wir können nicht beschließen, keinen Schmerz oder keine Eifersucht zu empfinden. Auch dies hat einen Sinn: Wir können unsere Emotionen nicht kontrollieren, damit unsere Emotionen uns kontrollieren können! Könnten wir negative Emotionen bewusst unterdrücken, würden diese nicht mehr ihre Funktion erfüllen, unser Verhalten zu steuern.

Es kommt noch schlimmer: Nicht nur können wir negative Emotionen nicht unterdrücken, sie sind im Allgemeinen auch *stärker* als positive Emotionen (Baumeister et al., 2001). Ein simples Beispiel soll dies verdeutlichen. Wenn Versuchspersonen angeboten wird, einen Betrag von 10 € entweder sicher zu behalten, oder aber an einem Münzwurf teilzunehmen, bei denen sie diesen Geldbetrag entweder verdoppeln oder verlieren können, entscheiden sich die meisten für die sichere Alternative, obwohl der Erwartungswert beider Alternativen identisch ist. Die Aussicht, 10 € zu gewinnen, wird offensichtlich weniger positiv bewertet als die Aussicht, 10 € zu verlieren, negativ bewertet wird (siehe hierzu auch Kapitel 11).

Negative Emotionen sind aber nicht nur stärker, sie sind auch *differenzierter* als positive Emotionen. So gibt es mehr Wörter, die negative Emotionen umschreiben als Wörter, die positive Emotionen beschreiben (Averill, 1980). Auch dies macht aus evolutionärer Perspektive Sinn. Positive und negative Emotionen sind zu vergleichen mit einem Navigationssystem, das uns helfen soll, die richtige Richtung zu finden. Wenn wir auf einem guten Weg sind, reicht ein relativ undifferenziertes Signal („weiter so!"). Wenn wir hingegen auf einem falschen Weg sind, hilft uns der schiere Hinweis darauf nur bedingt weiter, sondern sind wir an differenzierten Hinweisen (wie z. B. „weiter links", „weiter rechts" oder „zurück") interessiert. Analog informieren uns die beiden negativen Emotionen „Zorn" und „Trauer" nicht nur über ein negatives Ereignis, sondern auch darüber, ob wir aktiv versuchen sollten, gegen dieses negative Ereignis anzugehen (im Fall von „Zorn") oder aber ob ein solcher Versuch nur wenig Sinn machte (im Falle von „Trauer").

Des Weiteren wird über negative Emotionen wesentlich *mehr kommuniziert* (Baumeister, 2005, 2001). Wir alle kennen Menschen, die uns ständig davon berichten, wie unglücklich sie in ihrer Partnerschaft sind, glückliche Paare verlieren hingegen sehr viel weniger Worte über die Liebe. Dadurch wird die Analyse negativer Situationen geschult und gefördert.

Ferner zeichnen sich negative Emotionen durch eine höhere *Perseveranz* aus als positive Emotionen, d. h. sie sind länger anhaltend. Dies gilt besonders für negative Emotionen, die uns einen Mangel unmittelbar überlebenswichtiger Ressourcen signalisieren, wie z. B. Hunger, Durst, Müdigkeit oder Schmerzen. Wie Wilhelm Busch einmal formulierte: „Des Lebens Freuden sind vergänglich, das Hühnerauge bleibt empfänglich."

Kurz und gut

1. Motive haben einen energetisierenden Charakter, indem sie uns dazu antreiben, bestimmte Emotionen anzustreben oder zu vermeiden.
2. Aus der Stärke von Emotionen kann nicht unmittelbar auf die Stärke des zugrunde liegenden Motivs geschlossen werden.
3. Das Thomas Theorem besagt, dass etwas dann reale Konsequenzen hat, wenn es von Menschen als real wahrgenommen wird.
4. Motive lassen sich in nichtsoziale Motive (wie z. B. Nahrung und Flüssigkeit) und soziale Motive (wie z. B. dem Wunsch nach Zugehörigkeit zu einer Gruppe oder Sex) unterscheiden.
5. Handlungen sind extrinsisch motiviert, wenn sie dem Erreichen eines externen Zieles dienen. Handlungen sind intrinsisch motiviert, wenn sie um ihrer selbst willen ausgeführt werden.
6. Menschen erleben ein Gefühl von „Flow", wenn sie mit hoher Konzentration an einer Aufgabe arbeiten, deren Anforderungsniveau genau ihren Fähigkeiten entspricht.
7. Menschen sind sich ihrer eigenen Motive nicht notwendigerweise bewusst, weshalb zwischen bewussten und unbewussten Motiven zu unterscheiden ist.
8. Die meisten Motive werden stärker und keineswegs schwächer, wenn sie regelmäßig befriedigt werden.
9. Starke Emotionen werden zumeist nicht durch absolute Zustände ausgelöst, sondern durch wahrgenommene bzw. antizipierte Veränderungen eines bestimmten Zustands.
10. Wir können unsere Emotionen nicht kontrollieren, damit unsere Emotionen uns kontrollieren können.

Studentenfutter

Baumeister, R. F. (2005). *The cultural animal: Human nature, meaning, and social life.* New York: Oxford University Press.

Frijda, N. H. (2007). *The laws of emotion.* New Jersey: Lawrence Erlbaum Associates.

Kurz und gut.

Kapitel 4

Anlage versus Umwelt – wie viel menschliches Verhalten ist gelernt?

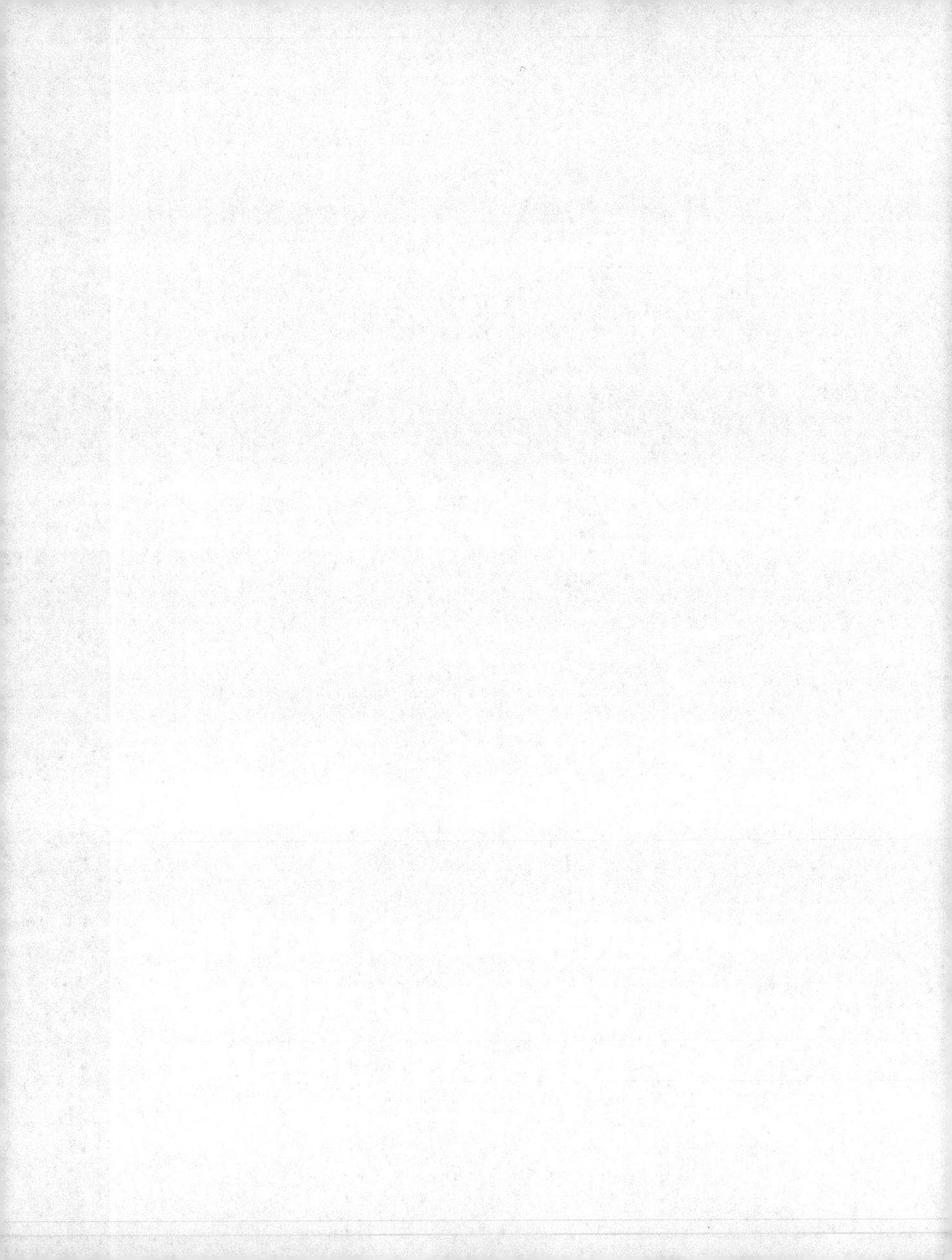

Kapitel 4 Anlage versus Umwelt – wie viel menschliches Verhalten ist gelernt?

Inhalt

Der Schneider von Ulm und die Verheißung der Tabula Rasa

Von Bertolt Brecht (1934) stammt ein Gedicht über den „Schneider von Ulm", der im späten Mittelalter versuchte, mit selbstgebauten Flügeln von einem Kirchturm aus zu fliegen. Als der Bischof darüber informiert wird, dass der Schneider bei diesem Versuch ums Leben gekommen ist, sagt er: „Es waren nichts als Lügen, der Mensch ist kein Vogel, es wird nie ein Mensch fliegen."

Fortschrittsgläubigkeit

Brecht will seinen Lesern mit diesem Gedicht vermitteln, dass Fortschritt möglich ist und das vieles, was heute noch wie eine Utopie wirke, in der Zukunft Wirklichkeit werden könne – wobei es ihm hierbei natürlich nicht nur um die Entwicklung der Technik ging, sondern auch und vor allem um die Gestaltung von Gesellschaft.

Die Idee, die dieser Überzeugung zugrunde liegt, lässt sich wie folgt beschreiben: 1) Menschen sind das Produkt der gesellschaftlichen Bedingungen, unter denen sie leben; 2) gesellschaftliche Bedingungen sind das Produkt menschlichen Handelns und lassen sich ändern; 3) durch eine Veränderung der gesellschaftlichen Bedingungen lässt sich auch das Erleben und Verhalten der einzelnen Mitglieder einer Gesellschaft verändern.

John Locke (1632–1704)
Englischer Philosoph – Locke war wie Hume (s. Kapitel 1) ein bedeutender Vertreter der Aufklärung und des Empirismus. In seinem „Essay Concerning Human Understanding" entwickelt er die Idee, dass der Mensch als eine „tabula rasa" zur Welt kommt.

Dieser Annahme folgten keineswegs nur überzeugte Kommunisten wie Bertolt Brecht, sondern der Glaube an die Veränderung des Menschen durch eine Veränderung seiner Umwelt findet sich in der europäischen Geistesgeschichte bereits seit der Aufklärung. Von John Locke stammt die berühmte Metapher, Menschen seien bei ihrer Geburt wie eine „tabula rasa", d. h. wie eine unbeschriebene Tafel oder ein leeres Blatt Papier. Nahezu alles Verhalten erkläre sich demnach aus den Erfahrungen, welche ein Mensch in seinem Leben gemacht habe: „all the men we meet with, nine parts of ten are what they are, good or evil, useful or not, by their education." (Locke, 1692/1910, S. 9).

Es ist sicher kein Zufall, dass dieser Satz aus der Feder eines Aufklärungsphilosophen stammt, denn die Zeit der Aufklärung war entscheidend vom Optimismus geprägt, dass man durch einen rationalen Diskurs sowohl die Gesellschaft als auch die in ihr lebenden Menschen gestalten und verbessern könne. So definierte Kant Aufklärung als den „Ausgang des Menschen aus seiner selbstverschuldeten Unmündigkeit".

Dass Menschen vor allem das Produkt ihrer Umwelt sind, ist eine Idee, die seit der Aufklärung stets populär geblieben ist und markiert noch heute eine der grundlegenden Annahmen vieler Sozialwissenschaftler und Psychologen. Der amerikanische Psychologe J. B. Watson erklärte mehr als zweihundert Jahre nach Locke: „Give me a dozen healthy infants, well-formed, and my own specified world to bring them up in and I'll guarantee to take any one at random and train him to become any type of specialist I might select – doctor, lawyer, artist, merchant-chief and, yes, even beggar-man and thief, regardless of his talents, penchants, tendencies, abilities, vocations, and race of his ancestors." (Watson, 1930, 1968). Dieses berühmte Zitat verdeutlicht das Selbstbewusstsein einer Schule, die unter der Bezeichnung *Behaviorismus* für nahezu fünfzig Jahre die amerikanische Psychologie dominiert hat, und die erklärte, jene Mechanismen identifiziert zu haben, die zur Erklärung menschlichen Verhaltens notwendig seien.

Behaviorismus

Allerdings gibt es auch zahlreiche Kritiker dieser Meinung und die Frage, ob unser Verhalten vor allem durch unsere Umwelt geprägt wird oder aber unsere genetischen Anlagen die wichtigere Rolle spielen, wird bis heute sehr kontrovers diskutiert (Rutter 2006; Ceci & Williams, 1999), oftmals unter der Überschrift „Nature versus Nurture" (Ridley 2003).

Vor diesem ideengeschichtlichen Hintergrund werden im vorliegenden Kapitel zunächst die wesentlichen Hypothesen und empirischen Befunde verschiedener behavioristischer Lerntheorien miteinander verglichen. Danach wird dargestellt, welche konzeptuelle und empirische Kritik an diesen Theorien angebracht erscheint. Zum Abschluss wird es darum gehen, warum weder „Nature" noch „Nurture" alleine geeignet sind, menschliches Verhalten zu erklären.

Behavioristische Lerntheorien

Der Bahaviorismus vertrat die Auffassung, wissenschaftliche Psychologie bestehe darin, unter streng kontrollierten Bedingungen das *Verhalten* von Menschen (aber auch von Ratten, Tauben und anderen Tieren) zu beobachten. Dabei wurde darauf verzichtet, internale Prozesse (wie Kognitionen, Emotionen oder Motive) zu untersuchen, stattdessen erfolgt eine Konzentration auf die Beobachtung und *quantitative* Erfassung overten Verhaltens. Theoretisch ist der Behaviorismus damit einem mechanistischen Weltbild verhaftet, das Menschen und andere Organismen als komplexe Maschinen betrachtet und versucht, die Zusammenhänge zwischen einem Verhalten und seinen Determinanten möglichst exakt und mathematisch zu beschreiben.

Beobachtung und quantitative Erfassung

Zudem erfolgte sowohl theoretisch als auch methodologisch eine starke Orientierung an der Physik. So verfasste der Behaviorist Clark. L. Hull 1943 seine „Principles of Behavior" in bewusster Anlehnung an Newtons „Principia", in denen jener das Gesetz der Schwerkraft abgeleitet hatte. Methodologisch wurde von der Physik ein starker Fokus auf das Laborexperiment übernommen, bei dem alle Störvariablen nach Möglichkeit ausgeschlossen bzw. konstant gehalten werden sollen. Diese Ausrichtung wirkt bis heute nach: Das Laborexperiment ist *das* Standardverfahren der Psychologie (mehr dazu im Kapitel 6).

Im Mittelpunkt des behavioristischen Forschungsprogramms stand immer die Suche nach allgemeinen Lernprinzipien, wobei postuliert wurde, dass diese sich beim Menschen nicht von anderen Tierarten unterscheiden (was erklärt, warum der Behaviorismus manchmal auch als „Rattenpsychologie" verunglimpft wird).

Allgemeine Lernprinzipien

Auch wenn die moderne Evolutionspsychologie dem Behaviorismus außerordentlich skeptisch gegenübersteht (dazu weiter unten mehr), ist beiden doch die Suche nach Theorien und Erklärungen gemeinsam, die sowohl für den Menschen als auch für alle anderen Spezies Gültigkeit haben.

Im Gegensatz zur Evolutionspsychologie betonen Behavioristen jedoch die Plastizität (d. h. die Veränder- und Formbarkeit) menschlichen Verhaltens. Es sei immer

Ivan Pawlow (1849–1936)

Russischer Arzt und Verhaltensforscher – Pawlow entdeckte das Prinzip der Klassischen Konditionierung und legte damit den Grundstein für die behavioristischen Lerntheorien.

als das Produkt von Lernprozessen zu verstehen, wobei auch scheinbar noch so komplexe Verhaltensweisen (wie z. B. das Lernen von Sprache oder das Lösen komplexer Probleme) durch einfache Lernmechanismen erklärbar sind (Watson, 1930, 1968; Lefrancois, 2003). Der Verzicht auf alle Daten, die nicht unmittelbar aus der Beobachtung von Verhalten stammen, wird von Behavioristen oftmals mit der fragwürdigen Validität (d. h. Gültigkeit) von Daten begründet, die auf Introspektion beruhen (wie z. B. die Befragung von Versuchspersonen).

In den folgenden Abschnitten sollen die wichtigsten Vertreter des Behaviorismus und ihre Theorien vorgestellt und verglichen werden.

Pawlow und das Phänomen der klassischen Konditionierung

Ivan Pawlow (1849–1936) war ein russischer Physiologie, der sich intensiv mit menschlichen und tierischen Verdauungsprozessen beschäftigt hat (1904 erhielt er für diese Forschung einen Nobelpreis in Medizin). Sehr viel bekannter ist er aber durch seine Forschung zum klassischen Konditionieren geworden, wobei diese zunächst eher ein Zufalls- und Nebenprodukt seiner medizinischen Untersuchungen war. Um die Verdauungsorgane seiner Versuchshunde zu stimulieren, legte er diesen Fleischpulver ins Maul, worauf die Tiere mit der Produktion von Speichel reagierten. Nach einer Weile stellte Pawlow fest, dass diese Speichelproduktion bei einem Versuchstier nicht erst begann, wenn das Fleischpulver im Mund war, sondern bereits vorher – zunächst, wenn der Hund das Fleischpulver sah bzw. roch, dann bereits, wenn er den Assistenten sah, der ihm das Fleischpulver in den Mund legte, schließlich sogar, wenn er nur die Schritte des Assistenten aus einem Nebenraum hörte.

Klassisches Konditionieren

Der Hund hatte *gelernt*, den Assistenten mit dem Futter zu assoziieren. Pawlow erkannte sofort die Bedeutung dieser zufälligen Beobachtung und konnte in einer

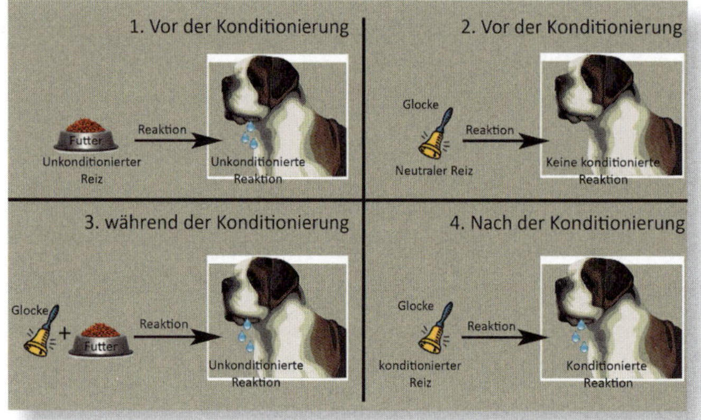

Abbildung 4.1: Speichelfluss durch Klingeltöne: Bei der klassischen Konditionierung nach Pawlow lernt man mit einer bestimmten Reaktion auf einen zuvor völlig neutralen Reiz – wie die Schritte des Assistenten oder in weiteren Studien Pawlows das Tönen einer Klingel – zu reagieren. (Quelle: Eigene Darstellung).

Vielzahl von Studien einen Prozess nachweisen, der seitdem als Pawlowsche oder klassische Konditionierung bekannt ist: Das Prinzip der klassischen Konditionierung besagt das Folgende: Wenn ein zunächst neutraler Stimulus (A) wiederholt mit einem Stimulus (B) gepaart wird, der zu einer bestimmten Reaktion führt (z. B. Speichelfluss), dann reicht irgendwann die Anwesenheit des zunächst neutralen Stimulus (A), um die Reaktion auszulösen.

Auf diesem einfachen Grundprinzip aufbauend kann eine Vielzahl an Phänomenen erklärt werden, beispielsweise das Lernen von Emotionen.

So löst z. B. bei vielen Menschen, die vor über 60 Jahren – zumeist als kleine Kinder oder Jugendliche – den zweiten Weltkrieg erlebt haben, der Klang von Alarmsirenen auch heute noch starke Furchtreaktionen aus. Die Erklärung: Diese Menschen haben gelernt, dass auf das Heulen der Sirenen (A) die Bombardements (B) der alliierten Flugzeuge folgten, so dass die Furcht als Reaktion auf diese Bombardements auch heute noch bereits auf das Heulen der Sirenen (A) hin erfolgt.

Auch die Werbung macht sich die Prinzipien des klassischen Konditionierens zunutze, wenn sie versucht, Assoziationen zwischen zunächst neutralen Reizen (z. B. einem bestimmten Produkt) und positiven Reizen (wie z. B. schönen Frauen oder Männern) zu generieren (Moser, 1990).

Eine andere Anwendung der Pawlowschen Prinzipien findet sich in der modernen Medizin. Dort konnte gezeigt werden, dass Patienten auf die Gabe von entsprechenden Medikamenten auch dann noch mit einer Senkung ihres Bluthochdrucks reagierten, wenn ihnen nach einer Weile Placebos (d. h. Tabletten, die keinen medizinischen Wirkstoff enthalten) verabreicht wurden.

Burrhus Frederic Skinner (1904–1990)

US-amerikanischer Psychologe – Skinner prägte den Begriff der operanten Konditionierung, welche sich mit Reiz- und Reaktionsmechanismen befasst.

Die Theorie des instrumentellen Konditionierens

Während die klassische Konditionierung die Entstehung von Assoziationen zwischen verschiedenen Reizen untersuchte, geht es beim instrumentellen Konditionieren um die Erklärung der Häufigkeit, mit der von einem Organismus ein bestimmtes Verhalten gezeigt wird. Einer ihrer bekanntesten Vertreter ist der Behaviorist Burrhus Frederic Skinner (in der Fachzeitschrift „Monitor on Psychology" wurde er im Jahr 2002 zum bedeutendsten Psychologen des 20. Jahrhunderts gewählt). Seine Theorie des instrumentellen Konditionierens basiert auf dem so genannten Effektgesetz („law of effect"), das als erstes von Edward L. Thorndike (Thorndike, 1905) formuliert wurde: Wenn ein bestimmtes Verhalten zu einer positiven Konsequenz führt, dann steigt die Häufigkeit, mit der dieses Verhalten auftritt. Wenn ein bestimmtes Verhalten zu einer negativen Konsequenz führt, dann sinkt die Häufigkeit, mit der dieses Verhalten auftritt.

Instrumentelle Konditionierung

Positive Konsequenzen eines Verhaltens

Positive Konsequenzen eines Verhaltens können aus dem Hinzufügen eines positiven Stimulus (positive Verstärkung) oder aus dem Entfernen eines negativen Stimulus bestehen (negative Verstärkung). Ein Beispiel für positive Verstärkung: Ein Student lernt für eine Klausur, weil dieses Verhalten in der Vergangenheit zu guten Noten geführt hat. Ein Beispiel für negative Verstärkung: Ein Autofahrer schnallt sich an, um dadurch ein entsprechendes Warnsignal seines Autos zu beenden, weil er in der Vergangenheit gelernt hat, dass das Warnsignal aufhört, wenn er sich anschnallt.

Negative Konsequenzen eines Verhaltens

Negative Konsequenzen eines Verhaltens können hingegen sowohl aus dem Hinzufügen eines als aversiv empfundenen Stimulus (Bestrafung 1. Art) als auch aus dem Entfernen eines angenehmen Stimulus bestehen (Bestrafung 2. Art). Ein Beispiel für eine Bestrafung 1. Art: Ein Kind muss eine Strafarbeit schreiben, weil es im Unterricht gestört hat. Ein Beispiel für eine Bestrafung 2. Art: Einem Kind wird von seinen Eltern der Gameboy abgenommen, weil es in der Schule schlechte Noten hat.

Jegliches Verhalten sowohl von Tieren als auch von Menschen ist laut Skinner als Ergebnis einer solchen instrumentellen Konditionierung zu verstehen (Skinner, 1982). Aus diesem Grunde glaubte er auch, dass man mit Hilfe von Tierversuchen allgemeine Gesetzmäßigkeiten untersuchen könne, die auch für den Menschen Gültigkeit hätten.

Lernen als Veränderung der Häufigkeit eines Verhaltens

Wichtig ist, dass Skinner unter Lernen dabei lediglich die Veränderung der Häufigkeit meinte, mit der ein bestimmtes Verhalten zu beobachten ist. Wenn z. B. eine Ratte in einer so genannten Skinnerbox für das Drücken eines Hebels mit einer Futterpille verstärkt wird, so wird sich – vorausgesetzt sie ist hungrig – die

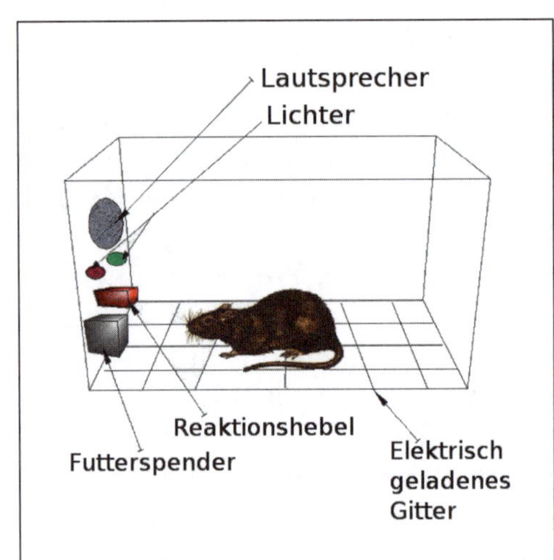

Abbildung 4.2: Die Skinnerbox – Belohnung sorgt für Widerholung. Bei der instrumentellen Konditionierung nach Skinner lernt man ein Verhalten, das durch einen so genannten Verstärker belohnt wurde, zu wiederholen.

Häufigkeit erhöhen, mit der die Ratte auf den Hebel drückt. Es ging ihm nicht darum, ob die Ratte irgendwann *versteht*, dass auf das Drücken des Hebels eine Futterpille folgt, da er versuchte, jegliches Verhalten ohne Rückgriff auf mentale Konzepte (wie z. B. Verstehen oder Einsicht) zu untersuchen.

Ausgehend von zunächst sehr einfachen Versuchsanordnungen wurden von Behavioristen u. a. folgende Eigenschaften des instrumentellen Konditionierens identifiziert:

Ein Verstärker muss kurz nach einem bestimmten Verhalten erfolgen, um die Wahrscheinlichkeit seines Auftretens zu erhöhen (Prinzip der Kontiguität). Versuche mit Ratten zeigten, dass diese ein bestimmtes Verhalten niemals lernten, wenn sie länger als wenige Sekunden auf den Verstärker warten mussten.

Zudem wurde herausgefunden, dass Organismen mit fortschreitender Konditionierung lernen, ihr Verhalten immer stärker an bestimmten diskriminativen (d. h. spezifischen) Hinweisreizen zu orientieren. So lernen z. B. Partner im Laufe der Zeit immer besser, wann sie ihren Partner liebevoll in den Arm nehmen und wann sie ihren Partner besser in Ruhe lassen sollten.

Verhaltenstherapie

Auf viele weitere Differenzierungen der Theorie des instrumentellen Konditionierens kann hier aus Platzgründen nicht eingegangen werden. Es soll aber zumindest erwähnt werden, dass die Theorie Skinners auch heute noch eine Grundlage der so genannten Verhaltenstherapie ist – eine der wenigen psychotherapeutischen Verfahren, deren Wirksamkeit empirisch erwiesen ist (Kröner-Herwig, 2004). In der Verhaltenstherapie werden bestimmte für den Patienten belastende Verhaltensweisen oder Gefühle (z. B. Angst oder extreme Schüchternheit) als Ergebnisse ihrer Lerngeschichte untersucht.

So zeichnen sich z. B. viele Angststörungen dadurch aus, dass ein bestimmter Stimulus (z. B. ein Hund oder eine Spinne) beim Patienten zu einer Angstreaktion führt (z. B. Ausweichverhalten oder einem Gefühl von Panik). Tatsächlich aber tritt das gefürchtete Ereignis in aller Regel gar nicht ein (z. B. das Ereignis, von einem Hund gebissen zu werden). Diese Erfahrung führt jedoch beim Patienten nicht zu der Einsicht, dass seine Angst weitestgehend unbegründet ist, sondern der Patient lernt, dass ein gefürchtetes Ereignis ausbleibt, wenn nur die Furcht vor ihm groß genug ist. An diesem Beispiel lässt sich gut verdeutlichen, dass Lernen tatsächlich nicht immer auf Einsicht beruht, sondern manchmal sogar im Widerspruch zu dieser steht. Im Rahmen einer Verhaltenstherapie wird deshalb versucht, durch geeignete Gegenkonditionierung das unerwünschte Verhalten zu löschen (für eine Einführung in die Verhaltenstherapie siehe Reinecker, 2005).

Exkurs: Angewandte Lernpsychologie – jedes Kind kann schlafen lernen

Viele Eltern leiden darunter, dass ihre Kinder mehrfach nachts wach werden, an die Brust gelegt oder sonst wie beschäftigt werden müssen, bis sie nach einer Weile wieder einschlafen – nur um wenige Stunden später erneut wach zu werden.

Dieses Phänomen hat eine Ursache darin, dass unser Schlaf in verschiedene Phasen unterteilt ist. Nach einer Phase traumlosen Tiefschlafs beginnen wir zu träumen, was sich physiologisch durch eine erhöhte Atmung, einen schnelleren Herzschlag und durch sehr schnelle Augenbewegungen bemerkbar macht. Danach werden wir für eine kurze Zeit wach. In den meisten Fällen schlafen wir sehr bald wieder ein und können uns an diese Wachphasen am nächsten Morgen gar nicht mehr erinnern. Die Funktion dieser kurzen Wachphasen liegt darin, dass sie uns ermöglichen, unsere Umwelt auf die Anwesenheit möglicher Gefahrenquellen zu überprüfen (z. B. wilde Tiere, Feinde oder Feuer).

Auch wenn kleine Kinder nachts wach werden, überprüfen sie ihre Umwelt. Da sie noch nicht über ein elaboriertes Wissen verfügen, auf welche Hinweisreize sie dabei achten sollen, verwenden sie hierzu eine einfache Heuristik: Ist alles genauso, wie es war, als ich eingeschlafen bin? Falls ja, schlafen sie von alleine wieder ein. Falls nein, rufen sie um Hilfe.

Stellen wir uns nun ein Kind vor, dass von seiner Mutter im müden Zustand, aber noch wach, ins Bett gelegt wurde und nach einer gewissen Weile einschläft. Wenn es wach wird, hat sich an seiner Umwelt nichts geändert und es kann beruhigt weiterschlafen.

Ein anderes Kind schläft am Busen seiner Mutter nuckelnd ein. Wenn dieses Kind wach wird, hat sich während des Schlafs die Umwelt dramatisch verändert. Die Reaktion: Dieses Kind ruft um Hilfe. Die Mutter kommt, legt es an die Brust (weil sie denkt, das Kind habe Hunger bzw. Durst oder ganz allgemein, um es zu beruhigen) und das Kind findet sich in der gleichen Umwelt, in der es immer wohlig einschläft. Erleichtert legt die Mutter ihr Kind wieder ins Bett, bis in wenigen Stunden das gleiche Spiel von vorne beginnt.

Die einfache Therapie gegen solche Schlafstörungen besteht darin, das Kind im wachen Zustand ins Bett zu legen und das Kind unter den Umweltbedingungen einschlafen zu lassen, in denen es auch wieder wach werden wird. Das ist zunächst sehr anstrengend, wie jeder weiß, der diese Methode angewandt hat, um seinen Kinder beizubringen, nachts durchzuschlafen, weil Kinder sich gegen eine Veränderung ihres Einschlafrituals zur Wehr setzen. Bereits nach wenigen Tagen allerdings haben die allermeisten Kinder gelernt, alleine in ihrem Bett ein- und nachts durchzuschlafen (Kast-Zahn & Morgenroth, 2007). Eine ebenso einfache wie überzeugende Anwendung der Skinnerschen Lerntheorie.

In Jäger- und Sammlergesellschaften sind solche Probleme übrigens nahezu unbekannt. Der Grund liegt darin, dass dort Kinder zumeist die gesamte Nacht an der Mutterbrust verbringen. Dies dient nicht nur dazu, den Schlaf der Kinder und ihrer Eltern zu gewährleisten, sondern hat auch eine kontrazeptive Funktion. Wenn Mütter ihre Kinder *sehr* regelmäßig stillen (d.h. mindestens alle zwei Stunden), verhindert dies einen Eisprung und damit eine erneute Schwangerschaft. Auf diese Weise ist gewährleistet, dass Mütter nicht schwanger werden, solange noch ein weiteres Kind gestillt werden muss (Schlatter, 2008).

Die sozial-kognitive Lerntheorie von Bandura

Die sozial-kognitive Lerntheorie von Albert Bandura (1979) erweitert den reinen Behaviorismus in zwei entscheidenden Aspekten:

Zum einen werden von ihr mentale Prozesse (wie z.B. kognitive Erwartungen und das Abwägen zwischen verschiedenen Alternativen) explizit berücksichtigt und nicht, wie bei Pawlow und Skinner, aus der Analyse ausgeschlossen. Menschen lernen nach Bandura nicht nur durch Versuch und Irrtum, sondern auch durch Einsicht und Verstehen.

„Der Mensch hat dreierlei Wege klug zu handeln: erstens durch nachdenken, das ist der edelste, zweitens durch nachahmen, das ist der leichteste, und drittens durch Erfahrung, das ist der bitterste.“
Konfuzius (vermutlich von 551 v. Chr. Bis 479 v. Chr.), chin. Philosoph

Lernen durch Einsicht und Verstehen

Zum anderen betont die sozial-kognitive Lerntheorie, dass Menschen nicht nur aus den Konsequenzen ihres eigenen Verhaltens lernen, sondern auch aus der Beobachtung des Verhaltens Anderer (Bandura, 1979). Wenn eine Modellperson für ein gezeigtes Verhalten belohnt wird, steigt die Wahrscheinlichkeit, dass das Verhalten der Modellperson imitiert wird. Und umgekehrt: Wenn eine Modellperson für ein gezeigtes Verhalten bestraft wird, sinkt die Wahrscheinlichkeit, dass das Verhalten der Modellperson imitiert wird.

In manchen Situationen fungiert die beobachtete Person hierbei intentional (d.h. absichtlich) als Modell, (z.B. ein Grundschullehrer, ein Skilehrer oder ein Vorgesetzter). Oftmals allerdings ist eine Modellwirkung durch die Modellperson jedoch gar nicht intendiert. Beispiele hierfür sind TV-Schauspieler, Mitstudenten, Freunde oder Geschwister einer Person.

Albert Bandura (*1925)

Kanadischer Psychologe – Bandura ist ein Vertreter der behavioristischen Lerntheorie und wurde vor allem durch seine Forschung zum so genannten Modell-Lernen (s.u) bekannt.

Wie sehr Kinder unbewusst durch ihre Geschwister oder gute Freunde beeinflusst werden, zeigt sich auch in ihren Zeichnungen. Diese zeigen oftmals erhebliche Ähnlichkeiten mit denen ihrer Geschwister und Freunde (Schuster, 2001).

Abbildung 4.3: Lernen durch Vorbilder: Sogar in Kinderzeichnungen lässt sich erkennen, wie sehr Menschen sich in ihrem Tun an anderen orientieren. Links: Zeichnung eines Zehnjährigen. Re: Zeichnung seines 7jährigen Bruders. (Quelle: Eigenes Material, vgl. Schuster, 2010)

Diese Annahme wurde 1965 von Bandura im folgenden klassischen Experiment überprüft: Versuchspersonen (Kinder) beobachteten, wie in einem Film eine erwachsene Modellperson eine Puppe aggressiv behandelte. In der „Belohnungsbedingung" beobachteten die Versuchspersonen anschließend, wie die Modellperson für ihr Verhalten gelobt wurde. In der „Bestrafungsbedingung" beobachteten die Versuchspersonen anschließend, wie die Modellperson für ihr Verhalten getadelt wurde. Darüber hinaus gab es eine Kontrollbedingung, in der die Modellperson weder gelobt noch getadelt wurde. Im Anschluss an das Video erhielten die Versuchspersonen die Gelegenheit zum freien Spiel, wobei sie unter anderem mit einer Puppe spielen konnten, die der im Film verwandten Puppe sehr ähnlich war.

Die untersuchte abhängige Variable war die Häufigkeit, mit der sich die Kinder der Puppe gegenüber aggressiv verhielten. Was geschah? Hypothesenkonform zeigten die Kinder aus der „Belohnungsbedingung" die meisten Aggressionen, die wenigsten Aggressionen wurden hingegen bei den Kinder aus der „Bestrafungsbedingung" beobachtet.

Als die Kinder zum Schluss gefragt wurden, was sie in dem Film am Anfang des Experiments gesehen hatten, beschrieben alle drei Gruppen einheitlich das beobachtete aggressive Verhalten. Es lagen also keine Unterschiede in der Erinnerungsleistung zwischen den unterschiedlichen Versuchsbedingungen vor. Das bedeutet: Unabhängig von Belohnung, Bestrafung oder Konsequenzlosigkeit wurde das Verhalten der Modellperson durchaus verinnerlicht und gelernt.

Effizienzerwartungen („efficacy expectations")

Die Wahrscheinlichkeit, dass das Verhalten einer Person imitiert wird, wird neben der Beobachtung der Belohnung dieser Person noch von einer anderen Variable determinert: Bandura bezeichnet diese als Effizienzerwartungen („efficacy expectations"). Sie beschreibt das Maß, in dem eine Person glaubt, das Verhalten einer Modellperson auch tatsächlich imitieren zu können (Bandura, 1977). Nehmen wir als Beispiel einen Jugendlichen, der im Fernsehen „Deutschland sucht den Superstar" sieht und dabei lernt, dass ein Gewinn dieses Wettbewerbs zu Ruhm, Ehre und vor Begeisterung in Ohnmacht fallenden Fans führt. Auch wenn ein Jugendlicher diese Konsequenzen sehr positiv bewertet, wird er sich in der Regel nur dann bei der nächsten Staffel der Sendung bewerben, wenn er meint, stimmlich ähnlich begabt zu sein wie der Sieger der letzten Staffel (in Kapitel 14 werden wir uns mit der Frage beschäftigen, auf welchen psychologischen Mechanismus es zurückzuführen ist, dass so viele unbegabte Jugendliche glauben, der nächste „Superstar" zu werden, obwohl ihre Stimme noch nicht einmal für die Badewanne geeignet ist).

Effizienzerwartungen als sich selbst erfüllende Prophezeiungen

Oftmals wirken Effizienzerwartungen im Sinne sich selbst erfüllender Prophezeiungen. Wenn ich mir etwas nicht zutraue, werde ich es gar nicht erst versuchen und es deshalb tatsächlich nicht schaffen. Hieraus leiten vor allem amerikanische Autoren der Selbsthilfeliteratur (finden Sie in der Buchhandlung zumeist zwischen „Psychologie" und „Esoterik") gerne den Schluss ab, man könne alles erreichen, wenn man es nur wolle (z. B. Murphy, 2000, Höller, 2000, Byrne, 2007). Ähnliche Sätze finden sich auch in vielen Autobiographien erfolgreicher Showstars und Sportler (wie z. B. Dieter Bohlen, 2002). Ein solcher Optimismus vernachlässigt jedoch die Schicksale all' jener Sänger, Sportler, Erfinder oder Unternehmer, die von ihrem eigenen Erfolg überzeugt waren und damit kläglich gescheitert sind.

Menschen können viel erreichen, wenn sie sich anstrengen, aber auch wenn man davon überzeugt ist, man könne aus eigener Kraft fliegen, sollte man das Fliegen lieber den Vögeln überlassen.

Zur Kritik am Behaviorismus

Kognitive Wende

Nachdem der Behaviorismus über mehr als ein halbes Jahrhundert die universitäre Psychologie bestimmt hatte, erfolgte ab Anfang der 60er Jahre des letzten Jahrhunderts das, was später als „kognitive Wende" bezeichnet wurde (Lück, 2002). Und ähnlich wie Bandura wiesen immer mehr Wissenschaftler auf die Bedeutung von Kognitionen (wie z. B. Erwartungen oder subjektive Mutmaßungen über Ursache-Wirkungszusammenhänge) für die Erklärung menschlichen Verhaltens hin.

Allerdings ist gerade im Bezug auf neuere Arbeiten zum Einfluss von unbewussten Prozessen auf unser Denken, Fühlen und Handeln auf folgendes hinzuweisen: Es handelt sich um eine Illusion, es reiche zum Verständnis des menschli-

Noam Chomsky (*1928)
US-amerikanischer Sprachwissenschaftler – Chomsky leistete die Grundlagenforschung zum Thema Universalgrammatik (s. Kapitel 2), ist aber auch einer der bekanntesten Kritiker des Behaviorismus und trug mit zum Paradigmenwechsel von Behaviorismus zu Kognitionswissenschaft bei.

chen Verhaltens aus, lediglich die jeweiligen Akteure nach den Gründen für ihr Verhalten zu fragen.

Ganz wie der klassische Behaviorismus vertritt übrigens auch die moderne experimentelle Ökonomie den Standpunkt, die einzig wissenschaftliche Methode sei die strikte Beobachtung menschlichen Verhaltens, da die Validität von Selbstberichten stets zweifelhaft sei. Eine solche Skepsis wird von experimentellen Ökonomen allerdings selten durch ihre Einsicht in die Bedeutsamkeit unbewusster Prozesse begründet, sondern in der Annahme, dass Menschen oftmals nicht motiviert sind, die wahren Gründe ihres Verhaltens anzugeben – auch wenn sie sich dieser Gründe durchaus bewusst sind. Ökonomen sprechen hier von „cheap talk" (Farrell & Rabin, 1996). Es ist allerdings zu erwarten, dass auch die Ökonomie irgendwann eine kognitive Wende erleben wird.

Evolutionspsychologen kritisieren nicht nur die Methoden des Behaviorismus, sondern auch seine inhaltliche Ausrichtung. Dies liegt in der grundsätzlichen Divergenz hinsichtlich des ihrer Forschung zugrunde liegenden Menschenbilds begründet. Mit dem kritischen Dialog zwischen Evolutionspsychologie und Behaviorismus wollen wir uns im Folgenden befassen.

Zur Modularität der Lernfähigkeit

Eine der grundlegenden Annahmen des Behaviorismus besteht ja darin, dass Menschen weitgehend als eine tabula rasa zur Welt kommen und ihr Verhaltensrepertoire über klassisches und instrumentelles Konditionieren erwerben. Dabei folgen diese Lernprozesse allgemeinen Gesetzen, die sich nicht zwischen unterschiedlichen Verhaltensdomänen unterscheiden.

In Kapitel 2 hatten wir gesehen, dass die Evolutionspsychologie auf grundlegend anderen Annahmen aufbaut, nämlich darauf, dass Menschen domänenspezifisch mit sehr unterschiedlichen Lernbereitschaften bzw. -fähigkeiten ausgestattet sind.

Spracherwerb

Nicht zufällig war der bekannte Linguist Noam Chomsky einer der schärfsten Kritiker Skinners (Chomsky, 1967). In einer Kritik an Skinners Überlegungen zum Thema Spracherwerb erläutert Chomsky, dass die enorme Geschwindigkeit, mit der kleine Kinder ein Vokabular und ein Verständnis für die Grammatik ihrer Muttersprache entwickeln, mit Hilfe des instrumentellen Konditionierens kaum zu erklären sei. Zudem könne der Behaviorismus nicht erklären, warum Kinder offensichtlich intrinsisch motiviert seien, ihre Muttersprache zu lernen und dafür nicht extrinsisch verstärkt werden müssen.

Stattdessen postuliert Chomsky, dass Menschen über eine angeborene Bereitschaft und Befähigung zum Spracherwerb verfügen, die es ihnen erlaube, mit ihrer Muttersprache eine Fähigkeit mit einem Maß an Komplexität zu erwerben, zu der sie in anderen Domänen nicht in der Lage seien. Ebenso angeboren sei darüber hinaus die bereis erwähnte Universalgrammatik, die für alle menschlichen Sprachen gelte und in welche die jeweiligen Regeln der einzelnen spezifischen Sprachen eingepasst würden (siehe hierzu auch Kapitel 2).

Wenn wir uns vor Augen führen, dass auch heute, in Zeiten hochleistungsfähiger Computer und intelligenter Software, noch kein Übersetzungsprogramm besteht, welches an die Leistungsfähigkeit eines menschlichen Übersetzers heranreicht, dann wird die Komplexität dieser Fähigkeit deutlich.

Diese beachtliche Fähigkeit des intuitiven Erlernens einer Sprache nimmt ab dem siebten Lebensjahr allerdings deutlich ab. Bis zu diesem Alter sind Kinder übrigens problemlos in der Lage, auch mehrere Sprachen parallel zu erwerben (z. B. wenn sie in bikulturellen Familien aufwachsen).

Abbildung 4.4: Angeboren oder erworben? Die menschliche Fähigkeit zum Spracherwerb ist genetisch bedingt. Welche Sprache wir lernen, hängt jedoch vollständig von unserer Umwelt ab (Quelle: © Adam Borkowski – Fotalia.com)

Spezifische Lernfähigkeiten

Evolutionspsychologen betonen, dass die Lernfähigkeit einer Spezies in einer bestimmten Domäne davon abhängig ist, unter welchem Selektionsdruck diese Fähigkeit in der Vergangenheit gestanden hat. Ein Beispiel hierfür ist die Fähigkeit der Wüstenameise, den Weg von einer Futterstelle zu ihrem Nest zu finden (Wehner & Srinivasan, 1981). Wenn sich eine tunesische Wüstenameise auf Futtersuche begibt, dann verlässt sie ihr Nest und entfernt sich relativ gradlinig bis zu 20 Meter. Dort angekommen sucht die Ameise in vielerlei Drehungen und Wendungen nach Futter. Hat sie dieses gefunden, macht sie sich auf den Rückweg in ihr Nest. Aber woher weiß eine solche Ameise, wie sie wieder nach Hause kommt? Auf dem Heimweg erinnert sie sich an jeden Richtungswechsel, den sie vorgenommen hat sowie an die jeweiligen Distanzen, die sie in eine Richtung gelaufen ist und offenbart damit eine Fähigkeit, über die z. B. Menschen in sehr viel niedrigerem Maße verfügen (wie jeder weiß, der sich schon einmal in einem Wald verlaufen hat).

Diese Fähigkeit der Wüstenameisen lässt sich daran erkennen, was passiert, wenn man eine solche Ameise hochhebt und einen Meter weiter wieder auf den Boden

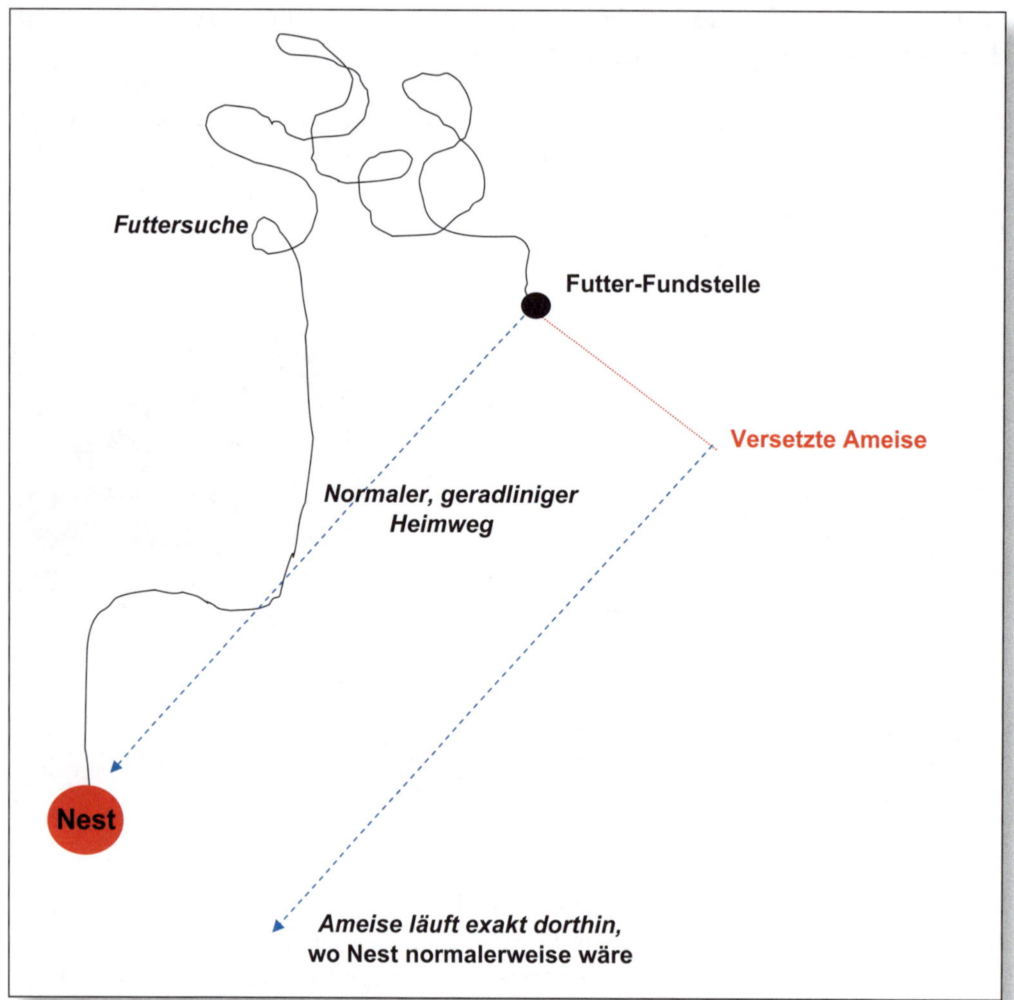

Abbildung 4.5: Orientierung lebensnotwendig: Die tunesische Wüstenameise weiß genau wie sie sich wenden muss, um nach Hause zu gelangen. Doch versetzt man sie, führt sie ihr Orientierungssinn in die Irre. (Quelle: Eigene Darstellung, angelehnt an Gaulin & McBurney, 2004, S. 189)

setzt. Dann nämlich wird diese Ameise auf geraden Weg zu ihrem Nest laufen, dieses aber um genau einen Meter verfehlen.

Die Stimulusabhängigkeit von Lernkurven

Darüber hinaus haben Evolutionspsychologen darauf aufmerksam gemacht, dass die Fähigkeit, neue Verhaltensweisen mittels instrumenteller Konditionierung zu lernen, auch von der Art der Stimuluseigenschaften abhängen (Gaulin & McBurney, 2004).

Einfluss der Stimulusart

So wurden Ratten in einem Experiment an den Anfang eines T-Labyrinth gesetzt, an dessen Ende sie entweder nach links oder rechts laufen konnten. In der einen Bedingung mussten die Ratten lernen, immer in die gleiche Richtung zu laufen. In der anderen Bedingung mussten die Ratten lernen, immer in die jeweils andere Richtung zu laufen. Der Verstärker bestand entweder aus Futter oder aus Wasser. In welcher der Bedingungen lernten die Ratten wohl am schnellsten?

Aus behavioristischer Perspektive würde man antworten, dass Ratten deutlich schneller lernen, wenn sie dafür verstärkt werden, immer in die gleiche Richtung zu laufen und dass dieser Effekt unabhängig von der Art des Verstärker sein sollte. Tatsächlich bestätigte sich die behavioristische Hypothese aber lediglich bei der Verstärkung mit Wasser. Bei Futter war es hingegen umgekehrt. Dieser Effekt ist evolutionspsychologisch nachvollziehbar: Während sich Wasserstellen in der Natur fast immer an der gleichen Stelle befinden, bleiben Futterressourcen selten über längere Zeiträume am gleichen Ort. Somit sind Tiere prädisponiert, Futter an unterschiedlichen Stellen zu suchen.

Somit zeigt sich: Ratten (und Menschen) haben eine genetische Veranlagung, Zusammenhänge zwischen bestimmten Stimuli und Konsequenzen schneller zu

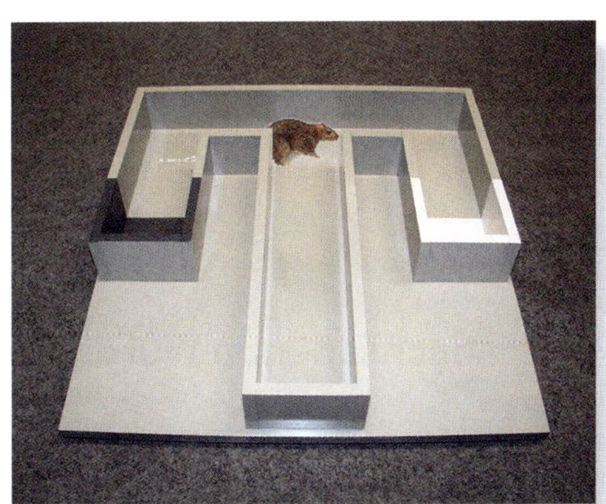

Abbildung 4.6: Ratte im T-Labyrinth.
(Quelle: Martin Butz, Universität Würzburg)

lernen als die zwischen anderen Stimuli und Konsequenzen – ein Befund, der sich mit rein behavioristischen Theorien nur schwer vereinbaren lässt.

Warum einige Stimulus-Reaktionsverbindungen sehr schnell gelernt werden

Eine weitere mögliche Kritik am Behaviorismus bezieht sich auf unterschiedliche Geschwindigkeiten des Lernen von Stimuli. Aus behavioristischer Perspektive sollten Organismen grundsätzlich mehrere Durchgänge benötigen, um den Zusammenhang zwischen einem bestimmten Verhalten und einem bestimmten Stimulus zu lernen. Dabei sollte die Lerngeschwindigkeit nicht von der Art des Stimulus abhängig sein, der mit einem bestimmten Verhalten verbunden ist.

Empirisch lässt sich diese Annahme allerdings nicht bestätigen. In einem Experiment wurden Ratten zwei unterschiedlichen Stimuli ausgesetzt (Garcia & Ervin, 1968). Sie wurden entweder mit einer geschmacksneutralen Flüssigkeit gesäugt, wonach (durch einen Beschuss mit Röntgenstrahlen) Übelkeit ausgelöst wurde, oder sie wurden in Folge eines Glockentons einem elektrischen Schock ausgesetzt. Die Ratten erlernten diesen Zusammenhang sehr schnell innerhalb von nur einem Konditionierungsdurchgang. Wurde das Trinken der Flüssigkeit aber mit dem elektrischen Schock gekoppelt und der Glockenton mit der Erzeugung von Übelkeit, so erlernte die Ratte diesen Zusammenhang auch nach mehreren Versuchsdurchgängen nicht. Offensichtlich waren die Ratten prädestiniert dafür, zu lernen, dass eine Flüssigkeit Übelkeit hervorrufen kann. Da Ratten in ihrer natürlichen Umwelt niemals lernen mussten, dass Geräusche mit Übelkeit einhergehen, versagten sie hingegen bei der Erlernung des Zusammenhangs von Glocke und Übelkeit.

Aus evolutionärer Perspektive macht es durchaus Sinn, wenn Organismen die Fähigkeit haben, Zusammenhänge zwischen bestimmten Stimuli und bestimmten Verhalten sehr schnell zu lernen. Wer etwa die Vergiftung durch eine bestimmte Speise (z. B. eine bestimmte Pilzart) mit Mühe und Not überlebt hat, tut gut daran, nicht noch weitere Lernerfahrungen zu brauchen, um diesen Zusammenhang zu verstehen.

Eine abschließende Würdigung des Behaviorismus

Wie ist der Behaviorismus insgesamt zu bewerten? Handelte es sich bei ihm um eine Sackgasse der Psychologie, aus der sich diese nur mühsam befreien konnte, oder aber sind die wesentlichen Aussagen des Behaviorismus nach wie vor gültig?

Die in den letzten Abschnitten diskutierten Kritikpunkte zeigen, dass einige wichtige Postulate des Behaviorismus empirisch falsifiziert (d. h. widerlegt) sind. Dazu gehört vor allem die Annahme, alle Lernprozesse verliefen im Wesentlichen identisch, unabhängig von Spezies oder Verhaltensdomäne. Wie in diesem Kapitel aber gezeigt werden konnte, ist Lernen nicht gleich Lernen! Je nach Selektionsdruck ist die Lernfähigkeit einer Spezies in einem bestimmten Lebensbereich besonders hoch oder eher niedrig. Dies bezieht sich zum einen auf die Komplexität dessen, was gelernt werden kann, zum anderen auf die Schnelligkeit, mit der gelernt wird.

Also ab mit dem Behaviorismus in das psychologiegeschichtliche Raritätenkabinett? Einer solchen Verdammnis folgend, liefe man Gefahr, das sprichwörtliche Kind mit dem Bade auszuschütten. Denn unzählige Experimente haben gezeigt, dass Organismen ihr Verhalten zumindest in bestimmten Kontexten in einer Art ändern, die durch die behavioristischen Lerntheorien sehr genau erklärt werden kann.

Vielleicht sollten die behavioristischen Lernprinzipien verstanden werden als adaptive Heuristiken, wie diese im Kapitel 2 beschrieben wurden. So sind z. B. die Gesetzmäßigkeiten des instrumentellen Konditionierens geradezu ein Musterbeispiel für das, was Gigerenzer als eine einfache und effiziente Heuristik beschreiben würde. Sie lassen sich in folgende, einfache Handlungsanweisung übersetzen: Wenn ein bestimmtes Verhalten zu positiven Konsequenzen führt, wiederhole es! Wenn ein bestimmtes Verhalten zu negativen Konsequenzen führt, wiederhole es nicht! Die Anwendung einer solchen Heuristik verlangt nur sehr wenig Wissen über die genauen Umweltbedingungen und nur einen minimalen Aufwand an Informationsverarbeitung.

Ähnlich ist es mit den von Bandura beschriebenen Mechanismen des Modelllernens, die sich in folgende Heuristiken übersetzen lassen: Wenn Du beobachtest, dass bei einer anderen Person ein bestimmtes Verhalten zu positiven Konsequenzen führt und Du Dich in der Lage fühlst, Dich genauso zu verhalten, dann imitiere dieses Verhalten! Wenn Du Dich zu diesem Verhalten nicht in der Lage fühlst oder wenn das Verhalten bei der Modellperson zu negativen Konsequenzen geführt hat, imitiere das Verhalten nicht!

Eine solche Neuinterpretation der behavioristischen Lerngesetze könnte im Übrigen auch erklären, unter welchen Umweltbedingungen diese Heuristiken nicht angewandt werden: Dies ist z. B.: immer dann der Fall, wenn im Laufe der Entwicklungsgeschichte einer Spezies durch einen hohen Selektionsdruck komplexere Lernmechanismen evolviert sind, die dann den einfachen Heuristiken vorgezogen werden (z. B. beim menschlichen Spracherwerb, oder bei der Einsicht, dass sich Wasserquellen in ihrer Lokation nur selten, Futterquellen in ihrer Lokation hingegen häufig verändern).

Ganz allgemein werden die behavioristischen Lernmechanismen vor allem unter neuartigen Umweltbedingungen aktiviert werden. Genau unter solchen Umweltbedingungen aber sind die meisten behavioristischen Experimente durchgeführt worden. Ratten z. B. erhalten in ihrer natürlichen Umgebung nicht dadurch Futter, dass sie auf einen Hebel drücken.

Abbildung 4.7: Oft kritisiert, verunglimpflicht und ins Lächerliche gezogen: Trotz etlicher gerechtfertigter Kritikpunkte, hat der Behaviorismus große Aussagekraft, wenn man ihn nur neu interpretiert. (Quelle: Dave Blazek, TMS Reprints)

Der Kulturpessimismus der Evolutionspsychologie und der Abschied von den Utopien

Wir haben dieses Kapitel damit begonnen, den Glauben an die Plastizität menschlichen Verhaltens aus dem Zeitgeist der Aufklärung und dem Optimismus zu erklären, dass durch eine gezielte Veränderung der gesellschaftlichen Verhältnisse das Verhalten des Menschen grundlegend geändert werden könne.

Die Evolutionspsychologie hingegen neigt dazu, menschliches Verhalten aus unserem evolutionären Erbe zu erklären und ist deshalb hinsichtlich der Plastizität menschlichen Verhaltens sehr viel skeptischer.

Diese Diskussion bietet eine Fülle von Argumenten, zwei der wichtigsten sollen an dieser Stelle aber genügen:

Erstens: Es kann m. E. kein Zweifel bestehen, dass das Verhalten von Homo Sapiens in hohem Maße durch seine Umwelt geprägt ist. Ein Yanamano Indianer am Amazonas und ein Einwohner der Bundesrepublik leben buchstäblich in verschiedenen Welten. Dabei sind die Motive ihres Handelns vermutlich gar nicht so unterschiedlich. Beide sind an gutem Essen und Trinken interessiert, an einen hohen sozialen Status und an einem attraktiven Sexualpartner (siehe Kapitel 3). Aber die Art, wie sie diese Ziele zu erreichen versuchen, ist grundlegend verschieden. Ein moderner Deutscher verbringt seine Tage in einer anderen Umwelt als ein Jäger und Sammler und er tut in dieser Umwelt andere Dinge. Dies ist umso bemerkenswerter, als dass diese beiden Umwelten nicht so sehr durch klimatische oder sonstige vorgegebene Unterschiede charakterisiert sind, sondern sich diese Umwelten vor allem durch die vergangenen Handlungen anderer Menschen unterscheiden. Wir Heutigen leben in einer gänzlich anderen Welt als unsere Vorfahren vor 100.000 Jahren, weil unsere Vorfahren während der letzten 100.000 Jahre diese Welt verändert haben, und sich das Tempo dieser Veränderungen ständig erhöht.

Zweitens: Auch wenn der Fortschrittsglauben vergangener Jahrzehnte bzw. Jahrhunderte mittlerweile reichlich naiv erscheint, sollten wir nicht vergessen, wie sehr sich unsere Gesellschaft in der Vergangenheit tatsächlich verändert hat – und oftmals durchaus zum Guten. Wir werden in den folgenden Kapiteln an verschiedenen Stellen darauf zurückkommen. Für einen bei manchem Evolutionspsychologen spürbaren Kulturpessimismus, der sich aus der Überzeugung speist, die „Natur des Menschen" lasse sich eben nicht verändern, besteht jedenfalls kein Anlass.

Die Debatte über Anlage versus Umwelt wird uns in diesem Buch an vielen Stellen wieder begegnen, z. B. in den Kapiteln über Geschlechterunterschiede, Persönlichkeit und interkulturelle Psychologie.

Kurz und gut

1. Der Behaviorismus fußt auf der Idee, dass Menschen als „tabula rasa" auf die Welt kommen und in ihrem Verhalten vollständig durch ihre Umwelt determiniert sind.
2. Eine Grundannahme des Behaviorismus besteht darin, dass jegliches Verhalten sowohl beim Menschen als auch bei anderen Spezies auf einige wenige und allgemeine Lernprinzipien zurückgeführt werden kann.
3. Das Prinzip der klassischen Konditionierung besagt: Wenn ein zunächst neutraler Stimulus (A) wiederholt mit einem Stimulus (B) gepaart wird, der zu einer bestimmten Reaktion führt (z. B. Speichelfluss), dann reicht irgendwann die Anwesenheit des zunächst neutralen Stimulus (A), um die Reaktion auszulösen.
4. Das Prinzip des instrumentellen Konditionierens besagt: Wenn ein bestimmtes Verhalten zu einer positiven (negativen) Konsequenz führt, dann steigt (sinkt) die Häufigkeit, mit der dieses Verhalten gezeigt wird.
5. Die sozial-kognitive Lerntheorie nach Bandura besagt, dass Menschen nicht nur durch Versuch und Irrtum, sondern auch durch Einsicht und Verstehen lernen.
6. Menschen lernen nicht nur durch eigene Erfahrungen, sondern auch durch Beobachtung von Modellpersonen.
7. Ob das Verhalten einer Modellperson imitiert wird, hängt davon ab, ob diese für ihr Verhalten belohnt wird und ob der Beobachter sich in der Lage fühlt, die beobachtete Handlung ebenfalls auszuführen.
8. Im Gegensatz zum Behaviorismus betont die moderne Evolutionspsychologie, dass Lernprozesse nicht allgemeinen Gesetzmäßigkeiten folgen, sondern dass Menschen domänenspezifisch mit sehr unterschiedlichen Lernbereitschaften bzw. –fähigkeiten ausgestattet sind.
9. Die Fähigkeit, neue Verhaltensweisen mittels instrumenteller Konditionierung zu lernen, hängt auch von der Art der Stimuluseigenschaften ab.
10. Auch wenn der Behaviorismus die Plastizität menschlichen Verhaltens überschätzt hat, ist menschliches Verhalten in enormem Maße durch unsere Umwelt geprägt.

Studentenfutter

Lefrancois G. (2003). *Psychologie des Lernens.* Berlin/Heidelberg/New York: Springer.

Richerson, P. J. & Boyd, R. (2005). *Not by genes alone: How culture transformed human evolution.* Chicago: University of Chicago Press.

Kapitel 5

Eine kurze Einführung in die Wissenschaftstheorie

Kapitel 5 Eine kurze Einführung in die Wissenschaftstheorie

Inhalt

Was ist eigentlich eine (gute) Theorie?

In diesem Kapitel geht es um die Frage, wodurch sich gute Wissenschaft von schlechter bzw. von Pseudowissenschaft unterscheidet und woran sich eine gute Theorie erkennen lässt.

Eine kleine Warnung vorab: Manches in diesem Kapitel ist deutlich abstrakter als in den anderen Kapiteln dieses Buches. Dennoch möchte ich Sie einladen, auch dieses Kapitel zu lesen, weil ein zumindest grundlegendes Verständnis einiger basaler wissenschaftstheoretischer Zusammenhänge wichtig ist, um die Psychologie als Wissenschaft zu verstehen und einzuordnen.

Unter einer Theorie wird im Allgemeinen ein System von Hypothesen verstanden, das sich auf einen Ausschnitt der Realität bezieht und Aussagen darüber macht, in welcher kausalen Beziehung bestimmte Variablen (d.h. Einflussfaktoren) zueinander stehen.

Eine Minimalforderung an eine Theorie besteht darin, dass diese logisch konsistent (d.h. widerspruchsfrei) zu sein habe. Eine Theorie, aus der z.B. abgeleitet werden kann, dass Frauen intelligenter sind als Männer und aus der zugleich abgeleitet werden kann, dass Männer intelligenter sind als Frauen, ist unbrauchbar, weil sich beide Hypothesen logisch widersprechen.

Wenn logische Widersprüche in einer Theorie erkannt werden, ist diese entweder zu verwerfen oder aber zu modifizieren. So wäre es in unserem Beispiel möglich, differentielle Hypothesen darüber zu entwickeln, auf welchen Subdimensionen sich die Werte der Intelligenz von Frauen und Männern unterscheiden. So haben z. B. die kanadischen Psychologen Irwin Silverman & Marion Eals (1992) die Hypothese formuliert, dass Frauen sich besser an die Lokation von Objekten in zweidimensionalen Räumen erinnern können als Männer, Männer hingegen besser in der Lage sind, sich in unbekannten Gebieten zu orientieren und den schnellsten Weg nach Hause zu finden (sowie Objekte im dreidimensionalen Raum mental zu rotieren.) Neben Aussagen über die Art und Richtung eines Zusammenhangs zwischen verschiedenen Variablen sollte eine Theorie auch angeben, warum diese Variablen zusammenhängen. So argumentieren Silverman & Eals, dass Geschlechtsunterschiede in der Intelligenz zurückzuführen sind auf geschlechtsspezifische Adaptationen in unserer evolutionären Vergangenheit. Die Fähigkeit der Orientierung bzw. mentalen Rotation ist eine Fähigkeit, die für die Jagd benötigt wird (eine Tätigkeit, die in Jäger- und Sammlergesellschaften hauptsächlich von Männern ausgeübt wird), während die Erinnerung an die Lokation von Objekten für das Sammeln von Beeren und Früchten von Bedeutung ist (eine Tätigkeit, die in Jäger- und Sammlergesellschaften hauptsächlich von Frauen ausgeübt wird).

„Zwei Dinge sind unendlich, das Universum und die menschliche Dummheit, aber bei dem Universum bin ich mir noch nicht ganz sicher.“
Albert Einstein (1879–1955), dt. Physiker

Hierbei ist darauf hinzuweisen, dass auch Theorien, welche auf einem falschen Kausalmodell fußen, zu validen Vorhersagen über die Wirklichkeit kommen können. So war es z. B. im Rahmen des Ptolemäischen Weltbildes möglich, Sonnen- und Mondfinsternisse vorherzusagen (Kinnebrock, 1999), obwohl Ptolemäus annahm, dass die Erde der Mittelpunkt des Universums sei. Dies verdeutlicht, dass sich ein Phänomen häufig durch unterschiedliche Theorien erklären lässt. Dazu ein Beispiel aus der Psychologie: Sowohl die klassische Sozialisationstheorie als auch die Evolutionspsychologie können erklären, warum Männer häufiger zu körperlicher Gewalt greifen als Frauen (siehe hierzu ausführlich Kapitel 19). Aus sozialisationstheoretischer Perspektive ist dies dadurch zu erklären, dass Mädchen dazu erzogen werden, brav zu sein und friedlich, während Jungs dazu erzogen werden, durchsetzungsfähig zu sein und aggressiv (Dittmann & Büttner 1993). Evolutionspsychologen hingegen würden argumentieren, dass diese Unterschiede nicht durch Sozialisation, sondern genetisch bedingt sind, weil es in unserer Evolutionsgeschichte für Männer wichtiger als für Frauen war, sich körperlich gegen Rivalen durchzusetzen (Ebbeling & Schmitz, 2006) Beide Theorien können somit das Phänomen einer höheren körperlichen Aggressivität von Männern erklären. Da sich beide Theorien aber in dem hinter dieser Erklärung liegenden Kausalmodell deutlich unterscheiden, kann nur eine der beiden Theorien wahr sein. Daraus folgt, dass mindestens eine dieser Theorien unwahr ist, obwohl sie in Übereinstimmung mit den empirischen Daten ist. In einem solchen Fall sind Vertreter beider Theorien dazu angehalten, nach Phänomenen zu suchen, bei denen die Theorien zu unterschiedlichen Vorhersagen kommen und diese unterschiedlichen Vorhersagen empirisch gegeneinander zu testen.

Eine gute Theorie …
ist widerspruchsfrei,
gibt Art, Richtung und Grund des Zusammenhangs zwischen Variablen an,
erlaubt präzise und empirisch überprüfbare Vorhersagen.

Abbildung 5.1 (Quelle: Eigene Darstellung)

Einfachheit und Erklärungspotenzial

Darüber hinaus ist eine Theorie umso besser, je weniger komplex sie ist und je größer die Menge dessen ist, was sie erklären kann. Ein Beispiel für eine Theorie, die diesem Kriterium ganz außerordentlich genügt, ist die Newtonsche Gravitationstheorie, die mit Hilfe eines einzigen Gesetzes – dem Gravitationsgesetz – eine Vielzahl an Phänomenen erklären kann (z. B. warum ein Apfel vom Baum auf den Boden fällt und nicht in der Luft schwebt, warum die Schwerkraft auf dem Mond geringer ist als auf der Erde, warum der Mond um die Erde kreist, die Erde um die Sonne und noch sehr viel mehr).

Von Anhängern der Evolutionstheorie wird darauf verwiesen, dass auch die Theorie Darwins diesem Kriterium genügt, weil sie mit Hilfe einiger weniger Prinzipien (Vererbung, Variation und Selektion) in der Lage ist, eine nahezu unendliche Vielzahl an Phänomenen zu erklären (Dawkins, 2009).

Es ist allerdings darauf zuachten, dass eine Theorie zwar möglichst einfach sein sollte, es dabei aber immer das Hauptziel bleibt, ihren Gegenstand hinreichend zu erklären. Wie Einstein einmal sagte: „Eine Theorie sollte so einfach wie möglich sein, aber nicht einfacher.“ Im ersten und vierten Kapitel war aus genau diesem Grunde darauf eingegangen worden, dass menschliches Verhalten immer das Produkt aus unserem evolutionären Erbe und unserer individuellen Lerngeschichte bzw. unserer aktuellen Umwelt ist. Eine Theorie, die sich nur auf einen dieser Aspekte beschränkt, wäre im Sinne Einsteins nicht einfach, sondern simplistisch.

Widerspruchsfreiheit zu etablierten Theorien

Ein weiteres Kriterium für eine gute Theorie besteht darin, inwiefern diese im Einklang mit anderen wohl etablierten Theorien ist oder aber zu diesen im Widerspruch steht. Die Wahrscheinlichkeit, dass eine Theorie wahr ist, sinkt, sobald sie die Unwahrheit anderer empirisch gut bewährter Theorien voraussetzt. So ist z. B. die Behauptung, Menschen hätten so etwas wie eine unsterbliche materielle Seele unvereinbar mit wohl etablierten neurowissenschaftlichen Theorien, die implizieren, dass psychisches Empfinden immer eine Entsprechung auf einer physiologischen und neurologischen Ebene hat.

Fruchtbarkeit von Theorien

Darüber hinaus unterscheiden sich Theorien in ihrer Fruchtbarkeit, d. h. in ihrem Vermögen, neue und spannende Hypothesen zu generieren und zu innovativer Forschung zu stimulieren. Ein Beispiel wären die evolutionspsychologisch inspirierten Forschungen zur Frage, inwiefern der weibliche Menstruationszyklus die Partnerwahlpräferenzen von Frauen beeinflusst (mehr dazu im Kapitel 9). Hierbei ist darauf hinzuweisen, dass Fruchtbarkeit und Validität einer Theorie durchaus im Widerspruch zueinander stehen können. Vor allem neue und innovative Theorien können selbst dann fruchtbar sein, wenn sie nicht wahr sind.

Eine gute Theorie ...
ist einfach, aber nicht zu einfach,
ist im Einklang mit anderen Theorien,
stimuliert neue Forschung.

Abbildung 5.2 (Quelle: Eigene Darstellung)

Fassen wir zusammen: Theorien sind umso besser, je konsistenter (d. h. widerspruchsfreier) und einfacher sie sind, je größer die Menge der Phänomene ist, die sie erklären können, je mehr sie im Einklang mit anderen, bewährten Theorien stehen und je mehr sie in der Lage sind, neue und innovative Forschung zu generieren.

Das wichtigste Kriterium einer Theorie, auf die sich alle anderen Kriterien zumindest indirekt beziehen, ist jedoch die Frage, ob eine Theorie wahr ist, d. h. ihre Aussagen mit der Realität übereinstimmen. Mit dieser schwierigen Frage wollen wir uns in den folgenden Abschnitten auseinandersetzen.

Deduktive und induktive Logik

Ganz allgemein lassen sich zwei verschiedene Wege unterscheiden, auf denen überprüft werden kann, ob eine Hypothese bzw. ein System von Hypothesen (also eine Theorie) wahr ist. Diese werden in der formalen Logik (Chalmers, 2007) als Deduktion bzw. Induktion bezeichnet.

Die Logik von deduktiven Beweisen

Ein deduktives Argument besteht darin, dass auf Basis einiger weniger – möglichst allgemein anerkannter – Prämissen mit Hilfe logischer Argumente eine bestimmte Schlussfolgerung abgeleitet wird, die wahr sein muss, wenn die Gültigkeit der Prämissen anerkannt wird.

Klingt kompliziert, ist aber eigentlich ganz einfach. Nehmen wir das folgende sehr häufig angeführte Beispiel eines deduktiven Beweises:

1. Prämisse: Alle Menschen sind sterblich.
2. Prämisse: Sokrates ist ein Mensch.

Konklusion: Sokrates ist sterblich.

Die Aussage, dass Sokrates sterblich ist, lässt sich logisch aus den Prämissen ableiten. Sie kann nicht unwahr sein, wenn die Prämissen zutreffen.

Die gesamte Mathematik basiert auf dieser Art von Deduktionslogik, weswegen man am Ende eines mathematischen Beweises auch schreiben kann: „Quod erat demonstrandum" (was zu beweisen war).

Deduktiv logisch abgeleitete Konklusionen gelten übrigens für alle Ewigkeit, zumindest solange die Gültigkeit der Prämissen nicht räumlich oder zeitlich begrenzt ist. Der Satz von Pythagoras galt zu der Zeit, zu der er formuliert wurde, er galt sogar schon, bevor seine Gültigkeit überhaupt erkannt wurde und er wird auch in Zukunft noch gelten.

Für alle empirisch arbeitenden Wissenschaften (wie z. B. die Psychologie, die Biologie oder Archäologie) ist diese elegante Art des Argumentierens aber leider von nur geringer Bedeutung. Stattdessen benutzen diese Disziplinen in aller Regel die Logik der Induktion.

Induktive Logik und ihre Probleme

Während in der deduktiven Logik aus einen allgemeinen Gesetz auf einen Einzelfall geschlossen wird, wird bei der Induktion von einem oder mehreren Einzelfällen auf ein allgemeines Gesetz geschlossen. Das Wissen über diese Einzelfälle erlangt der Wissenschaftler durch empirische Beobachtungen.

Beispiel: Ein Psychologe befragt in seiner Vorlesung 100 Psychologiestudenten nach ihrem Sternkreiszeichen und danach, ob sie sich politisch eher links oder

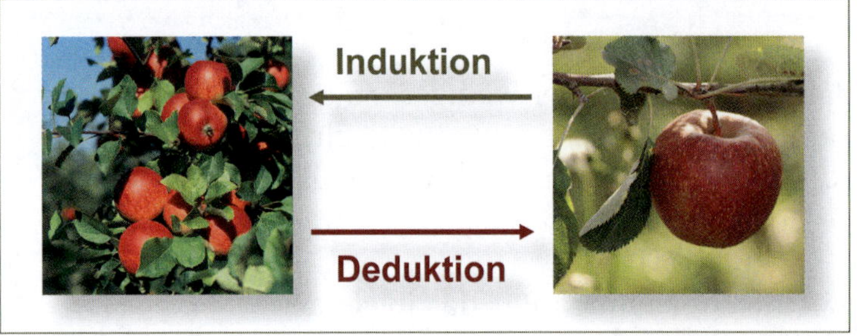

Abbildung 5.3: Zwei Arten der logischen Schlussfolgerung: Deduktion: Vom Allgemeinen auf den Einzelfall schließen. Induktion: Vom Einzelfall aufs Allgemeine schließen. (Quelle: Eigene Darstellung, Fotos: © Harald Lange und © Günther Ullmann – Fotolia.com)

eher rechts einstufen. Tatsächlich ergibt die Befragung, dass „Stiere" sich eher links einstufen als „Waagen".

Was lässt sich daraus folgern? Dass es in der untersuchten Stichprobe einen (statistischen) Einfluss des Horoskops auf die Parteienpräferenz gab, weiß man nun. Worum es diesem Forscher nach Abschluss einer empirischen Studie aber vor allem gehen wird, ist eine weitere Frage: Darf man von dem Ergebnis seiner Stichprobe auf eine allgemeine Gesetzmäßigkeit schließen? In unserem Beispiel geht es also darum, ob die politischen Präferenzen von Stieren *ganz allgemein* linker sind als die von Waagen.

Ist eine solche Schlussfolgerung möglich? Als kluger Leser werden Sie wahrscheinlich einwenden, dass es sich bei diesem Ergebnis auch um einen Zufall handeln könne und sie werden fordern, dass die gleiche Studie mit einer anderen Stichprobe repliziert werde. Mal angenommen, unser Forscher untersucht daraufhin eine Stichprobe von Wirtschaftsstudenten und auch dort zeige sich das gleiche Ergebnis: Stiere wählen eher die Linke, Waagen eher die CDU.

Vielleicht sind sie immer noch nicht überzeugt und verweisen darauf, dass ja bislang nur Studenten untersucht worden seien. Daraufhin führe unser Forscher eine Befragung mit 1 000 zufällig ausgewählten Bundesbürgern durch und wieder zeige sich das gleiche Ergebnis.

Ist der Zusammenhang zwischen Sternkreiszeichen und Parteienpräferenz damit eindeutig nachgewiesen? Nicht wirklich, denn es könnte sein, dass in allen drei Studien durch einen zufälligen Unterschied der Stichprobe von der Grundgesamtheit Stiere weiter links standen als Waagen, ohne dass dieser Zusammenhang in der Grundgesamtheit (z. B. alle wahlberechtigten Deutschen) tatsächlich besteht. Dies ist ein häufiges Problem in den empirischen Wissenschaften: oft ist es unmöglich oder zu aufwendig, die Grundgesamtheit einer betrachteten Zielgruppe zu untersuchen. Darum wird in den meisten Fällen auf Stichproben zurückgegriffen. Dies birgt allerdings Schwierigkeiten, denn eine Stichprobe kann in ihrer Struktur zufällig von ihrer Grundgesamtheit abweichen.

Denken wir uns z. B. eine Urne von 1 000 Murmeln, von denen 900 Murmeln weiß und 100 Murmeln rot seien. Wenn wir aus dieser Grundgesamtheit eine Stichprobe von 10 Murmeln ziehen, ist es wahrscheinlich, dass sich darunter mehr weiße als rote Murmeln befinden werden, aber es ist keineswegs ausgeschlossen, dass wir 10 rote Kugeln ziehen.

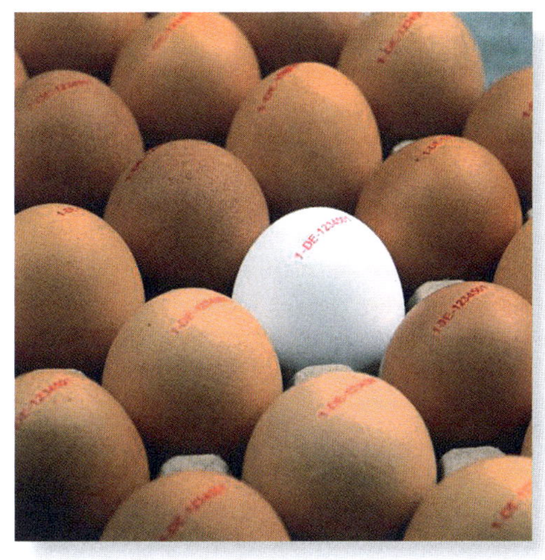

Abbildung 5.4: Nicht immer gleicht ein Ei dem anderen und ist repräsentativ für alle Eier. Von Merkmalen einer Stichprobe lässt sich daher nicht immer auf die Grundgesamtheit schließen. (Quelle: Ernährungsportal Baden-Württemberg)

Dass dies so ist, zeigt sich jede Woche bei der Ziehung der Lottozahlen. Für jeden einzelnen Lottospieler ist es höchst unwahrscheinlich, dass er sechs Richtige hat, aber für den ein oder anderen Lottospieler ist dies eben doch der Fall. Dieses Problem wird seit Hume als Induktionsproblem bezeichnet (Hume, 1739/2004). In seiner allgemeinen Form besagt dieses, dass aus einer Beobachtung von noch so vielen Einzelfällen nicht auf eine Grundgesamtheit geschlossen werden kann. Dies gilt z. B. dann, wenn wir von vergangenen Ereignissen auf zukünftige Ereignisse schließen wollen, z. B. darauf, ob morgen die Sonne aufgeht. Intuitiv werden die meisten Menschen davon ausgehen, weil bisher in ihrem Leben jeden Morgen die Sonne aufgegangen ist und es keinen Grund gibt, warum dies morgen anders sein sollte. Nur, logisch stringent ist dieser Schluss nicht.

Induktionsproblem

Nehmen Sie als Beispiel ein Huhn, das die Schritte seines Bauern hört, die sich dem Hühnerstall nähern. „Wie schön", denkt sich das Huhn, „der Bauer bringt mein Futter." Induktiv ist dieser Schluss sehr plausibel, da der Eigentümer in der Vergangenheit jeden Morgen das Futter gebracht hat. Nur leider soll es im Hause dieses Bauern am Abend Hühnersuppe geben … (Russel 1912/2007).

Nun könnte man einwenden, dass unser Huhn vielleicht einen logischen Fehler begangen hat, in den meisten Fällen induktive Schlüsse aber durchaus gerechtfertigt seien. Diese Argumentation würde allerdings ebenfalls auf einem Induktionsschluss beruhen, denn aus der Beobachtung, dass in der Vergangenheit Induktionsschlüsse (zumeist) richtig waren, lässt sich nicht ableiten, dass sie das auch in Zukunft sein werden. Weil die Richtigkeit einer Aussage nicht durch ein Argument belegt werden kann, welches die Richtigkeit der zu beweisenden Aussage unterstellt, kann auch die Logik des Induktionsschlusses auf diese Weise nicht bewiesen werden.

Induktive Schlüsse sind somit niemals logisch gültig, das heißt ihre Richtigkeit ist niemals bewiesen. Außerhalb der Wissenschaft, in ihrem Alltagshandeln, wird diese Tatsache von den meisten Menschen im Übrigen ignoriert. Dort schließen wir ständig vom Einzelfall auf allgemeine Gesetzmäßigkeiten (Reichenbach & Kamler, 1994). Dies sollte aber nicht als Beleg für die Dummheit der Menschen oder ihre Irrationalität gesehen werden, sondern hierbei handelt es sich um eine adaptive Heuristik, die sich wie alle Heuristiken dadurch auszeichnet, nicht auf formaler Logik zu gründen und in manchen Situationen in die Irre zu führen. Aber sie ist häufig genug in der Lage, das Handeln des Menschen in die richtige Richtung zu lenken, um anderen Alternativen überlegen zu sein.

Karl Popper (1902–1994)
Österreichisch-britischer Philosoph – Popper war einer der einflussreichsten Wissenschaftstheoretiker und führte u. a. den Falsifikationismus in der Wissenschaft ein.

Sir Karl – die Wissenschaftstheorie von Karl Popper

Karl Popper ist wohl der bekannteste und einflussreichste Wissenschaftstheoretiker des letzten Jahrhunderts (der für seine Verdienste von der britischen Königin sogar geadelt wurde). Im Folgenden sollen seine wichtigsten Gedanken zu der Frage, was eine gute Theorie sei, erläutert werden.

Falsifikationismus

„Irrtümer haben ihren Wert; jedoch nur hier und da. Nicht jeder, der nach Indien will, entdeckt Amerika.“
Erich Kästner (1899–1974), deutscher Schriftsteller

Am Beginn des 20ten Jahrhunderts waren sich zwar einige Philosophen des Induktionsproblems nach wie vor bewusst (siehe z. B. Russel 1912/2007), in den empirischen Wissenschaften aber folgte man zumeist einem naiven Induktivismus. Eine Theorie schien umso besser, je häufiger sie in der Vergangenheit bestätigt worden ist.

Vor diesem Hintergrund galt die Psychoanalyse Sigmund Freuds damals als eine empirisch gut bewährte Theorie, weil es so viele einzelne Ergebnisse und Beobachtungen gab, die ihre Gültigkeit zu stützen schienen.

Popper fiel auf, dass die vielen vermeintlichen Bestätigungen der Psychoanalyse auch daher rührten, dass eigentlich jedes denkbare Ereignis als eine Bestätigung der Theorie aufgefasst werden konnte. Ein Sohn erschlägt seinen Vater? Ein wunderbares Beispiel für einen Ödipuskomplex (d. h. dem Wunsch aller Söhne, ihren Vater zu ermorden, um an dessen Stelle eine sexuelle Beziehung zu ihrer Mutter zu beginnen, Freud 1899/2009). Ein Sohn hat ein ganz inniges Verhältnis zu seinem Vater? Ein ebenso wunderbares Beispiel für einen Ödipuskomplex, der in diesem Fall allerdings verdrängt und sublimiert wird (Popper, 1963/2000).

Ödipuskomplex

Die entscheidende Erkenntnis Poppers bestand darin, dass die Bestätigung einer Theorie kein Zeichen für ihre Gültigkeit ist, wenn die Theorie nicht zuvor angibt, welches empirische Ereignis sie falsifizieren würde. Aus dieser Erkenntnis entwickelte Popper seine eigene Wissenschaftstheorie, die als „Falsifikationismus" bekannt geworden ist.

Die Logik des Falsifikationismus lässt sich wie folgt zusammenfassen:

Erstens: Vor Durchführung einer empirischen Untersuchung sollte ein Wissenschaftler möglichst präzise Hypothesen darüber aufstellen, zu welchen Ergebnissen diese Studie führen wird (solche Hypothesen sollten entweder die Form von „wenn x, dann y" oder „je höher/niedriger x, desto höher/niedriger y" haben).

Zweitens: Eine Hypothese muss angeben, unter welchen Bedingungen sie als gescheitert (= falsifiziert) zu gelten hat. Eine Hypothese ist umso falsifizierbarer, je präziser sie ist. Eine Hypothese ist umso präziser, je größer die Menge vorstellbarer Ereignisse ist, welche diese Hypothese falsifizieren. Betrachten wir z. B. die folgenden drei Hypothesen über die Intelligenzverhältnisse von Frauen und Männern:

Präzision von Hypothesen

(1) „Die Intelligenz von Männern und Frauen ist unterschiedlich."
(2) „Frauen sind intelligenter als Männer."
(3) „Männer sind intelligenter als Frauen hinsichtlich dreidimensionaler Rotationsaufgaben und zugleich sind Frauen intelligenter hinsichtlich der Erinnerung an die Lokation von Objekten und zugleich gibt es hinsichtlich aller anderen Intelligenzdimensionen keinen Geschlechterunterschied." (Zur Begründung dieser Hypothese siehe Kapitel 9)

Hypothese (1.) ist am wenigsten präzise. Sie kann nur dann widerlegt werden, wenn Frauen und Männer exakt gleich intelligent sind. Hypothese (2.) ist präziser als Hypothese (1.), weil sie widerlegt ist, wenn Frauen und Männer gleich intelligent sind und wenn Männer intelligenter als Frauen sind. Die beste, weil präziseste Hypothese ist (3.). Sie ist bereits dann falsifiziert, wenn nur eine der drei Einzelhypothesen nicht zutrifft.

Menge potenzieller Falsifikatoren

Grundsätzlich gilt: Eine Hypothese ist umso präziser, je größer die Menge ihrer potenziellen (d.h. vorstellbaren) Falsifikatoren ist im Vergleich zur Menge aller potenziellen Ereignisse, die eine Bestätigung der Hypothese darstellen. Dabei können Theorien bzw. Hypothesen immer falsifiziert, aber niemals abschließend verifiziert werden. Das heißt: Auch wenn eine Hypothese in vielen Versuchen nicht falsifiziert werden konnte, bedeutet dies nicht, dass ihre Validität bewiesen ist. Dies hat damit zu tun, dass nahezu alle interessanten wissenschaftlichen Hypothesen als All-Aussagen und nicht als Existenzaussagen formuliert sind.

All- und Existenzaussagen

Existenzaussagen haben die Form: „Es gibt ein x mit der Eigenschaft y." Ein Beispiel dafür ist die folgende Aussage: „Es gibt zumindest eine Schulklasse auf der Welt, in der die Mädchen im Schnitt größer sind als die Jungen."

Existenzaussagen können immer nur verifiziert (bewiesen), aber niemals falsifiziert werden. Wenn Sie eine Schulklasse finden, in der die Mädchen tatsächlich größer sind als die Jungs, haben Sie die Aussage verifiziert. Aber auch, wenn Sie 100 oder gar 1 000 Schulklassen untersuchen, bei denen die Jungen im Schnitt immer größer als die Mädchen sind, dann können sie nicht ausschließen, dass es irgendwo auf der Welt eine Schulklasse gibt, in der das Gegenteil der Fall ist.

All-Aussagen haben die Form: „Alle x haben die Eigenschaft y." Ein Beispiel für eine solche Aussage könnte lauten: „In allen Schulklassen sind die Jungen im Schnitt größer als die Mädchen."

Anders als Existenzaussagen können All-Aussagen immer nur falsifiziert, aber niemals verifiziert werden. Dies liegt im obigen Beispiel daran, dass es Ihnen nicht möglich sein wird, *alle* Schulklassen zu überprüfen.

Abbildung 5.5: Alle Schwäne sind weiß. Wie die meisten wissenschaftlichen Hypothesen lässt sich auch diese Hypothese nie eindeutig bestätigen, wohl aber durch bereits ein Gegenbeispiel widerlegen.

Hat Popper das Induktionsproblem wirklich gelöst?

Popper ging es in seiner Wissenschaftstheorie im Wesentlichen um zwei Probleme. Zum einen wollte er ein objektives Kriterium entwickeln, anhand dessen echte Wissenschaft von Pseudowissenschaft unterschieden werden kann. Zum anderen wollte er das Induktionsproblem lösen. Bis zum Ende seines langen Lebens war Popper davon überzeugt, dass er beide Probleme gelöst hatte.

Gute Wissenschaft bestehe daraus, falsifizierbare Theorien und Hypothesen zu entwickeln. Solange eine Theorie nicht falsifiziert wurde, solle an dieser – vorerst – festgehalten werden. Sobald eine Theorie aber falsifiziert sei, sei diese zu verwerfen und eine andere, alternative Theorie zu entwickeln, bis auch diese wieder falsifiert werde.

Letztendlich ist aber auch Poppers Argument induktivistisch (Chalmers, 2007). Je häufiger der Versuch fehlgeschlagen ist, eine Theorie zu falsifizieren, desto mehr wird man Vertrauen in die Gültigkeit dieser Theorie haben. Daraus folgt: Von der Menge der bisher erfolglosen Falsifikationsversuche schließt man induktiv darauf, dass eine Theorie auch in Zukunft nicht falsifiziert werden wird.

Auch wenn Popper somit das Induktionsproblem nicht gelöst hat, verlieren seine Anforderungen an eine gute Theorie damit nicht ihre Gültigkeit. Denn ein induktiver Schluss auf die Richtigkeit einer Hypothese – ohne den wir letztlich auch in der Wissenschaft nicht auskommen – ist umso wahrscheinlicher gültig, je präziser die Hypothese formuliert war und umso bemerkenswerter es ist, dass diese Hypothese (bislang) nicht falsifiziert werden konnte.

Das Duhem-Quine Problem

Vielleicht fragen Sie sich schon seit einigen Seiten, welche Bedeutung diese merkwürdigen Fragen merkwürdiger Philosophen für den Alltag wissenschaftlicher Forschung haben. Sind das nicht alles Probleme, auf die man nur kommt, wenn man zulange über etwas nachdenkt und die so abwegig sind, wie z. B. die Frage, ob es eigentlich so etwas wie eine materielle Welt gibt?

Tatsächlich aber verweist dieser Gedanke auf ein sehr wichtiges Problem, nämlich auf die grundsätzliche Frage, was wir in der Wissenschaft (z. B. der Psychologie) als gesichertes Wissen ansehen können und was nicht.

Zur Klärung dieser Frage ist es wichtig, sich zu fragen, wann eine Hypothese als falsifiziert betrachtet werden sollte. Dabei ist zunächst zwischen absoluten und statistischen Hypothesen zu unterscheiden.

Absolute Hypothesen

Eine absolute Hypothese könnte lauten: Bei gleicher beruflicher Qualifikation verdienen alle Männer mehr als alle Frauen. Diese Hypothese wäre bereits durch eine einzige Frau falsifiziert, die (bei gleicher Qualifikation) mehr verdient als ein einziger Mann. Diese Hypothese wäre somit außerordentlich präzise (Popper wäre begeistert). Solche absoluten Hypothesen sind in den Sozialwissenschaften aber selten.

Statistische Hypothesen

Sehr viel häufiger sind dort statistische Hypothesen der Art: Bei gleicher beruflicher Qualifikation verdienen Männer im Durchschnitt mehr als Frauen. Diese Hypothese ist offensichtlich nicht bereits durch eine einzige Frau falsifiziert, die (bei gleicher Qualifikation) mehr verdient als ein einziger Mann. Hieraus sollte man nicht den Schluss ableiten, dass statistische Hypothesen keinen Aussagegehalt haben. So wären Frauen wohl beraten, sich bevorzugt bei Unternehmen zu bewerben, bei denen diese Aussage nicht zutrifft und nicht darauf zu hoffen, eine der wenigen Frauen zu werden, die tatsächlich mehr verdienen als ihre männlichen Kollegen.

Sozialwissenschaftliche Hypothesen zeichnen sich allerdings nicht nur dadurch aus, dass sie statistischer und nicht absoluter Natur sind. Darüber hinaus werden sie zumeist nicht durch eine Untersuchung der betreffenden Grundgesamtheit überprüft, sondern nur anhand einer Stichprobe aus dieser Gesamtheit. Dies aber macht die endgültige Falsifikation einer Hypothese sehr schwierig.

Weiter oben hatten wir den Fall diskutiert, in dem ein Psychologe durch eine Stichprobe von 1 000 Befragten herausfindet, dass es einen Zusammenhang gibt zwischen dem Sternkreiszeichen eines Befragten und seiner politischen Orientierung. Aufgrund des Induktionsproblems kann aus dieser Stichprobe nicht der Schluss abgeleitet werden, dass es einen solchen Zusammenhang auch in der Grundgesamtheit gibt.

Stellen wir uns nun vor, ein Psychologe untersuche eine Stichprobe von 1 000 Befragten und finde dort keinen Zusammenhang zwischen Sternzeichen und politischer Orientierung. Dann kann – ebenfalls aufgrund des Induktionsproblems – daraus nicht der Schluss abgeleitet werden, dass es einen solchen Zusammenhang in der Grundgesamtheit nicht vielleicht doch gibt, da sich die untersuchte Stichprobe zufällig von der Grundgesamtheit unterscheiden könnte.

Verzerrung von Stichproben

Zudem können Stichproben auch systematisch verzerrt sein, was immer dann der Fall ist, wenn die einzelnen Elemente eine unterschiedliche Wahrscheinlichkeit haben, zu einem Element der Stichprobe zu werden.

Noch aus einem anderen Grund aber ist es schwierig, anzugeben, ob eine Hypothese (endgültig) verworfen werden soll. Wenn in einer bestimmten Untersuchung eine bestimmte Hypothese empirisch falsifiziert wird, dann kann dies – unabhängig von Problemen der Stichprobengenerierung – nämlich auch daran liegen, dass die in der Hypothese enthaltenen Variablen falsch operationalisiert wurden. In unserem Beispiel sind in der Hypothese drei Variablen enthalten: 1) Formale berufliche Qualifikation, 2) Geschlecht und 3) Einkommen.

Das Geschlecht einer Person lässt sich vermutlich relativ unproblematisch messen, aber die Messung von Einkommen und beruflicher Qualifikation ist keineswegs trivial. Wie sollte z. B. das Einkommen erhoben werden? Als monatlicher Nettoverdienst oder als jährliches Bruttoeinkommen? Wie soll die Höhe von Sonderzahlungen wie z. B. Boni oder Umsatzbeteiligungen erfasst werden? Vermutlich noch gravierendere Probleme gibt es, wenn festgestellt werden soll, ob zwei Personen die gleiche berufliche Qualifikation aufweisen. Ist damit lediglich der formale Bildungsabschluss gemeint? Welche Rolle spielen die Berufserfahrung oder bisherige berufliche Leistungen?

Abstrakter formuliert: Wenn eine wissenschaftliche Hypothese falsifiziert wird, so kann dies daran liegen, dass sie nicht zutrifft oder daran, dass die Art und Weise, in der die in der Hypothese enthaltenen Variablen gemessen wurden, inadäquat war. Diese Erkenntnis ist auch als Duhem-Quine These bekannt (benannt nach den beiden Philosophen, die sie entwickelt haben) (Duhem 1906/1998; Quine, 1951).

Willard Van Orman Quine (1908–2000)

US-amerikanischer Erkenntnisphilosoph und Logiker – Quine verallgemeinerte die zuvor von dem französischen Physiker und Wissenschaftstheoretiker Pierre Duhem für physikalische Theorien entwickelte These, dass eine Hypothese nie durch eine einzelne Beobachtung bestätigt oder widerlegt werden kann.

Abbildung 5.6: Alles nur ein Messfehler? Ebenso wie Radargeräte oft ungenaue Angaben liefern, kämpft die Wissenschaft damit, richtige Messmethoden zu finden. (© styleuneed – Fotolia.com)

Fassen wir zusammen: Wenn eine Hypothese empirisch bestätigt wird, dann heißt dies nicht, dass diese Hypothese tatsächlich wahr ist. Wenn eine Hypothese empirisch falsifiziert wird, dann heißt dies nicht, dass diese Hypothese tatsächlich unwahr ist.

Fortschritt der Wissenschaft

Was bedeutet dies für den Fortschritt der Wissenschaft? Es bedeutet nicht, dass alle Theorien gleich gut oder gleich schlecht sind, weil sich empirisch ohnehin keine Aussagen über ihre Gültigkeit machen lassen. Sondern es bedeutet, dass wir auch in der Wissenschaft letzten Endes nie absolutes Wissen erlangen und an einem induktiven Vorgehen nicht vorbeikommen. Wir versuchen, der Wahrheit so nah wie möglich zu kommen, in dem wir die Hypothesen einer Theorie präzise formulieren und diese immer wieder der möglichen Falsifizierung aussetzen.

Imre Lakatos (1922–1974)

Ungarischer Wissenschaftstheoretiker – Lakatos kritisierte den „naiven Falsifkationismus" Poppers. Er war der Ansicht, eine Theorie sei nicht zwingend falsch, wenn sie mit der empirischen Wirklichkeit nicht überein zustimmen scheint, da oft nur einzelne Elemente und nicht die ganze Theorie im Widerspruch zur Empirie stehe.

Dies beinhaltet aber auch, dass wir eine wohl bewährte Theorie nicht sofort aufgeben sollten, wenn sie in einer bestimmten Untersuchung falsifiziert werden sollte. Von dem ungarischen Wissenschaftsphilosophen Imre Lakatos (1977) ist in diesem Zusammenhang darauf hingewiesen worden, dass bei Theorien zwischen ihrem harten Kern und peripheren Annahmen unterschieden werden sollte. Wenn eine Theorie falsifiziert werde, so sei es sinnvoller, zunächst die peripheren Annahmen zu verändern als sofort den harten Kern aufzugeben.

Um diesen Gedanken zu veranschaulichen, betrachten wir nun beispielhaft die moderne Evolutionspsychologie. Der Kern dieser Theorie ließe sich in folgenden Aussagen zusammenfassen:

(1) Menschliches Denken, Fühlen und Handeln ist durch die Evolutionsgeschichte zu erklären.
(2) Unsere Psyche ist als Adaptation an eine Existenz als Jäger und Sammler zu verstehen.
(3) Adaptationen haben die Funktion, die reproduktive Fitness eines Individuums zu erhöhen.

Die Tatsache, dass einige Menschen Selbstmord begehen, erscheint als Widerspruch zu Aussage (3), da selbstmörderisches Verhalten die reproduktive Fitness einer Person senkt.

Eine radikale Möglichkeit bestünde deshalb darin, die gesamte Theorie aufzugeben. Dies wäre aber nach Lakatos schon deshalb nicht sinnvoll, weil es für nahezu alle Theorien empirische Daten gibt, die nicht im Einklang mit der Theorie stehen.

Alternativ könnte versucht werden, ex post Gründe zu finden, warum der empirische Befund keineswegs im Widerspruch mit dem Kern der Theorie steht, sondern diesen sogar stützt. So könnte man z. B. argumentieren, dass mancher Selbstmörder (z. B. ein pflegebedürftiger und kranker alter Mensch) durch sein Handeln eine Last von seiner Familie nehme und dadurch indirekt sogar seine reproduktive Fitness erhöhe, weil er die Reproduktionschancen derjenigen seiner Gene fördere, die auch bei seinen Verwandten vorhanden seien (deCatanzaro, 1981). Von Popper ist allerdings zurecht darauf hingewiesen worden, dass solche ex post Interpretationen die Gefahr implizieren, eine Theorie gegen Einwände zu immunisisieren. Deshalb sollten solche Umformulierungen und Erweiterungen einer Theorie so angelegt sein, dass sich aus ihnen neue empirisch überprüfbare und falsifizierbare Hypothesen ableiten lassen.

Gefahr von ex post Interpretationen

Eine weitere Möglichkeit besteht darin, empirische Widersprüche zu einer Theorie anzuerkennen und als solche auch stehen zu lassen, wegen der insgesamt hohen Bewährung der Theorie aber dennoch an ihr festzuhalten. Intellektuell ist ein solches Vorgehen oftmals redlicher als der Versuch, einer Theorie widersprechende Daten ex post doch noch mit ihr zu versöhnen. In Kapitel 15 werden wir uns ausführlich damit beschäftigen, warum Menschen (und auch Wissenschaftler sind ja Menschen) oftmals Probleme haben, solche Widersprüche auszuhalten.

Was für eine gute Theorie irrelevant ist

Nachdem wir uns mit der Frage beschäftigt haben, was für die Bewertung einer Theorie positiv ist, wollen wir im Folgenden erläutern, was für die Bewertung einer Theorie nicht von Bedeutung ist.

Wenn Laien Hypothesen über menschliches Verhalten aufstellen, so werden diese oftmals introspektiv begründet, d. h. als Laie überlegt man, wann und warum *man selbst* zu bestimmten Verhalten neigt. Wenn z. B. jemand darüber nachdenkt, warum sein bester Freund sich so häufig aggressiv verhält, so wird er zunächst darüber nachdenken, wann er denn selber zu Aggressionen neigt und diese Erkenntnisse auf seinen Freund übertragen. Viele Ratschläge, die Menschen einander geben, beginnen denn auch mit dem Satz: „Also, bei mir ist das so …“

Bei der Generierung einer wissenschaftlichen Theorie kann eine solche Introspektion jedoch allenfalls in einem frühen Stadium bei der Generierung allererster Ideen hilfreich sein, sie sollte aber nicht als empirischer Beleg für die Richtigkeit einer Hypothese verwandt werden. Dies hat zwei Gründe: Zum einen fußt die gesamte Stichprobe auf nur einer Person, zum anderen haben Menschen introspektiv nur einen sehr limitierten Zugang zu ihren eigenen Gedanken, Gefühlen und Motiven (siehe Kapitel 2 und Kapitel 3).

Einzelbeispiele

Ganz allgemein ist der Verweis auf Einzelbeispiele nur wenig geeignet, eine bestimmte Hypothese zu untermauern. Weiter oben hatten wir diskutiert, dass die meisten Hypothesen in den Sozialwissenschaften statistischer Natur sind, die durch ein einzelnes Beispiel weder bestätigt noch falsifiziert werden können.

Nehmen wir das Beispiel eines Mannes, der über Jahre hinweg in Massen geraucht, getrunken und viel zu wenig geschlafen hat, aber ohne schwere Erkrankung 100 Jahre alt wird – solche Menschen gibt es. Aber ein solches Beispiel ist keineswegs dazu geeignet, die Theorie zu widerlegen, dass Raucher hochgradig krebsgefährdet sind und Alkoholiker Gefahr laufen, an einer Leberzirrhose zu erkranken.

„If history and science have taught us anything, it is that passion and desire are not the same as truth."
E. O. Wilson, US-Amerikanischer Insektenkundler und Biologe

Dies gilt im Übrigen auch für den Fall, dass jemand in der Lage ist, eine große Anzahl an Gegenbeispielen zu generieren. So wird z. B. die bereits mehrfach erwähnte Hypothese, dass Frauen bei gleicher beruflicher Qualifikation im Schnitt weniger verdienen als Männer, weder durch ein noch durch beliebig viele Gegenbeispiele widerlegt.

Subjektive Überzeugungsstärke

Auch subjektive Überzeugungsstärke ist kein Beleg für die Richtigkeit einer Hypothese. So waren etwa während des Nationalsozialismus viele Deutsche davon überzeugt, dass es sich bei „Juden" und „Ariern" um zwei verschiedene menschliche Rassen handelt, die sich in ihrem Wesen grundlegend unterscheiden, obwohl diese Hypothese nicht zutreffend ist.

Verweis auf Autoritäten

Ebenso unbedeutend für die Gültigkeit einer wissenschaftlichen Hypothese ist der Verweis auf Autoritäten, Ideologien oder Religionen.

„Wer sich in einer Diskussion auf eine Autorität beruft, gebraucht nicht den Verstand, sondern sein Gedächtnis."
Leonardo da Vinci (1452–1519), Künstler

So ist z. B. eine Hypothese nicht schon alleine deshalb wahr (oder unwahr), weil sie aus der Bibel, dem Koran oder dem kommunistischen Manifest abgeleitet werden kann. Ebenso wenig ist eine Theorie schon alleine deshalb wahr, weil sie von einem Nobelpreisträger entwickelte wurde. Stattdessen sollten sich kritische

Abbildung 5.7: Religion, politische Führer und jegliche Art von Ideologie beanspruchen für sich zwar meist, der Inbegriff der Wahrheit zu sein, doch als Wissenschaftler, darf man sich auf nichts außer auf nachvollziehbare Forschungsergebnisse verlassen (© Imagemaker – Fotolia.com)

Wissenschaftler bei der Bewertung einer Theorie stets und ausschließlich auf ihr eigenes Urteilsvermögen verlassen.

Werturteilsfreiheit von Forschung

Für die Beurteilung des Wahrheitsgehalts einer Theorie ist es darüber hinaus vollkommen irrelevant, ob diese mit unseren persönlichen Werten in Einklang steht oder nicht. Dieser Grundsatz der Werturteilsfreiheit empirischer Forschung findet sich bereits bei David Hume und wird in den Sozialwissenschaften zumeist auf Max Weber zurückgeführt (Weber, 1917/1988).

Max Weber (1864–1920)

Deutscher Soziologe und Nationalökonom – Im Gebiet der Wissenschaftstheorie ist Weber vor allem für seine Forderung nach Werturteilsfreiheit bekannt.

In Kapitel 1 hatten wir bereits diskutiert, dass aus einem Sollen logisch kein Sein und aus einem Sein logisch kein Sollen geschlussfolgert werden kann. Nehmen wir als Beispiel die Forschung eines Psychologen zu der Hypothese, dass durch eine bestimmte Art von Werbung (z. B. durch Spots mit Prominenten) Jugendliche dazu animiert werden können, mit dem Rauchen zu beginnen. Eine solche Hypothese ließe sich z. B. aus der in Kapitel 4 diskutierten Theorie des Modelllernens von Bandura ableiten.

Die einer solchen Forschung zugrunde liegende Hypothese kann entweder wahr oder unwahr sein. Diese Frage aber ist vollkommen unabhängig davon, wie man eine solche Werbekampagne unter ethischen Gesichtspunkten bewertet.

Um dieses Argument besser zu verstehen, ist es sinnvoll, den Forschungsprozess zu untergliedern (Reichenbach, 1938). Im Entdeckungszusammenhang geht es zunächst darum, ein Forschungsthema zu wählen und mögliche Untersuchungsmethoden zu generieren. Der Begründungszusammenhang beinhaltet die wissenschaftliche Überprüfung vorab aufgestellter Hypothesen. Im Verwertungszusammenhang schließlich geht es darum, wie die gewonnenen empirischen Ergebnisse praktisch angewandt werden sollen.

Entdeckungs-, Begründungs- und Verwertungszusammenhang

Grundsätzlich lässt sich festhalten, dass der Begründungszusammenhang vollkommen a-moralisch ist. Dort besteht das einzige Kriterium in der Wahrheit der untersuchten Theorie, nicht jedoch in ihrer moralischen Bewertung.

Jeder Wissenschaftler hat allerdings im Entdeckungszusammenhang das Recht, sich dafür zu entscheiden, aufgrund eigener moralischer Werthaltungen bestimmte Themen zu untersuchen bzw. nicht zu untersuchen. Ähnliches gilt für den Verwertungszusammenhang. So mag sich z. B. ein Psychologe weigern, für die Tabakindustrie Manipulationswissen zu generieren oder bestimmte Erkenntnisse an die Tabakindustrie weiterzuleiten.

Exkurs: Wissenschaftler und Künstler

Zum Abschluss dieses Kapitels soll es um die Frage gehen, was eigentlich einen Wissenschaftler von einem Künstler unterscheidet. Ein wichtiger Unterschied zwischen Beiden liegt darin, dass das Produkt eines Künstlers – sei es das eines Malers, eines Komponisten oder das eines Schriftstellers – immer etwas einzigartiges ist, etwas neu Geschaffenes, was so und in dieser Form nur durch diesen Künstler und wahrscheinlich auch nur zu einer ganz bestimmten Zeit geschaffen werden konnte: Ohne Mozart keine Mozartsymphonie, ohne Thomas Mann keine Buddenbrooks.

Ein anderer Unterschied zwischen Kunst und Wissenschaft betrifft die Rolle des einzelnen Menschen, der wissenschaftlich oder künstlerisch tätig ist. Ein jeder Künstler ist einsam und er muss es sein, denn alle bedeutende Kunst ist immer das Werk einzelner Menschen, die sich der Schaffung eines bestimmten Kunstwerks verschrieben haben. In der Wissenschaft ist dies anders. Das heißt nicht, dass Schriftsteller und ganz allgemein Künstler nicht durch andere beeinflusst werden. Aber Hesse hat den „Steppenwolf" geschrieben und Thomas Mann den „Zauberberg". Ein gemeinsames Werk mit Thomas Mann als Erst- und Hesse als Zweitautor gibt es hingegen nicht und es ist auch nicht ganz leicht vorstellbar.

Wissenschaft als Teamwork

Gute Wissenschaft hingegen ist oftmals Teamwork und die Mehrzahl aller wissenschaftlichen Publikationen erfolgt heute nicht mehr durch einzelne Autoren, sondern durch mehrere Koautoren.

Halten wir also fest: Kunst und Wissenschaft unterscheiden sich darin, dass ein einzelner Künstler etwas Einzigartiges schafft, das ohne die Person des

Abbildung 5.8: Die Mitarbeiter des Instituts für Wirtschafts- und Sozialpsychologie der Universität Köln. Auch der Autor dieses Buches (Mitte im gestreiften Poloshirt) arbeitet im Team. (Quelle: Institut für Wirtschafts- und Sozialpsychologie der Universität Köln)

Künstlers nie geschaffen worden wäre. Ein Wissenschaftler hingegen entdeckt etwas, das auch ganz ohne sein Zutun immer schon da war und immer da sein wird. Denn genau dies ist ja die Aufgabe von Wissenschaft: die Entdeckung allgemeingültiger Gesetze, deren Gültigkeit völlig unabhängig von der Person des Wissenschaftlers ist, der sie entdeckt. Ein guter Wissenschaftler ist jemand, der einen Teil der objektiven Realität etwas früher erfasst hat als seine Kollegen, aber der Gang einer jeden echten Wissenschaft ist letzten Endes unabhängig von den Persönlichkeiten der in ihr tätigen Menschen.

Ein Beispiel hierfür ist die Evolutionstheorie von Charles Darwin. Darwin zögerte lange mit der Publikation seiner Theorie, weil er – zu Recht – fürchtete, mit ihr einen Sturm der moralischen Entrüstung auszulösen. Aber als Russel Wallace, ebenfalls britischer Naturforscher, ihm ein Manuskript schickte, das die Grundgedanken seiner eigenen Theorie enthielt, beeilte Darwin sich damit, seine eigene Theorie zu publizieren, um von seinen Kollegen und der Nachwelt als Schöpfer der Evolutionstheorie anerkannt zu werden (Wuketits, 2005).

Dieses Beispiel verweist noch auf einen anderen Aspekt von Wissenschaft: Gute Wissenschaft ist immer kumulativ, d. h. die Wissenschaftler einer Disziplin wissen heute mehr als ihre Kollegen vor 100 Jahren oder noch vor 10 Jahren wussten.

Kumulativität wissenschaftlicher Erkenntnis

Das bedeutet jedoch auch, dass der nächste Schritt einer Wissenschaft niemals zufällig ist und niemals – zumindest ausschließlich – in der Genialität des Wissenschaftlers begründet ist, der diesen nächsten Schritt tut. Im Gegenteil: der nächste Schritt liegt immer gleichsam in der Luft und derjenige wird den Ruhm davon tragen, der den nächsten Schritt als ersten tut.

Dies gilt im Übrigen nicht nur für Wissenschaftler, sondern auch für Erfinder. Jede technische Innovation ist letztendlich die Ausnutzung von physikalischen Gesetzmäßigkeiten, deren Gültigkeit völlig unabhängig vom Vorhandensein einer bestimmten technischen Innovation ist oder nicht. Das heißt aber auch, dass alle zukünftigen technischen Innovationen, die denkbar sind, nur darauf warten, irgendwann erfunden zu werden.

Wenn man diese Argumentation anerkennt, dann bedeutet dies zugleich, dass das gesamte Wissen der Menschheit und der Stand ihrer Technologie keineswegs richtungslos sind oder sich im Kreis drehen, sondern dann folgt die technologische und wissenschaftliche Entwicklung der Menschheit einer gewissen Eigengesetzlichkeit und durchaus einer bestimmten Richtung – nämlich der Richtung einer zunehmenden Komplexität und Reife.

Kurz und gut

1. Unter einer Theorie wird ein System von Hypothesen verstanden, das sich auf einen Ausschnitt der Realität bezieht und Aussagen darüber macht, in welcher kausalen Beziehung bestimmte Variablen zueinander stehen.

2. Auch Theorien, die auf grundlegend falschen Annahmen beruhen, können zu validen Vorhersagen führen.

3. Theorien sind umso besser, je widerspruchsfreier und einfacher sie sind, je größer die Menge der Phänomene ist, die sie erklären können, je mehr sie im Einklang mit anderen, bewährten Theorien stehen und je mehr sie in der Lage sind, neue und innovative Forschung zu stimulieren.

4. „Eine Theorie sollte so einfach wie möglich sein, aber nicht einfacher" (Albert Einstein).

5. Während in der deduktiven Logik aus einen allgemeinen Gesetz auf einen Einzelfall geschlossen wird, wird bei der Induktion von einem oder mehreren Einzelfällen auf ein allgemeines Gesetz geschlossen.

6. Das Induktionsproblem besagt, dass aus noch so vielen Einzelfällen nicht auf ein allgemeines Gesetz geschlossen werden kann.

7. Eine Hypothese ist umso präziser, je größer die Menge vorstellbarer Ereignisse ist, welche diese Hypothese falsifizieren.

8. Wenn eine Hypothese empirisch bestätigt wird, dann heißt dies nicht, dass sie tatsächlich wahr ist. Wenn eine Hypothese empirisch falsifiziert wird, dann heißt dies nicht, dass diese Hypothese tatsächlich unwahr ist.

9. Der Verweis auf Autoritäten, Ideologien oder Religionen ist kein Beleg für die Richtigkeit einer Theorie bzw. Hypothese.

10. Wissenschaft ist stets wertneutral: Aus einem Sollen kann logisch kein Sein und aus einem Sein kann logisch kein Sollen abgeleitet werden.

Studentenfutter

Chalmers, A. F. (2007). *Wege der Wissenschaft: Einführung in die Wissenschaftstheorie.* Berlin: Springer.

Musgrave, R. A. (1993). *Alltagswissen, Wissenschaft und Skeptizismus.* Tübingen: Mohr.

Kapitel 6

Psychologie als Wissenschaft

Kapitel 6 Psychologie als Wissenschaft

Inhalt

Wissenschaftstheoretische Besonderheiten der Psychologie

Nachdem wir uns im letzten Kapitel ganz allgemein mit der Frage beschäftigt haben, was gute Wissenschaft ist, geht es in diesem Kapitel um die Psychologie als eine besondere wissenschaftliche Disziplin. Auch wenn viele Wissenschaftstheoretiker argumentieren, dass es allgemeine methodologische Regeln gebe, die für alle wissenschaftlichen Disziplinen gelten, existiert dennoch ein wichtiger Unterschied zwischen der Psychologie und den Naturwissenschaften.

Psychologie vs. Naturwissenschaft

Sie unterscheiden sich darin, dass das Verhalten eines Menschen, im Gegensatz zu materiellen Objekten wie einem Atom oder einem Planeten, immer auch davon beeinflusst ist, wie dieser Mensch seine Umwelt subjektiv empfindet und interpretiert. So lässt sich die Temperatur, bei der eine bestimmte Flüssigkeit verdampft, exakt bestimmen; lässt man hingegen Menschen eine bestimmte Temperatur beschreiben, so empfinden einige sie als warm und andere eher als kalt. Zudem misst jede Person einer Situation eine individuelle Bedeutung bei, was sein Verhalten nachhaltig beeinflusst (in Kapitel 3 wurde dieses Phänomen als Thomas-Theorem bereits vorgestellt).

Diese fehlende Objektivität gilt sowohl für bewusste als auch für unbewusste psychische Prozesse (wie Wahrnehmen, Denken, Fühlen und Entscheiden). Sie können sich vorstellen, dass diese Tatsache den Forschungsprozess in der Psychologie erheblich verkompliziert.

Verständliche Versuche, in der Theoriebildung ohne den Verweis auf internale psychische Entitäten auszukommen (wie es im Behaviorismus vorherrschend war) scheiterten. Darum sind alle Wissenschaftler, die sich mit dem Menschen bzw. seinen Motiven und Handlungen beschäftigen, darauf angewiesen, latente (d.h. nicht unmittelbar beobachtbare) Konstrukte wie z.B. Einstellungen oder Stereotype so gut wie möglich zu operationalisieren. Nur durch diese Operationalisierung werden psychologische Theorien empirisch überprüfbar.

Aber wie misst man solche schwer greifbaren, latenten Variablen, die sich eben nicht einfach in Metern, Celsius oder Gramm ausdrücken lassen? Mit dieser Frage beschäftigt sich der nächste Abschnitt.

Abbildung 6.1: Ein grundlegendes Problem psychologischer Forschung ist, dass die Forscher nicht in den Kopf der Menschen hineinschauen können, um zu wissen, was jene denken, fühlen und meinen. Nicht direkt beobachtbare Sachverhalte müssen erst beobachtbar gemacht werden. (© James Thew – Fotolia.com)

Zur Messung latenter Konstrukte

Die in psychologischen Theorien vorkommenden Variablen beziehen sich oftmals auf Eigenschaften, Gefühle, Motive oder Gedanken einer Person. Diese sind häufig nicht unmittelbar beobachtbar, sondern sie müssen anhand bestimmter, messbarer Indikatoren indirekt erschlossen werden.

Indikatoren

Nehmen wir als Beispiel die Hypothese: „Männer sind aggressiver als Frauen". Bevor sie empirisch überprüft werden kann, ist es zunächst notwendig, die in ihr auftauchenden Variablen zu definieren und auf einer solchen Definition aufbauend anzugeben, wie diese operationalisiert (d. h. gemessen) werden sollen. Hierbei zeigt sich, dass bereits die Definition psychologischer Variablen alles andere als trivial ist. So wird Aggression psychologisch definiert als ein Verhalten mit der Intention, einer anderen Person Schaden zuzufügen (Krahé, 2001). Auch wenn die meisten Menschen bei Aggression zumeist vor allem an körperliche Gewalt denken, wäre diese somit nur eine von vielen Formen von Aggression.

Ob Aggression als körperliche Gewalt oder sehr viel umfassender definiert wird, beeinflusst jedoch die Gültigkeit der weiter oben diskutierten Hypothese. Wie wir in Kapitel 19 noch ausführlicher diskutieren werden, sind Männer körperlich in der Tat (deutlich) aggressiver als Frauen (Maccoby & Jacklin, 1974), bei anderen Arten der Aggression (z. B. verbaler Aggression wie übler Nachrede) ist die Befundlage hingegen deutlich komplexer (Micus, 2002).

Ganz allgemein lässt sich somit festhalten, dass die Definition eines Begriffes in der Psychologie a) oftmals schwierig ist und b) die Gültigkeit bestimmter Hypothesen beeinflusst.

Operationalisierung

Ähnlich kompliziert ist oftmals auch die Operationalisierung eines Begriffes. Operationalisierungen sind Vorschriften zur Messung latenter Konstrukte. Beispiel: Wie misst man „Ausländerfeindlichkeit"? Sie sind wissenschaftstheoretisch als Hilfstheorien zu verstehen, um abstrakte Begriffe konkret erfassen zu können. Obwohl sie in vielen Fällen unerlässlich sind, beinhalten sie unweigerlich ein Problem: als Hilfstheorie können sie ihrerseits wahr oder unwahr sein. Weiter oben hatten wir schon diskutiert, dass die Falsifizierung einer Hypothese immer daran liegen kann, dass die Hypothese unwahr ist oder aber dass die verwendete Hilfstheorie unwahr ist (d. h. die Art der Operationalisierung nicht zur Messung der untersuchten latenten Variable geeignet ist).

Im Anschluss an die Begriffsabgrenzung der zu untersuchenden Konstrukte und der Festlegung ihrer Operationalisierungen steht in aller Regel die empirische Überprüfung der formulierten Hypothesen. Diese setzt in den meisten Fällen die Erhebung von Daten voraus. Aber welche Formen der Datenerhebung stehen Psychologen zur Verfügung? Worin bestehen ihre Vor- und Nachteile? Dazu nun mehr.

Was sind psychologische Daten?

Bei ihren Forschungen erheben Psychologen verschiedene Arten von Daten, die sie anschließend – zumeist mit Hilfe statistischer Verfahren – auswerten. Hierbei können folgende Arten von Daten unterschieden werden (Funder, 2007):

Selbstauskünfte (Befragungen)

Diese sind die von Psychologen wohl am häufigsten verwendeten Daten, bei denen Probanden unmittelbar nach ihren Einstellungen, Meinungen, Einschätzungen oder Befindlichkeiten gefragt werden (Beispiel: „Wie ängstlich sind Sie in diesem Augenblick?").

Ein großer Vorteil von Befragungen liegt darin, dass niemand so viel über eine befragte Person weiß, wie diese selbst.

Selbstauskünfte zeichnen sich des Weiteren dadurch aus, dass die Handlungen einer Person in hohem Maße von ihrem eigenen Selbstbild geprägt sind (schon wieder: Das Thomas Theorem).

Allerdings haben auch Befragungsdaten Nachteile, denn als Forscher kann man sich nicht sicher sein, dass Selbstauskünfte auch zutreffend sind. Manchmal antworten Befragte bewusst falsch, z. B. weil sie sich selbst in einem möglichst positiven Licht darstellen wollen. Aus diesem Grunde ist es z. B. in der experimentellen Ökonomie in hohem Maße verpönt, überhaupt mit Befragungsdaten zu arbeiten.

Aus psychologischer Perspektive erscheint ein anderes Problem allerdings als noch gravierender, nämlich die Tatsache, dass Menschen oftmals keinen introspektiven Zugang zu ihren eigenen Gefühlen und Gedanken haben. Mit anderen Worten: Manchmal *wollen*, und oftmals *können* Probanden keine zutreffenden Angaben über sich selbst machen.

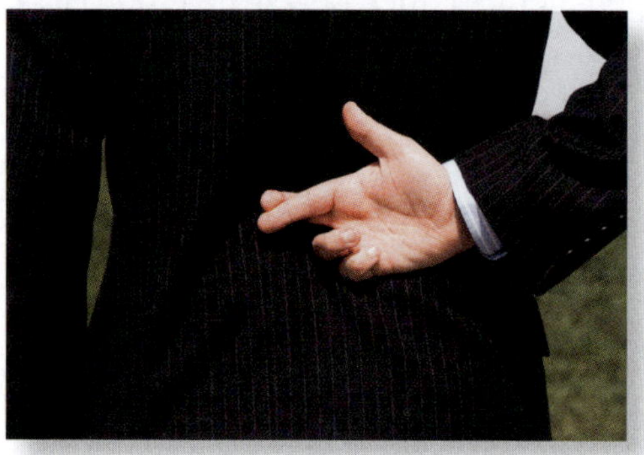

Abbildung 6.2: Das Problem von Selbstauskünften: sie entsprechen nicht immer der Wahrheit.
(© Helder Almeida – Fotolia.com)

Trotzdem können (und sollten) Psychologen nicht auf Befragungsdaten verzichten. Diese sollten aber nicht unbedacht bzw. sorglos erhoben und interpretiert werden. Ein Thema psychologischer Forschung ist daher auch immer die richtige Gestaltung und Formulierung von Fragebögen und manche Psychologen wie Norbert Schwarz, auf den die in Kapitel 1 erwähnte und ebenfalls bei Umfragen relevante „feeling as information"-Heuristik zurückgeht, beschäftigen sich sogar schwerpunktmäßig damit.

Norbert Schwarz (1953)

Deutscher Sozialpsychologe – Schwarz ist neben Gerd Gigerenzer und Fritz Strack einer der bekanntesten deutschen Sozialpsychologen. Seine Forschung zum kognitiven Prozess bei der Beantwortung von Umfragen hat maßgeblich zu besseren Gestaltung von psychologischen Befragungen beigetragen.

Angaben von Informanten

Hierzu zählen Angaben über eine bestimmte Person (auch Zielperson genannt), die von Freunden, Partnern, Eltern, aber auch Kollegen oder Vorgesetzten stammen.

Diese Methode hat den Vorteil, dass eine Auskunftsperson die Zielperson in der Regel bereits in vielfältigen Situationen erlebt hat. Dadurch stehen Aussagen über das Verhalten und die Eigenschaften der Zielperson auf einer sehr viel breiteren empirischen Grundlage als die Beobachtung eines Psychologen, der z. B. im Rahmen eines Experiments nur eine kurze Verhaltensstichprobe einer Person erhebt.

Ein zweiter Vorteil liegt darin, dass Aussagen von Informanten sich auf Ereignisse aus dem Alltag der Zielperson beziehen und nicht auf künstliche Daten aus dem Laboratorium eines Experimentalpsychologen.

Drittens sind die Handlungen einer Person in hohem Maße davon geprägt wie diese von ihrer Umwelt wahrgenommen wird (Sie ahnen es schon: Das Thomas Theorem).

Trotzdem muss auch auf Nachteile hingewiesen werden: Selbst wenn wir viel über eine andere Person wissen, bezieht sich dieses Wissen zumeist nur auf einen ganz bestimmten Verhaltensausschnitt dieser Person. So mag z. B. ein Student am Ende eines Semesters das Gefühl haben, recht viel über einen bestimmten Professor zu wissen, weil er diesen immerhin jede Woche zwei Stunden erlebt hat. Aber ein Student erlebt einen Professor eben immer nur im Berufskontext und wird kaum Vorhersagen über seine Qualitäten als Mutter bzw. Vater machen können.

Hinzu kommt ein anderer wichtiger Nachteil: Ähnlich wie bei Selbstauskünften ist bei Auskünften über eine andere Person keineswegs sicher, dass diese auch zutreffend sind. Und ähnlich wie bei Selbstauskünften kann dies daran liegen, dass eine Person keine zutreffenden Angaben machen *will* oder keine zutreffenden Aussagen machen *kann*, wobei diese Grenze oftmals fließend ist. So mag z. B. ein Vorgesetzter in der Beurteilung einer weiblichen türkischen Mitarbeite-

Abbildung 6.3: Der Autor dieses Buches bei einem Vortrag, wie ihn Studenten erleben und beim Skifahren mit seinem Sohn: Andere Menschen kennen eine Person nur selten von allen Seiten und können daher oft auch keine verlässlichen Aussagen über die Person liefern. (Quelle: li: Roman Herzog Institut; re: D. Fetchenhauer)

rin durch seine Stereotype hinsichtlich türkischer Frauen beeinflusst sein oder mögen Eltern den Entwicklungsstand ihres Kindes überschätzen, weil sie dieses durch eine rosarote Brille sehen.

Objektive Daten

Hiermit sind all' jene Variablen gemeint, die objektiv messbare Eigenschaften einer Person abbilden, wie z. B. Alter und Geschlecht, Familienstand, Vorstrafenregister, das Einkommen, das Bildungsniveau, welche berufliche Position eine Person erreicht hat oder welches Auto sie fährt. Dazu gehören aber auch Jugendphotos oder Schulaufsätze einer Person.

Ein Vorteil dieser Daten liegt in ihrer oftmals hohen intrinsischen Bedeutsamkeit und ihrer hohen psychologischen Relevanz, gerade im Bereich der angewandten Forschung. So ist z. B. ein Personalpsychologe oftmals genau daran interessiert, den späteren Berufserfolg eines Bewerbers (gemessen an seinem späteren Einkommen bzw. seiner beruflichen Position) vorherzusagen.

Solche Daten haben allerdings auch ein großes Problem: Sie sind in hohem Maße multideterminiert. Ob z. B. ein Schüler einen Schulabschluss schafft oder kriminell wird, hängt von einer Vielzahl an Variablen ab, die zudem stark miteinander interagieren. Vor allem Soziologen neigen oftmals dazu, soziodemographische Variablen (wie Alter, Bildung oder Geschlecht) in Beziehung zu allen möglichen anderen Variablen zu setzen, ohne dass dadurch der kausale Mechanismus ihres Zusammenhangs erhellt würde. Spöttisch könnte man auch von „Variablensoziologie" sprechen (Esser, 1996).

Beobachtungsdaten

John Broadus Watson (1878–1958)

US-amerikanischer Psychologe – Watson gilt als eigentlicher Begründer des Behaviorismus (siehe Kapitel 4). Er übertrug Pawlows Idee der klassischen Konditionierung vom Tier auf den Menschen und war der Meinung, nur die direkte Beobachtung von Verhalten sei eine exakt naturwissenschaftliche Forschungsmethode.

Die Methode der Beobachtung stand bereits im Kapitel 4 unter dem Stichwort Behaviorismus im Mittelpunkt. Denn Behavioristen wie Pawlow, Skinner und Watson waren der Ansicht, dass sich menschliches und tierisches Verhalten ausschließlich und vollständig durch objektive und wiederholbare Beobachtungen beschreiben lasse.

Unter dem Begriff Beobachtungsdaten lassen sich alle Daten zusammenfassen, die auf der systematischen Beobachtung einer Versuchsperson unter entweder natürlichen oder künstlich vom Versuchsleiter herbeigeführten Bedingungen beruhen. Dabei kann es darum gehen, ein overtes (d. h. beobachtbares) Verhalten zu beobachten (z. B. wie oft lächeln Versuchspersonen, wenn sie mit einer attraktiven oder einer weniger attraktiven Versuchsleiterin interagieren?), aber auch um physiologische bzw. neurologische Messungen.

Hierbei kann das Verhalten der beobachteten Personen objektiv gemessen und quantifiziert werden. Bei Laboruntersuchungen liegt ein weiterer Vorteil darin, dass Probanden bewusst einem Stimulus ausgesetzt werden können, der geeignet ist, ein bestimmtes Verhalten zu evozieren (hervorzurufen). Beispiel: Versuchspersonen sehen ein lustiges Video und es wird gemessen, wie häufig sie dabei lächeln oder lachen.

Dennoch sind auch solche Daten nicht ohne Nachteile, weil zwar ein bestimmtes Verhalten vielleicht objektiv beobachtbar und messbar, die Interpretation dieses Verhaltens hingegen oftmals unklar ist.

Gefangenendilemma

Dies soll anhand eines spieltheoretischen Paradigmas erläutert werden, zu dem buchstäblich hunderte verschiedener empirischer Studien vorliegen, dem so genannten Gefangenendilemma (Flood & Dresher 1950; Flood 1952; Poundstone, 1992). Dieses Paradigma fußt auf der folgenden Geschichte: Zwei Straftäter werden verdächtigt, gemeinsam eine Straftat verübt zu haben, für welche die Höchststrafe bei 5 Jahren Gefängnis liegt. Wenn beide Straftäter die Aussage verweigern, können sie jedoch aufgrund der vorliegenden Indizien nur zu einer Strafe von 2 Jahren verurteilt werden. Wenn einer von Beiden gesteht, wird diesem die Strafe – aufgrund einer Kronzeugenregel – vollständig erlassen, während der Andere in diesem Fall die Höchststrafe erhält. Wenn Beide die Tat gestehen, erhalten Beide eine Strafe von 4 Jahren (diese liegt ein Jahr unter der Höchststrafe, weil ja die Tat freiwillig gestanden wurde).

Versetzen Sie sich bitte in die Situation eines der Straftäter – was würden Sie tun? Würden Sie Ihrer „Ganovenehre“ folgen und die Aussage verweigern oder würden Sie gestehen, in der Hoffnung, dadurch aufgrund einer Kronzeugenregelung straffrei zu bleiben? Was sollten Sie tun, wenn Sie keine Ganovenehre haben und Sie einzig daran interessiert sind, Ihr eigenes Strafmaß zu minimieren? Sollte in diesem Fall Ihre Entscheidung davon abhängen, welches Verhalten Sie bei Ihrem Komplizen erwarten?

Viele Menschen denken spontan, dass das eigene Verhalten davon abhängen sollte, welche Erwartungen man hinsichtlich des Komplizen hat. Denn wenn dieser die Aussage verweigert und man selber auch, beträgt die Strafe für jeden nur 2 Jahre, so dass insgesamt nur 4 Jahre Gefängnis verhängt werden – so wenig an Gesamtstrafe wie in keiner anderen Kombination. Vor diesem Hintergrund wird das Gefangenendilemma oftmals dazu verwandt, zu messen, wie kooperativ bzw. eigennützig sich Menschen verhalten.

Wenn Sie die Tat gestehen – in der Hoffnung, Ihr Komplize gesteht nicht – dann verhalten Sie sich eigennützig. Wenn Sie die Tat aber leugnen – in der Hoffnung, dass Ihr Komplize ebenfalls nicht gesteht, dann verhalten Sie sich kooperativ.

Diese Interpretation ist allerdings nicht eindeutig, denn vielleicht gestehen Sie die Tat nicht so sehr aus dem Motiv, Ihren Komplizen auszubeuten, sondern vor allem aus der Furcht, dass Sie von Ihrem Komplizen ausgebeutet werden.

Ambivalenz bei der Interpretation von Daten

Dies bedeutet, dass „defektäres" Verhalten (d.h. ein Geständnis der Tat) im Gefangenendilemma sowohl als Indikator für *Egoismus* als auch als Indikator einer *Furcht* vor Ausbeutung gedeutet werden kann. Tatsächlich zeigen Studien, dass Männer im Gefangenendilemma eher defektieren, weil sie den Anderen ausbeuten wollen, während Frauen eher defektieren, weil sei vermeiden wollen, selber ausgebeutet zu werden (Krivohlavy, 1974).

Beide Interpretationen hängen allerdings davon ab, dass Versuchspersonen die logische Struktur des Paradigmas nicht wirklich verstanden haben. Eine faszinierende Eigenschaft des Gefangenendilemmas liegt nämlich darin, dass Sie sich auf

	Kooperieren (Aussage verweigern)	**Kooperieren (Gestehen)**
Kooperieren (Aussage verweigern)	2 2	5 0
Defektieren (Gestehen)	0 5	4 4

Abbildung 6.4: Wie soll ich handeln, wenn ich nicht weiß, wie der andere handelt? Möglichkeiten und Konsequenzen im Gefangendilemma. (Quelle: Eigene Darstellung)

jeden Fall besser stellen, wenn Sie die Tat gestehen, gänzlich unabhängig davon, wie Ihr Komplize sich verhält (wenn Sie das nicht glauben, rechnen Sie die einzelnen Alternativen durch). Das Ergebnis: Anstatt mit insgesamt 4 Jahren Strafe davon zu kommen müssen beide Straftäter zusammen 8 Jahre ins Gefängnis.

Somit zeigt sich, dass das Verhalten von Versuchspersonen im Gefangenendilemma zwar objektiv beobachtbar, seine Interpretation aber keineswegs trivial ist. Defektion kann begründet sein aus dem Motiv der Ausbeutung, der Furcht davor, selber ausgebeutet zu werden oder aus rationaler Einsicht in die Struktur der Situation.

Kooperation (d.h. die Weigerung, ein Geständnis abzulegen) kann begründet sein in dem Motiv, den Anderen nicht zu verraten, in der Hoffnung auf gegenseitige Kooperation oder darin, die Struktur der Situation nicht verstanden zu haben.

Diese Ambivalenz zeigt sich bei der Interpretation von allen Daten, die aus der objektiven Beobachtung des Verhaltens von Versuchspersonen resultieren.

Zur Kombination verschiedener Datenquelle

Zusammenfassend lässt sich somit festhalten, dass alle Datenquellen, über die ein Psychologe verfügt, Vor- und Nachteile haben. Deshalb macht es Sinn, eine bestimmte Theorie bzw. Hypothese immer durch verschiedene Arten von Untersuchungen und Daten zu überprüfen. Wenn z.B. eine Person sich selber als aggressiv beschreibt, von anderen als aggressiv beschrieben wird, mehrfach wegen Körperverletzung im Gefängnis gesessen hat und sich auch unter kontrollierten Laborbedingungen leicht zu aggressiven Handlungen provozieren lässt, dann lässt sich ziemlich sicher vermuten, dass diese Person tatsächlich aggressiv *ist*. Wenn aber verschiedene Datenquellen einander widersprechen, so sollte ein Psychologe überlegen, wie es zu diesen Widersprüchen kommen kann und welche Bedeutung diese Widersprüche für die Gültigkeit seiner Hypothese haben. Wenn aber nur eine Art von Daten erhoben wurde, weiß man gar nicht, ob andere Datenquellen nicht zu sehr widersprüchlichen Schlussfolgerungen geführt hätten.

Exkurs: Was ist ein Korrelationskoeffizient?

Wenn Sie einen psychologischen Fachartikel lesen, werden Sie feststellen, dass die dort untersuchten Hypothesen zumeist mit Hilfe statistischer Analysemethoden untersucht werden, die für Sie ohne statistische Grundkenntnisse nur schwer zu verstehen sind. In diesem Exkurs soll Ihnen deshalb ein ganz kurzer Einblick in die Logik solcher Verfahren gegeben werden.

Karl Pearson (1857–1936)

Britischer Mathematiker – Pearson wurde durch die Entwicklung des Korrelationskoeffizienten bekannt, leistete aber darüber hinaus noch weitere Beiträge zur Statistik und damit der psychologischen Forschung, etwa durch die Entwicklung der so genannten Hauptkomponentenanalyse oder des Chi-Quadrat-Testes.

Grundsätzlich geht es bei allen statistischen Verfahren um die Frage, wie sich der Zusammenhang zwischen zwei oder mehr Variablen beschreiben lässt.

Das hierzu am häufigsten verwendete Maß ist der so genannte Korrelationskoeffizient, welcher vor über 100 Jahren maßgeblich von dem britischen Mathematiker Karl Pearson entwickelt wurde.

Der Korrelationskoeffizient hat einen Wertebereich von –1 bis +1, wobei der *Betrag die Stärke* und das *Vorzeichen die Richtung* des Zusammenhangs angibt. Ein Betrag von 1 repräsentiert hierbei einen perfekten Zusammenhang zwi-

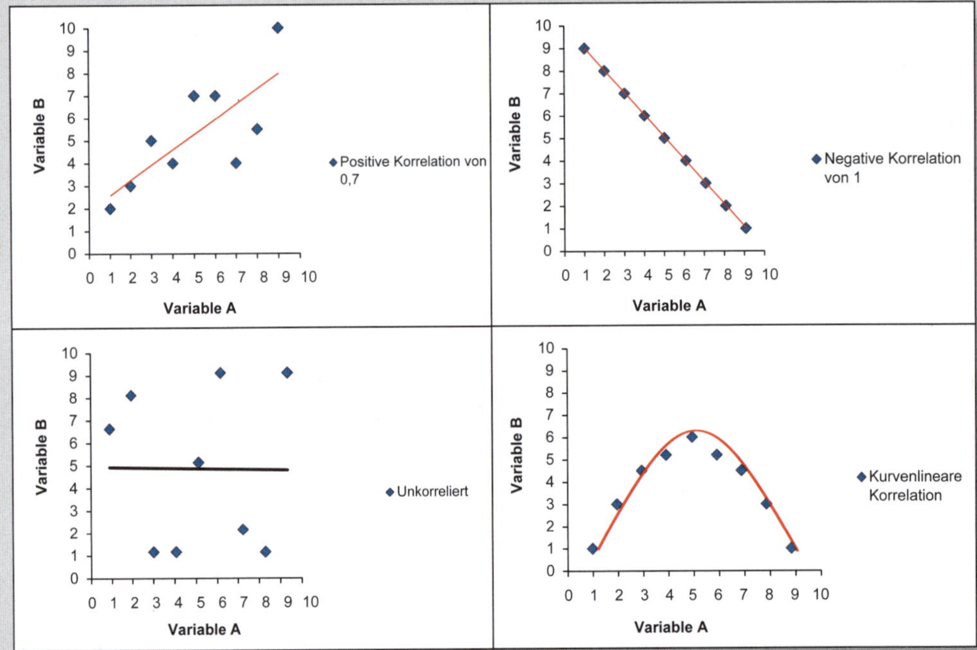

Abbildung 6.5: Korrelationen sagen etwas über den Zusammenhang zwischen zwei Variablen aus und können negativ, positiv oder kurvenlinear sein. (Quelle: Eigene Darstellung)

schen beiden Variablen, während ein Wert von 0 ausdrückt, dass kein (linearer) Zusammenhang besteht.

Die vorhergehende Grafik verdeutlicht einige mögliche Korrelationen. Hierbei entspricht jeder Punkt den Werten einer Versuchsperson (bzw. ganz allgemein eines Merkmalsträgers) auf den beiden Variablen, die miteinander korreliert werden.

In der Grafik links oben sieht man eine *positive* Korrelation von 0,7. Dieser Wert besagt, dass *hohe* Werte auf der einen Variable mit *hohen* Werten auf der anderen Variable einhergehen. Dieser Zusammenhang ist aber nicht perfekt, weil es einige Werte gibt, bei denen dies nicht der Fall ist.

Rechts oben sieht man eine (perfekte) *negative* Korrelation von minus 1. Ein negativer Korrelationskoeffizient besagt, dass *hohe* Werte auf der einen Variable mit *niedrigen* Werten auf der anderen Variable einhergehen. Wenn zwei Variablen – wie in diesem Beispiel – mit einem Betrag von 1,0 korrelieren, liegen alle Werte genau auf einer Geraden, die durch die Punkte gezeichnet werden kann.

In der Grafik links unten sieht man hingegen ein Beispiel für den Fall, dass zwei Variablen vollständig unkorreliert sind, d. h. aus den Werten einer Versuchsperson auf der einen Variablen ist es in keiner Weise möglich, auf ihren Wert auf der jeweils anderen Variable zu schließen.

Die Grafik rechts unten schließlich verweist auf eine Schwäche des Korrelationskoeffizienten. Dieser ist nämlich nur in der Lage, *lineare* Zusammenhänge zwischen zwei Variablen zu erfassen. In dem Beispiel der Grafik rechts unten gibt es hingegen einen starken kurvilinearen Zusammenhang zwischen beiden Variablen, obwohl der Korrelationskoeffizient (aufgrund der ihm zugrundeliegenden mathematischen Formel) einen Wert von Null anzeigen würde.

Neben dem Korrelationskoeffizienten gibt es eine Vielzahl anderer Koeffizienten, die alle die Funktion haben, anzugeben, wie stark der Zusammenhang zwischen zwei (oder auch mehr als zwei) Variablen ist, auf die hier aber aus Platzgründen nicht weiter eingegangen werden kann.

Signifikanz statistischer Zusammenhänge

Außer der Feststellung der Richtung und der Stärke eines Zusammenhangs ist jeweils zu untersuchen, ob ein gefundener Zusammenhang auch statistisch *siginifikant* ist. Damit ist die Wahrscheinlichkeit gemeint, dass ein in der untersuchten Stichprobe identifizierter Zusammenhang deshalb gefunden wurde, weil dieser Zusammenhang tatsächlich in der Grundgesamtheit existiert und nicht nur zufällig in der betrachteten Stichprobe.

Folgendes Beispiel soll diesen abstrakten Gedanken verdeutlichen. Stellen Sie sich eine Urne mit 500 weißen und 500 roten Kugeln vor, die jeweils entweder mit Luft oder mit einer Süßigkeit gefüllt sind. Diese 1 000 Kugeln seien die Grundgesamtheit, die anhand einer Stichprobe untersucht werden soll. Angenommen, es werde eine Stichprobe von 10 weißen und 10 roten Kugeln gezogen und die Analyse ergebe, dass in 8 weißen, aber nur in 2 roten Kugeln eine Süßigkeit ist. Mit anderen Worten: In der Stichprobe gibt es einen Zusammenhang zwischen der Variablen „Farbe" und der Variable „Inhalt" der Kugel. Wie sicher kann man sich nun sein, dass dieser Zusammenhang nicht nur dadurch zustande gekommen ist, dass rein *zufällig* mehr weiße als rote Kugeln mit einer Süßigkeit aus der Urne gezogen wurden, während in der Grundgesamtheit gar kein solcher Zusammenhang besteht?

Hierbei haben sich Psychologen darauf geeinigt, dass man ein Ergebnis nur dann interpretiert, wenn dieses mit mindestens 95prozentiger Wahrscheinlichkeit nicht auf einen solchen Zufall zurückgeführt werden kann (was im obigen Zahlenbeispiel übrigens der Fall wäre). Die Wahrscheinlichkeit, dass ein in einer Stichprobe gefundener Zusammenhang auch statistisch signifikant ist, hängt sowohl von der Größe der Stichprobe als auch von der Stärke des Zusammenhangs ab.

Soviel zu unserem sehr kurzen Exkurs zum Thema Statistik.

Korrelative versus experimentelle Forschung

Das erste Ziel psychologischer Studien ist der Nachweis eines Zusammenhangs zwischen (mindestens) zwei Variablen. Darüber hinaus sollte aber auch geprüft werden, *warum* ein solcher Zusammenhang besteht.

Mögliche Interpretationen korrelativer Zusammenhänge

Aus einer bloßen Korrelation ist es in aller Regel nicht möglich, Aussagen über den kausalen Zusammenhang zwischen zwei Variablen abzuleiten. Nehmen wir hierzu folgendes Beispiel aus der Konsumpsychologie. Bei einer Weinprobe untersuche ein Psychologe den Zusammenhang zwischen den Preisen der Weine und wie diese von den Teilnehmern der Weinprobe bewertet werden. Tatsächlich finde sich dabei eine starke, positive Korrelation: Je teurer ein Wein, desto besser schmeckt er.

Es ist nicht möglich, aus dieser Korrelation darauf zu schließen, warum es einen solchen Zusammenhang gibt, denn wenn zwei Variablen A und B miteinander korrelieren, kann dies grundsätzlich folgendes bedeuten:

Korrelation versus Kausalität

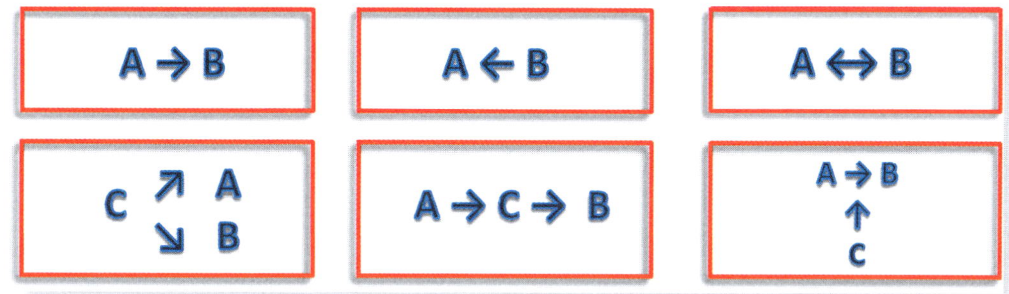

Abbildung 6.6: Was bedingt hier was und auch welche Weise? Der Zusammenhang zwischen verschiedenen Variablen kann ganz unterschiedlich sein.
(Quelle: Eigene Darstellung)

1) Klare Verhältnisse: Variable A determiniert Variable B. Beispiel: Je besser ein Wein objektiv ist, desto teurer lässt er sich auch verkaufen.

2) Rückwärts: Variable B determiniert Variable A. Beispiel: Weinkonsumenten können den Geschmack verschiedener Weine nicht unterscheiden und benutzen deshalb den Preis eines Weines als Hinweis auf seinen Geschmack.

3) Wechselspiel: Variable A und Variable B determinieren sich gegenseitig. Beispiel: Es gibt Weinkenner, die sich ihr Urteil anhand des Geschmacks bilden und den Wein nur dann nachfragen, wenn dieser auch gut ist, darüber hinaus aber gibt es Konsumenten, die ihr Geschmacksurteil davon abhängig machen, wie teuer ein Wein ist.

4) Die unbekannte Dritte: Sowohl Variable A als auch Variable B sind von einer dritten Variable C determiniert. Beispiel: Sowohl Preis als auch Geschmacksurteil sind eine Funktion der Herkunft eines Weines, z. B. weil Weine aus Frankreich einzig aufgrund ihrer Herkunft besser bewertet und teurer verkauft werden können als Weine aus Rumänien. In diesem Fall besteht *kein* kausaler Zusammenhang zwischen Preis und Geschmacksurteil.

5) Indirekte Wirkung: Variable A hat keinen unmittelbaren Einfluss auf die Variable B, sondern dieser ist durch eine dritte Variable vermittelt. Beispiel: Objektiv bessere Weine werden in elegantere Flaschen und mit aufwändiger gestalteten Etiketten verkauft, und lassen sich *deshalb* zu einem höheren Preis verkaufen. Diese Art des Zusammenhangs nennt man „Mediation“, weil der

Einfluss einer unabhängigen auf eine abhängige Variable durch eine dritte Variable mediiert (d. h. vermittelt) wird.

6) Der Moderator: Die Stärke des Zusammenhangs zwischen zwei Variablen ist abhängig von einer dritten Variable. Beispiel: Je höher der Wert einer Person auf dem Persönlichkeitsmerkmal Materialismus, desto mehr schließt diese Person von einem hohem Preis auf die hohe Qualität eines Weines (weil Materialisten grundsätzlich glauben, dass Gutes auch teuer ist). Diese Art des Zusammenhangs nennt man „Moderation", weil der Einfluss einer unabhängigen auf eine abhängige Variable durch eine dritte Variable „moderiert" (d. h. bedingt) wird.

Fassen wir zusammen: Aus einer Korrelation zwischen zwei Variablen kann nicht auf deren Kausalbeziehung zurückgeschlossen werden. Wie aber lässt sich dieses Problem lösen?

Eine Möglichkeit, die richtige Kausalbeziehung zu finden, besteht darin, logische Überlegungen über das Problem anzustellen und daraus z. B. abzuleiten, dass die eine Variable die andere nicht beeinflussen kann. Nehmen wir als Beispiel den Befund, dass Menschen bei gutem Wetter bessere Laune haben als bei schlechtem Wetter (Cunningham, 1979). Weil Menschen nicht in der Lage sind, durch ihre Stimmung das Wetter zu beeinflussen, kann man davon ausgehen, dass unsere Stimmung durch das Wetter beeinflusst wird und nicht umgekehrt.

Leider ist die Wirkrichtung nicht immer so eindeutig bestimmbar. In manchen Fällen kann auch aus der zeitlichen Reihenfolge des Auftretens zweier Variablen auf ihren Kausalzusammenhang geschlossen werden. Ein Beispiel wäre das Image eines Produkts vor und nach einer Werbekampagne. Hat es sich verändert, kann dies ein Hinweis darauf sein, dass das Image durch die Werbekampagne beeinflusst wurde. Aber Vorsicht: Aus der zeitlichen Abfolge zweier Variablen kann nicht immer auf ihre Kausalstruktur geschlossen werden. Es wird nicht Weihnachten, weil die Menschen in der Adventszeit Geschenke kaufen.

Wilhelm Wundt (1832–1920)

Deutscher Physiologe, Philosoph und Psychologe – Wundt war einer der ersten Psychologen, die Experimente nutzten. Er gründete 1879 das erste universitäre Institut für experimentelle Psychologie. Wundt trug auch maßgeblich dazu bei, dass sich die Psychologie als eigenständige Wissenschaft etablierte.

Die Logik und die Vorteile des Experiments

Der beste Weg zur Analyse des Kausalzusammenhangs zwischen zwei oder mehreren Variablen ist deshalb das Experiment, welches in die Psychologie zuerst von Wilhelm Wundt eingeführt wurde. Die Logik des psychologischen Experiments besteht darin, dass die einzelnen Versuchspersonen zufällig verschiedenen Experimentalbedingungen zugewiesen werden. Die verschiedenen Bedingungen stellen die unabhängigen Variablen dar. Es wird dann der Einfluss dieser Variablen auf eine bestimmte abhängige Variable geprüft.

Betrachten wir zur Veranschaulichung die bereits genannte Hypothese, dass der Preis eines Weines die Bewertung seines Geschmacks determiniert. Zu exakt dieser Frage wurden 300 Kölner Bürger eingeladen, an einer Weinprobe teilzunehmen (Christandl et al., in Vorbereitung). Die unabhängige Variable war der Preis des Weines, der den Versuchspersonen mitgeteilt wurde (3 Euro versus 20 Euro pro Flasche). Die abhängige Variable war die geschmackliche Bewertung des angebotenen Weines auf einer Skala von 0 bis 100. Alle anderen Variablen wurden konstant gehalten, so tranken z. B. alle Versuchspersonen einen chilenischen Wein mittlerer Preisklasse.

Tatsächlich zeigte sich, dass der vermeintlich teurere Wein deutlich besser bewertet wurde als der vermeintlich preiswertere Wein. Somit konnte durch dieses Experiment nachgewiesen werden, dass der Preis eines Produktes – zumindest unter bestimmten Bedingungen – die Bewertung seiner Qualität *kausal* determiniert.

Vorteile des Experiments

Fassen wir zusammen: Der große Vorteil des Experiments besteht darin, dass mit seiner Hilfe nicht nur korrelative Zusammenhänge zwischen zwei Variablen nachgewiesen werden können, sondern auch die kausale Struktur dieses Zusammenhangs überprüft werden kann.

Außerdem ermöglicht die experimentelle Methode einen kumulativen Erkenntnisfortschritt, indem man viele verschiedene Experimente durchführt und jeweils nur minmale Veränderungen zu bisherigen Experimenten vornimmt, um den Einfluss der Veränderung zu untersuchen. Das ist nützlich und nötig, weil ein einzelnes Experiment niemals die ganze Welt erklärt, aber viele Experimente zusammen zu ihrer Erklärung beitragen.

Aufgrund dieser Vorteile ist das Laborexperiment die mit Abstand am häufigsten angewandte Forschungsmethode der Psychologie, vor allem im Bereich der Grundlagenforschung.

Grenzen des Experiments

Auch wenn die forschungslogischen Vorteile des Experiments ganz enorm sind, sollte man nicht übersehen, dass die Anwendbarkeit auch dieser Methode in der Psychologe ihre Grenzen hat.

So sind bei bestimmten Fragestellungen experimentelle Versuchsanordnungen nicht sinnvoll, weil a) der Gegenstandsbereich so komplex ist, dass er experimentell nicht erfasst werden kann und/oder b) eine Manipulation der unabängigen Variablen sich aus ethischen Gründen verbietet.

Ethische Grenzen des Experiments

Ein Beispiel hierfür wäre die Frage, warum Frauen nach einer Fehlgeburt unter Depressionen leiden (Neugebauer et al. 1997). Eine plausible Vermutung liegt offensichtlich darin, dass dieses kritische Lebensereignis Frauen sehr belastet. Es könnte aber auch sein, dass psychisch instabile Frauen aufgrund ihrer Depressivität häufiger eine Fehlgeburt haben. Theoretisch könnte man zur Klärung dieser Fragen bei einer Experimentalgruppe schwangerer Frauen eine künstliche Fehlgeburt herbeiführen, und untersuchen, welchen Einfluss dieser Eingriff auf das Wohlbefinden der Frauen hat (im Vergleich zu einer Kontrollgruppe schwangerer Frauen, bei denen keine Fehlgeburt eingeleitet wird). Ethisch wäre ein solches Vorgehen aber offensichtlich in keiner Weise legitimierbar.

Ethik als Grenze des Experiments: Wohl eines der ethisch fragwürdigsten Experimente unternahm einst Friedrich II. Um herauszufinden, welche Sprache Kinder von sich aus entwickeln, entzog er etliche Babys ihren Müttern und jeglicher liebevoller Fürsorge wie auch Ansprache. Alle Kinder starben.

Manche Psychologen leiten daraus ab, dass nur dies Gegenstand der wissenschaftlichen Psychologie sein könne, was auch experimentell untersucht werden kann (z. B. Herkner, 2008).

Eine solche Schlussfolgerung aber erscheint wenig sinnvoll, weil eine Vielzahl an wichtigen Fragestellungen der Psychologie einer experimentellen Überprüfung nicht zugänglich sind. Stattdessen sollte die Schlussfolgerung lauten, so oft wie möglich experimentelle Verfahren zu verwenden, zumal sich häufig auch Experimente in solchen Bereichen durchführen lassen, in denen dies zunächst nicht möglich schien. Wenn dies nicht möglich ist, sollte aber stattdessen auf andere Verfahren ausgewichen werden.

„Nur ein Narr macht keine Experimente."
Charles Darwin

Verwendung unterschiedlicher Forschungsmethoden

Ganz grundsätzlich gilt, dass man immer versuchen sollte, psychologische Theorien mit unterschiedlichen Forschungsmethoden zu überprüfen. Diese Logik wird oftmals als Triangulation bezeichnet. Wenn verschiedene Methoden eine Hypothese stützen, steigert das ihre Bewährtheit. Wenn verschiedene Methoden zu unterschiedlichen Ergebnissen kommen, kann dies Hinweise darauf geben, wie eine bestimmte Hypothese modifiziert werden sollte.

Wir sind am Ende dieses eher trockenen Kapitels über die Methodologie der Psychologie angekommen. Auch wenn die meisten Leser andere Kapitel spannender finden werden, war es notwendig, Sie zumindest ein wenig mit diesem Thema vertraut zu machen, weil man ansonsten nicht in der Lage ist, empirische Befunde der Psychologie kritisch einzuordnen.

Kurz und gut

1. Im Gegensatz zu materiellen Objekten wie z. B. einem Atom oder einem Planeten, ist das Verhalten von Menschen immer auch davon beeinflusst, wie diese ihre Umwelt subjektiv *interpretieren*.
2. Die in psychologischen Theorien vorkommenden Variablen beziehen sich oftmals auf Eigenschaften, Gefühle, Motive oder Gedanken einer Person, die nicht unmittelbar beobachtbar sind, sondern die anhand bestimmter, messbarer Indikatoren indirekt erschlossen werden müssen.
3. Die Definition und anschließende Operationalisierung einer Variablen beeinflusst die Gültigkeit von Hypothesen, in denen diese Variable auftaucht.
4. Bei psychologischen Daten unterscheidet man zwischen Selbstauskünften, Angaben von Informanten, objektiven Daten und Beobachtungsdaten.
5. Eine psychologische Hypothese sollte nach Möglichkeit immer durch unterschiedliche Forschungsdesigns und unter Verwendung verschiedener Arten von Daten überprüft werden.
6. Der Korrelationskoeffizient ist ein Maß für den (linearen) Zusammenhang zwischen zwei Variablen.
7. Neben der absoluten Stärke eines Zusammenhangs zwischen zwei (oder mehr) Variablen ist jeweils zu prüfen, mit welcher Wahrscheinlichkeit dieser Zusammenhang auch auf Zufall zurückgeführt werden kann.
8. Aus einer bloßen Korrelation ist es in aller Regel nicht möglich, unmittelbar Schlussfolgerungen über den kausalen Zusammenhang zweier Variablen abzuleiten.
9. Das Laborexperiment ist die am häufigsten eingesetzte Methode in der psychologischen Grundlagenforschung, weil in ihm unter kontrollierten Bedingungen kausale Beziehungen zwischen unabhängigen und abhängigen Variablen untersucht werden können.
10. Wenn eine bestimmte Hypothese aus ethischen oder forschungslogischen Gründen nicht experimentell überprüft werden kann, ist auf andere Forschungsmethoden auszuweichen.

Studentenfutter

Diekmann, A. (2009). *Empirische Sozialforschung: Grundlagen, Methoden, Anwendungen.* Reinbek bei Hamburg: Rowohlt Taschenbuch.

Huber, O. (2005). *Das psychologische Experiment: Eine Einführung.* Bern: Hans Huber.

Kapitel 7

Offenbarung oder nur Einbildung – warum glauben Menschen an Gott?

Kapitel 7 Offenbarung oder nur Einbildung – warum glauben Menschen an Gott?

Inhalt

Religion als Thema der Psychologie

Das Thema Religion sucht man in den meisten Psychologiebüchern vergebens. Überhaupt haben sich Psychologen mit diesem Thema nur selten beschäftigt. Dies hat wohl zum Teil mit der Tatsache zu tun, dass Psychologen ihre Themen lieber aus „theoretischen Fragestellungen" ableiten als aus dem echten Leben. Bei näherem Hinsehen aber ist das Thema Religion aus psychologischer Perspektive extrem spannend und zwar aufgrund folgender Beobachtungen:

1) Weltweit glaubt eine Mehrheit aller Menschen an Gott bzw. Götter, wobei dieser Glaube negativ mit dem Wohlstand einer Nation korreliert: In armen Ländern sind Menschen religiöser als in reichen Ländern. Aber selbst im „aufgeklärten" und reichen Westen glaubt eine Mehrheit aller Menschen an ein höheres Wesen (Norris & Inglehart, 2004).

2) Aus wissenschaftlicher Perspektive gibt es für diesen Glauben nur wenig Anlass. Die Erkenntnisse der modernen Naturwissenschaft sprechen gegen eine Existenz göttlicher Wesen. Dies bedeutet: Die Mehrheit aller Menschen glaubt an etwas, das vermutlich gar nicht existiert. Wie der Kabarettist Jürgen Becker (Becker, 2007) treffend formuliert hat: „Die katholische Kirche versucht seit zweitausend Jahren etwas zu verkaufen, das noch niemand gesehen hat."

3) Viele Menschen sind bereit, für ihre Religion extreme Kosten auf sich zu nehmen. Ein erheblicher Teil aller militärischen Konflikte der Vergangenheit, aber auch der Gegenwart sind – zumindest teilweise – religiös motiviert.

Wenn sich weltweit Menschen für etwas buchstäblich die Köpfe einschlagen, dessen Existenz äußerst zweifelhaft ist, dann ist es eine spannende psychologische Frage, wie dies zu erklären ist.

Das folgende Kapitel ist dabei wie folgt aufgebaut: Im ersten Teil wird es um die Frage gehen, ob Menschen beim gegenwärtigen Stand der Naturwissenschaften mit guten Gründen an Gott glauben können. Weil meine Antwort auf diese Frage eher skeptisch ausfallen wird, wird es im Anschluss um die Frage gehen, warum weltweit eine Mehrheit aller Menschen sehr wohl religiös ist.

Dabei geht es mir in diesem Kapitel aber in keiner Weise darum, die religiösen Gefühle eines Lesers zu verletzen.

Gibt es Gott?

Jede psychologische Erklärung von Religion sieht sich mit dem Problem konfrontiert, dass es weltweit eine unendliche Vielzahl von religiösen Glaubenssystemen gibt. Aus diesem Grund muss eine Definition von Religion sehr abstrakt sein, wenn sie nicht einzelne Religionen ausschließen will.

Grundannahme aller Religionen

Eine Grundannahme aller Religionen lässt sich mit einem Zitat von Shakespeare ausdrücken, der seinen Hamlet sagen lässt: „There are more things in heaven and earth that are dreamed of in your philosophy" (Shakespeare, 1603/2008, S. 159–167).

Anders ausgedrückt: Nicht alles beruht auf den mechanischen Gesetzen der Naturwissenschaft, sondern es gibt nicht-materielle Entitäten, die Einfluss auf das Leben des Menschen haben. Dieser Annahme folgen die drei großen abrahamitischen Religionen (Judentum, Christentum und Islam) ebenso wie zeitgenössische Jäger- und Sammlergesellschaften, die an Geister und Dämonen glauben,

Abbildung 7.1: Irgendwie nicht von dieser Welt: Der Glaube an etwas Außerweltliches und eine höhere Macht ist allen Religionen gemein. (© Leonid Nyshko – Fotolia.com)

Menschen, die ihr Schicksal durch Mondphasen und Sternzeichen beeinflusst sehen, aber auch Buddhisten, die an eine immaterielle Seele glauben, die im Akt der Wiedergeburt von Körper zu Körper wandert.

Wie rechtfertigen Theologen ihren Glauben an eine höhere Macht? Grundsätzlich lassen sich hierbei zwei Arten von Argumentationen unterscheiden, die als „rationale Theologie“ und als „Offenbarungstheologie“ bezeichnet werden. Mit beiden Argumentationen wollen wir uns im Folgenden beschäftigen.

Rationale Theologie

Rationale Theologie ist der Versuch, den Glauben an Gott mit den Mitteln der Logik und der Wissenschaft zu begründen. Von Theologen sind eine ganze Reihe von „Gottesbeweisen“ vorgelegt worden (siehe Comte-Sponville, 2008). Aus Platzgründen sollen hier aber nur zwei von ihnen exemplarisch diskutiert werden.

Gott als letzte Ursache

Ein erstes Argument wurde bereits von Thomas von Aquin vorgebracht. Er vertrat die Ansicht, dass alles naturwissenschaftliche Denken ein bestimmtes Phänomen auf eine bestimmte Ursache zurückführe, die ihrerseits wiederum durch eine andere Ursache determiniert sei. Dies aber führe zu einem infiniten Regress. Stattdessen – so argumentiert Aquin weiter – gebe es eine letzte Ursache, die selber keine Ursache habe: Gott. Die allermeisten Physiker führen die Existenz des Universums auf einen „Urknall“ zurück, der vor 13,7 Milliarden Jahren stattgefunden habe. Für viele Theologen ist diese Urknalltheorie ein Beweis für die Existenz Gottes – wer sonst sollte den Urknall verursacht und damit die Evolution des Universums angestoßen haben?

Komplexität des Universums

Ein anderes Argument für rationale Theologie besteht in dem Hinweis, dass die Komplexität des Universums und der Natur nur durch das Wirken eines allmächtigen Schöpfergottes zu erklären sei. Im ersten Kapitel hatten wir allerdings gesehen, dass die Evolutionstheorie Darwins die adaptive Komplexität der nahezu unendlich vielen Pflanzen- und Tierarten durch die Gesetze der natürlichen Selektion erklären kann, ohne dafür auf einen Schöpfergott zu rekurrieren. Aus Platzgründen können wir auf die Stichhaltigkeit der Argumente, wie sie von rationalen Theologen entwickelt werden, nicht näher eingehen. Deshalb muss hier der Hinweis genügen, dass aus der Perspektive der meisten Logiker sich die Existenz Gottes mit rationalen Argumenten nicht beweisen lässt.

Vielfach beruht die Argumentation der rationalen Theologie darauf, dass bestimmte Sachverhalte naturwissenschaftlich nicht zu erklären seien – und der impliziten Hoffnung, dass dies auch in Zukunft so sein möge. Beispiel: Die Determinanten des Urknalls vor 14 Milliarden Jahren sind noch weitgehend unbekannt.

Dies führt dazu, dass eine solche Theologie in ständigen Rückzugsgefechten verwickelt ist. So wurde vor Darwin die Existenz verschiedener Tier- und Pflanzenarten auf einen Schöpfungsakt Gottes zurückgeführt, mittlerweile ist diese Annahme von den meisten (nicht allen) Theologen zurückgenommen worden.

Zudem hatten wir weiter oben diskutiert, dass jemand, der eine bestimmte Hypothese vertritt, positive Evidenz für deren Richtigkeit anführen muss. Eine Hypothese ist dann gut, wenn sie falsifizierbar ist und wenn sie trotz vielfacher Falsifizierungsversuche bislang nicht widerlegt werden konnte. Die Aussage: „Es gibt ein göttliches Wesen" ist letztendlich nichts anderes als eine Hypothese, die an den gleichen Kriterien wie alle anderen Hypothesen gemessen werden kann. Von daher ist die Aussage vieler Theologen, die Naturwissenschaft habe noch keineswegs bewiesen, dass Gott nicht existiert, nur wenig überzeugend.

Dies lässt sich an folgendem Kinderwitz verdeutlichen: „Siehst Du die tausenden unsichtbaren Elefanten um uns herum? Nein? Dies beweist, dass diese Elefanten wirklich unsichtbar sind." Die Aussage, dass wir von unsichtbaren Elefanten umgeben sind, ist in einem strengen wissenschaftlichen Sinne bislang nicht falsifiziert. Macht es deshalb Sinn, daran zu glauben?

Offenbarungstheologie

Selbst wenn man den Argumenten der rationalen Theologie folgt, ist diese lediglich in der Lage, die Existenz eines abstrakten göttlichen Wesens zu erklären. Tatsächlich aber sind weltweit die meisten religiösen Menschen nicht an abstrakten Gottesbeweisen interessiert – mögen diese zutreffend sein oder nicht –, sondern sie glauben an die Wirkung eines ganz bestimmten Gottes aufgrund eines starken religiösen Gefühls, in dem ihnen die Existenz dieses Gottes unmittelbar offenbar wird.

Die Rechtfertigung des Glaubens anhand des eigenen religiösen Empfindens kann deshalb als Offenbarungstheologie bezeichnet werden. Hierzu kann auch der Versuch gezählt werden, religiöse Glaubenssysteme dadurch zu rechtfertigen, dass sich Gott ganz bestimmten Menschen offenbart habe (z. B. Propheten) und diese Menschen deshalb von Gott legitimiert seien, ein bestimmtes Glaubenssystem zu postulieren. Ein Beispiel hierfür sind die 10 Gebote, die Gott dem Moses offenbart hat, damit dieser sie seinem Volk Israel mitteile.

Abbildung 7.2: Bei Argumenten für den Glauben an Gott lassen sich zwei Arten unterscheiden: Rationale Argumente und Offenbarung. Die meisten Menschen neigen zu letzterem; sie „fühlen einfach", dass es eine Art Gott gibt. (Quelle: Die Offenbarung des Johannes. Angerer der Ältere)

Logische Inkonsistenz des Glaubens

Aus logischer Perspektive lässt sich zu religiösen Offenbarungen das Folgende anmerken:

Erstens: Religiöse Systeme, die sich auf Offenbarungen berufen, sind tautologisch (d. h. sich selbst rechtfertigend). So glaubt ein Muslim an Allah und betrachtet deshalb den Koran als Gottes Wort. Warum glaubt ein Muslim an Allah? Weil es im Koran steht. Abstrakt formuliert wird die Gültigkeit einer Religion aus dem Inhalt einer bestimmten Offenbarung und zugleich wird die Gültigkeit der Offenbarung aus dem Inhalt einer Religion abgeleitet.

Zweitens: Warum gibt es so viele verschiedene Offenbarungen, die einander widersprechen? Muslime glauben aufgrund religiöser Offenbarungen an einen anderen Gott als Christen und diese wiederum an einen anderen Gott als Hindus. Weltweit gibt es über 600 verschiedene Religionen (Bellinger, 1991), von denen nur eine zutreffend sein kann. Aufgrund religiöser Offenbarungen kann nicht entschieden werden, welche von ihnen zutreffend ist. Der Kabarettist Volker Pispers hat dies sinngemäß einmal so ausgedrückt: „Ob Mohammed Recht hat oder der Papst, lässt sich allenfalls entscheiden, nachdem wir gestorben sind. Wenn ich Recht habe, erfahren wir es nie."

Drittens: Um diese Schwäche auszugleichen, berufen sich viele Religionen auf Wunder, um ihre Gültigkeit zu belegen. Das Christentum z. B. begründet seinen Glauben, dass Jesus der Sohn Gottes war, mit dem Wunder der Auferstehung Jesu drei Tage nach seinem Tod. Auch der Verweis auf Wunder aber löst nicht das Problem, dass es so viele unterschiedliche Religionen gibt. Jede Religion, die sich zu ihrer Rechtfertigung auf (vermeintliche) Wunder beruft, wird durch die (vermeintlichen) Wunder aller anderen Religionen widerlegt.

„Das Wunder ist des Glaubens liebstes Kind"
Goethe (1749–1832) deutscher Dichter

Viertens: Warum offenbart sich Gott immer nur Einzelnen? Moses stieg allein auf den Berg Sinai, um die zehn Gebote zu empfangen, Allah offenbarte sich Mohammed in der Abwesenheit aller anderen Menschen, Jesus erschien nach seinem Tode nur wenigen seiner Jünger. Wenn Gott will, dass die Menschen an ihn glauben, warum verlässt er sich dann auf die Überzeugungskraft einiger weniger Propheten?

Fünftens: Wie wir bereits im Kapitel über Wissenschaftstheorie (Kapitel 5) erläutert haben, ist subjektive Stärke kein gutes Argument für das Zutreffen einer Überzeugung. Auch wenn etwa ein Muslim ebenso wie ein Christ zutiefst von der Richtigkeit seiner jeweiligen Religion überzeugt ist, kann doch nur maximal eine Religion wahr sein.

Sechstens: Die meisten Religionen, die sich auf Offenbarungen berufen, enthalten nur wenige Aussagen, die empirisch falsifizierbar sind. So kann z. B. die Aussicht auf ein Leben nach dem Tode nicht überprüft werden. Eine Ausnahme hierzu stellt eine Religion dar, die sich 1950 in den Niederlanden um den Heringsfischer Louwrens Voorthuizen bildete (Hutten, 1968, S. 740 ff.). Voorhuizen glaubte, der Auferstehungskörper Christi zu sein, und verkündete folglich, unsterblich zu sein. Einige Menschen folgten ihm und formten eine religiöse Gemeinschaft. Wahrscheinlich ahnen Sie schon, wie diese Geschichte ausging. Voorthuizen starb 18 Jahre später (im Alter von 70Jahren) und seine Sekte fiel wenige Jahre nach seinem Tod in sich zusammen.

Zusammenfassend lässt sich somit festhalten, dass es für die Annahme göttlicher Wesen nur wenige rationale Gründe gibt. Aus diesem Grunde werden wir uns weiter unten mit der Frage beschäftigen, wie ein solcher Glaube psychologisch erklärbar ist.

Agnostizismus versus Atheismus

Auffallend viele Naturwissenschaftler würden sich dennoch nicht als Atheisten, sondern eher als Agnostiker bezeichnen, d. h. sie leugnen nicht die Existenz Gottes, sondern argumentieren, dass zu dieser Frage keine wissenschaftliche Aussage möglich sei.

So fügt z. B. auch der Biologe Eckart Voland seiner evolutionären Begründung für die Existenz religiöser Empfindungen beim Menschen folgenden Satz hinzu: „Diese Aussage nimmt übrigens nicht Stellung zu der Frage, ob es Gott gibt oder nicht" (Voland, 2007, S. 117). Auch der Astrophysiker Harald Lesch und sein Koautor Harald Zaun erklären: „Gott steht nicht außerhalb der Evolution. Glauben und Wissenschaft müssen nicht miteinander kollidieren oder einander ausschließen" (Lesch & Zaun, 2008, S. 11).

Allerdings sind nicht alle Naturwissenschaftler derart tolerant. Für den bekannten britischen Biologen Richard Dawkins ist der Glaube an Gott eine „Delusion" (was sich ins Deutsche mit „Täuschung", aber auch mit „Wahnvorstellung" übersetzen lässt) (Dawkins, 2006).

Man kann wissen, ob Gott existiert
Nein
AGNOSTIZISMUS
Nein
Ja
ATHEISMUS
THEISMUS
Ja
Gott existiert

Abbildung 7.3

„Ich habe nichts gegen Frömmigkeit, sie ist zugleich Bequemlichkeit. Wer ohne Frömmigkeit will leben, muss großer Mühe sich ergeben." Goethe (1749–1832) deutscher Dichter

Eckart Voland (*1949)

Deutscher Biologe und Philosoph – Voland arbeitet aus evolutionstheoretischer Sicht auf dem Gebiet der Anthropologie, Ethik, Ästhetik und Religionswissenschaft.

Es gibt viele Motive, warum viele Wissenschaftler sich lieber als Agnostiker denn als Atheisten bezeichnen, wie z. B. die Furcht, hierfür von gläubigen Menschen sanktioniert zu werden oder die religiösen Gefühle anderer zu verletzen. Zudem kann es ganz angenehm sein, die Hoffnung auf ein Leben nach dem Tode nicht vollständig aufzugeben.

Wenn wir uns aber aus psychologischer Perspektive mit der Frage beschäftigen, warum Menschen an Gott glauben, ist eine solche Ausflucht mit erheblichen Problemen verbunden. Ein agnostischer Standpunkt verlangt nämlich, dass wir zwei gänzlich unterschiedliche Erklärungen für Religiosität entwickeln müssen – eine für den Fall, dass Gott existiert und eine andere für den Fall, dass Gott nicht existiert.

Aus diesem Grunde wollen wir für den Rest dieses Kapitels versuchen, den Glauben an Gott zu erklären unter der Annahme, dass es sich dabei um einen Irrglauben handelt (diese Aussage nimmt übrigens nicht Stellung zu der Frage, ob es Gott gibt oder nicht).

Zur psychologischen Erklärung von Religiosität

Wenn die Evolutionspsychologie Recht hat und die menschliche Psyche ein Produkt der Evolution von homo sapiens ist, dann sollte sie im Prinzip auch in der Lage sein, zu erklären, warum Menschen an übernatürliche Wesen glauben. Wie kann die Evolutionspsychologie also erklären, dass weltweit religiöse Menschen etwas wahrnehmen, dessen Existenz höchst fragwürdig ist?

Diese Frage wiegt umso schwerer, als es aus evolutionärer Perspektive in den allermeisten Fällen adaptiv ist, die Welt so wahrzunehmen, wie sie tatsächlich ist. Beispiele: Soll ich vor einem bestimmten Tier davonlaufen oder soll ich mit ihm spielen? Soll ich diesen Pilz essen oder nicht? In all' diesen Beispielen sind Illusionen über die Wirklichkeit dysfunktional und senken die Fitness eines Organismus.

Was könnte also adaptiv an einem religiösen Glauben sein? Diese Frage ist auch deshalb so interessant, weil Religiosität oftmals mit erheblichen Kosten verbunden ist (z. B. die Einhaltung religiöser Gebote) (Atran, 2002).

Ist Religiosität adaptiv?

Individuell adaptive Funktionen von Religiösität

Da es sich bei religiösem Glauben trotz dieser Kosten um ein kulturuniversal und weltweit nachweisbares Phänomen handelt, haben sich Evolutionspsychologen gefragt, warum Religiosität dennoch adaptiv sein könnte und verweisen auf die folgenden Funktionen:

Erstens: Aus vielen Untersuchungen ist bekannt, dass Menschen ein Interesse daran haben, ihre Umwelt zu kontrollieren (siehe Kapitel 3). Jenseits solcher Handlungskontrolle im engeren Sinne steigert aber auch bereits das pure Verständnis einer bestimmten Situation das Gefühl, dieser Situation nicht hilflos ausgeliefert zu sein. So will z. B. die Witwe eines Verstorbenen erfahren, woran ihr Mann gestorben ist, auch wenn eine solche Information den Ehemann nicht mehr lebendig macht. Nahezu alle Religionen beinhalten Kosmologien, d. h. Erklärungen über die Entstehung der Welt und das Funktionieren des Universums, und erscheinen somit geeignet, existenzielle Unsicherheiten zu reduzieren (North, 2001).

Zweitens: Religion lindert die Angst vor dem eigenen Tod und erhöht dadurch die Handlungsfähigkeit (Jömann et al, 2004). Hierbei ist allerdings darauf hinzuweisen, dass die Verheißung auf ein Paradies, in dem ein Verstorbener ein ewiges Leben führen wird, eine sehr junge Erfindung der drei großen abrahamitischen Religionen (d. h. des Judentums, des Christentums und des Islam) ist. Zwar kennen auch die meisten Religionen in Jäger- und Sammlergesellschaften den Gedanken an ein Leben nach dem Tode, dieses wird aber selten als paradiesisch beschrieben (siehe hierzu weiter unten).

Drittens: Der Glaube an einen allwissenden Gott kann dabei helfen, bestimmte Selbstkontrollprobleme zu lösen. Wenn jemand erwartet, für ein sündiges Leben im Jenseits bestraft zu werden, kann dies zu einem gesünderen Leben und damit zu einer höheren inklusiven Fitness führen (Atran, 2002).

Viertens: Das Vertrauen in religiös motivierte Heilungszeremonien (z. B. die Behandlung durch Schamanen oder das religiöse Gebet) kann die Wirkung eines Placebos haben. Aus der Medizin ist bekannt, dass das Vertrauen in eine be-

Abbildung 7.4: Glauben hilft beim Gesunden: Heilungsritual in Mesopotamien. Das haben sich Menschen schon immer zu Nutze gemacht (Quelle: Stephane Beaulieu, nach Fuhr, 1977, S. 138)

Funktionalität der Religion auf Gruppenebene

stimmte Heilmethode (z. B. ein bestimmtes Medikament) seinen Heilungserfolg ganz erheblich beeinflusst (u. a. Evans & Richardson, 1988; Flood et. al., 1993).

Fünftens: Es wird argumentiert, dass religiöse Menschen schon deshalb eine höhere inklusive Fitness haben, weil sie mehr Kinder bekämen als nichtreligiöse Menschen (Blume, 2009).

Von David Sloan Wilson ist der Standpunkt vertreten worden, die Funktionalität von Religion sei nicht auf der Ebene des einzelnen Individuums zu suchen, sondern auf der Ebene von religiösen Gruppen. Eine gemeinsame Religion stärke den Gruppenzusammenhang, fördere das Wir-Gefühl (u. a. durch gemeinsame religiöse Rituale) und ermögliche die Durchsetzung sozialer Normen, die für den Einzelnen zwar kostspielig, für den Erfolg der Gruppe aber vorteilhaft seien (Wilson, 2007).

Religiöse Glaubenssätze als Meme

Eine gänzlich andere Funktionalität wird Religion durch Daniel Dennett (2007) zugeschrieben. Er argumentiert, dass religiöse Glaubenssätze als so genannte Meme zu verstehen sind. Meme sind Einheiten oder Elemente kultureller Ideen, Symbole oder Praktiken, die durch Sprache, Gesten oder Rituale von einer Person an eine andere Person weitergeleitet werden. Dennett betont, dass die differentielle Verbreitung von Memen im Prinzip durch Darwins Theorie der natürlichen Selektion erklärt werden könne.

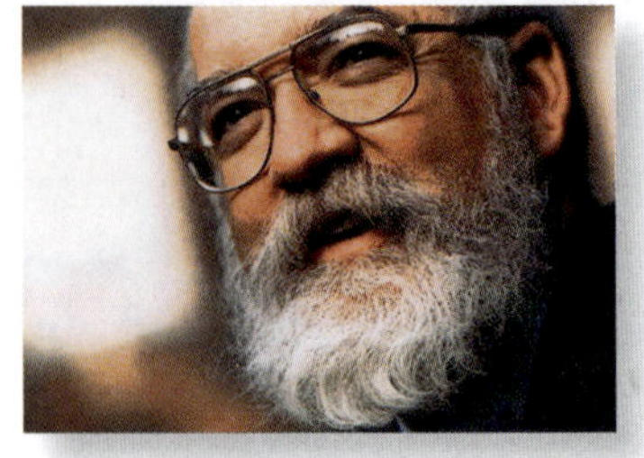

Daniel Dennett (*1942)

US-amerikanischer Philosoph und Kognitionswissenschaftler – Dennett ist wie Dawkins Vertreter der Memetik und befasst sich u. a. mit Religionsphilosophie, wobei er selbst eine atheistische Position einnimmt.

Ein Beispiel für Meme sind Wörter. Während die Häufigkeit der Verwendung einiger Wörter in bestimmten Umwelten (z. B. in einer bestimmten Subkultur) steigt, nimmt die Häufigkeit der Verwendung anderer Wörter ab (die Zeitschrift Cicero veröffentlicht in jeder Ausgabe eine Liste „ausgestorbener" Wörter).

Ähnlich wie Wörter können auch religiöse Glaubensinhalte als Meme verstanden werden, die sich entweder verbreiten oder aussterben, je nachdem, von wie vielen Menschen sie übernommen und an andere Menschen weitergegeben werden. Der entscheidende Punkt in Dennetts Theorie besteht darin, dass der Erfolg religiöser Meme nicht davon abhängt, dass diese die inklusive Fitness der Menschen steigern, die an sie glauben. Erfolgreiche religiöse Meme zeichnen sich z. B. dadurch aus, dass Menschen, die an sie glauben, bereit sind, für diesen Glauben ihr Leben zu opfern, auch wenn eine solche Opferbereitschaft die inklusive Fitness der Gläubigen senkt (z. B. die inklusive Fitness eines islamistischen Selbstmordattentäters).

Zusammenfassend kann somit festgehalten werden, dass Religiosität eine adaptive Funktion haben kann, wobei die Selektionseinheit, die von Religiosität profitiert, entweder einzelne Individuen, Gruppen von Individuen (d. h. religiöse

Sekten oder Glaubensgemeinschaften) oder aber Meme sein können (d.h. religiöse Glaubenssysteme als solche).

Religion als evolutionäres Nebenprodukt

All' diese funktionalen Erklärungen von Religion haben jedoch den Nachteil, dass sie dasjenige, was sie eigentlich erklären wollen, immer schon voraussetzen, nämlich die Eigenschaft von Menschen, an höhere Wesen zu glauben. Ein Beispiel: Wenn ich an ein Leben nach dem Tode glaube, mag dies meine Furcht vor dem Tod mindern und mich zu einem tapferen Krieger machen, wovon mein Stamm oder meine religiöse Sekte ganz sicher profitieren würde. Warum lassen sich Menschen aber davon überzeugen, es gebe ein Leben nach dem Tode?

Vor diesem Hintergrund haben in den letzten Jahren einige Forscher darauf hingewiesen, dass der menschliche Glaube an übernatürliche Kräfte zurückzuführen sei auf die gleichen Gesetzmäßigkeiten, mit denen Menschen ganz allgemein ihre Umwelt wahrnehmen (Atran, 2002; Barrettt, 2004; Boyer, 2001).

Von diesen Autoren wird Religiosität deshalb als evolutionäres Nebenprodukt verstanden: „Religion is not an evolutionary adaptation per se, but a recurring cultural byproduct of the complex evolutionary landscape that sets cognitive, emotional, and material conditions for ordinary human interactions“ (Atran, 2007, 479).

Als Grundlagen einer solchen kognitiven Theorie der Religion lassen sich die nachfolgenden Beobachtungen anführen.

Der menschliche Geist als Kontingenzsuchmaschine

Wenn Menschen ihre Umwelt wahrnehmen, sehen sie unwillkürlich Muster und Regelmäßigkeiten, auch wenn diese objektiv nicht vorhanden sind. Betrachten Sie z.B. die Graphik auf der nächsten Seite (Hood, 2009)!

Denken in Gesetz- und Regelmäßigkeiten

Was sehen Sie? Die meisten Menschen sehen neben vier schwarzen Kreisen, bei denen jeweils eine Ecke fehlt, ein weißes Viereck. Ist es nicht so, dass Sie die Linie, durch die das Viereck definiert wird, selbst dort sehen, wo sie gar nicht vorhanden ist, nämlich zwischen den schwarzen Flächen? Sie können gar nicht anders, als ein weißes Viereck wahrzunehmen und ihr Gehirn ersetzt automatisch den zum Teil nicht vorhandenen Rand. Diese Gesetzmäßigkeiten der menschlichen

Abbildung 7.5: Der Mensch als Kontingenzsuchmaschine: Wir können gar nicht anders als Regelmäßigkeiten und Verbindungen wahrnehmen, auch wenn gar keine vorhanden sind. (Quelle: Eigene Darstellung, nach Hood, 2008, S. 10)

Wahrnehmung wurden bereits in den 1920er Jahren von den so genannten Gestaltpsychologen erkannt und populär gemacht (Wertheimer, 1925, 2000).

Menschen suchen beständig nach Kontingenzen – wir sehen Regelmäßigkeiten, selbst dann, wenn keine vorhanden ist, weil Chaos nicht zu bewältigen ist und deshalb Angst erzeugt. Aus diesem Grunde widerspricht das Weltbild der modernen Naturwissenschaften mit seinem Denken in Zufällen und Wahrscheinlichkeiten unseren Denkgewohnheiten.

Zu den Eigenschaften unserer Kontingenzsuchmaschine gehört auch, dass wir versuchen, die Handlungen unserer Mitmenschen kausal zu interpretieren (mehr dazu in Kapitel 13). Hierbei gehen wir davon aus, dass Menschen sich in aller Regel aus guten Gründen so verhalten, wie sie das tun. Es gibt z. B. eine klassische Episode der „versteckten Kamera", in der eine ahnungslose Versuchsperson zusammen mit zehn anderen Personen in einem Wartezimmer sitzt (wobei diese natürlich Mitarbeiter des Fernsehteams sind). Ohne erkennbaren Grund ziehen diese zehn Personen sich plötzlich bis auf die Unterhose aus. Alle Versuchspersonen reagieren zunächst völlig irritiert, aber ein erheblicher Teil von ihnen folgt schließlich dem Vorbild der anderen.

Übertragen auf Religionen bedeutet dies: Wenn eine Mehrheit aller Mitglieder einer bestimmten Gruppe an einen bestimmten Gott glaubt (oder zu glauben scheint), wird dies von den Mitgliedern der Gruppe als Indikator dafür verwandt, dass dieser Glaube gerechtfertigt ist. Betrachten Sie hierzu das Foto auf der nächsten Seite.

Es zeigt Teilnehmer der Ostermesse, die jedes Jahr vom Papst auf dem Petersplatz praktiziert wird. Es fällt unserem kognitiven Apparat schwer, anzunehmen, dass ein solches Verhalten (und der prächtige Petersdom, vor dem diese Messe zele-

Abbildung 7.6: Gläubige Katholiken bei der Ostermesse vor dem Petersdom: Können so viele Menschen irren? (Quelle: AP)

briert wird) vollständig auf einer Illusion beruhen soll, selbst wenn sich jemand nicht als gläubiger Christ bezeichnet.

Hieraus lässt sich ableiten, dass Religionen, wenn sie einmal zum selbstverständlichen Kulturwissen geworden sind, eine überaus große Beharrungstendenz haben. Diesen Mechanismus kann man als eine Umkehrung des Thomas-Theorems begreifen. Das Thomas-Theorem besagt ja, dass Entitäten, die als real erlebt werden, reale Konsequenzen haben. Als Umkehrung dieses Theorems könnte man formulieren: Entitäten, die real sind in ihren Konsequenzen, werden als real wahrgenommen – oder wie ein deutsches Sprichwort sagt: „Wo Rauch ist, da ist auch Feuer".

Confirmation Bias

Eine weitere mögliche Erklärung für die Verbreitung und Beständigkeit von Religion könnte durch den so genannten Confirmations Bias erfolgen (Sanbonmatsu et al., 1993): Wenn wir einmal eine halbwegs plausible Hypothese entwickelt haben, halten wir an dieser fest, weil wir bei der Überprüfung einer einmal aufgestellten Hypothese vor allem auf solche Ereignisse achten, die eine Bestätigung dieser Hypothese darstellen. Ereignisse, welche die Hypothese widerlegen würden, werden hingegen oftmals gar nicht wahrgenommen oder als wenig aussagekräftig betrachtet.

Das folgende Beispiel soll dies verdeutlichen: Eine weit verbreitete Annahme unter Hebammen ist die, dass Kinder besonders häufig bei Vollmond zur Welt kommen, während Geburten an Neumond äußerst selten sind. Wenn man den Zusammenhang zwischen Mondphasen und Geburtenrate statistisch untersucht, zeigt sich allerdings nicht der geringste Zusammenhang (siehe Morton-Pradhan et al., 2005). Ein Ergebnis, das bei näherem Nachdenken nicht weiter verwundert – warum sollte der Mond Einfluss auf die Wehentätigkeit einer Frau nehmen? Wie kommt es dann aber, dass die meisten Hebammen davon überzeugt sind, bei Vollmond würden mehr Kinder geboren als bei Neumond? Die Befunde zum Confirmation Bias legen folgende Erklärung nahe: Wenn eine Hebamme erst einmal die Hypothese hat, es gebe einen Zusammenhang zwischen Mondphase und Geburtenrate (z. B. weil ihre Kolleginnen sie über einen solchen Zusammenhang „informiert" haben), dann wird sie in der Zukunft vor allem auf solche Ereignisse achten, die einen solchen Zusammenhang bestätigen. Jede Vollmondnacht, in der viele Kinder geboren werden, wird sie als Bestätigung ihrer Hypothese betrachten. Um eine solche Hypothese sinnvoll zu überprüfen, müsste sie aber die relative Häufigkeit aller vier möglichen Ereignisse prüfen: 1) Vollmond und viele Geburten; 2) Vollmond und wenige Geburten; 3) Neumond und viele Geburten, sowie 4) Neumond und wenige Geburten.

Viele religiöse Überzeugungen beruhen auf ebensolchen „Ammenmärchen", so z. B. das Vertrauen in die Wirksamkeit bestimmter religiöser Rituale. Beispiel: Von den Azteken wurde an jedem Tag des Jahres dem Sonnengott ein Menschenopfer dargebracht, um so sicherzustellen, dass auch am nächsten Morgen die Sonne aufgeht (Kallweit, 2008). Die empirische Evidenz für die Wirksamkeit solcher Menschenopfer schien den Azteken unumstößlich, da auf jedes Menschenopfer tatsächlich ein neuer Sonnenaufgang erfolgte.

Justin Barrett (*1971)

US-amerikanischer Evolutions- und Kognitionspsychologe – Barrett erachtet die Religion als evolutionäres By-Product. Er hat zahlreiche Artikel und Buchkapitel sowie ein populärwissenschaftliches Buch zur kognitiven Religionspsychologie geschrieben.

Die Wahrnehmung übernatürlicher Agenten

Stellen Sie sich vor, Sie machen eine mehrtägige Wanderung oder Fahrradtour, liegen nachts in einem Zelt, das Sie auf einer einsamen Wiese aufgebaut haben und hören plötzlich ein Geräusch, dessen Herkunft Sie sich nicht erklären können. Viele Menschen, die eine solche oder ähnliche Situation schon einmal erlebt haben, wissen zu berichten, dass sie schlagartig hellwach waren und blitzschnell überlegt haben, ob dieses Geräusch durch den Wind, durch ein Tier oder durch einen anderen Menschen verursacht wurde.

Ganz allgemein können Dinge, die wir wahrnehmen, entweder durch „Agenten", d. h. absichtsvoll handelnde Wesen oder aber durch unbeseelte natürliche Mechanismen (wie z. B. dem Wind) verursacht sein. Von Barrett (2004) stammt die Idee, dass Menschen dazu neigen, Agenten auch dort zu vermuten, wo keine sind, weil eine solche Wahrnehmungsstrategie zwar oftmals zu falschem Alarm führt, insgesamt aber dem eigenen Überleben in einer feindlichen Umwelt dienlich ist (wie die Engländer sagen: „Better safe than sorry"). Er spricht in diesem Zusammenhang von einem „hypersensitive agency detection device".

Voland (2007) drückt diesen Gedanken wie folgt aus: „Jener Vorfahr, der nicht seinen Intuitionen gefolgt ist, sondern das Blätterrauschen einer analytisch offenen, abwägenden, rationalen Betrachtung unterzogen hat, wäre dann nicht Vorfahr geworden, wenn das Blätterrauschen tatsächlich von einem Feind oder von einem Raubtier verursacht wurde".

Hypersensitive Agency Detection Device

Was hat dies mit Religion zu tun? Laut Barrett dient ein solcher „Hypersensitive Agency Detection Device" dazu, ansonsten unerklärliche Geschehnisse intentional handelnden, übernatürlichen Agenten (wie z. B. Göttern oder Dämonen) zuzuschreiben. Zusammen mit der bereits beschriebenen Suche nach Kontingenz führt dies dazu, dass Menschen z. B. den plötzlichen Tod eines Mitmenschen nicht auf eine Viruserkrankung zurückführen, sondern auf das Wirken eines dem Toten feindlich gesonnenen höheren Wesens.

Die Zuschreibung von Geschehnissen auf unsichtbare Wesen ist hierbei das Produkt der menschlichen Fähigkeit, die Wirkung des Handelns eines anderen auch dann zu erkennen, wenn dieser Andere physisch nicht anwesend ist.

Abbildung 7.7: Hypersensitive Agency Detection Device: Zunächst unerklärlich Scheinendes schreiben Menschen meist automatisch übernatürlichen Wesen zu. So auch im Fall der angeblich von Außerirdischen verursachten Kornkreise in Kornfeldern. (Quelle: Jabberocky, wikicommons)

Eigenschaften von Göttern

Der Gedanke, dass die Menschen ihre Götter nach ihrem Bilde formten, ist nicht neu (siehe hierzu bereits Xenophanes von Kolophon ca. 570–480 v.Chr), hat sich aber vor dem Hintergrund neuerer anthropologischer Studien als sehr valide erwiesen (Boyer, 2001). In allen Religionen, die bislang untersucht wurden, haben übernatürliche Wesen (d. h. Götter, Dämonen, Geister oder Gespenster) Eigenschaften, die auch andere „Agenten" wie z. B. Menschen oder Tiere auszeichnen.

So haben übernatürliche Wesen Intentionen („Gott *sandte* die sieben Plagen, um die Ägypter zu strafen"), Kognitionen („und Gott *sah*, dass es gut war") und Emotionen („Gott wurde *zornig*").

Diese Wesen haben darüber hinaus die Fähigkeit, mit den Menschen zu kommunizieren. Diese Interaktion kann einseitig sein (die Götter beeinflussen das Schicksal der Menschen) oder aber zweiseitig (d. h. Menschen können auch das Verhalten der Götter beeinflussen). Übernatürliche Wesen können dabei sowohl als potentielle Partner aber auch als Feinde wahrgenommen werden.

Kategorien religiöser Handlungen

Im religiösen Handeln vom Menschen lassen sich deshalb folgende Kategorien unterscheiden:

Erstens: Abwehrmaßnahmen gegenüber potentiell feindlichen Wesen (man denke etwa an die berühmte Knoblauchzwiebel, mit der man Vampire verjagt).

Zweitens: Maßnahmen mit dem Ziel, potentiell friedlich gestimmte übernatürliche Wesen zu Handlungen zu veranlassen, welche der eigenen Sache dienlich sind. Dies erfolgt oftmals dadurch, dass Menschen versuchen, übernatürliche Wesen durch religiöse Handlungen zu bestimmten Handlungen zu bewegen. Wie sehr Götter hierbei anthropomorphisiert, d. h. ihnen menschliche Eigenschaften zugeschrieben werden, zeigt sich auch daran, dass solche Interaktionen oftmals gemäß der Reziprozitätsregel organisiert sind: „Eine Hand wäscht die andere" (siehe hierzu auch Kapitel 17). In vielen religiösen Ritualen werden den Göttern Opfer dargebracht, mit der Erwartung, dass diese sich im Gegenzug veranlasst sehen, den Menschen, die für sie opfern, Gutes zu tun (z. B. indem sie diese von Katastrophen verschonen oder gegen andere, feindliche Götter schützen).

Abbildung 7.8: Auch wenn der Gott mit Bart als Kinderglaube gilt, haben die Götter fast aller Religion in der Tat menschengleiche Eigenschaften.
(Quelle: Gottvater, Léon Frédéric)

Von den Vertretern einiger hoch entwickelter Religionen (wie z. B. dem Judentum, dem Christentum oder dem Islam) wird oftmals darauf hingewiesen, dass man sich Gott keineswegs als „alten Mann mit einem langen Bart" vorzustellen habe, sondern dass es sich bei diesem um ein für den menschlichen Verstand nur schwer begreifbares und allumfassendes Wesen handle. Tatsächlich aber zeigt sich in der religiösen Praxis auch dieser Religionen, dass Menschen ihren Göttern immer auch menschliche Eigenschaften zuschreiben (z. B. wenn in der katholischen Kirche von bestimmten Berufsgruppen eigens für diese zuständige „Schutzheilige" um Beistand angerufen werden).

Die Bausteine religiöser Glaubenssysteme

Neben einer gewissen Vertrautheit durch die Zuschreibung menschlicher Eigenschaften sind Götter aber immer auch ganz anders als „Normalsterbliche". Sie sind uns fremd, weil sie mindestens eine Eigenschaft aufweisen, über die Menschen nicht verfügen: Sie sind körperlos, unsterblich, allwissend usw.

Relevanz von Ähnlichkeit und Ästhetik

Von Boyer ist darauf aufmerksam gemacht worden, dass religiöse Ideen sich nur dann durchsetzen, wenn sie die Aufmerksamkeit ihrer Rezipienten erzielen und von diesen gut erinnert werden. Dies gilt besonders für schriftlose Kulturen, in denen Wissen mündlich von einer Person an die nächste weitergegeben wird. Einige Forscher argumentieren des Weiteren, dass vor allen Dingen solche Bausteine religiöser Systeme erinnert und weitergegeben werden, bei denen übernatürliche Wesen ganz überwiegend menschliche Eigenschaften haben und nur auf einer Dimension hiervon abweichen (z. B. unsichtbar sind) (Atran, 2002; Barrettt, 2004; Boyer, 2001). Die empirische Evidenz für diese Annahme ist bislang allerdings eher begrenzt.

Pascal Boyer
Französischer Psychologe und Anthropologe – Boyer ist einer der aktuell bekanntesten Religionskritiker. In seinem Buch „Und Mensch schuf Gott" betrachtet er den Glauben als Nebenprodukt adaptiver menschlicher Eigenschaften.

Auf einer sehr viel allgemeineren Ebene lässt sich vermuten, dass sich bevorzugt solche Meme verbreiten, die den ästhetischen Ansprüchen ihrer Rezipienten genügen.

So gibt es z. B. die spanische Sage, dass Sonne und Mond einstmals zwei Verliebte gewesen sind. Als sich Gott dazu entschloss, die Erde zu schaffen, trennte er die beiden, weil er wollte, dass die Sonne den Tag erhellt und der Mond die Nacht. Daraufhin sind die beiden unendlich traurig. Damit Sonne und Mond sich zumindest manchmal sehen können, schafft Gott die Sonnenfinsternis. Der Schein ihrer Leidenschaft während dieser seltenen Augenblicke ist so stark, dass man davon blind werden kann und deswegen nicht direkt in den Himmel sehen soll.

Die Ästhetik dieser Geschichte sorgt dafür, dass ich sie Jahre nach ihrer Entstehung als Beispiel verwende.

Aus diesen Überlegungen lassen sich auch Schlussfolgerunden darüber ableiten, warum einige Religionen erfolgreicher sind als andere. Ist es wirklich nur Zufall, dass mit dem Christentum und dem Islam zwei Religionen überaus erfolgreich sind, die ihren Gläubigern ein ewiges Leben nach dem Tode versprechen?

Warum Menschen an eine unsterbliche Seele glauben

Schon Freud (2007) vertrat die Ansicht, dass Menschen kognitive Probleme damit haben, ihre eigene Sterblichkeit zu begreifen. Einen Zustand, in dem wir selber nicht mehr existieren werden, können wir uns schon deshalb nur schwer vorstellen, weil zu einem Zustand ja immer eine Person gehört, die ihn wahrnimmt.

Intuitiver Dualismus

Viele Studien verweisen zudem darauf, dass man Menschen als intuitive Dualisten bezeichnen könnte. Auch wenn sie nicht religiös erzogen werden, glauben Menschen daran, dass es neben ihrem sterblichen Körper so etwas wie eine unsterbliche Seele gibt, die ihren Körper nach dessen Tod verlassen und weiterleben wird (Bering, 2002). Hierbei gehen Menschen intuitiv davon aus, dass Tote bestimmte Eigenschaften lebender Menschen verlieren, andere Eigenschaften jedoch behalten. So haben Tote keinen Hunger oder Durst, sind aber sehr wohl in der Lage, ihre Umwelt wahrzunehmen.

In einer Studie nahmen Versuchspersonen an einem Computerspiel teil, bei denen auf dem Bildschirm irrtümlicherweise die Antworten auf einige der Fragen erschienen, die sie zu beantworten hatten (Bering et al, 2005). Der Hälfte aller Versuchspersonen wurde mitgeteilt, dass ein ehemaliger Mitarbeiter des Forschungsinstituts in genau den Räumen gestorben sei, in dem der Versuch stattfände und – so verrückt dies auch klinge – einige Mitarbeiter des Instituts wären sich sicher, manchmal den Geist des Verstorbenen in diesen Räumen zu sehen. Tatsächlich zeigte sich, dass Versuchspersonen in dieser Bedingung sehr viel seltener „pfuschten" (d.h. die richtigen Antworten vom Bildschirm ablasen) als Versuchspersonen in einer Kontrollgruppe.

Ahnenkult

Wenn Menschen intuitiv davon ausgehen, dass Menschen auch nach ihrem Tod weiterleben, ist es nur ein kleiner Schritt zu der Annahme, dass manches, was wir uns nicht erklären können, durch die Handlungen von Verstorbenen verursacht ist. Tatsächlich ist der „Ahnenkult", d.h. die Verehrung verstorbener Angehöriger der eigenen Verwandtschaft, ein wichtiger Bestandteil vieler Religionen (einschließlich des Christentums, in dem die Gläubigen in Jesus ebenfalls einen Verstorbenen anbeten).

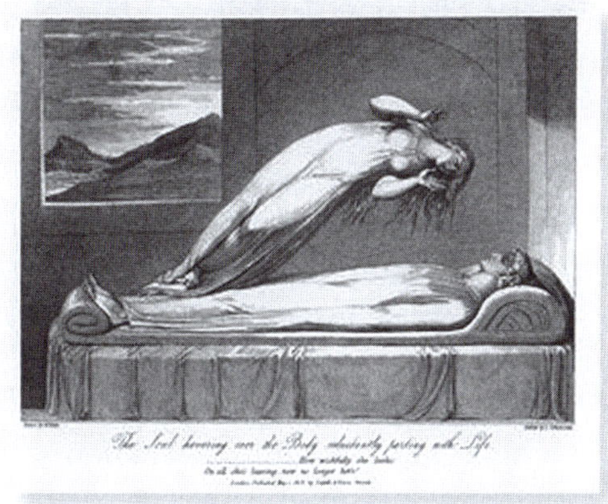

Abbildung 7.9: Der Tod betrifft den Körper, doch mit ihren Seelen leben Menschen weiter. Diese Vorstellung ist Teil der meisten Religionen. (Quelle: Die Seele verlässt im Moment des Todes den Körper, Luigi Schiavonetti)

Religion, Wissenschaft und Aberglaube

In diesem und den beiden vorangegangenen Kapiteln ging es um die Frage, auf welche Weise Menschen versuchen sollten, sich selbst und ihre Umwelt besser zu verstehen. Hierbei wurden zwei grundsätzlich verschiedene Wege zu einem solchen Verständnis beschrieben: Der eine Weg führt über den nüchternen Weg der wissenschaftlichen Methode, wobei klar geworden sein sollte, dass auch die moderne Psychologie eine wissenschaftliche Disziplin ist. Der andere Weg führt seit jeher über den Glauben an übernatürliche Wesen, die unser Handeln und unser Schicksal beeinflussen. Diese beiden Erklärungssysteme lassen sich m. E. nur schwer miteinander versöhnen, auch wenn viele religiöse Menschen argumentieren, Religion stehe nicht im Widerspruch zur modernen Naturwissenschaft.

Wechselspiel von Religion und Wissenschaft

Bevor diese zu ihren Erkenntnissen gelangt sind, waren die ontologischen und metaphysischen Deutungsangebote der Religionen übrigens sehr plausible Hypothesen. Die Prämisse der Naturwissenschaft, dass jegliche Phänomene als die Wirkung stabiler Naturgesetze zu verstehen sind und nicht als das Ergebnis göttlichen Wirkens, steht jedoch entweder im Gegensatz zur Religion oder aber verweist diese in immer entferntere Ecken des Weltalls (Gott als Initiator des Urknalls). Kurz gesagt: Wir „brauchen“ immer weniger Religion, um die Welt zu erklären, und also verwenden wir sie hierzu auch immer weniger.

Im internationalen Vergleich zeigt sich, dass Religiosität vor allem in solchen Ländern zurückgedrängt worden ist, in denen materielle Versorgung und Sicherheit der Menschen durch säkulare (d. h. weltliche) Systeme garantiert werden (wie z. B. dem Wohlfahrtsstaat). Richard Dawkins sagte einmal in einem Fernsehinterview, Atheist zu sein, bedeute, sein Leben nicht damit zu verbringen, auf ein besseres Jenseits zu hoffen (das es gar nicht gebe), sondern „to live life to its fullest“. Das ist gut gesagt. Aber dies ist recht einfach zu sagen, wenn man ein überaus erfolgreicher Oxford-Professor ist, international hoch angesehen und – so wirkte Dawkins jedenfalls in diesem Interview – sehr gesund. Es ist schwieriger, Atheist zu sein, wenn man krank, alt und arm ist.

Entzauberung der Welt

Macht es die Menschen glücklich, wenn Gott tot ist? Max Weber postulierte bereits vor ca. 100 Jahren, dass Wissenschaft immer auch eine „Entzauberung der Welt" bedeute (Weber, 1919, 1996). Man kann die Wissenschaft vergleichen mit einem kleinen Jungen, der sich nicht sicher ist, ob er an den Weihnachtsmann glauben soll und der durch geschickte Detektivarbeit herausfindet, dass der Weihnachtsmann niemand anderes ist als sein Onkel Peter. Auf das kurzfristige Hochgefühl dieses intellektuellen Erfolgs folgt die Ernüchterung, dass es keinen Weihnachtsmann gibt und dass man für den Rest seines Lebens mit dieser Erkenntnis wird leben müssen.

Die Geschichte des wissenschaftlichen Denkens kann somit verstanden werden als eine fortschreitende Entseelung des Universums. Zunächst werden die Gestirne entseelt. Sonne und Mond sind nicht mehr Mann und Frau. Auch Flüsse, Berge, Bäume und Tiere sind für die Naturwissenschaft keine beseelten Wesen, sondern vollständig durch die Gesetze der Physik zu erklären.

Als Schlusspunkt kränkt uns die moderne Neurowissenschaft mit der Behauptung (Erkenntnis?), dass auch wir Menschen keine Seele haben und die Wahrnehmung von so etwas wie einem Selbst als Kern unserer Person nichts weiter sei als eine Illusion (Menzinger, 2009). Vor dem Hintergrund der Tatsache, wie unnatürlich eine solche Sicht der Welt ist, verwundert es nicht, dass sich viele Menschen gegen eine solche seelenlose Naturwissenschaft stellen und stattdessen lieber an Götter, Bachblütentherapie und Schutzengel glauben.

Dies mag man tun. Ich möchte Sie aber dennoch auffordern, auch in den nächsten Kapiteln unsere Reise durch die Psychologie fortzuführen. Einer Psychologie, die sich als Wissenschaft versteht und nur solche Erklärungen ernst nimmt, die sich auch empirisch belegen lassen, aber hoffentlich dennoch nicht ohne Zauber ist.

Kurz und gut

1. Aus naturwissenschaftlicher Perspektive gibt es für den Glauben an Gott bzw. übernatürliche Wesen nur wenig Gründe.
2. Rationale Theologie ist der Versuch, den Glauben an Gott mit den Mitteln der Logik und der Wissenschaft zu begründen.
3. Die Rechtfertigung des eigenen Glaubens auf Basis eigener religiöser Erfahrungen wird als „Offenbarungstheologie" beschrieben.
4. Einige Evolutionspsychologen argumentieren, dass Religiosität adaptiv sein kann, weil sie Gefühle von Kontrolle vermittelt, die Angst vor dem Tod mindert, Selbstkontrollprobleme löst, die Funktion eines Placebos hat und religiöse Menschen mehr Kinder haben.
5. David Sloan Wilson argumentiert, dass Religiosität nicht so sehr für den einzelnen Gläubigen, sehr wohl aber auf Ebene religiöser Gemeinschaften adaptiv ist.
6. Religionen lassen sich als Meme verstehen, die sich durch Kommunikation reproduzieren.
7. Wenn Menschen ihre Umwelt wahrnehmen, sehen sie unwillkürlich Muster und Regelmäßigkeiten, auch wenn diese objektiv nicht vorhanden sind.
8. In Umkehrung des Thomas-Theorems lässt sich sagen: Entitäten, die real sind in ihren Konsequenzen, werden als real wahrgenommen.
9. Der Confirmation Bias besagt, dass Menschen bei der Überprüfung einer einmal formulierten Hypothese vor allem auf solche Ereignisse achten, welche diese Hypothese bestätigen.
10. Göttlichen Wesen werden übernatürliche Fähigkeiten zugeschrieben, aber sie haben zumeist auch ganz menschliche Eigenschaften.

Studentenfutter

Dennett, D. C. (2007). *Breaking the spell: Religion as a natural phenomenon.* London: Penguin Books.

Hood, B. M. (2009). *Supersense: Why we believe in the unbelievable.* New York: HarperCollins Publishers.

Kapitel 8

Liegt alles in den Genen? Zur Psychologie der Persönlichkeit

Kapitel 8 Liegt alles in den Genen? Zur Psychologie der Persönlichkeit

Inhalt

Was versteht man unter Persönlichkeit?

Jeder Mensch ist einzigartig. Die Wahrscheinlichkeit, dass es auf der ganzen Welt einen anderen Menschen mit genau Ihren Genen gibt, ist verschwindend gering (es sei denn, Sie gehören zu den 0,4 %, die einen eineiigen Zwilling haben). Aber selbst wenn es einen Menschen mit den gleichen Genen gäbe wie Sie, wäre dieser Mensch mit Ihnen nicht identisch, weil Menschen nicht nur das Produkt ihrer Erbanlage, sondern auch ihrer Umwelt und ihrer Lebensgeschichte sind.

„Es gibt zwei Arten von Menschen. Solche, die Menschen in zwei Arten einteilen und solche, die das nicht tun." Unbekannte Quelle

Wenn Biographen sich mit der Persönlichkeit eines Menschen beschäftigen, sind sie deshalb zumeist darum bemüht, das Einzigartige dieses Menschen zu beschreiben und zu ergründen. Ähnliches tut ein Schriftsteller, wenn er die Hauptfigur eines Romans beschreibt.

Persönlichkeitsmerkmale

Auch wenn Persönlichkeitspsychologen die Einzigartigkeit jedes einzelnen Menschen nicht in Frage stellen, wählen sie bei der Beschreibung von Menschen zumeist einen anderen Weg: Sie definieren zunächst generelle Persönlichkeitsmerkmale und wenden diese auf alle Menschen an, indem sie einzelnen Individuen unterschiedliche Ränge auf den verschiedenen Merkmals-Skalen zuweisen. Dadurch lassen sich Menschen auch miteinander vergleichen. So kann man z. B. untersuchen, ob Männer aggressiver sind als Frauen oder ob ältere Menschen weniger intelligent sind als jüngere Menschen.

Frage 12: Im Folgenden finden Sie einige Aussagen zu Ihrer Person. Bitte geben Sie an, inwieweit Ihre Meinung mit den folgenden Aussagen übereinstimmt.

	(7)*	(6)	(5)	(4)	(3)	(2)	(1)
a) Im Allgemeinen glaube ich, dass den meisten Menschen vertraut werden kann.							
b) Auch in ungewissen Zeiten erwarte ich normalerweise das Beste.							
c) Es fällt mir leicht, mich zu entspannen.							
d) Wenn bei mir etwas schief laufen kann, dann tut es das auch.							
e) Meine Zukunft sehe ich immer optimistisch.							
f) In meinem Freundeskreis fühle ich mich wohl.							
g) Es ist wichtig für mich, ständig beschäftigt zu sein.							
h) Fast nie entwickeln sich die Dinge nach meinen Vorstellungen.							

* (7) Stimme überhaupt nicht zu (1) Stimme vollkommen zu

Abbildung 8.1: Da Psychologen davon ausgehen, dass Persönlichkeitsmerkmale auf alle Menschen zutreffen – nur in sehr unterschiedlichem Maße –, verwenden sie bei Befragungen Skalen, auf denen sich die Befragten selbst einen Rang zuweisen. (Quelle: Universität Wien/GfK)

Wenn Psychologen von Persönlichkeit sprechen, dann meinen sie somit überdauernde, situations-unabhängige Unterschiede zwischen Personen. Diese Unterschiede können sich beziehen auf das Empfinden und die Wahrnehmung von Ereignissen, kognitive Fähigkeiten und Fertigkeiten, sowie das Verhalten in bestimmten Situationen.

Fähigkeitsvariablen

Grundsätzlich lassen sich nahezu unendlich viele Persönlichkeitseigenschaften unterscheiden, wobei differenziert werden kann zwischen Fähigkeitsvariablen (wie z. B. Intelligenz, Konzentrationsfähigkeit oder Musikalität) und Eigenschaften, die den Charakter oder das Wesen einer Person beschreiben (wie z. B. Gemütlichkeit und Kontaktfreudigkeit).

Im Folgenden werden mit den so genannten „Big Five" fünf solcher Charaktereigenschaften näher vorgestellt, anschließend werden wir uns eingehender mit der Fähigkeitsvariable der Intelligenz beschäftigen.

Die Big Five

Unter Persönlichkeitspsychologen gibt es seit ca. 25 Jahren einen zunehmenden Konsens, dass sich der Charakter eines Menschen mit fünf basalen Persönlichkeitsdimensionen beschreiben lässt: 1) Emotionale Stabilität, 2) Extraversion, 3) Offenheit für Erfahrungen, 4) Verträglichkeit und 5) Gewissenhaftigkeit. Diese Taxonomie ist gemeinhin als Big Five bekannt und kann mit einem von Costa & McCrae (1992) entwickelten Fragebogen gemessen werden.

Lexikographischer Ansatz

Die Unterscheidung der fünf Dimensionen basiert auf dem so genannten lexikographischen Ansatz (John et al., 1988). Bei diesem werden aus einem Lexikon sämtliche Adjektive herausgesucht, die psychische Eigenschaften einer Person umschreiben (z. B. Wörter wie traurig, schüchtern, fröhlich, etc.). Diese Adjektive werden anschließend einer Stichprobe von Probanden vorgelegt, die angeben sollen, inwiefern diese Eigenschaften jeweils auf sie zutreffen. Durch ein spezifisches statistisches Verfahren (Faktorenanalyse) wird anschließend überprüft, inwiefern die erhobenen Eigenschaften miteinander zusammenhängen.

Eigenschaften der „Big Five“

Mittlerweile hat eine Vielzahl von Studien die folgenden Eigenschaften dieser „Big Five“ aufgezeigt:

Erstens: Mit nur geringen kulturellen Besonderheiten lassen sie sich in sehr unterschiedlichen Kulturen nachweisen, z. B. unter Deutschen, Portugiesen, Israelis und Koreanern (McCrae & Costa, 1997).

Zweitens: Sie eignen sich zur Beschreibung sowohl von Erwachsenen als auch von Kindern (Asendorpf, 2007).

Drittens: Die Ausprägung auf den einzelnen Dimensionen der Big Five sind stabil über die Zeit: Jemand, der im Alter von sieben Jahren deutlich extravertierter ist als seine Altersgenossen, ist dies auch noch mit 70 Jahren (Soldz & Vaillant, 1999).

Viertens: Sämtliche Dimensionen sind voneinander weitgehend unabhängig (d. h. sie sind nahezu unkorreliert). So ist es z. B. nicht möglich, aus der Extraversion auf die psychische Stabilität einer Person zu schließen.

Fünftens: Die Big Five werden von Menschen intuitiv angewandt, wenn diese sich selbst oder andere Menschen beschreiben sollen (Saucier & Goldberg, 1996).

Sechstens: Alle Dimensionen der Big Five sind normalverteilt. Dies bedeutet, dass viele Menschen in der Mitte und nur wenige am Rand der Verteilung liegen. Das Konzept der Normalverteilung lässt sich leicht anhand der Körpergröße verdeutlichen: Bei deutschen Männern liegen 95 % in einem Bereich zwischen 160 cm und

200 cm, aber nur jeweils 2,5 % sind kleiner als ein Meter und Sechzig Zentimeter oder größer als zwei Meter. Ganz ähnlich ist es auch mit den Big Five und der Intelligenz (dazu später mehr).

Siebtens: Darüber hinaus lassen sich Unterschiede zwischen Individuen verschiedener Tierarten (wie z. B. Hunde) anhand der Big Five beschreiben (Jones & Gosling, 2005).

Wie lassen sich diese fünf Dimensionen im Einzelnen charakterisieren?

Emotionale Stabilität (Neurotizismus)

Emotional wenig stabile Menschen sind ängstlich, reizbar, neigen zu Depressionen, sind sozial befangen, impulsiv und verletzlich. Sie leiden häufig unter psychosomatischen Beschwerden (wie z. B. Kopfschmerzen, Magenbeschwerden, Schwindelanfälle), sind wenig belastbar und brauchen lange, um sich von stressenden Ereignissen zu erholen. Zudem leiden sie häufiger unter Persönlichkeitsstörungen (wie z. B. Schizophrenie). Emotional stabile (d. h. weniger neurotische) Menschen sind hingegen optimistisch, ausgeglichen, fröhlich, und in der Lage, sich auch von gelegentlichen Rückschlägen nicht entmutigen zu lassen.

„Bist du wütend, zähl bis vier – hilft das nicht, dann explodier!" Wilhelm Busch (1832–1908), dt. Dichter

Emotional wenig stabile Menschen sind in vielen Fällen eine Belastung für sich selbst, da Neurotizismus von allen Big Five am stärksten mit der allgemeinen Lebenszufriedenheit korreliert – und zwar negativ.

Und auch für ihre Umwelt können neurotische Menschen oftmals eine Belastung sein, weil sie sich leicht angegriffen fühlen und mit erlebten Kränkungen nur schwer umgehen können (denken Sie z. B. an Menschen, die dazu neigen, ihrem Partner aus Eifersucht in der Öffentlichkeit eine Szene zu machen). Zudem neigen neurotische Menschen – ungeachtet ihrer eigenen Eifersucht – mehr zu sexueller Untreue als emotional stabile Menschen. Es ist daher nicht verwunderlich, dass neurotische Menschen sich häufiger scheiden lassen und weniger Freunde haben als emotional stabile Menschen.

„Das Leben schwer nehmen ist leicht, das Leben leicht nehmen ist schwer." Sprichwort

Zusammenfassend lässt sich somit festhalten, dass ein hoher Grad an Neurotizismus für das Erreichen der unterschiedlichsten Lebensziele eher hinderlich ist. Dennoch kann man Neurotizismus auch positive Seiten abgewinnen. Neurotische Menschen sind (oder wirken zumindest) oftmals tiefgründiger und seriöser als emotional stabile Menschen. Viele der bedeutendsten Musikstücke wären wohl nie komponiert und viele der tiefgründigsten Bücher wohl nicht geschrieben worden, wenn ihre Verfasser der Devise „don't worry, be happy" gefolgt wären.

Extraversion

Menschen mit einem hohen Grad an Extraversion sind geselliger, herzlicher, durchsetzungsfähiger, aktiver, erlebnishungriger und optimistischer als Menschen mit einem niedrigen Grad an Extraversion (wobei der Gegenpool zu Extraversion oftmals als Introvertiertheit bezeichnet wird). Sie sind gerne in der Gesellschaft anderer, trinken gerne Alkohol, lieben Glücksspiele und Risiken, und übernehmen gerne die Führung.

„Die Welt ist eine Bühne"
Oscar Wilde (1854–1900), irischer Schriftsteller

Sehr häufig haben extravertierte Menschen ein großes soziales Netzwerk, „kennen Gott und die Welt" und nutzen ihre vielfältigen Kontakte strategisch (z. B. bei der Suche nach einer neuen Stelle).

Sie wählen bevorzugt Berufe, die sich durch viel Kommunikation mit Mitarbeitern und/oder Kunden auszeichnen und sie sind beruflich erfolgreicher als introvertierte Menschen.

Wenn Sie manchmal lieber alleine sind und zuhause bei einem Glas Rotwein ein gutes Buch lesen, sollten Sie deshalb nicht an sich selbst zweifeln. Durch ihre ständigen sozialen Aktivitäten haben extravertierte Menschen oftmals nicht die Zeit, sich wirkliches Fachwissen anzueignen (lieber vertrauen sie darauf, jemanden mit einem entsprechenden Fachwissen anzurufen). Zudem wirken sie durch ihre Begeisterungsfähigkeit oftmals sprunghaft und oberflächlich. Wer hat schon gerne jemanden zu seinem besten Freund, der noch ein Dutzend andere beste Freunde hat?

Offenheit für Erfahrungen

Menschen mit einer hohen Ausprägung auf dieser Dimension haben viel Phantasie, begeistern sich für ästhetische Genüsse, sind emotional überschwänglich und stehen ganz allgemein allem Neuen positiv gegenüber, ganz gleich ob es sich dabei um neue persönliche Erfahrungen, Ideen oder Normen und Wertesysteme handelt. Der Volksmund würde bei solchen Menschen wohl von Schwärmern und Romantikern reden (oder weniger positiv von Spinnern).

„Neue Herausforderungen sind wunderbare Gelegenheiten, Neues über sich selbst zu erfahren."
*Ernst Ferstl (*1955), österr. Autor*

Offene Menschen sind unkonventionell. Sie haben breite Interessen, sind künstlerisch und kreativ und zeichnen sich durch originelle und erfinderische Einfälle aus. Sie begeistern sich beispielsweise für „New Age" und Esoterik, stehen politisch eher links, verachten das „Establishment", und experimentieren gerne mit Drogen. Darüber hinaus sind sie schnell in der Lage, sich an neue Kulturen und Umgebungen anzupassen.

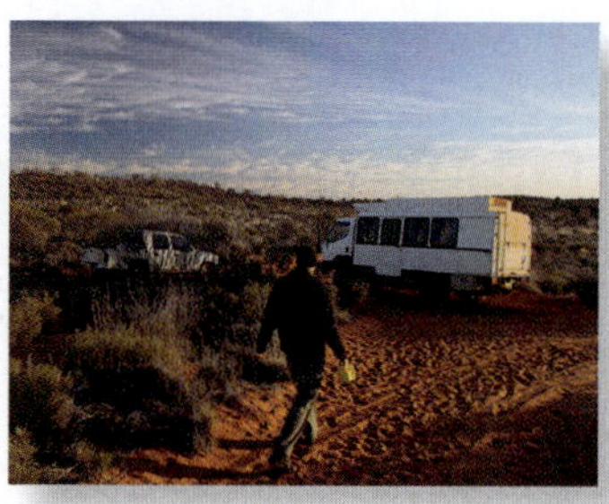

Abbildung 8.2: Als typisch offene Menschen gelten Künstler und Weltenbummler. (© Anja Liefting und © Kaarsten – Fotolia.com)

Bei all' dieser Flexibilität fehlt ihrem Leben allerdings manchmal Beständigkeit und Richtung, was den Berufserfolg beeinträchtigen und zu einem niedrigen Gehalt führen kann.

Menschen, die sich durch eine niedrige Offenheit für neue Erfahrungen auszeichnen, sind hingegen oftmals konventionell, konservativ und autoritätsgläubig.

Wenn Sie das Gefühl haben, auf der Dimension „Offenheit für Erfahrungen" nur einen niedrigen Wert aufzuweisen, können Sie sich dazu gratulieren, mit beiden Beinen auf dem Boden zu stehen. Wenn Sie das Gefühl haben, auf dieser Dimension einen hohen Wert aufzuweisen, können Sie sich dazu beglückwünschen, dass Sie auch ohne Netz und doppelten Boden denken können.

Verträglichkeit

Verträgliche Menschen zeichnen sich durch Vertrauen, Aufrichtigkeit, Altruismus, Entgegenkommen, Bescheidenheit und Gutherzigkeit aus. Im Gegensatz dazu sind unverträgliche Menschen misstrauisch, unehrlich, egoistisch, kompromisslos und unbescheiden.

„Nachsicht, sie ist der schönste Zug der Freundschaft." Pierre-Ambroise-Francois Choderlos de Laclos (1741–1803), franz. Schriftsteller

Aufgrund dieser Eigenschaft sind verträgliche Menschen bei ihrer Umwelt sehr beliebt, weil sie für ihre Zuverlässigkeit und Freundlichkeit geschätzt werden. Zudem geht Verträglichkeit damit einher, wenig nachtragend oder rachsüchtig zu sein sowie der Bereitschaft, anderen Menschen zu verzeihen. Verträgliche Menschen bevorzugen soziale Berufe, in denen sie anderen helfen können und engagieren sich ehrenamtlich.

Und weil es ihnen meist gelingt, Konflikten erfolgreich aus dem Weg zu gehen, sterben sie seltener an Herzinfarkten (oder anderen Herzkranskrankheiten) und leben länger als unverträgliche Menschen.

Allerdings verdienen Menschen mit einer hohen Verträglichkeit weniger als andere, vermutlich, weil sie Konflikten mit ihren Vorgesetzten wegen ihres Gehalts bzw. einer Beförderung aus dem Weg gehen. Wer immer so klug ist, nachzugeben, läuft irgendwann Gefahr, von anderen ausgenutzt werden, die klug genug sind, diese Nachgiebigkeit zu erkennen.

Gewissenhaftigkeit

Gewissenhafte Menschen sind kompetent, ordnungsliebend, pflichtbewusst, leistungsmotiviert, selbstdiszipliniert und besonnen. Sie sind oftmals religiös, konventionell, konservativ, gut organisiert, ehrgeizig und zuverlässig. Sie haben mehr Ausdauer und mehr Selbstdisziplin als nur wenig gewissenhafte Menschen. Demzufolge konnte gezeigt werden, dass Gewissenhaftigkeit für die Vorhersage von Schulnoten, Universitätsabschlüssen und Berufserfolg eine ähnliche Relevanz hat wie die Intelligenz eines Menschen.

„Was du heute kannst besorgen, das verschiebe nicht auf morgen."
Sprichwort

Gewissenhaftigkeit geht darüber hinaus mit einer höheren Konformität an soziale Normen einher. So halten sich gewissenhafte Menschen stets an die gesellschaftlichen Spielregeln, gehen nicht bei Rot über die Straße und sind auch ansonsten sehr gesetzestreu.

Zudem zeigen gewissenhafte Menschen häufig ein hohes Maß an Hilfsbereitschaft. Allerdings ist diese nur selten durch echte Prosozialität motiviert (wie dies bei verträglichen Menschen der Fall ist), sondern entspricht eher ihrer Bereitschaft, sozialen Regeln zu folgen (z. B. wenn sie einer alten Frau über die Straße helfen).

Nicht nur im Kontakt mit anderen Personen werden hochgradig gewissenhafte Menschen durch ein Verhalten dominiert, das von festen Regeln gesteuert wird: Gewissenhafte würden niemals zu viel essen, trinken oder Drogen konsumieren. Stattdessen achten sie auf ihre Ernährung und treiben regelmäßig Sport. Dies kann wohl auch erklären, weshalb Gewissenhaftigkeit mit einer höheren Lebenserwartung einhergeht.

Oftmals zeichnen sich gewissenhafte Menschen dadurch aus, dass sie nur schwer damit umgehen können, wenn andere Menschen weniger zuverlässig sind als sie, weshalb sie z. B. Ehepartner bevorzugen, die ähnlich gewissenhaft sind wie sie selbst.

Abbildung 8.3: Gewissenhaftigkeit geht oft einher mit Pingeligkeit, aber auch mit Disziplin und daher mit Erfolg. Paradebeispiele für gewissenhafte Menschen sind daher Beamte und Sportler – letztere natürlich nur, wenn sie nicht dopen. (© Robert Kneschke und © Alexander Yakovlev – Fotolia.com)

Von Sulloway (1996) ist die Theorie entwickelt worden, dass Gewissenhaftigkeit (und auch Offenheit für Erfahrungen) mit dem Geburtenrang zusammenhänge. Erstgeborene übernehmen nach Sulloway gegenüber ihren jüngeren Brüdern und Schwestern oftmals die Rolle des bereits vernünftigen älteren Geschwisters und drängen auf die Durchsetzung der elterlichen Normen. Mit anderen Worten: Nach Sulloway zeichnen sich Erstgeborene durch hohe Gewissenhaftigkeit und niedrige Offenheit für Erfahrungen aus. Als Gegenreaktion entwickeln vor allem Letztgeborene oftmals ein hohes Maß an Unkonventionalität und werden zum „Rebellen".

Ob sich diese Theorie Sulloways empirisch stützen lässt, ist allerdings umstritten (Townsend, 2000), wobei die umfangreichen historischen Befunde, die Sulloway zur Stützung seiner Theorie anführt, darauf hindeuten, dass der von ihm postulierte Effekt zu früheren Zeiten bedeutender war als heute, wo die meisten Eltern darauf bedacht sind, alle ihre Kinder gleich zu behandeln.

Grenzen der Big Five

Vielleicht haben Sie bei der Beschreibung der einzelnen Dimensionen der Big Five manchmal ein „Aha-Erlebnis" gehabt und gemeint, sich selbst oder andere Menschen in den Beschreibungen wiederzuerkennen.

Es ist allerdings darauf hinzuweisen, dass sich aus der Persönlichkeit eines Menschen sein Verhalten nicht deterministisch ableiten lässt. Im letzten Kapitel hatten wir diskutiert, dass Menschen dazu neigen, auch nicht oder nur schwach zusammenhängende Elemente zu konsistenten Mustern zusammenzufügen. Insofern ist es plausibel, dass wir die Persönlichkeit eines Menschen konsistenter wahrnehmen, als sie in Wirklichkeit ist.

Intelligenz

*„Jetzt machen wir einen Intelligenztest: Sie müssen raten, ob sie einen hohen oder niedrigen IQ haben – wenn sie richtig raten, haben sie einen hohen IQ" Herman Finkers (*1954), niederl. Kabarettist*

Das nicht nur von Psychologen wohl am häufigsten untersuchte Persönlichkeitsmerkmal ist allerdings kein Charaktermerkmal, sondern ein Fähigkeitsmerkmal, nämlich die „Intelligenz". Viele Laien glauben, dass diese Forschung nur wenig zustande gebracht habe und verweisen darauf, dass Psychologen sich noch nicht einmal auf eine gemeinsame Definition dieses Konstrukts hätten einigen können und sich deshalb in die Tautologie flüchten müssten, Intelligenz sei eben das, was durch einen Intelligenztest gemessen werde.

Tatsächlich aber definieren Psychologen Intelligenz als die kognitive Fähigkeit, abstrakte Zusammenhänge zu erkennen, vorhandenes Wissen in neuartigen Situationen zielführend anzuwenden und mentale Probleme schnell und zutreffend zu lösen (Stern, 1912; Nisbett, 2009). Das Wort Intelligenz leitet sich nicht zufällig vom lateinischen „intellegere" ab, was sich mit „Einsehen" bzw. „Verstehen" übersetzen lässt.

Definition von Intelligenz

Wie bei allen latenten Konstrukten besteht auch hier ein Problem darin, dieses Konstrukt mit Hilfe geeigneter messbare Indikatoren zu erfassen. Hierzu hat die Intelligenzforschung mittlerweile aber eine ganze Reihe brauchbarer Tests entwickelt.

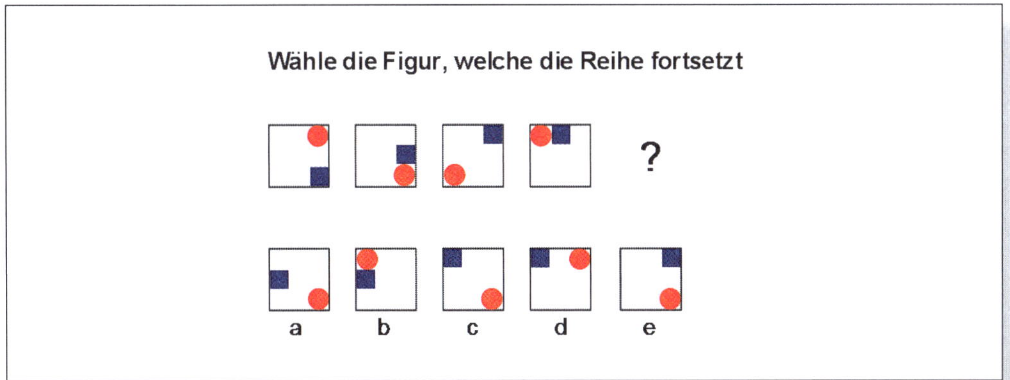

Abbildung 8.4: Beispielaufgabe für einen Intelligenztest. Anm. Die richtige Antwort lautet a. (Quelle: Wikicommons)

Ganz allgemein ist ein Test dann brauchbar, wenn er *reliabel* und *valide* ist.

Unter der *Reliabilität* eines Tests wird seine Zuverlässigkeit verstanden. Diese kann z.B. dadurch untersucht werden, dass man den gleichen Test mehrmals anwendet oder eine Reihe unterschiedlicher Tests, die das gleiche Merkmal messen sollen. Tatsächlich zeigt sich, dass Intelligenztests in hohem Maße reliabel sind (Jensen, 1984). Das bedeutet: wenn heute Sebastian in einem Intelligenztest einen höheren Wert erzielt als Ole, dann würde er dies auch in einer Woche tun, falls die Beiden den gleichen Test noch einmal ausfüllen müssen. Aber auch die Übereinstimmung in den Ergebnissen verschiedener Intelligenztests ist sehr hoch (Jensen 1984). Das bedeutet: Wenn Sebastian in einem bestimmten Test einen höheren Wert erzielt als Ole, dann wäre dies bei einem anderen Intelligenztest ziemlich sicher ebenfalls so.

Reliabilität

Die Reliabilität eines Tests ist eine notwendige, aber keine hinreichende Bedingung für seine *Validität* (Gültigkeit). Wenn Ole in einem bestimmten Test heute

Validität

die Intelligenz eines Genies und morgen die Intelligenz eines Debilen attestiert wird, ist der Test offensichtlich nicht in der Lage, zu messen, wie intelligent Ole wirklich ist. Aber ein Test kann hochreliabel sein und trotzdem nicht valide. Angenommen, ein Intelligenztest bestünde darin, die Testspersonen nach allen Fußballern zu fragen, die beim 1. FC Köln unter Vertrag stehen. Wenn Sebastian heute alle Spieler aufzählen könnte, könnte er dies vermutlich auch in einer Woche, d.h. der Test wäre hochreliabel. Aber Intelligenz (im Sinne der Fähigkeit, abstrakte kognitive Probleme zu lösen) würde er vermutlich trotzdem nicht messen. Um die Validität eines Tests zu überprüfen, kann man seine Ergebnisse mit solchen Variablen korrelieren, mit denen logischerweise ein Zusammenhang zu erwarten ist, wenn der Test tatsächlich das misst, was er messen soll. Und in der Tat korreliert Intelligenz substantiell mit einer ganzen Reihe solcher Variablen. Intelligente Menschen haben bessere Schulnoten und erreichen ein höheres Ausbildungsniveau als weniger intelligente Menschen (die Korrelationen liegen hier typischerweise um 0,50), sind beruflich erfolgreicher und verdienen mehr. In einer Studie von Murray (vgl. Murray, 1998) zeigte sich z.B., dass Menschen mit einer stark überdurchschnittlichen Intelligenz mehr als dreimal so viel verdienten wie Menschen mit einer stark unterdurchschnittlichen Intelligenz.

Bei der Messung von Intelligenz wird oftmals zwischen *fluider* und *kristalliner* Intelligenz unterschieden. Fluide Intelligenz verweist auf die Fähigkeit eines Menschen, hinsichtlich ungewohnter Situationen bzw. kognitiver Probleme neuartige Lösungswege zu generieren. Kristalline Intelligenz hingegen verweist auf die Fähigkeit eines Menschen, zur Lösung kognitiver Probleme auf bereits vorhandenes Wissen bzw. zu einem früheren Zeitpunkt entwickelte Prozeduren zurückzugreifen.

Cattell (1973) bemerkte hierzu: „Die kristalline Intelligenz ist gewissermaßen das Endprodukt dessen, was fluide Intelligenz und Bildung gemeinsam hervorgebracht haben.“ Aus diesem Grunde ist es nicht überraschend, dass die kristalline Intelligenz eines Menschen bis zu seinem 60sten Lebensjahr steigt und erst ab dann abzunehmen beginnt. Die fluide Intelligenz hingegen erreicht bereits mit 17 Jahren ihren Höhepunkt und nimmt ab diesem Zeitpunkt kontinuierlich ab.

G-Faktor (allgemeine Intelligenz)

Die Korrelation unterschiedlicher Intelligenztests haben wir bereits besprochen. Darüber hinaus zeigt sich, dass auch die unterschiedlichen Subtests eines Intelligenztests positiv miteinander korrelieren. Beispiel: Wenn Sebastian besser als Ole in der Lage ist, anzugeben, welche Ähnlichkeiten Buntstifte mit Kaffeemühlen haben („beide ma(h)len“), dann wird er auch besser in der Lage sein, aus verschiedenen Steinen in kurzer Zeit ein Puzzle zusammenzusetzen. Diese *allgemeine Intelligenz* wird oftmals auch als G-Faktor bezeichnet , wobei G für generell steht (Spearman, 1904).

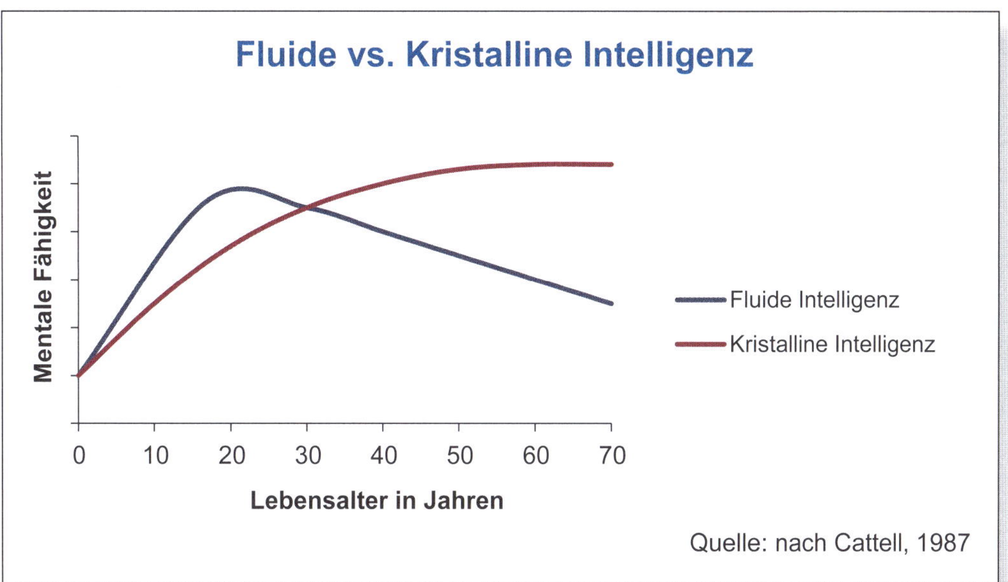

Abbildung 8.5: Fluide und kristalline Intelligenz. Während die eine schon im frühen Erwachsenalter abnimmt, nimmt die andere stetig zu. (Quelle: Eigne Darstellung, angelehnt an Nisbett, 2009, S. 109)

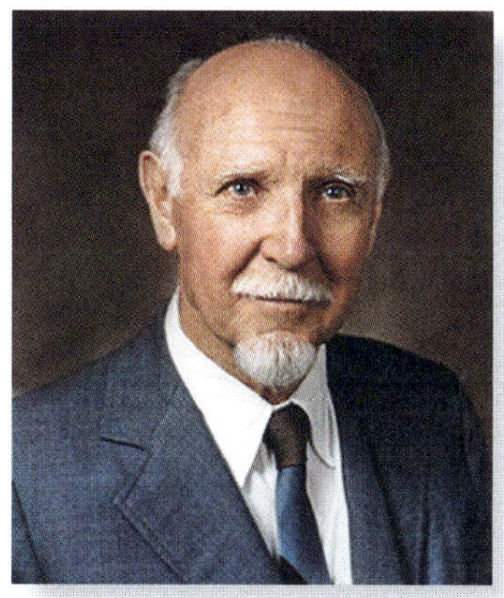

Raymond Cattell (1905–1998)
Britisch-US-amerikanischer Persönlichkeitspsychologe – Cattell machte sich vor allem auf dem Gebiet der Intelligenzforschung einen Namen. Er unterschied genetisch bedingte fluide von erworbener kristalliner Intelligenz.

Das allgemeine Ergebnis eines Intelligenztests wird als Intelligenzquotient (IQ) ausgedrückt. Hierbei werden die Rohwerte (z. B. Menge gelöster Aufgaben) so transformiert, dass der durchschnittliche IQ eines Menschen bei 100 liegt. Wie viele andere Persönlichkeitsmaße ist auch Intelligenz normalverteilt – die meisten Menschen sind mittelmäßig intelligent, nur wenige Menschen sind sehr dumm oder sehr klug (vgl. Murray & Hernstein, 1994).

Wie Sie der Abbildung auf der nächsten Seite entnehmen können, ist es möglich, aus Ihrem IQ darauf zu schließen, wie viele Menschen einen höheren bzw. niedrigeren IQ haben als Sie. Ein Wert von 115 besagt z. B., dass sie intelligenter sind als 84 Prozent aller anderen Mitglieder der Grundgesamtheit, für die der Test normiert wurde.

In den letzten Jahren gab es immer wieder Diskussionen, inwiefern das Intelligenzkonzept erweitert werden solle. So wird argumentiert, dass von der analytischen Intelligenz so etwas wie „praktische" und „kreative" Intelligenz unterschieden werden solle und Schul- und Berufserfolg auch von diesen beiden Faktoren beeinflusst seien (Sternberg, 1988). In ähnlicher Weise wird die Bedeutsamkeit von „emotionaler Intelligenz" (Goleman, 1997) und „musikalischer" oder „körperlich kinästhetischer" Intelligenz (Gardner, 1999), die z. B. bei Sportlern oder Tänzern hoch ausgeprägt ist, betont.

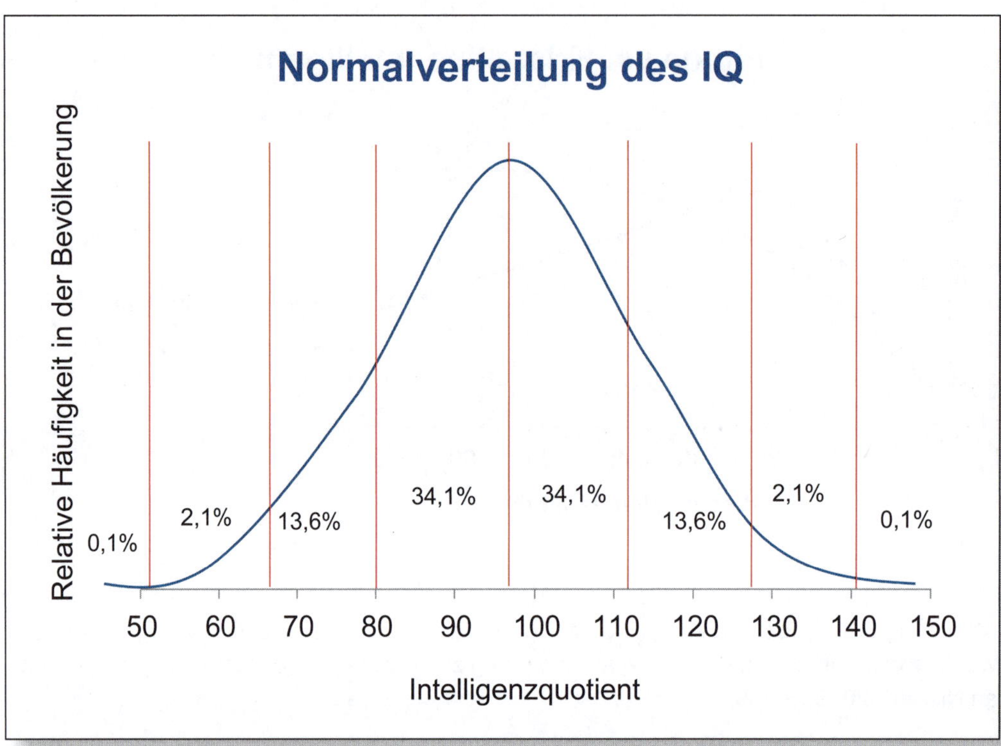

Abbildung 8.6: Normalverteilung des Intelligenzquotienten: Der IQ ist so normiert, dass die Mehrheit der Menschen einen IQ von 100 bzw. nicht sehr weit darüber oder darunter, aufweist. Je größer der Abstand zum Wert 100, desto seltener ist ein IQ-Wert. (Quelle: Eigene Darstellung)

Ob man solche Fähigkeiten als Subdimensionen von Intelligenz definiert oder nicht, ist letztendlich Geschmackssache. Viele dieser zusätzlichen Intelligenzdimensionen lassen sich jedoch auch als bestimmte Kombinationen der Big Five beschreiben (Miller, 2009). So sind z. B. Menschen mit einer hohen emotionalen Intelligenz weniger neurotisch und gleichzeitig extravertierter sowie verträglicher als Menschen mit einer niedrigen emotionalen Intelligenz.

Woher stammen Persönlichkeitsunterschiede zwischen Menschen?

Ursprung von Persönlichkeitsunterschieden

Eine wichtige Frage der Persönlichkeitspsychologie besteht seit jeher darin, den Ursprung von Persönlichkeitsunterschieden zu erklären. Warum ist Sebastian intelligenter als Ole, warum ist Julia extravertierter als Vanessa?

Hierbei lassen sich logisch zwei Determinanten unterscheiden: 1) Die Anlagen eines Menschen (d. h. seine Gene), und 2) seine Umwelt bzw. seine Lernerfahrung. Über die Frage, welche von beiden Determinanten die wichtigere ist, wird in der Persönlichkeitspsychologie zum Teil erbittert gestritten – letztlich handelt es sich dabei um eine Variante der Nature-Nurture Debatte, auf die schon in Kapitel 4 hingewiesen wurde.

Im folgenden Abschnitt soll es darum gehen, Ihnen zu erklären, wie Psychologen versuchen, eine solche Frage empirisch zu lösen und welche methodologischen Probleme es dabei zu beachten gilt.

Zur Logik der Verhaltensgenetik

Eine grundlegende Schwierigkeit bei der Suche nach den Ursprüngen von Persönlichkeitsunterschieden liegt darin, dass Anlage- und Umweltfaktoren in aller Regel hochgradig miteinander konfundiert sind. Beispiel: Wenn zwei Brüder hoch intelligent sind, kann dies daran liegen, dass sie von den gleichen Eltern erzogen werden und im gleichen Milieu aufwachsen. Es kann aber auch daran liegen, dass Geschwister genetisch miteinander verwandt sind, weil zwei Vollgeschwister 50 % der Gene teilen, die nicht bei allen Menschen identisch sind.

Zwillingsforschung

Die so genannte *Verhaltensgenetik* sucht einen Ausweg aus diesem Dilemma, indem sie Geschwistern verschiedener genetischer Verwandtschaftsgrade untersucht. So teilen sich „normale" Vollgeschwister 50 % ihrer Gene; Halbgeschwister hingegen nur 25 %. Monozygotische (d. h. eineiige Zwillinge) haben einen Verwandtschaftsgrad von 1 und besitzen zu 100 % die gleichen Gene, während Stiefgeschwister untereinander keinerlei Erbanlagen teilen. Wenn Persönlichkeitsunterschiede zwischen Menschen auf Vererbung zurückzuführen sind, dann sollten eineiige Zwillinge einander ähnlicher sein als Geschwister und zweieiige Zwillinge. Geschwister und zweieiige Zwillinge wiederum sollten einander ähnlicher sein als Stiefgeschwister.

Die Logik der Verhaltensgenetik kann an zwei Extremgruppen verdeutlicht werden: Auf der einen Seite teilen sich Stiefgeschwister, die bei den gleichen Pflegeeltern aufwachsen, die elterliche Umwelt, sind aber nicht genetisch miteinander verwandt. Auf der anderen Seite teilen monozygotische Zwillinge, die in unterschiedliche Pflegefamilien adoptiert wurden, ihre Gene, nicht aber ihre Umwelt.

Wenn die Persönlichkeit eines Menschen vollkommen auf seine Gene zurückzuführen wäre, dann sollten Stiefgeschwister sich in keiner Weise ähneln und monozygotische Zwillinge selbst dann, wenn sie getrennt aufwachsen. Wenn die Persönlichkeit eines Menschen hingegen vollkommen auf seine Umwelt und

Lernerfahrungen zurückzuführen wäre, dann sollten sich Stiefgeschwister in hohem Maße ähneln, getrennt aufgewachsene monozygotische Zwillinge hingegen nicht.

Tatsächlich zeigt eine Vielzahl an verhaltensgenetischen Studien, dass bei nahezu allen untersuchten Persönlichkeitsmerkmalen die Messwerte zweier Personen um so höher miteinander korrelieren, je höher der Grad ihrer genetischen Verwandtschaft ist.

Abbildung 8.7: Das doppelte Lottchen: Man könnte meinen, Erich Kästner wäre Verhaltensgenetiker gewesen. Seine Geschichte des doppelten Lottchens zeigt anschaulich, wie sehr Zwillinge von ihren gemeinsam Genen geprägt werden. (Quelle: Warner Brothers)

Heritabilitätskoeffizient

Aus dem durch genetische Einflüsse erklärten Varianzanteil lässt sich allerdings nicht unmittelbar darauf schließen, welchen Einfluss die Gene und welchen Einfluss die Umwelt auf eine bestimmte Eigenschaft haben. Dies hat damit zu tun, dass der so genannte „Heritabilitätskoeffizient" nichts aussagt über den Prozentsatz, zu dem ein bestimmtes Merkmal genetisch bedingt ist, sondern lediglich etwas aussagt über den Varianzanteil, der durch genetische Faktoren erklärt wird. Dieser aber ist in hohem Maße von der Varianz sowohl der genetischen als auch der Umweltfaktoren abhängig.

Was zunächst sehr abstrakt klingen mag, lässt sich an folgendem Beispiel einfach veranschaulichen: Die allermeisten Menschen werden mit 10 Fingern geboren.

Das heißt: Die Erblichkeit des Faktors „Anzahl an Fingern" beträgt nahezu 100%. Wenn man nun eine Stichprobe von Menschen untersucht und bei ihnen die Anzahl an Fingern misst, wird man feststellen, dass der Heritabilitätskoeffizient dieses Merkmals nahezu Null ist. Die geringe Varianz dieses Merkmals ist vermutlich nahezu vollständig durch Umweltfaktoren determiniert (z. B. durch Unfälle im Sägewerk). Einer meiner Söhne verdiente eine Weile ziemlich viel Geld dadurch, dass er anderen folgende Wette anbot: „Wetten, dass die nächsten zehn Menschen, die vorbeikommen, überdurchschnittlich viele Finger haben?"

Ein anderes Beispiel: Wenn es uns gelänge, eine Umwelt zu schaffen, in der die Begabungen jedes Kindes optimal gefördert würden, betrüge der Heritabilitätskoeffizient der erzielten Schulleistungen nahezu Eins (da die Umwelt in diesem Fall nicht variieren würde, könnte sie auch nichts „erklären"). Es wäre aber völlig unsinnig, daraus den Schluss abzuleiten, die Umwelt sei für den Lernerfolg eines Kindes irrelevant.

Noch ein Beispiel: Der Heritabilitätskoeffizient des Merkmals „Körperlänge" beträgt ca. 0.8 bis 0.9 (Vogel & Propping, 1981). Ob sie relativ groß oder klein sind, hängt ganz wesentlich von ihren Genen ab. Große Eltern haben große Kinder, kleine Eltern haben kleine Kinder. Ungeachtet dessen sind Menschen (zumindest in den westlichen Industrienationen) heute sehr viel größer als noch vor einer bzw. zwei Generationen (Kenntner, 1992). Dies hat vor allem mit der besseren Ernährung zu tun. Da dies für alle Gesellschaftsschichten zutrifft, ist der Einfluss der Umwelt auf die Körperlänge jedoch nicht größer geworden. Ganz ähnlich verhält es sich übrigens mit dem Intelligenzquotienten, der in den letzten Jahrzehnten ebenfalls von Generation zu Generation erheblich zugenommen hat (Flynn, 2007).

Verteidigung gesellschaftlicher Ungleichheit

Der Verweis auf die Erblichkeit bestimmter Persönlichkeitsmaße wird von Konservativen gerne dafür genutzt, bestehende gesellschaftliche Ungleichheiten zu verteidigen. Wenn das eine Kind Abitur mache, das andere aber nur einen Hauptsschulabschluss, dann liege dies an der angeborenen unterschiedlichen Begabung der Kinder und sei nicht zu ändern. Auch wenn man das Argument akzeptiert, dass Schulleistung und Intelligenz in hohem Maße genetisch bedingt sind, ist dadurch der unterschiedliche Bildungserfolg bestimmter Gruppen nicht zu erklären.

Es gibt z. B. keinerlei Grund für die Annahme, dass Menschen mit einem türkischen „Migrationshintergrund" (wie man das heutzutage politisch korrekt formuliert) sich in ihren genetischen Dispositionen – z. B. hinsichtlich ihrer Intelligenz – maßgeblich von Deutschen unterscheiden. Dennoch haben Nichtdeutsche doppelt so häufig keinen Bildungsabschluss wie deutschstämmige Bürger. Sie absolvieren wesentlich seltener eine Berufsausbildung oder ein Hochschulstudium und sind häufiger arbeitslos (Bundesregierung, 2009).

Hinzu kommt, dass der sozioökonomische Status von Eltern den Schulerfolg ihrer Kinder sehr viel stärker determiniert als durch ihre genetische Verwandtschaft erklärbar wäre (PISA-Studien, z. B. 2006).

Dies bedeutet: Die Studienplätze deutscher Universitäten werden z. T. durch mittelmäßig begabte Kinder deutscher Lehrer, Rechtsanwälte und Mediziner besetzt, die eigentlich besetzt sein sollten durch die höher begabten Kinder von „Menschen aus bildungsfernen Mileus" bzw. durch die Kinder türkischer Migranten. Diese Tatsache widerspricht zum einen dem Postulat der Chancengerechtigkeit, zum anderen aber stellt es eine enorme Verschwendung von Humankapital dar: Wir könnten sehr viel bessere Lehrer, Rechtsanwälte und Mediziner haben.

Eine alternative Erklärung für den Einfluss der Gene auf unsere Persönlichkeit

Im Folgenden soll eine alternative Erklärung dafür angeboten werden, warum Menschen mit einer hohen genetischen Verwandtschaft eine ähnliche Persönlichkeit haben: Könnte es nicht sein, dass z. B. monozygotische Zwillinge einander deshalb so ähnlich werden, weil sie sich rein äußerlich so ähnlich sind und deshalb die Umwelt so einheitlich auf sie reagiert?

Einfluss von Attraktivität

Aus der sozialpsychologischen Forschung ist bekannt, dass Menschen vom Aussehen eines Menschen in hohem Maße auf seinen Charakter schließen. Schöne Menschen werden als wärmer, sensitiver, interessanter, stärker, selbstsicherer, kommunikativer, neugieriger, komplexer und glücklicher wahrgenommen als wenig attraktive Menschen (Dion et al., 1972; Langlois et al., 2000). Man spricht dabei auch von der „Beautiful is good heuristic"; was schön ist, muss auch gut sein.

Abbildung 8.8. zeigt das Ergebnis einer Studie, bei der einer Gruppe von Beurteilern kurze 20sekündige Videos von insgesamt 56 Stimuluspersonen vorgespielt wurden (Fetchenhauer, unpublizierte Daten). Eine Gruppe von Beurteilern hatte die Aufgabe, anzugeben, wie attraktiv die Stimuluspersonen waren, eine andere Gruppe sollte angeben, wie sympathisch sie die Stimuluspersonen fanden. Wie man sieht, gab es zwischen beiden Variablen einen deutlichen Zusammenhang. Wer schön ist, der wirkt auch sympathisch, wer hässlich ist, wirkt eher unsympathisch (das Leben ist nicht fair).

Ist es nicht plausibel, dass sich der Charakter eines Menschen auch danach entwickelt, wie seine Mitmenschen auf ihn reagieren? In einer faszinierenden Studie (Snyder et al., 1977) telefonierten männliche Versuchspersonen, um „sich kennen zu lernen" mit weiblichen Versuchspersonen. Während des Telefonats hatten die männlichen Versuchspersonen ein vermeintliches Photo ihrer Interaktionspart-

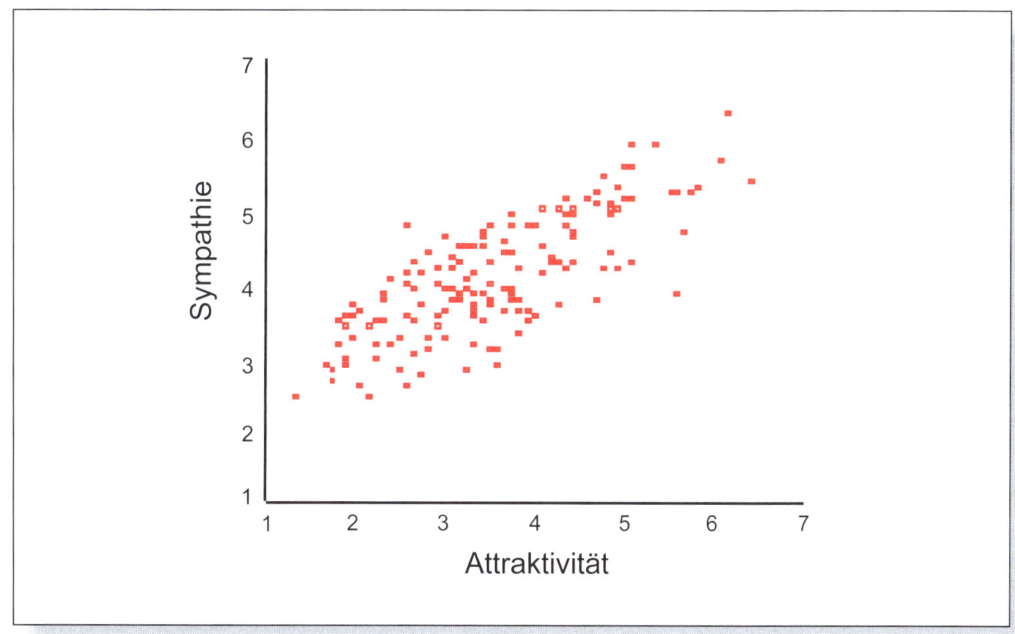

Abbildung 8.8: Wer schön ist, ist auch nett. Sympathie hängt eindeutig mit Attraktivität zusammen. (Quelle: Eigene Darstellung)

nerin vor sich liegen. Tatsächlich aber wurde den männlichen Versuchspersonen zufällig eines von zwei Photos vorgelegt. In der einen Hälfte der Fälle war die Frau auf diesem Photo sehr attraktiv, in der anderen Hälfte war sie eher unattraktiv. Die Telefonate wurden aufgezeichnet und anschließend wurden die Sequenzen, in denen die Frauen geredet hatten, einer Gruppe von männlichen Beurteilern vorgespielt. Hierbei zeigte sich: In den Sequenzen der vermeintlich attraktiven Frauen wurden diese als warmherziger, sozial kompetenter und charmanter beschrieben als in den Sequenzen mit vermeintlich unattraktiven Frauen (ich hoffe, Sie haben es bereits bemerkt: Mal wieder ein Beispiel für die Gültigkeit des Thomas-Theorems).

Fassen wir zusammen: Wenn Menschen mit einem hohen Grad genetischer Ähnlichkeit eine ähnliche Persönlichkeit entwickeln, könnte dies zumindest teilweise auch daran liegen, dass diese sich auch in ihrem Aussehen ähneln und deshalb ihre soziale Umwelt ähnlich auf sie reagiert. Schauen Sie sich zur Veranschaulichung dieses Gedankens die beiden Zwillingspaare auf den folgenden Photos an: Könnte es nicht auch an der Reaktion ihrer Mitmenschen liegen, wenn das eine Pärchen z. B. mehr Sexualpartner hat und häufiger auf Feten eingeladen ist als das andere Pärchen?

Abbildung 8.9: Wie wir sind, hängt nicht nur von unseren Genen ab, sondern auch davon ab, wie unsere Mitmenschen auf uns reagieren und das wiederum ist stark von unserem Aussehen geprägt. (www.just-whatever.com und © michaeljung – Fotolia.com)

Zur Interaktion von Anlage und Umwelt

Noch aus einem anderen Grund sollten die Ergebnisse verhaltensgenetischer Studien nicht überbewertet werden. Die gesamte Logik verhaltensgenetischer Studien betrachtet die Erklärungsanteile von Anlage und Umwelt als additive Komponenten. Letztlich ist es aber eigentlich nur wenig sinnvoll, danach zu fragen, in welchem Maße ein bestimmtes Merkmal von der Umwelt oder von den Genen eines Menschen determiniert sei, genauso wie es wenig sinnvoll ist, zu fragen, ob für das Gedeihen einer Pflanze genügend Wasser oder genügend Licht wichtiger seien.

Ein Beispiel dafür, wie bedeutend *Interaktionen* (d.h. Wechselwirkungen) zwischen Anlage und Umwelt sind, zeigt eine Studie zur Frage, warum einige Kinder, die von ihren Eltern misshandelt werden, später kriminell wurden, andere hingegen nicht (Caspi et al., 2002). Wie die Autoren zeigen konnten, war dieser Zusammenhang vermittelt durch ein einzelnes Gen, das für die Produktion eines bestimmten Enzyms verantwortlich ist (Monaminoxidase A). Ein hoher Ausstoß dieses Enzyms wirkte offensichtlich wie ein Puffer, welcher in der Lage war, die Wirkungen von in der Kindheit erlebten Misshandlungen auf den späteren Lebensweg abzufedern. Allerdings steht die Erforschung solcher Interaktionen erst am Anfang. Es ist zu vermuten, dass wir, durch die Fortschritte in der Humangenetik, über solche komplexen Zusammenhänge noch sehr viel mehr lernen werden.

Zum Zusammenhang von Persönlichkeit und Verhalten

Bislang sind wir in diesem Kapitel unhinterfragt der Vorannahme gefolgt, dass die Persönlichkeit eines Menschen sein Denken, Fühlen und Handeln in hohem Maße beeinflusst. Tatsächlich aber wird diese Annahme von vielen Sozialpsychologen sehr grundsätzlich in Frage gestellt. Diese verweisen darauf, dass das konkrete Verhalten von Versuchspersonen in einer bestimmten Situation in vielen Studien nahezu unabhängig war von ihrer zuvor gemessenen Persönlichkeit (Mischel, 1968).

Dieser allgemeine Befund lässt sich auch an folgendem Beispiel verdeutlichen: In einer berühmten Studie (Darley & Batson, 1973) wurden Studenten der Theologie nach den Gründen dafür gefragt, warum sie Theologe werden wollten, wobei es vor allem um die Unterscheidung in intrinsische versus extrinsische Gründe dafür ging (z.B: „Berufung" versus „ein sicheres Einkommen"). Im Anschluss an die Befragung wurden die Theologiestudenten gebeten, in einem Gebäude am anderen Ende des Campus eine Predigt über das Gleichnis des barmherzigen Samariters zu halten. Der einen Hälfte wurde zudem gesagt, dass sie sich beeilen müssten, um rechtzeitig zu dem anderen Gebäude zu kommen, in der anderen Hälfte gab es keinen solchen Hinweis. Auf dem Weg zu dem anderen Gebäude kamen alle Versuchspersonen an einer Person vorbei, die ächzend und stöhnend mit beiden Händen vor dem Gesicht auf dem Boden saß.

Hierbei zeigte sich, dass von den Versuchspersonen, die in Eile waren, nur 10 % der hilfebedürftigen Person zur Hilfe kamen, von den Versuchspersonen, die nicht in Eile waren, hingegen über 60 %. Die zuvor gemessenen persönlichen Gründe für ein Theologiestudium hatten hingegen keinerlei Einfluss auf das Hilfeverhalten der Versuchspersonen.

Daraus kann der Schluss gezogen werden: In vielen Situation ist unser Verhalten sehr viel mehr von der Situation beeinflusst, in der wir uns befinden, als von unserer Persönlichkeit. Bedeutet dies, dass unsere Persönlichkeit für unser Verhalten nicht von Bedeutung ist? Eine solche Schlussfolgerung wäre verkehrt, stattdessen sollten wir uns klar machen, von welchen Bedingungen es abhängt, ob die Persönlichkeit eines Menschen sein Verhalten determiniert.

Aggregation von Verhaltensdaten

Zum einen ist es wichtig, zwischen einzelnen, sehr kurzen Verhaltenssequenzen und der Aggregation sehr langer Verhaltenssequenzen zu unterscheiden (Epstein, 1979). Wenn man weiß, dass eine Person in hohem Grade extravertiert ist, wird man daraus nur sehr bedingt schließen können, ob sie zu einem ganz bestimmten Moment alleine oder in der Gesellschaft anderer ist. Wenn man statt einem aber 100 verschiedene Messzeitpunkte hat und die einzelnen Messwerte zu einem aggregierten Wert aufaddiert, wird man einen solchen Zusammenhang vielleicht durchaus finden. Im Einklang mit diesem Argument steht die Tatsache, dass die zuvor beschriebenen Big Five systematisch mit Variablen wie z. B. dem Schulerfolg korrelieren. Auch ein gewissenhafter Schüler wird nicht immer seine Hausaufgaben machen, aber über viele Situationen hinweg macht er seine Hausaufgaben regelmäßiger als ein nur wenig gewissenhafter Schüler.

Starke versus schwache Situationen

Ein anderer Grund für den oftmals nur geringen Einfluss der Persönlichkeit auf das Handeln von Menschen liegt in der Unterscheidung von dem, was als starke bzw. schwache Situationen beschrieben wird (Snyder & Ickes, 1985). Starke Situationen zeichnen sich dadurch aus, dass sie das Verhalten der in ihnen handelnden Personen nahezu vollständig strukturieren, während schwache Situationen sich dadurch auszeichnen, dass sie das Handeln der Akteure sehr viel weniger determinieren und somit das Verhalten eher von der Persönlichkeit bestimmt wird.

Ein Beispiel für eine starke Situation: Während eines Beerdigungsgottesdienstes hält (hoffentlich) auch der extravertierteste Besucher seinen Mund. Ein Beispiel für eine schwache Situation: Wenn Studierende eine Viertelstunde vor Beginn der Vorlesung in einen Hörsaal kommen, lässt sich beobachten, dass einige das Gespräch mit ihren Kommilitonen suchen, während andere eine Zeitung aufschlagen und darin lesen. Während in der ersten Situation das Persönlichkeitsmerkmal Extraversion somit das Verhalten der Menschen kaum beeinflusst, könnte dies in der zweiten Situation durchaus der Fall sein.

Exkurs: Auf der Suche nach Spitzenleistungen

Wir haben uns in diesem Kapitel intensiv mit der Frage beschäftigt, inwiefern die Persönlichkeit eines Menschen sein Denken, Fühlen und Handeln beeinflusst. In diesem Exkurs soll es um die Frage gehen, wovon es abhängt, ob eine Person in einem bestimmten Bereich echte Spitzenleistungen vollbringt.

Warum z. B. war Mozart in der Lage, seine vielen Musikstücke zu komponieren? Lag dies daran, dass er über ein ganz außerordentliches Talent verfügte oder lag dies daran, dass er von seiner Umwelt optimal gefördert wurde? Nehmen wir ein anderes Beispiel: Warum ist Bill Gates der reichste Mann der Welt? Liegt dies an einer genialen Intelligenz bzw. an einem überragenden Geschäftssinn, oder hatte Bill Gates ganz einfach nur das Glück, zufällig ein Betriebssystem für die von der Firma IBM neu entwickelten Personal Computer zu entwickeln und aus dem daraus resultierenden Monopol die Firma Microsoft aufzubauen?

Die Befunde zu diesen und ähnlichen Fragen lassen sich wie folgt zusammenfassen:

Talent

Erstens: Ohne ein entsprechendes Talent (d. h. ohne die richtigen genetischen Dispositionen) wird es einer Person kaum gelingen, in einer bestimmten Domäne echte Höchstleistungen zu vollbringen. Aus einem musikalisch unbegabten Menschen wird auch mit noch so viel Üben kein musikalisches Genie.

Zweitens: Neben Talent ist auch Ehrgeiz und Fanatismus eine notwendige Voraussetzung. Daniel Levitin fasst diesen Befund wie folgt zusammen: "Ten thousand hours of practice is required to achieve the level of mastery associated with being a world-class expert – in anything." (Levitin, 2008).

Ehrgeiz und Fanatismus

Abbildung 8.10:
(© Kobold-knopf81 – Fotolia.com)

Es hat sich in diesem Zusammenhang gezeigt, dass neben dem rein zeitlichen Umfang auch die Art und Weise entscheidend ist, mit der Menschen versuchen, eine bestimmte Fähigkeit zu perfektionieren. Von Ericsson und Kollegen (1993) ist hiefür der Ausdruck „deliberate Practice" entwickelt worden. Anhand einer umfangreichen Studie mit Musikstudenten zeigten sie, dass die von ihren Professoren am besten bewerteten Studenten viele Stunden damit verbrachten, mit höchster Konzentration die schwierigen Passagen eines Stückes immer und immer wieder zu üben. Weniger erfolgreiche Studenten verbrachten nicht weniger Stunden mit ihrem Instrument, aber sie spielten viel häufiger zusammen mit anderen und sie neigten dazu, ein Stück jeweils vom ersten bis zum letzten Ton zu spielen und die besonders schwierigen Passagen eben nicht besonders häufig zu üben.

Deliberate Practice

Drittens: Manchmal ist es schlicht notwendig (oder zumindest sehr hilfreich), zur richtigen Zeit am richtigen Ort zu sein. Wie Malcolm Gladwell in seinem Buch „Outliers" (Gladwell, 2008) zeigt, wurden z. B. die allermeisten Führer von großen Computerfirmen (z. B. Bill Gates oder Steve Jobs) zwischen 1954 und 1955 geboren. Alt genug, um im Alter von Anfang Zwanzig bei der Einführung des Personal Computers eine entscheidende Rolle zu spielen, aber nicht so alt, dass sie dem alten Paradigma des Denkens in Großrechenanlagen verhaftet waren.

Ganz allgemein zeigt sich am Zusammenspiel von Talent, Üben und Zufall, welche kumulativen Wirkungen selbst kleine Unterschiede über die Zeit hinweg haben können. Dieses Phänomen wird als „Multiplyer Effect" bezeichnet (Ceci et al, 2003). Nehmen wir als Beispiel zwei 20-jährige, die sich in ihrer Figur und in ihrer Sportlichkeit nur geringfügig unterscheiden. Der etwas begabtere von Bei-

Multiplyer Effect

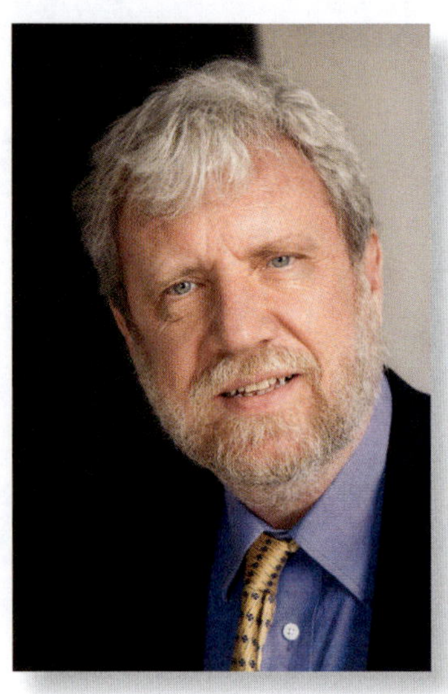

Anders Ericsson

US-amerikanischer Psychologe – Ericsson ist Experte für Expertentum. Er erforscht Menschen mit besonderen Fähigkeiten in den Bereichen Musik, Schach und Sport und untersucht die Zusammenhänge zwischen außergewöhnlichem Können auf der einen Seite und Langzeitgedächtnis und ausgiebigem Üben auf der anderen Seite.

den treibe regelmäßig Sport, während der weniger begabte durch ein stressiges Studium nicht die Zeit dafür findet und deshalb pro Jahr 1 kg zunimmt. Zehn Jahre später ist aus dem einen ein guttrainierter und normalgewichtiger 30-Jähriger geworden, aus dem anderen hingegen ein leicht übergewichtiger „Couch Potato", der vermutlich auch in den nächsten 20 Jahren nicht dazu kommen wird, Sport zu machen.

Die Take Home Message dieses Kapitels lautet deshalb, dass unsere Gene den Bereich dessen definieren, was wir in unserem Leben realisieren können. Wo aber innerhalb dieser Grenzen unser Leben sich tatsächlich abspielt, hängt sehr viel mehr mit unseren eigenen Entscheidungen zusammen als mit unseren Erbanlagen.

Menschen können nicht alles erreichen, wenn sie nur wollen, aber wenn man will, dann kann man sehr viel.

Kurz und gut

1. Unter Persönlichkeitspsychologen gibt es einen wachsenden Konsens, dass sich die allgemeine Persönlichkeit eines Menschen anhand fünf voneinander unabhängiger Dimensionen beschreiben lässt.
2. Emotionale Stabilität beschreibt, inwiefern eine Person ängstlich und reizbar, depressiv und verletzlich ist.
3. Extravertierte Menschen sind geselliger, herzlicher, durchsetzungsfähiger, aktiver, erlebnishungriger und optimistischer als introvertierte Menschen.
4. Die Persönlichkeitsdimension „Offenheit für Erfahrungen" drückt aus, inwiefern eine Person Phantasie hat, sich an ästhetischen Erlebnissen begeistert und ganz allgemein allem Neuen positiv gegenüber steht.
5. Verträgliche Menschen zeichnen sich durch Vertrauen, Aufrichtigkeit, Altruismus, Entgegenkommen, Bescheidenheit und Gutherzigkeit aus.
6. Gewissenhafte Menschen sind kompetent, ordnungsliebend, pflichtbewusst, leistungsmotiviert, selbstdiszipliniert und besonnen.
7. Von Frank Sulloway ist die Hypothese entwickelt worden, dass Erstgeborene gewissenhafter und konventioneller (weniger offen für Erfahrungen) sind als Letztgeborene.

8. Wie die meisten Persönlichkeitsmerkmale ist Intelligenz normalverteilt, d. h. es gibt viele Menschen mit einer mittleren Intelligenz und nur wenige Menschen mit einer sehr niedrigen oder sehr hohen Intelligenz.
9. Die Persönlichkeit eines Menschen ist sowohl von seinen genetischen Dispositionen als auch von seinen Lernerfahrungen geprägt, wobei beide Einflussfaktoren miteinander interagieren.
10. Spitzenleistungen in einem bestimmten Bereich sind zumeist eine Mischung aus Talent, Zufall und sehr viel Üben.

Studentenfutter

Asendorpf, J. B. (2007). *Psychologie der Persönlichkeit*. Heidelberg: Springer Medizin Verlag.

Funder, D. C. (2007). *The personality puzzle*. New York: W. W. Norton & Company.

Kapitel 9

Können Frauen wirklich nicht einparken? Zur Psychologie der Geschlechterunterschiede

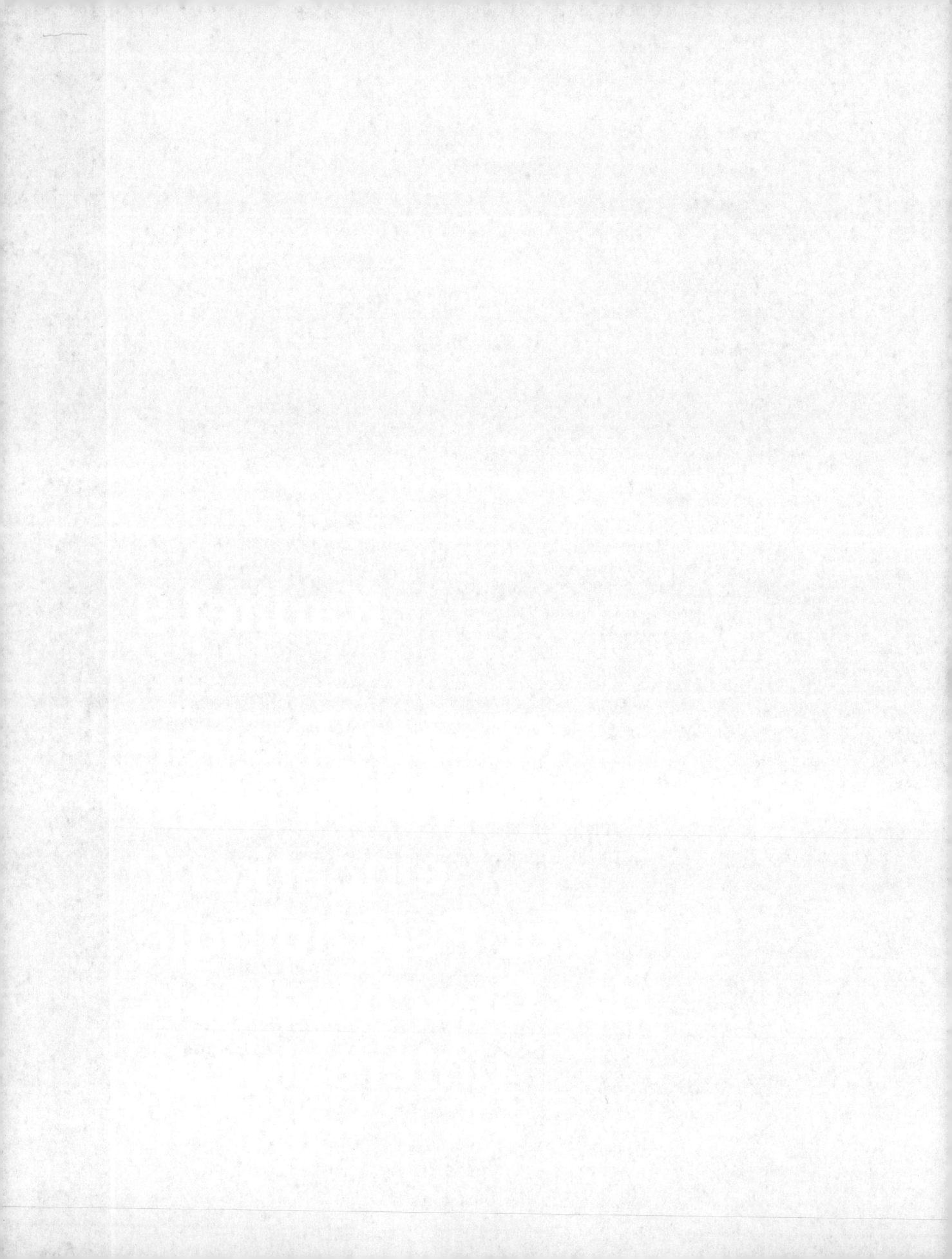

Kapitel 9 Können Frauen wirklich nicht einparken? Zur Psychologie der Geschlechterunterschiede

Inhalt

Bestseller in der Bahnhofsbuchhandlung

Unterschiede zwischen Männern und Frauen sind ein ständiges Thema sowohl in Herren- wie in Damenrunden, bei Singles und Paaren, bei Alt und Jung. Dutzende Bücher werden jedes Jahr zu diesem Thema veröffentlicht und erreichen Rekordauflage. So ist z. B. der Beststeller „Warum Männer nicht zuhören und Frauen schlecht einparken" von Allan und Barbara Pease weltweit in 51 Sprachen übersetzt und über 12 Millionen mal verkauft worden. Kabarettisten wie Ingo Appelt und Mario Barth erreichen ein Millionenpublikum mit Programmen wie „Männer muss man schlagen" oder „Männer sind Schweine, Frauen aber auch", in denen sie sich ironisch mit dem Thema Geschlechterunterschieden befassen.

„Frauen können nicht Autofahren – über ein Viertel aller Autounfälle werden durch Frauen verursacht."
*Herman Finkers (*1954) niederländischer Kabarettist)*

Gender-Forschung

Aber auch die Sozialwissenschaften beschäftigen sich intensiv mit diesem Thema und haben in Gestalt der „Gender-Forschung" sogar eine eigene Disziplin definiert, die sich mit nichts Anderem beschäftigt.

Auch wir wollen uns in diesem Kapitel mit der Frage auseinandersetzen, worin sich Männer und Frauen unterscheiden und wie diese Unterschiede zu erklären sind. Hierbei wollen wir uns diesem Thema möglichst vorbehaltlos nähern, auch wenn dies schwierig ist, weil es wohl nur wenige Felder sozialwissenschaftlicher Forschung gibt, die derart ideologisch durchsetzt sind.

Als ich vor einigen Jahren einen Artikel in dem evolutionspsychologisch orientierten Journal Evolution and Human Behavior veröffentlichen wollte (Fetchenhauer & Rohde, 2002) wurde ich vom Herausgeber darauf aufmerksam gemacht, ich möge doch den Ausdruck „Sex Differences" (d. h. den biologischen Fachausdruck) verwenden und nicht von „Gender Differences" sprechen. In den meisten sozialwissenschaftlichen Fachzeitschriften hingegen würde das Reden von „Sex Differences" bereits als frauenfeindlicher Akt und als ein Hinweis auf biologistischen Reduktionismus gewertet.

Worin unterscheiden sich Männer und Frauen?

Bevor wir uns mit der Frage beschäftigen wollen, wie Unterschiede zwischen Männern und Frauen erklärt werden können, soll zunächst erläutert werden, auf welchen Dimensionen sich solche Unterschiede überhaupt finden lassen. Ein oftmals übersehener Befund der „Gender Forschung" besteht nämlich in der Erkenntnis, dass Frauen und Männer sich auf den meisten Persönlichkeits- und Fähigkeitsdimensionen *nicht* unterscheiden (ein Befund, der von Hyde (2005) als „Gender Similarity Hypothesis" bezeichnet wird). So sind Männer im Schnitt nicht intelligenter oder weniger intelligent als Frauen und haben ähnliche Werte auf den meisten grundlegenden Persönlichkeitsmerkmalen (wie z. B. den Big Five).

Gender Similarity Hypothesis

Eine persönliche Vermutung (die nicht unbedingt zutreffend sein muss): Vielleicht hat das viele Reden über die unüberbrückbaren Unterschiede zwischen Männern und Frauen auch damit zu tun, dass wir uns objektiv einander so ähnlich geworden sind.

Der bekannte Psychologe Erich Fromm (s. Kapitel 17) sprach noch in den 1950er Jahren davon, dass Männer und Frauen zwei gegensätzliche Pole seien, die nur in der wechselseitigen Vereinigung so etwas wie eine Ganzheitlichkeit erleben könnten. Im Kapitel 7 hatten wir auf ein spanisches Märchen hingewiesen, bei dem Sonne und Mond wie Mann und Frau sind, die sich jeweils nur während einer Sonnenfinsternis für einen kurzen Moment vereinigen. Wird dies heute auch noch so erlebt?

Abbildung 9.1: Mehr gleich als unterschiedlich? Neben anderem lassen sich Soldatentum und Schönheitspflege längst nicht mehr nur einem Geschlecht zuordnen. (Quelle: Österreichisches Bundesheer und © Dušan Zidar – Fotolia.com)

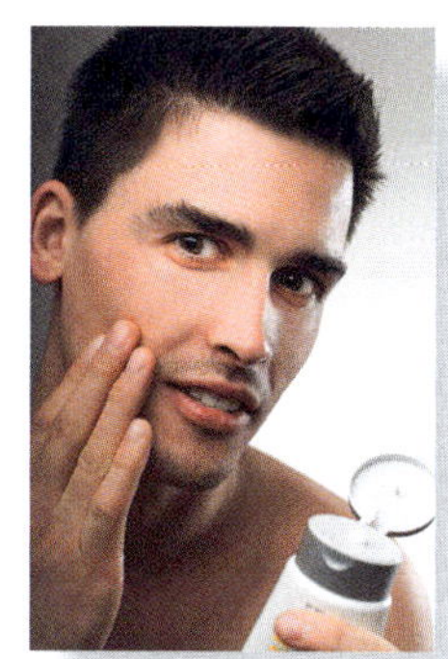

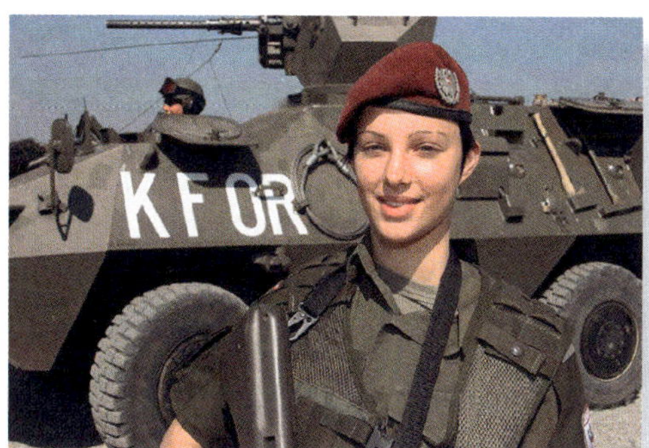

Empathie und Fürsorglichkeit

Persistenz von Geschlechterunterschieden

Allen gesetzgeberischen und emanzipatorischen Anstrengungen zum Trotz engagieren sich auch heute noch Frauen sehr viel stärker als Männer in der Erziehung ihrer Kinder bzw. in der Pflege ihrer Eltern bzw. anderer Angehöriger. Dieser Geschlechtsunterschied scheint weitgehend unabhängig davon zu sein, ob eine solche Rollenverteilung gesellschaftlich nahe gelegt wird oder nicht. Dies lässt sich an der Entwicklung der Kibbuz-Bewegung in Israel illustrieren. Diese Bewegung entstand bereits an der Schwelle zum 20sten Jahrhundert und verfolgte das Ziel, Frauen und Männer gleichberechtigt miteinander leben zu lassen, wobei ein erklärtes Ziel dieser Bewegung die Aufhebung jeglicher Geschlechterunterschiede sowie die Überwindung der bürgerlichen Kleinfamilie war. Als 1975 die beiden Anthropologen Lionel Tiger und Joseph Shepher das Leben in solchen Kibuzzim untersuchten, stellten sie fest, dass Frauen und Männer mittlerweile zu ihren alten Rollenmustern zurückgekehrt waren. Die Frauen kümmerten sich um die Erziehung ihrer eigenen biologischen Kinder, während die Männer bevorzugt handwerklichen Tätigkeiten nachgingen und sich z. B. im Häuserbau oder in der Landwirtschaft engagierten.

Die größere Fürsorglichkeit von Frauen ist verbunden mit einem höheren Maß an Empathie, d. h. der Fähigkeit, sich in die Gefühle und Gedanken eines anderen Menschen hineinversetzen zu können.

Damit verbunden sind Geschlechterunterschiede im Umgang mit stressenden und bedrohlichen Situationen. Während Männer vor allem mit „fight or flight“ reagieren, d. h. entweder die Konfrontation suchen oder die Flucht ergreifen, reagieren Frauen in solchen Situationen damit, die Nähe und Unterstützung vertrauter Bezugspersonen zu suchen (Pinker, 2008).

Ehrgeiz und Kompetivität

„Gewinnen ist nicht alles. Es ist das Einzige."
Vince Lombardi (1913–1970), ital. Fußballtrainer

Unterschiede bereits im Kinderalter erkennbar

Männer sind eher an Wettbewerb und sozialem Status interessiert als Frauen. Jeder, der sein Kind aus einem Kindergarten abholt, wird beobachten, dass die Jungs in großen Gruppen miteinander körperbetonten Wettbewerb praktizieren (z. B. Fußball oder Cowboy und Indianer spielen), während Mädchen zu zweit oder dritt basteln oder mit ihren Puppen spielen. Dieses Bild ist mehr als ein bloßes Stereotyp, sondern der Alltag in Kindergärten auch dann, wenn die Betreuungspersonen dieser Kinder überwiegend aus alleinerziehenden Müttern bestehen, die in ihrer Erziehung gerade darum bemüht sind, keinerlei Geschlechtsrollenstereotypen zu folgen.

Einer meiner Söhne, der damals auf einen Universitätskindergarten ging, wünschte sich zu seinem dritten Geburtstag dringend einen Puppenwagen. Da seine Mutter und ich sehr darauf bedacht waren, in unserer Erziehung nicht in Kategorien von „typisch Junge" oder „typisch Mädchen" zu denken, wurde ihm dieser Wunsch auch erfüllt. Die Freude war groß, die Puppe wurde aus dem Puppenwagen gerissen und in die Ecke geworfen, Holzwerkzeug in den Puppenwagen getan und fortan fuhr unser Sohn wie bei einem Formeleins-Rennen mit einem irrsinnigen Tempo sein zum Montagefahrzeug umgebauten Puppenwagen durch unsere Wohnung.

Abbildung 9.2: Erziehung oder doch die Gene: Immer noch spielen Mädchen lieber mit Puppen, während Jungen beim Fußball wetteifern. Ein Grund für die unterschiedlichen Lieblingsbeschäftigungen ist, dass Jungen im Spiel gerne konkurrieren, Mädchen jedoch eher eine Abneigung gegen Wettbewerb haben. (© ClickPop und © W-FOTO – Fotolia.com)

Männer engagieren sich selbst dann im Wettbewerb mit anderen, wenn sie wissen, dass sie diesen vermutlich verlieren werden. In einer Studie (Niederle & Vesterlund, 2007) wurde aus jeweils vier Versuchspersonen eine Gruppe gebildet (jeweils zwei Frauen und zwei Männer). Jede Versuchsperson hatte dabei die

Aufgabe, innerhalb von fünf Minuten so viele zweiziffrige Zahlen zu addieren wie möglich. In einer ersten Runde erhielten die Versuchspersonen für jede richtige Antwort 50 Cent. In einer zweiten Runde mussten die Versuchspersonen miteinander konkurrieren: Die Person mit den meisten korrekten Antworten erhielt $2. In einer dritten Runde sollten die Versuchspersonen sich entscheiden, ob sie lieber für sich oder im Wettbewerb miteinander arbeiten wollten. Von den Männern entschieden sich 75 % für Wettbewerb, von den Frauen hingegen nur 35 %. Eine solche Präferenz für Wettbewerb war weitgehend unabhängig davon, ob die Versuchspersonen in den ersten beiden Runden zu den Gewinnern bzw. zu den Verlierern gezählt hatten.

An meinem Institut müssen Studierende oftmals in Gruppen von drei bis vier Studierenden gemeinsam an einer Präsentation arbeiten, die sie dann im Seminar gemeinsam halten. Eine kleine Studie unter unseren Studierenden zeigte, dass Frauen diese Zusammenarbeit sehr genießen, während (zumindest einige) Männer Probleme damit haben, dass ihr einzigartiger Beitrag zur Gruppenleistung von den Dozenten übersehen werden könnte.

Einfluss der Wettbewerbsorientierung auf Karrierewege

Die unterschiedliche Wettbewerbsorientierung von Männern und Frauen spiegelt sich auch in ihren Karrierewegen wider. In einer Vorlesung habe ich einmal die anwesenden Studentinnen danach gefragt, ob sie sich vorstellen können, später in ihrem Leben ihre eigenen beruflichen Ambitionen aufzugeben, um ihrem Partner „den Rücken freizuhalten". Von den ca. achtzig Frauen waren nur drei dazu bereit. Beobachtungen in meinem eigenen Freundeskreis zeichnen allerdings ein anderes Bild: Dort gibt es viele beruflich ehemals sehr ehrgeizige Frauen (z. B. promovierte Volkswirtinnen und hoch qualifizierte Krankenhausapothekerinnen), die vor einigen Jahren ihre Karriere aufgegeben haben, allenfalls noch nebenberuflich arbeiten und sich ansonsten um die Erziehung ihrer Kinder kümmern.

Abbildung 9.3: Kampfgeist oder Zusammenhalt? Auch in punkto Berufsleben haben Männer und Frauen eine andere Motivation und Einstellung. (© ArTo und © Gernot Krautberger – Fotolia.com)

Doris Bischof-Köhler

Deutsche Psychologin – Bischof-Köhler beschäftigt sich aus biopsychischer Sicht mit der Entstehung von Geschlechtsunterschieden, vor allem mit unterschiedlichem Wettbewerbsverhalten. Darüber hinaus forscht sie zur Theory of mind (s. Kapitel 2) und zur sozialen Wahrnehmung bei Kleinkindern. Sie ist mit dem ebenfalls bekannten Psychologen Norbert Bischof verheiratet.

Im universitären Kontext werden qualifizierte Nachwuchswissenschaftlerinnen durch spezifische Förder- und Mentoringprogramme unterstützt – mit mäßigem Erfolg. Obwohl Frauen früher als Männer ihr Studium und ihre Promotion abschließen, brauchen sie deutlich länger als diese für ihre Habilitation oder brechen sie ab, weil sie sich von den „Werbungstänzen" abgestoßen fühlen, die von ihren männlichen Konkurrenten auf den entsprechenden Fachkongressen aufgeführt werden, um etablierte (männliche) Professoren zu beeindrucken.

Dabei ist das Eingebundensein in entsprechende Netzwerke ein wichtiger Prädiktor der Universitätslaufbahnen junger Wissenschaftler (für die Psychologie zeigen dies Lang & Neyer, 2004). Ähnliches gilt im Übrigen auch für junge Kriminelle. In einer Studie an jungen Strafgefangenen zeigte sich, dass die erfolgreichsten von ihnen (gemessen an der Summe, die sie durch ihre Straftaten eingenommen hatten) in aller Regel über einen älteren und erfahrenen „Mentor" verfügten. „Das erinnert mich doch stark an die Universität" (Pinker, 2008, S. 295).

Selbstbewusstsein und Assertivität

Über- vs. Unterschätzung eigener Fähigkeiten

Wie Bischof-Köhler (2008) zeigen konnte, sind Männer selbstbewusster als Frauen – oder tun zumindest so. In Kapitel 13 werden wir diskutieren, dass Menschen ganz allgemein dazu neigen, eigene Erfolge eher ihren eigenen persönlichen Fähigkeiten zuzuschreiben, eigene Misserfolge hingegen eher dem Pech oder dem Zufall. Diese Tendenz aber ist bei Männern stärker als bei Frauen. Letztere neigen manchmal sogar dazu, ihre eigenen beruflichen Erfolge auf Zufall zurückzuführen oder darauf, dass ihre eigene Inkompetenz nur noch nicht entdeckt worden ist. Eine Kollegin von mir hatte über Jahre den immer wieder gleichen Albtraum, in dem sie träumte, das Diplom würde ihr aberkannt, weil sie ihr Abitur eigentlich gar nicht bestanden habe. Nach ihrer Promotion passte sich dieser Traum den neuen Gegebenheiten an: Nun wurde ihr die Promotion aberkannt, weil sie ihr Diplom eigentlich gar nicht bestanden habe. Männer hingegen werden von solchen Selbstzweifeln sehr viel seltener geplagt. Ein sehr erfolgreicher amerikanischer Geschäftsmann formulierte dies einmal so: „Sie dachten, ich hätte Ahnung. Ich habe nicht versucht, ihnen diesen Gedanken auszureden."

Weil Frauen ihre eigenen Fähigkeiten eher unterschätzen, vermeiden sie Wettbewerb mit anderen selbst dann, wenn sie in diesem gute Chancen hätten (Ehrlinger & Dunning, 2003). Ganz allgemein sind Männer eher als Frauen dazu bereit, ihre eigenen Belange offensiv zu formulieren. Ein Kennzeichen der derzeitigen Universitätslandschaft besteht darin, dass Frauen im Studium die besseren Noten erzielen als Männer und mittlerweile auch ähnlich häufig wie diese promovieren. Wenn es aber darum geht, Professuren zu besetzen, erhalten Männer nach wie vor sehr viel häufiger einen Lehrstuhl als Frauen (Färber & Spangenberg, 2008).

Dies liegt nach meinem Eindruck auch daran, dass begabte Frauen von Professoren *gefragt* werden, bei ihnen zu promovieren, sie sich nach ihrer Promotion aber oftmals nicht trauen, aktiv eine eigene Hochschullaufbahn anzustreben, obwohl sie objektiv viel geeigneter dazu wären als viele Männer, die in dieser Hinsicht sehr viel assertiver agieren.

Aggressivität und Gewalt

Männer sind aggressiver und gewalttätiger als Frauen. Mörder sind ganz überwiegend männlich, ebenso wie Selbstmordattentäter oder Amokläufer. Kriege wurden zu allen Zeiten vor allem von Männern geführt. Auf diese Aspekte werden wir im Kapitel 19 ausführlicher eingehen, wo wir uns ganz allgemein mit dem Thema Aggressivität beschäftigen werden.

Risikobereitschaft

Männer sind risikobereiter als Frauen. Dies gilt für das Autofahren genauso wie bei der Geldanlage oder beim Skifahren. Männer sind sehr viel mehr als Frauen dazu bereit, Sex ohne Kondom zu haben und das Risiko einzugehen, sich mit HIV oder einer anderen Geschlechtskrankheit zu infizieren. Als eine Folge dieser geringen Risikoaversion sind Männer häufiger das Opfer von Verkehrs- und anderen Unfällen sowie von Straftaten. Die Ursachen der unterschiedlichen Viktimisierungsraten lassen sich sogar vollständig auf die Tatsache zurückführen, dass Männer eine andere Einstellung zu Risiken haben als Frauen (Fetchenhauer & Rohde, 2002).

Abbildung 9.4: No risk, no fun – dieses Motto gilt eindeutig mehr für Männer als für Frauen. Oder ist Ihnen der Ausdruck Stuntwoman geläufig? (© Marc Rigaud – Fotolia.com)

Mozart versus Jack the Ripper

Varianz von Persönlichkeitsmerkmalen

Schon Darwin meinte zu beobachten, dass Männer in ihrem Wesen extremer sind als Frauen. Technisch formuliert: Auch wenn es bei den meisten Persönlichkeitsmerkmalen keinen Mittelwertsunterschied zwischen Frauen und Männern gibt, ist die Varianz bei Männern oftmals größer.

In seiner mehr als 100-jährigen Geschichte ist der Nobelpreis für Physik bislang nur zweimal an eine Frau vergeben worden. Es gibt aber noch einen anderen Preis, bei dem Männer sehr viel häufiger ausgezeichnet werden als Frauen, nämlich die so genannten Darwin Awards (Northcutt, 2003, 2005). Diese werden jedes Jahr an solche Mitglieder der menschlichen Spezies vergeben, die durch eigene Dämlichkeit ihr Leben (oder ihre Potenz) verloren und dadurch der Menschheit einen Dienst erwiesen haben, weil sie fortan darauf verzichten, ihre eigenen Gene an folgende Generationen weiterzugeben. Ein Beispiel: „Valparaiso, ein kleiner Vorort Chicagos, am späten Abend des 22. Juni 2007. Zwei Männer machen sich auf den Weg zum Bahngleis, um sich dort einer makabren Mutprobe zu stellen. Top, die Wette gilt: Wer im Angesicht eines heranrasenden Zuges am längsten auf den Gleisen stehen bleibt, gewinnt. Es stellt sich heraus, dass der 23-jährige Patrick Stiff II. die stärkeren Nerven hat: Während sein Kumpel längst zur Seite gesprungen ist, steht Stiff immer noch. Er steht so lange, bis ihn der Zug überrollt. Stiff verliert sein Leben. Die Wette aber hat er gewonnen." (Kast, 2008).

Eine Studie an 80000 schottischen Kindern zeigte, dass weibliche und männliche Testpersonen im Schnitt ganz genau die gleichen Testergebnisse erzielten (Deary et al, 2003). Aber sowohl bei den unteren als auch bei den oberen Extremwerten überwogen die Jungen. So kamen in der Gruppe der Hochbegabten (d. h. einem IQ zwischen 130 und 140) auf vier Mädchen ca. sechs Jungs.

Die US-Kulturhistorikerin Camille Paglia hat die Tatsache, dass Männer extremer sind als Frauen einmal so auf den Punkt gebracht: „Es gibt keinen weiblichen Mozart, weil es keinen weiblichen Jack the Ripper gibt."

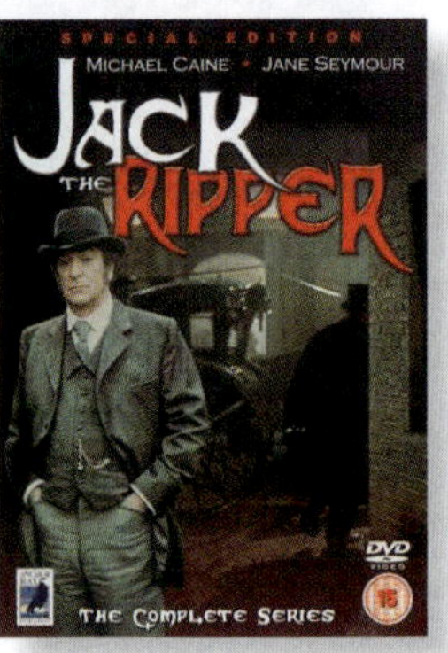

Abbildung 9.5: Männer sind auf fast allen Gebieten extremer als Frauen: Daher sind sowohl unter den Hochbegabten und Genies als auch unter den Kriminellen mehr Männer als Frauen zu finden. (Quelle: li, Barbara Krafft; re: WVG Medien)

Sozial-konstruktivistische Erklärungen für Geschlechterunterschiede

Margaret Mead (1901–1978)

US-amerikanische Anthropologin – Margaret Mead war eine Vertreterin des Kulturrelativismus. Sie vertrat die Auffassung, dass alles Sozialverhalten formbar und kulturbestimmt sei. Außerdem war Mead durch Ihre Forschung zum Sexualverhalten in südpazifischen Kulturen eine Vorreiterin der sexuellen Revolution.

Vertreter des sozialen Konstruktivismus (wie Gergen, 1985, oder Watzlawick, 1976) argumentieren grundsätzlich, dass es so etwas wie eine objektive Realität nicht gäbe. Demzufolge seien all unsere Annahmen über die Realität immer das Ergebnis gesellschaftlicher Aushandlungsprozesse (Mehr zur Theorie des sozialen Konstruktivismus werden Sie in Kapitel 13 erfahren).

In Übereinstimmung mit dieser grundsätzlichen Annahme des Konstruktivismus wird teilweise argumentiert, dass jegliches Denken über Geschlechterunterschiede keine objektive Grundlage habe, sondern einzig das Ergebnis einer gesellschaftlichen Konstruktion solcher Unterschiede sei (z. B. De Beauvoir 1949/2000). Ganz in diesem Sinne betonte Margaret Mead auf Basis ihrer anthropologischen Feldforschung in Melanesien bereits 1934: "Many, if not all, of the personality traits which we have called masculine or feminine are as lightly linked to sex as are the clothing, the manners, and the form of head-dress that a society at a given period assigns to either sex" (Mead, 1934, S. 280).

Arbiträre Merkmalszuordnung

In der Tat gibt es einige Merkmale von Frauen und Männern, die diesen vollkommen arbiträr zugeordnet werden und die sich zwischen verschiedenen Kulturen deutlich unterscheiden, wie z. B. Haartracht oder Bekleidungsstile. Darüber hinaus aber zeigen interkulturell vergleichende Studien eine Vielzahl von universellen oder annähernd universellen Geschlechterunterschieden, z. B. in der Aufteilung bestimmter Tätigkeiten wie Jagen (nahezu immer eine Sache der Männer) oder Kochen (nahezu immer eine Sache der Frauen) (Wood & Eagly, 2002; Bischof-Köhler, 2008).

Geschlecht als identitätsstiftender Faktor

Zudem ist die geschlechtliche Identität eines Menschen in allen Kulturen ganz überwiegend vom biologischen Geschlecht determiniert. Das zeigt besonders deutlich der berühmt berüchtigte Fall eines Jungen, der mit acht Monaten während einer Beschneidung einen Teil seines Penis verlor (Colapinto, 2000). Die Eltern konsultierten daraufhin den bekannten Sexualforscher John Money. Vor dem Hintergrund seiner Überzeugung, dass "Nature is a political strategy of those committed to maintaining the status quo of sex differences" (Money, 1987, S. 14), riet Money den Eltern, den Penis den Jungen ganz abzuschneiden, durch eine künstliche Vagina zu ersetzen und den Jungen fortan als Mädchen großzuziehen. Die Eltern folgten diesem Rat, und aus Bruce wurde Brenda und sie erlebte – so schien es – eine glückliche Kindheit als kleines Mädchen. In den 1970er Jahren wurde diese Geschichte oftmals als Beleg dafür zitiert, dass das biologische Geschlecht die geschlechtliche Identität eines Menschen in keiner Weise determiniere. So erklärte z. B. Alice Schwarzer (damals wie heute Deutschlands renommierteste Feministin) mit Hinweis auf den Fall der kleinen Brendy, die Gebärfähigkeit sei der einzige Unterschied zwischen Männern und Frauen. „Alles andere ist künstlich aufgesetzt, ist eine Frage der geformten seelischen Identität" (Schwarzer, 1977).

Tatsächlich aber fühlte sich „Brenda" von früher Kindheit wie ein Junge, gefangen im Körper eines Mädchens, spielte lieber mit Pistolen als mit Puppen und bestand sogar darauf, im Stehen zu urinieren. Als Brenda im Alter von 14 Jahren die Wahrheit über ihr biologisches Geschlecht erfuhr, beschloss er augenblicklich, als Junge zu leben, nannte sich von nun an David und bestand darauf, dass ihm die künstliche Vagina entfernt wurde. Dennoch litt David ein Leben lang unter seiner Vergangenheit als Mädchen. Er nahm sich schließlich 2004 im Alter von 39 Jahren das Leben.

Abbildung 9.6: Es ist halt doch nicht alles nur Erziehung: Der als Mädchen aufgezogene David Reimer – damals Brenda genannt – fühlte immer, dass er männlichen Geschlechtes ist.

Evolutionspsychologische Erklärungen für Geschlechterunterschiede

Unterschiede der Reproduktionsstrategien

Bereits im ersten Kapitel hatten wir uns mit dem Thema der „sexuellen Selektion" auseinandergesetzt und erläutert, dass aus evolutionspsychologischer Perspektive Geschlechterunterschiede zu erklären sind aus den unterschiedlichen Reproduktionsstrategien von Männern und Frauen. Weil Männer im intrasexuellen Wettbewerb um den Zugang zu attraktiven Frauen stehen, sind sie aggressiver, assertiver und wettbewerbsorientierter als Frauen. Weil der reproduktive Erfolg von Männern zudem von ihrem sozialen Status abhängt, sind sie karriereorientierter und in ihren beruflichen Ambitionen instrumenteller als Frauen. Weil Frauen mehr Zeit als Männer in ihre Kinder investieren, sind sie fürsorglicher und empathischer als Männer. Weil für das Überleben der eigenen Kinder Unterstützungsnetzwerke aus Freunden und Verwandten wichtig sind, zeigen sich Frauen eher als Männer an der Pflege solcher Netzwerke interessiert. Weil ihre physische Präsenz für das Überleben ihrer Kinder notwendig ist, vermeiden sie

Risiken, die ihr eigenes Überleben gefährden könnten, während Männer Risiken lieben, weil sie durch das Nehmen von Risiken – und durch das Überleben gefährlicher Situationen – ihre genetische Fitness demonstrieren können.

Aus dieser evolutionspsychologischen Argumentation lässt sich ableiten, dass Unterschiede zwischen Männern und Frauen nicht nur sozialisationsbedingt sind und daher auch in Zukunft bestehen werden.

Die bio-soziale Theorie von Eagly und Wood

Innerhalb der Psychologie gibt es einen viel beachteten Versuch von Eagly und Wood (1999, 2002), Elemente aus dem besprochenen sozial-konstruktivistischen und einem evolutionspsychologischen Erklärungsansatz miteinander zu verknüpfen.

Körperliche Unterschiede plus Sozialisation

Nach diesem Ansatz bedingen körperliche Unterschiede zwischen Männern und Frauen, sowie die Tatsache, dass Frauen und nicht die Männer Kinder bekommen, in Jäger- und Sammlergesellschaften eine natürliche Arbeitsteilung zwischen den beiden Geschlechtern, bei der die Frauen eher für die Aufzucht der Kinder, Männer hingegen für das Beschaffen von Nahrung zuständig sind. Damit Männer und Frauen diese Aufgaben adäquat erfüllen, werden sie in bestimmte Geschlechterrollen sozialisiert, d.h. von Männern wird erwartet, dass sie typisch männliche und von Frauen wird erwartet, dass sie typisch weibliche Eigenschaften entwickeln.

Im Unterschied zu sozialkonstruktivistischen Erklärungsansätzen sind Geschlechterunterschiede somit nicht arbiträr, sondern entspringen den funktional vorgegebenen unterschiedlichen Geschlechterrollen von Frauen und Männern. Entgegen dem evolutionspsychologischen Erklärungsansatz sind Geschlechterunterschiede jedoch nicht durch sexuelle Selektion, d.h. genetisch bedingt, sondern werden durch gesellschaftliche Rollenerwartungen vermittelt.

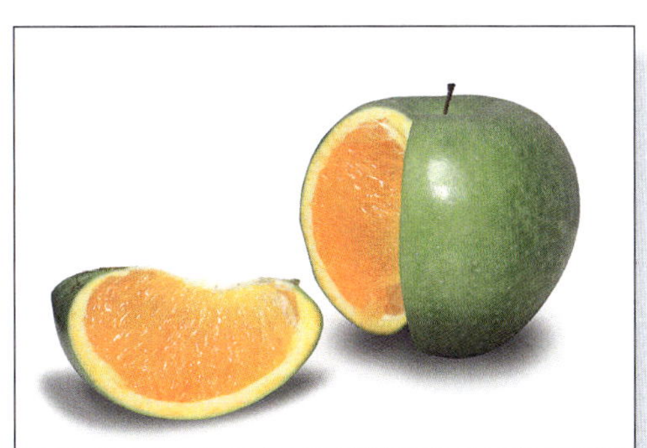

Abbildung 9.7: Nature oder Nurture (Gene oder Erziehung)? Apfel oder Apfelsine? Es muss nicht immer „entweder oder" sein. Die biosoziale Theorie von Eagly und Wood geht davon aus, dass sich Geschlechterunterschiede zwar durch Rollenerwartungen herausbilden, jene aber wiederum sinnvoll aus historischen Notwendigkeiten entstanden sind. (© ProMotion – Fotolia.com)

Veränderung der gesellschaftlichen Rahmenbedingungen

Aus der Theorie von Eagly und Wood lässt sich somit ableiten, dass bei einer Veränderung der gesellschaftlichen Rahmenbedingungen Geschlechterunterschiede abnehmen oder sogar gänzlich verschwinden können. So gibt es in modernen Gesellschaften nur noch wenige funktionale Notwendigkeiten mehr, an den überkommenen Geschlechterrollen festzuhalten. Die körperliche Überlegenheit von Männern ist bei den meisten Berufen nur noch von geringer Bedeutung, die Belastung von Frauen durch Schwangerschaften und das Erziehen der Kinder ist durch den Rückgang der Geburtenzahl und die Verfügbarkeit künstlicher Babynahrung erheblich reduziert.

Wood und Eagly (2002) verweisen allerdings darauf, dass Männer nur wenig Interesse daran haben, zu einer Nivellierung von Geschlechterrollen beizutragen, weil patriarchalische Strukturen ihnen traditionell mehr Macht und Einfluss in der Familie, am Arbeitsplatz und in der Politik einräumen. Dies sei auch der Grund, dass Frauen bei gleicher beruflicher Qualifikation deutlich weniger verdienen als Männer, dass Frauen am Arbeitsplatz negativ sanktioniert werden, wenn sie aus weiblichen Rollenmustern ausbrechen und z. B. einen „männlichen“ (d. h. direktiven) Führungsstil verfolgen und dass sie als „Rabenmütter“ bezeichnet werden, wenn sie auch mit kleinen Kindern an ihrer Berufstätigkeit festhalten.

Letztlich aber, so lässt sich aus ihrer Theorie folgern, werden sich die gesellschaftlichen Positionen von Männern und Frauen ebenso angleichen wie die an sie gerichteten Rollenerwartungen und die daraus entstehenden Persönlichkeits- und Einstellungsstrukturen.

Empirische Studien zur Überprüfung konkurrierender Theorien

Bisher haben wir in diesem Kapitel sehr unterschiedliche Theorien zur Erklärung von Geschlechterunterschieden diskutiert, die sich zumindest teilweise widersprechen. Wie lässt sich entscheiden, welche dieser Theorien zutreffend ist? Diese Frage ist schwer zu beantworten. Ein Grund dafür liegt in der Tatsache, dass die Theorien zu einem großen Teil durch empirische Fakten begründet werden, die bei der Theorieformulierung bereits allgemein bekannt waren (z. B. die Tatsache, dass Männer körperlich aggressiver sind als Frauen bzw. dass Frauen Sex mit Fremden weniger anziehend finden als Männer).

Aus wissenschaftstheoretischer Perspektive ist es deshalb notwendig, Studien durchzuführen, deren empirischen Ergebnisse nicht a priori bekannt sind *und* bei denen die verschiedenen Theorien zu unterschiedlichen Vorhersagen kommen. In Kapitel 6 hatten wir beklagt, dass solche wissenschaftstheoretischen Argumente in vielen psychologischen Studien keine Rolle spielen und dass Evidenz für die eine Erklärung oftmals auch dann als Evidenz gegen eine alternative Erklärung angesehen wird, wenn ein solcher Schluss logisch nicht möglich ist.

Dennoch gibt es zum Thema Geschlechterunterschiede einige Studien bzw. Forschungsansätze, die dem Kriterium genügen, verschiedene Theorien gegeneinander zu testen. Diese sollen im Folgenden vorgestellt und diskutiert werden.

Geschlechterunterschiede in der Furcht vor Kriminalität

Viele kriminologische Studien verweisen darauf, dass Männer häufiger Opfer von Gewalt und Aggression werden, Frauen aber mehr Angst davor haben. Dieser außerordentlich robuste Befund ist dementsprechend als Kriminalitätsfurchtparadox bezeichnet worden (Hale, 1996).

Kriminalitätsfurchtparadox

Eine mögliche Erklärung für Unterschiede in der Kriminalitätsfurcht von Männern und Frauen bietet die so genannte „Power Control" Theorie (Hagan, Simpson & Gillis, 1987). Diese betont, dass Machtunterschiede zwischen Vätern und Müttern zu unterschiedlichen Sozialisationsstilen gegenüber Jungen und Mädchen führten. Vor allem in traditionellen Familien, in denen der Vater ganztags berufstätig ist, während sich die Mutter um den Haushalt und die Kinder kümmert, würden Jungen systematisch dazu erzogen, risikobereit, durchsetzungsfähig und furchtlos zu sein, während Mädchen systematisch dazu erzogen würden, risikomeidend, unterwürfig und ängstlich zu sein. In Familien mit nicht-traditioneller Rollenverteilung sollten diese Unterschiede demnach sehr viel niedriger ausgeprägt sein (Grasmick et al., 1996).

Aus evolutionstheoretischer Sicht würde sich eine Erklärung des Kriminalitätsfuchtparadoxes hingegen an den bereits ausführlich beschriebenen Reproduktionsstrategien von Männern und Frauen orientieren. Demzufolge ist Furcht zunächst einmal zu begreifen als eine adaptive emotionale Reaktion auf einen bestimmten Hinweisreiz, die dazu führt, objektiv gefährliche Situationen zukünftig zu vermeiden. Dennoch stellte sich in der menschlichen Evolutionsgeschichte diese Funktionalität von Furcht für Frauen und Männer unterschiedlich dar. Hohe Furchtsamkeit erhöhte bei Frauen die Chance des eigenen Überlebens bzw. des Überlebens der eigenen Nachfahren. Bei Männern hingegen wirkte sich ein hohes Maß an Ängstlichkeit dysfunktional auf Jagderfolge sowie den Erfolg in kriegerischen Auseinandersetzungen mit anderen Stämmen bzw. am intrasexuellen Wettbewerb innerhalb der eigenen Gruppe aus. Sprich: „Angsthasen" waren kaum in der Lage, einen hohen sozialen Status zu erlangen und sich häufig zu reproduzieren. Vor diesem Hintergrund ist es aus evolutionspsychologischer Perspektive höchst plausibel, dass Frauen furchtsamer sind als Männer.

Fetchenhauer und Buunk (2005) haben diese unterschiedlichen Erklärungsansätze für das Kriminalitätsfurchtparadox anhand von 610 Schülern einer empirischen Überprüfung unterzogen. Zur Messung von Kriminalitätsfurcht sollten die Respondenten ihre Furcht vor sechs ganz konkreten negativen Ereignissen angeben. Hierbei handelte es sich einerseits um Viktimisierungen durch Straftaten (Körperverletzung, Raub, Einbruch, sexuelle Gewalt), andererseits jedoch auch um Viktimisierungen wie Autounfälle sowie sonstige Unfälle. Hierbei zeigten sich beträchtliche Geschlechterunterschiede in der Furcht der befragten Jugendlichen vor allen sechs Ereignissen. Darüber hinaus gaben die befragten Mädchen hinsichtlich aller sechs Ereignisse an, eine potentielle Viktimisierung durch dieses Ereignis als „schlimmer" zu erleben als die befragten Jungen. Und: Mädchen hielten hinsichtlich aller Ereignisse die Wahrscheinlichkeit, Opfer dieses Ereignisses zu werden, für deutlich höher als die befragten Jungen.

Die höhere Furchtsamkeit von Mädchen vor nichtkriminellen Ereignissen ist durchaus in Übereinstimmung mit der Power Control Theorie. Um die Gültigkeit dieser Theorie in Abgrenzung zu der von Fetchenhauer und Buunk vorgestellten evolutionspsychologischen Erklärung zu überprüfen, haben diese durch eine Reihe von Indikatoren die Traditionalität bzw. die innerfamiliäre Machtverteilung zwischen den Eltern der befragten Jugendlichen erfasst. Ihre Befunde waren außerordentlich konsistent: keiner dieser Indikatoren beeinflusste den Unterschied in der Furchtsamkeit von Jungen und Mädchen. Weder Unterschiede in der wöchentlichen Arbeitszeit von Vätern und Müttern, die Frage, ob diese eine Leitungsfunktion innehaben noch ihr Ausbildungsniveau bzw. das Prestige des von ihnen ausgeübten Berufs moderierte den Zusammenhang zwischen dem Geschlecht ihrer Kinder und deren Furchtsamkeit.

Steven W. Gangestad (*1954)

US-amerikanischer Psychologe – Gangestad ist Evolutions-, Sozial- und Persönlichkeitspsychologe und widmet sich Studien zu engen zwischenmenschlichen Beziehungen wie Freundschaften, sexuellen Partnerschaften und familiären Beziehungen.

Auch die subjektive Wahrnehmung des Rollenverhaltens hatte keinen Einfluss: Egal ob der Vater fürs Putzen und den Abwasch zuständig war oder die Mutter, egal, wer sich um die Finanzen kümmerte und egal, ob in wichtigen Entscheidungen der Vater oder die Mutter „das letzte Wort" hatten, immer waren die Töchter sehr viel furchtsamer als die Söhne.

Zusammenfassend bleibt somit festzuhalten, dass sämtliche Alternativerklärungen für das Kriminalitätsfurchtparadox falsifiziert werden konnten und somit die entwickelte evolutionspsychologische Erklärung bestätigt werden konnte.

Der Einfluss des Menstruationszyklus auf die weibliche Psyche

Mit einem gänzlich anderen Thema beschäftigt sich ein in den letzten Jahren entstandener Forschungsstrang, der untersucht, inwiefern die Partnerwahlpräferenzen von Frauen durch ihren Menstruationszyklus beeinflusst sind. Bevor wir diskutieren, inwiefern diese Forschung zur Beantwortung der Frage beisteuern kann, woher Unterschiede zwischen Männern und Frauen stammen, sollen ihre wesentlichen Gedanken und empirischen Befunde erläutert werden.

Jeffry A. Simpson (*1958)

US-amerikanischer Sozialpsychologe – Wie Gangestad beschäftigt sich Simpson mit der Psychologie enger Beziehungen. Dabei betrachtet er vor allem Bindungsprozesse, Kennenlernstrategien und Idealisierung von geliebten Personen.

Aus evolutionspsychologischer Perspektive stehen Frauen bei der Wahl eines Sexualpartners vor einem Dilemma: Auf der einen Seite wollen sie einen körperlich attraktiven Partner mit „guten Genen", d.h. einen Partner, der gesund und widerstandsfähig ist, weil diese Eigenschaften an die gemeinsamen Kinder weitervererbt werden. Auf der anderen Seite wollen sie einen Mann, der bereit und in der Lage ist, Zeit und Ressourcen in die Erziehung der gemeinsamen Kinder zu investieren. Körperlich attraktive Männer hingegen haben die Möglichkeit, mit vielen Frauen sexuelle Beziehungen zu unterhalten und sind deshalb nicht gewillt, sich an eine einzelne Frau zu binden. Mit anderen Worten: Auch wenn jede Frau davon träumt, dass ihr Partner reich ist *und* sexy *und* fürsorglich, wird sie einen solchen Partner nur schwer finden.

Gute Gene

Gangestad und Simpson (2000) argumentieren deshalb, dass Frauen ihre reproduktive Fitness erhöhen können, indem sie eine so genannte „gemischte reproduktive Strategie" verfolgen. Als Langzeitpartner bevorzugen sie den „guten Zuhörer" und „fürsorglichen Vater", darüber hinaus aber unterhalten sie sexuelle Beziehungen mit körperlich attraktiven „Machos". Wenn Sexualverkehr mit einem Affärenpartner vor allem in der Mitte des Menstruationszyklus stattfindet, können Frauen sicherstellen, dass die Kinder hoch attraktiver Väter von zuverlässigen und liebevollen Männern groß gezogen werden, die diese Kinder für ihre eigenen halten (wie Nietzsche einmal bemerkte: „Der Mann ist böse, aber das Weib ist schlecht").

Gemischte reproduktive Strategie

Wenn bei Frauen tatsächlich eine derartige Präferenzstruktur für parallele Lang- und Kurzzeitbeziehungen evolviert ist, dann sollte dies dazu führen, dass Frauen zu unterschiedlichen Zeitpunkten ihres Menstruationszyklus unterschiedliche Männer bevorzugen – Attraktive „Machos" in der Mitte des Zyklus (wo die Wahr-

Abbildung 9.8: Weibliche List und Kuckuckseier: Frauen können ihre reproduktive Fitness erhöhen, indem sie als Lebenspartner fürsorgliche Väter, doch durch Affären attraktive „Machos" als die tatsächlichen Väter ihrer Kinder wählen. (© Kzenon und © die-exklusiven – Fotolia.com)

scheinlichkeit, schwanger zu werden am höchsten ist), nette „Versorger“ zu allen anderen Zeitpunkten ihres Zyklus.

Bevor wir uns damit befassen, inwiefern diese Hypothese empirisch bestätigt werden kann, soll auf zwei Aspekte hingewiesen werden:

Erstens: Sollte diese Theorie empirisch gestützt werden, dann wäre dies ein Beleg für die Gültigkeit der Evolutionspsychologie *und* zugleich ein Widerspruch sowohl zu sozial-konstruktivistischen Theorien als auch zur bio-sozialen Theorie von Eagly und Wood. Weibliche Parterwahlpräferenzen wären dann offensichtlich nicht nur kulturell vermittelt, sondern im Gegenteil auch genetisch bedingt.

Zweitens: Bevor diese Theorie entwickelt wurde, gab es keinerlei empirische Evidenz, ob und wie sich Partnerwahlpräferenzen über den weiblichen Menstruationszyklus verändern. Es handelt sich somit nicht nur um eine post hoc Erklärung bereits bekannter Phänomene, sondern um eine Vorhersage bislang unbekannter Tatsachen.

Lässt sich die Theorie der gemischt reproduktiven Strategie von Gangestad und Simpson empirisch bestätigen? Die Antwort lautet: ja.

Eine Vielzahl von Studien zeigt, dass Frauen in der Mitte ihres Zyklus bei Männern maskulinere Gesichter und Stimmen bevorzugen als zu anderen Zeitpunkten ihres Zyklus (Gangestad et al., 2002, 2004, 2005a, 2005b). Darüber hinaus zeigen Frauen an ihren fruchtbaren Tagen eine Präferenz für den Geruch symmetrischer Männer. Wie genau kam man zu diesem Ergebnis? Zunächst wurde dazu die Symmetrie der teilnehmenden Männer mittels biometrischer Verfahren erhoben und die Probanden anschließend gebeten, zwei Tage lang ein bestimmtes T-Shirt zu tragen und sich in dieser Zeit weder zu duschen noch ein Deodorant zu benutzen. Die getragenen T-Shirts wurden dann einer Gruppe von Frauen vorgelegt, die den Geruch dieser T-Shirts als attraktiv bzw. unattraktiv bewerten sollten.

Tatsächlich zeigte sich, dass Frauen in der Mitte ihres Zyklus den Geruch symmetrischer Männer bevorzugen, diese Präferenz an anderen Tagen ihres Zyklus jedoch nicht besteht. In weiteren Studien konnte dieser Befund bestätigt werden (Gangstad et al., 2005).

Darüber hinaus versuchen Frauen in der Mitte ihres Zyklus stärker als zu anderen Zeiten, die sexuelle Aufmerksamkeit von Männern zu erregen, z. B. dadurch, dass sie sich aufreizender kleiden (Grammer et al., 2004; Haselton et al, 2007; Schwarz & Hassebrauck, 2008).

Menstruationszyklus und Lap Dancing

Dass Frauen in diesem Bemühen, vor allen in ihren hoch-fertilen Phasen sexuell attraktiv zu wirken, auch tatsächlich erfolgreich sind, zeigt eine außergewöhnliche Studie an einer Stichprobe von so genannten "Lap-Dancern", deren Verdienst im wesentlichen darin besteht, dass ihnen (geifernde) Männer während ihres Tanzes Geldscheine zustecken. Und tatsächlich: Während ihrer fruchtbaren Tage verdienten die Tänzerinnen mehr Geld als zu den anderen Tagen des Zyklus (Miller et al., 2007). Diese Studie ist aus methologischen Gründen wichtig, weil sie zeigt, dass evolvierte weibliche Partnerwahlpräferenzen auch dann noch wirksam sind, wenn sie den manifesten Interessen von Frauen diametral entgegenstehen, denn Stripteasetänzerinnen wollen vermutlich an allen Tagen ihres Zyklus möglichst viel Geld verdienen und wollen sich ziemlich sicher von keinem ihrer Kunden schwängern lassen.

David Buss (*1953)

US-amerikanischer Evolutionspsychologe – Buss ist durch zahlreiche populärwissenschaftliche Bücher einer der bekanntesten Evolutionspsychologen. Er beschäftigst sich vorrangig mit Paarungsverhalten sowie Status und sozialer Reputation.

Partnerwahlpräferenzen und weibliche Teilhabe an der Macht

Sowohl die Studien zum Kriminalitätsfurchtparadox als auch die Studien zum Einfluss des Menstruationszyklus auf weibliche Partnerwahlpräferenzen bestätigen somit die Vorhersagen der Evolutionspsychologie und widersprechen sowohl sozial-konstruktivistischen Theorien als auch der bio-sozialen Theorie von Eagly und Wood. Im Folgenden soll jedoch eine Studie vorgestellt werden, deren Ergebnisse in eine andere Richtung weisen.

Interkulturelle Übereinstimmung von Partnerwahlpräferenzen

Ende der 1980er Jahre wurde von dem renommierten Evolutionspsychologen David Buss in 37 verschiedenen Kulturen eine interkulturelle Studie durchgeführt, in der Frauen und Männer danach gefragt wurden, was ihnen bei einem potentiellen Heiratspartner wichtig sei (Buss, 1989). In Übereinstimmung mit evolutionspsychologischen Annahmen zeigte sich in allen Kulturen, dass Männer Frauen bevorzugen, die jünger sind als sie selbst, und dass Frauen Männer bevorzugen, die etwas älter sind als sie selbst. Zudem war es in allen Kulturen für Frauen wichtiger als für Männer, dass ihr Partner über ein hohes Einkommen verfügt.

Die Tatsache, dass sich diese Befunde in allen untersuchten Kulturen zeigten, wurde von Buss als weiterer Beleg für die evolutionspsychologische Annahme gewertet, dass unterschiedliche Partnerwahlpräferenzen von Männern und Frauen genetisch bedingt sind.

Von Eagly und Wood (1999) wurde jedoch darauf hingewiesen, dass diese Befunde auch im Einklang mit ihrer bereits beschriebenen bio-sozialen Theorie sind. Wenn Männern gesellschaftlich die Rolle des Familienernährers zugewiesen wird und Frauen wesentlich darauf angewiesen sind, von ihrem männlichen Partner mit Ressourcen versorgt zu werden, dann ist es höchst rational, wenn Frauen Partner bevorzugen, die dazu auch in der Lage, d.h. etwas älter und wohlhabend sind. Umgekehrt sind Männer in solchen Situationen gut beraten, sich junge und unerfahrene Frauen zu suchen, die ihre patriarchalische Rolle nicht in Frage stellen.

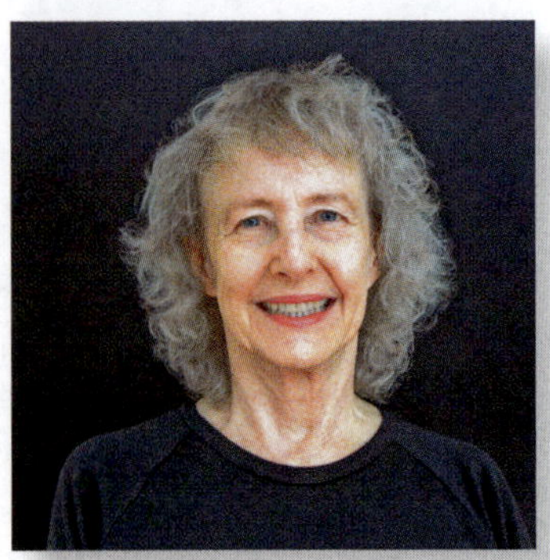

Alice Eagly (*1938)

US-amerikanische Sozialpsychologin – Eagly beschäftigt sich mit Geschlechterunterschieden – speziell in den Bereichen Führungsrollen, prosoziales Verhalten und Aggression – sowie mit Einstellungen (s. Kapitel 15) und Stereotypen (s. Kapitel 16). Zusammen mit der ähnlich interessierten Psychologin Wendy Wood hat sich die Ursprünge von Geschlechterunterschieden aus evolutionärer und sozialer Perspektive betrachtet.

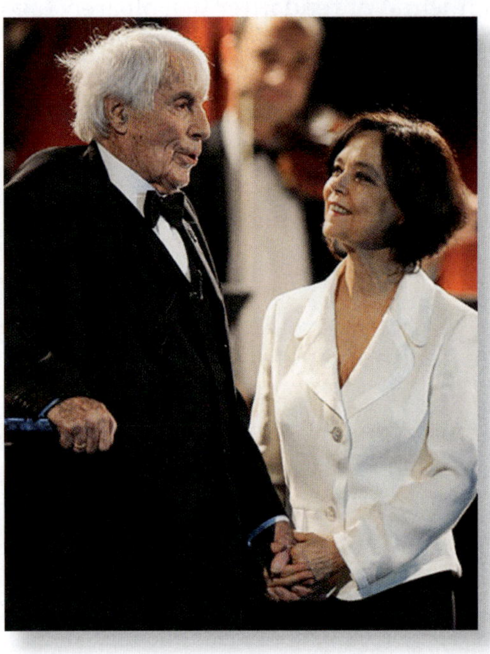

Abbildung 9.9: Älterer, wohlhabender Mann und junge Frau – eine gängige Kombination. Schauspieler Johannes Heesters und seine Ehefrau haben gar einen Altersunterschied von 46 Jahren. Aber warum findet man häufig derartige Paare? Erneut eine Frage zwischen Genen und anerzogenen Rollen. (Quelle: Getty Images)

Auf den ersten Blick scheinen somit die Befunde von Buss sowohl die Evolutionspsychologie als auch die bio-soziale Theorie von Eagly und Wood zu stützen. Von Eagly und Wood ist allerdings darauf hingewiesen worden, dass die Stärke der Geschlechterunterschiede zwischen den einzelnen untersuchten Kulturen trotz ihrer Universalität erheblich schwankt.

Female Empowerment Index

Diese kulturellen Unterschiede wurden daraufhin von Eagly und Wood einer näheren Analyse unterzogen und mit dem Ausmaß der gesellschaftlichen Teilhabe von Frauen korreliert, welche mit dem so genannten „Female Empowerment Index" der Vereinten Nationen gemessen wurde. In Übereinstimmung mit ihrer Hypothese zeigte sich, dass sich die Präferenzen von Männern und Frauen umso stärker unterscheiden, je niedriger der Grad der Gleichberechtigung in einem bestimmten Land war. In Ländern mit einer ausgeprägten Gleichberechtigung wie z. B. den Niederlanden oder Skandinavien gab es hingegen sehr viel geringere Unterschiede zwischen den Präferenzen von Männern und Frauen. Eagly und Wood interpretieren diesen Befund dahingehend, dass Frauen sich vor allem dann nach einem „starken Ernährer" sehnen, wenn die gesellschaftlich vermittelten Geschlechterrollen es ihnen nicht erlauben, für sich selbst zu sorgen bzw. Karriere zu machen.

Warum die Wahrheit wie so oft in der Mitte liegt

Fassen wir zusammen, was wir in diesem Kapitel bislang diskutiert haben:

Es gibt verschiedene Theorien zur Erklärung von Geschlechterunterschieden. Sozial-konstruktivistische Theorien erklären Geschlechterunterschiede als das Ergebnis arbiträrer gesellschaftlicher Zuschreibungsprozesse, die keinerlei objektive Grundlage haben. Evolutionspsychologen erklären Geschlechterunterschiede aus den unterschiedlichen reproduktiven Strategien von Männern und Frauen, die neben körperlichen Unterschieden zur Herausbildung psychologischer Unterschiede geführt hätten, die auch heute noch wirksam seien. Die bio-soziale Theorie von Eagly und Wood wiederum erklärt, diese Geschlechterrollen seien von den jeweiligen gesellschaftlichen Rahmenbedingungen determiniert und damit grundsätzlich wandelbar.

Jede dieser Theorien kann auf empirische Evidenz verweisen, die den eigenen Standpunkt unterstützt. Lässt sich somit weder theoretisch noch empirisch entscheiden, welche Theorie zutrifft? Eine solcher Fatalismus erscheint weder sinnvoll noch notwendig, stattdessen macht es mehr Sinn, sich zu fragen, wie alle drei theoretischen Ansätze miteinander verknüpft und integriert werden können. Was für Integrationen sind dabei denkbar?

In Übereinstimmung mit der sozial-konstruktivistischen Theorie kann darauf verwiesen werden, dass manches, was wir als typisch männlich oder typisch weiblich bezeichnen, tatsächlich auf arbiträren Festlegungen beruht (wie z. B. die Tatsache, dass Babykleidung für Jungs eher hellblau, solche für Mädchen aber rosa ist).

Die evolutionspsychologische Perspektive weist mit Recht darauf hin, dass manche Geschlechterunterschiede relativ unabhängig von den jeweiligen kulturellen Rahmenbedingungen sind.

Die bio-soziale Theorie von Eagly und Wood betont ihrerseits ebenfalls zu Recht, dass männliches und weibliches Denken, Fühlen und Handeln in hohem Maße von den jeweils herrschenden sozioökonomischen Bedingungen abhängig ist.

Baumeister (2005) verweist an den Beispielen des Sexualtriebs und der Motivation zur Säuglingspflege darauf, dass beide Theorien über das Konzept der Reaktionsnormen miteinander verknüpft werden können. Reaktionsnormen bezeichnen die Bereitschaft eines Organismus, auf bestimmte Umweltreize in Abhängigkeit von seinen genetischen Prädispositionen zu reagieren.

Ein starker Sexualtrieb von Männern sowie eine enge Verknüpfung von Mutter und Kind ergeben sich vermutlich weitgehend unabhängig von kulturellen Einflüssen. Unter bestimmten kulturellen Rahmenbedingungen können aber auch Frauen einen starken Sexualtrieb entwickeln (z. B. bei hoher Verfügbarkeit von Kontrazeptiva) und können auch Männer dazu sozialisiert werden, viel und intensiv Zeit mit ihren Kindern zu verbringen.

Inwiefern dies passiert, ist immer auch eine Frage der Ziele, auf die eine Gesellschaft sich verständigt. Ein Blick in die Geschichte zeigt, wie wandelbar die Rollen von Männern und Frauen sind. Vor diesem Hintergrund bleibt abzuwarten, wie unterschiedlich Geschlechterrollen in 100 Jahren sein werden. Werden sich Männer und Frauen in ihrem Wesen vollständig angepasst haben? Oder werden Männer nach wie vor von einem unschuldigen Augenaufschlag und Frauen nach wie vor von starken Schultern träumen, an die sie sich anlehnen können?

Kurz und gut

1. Kaum ein Forschungsfeld ist ideologisch so durchsetzt wie die Frage nach Unterschieden zwischen Männern und Frauen.
2. Im Durchschnitt sind Frauen einfühlsamer, fürsorglicher als Männer. Männer hingegen sind ehrgeiziger, kompetetiver, selbstbewusster, assertiver, aggressiver, gewalttätiger und risikobereiter als Frauen.
3. Bei den meisten Persönlichkeitsmerkmalen (wie z. B. der Intelligenz) zeigen sich keine Mittelwertsunterschiede zwischen Männern und Frauen.
4. Bei vielen Merkmalen lässt sich beobachten, dass die Varianz bei Männern größer ist als bei Frauen.
5. Der soziale Konstruktivismus erklärt Geschlechterunterschiede als Ergebnis zufälliger gesellschaftlicher Zuschreibungsprozesse.
6. Evolutionspsychologen interpretieren Geschlechterunterschiede als Ausdruck unterschiedlicher Reproduktionsstrategien von Männern und Frauen.
7. Die bio-soziale Theorie von Eagly und Wood argumentiert, dass Geschlechterunterschiede auf unterschiedliche gesellschaftliche Rollenerwartungen zurückgeführt werden können.
8. Empirische Studien zeigen, dass Frauen sehr viel mehr Furcht vor Kriminalität haben, obwohl sie seltener Opfer krimineller Handlungen werden.
9. Frauen ändern ihre Partnerwahlpräferenzen in Abhängigkeit von ihrem Monatszyklus. Während sie an ihren fruchtbaren Tagen vor allem auf körperliche Attraktivität potentieller Sexualpartner achten, sind ihnen an den anderen Tagen eher Eigenschaften wie Fürsorglichkeit und Zuverlässigkeit wichtig.
10. Unterschiede in den Partnerwahlpräferenzen von Männern und Frauen sind beeinflusst von ihrer gesellschaftlichen Position. Sie sind umso niedriger, je mehr Frauen an der gesellschaftlichen Macht teilhaben.

Studentenfutter

Bischof-Köhler, D. (2006). *Von Natur aus anders: Die Psychologie der Geschlechtsunterschiede.* Stuttgart: Kohlhammer.

Eagly, A. H. & Wood, W. (1999). The origins of sex differences in human behavior: Evolved dispositions versus social roles. *American Psychologist, 54(6),* 408–423.

Kapitel 10

Indianer und Chinesen – welchen Einfluss hat Kultur auf unser Verhalten?

Kapitel 10 Indianer und Chinesen – welchen Einfluss hat Kultur auf unser Verhalten?

Inhalt

Kultur unter der psychologischen Lupe

In diesem Kapitel geht es um die Frage, welchen Einfluss die Kultur auf das Denken, Fühlen und Handeln von Menschen hat. Kulturvergleichende Studien werden dabei von verschiedenen psychologischen Schulen aus sehr unterschiedlichen Gründen durchgeführt.

Interkulturelle Psychologie

Zum einen sind Forscher, die sich als „interkulturelle Psychologen“ bezeichnen, vor allem an der Frage interessiert, wie sehr Menschen von der Kultur geprägt sind, der sie angehören.

Zweitens liegt der Fokus von Evolutionspsychologen vor allem darauf, nachzuweisen, dass bestimmte Phänomene keineswegs von der jeweiligen lokalen Kultur determiniert, sondern im Gegenteil kulturuniversal sind (siehe z. B. die im vorigen Kapitel diskutierte Studie von Buss zu Partnerwahlpräferenzen).

Eine dritte Ausrichtung kulturvergleichender Forschung widmet sich der Überprüfung, ob bestimmte Theorien, die bislang nur in bestimmten Kulturen empirisch überprüft wurden, auch in anderen Kulturen gültig sind.

Geert Hofstede (*1928)
Niederländischer Psychologe – Hofstede beschäftigt sich vor allem mit den Zusammenhängen zwischen nationalen Kulturen und den Kulturen in Organisationen. Bekannt geworden ist er für seine Unterscheidung verschiedener Kulturdimensionen, anhand derer sich Nationen und Kulturen klassifizieren lassen.

Wie lässt sich „Kultur" definieren?

Bei näherer Betrachtung erweist es sich als außerordentlich schwierig, den Begriff der Kultur eindeutig zu definieren, so dass von verschiedenen Autoren sehr unterschiedliche Definitionen vorgeschlagen wurden. Je nach theoretischem Hintergrund betonen unterschiedliche Definitionen die folgenden Elemente von Kultur:

(1) Kultur als System von Werten, Normen und Praktiken

(2) Kultur als ein Geflecht von Institutionen und Regeln

(3) Kultur als die Summe des Wissens über Techniken und Strategien zur Lösung bestimmter Alltagsprobleme

In einer sehr pragmatischen Weise definiert der niederländische Organisationspsychologe Geert Hofstede Kulturen als mentale Programme („Software of the mind“) (2001).

Ein Mangel aller Definitionen von Kultur besteht darin, dass sie nicht angeben, welche Eigenschaften ein Sozialgefüge braucht, um es als Kultur zu bezeichnen und von anderen Kulturen abzugrenzen (gibt es z. B. so etwas wie eine „europäische“ Kultur?).

Eigenschaften von Kulturen

Trotz dieser definitorischen Unschärfe sollen im Folgenden einige wesentliche Eigenschaften von Kulturen beschrieben werden.

Zentrale Werte versus veränderbare Praktiken

Hofstede unterscheidet bei Kulturen zwischen zentralen Werten und peripheren Praktiken. Zentrale Werte stellen dabei für ihn den Kern einer Kultur dar, der sich nur langsam ändert und von Generation zu Generation weitergegeben wird. Praktiken hingegen beschreiben die konkrete Art und Weise, wie in einer Kultur bestimmte Handlungen erfolgen, ohne dass diese den Kern einer Kultur berühren. Aus diesem Grunde, so Hofstede, werden Praktiken veränderten ökologischen Rahmenbedingungen angepasst, ohne dass sich dadurch die Werte einer Kultur verändern würden.

Ein Beispiel: Kulturen unterscheiden sich darin, wie intensiv Kinder sich um ihre Eltern zu kümmern haben, wenn diese alt sind. Durch moderne Kommunikationsmedien wie Telefon oder Internet mögen Kinder in der Lage sein, ihren Verpflichtungen gegenüber ihren Eltern nachzukommen, auch ohne dass sie diese persönlich besuchen. Das würde aber nach Hofstede nichts daran ändern, inwiefern in einer bestimmten Kultur Kinder verpflichtet sind, einen regelmäßigen Kontakt zu ihren Eltern zu suchen, sondern lediglich die Art und Weise, wie sie dies tun.

Hofstede weist darauf hin, dass man daher aus geänderten Praktiken nicht vorschnell auf geänderte Werte schließen sollte. Wenn z.B. arabische Jugendliche Coca Cola trinken anstatt Pfefferminztee, bedeutet dies nicht unbedingt, dass sie sich einem amerikanischen Kulturimperialismus unterwerfen.

Abbildung 10.1: Seit einigen Jahren wird das christliche Weihnachtsfest in China immer beliebter. Dabei sind die meisten Chinesen Buddhisten. Von dieser veränderten kulturellen Praktik sollte man aber nicht vorschnell auf veränderte Werte schließen. (Quelle: J. Ehrlinger)

Interkulturelle Werteunterschiede

Wenn man diesem Gedanken folgt und Werte als die zentralen Elemente einer Kultur definiert, die sich von Kultur zu Kultur unterscheiden, dann sind zwei verschiedene Fälle denkbar: Entweder ein Wert gilt nur in der einen, nicht aber in der anderen Kultur, oder ein Wert gilt in beiden Kulturen, hat aber von Kultur zu Kultur unterschiedlich viel Bedeutung (Joas, 2001).

Ein Beispiel für den ersten Fall wäre die Enthaltsamkeit vor der Ehe. In Marokko stellt diese einen zentralen Wert dar. Noch heute wird erwartet, dass nach der Hochzeitsnacht ein blutbeflecktes Laken die Entjungferung der Braut beweist. In Deutschland hingegen gibt es keine soziale Norm, die verlangt, dass Frauen jungfräulich vor den Traualtar treten.

Zur Veranschaulichung des zweiten Falls wollen wir die unterschiedliche Bedeutung von Normen wie Höflichkeit und Ehrlichkeit diskutieren: Beide stellen sowohl in den Niederlanden als auch in Österreich einen Wert dar. Doch während Niederländer im Zweifel eher unhöflich, aber dafür ehrlich sind, sind Österreicher grundsätzlich eher höflich als ehrlich. Hierzu eine kleine Anekdote aus dem wahren Leben: Ein holländischer Kollege von mir besuchte eine Konferenz in Wien und ging an einem freien Nachmittag ins Kaffeehaus. Dort kam er mit einem Wiener ins Gespräch, der ihm nach einer Weile anbot, eine Stadtführung durch seine Heimatstadt zu machen. Mein Kollege war von dieser Idee begeistert, war sich aber nicht sicher, ob der Wiener nicht vielleicht homosexuell sei. Diese Vorstellung störte ihn als toleranten Niederländer im Grunde überhaupt nicht, nur hatte er Angst, seinen Wiener Gastgeber am Ende des Nachmittags zu enttäuschen, falls dieser sich Hoffnungen auf ein sexuelles Abenteuer machen sollte. Da man als Niederländer mit jedem über alles reden kann, erklärte er dem Wiener: „Ich würde mich freuen, wenn Sie mir die Stadt zeigen, aber ich möchte Ihnen mitteilen, dass ich nicht homosexuell bin". Zu der Stadtführung ist es nicht gekommen – für meinen niederländischen Kollegen ein sicheres Zeichen dafür, dass jener Wiener tatsächlich homosexuell war.

Kulturen ändern sich nur langsam

Kulturelle Werte sind außerordentlich persistent und bleiben auch dann wirksam, wenn ihr „ideologischer Überbau" weitgehend obsolet geworden ist.

Auch dies erläutert ein Beispiel aus den Niederlanden sehr anschaulich: Die Niederlande haben sich vor ca. 500 Jahren zum Calvinismus bekannt. Ein Teil dieser protestantischen Glaubensrichtung ist die so genannte Prädestinationslehre, welche besagt, dass von Gott das Schicksal eines Menschen bereits bei seiner Geburt festgelegt sei. Auch wenn Gott sich durch ein „gottgefälliges" Leben von dieser Festlegung nicht abbringen lassen wird, versuchen Calvinisten möglichst wenige Sünden zu begehen und möglichst viele materiellen Güter anzuhäufen, weil sie wirtschaftlichen Erfolg und Wohlstand als Indikator dafür sehen, nach ihrem Tod in den Himmel und nicht in die Hölle zu kommen. Auch wenn die meisten Niederländer heute keine überzeugten Calvinisten mehr sind, hat sich an der aus dem Calvinismus entsprungenen extremen Sparsamkeit der Niederländer nichts geändert. Nicht umsonst sagen die Amerikaner „Do it the Dutch way", wenn sie besonders sparsam sein wollen und in einer Kneipe jeder sein eigenes Getränk zahlt.

Kulturen sind unhinterfragbare Wahrheiten

Kulturen zeichnen sich dadurch aus, dass sich die in ihnen lebenden und handelnden Personen der Kulturgebundenheit ihres Handelns kaum bewusst sind. Kulturell vermittelte Werte erlangen für ihre Träger eine unmittelbare und nicht hinterfragbare Plausibilität. Dies liegt unter anderem daran, dass sie Teil des Systems 1 sind (siehe Kapitel 2), das einer introspektiven Analyse nur bedingt zugänglich ist. Über kulturelle Werte lässt sich deshalb nur schwer streiten.

Kultur als unmittelbare, nicht hinterfragbare Plausibilität

Nehmen wir als Beispiel den Verzehr von Hunden. Während es für die meisten Deutschen unvorstellbar ist, einen Hund zu essen (oder gar ihren eigenen), sehen dies Chinesen ganz anders. Wenn wir uns bei dem Gedanken an „Hundefilet in Rotweinsauce" schütteln, sind wir uns kaum der Tatsache bewusst, dass dieser Ekel keineswegs „natürlich" ist, sondern kulturell vermittelt. Im Gegenteil neigen Menschen zum Ethnozentrismus: Das Eigene wird als gut und richtig, das Fremde als schlecht und falsch deklariert.

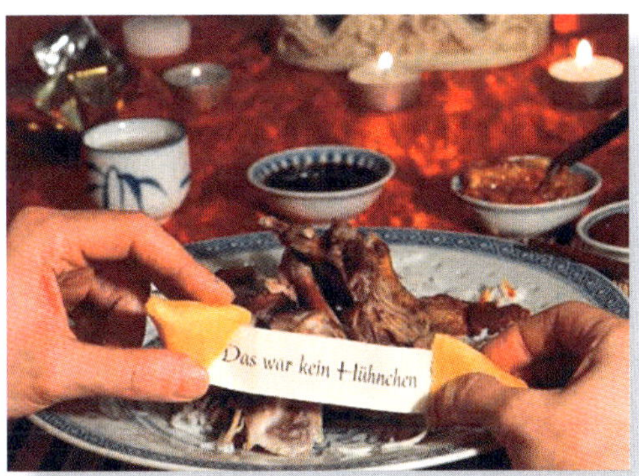

Abbildung 10.2: Huhn oder Hund: Kulturelle Werte sind Teil des Systems 1 und als solche kaum hinterfragt. Daher dürften die meisten Menschen in westlichen Ländern bei der Idee, Hundefleisch zu essen, angeekelt das Gesicht verzerren – und zwar selbst wenn sie kognitiv keinen Unterschied zwischen dem Verzehr von Hühner- und Hundefleisch erkennen können. (Quelle: Andreas Gardner, edition filou & sophie)

Aus dieser Unfähigkeit, kulturelle Praktiken und Werte zu hinterfragen, erwächst offenbar dann ein hohes Konfliktpotential, wenn Angehörige verschiedener Kulturen miteinander leben und auskommen müssen.

Es ist daher sicher hilfreich, wenn Menschen dazu angeleitet werden, ihren eigenen Ethnozentrismus kritisch zu hinterfragen. Allerdings muss man sich klar machen, dass die Bereitschaft zur Hinterfragung der eigenen Werte als solche ein Wert ist, der keineswegs von allen Kulturen geteilt wird.

Gibt es so etwas wie universelle Werte?

Dies führt zu der Frage, ob es überhaupt möglich ist, bestimmte Werte kulturübergreifend zu begründen und zu vertreten. Gibt es universale Werte, die auch gegenüber solchen Menschen oder Kulturen zu vertreten sind, die diese Werte nicht teilen? Oder sind Werte immer nur das Produkt bestimmter Kulturen, so dass eine Kategorisierung in „richtige" bzw. „falsche" Werte ganz unsinnig ist? Blaise Pascal formulierte hierzu schon vor 340 Jahren, „Was diesseits der Pyrenäen richtig ist, ist jenseits der Pyrenäen falsch" (Pascal, 1670, 1997).

Die Antwort auf diese Frage sollte unterschiedlich ausfallen, je nachdem, ob man sie aus wissenschaftlicher oder aus moralphilosophischer Perspektive beantwortet.

Begründung von Werturteilen

Aus wissenschaftlicher Perspektive ist es nicht möglich, Werturteile logisch zu begründen. Daher kann man aus wissenschaftlicher Sicht Werte nie in richtig oder falsch unterteilen und sollte folglich auch nicht versuchen, andere Kulturen von der „Richtigkeit" der eigenen Werte zu überzeugen. Im 5. Kapitel hatten wir diskutiert, dass ein solcher Standpunkt der einzig mögliche ist, den ein Wissenschaftler *als Wissenschaftler* einnehmen kann.

Blaise Pascal (1632–1662)

Französischer Philosoph, Mathematiker, Physiker und Literat – Ausgehend von mathematischen und physikalischen Arbeiten widmete sich der zeit seines Lebens eher kränkliche und depressive Pascal auch immer mehr religiösen und philosophischen Problemen.

Dennoch aber stellt sich die Frage, ob sich eine solche Position außerhalb der Wissenschaft im alltäglichen Miteinader durchhalten lässt. Das ist relativ leicht, wenn es um kulturelle Praktiken wie Ess- und Trinkgewohnheiten oder Kleidungs- und Musikgeschmack geht (wobei z. B. die deutsche Gesellschaft bereits erhebliche Mühe damit hat, wenn Türken auf ihrem Balkon einen Hammel schlachten wollen).

Aber können oder sollen wir etwas akzeptieren, was in unseren Augen blankes Unrecht ist, (nur) weil es Teil anderer Kulturen ist? Diese Frage ist schier unmöglich zu beantworten und wirft erneut die Diskussion nach einer Definition des Wesens einer Kultur auf. Gehört es z. B. zu den wesentlichen Kernen einer islamischen Kultur, dass Frauen sich ihren Ehemann nicht selber aussuchen und von diesem nicht scheiden lassen dürfen? Selbst wenn wir zu der Überzeugung kämen, die Unterordnung der Frau unter die Interessen des Mannes sei tatsächlich integraler Bestandteil des Islam – sollten wir eine Ungleichbehandlung von Männern und Frauen deshalb tolerieren, auch wenn sich dies mit unserer Einstellung zu Emanzipation und Gleichberechtigung nur schwer vereinbaren lässt?

Hier eine Antwort zu finden, ist offensichtlich nur schwer möglich, weshalb ich es gar nicht erst versuchen will. Man sollte sich aber m. E. bewusst sein, dass ein wirklich neutraler Standpunkt in solchen Fragen nicht möglich ist. Denn sich nicht einzumischen bedeutet immer, sich damit indirekt auf die Seite derer zu stellen, die nach unseren eigenen Wertvorstellungen ein Unrecht begehen.

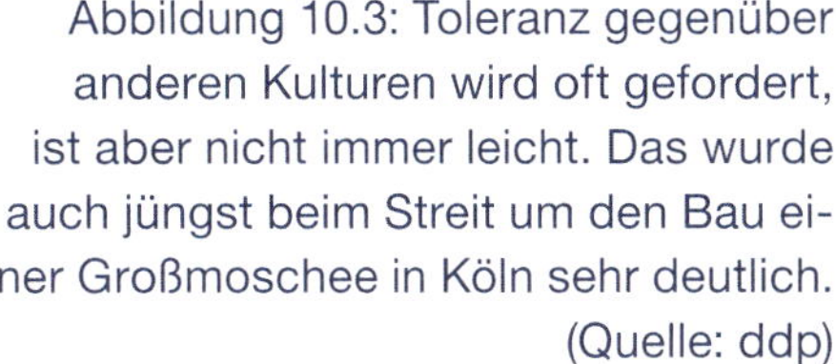

Abbildung 10.3: Toleranz gegenüber anderen Kulturen wird oft gefordert, ist aber nicht immer leicht. Das wurde auch jüngst beim Streit um den Bau einer Großmoschee in Köln sehr deutlich. (Quelle: ddp)

Wieviel Einfluss hat Kultur auf das Verhalten von Menschen?

Die Frage, wie entscheidend Kultur für das Denken, Fühlen und Handeln von Menschen ist, wird von unterschiedlichen wissenschaftlichen Disziplinen durchaus unterschiedlich bewertet. Die meisten Forscher, die sich gleichsam „hauptberuflich" mit dem Thema Kultur befassen, werden dazu neigen, Kultur als einen ganz wesentlichen Einflussfaktor zu betrachten.

Ökonomische Perspektive auf Kultur

Im Gegensatz dazu wird in der Ökonomie Kultur eher als „Epiphänomen" betrachtet, das keinerlei eigenständigen Erklärungswert habe. „Das Sein bestimmt das Bewusstsein" formulierte Karl Marx bereits 1859. Ökonomen erklären Verhalten nicht so sehr aus bestimmten Werten (Präferenzen), sondern aus den Randbedingungen, unter denen es stattfindet. Wenn sich Verhalten ändert oder zwischen zwei Kulturen unterscheidet, versuchen Ökonomen solche Unterschiede aus den jeweils unterschiedlichen Randbedingungen zu erklären.

Ziehen wir als Beispiel die Zunahme von Scheidungsraten heran. Diese muss nicht unbedingt etwas mit einer veränderten Wertschätzung von Ehe und Familie zu tun haben, sondern kann auch aus einem höheren Wohlstand bzw. einem höheren Bildungsniveau von Frauen zu erklären sein (so dass diese weniger als früher finanziell auf ihre Ehemänner angewiesen sind).

Kultur aus evolutionärer Perspektive

„We shape our environment and then the environment shapes us" (Winston Churchill (1874–1965), britischer Premierminister)

Transkulturelle Phänome

Es wurde bereist thematisiert, dass Evolutionspsychologen in der Regel versuchen, menschliches Verhalten weitgehend unabhängig von kulturellen Einflüssen zu erklären. Auch wenn viele evolutionstheoretische Lehrbücher allgemein den Zusammenhang von genetischen Prädispositionen *und* den konkreten Umweltbedingungen betonen, reduzieren sie ihre Betrachtung dann doch meist auf die so genannten transkulturellen Universalien. Transkulturelle Universalien sind

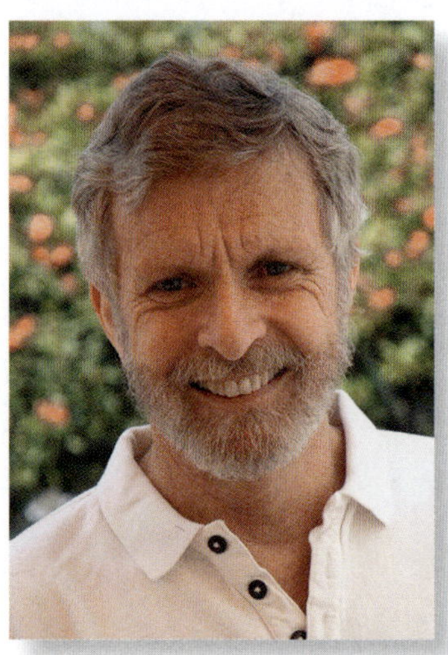

Robert Boyd (*1948)

US-amerikanischer Anthropologe – Boyds Hauptinteresse gilt der evolutionären Entwicklung und Veränderung von Kultur und dem Einfluss von Kultur auf menschliches Verhalten. Er arbeitet meist gemeinsam mit Peter Richerson.

soziale Phänomene, die bislang in allen Kulturen gefunden wurden. Dazu gehören: Konzepte von Zeit (d. h. die Unterteilung des Zeitstrahls in Vergangenheit, Gegenwart & Zukunft), das Überwiegen von Rechtshändigkeit, Institutionen wie Familie und Heirat, Religion, Etiquette, Begrüßungsrituale, Tabus, Haarmoden, Waffen, Tanz, Musik, Spiele, Poesie, Fremdenangst, Eifersucht, Konzepte personaler Verantwortlichkeit sowie ein binäres System von Geschlecht und Geschlechterrollen (Brown, 2004)

Eine solche einseitige Betonung dessen, was Menschen in allen Kulturen tun, verstellt jedoch den Blick auf eine simple Tatsache, nämlich dass sich menschliches Verhalten zwischen verschiedenen Kulturen gleichzeitig zum Teil erheblich unterscheidet.

Einen sehr interessanten Versuch, die Bedeutung von Kultur in eine evolutionäre Erklärung menschlichen Verhaltens zu integrieren, haben Richerson und Boyd (2005) unternommen. Hierbei definieren sie Kultur weniger als ein System von Werten und Normen, sondern vor allem als ein System kultureller Praktiken (d. h. Wegen zur Lösung konkreter Probleme wie z. B. die Beschaffung von Nahrung oder Schutz vor Fressfeinden).

Ausgangspunkt ihrer Analysen ist zunächst der Verweis darauf, dass Menschen sich von anderen Spezies in ihrer Kulturfähigkeit unterscheiden, d. h. darin, hochkomplexe Verhaltensmuster durch Imitation ihrer sozialen Umwelt zu übernehmen (siehe hierzu auch Baumeister, 2005). Dabei orientieren sich Menschen an zwei einfachen kognitiven Heuristiken: 1) Übernehme das Verhalten der Mehrheit aller anderen! 2) Imitiere vor allem das Verhalten von Menschen mit einem hohen sozialen Status!

Da es zur Lösung bestimmter Probleme immer mehrere Möglichkeiten gibt und da sich die Herausforderungen der sozialen und physikalischen Umwelt zwischen verschiedenen Lebensräumen z. T. erheblich unterscheiden, haben sich demnach in der Geschichte von homo sapiens höchst unterschiedliche Kulturen entwickelt. Wichtig ist allerdings, sich klarzumachen, dass Kultur immer der Lösung evolutionär vorgegebener Probleme dient (wie z. B. dem Sichern des eigenen Überlebens oder dem Finden eines Sexualpartners).

Koevolution von Genen und Kultur

Von besonderer Bedeutung bei Boyd und Richerson ist auch die Idee einer Koevolution von Genen und Kultur. Unsere Gene beeinflussen, welche kulturellen Lösungen für bestimmte Probleme adaptiv sind, umgekehrt beeinflussen kulturelle Praktiken die Evolution bestimmter Gene.

Ein oft zitiertes Beispiel für diesen Effekt ist die Entwicklung der Laktoseverträglichkeit des Menschen, die wir bereits im ersten Kapitel diskutiert haben. Erst durch die *kulturelle* Innovation der Domestizierung von Rindern, Schafen und Ziegen war es von Vorteil, gegen das Trinken von Milch auch im Erwachsenenalter nicht allergisch zu sein. Hieraus erklärt sich auch, dass es weltweit große Unterschiede in diesem Merkmal gibt. Überall dort, wo das Trinken von Tiermilch Teil der lokalen Kultur war, sind die meisten Menschen daran adaptiert, in Asien aber ist auch heute noch eine Mehrheit aller Erwachsenen nicht in der Lage, sich von Tiermilch zu ernähren.

Peter Richerson (*1943)

US-amerikanischer Ökologe – Wie Boyd arbeitet Richerson zum Thema Kultur-Evolution. Schwerpunkte sind wie bei Boyd u. a. kulturelle Entwicklung durch Imitation, sowie Ursprung der Sprache, der Landwirtschaft und der Kooperation

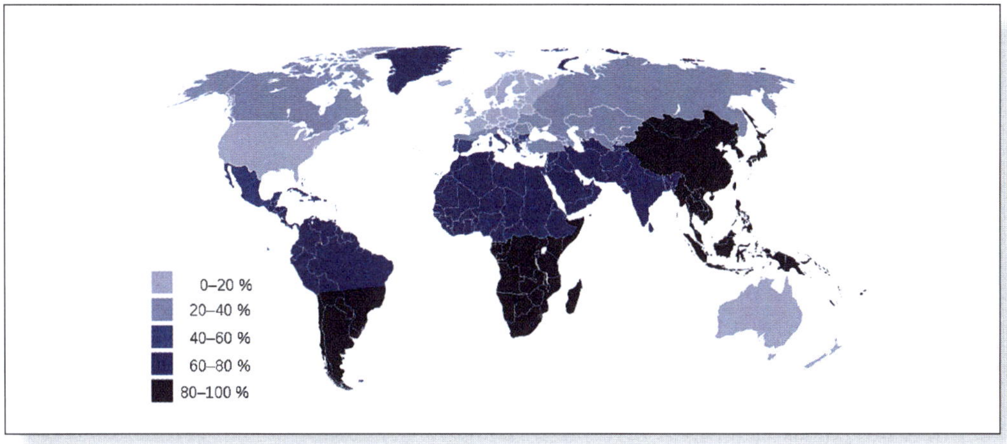

Abbildung 10.4: Die weltweit sehr unterschiedliche Verbreitung der Laktosetoleranz bzw. -intoleranz zeigt eindrucksvoll, wie Gene und Kultur koevolvieren. Je dunkler das Blau, desto höher die Laktoseintoleranz. (Quelle: wikicommons)

Adaptivität von Aberglauben

Ein anderes Beispiel ist die Adaptivität von Religion und Aberglauben. Jeder Mediziner weiß, dass die Wirksamkeit von Medikamenten und anderen Heilmethoden zum Teil auf Placeboeffekten beruht – sie wirken, weil Menschen daran glauben, dass sie wirken (Gerrig & Zimbardo, 2008). Vor der Entwicklung der modernen Medizin bestand ihre Wirkung *ausschließlich* auf solchen Placeboeffekten. Die kulturelle Entwicklung von Religion und Schamanentum bewirkte, dass es in hohem Maße adaptiv war, für solche Placeboeffekte empfänglich zu sein. Wer daran glaubte, dass ein Schaman ihn heilen könne, indem er böse Geister vertrieb, hatte eine höhere Lebenserwartung als jemand, der in rationaler Skepsis einen solchen Versuch für Unsinn hielt. Verhaltensgenetische Studien zeigen tatsächlich, dass Suggestibilität (d. h. die Neigung, Gedanken, Gefühle, Wahrnehmungen oder Vorstellungen anderer zu übernehmen) ein Persönlichkeitsmerkmal ist, das in hohem Maße genetisch bedingt ist (Lichtenberg et al., 2004).

Fassen wir zusammen: Das Konzept der Koevolution von Genen und Kultur verweist darauf, dass unsere Gene die Entwicklung von Kultur beeinflussen, zugleich aber Kultur auch Einfluss auf die Gene des Menschen nehmen. Diese

Konzeption stellt im Übrigen eine Annahme in Frage, die von den meisten Evolutionspsychologen vehement vertreten wird, nämlich das sich unsere Gene seit der Entwicklung des homo sapiens nur geringfügig verändert hätten. Eine solche Annahme ist allerdings höchst unplausibel (Cochran & Harpending, 2009). Tatsächlich ist zu vermuten, dass durch die Akzeleration (d. h. Beschleunigung) unserer kulturellen Entwicklung auch die Veränderung unserer Gene beschleunigt worden ist und sich beide Prozesse gegenseitig beeinflussen und verstärken.

Durch welche Wertedimensionen lassen sich Kulturen unterscheiden?

Im Folgenden sollen beispielhaft einige Studien vorgestellt werden, in denen interkulturelle Unterschiede zwischen Menschen untersucht worden sind. Hierbei kann es nicht darum gehen, einen repräsentativen Überblick über die interkulturelle Psychologie zu geben. Stattdessen soll ein Eindruck davon vermittelt werden, in welcher Vielfalt solche Studien vorliegen.

Kulturvergleichende Studien von Geert Hofstede

Eine der bekanntesten kulturvergleichenden Studien stammt von Geert Hofstede (1984). Dieser befragte weltweit 100 000 Mitarbeiter eines multinationalen Unternehmens (IBM) nach ihren Arbeitswerten und Normen. Der methodische Vorteil dieser Studie lag darin, dass in allen 40 untersuchten Ländern der gleiche Fragebogen verwandt wurde und durch die Konstanthaltung des Unternehmens Einflüsse unterschiedlicher Unternehmenskulturen ausgeschlossen werden konnten. Gleichwohl liegt ein Nachteil dieser Studie darin, dass nur Mitarbeiter von IBM, also eine durch das Unternehmen vorausgewählte und geprägte Personengruppe, befragt wurden.

Aufgrund statistischer Analysen konnte Hofstede (1984) die von ihm untersuchten Werte vier Dimensionen zuordnen: 1) Machtdistanz, 2) Femininität versus Maskulinität, 3) Unsicherheitsvermeidung sowie 4) Individualismus versus Kollektivismus. In späteren Studien ergänzte Hofstede eine Dimension, die sich darauf bezieht, ob Menschen ihr Leben eher in kurzen oder langfristigen Zeiträumen denken (Hofstede, 2001).

Machtdistanz

Diese beschreibt das Maß, in dem in einer Kultur soziale Ungleichheit und soziale Statusunterschiede akzeptiert werden.

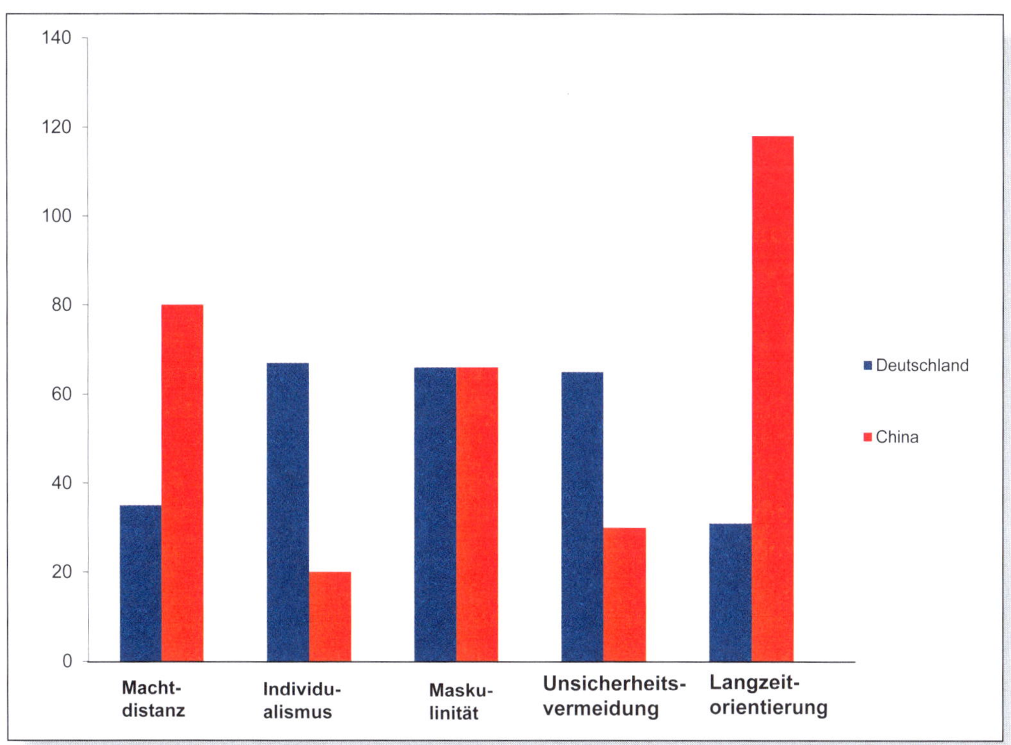

Abbildung 10.5: Die deutsche und die chinesische Kultur unterscheiden sich in manchen Dimensionen extrem – wie bei Individualismus, Machtdistanz und Langzeitorientierung, doch auf anderen, wie Maskulinität, sind sie sich sehr ähnlich. (Quelle: eigene Darstellung, nach Gerd Hofstede)

Länder mit hoher Machtdistanz sind Russland, China, Frankreich und Spanien. Als Länder mit niedriger Power Distance sind die Niederlande, die skandinavischen Länder, aber auch Deutschland zu nennen.

Diese Kulturdimension korreliert mit folgenden Eigenschaften einer Gesellschaft:

In Ländern mit niedriger Machtdistanz werden Kinder gleichberechtigt behandelt, unterrichten Lehrer unpersönliche Wahrheiten, beschränkt sich Hierarchie auf spezifische Aufgaben und Rollen und ist Arbeit dezentral organisiert. Ein gesellschaftliches Ziel besteht darin, soziale Ungleichheit zu minimieren, was sich in geringen Einkommensunterschieden in Unternehmen und einem stark progressivem Steuersystem widerspiegelt.

In Ländern mit hoher Machtdistanz haben Kinder vor allem zu gehorchen und sind Lehrer „Gurus", die persönliche Weisheiten transferieren, welche nicht hinterfragt werden dürfen. Arbeit ist zentral organisiert und unterschiedliche

Hierarchieebenen symbolisieren existentielle Ungleichheiten zwischen Menschen. Soziale Ungleichheit wird demzufolge als unvermeidlich betrachtet, Einkommensunterschiede sind hoch und die Progressivität des Steuersystems ist niedrig.

Femininität versus Maskulinität

In maskulinen Kulturen sind Geschlechtsrollen eindeutig getrennt. Von Männern wird erwartet, dass sie durchsetzungsfähig und hart sind. Von Frauen wird erwartet, dass sie bescheiden und liebevoll sind. In femininen Kulturen wird hingegen von Frauen *und* Männern erwartet, dass sie bescheiden und liebevoll sind.

Typisch maskuline Kulturen sind Japan, Italien, Deutschland und die angelsächsischen Länder. Feminine Kulturen finden wir in den skandinavischen Ländern und den Niederlanden.

In maskulinen Gesellschaften sind soziale Anerkennung und ein hoher Status wichtige Ziele. Die Bezahlung orientiert sich an der Leistung eines Mitarbeiters und Geld ist wichtiger als Freizeit. Der Ehrgeiz von Frauen ist auf den Erfolg ihrer Männer gerichtet. Väter kümmern sich um die Fakten und Mütter kümmern sich um Gefühle. Mädchen dürfen weinen, Jungen nicht. Homosexualität wird als bedrohlich empfunden. In der Schule orientiert man sich an den besten Schülern, Sport ist wichtig und brillante Lehrer werden bewundert.

In femininen Gesellschaften dominieren hingegen andere Ziele: Hier stehen vor allem intakte Beziehungen und eine hohe Lebensqualität im Mittelpunkt. Bezahlung orientiert sich an der Bedürftigkeit und Freizeit ist wichtiger als Geld. Der Ehrgeiz von Frauen ist auf den eigenen Erfolg gerichtet. Väter und Mütter kümmern sich um Fakten und Gefühle. Jungen dürfen, genau wie Mädchen, weinen und Homosexualität wird nicht als bedrohlich empfunden. In der Schule orientiert sich der Unterricht vor allen an den durchschnittlichen Schülern, Sport in der Schule ist eher unwichtig und freundliche Lehrer werden geschätzt.

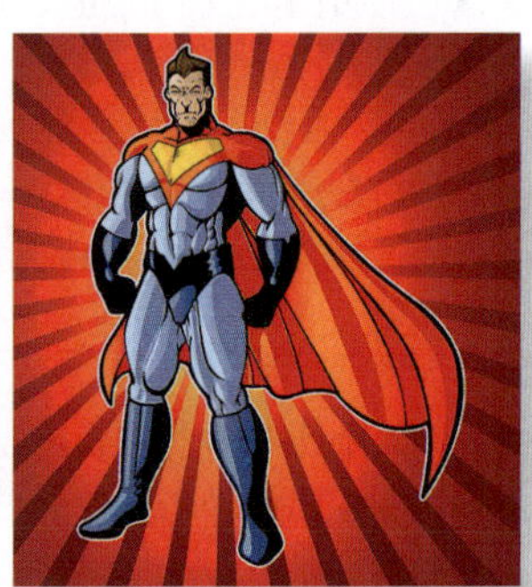

Abbildung 10.6: In femininen Kulturen dürfen Männer auch mal soft sein, in maskulinen Kulturen gelten hingegen noch strikte Rollenvorstellungen, bei denen Männer durchsetzungsfähig sind und nach Macht und Anerkennung streben. (© Gina Sanders und © ddgrigg – Fotolia.com)

Unsicherheitsvermeidung

Durch die Dimension Unsicherheitsvermeidung wird beschrieben, wieweit Mitglieder einer Kultur unbekannte und undefinierte Situationen als belastend und bedrohlich empfinden.

Länder mit einer hohen Unsicherheitsvermeidung sind Griechenland und Portugal, Länder, die einen niedrigen Grad an Unsicherheitsvermeidung aufweisen, sind Schweden und Dänemark, aber auch China und Hongkong.

Menschen in Ländern mit einer hohen Unsicherheitsvermeidung fühlen sich häufig gestresst, sind oftmals ängstlich und neigen zu einer niedrigen Lebenszufriedenheit. Diesen Gefühlen existentieller Unsicherheit wird durch strenge Regeln über „Gut und Böse" begegnet. Menschen neigen zu ethnozentrischen Haltungen gegenüber anderen Kulturen – was anders ist, wird als bedrohlich empfunden.

Diese Haltung hat Auswirkungen auf die verschiedensten Lebensbereiche. So vertraut man lieber Experten als Laien, da diese scheinbar mehr Sicherheit bieten. Das führt dazu, dass es vergleichsweise wenige Krankenschwestern, aber viele Ärzte gibt, dass in der Werbung oftmals Experten eingesetzt werden und dass im öffentlichen Dienst viele Juristen (d. h. Experten für Rechtsfragen) angestellt sind. Menschen wechseln nur selten ihren Arbeitgeber, bevorzugen risikoarme Geldanlagen, technologische Innovationen werden nur zögerlich akzeptiert und Neuwagen werden Gebrauchtwagen eindeutig vorgezogen. Öffentlichen Institutionen wird ganz allgemein mit Misstrauen begegnet.

In Ländern mit einer niedrigen Ausprägung auf der Dimension Unsicherheitsvermeidung sind Menschen tendenziell weniger gestresst, weniger ängstlich und genießen eine hohe Lebenszufriedenheit. Die Sicherheit, mit der man dem Leben und seinen Unwägbarkeiten begegnet, macht strenge Regeln über „Gut und Böse" überflüssig, anderen Kulturen wird mit Offenheit begegnet, was anders ist, wird als spannend und anregend empfunden. Bei wichtigen Entscheidungen vertraut man weniger auf den Rat von Experten, sondern lieber auf einen „common sense". In Krankenhäusern gibt es vergleichsweise viele Krankenschwestern und wenige Ärzte, Menschen wechseln häufig ihren Arbeitgeber, investieren z. T. auch in risikoreiche Geldanlagen, technologische Innovationen werden schnell akzeptiert und Gebrauchtwagen werden aufgrund ihres niedrigeren Preises Neuwagen oftmals vorgezogen.

Individualismus versus Kollektivismus

Eine der am intensivsten untersuchten Kulturdimensionen, die neben Hofstede auch von einer Vielzahl anderer Psychologen untersucht wurde, ist die Unterscheidung in Kollektivismus versus Individualismus (Nisbett, 2003; Triandis, 1995). Bei dieser Dimension geht es um die Frage, ob Menschen sich vor allem als individuelle Persönlichkeit oder als Mitglieder einer sozialen Gruppe definieren.

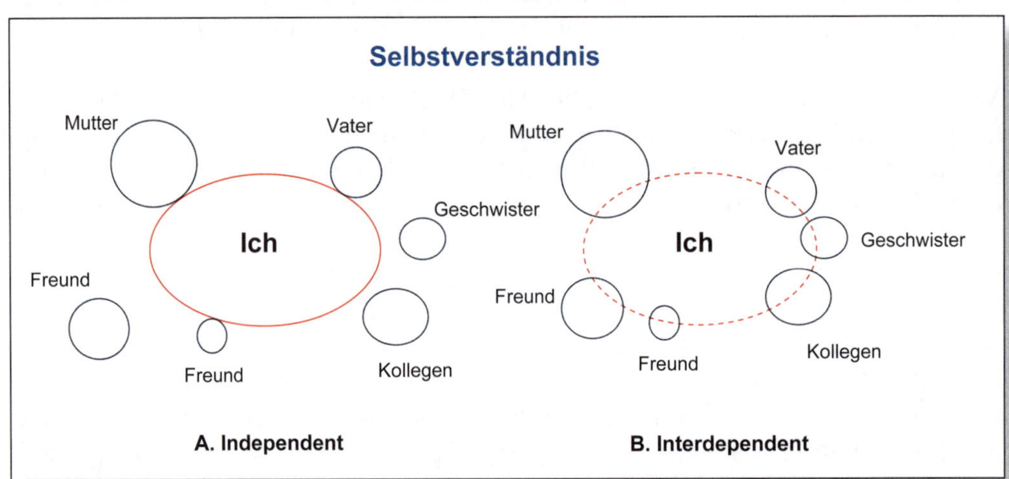

Abbildung 10.7: Die Dimension Kollektivismus/Individualismus bezieht sich darauf, ob sich jemand eher als unabhängiges Wesen wahrnimmt (independent) oder als Wesen, das eng mit anderen Menschen seiner Kultur verbunden ist (interdependent). (Quelle. Eigene Darstellung nach Markus & Kitayama, 1991, S. 226)

Länder mit einem hohen Maß an Individualismus sind die angelsächsischen Länder (in denen das Wort „I" buchstäblich großgeschrieben wird), die Niederlande sowie die skandinavischen Länder. Kollektivistische Länder finden sich vor allem in Asien und Südamerika.

Kollektivistische Gesellschaften zeichnen sich durch folgende Eigenschaften aus (Hofstede, 2006):

Erstens: Menschen akzeptieren Hierarchien und Statusunterschiede, auch wenn diese nicht durch aktuelle Leistung, sondern durch Tradition bzw. Alter (Seniorität) bestimmt sind. Berufliche und soziale Mobilität sind niedrig.

Zweitens: Im sozialen Miteinander sind direkte Auseinandersetzungen zu vermeiden, vor allem dann, wenn sie zum Gesichtsverlust einer der Beteiligten führen würden. Höflichkeit geht grundsätzlich vor Ehrlichkeit und die Pflege von Beziehungen ist wichtiger als die effiziente Erledigung von Aufgaben.

Drittens: Bei der Aufteilung der Ressourcen wird deutlich zwischen Ingroup (Eigengruppe) und Outgroup (Fremdgruppe) unterschieden. So erhalten Kunden der eigenen Ingroup eine bevorzugte Behandlung und werden Mitglieder der eigenen Gruppe (vor allem Verwandte) aktiv in ihrer Berufslaufbahn unterstützt, auch wenn dafür formale Regeln umgangen werden müssen. Ressourcen sollten mit den eigenen Verwandten oder Kollegen geteilt werden.

Viertens: Die Beziehungen zwischen Arbeitgebern und Arbeitnehmern ähneln familialen Bindungen mit einem hohen Ausmaß an gegenseitiger Verantwortung. Arbeitnehmer verstehen sich vor allem als Mitglieder eines Kollektivs und versuchen, den Erfolg dieses Kollektivs zu maximieren. Öffentliches Lob richtet sich in aller Regel an die gesamte Arbeitsgruppe, individuelles Lob wird vermieden und würde vom Gelobten als peinlich empfunden.

Fünftens: Verfehlungen und unmoralisches Handeln führen zu einem Gesichtsverlust vor der Gruppe und zu Schamgefühlen sowohl beim Täter als auch bei den Mitgliedern seiner Gruppe (z. B. seiner Arbeitsgruppe oder seiner Familie).

Sechstens: Dem Staat wird eine dominierende Rolle bei der Organisation des Wirtschaftssystems zugesprochen, kollektive Ziele werden höher geachtet als individuelle Rechte (wie das auf Meinungsfreiheit). Die Gleichheit der Gruppenmitglieder wird stärker betont als die individuelle Freiheit der einzelnen Bürger. Bei politischen Entscheidungen wird Harmonie und Einstimmigkeit angestrebt.

Im Gegensatz dazu lassen sich individualistische Kulturen wie folgt beschreiben:

Erstens: Sozialer Status sollte nach meritokratischen Regeln (d. h. nach Leistung) verteilt werden. Wer viel leistet, soll nicht durch seine Herkunft daran gehindert werden, gesellschaftlich aufzusteigen.

Zweitens: Auch wenn Harmonie wichtig ist, wird vor allem bei Sachdiskussionen Ehrlichkeit und Geradlinigkeit geschätzt, wobei hierbei Statusunterschiede nur eine geringe Rolle spielen.

Drittens: Zumindest als ethisches Ideal gilt, dass alle Menschen gleich zu behandeln sind und dabei nicht zwischen Ingroup und Outgroup zu differenzieren ist. Nisbett (2003, S. 70) berichtet von einem protestantisch individualistischen Sozialwissenschafter, der einmal stolz erzählte, er habe seinen eigenen Sohn bei dessen Universitätskarriere niemals durch seinen eigenen guten Namen geholfen – sehr zum Unverständnis seiner jüdischen und katholischen (d. h. stärker kollektivistisch) orientierten Kollegen.

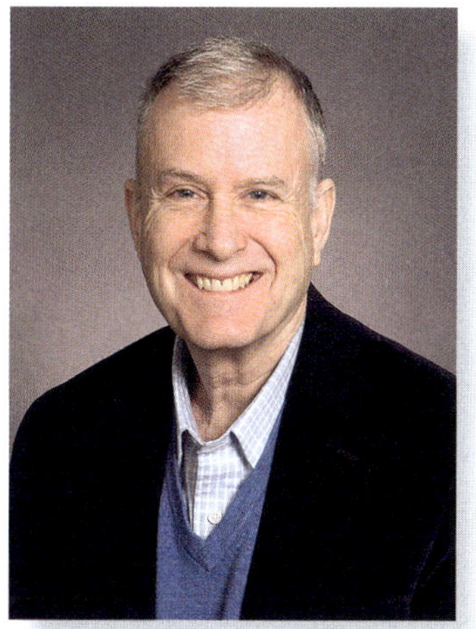

Richard E. Nisbett (*1941)

US-amerikanischer Sozialpsychologe – Nisbett ist vor allem für empirische Forschung zu unbewussten mentalen Prozessen bekannt (zusammen mit Timothy Wilson, s. Kapitel 14) sowie für sein Buch „The Geography of Thought", in welchem er argumentiert, dass kognitive Strukturen von Kultur zu Kultur unterschiedlich sind.

Viertens: Beziehungen zwischen Arbeitgebern und Arbeitnehmern folgen weitgehend einem wechselseitig utilitaristischem Prinzip. Arbeitnehmer arbeiten deshalb bei einem bestimmten Arbeitgeber, weil und solange dies ihrem eigenen Nutzen dient. Mitarbeiter folgen in ihrem Handeln ihren eigenen Karrieremotiven und freuen sich über öffentliches Lob (z. B. wenn sie „Mitarbeiter des Monats" werden).

Fünftens: Moralisches Verhalten orientiert sich an eigenen, weniger an durch das Kollektiv vorgegebenen Leitbildern. Unmoralisches Verhalten führt zu Gefühlen von Schuld und individueller Verantwortung.

Sechstens: Der Staat wird nicht nur in wirtschaftlichen Fragen als lästiges Übel gesehen, der sich so wenig wie möglich in das Handeln der einzelnen Bürger einzumischen habe. Individuelle Rechte sind unantastbar, politische Entscheidungen sind demokratisch zu treffen und werden eher durch formale Regeln (z. B. durch formale Regeln über erforderliche Mehrheiten) legitimiert als durch Harmonie und Einstimmigkeit.

In vielen Untersuchungen konnte gezeigt werden, dass Menschen individualistischen Kulturen im Durchschnitt glücklicher und zufriedener mit ihrem Leben sind als in kollektivistischen Kulturen. Allerdings ist die kausale Richtung dieses Zusammenhangs äußerst schwierig zu bestimmen, wobei die Befunde insgesamt eher darauf hindeuten, dass steigender Wohlstand zu mehr Individualismus führt als umgekehrt.

Zudem hat diese Korrelation in den letzten 40 Jahren deutlich abgenommen, was damit zu tun hat, dass viele kollektivistische Länder (wie z. B. die Tigerstaaten Südkorea, Singapur, Taiwan und Hongkong) einen enormen wirtschaftlichen Aufschwung verzeichnen. Die vom Westen gerne propagierte Gleichstellung von

Abbildung 10.8: Menschen in individualistischen Gesellschaften sind im Durchschnitt glücklicher als Menschen in kollektivistischen Gesellschaften. Doch sind vermutlich sowohl Glück als auch Individualismus durch eine dritte Variable bedingt: Wohlstand. (© Michael Brown – Fotolia.com)

politischer sowie wirtschaftlicher Freiheit mit wirtschaftlichem Wohlstand wird dadurch empirisch in Frage gestellt.

Darüber hinaus lässt sich am Beispiel der Dimension Kollektivismus/Individualismus aber auch zeigen, dass man den kulturellen Einfluss auf das Empfinden und Handeln der einzelnen Menschen nicht überschätzen sollte. Auch Briten und Amerikaner denken häufig im Kollektiv, auch Chinesen und Brasilianer denken häufig vor allem an sich selbst. Zudem sind kollektivistische und individualistische Orientierungen auch davon abhängig, welchen situationalen Hinweisreizen Menschen ausgesetzt sind (Oyserman & Lee, 2007). In einer Serie von Experimenten wurden Versuchspersonen entweder danach gefragt, inwiefern sie ihren Freunden oder Verwandten ähnlich sind (Aktivierung von Kollektivismus) oder sie wurden danach gefragt, inwiefern sie sich von diesen unterscheiden (Aktivierung von Individualismus). Je nach Experimentalgruppe zeigten die Versuchspersonen im Anschluss entweder typisch kollektivistisches oder typisch individualistisches Verhalten und zwar unabhängig davon, ob es sich bei ihnen um Amerikaner oder um Asiaten handelte.

Zusammenfassend lässt sich festhalten, dass die Studien von Hofstede eine wichtige Pionierarbeit geleistet und viele weitere Studien stimuliert haben, in denen ebenfalls Werte, Normen und Einstellungen zwischen verschiedenen Kulturen verglichen wurden. Diese Studien zeigen, wie sehr unser Empfinden und Handeln oftmals von den kulturellen Werten beeinflusst sind, in die wir sozialisiert wurden und stehen damit im Kontrast zu den Postulaten von Ökonomen und Evlutionspsychologen.

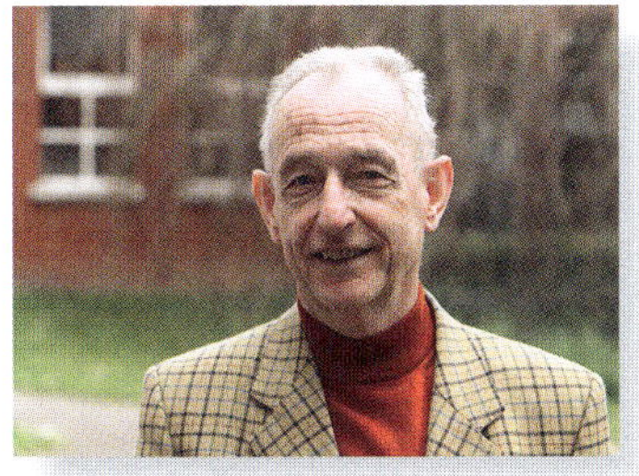

Evert van de Vliert

Niederländischer Psychologe – Der Schwerpunkt von van de Vlierts Forschung liegt auf kulturvergleichender Organisationspsychologie, wobei er besonders den Einfluss von klimatischen Bedingungen untersucht.

Klima und Kultur

In seinen Untersuchungen zu interkulturellen Unterschieden geht Hofstede nur am Rande darauf ein, warum sich die von ihm untersuchten Länder unterscheiden. Der Psychologe Evert van de Vliert (2007, 2009) stellt die Ursachen kultureller Unterschiede hingegen in den Mittelpunkt seiner Forschungen. Ihm geht es nicht nur um eine Beschreibung von Zusammenhängen, sondern auch um deren Erklärung bzw. Vorhersage. Die Hauptgründe für kulturelle Unterschiede sieht er in unterschiedlichen klimatischen Bedingungen einzelner Länder und unterschiedlichen Wohlstandsniveaus. Sein Ansatz basiert auf den folgenden Annahmen:

Effekte klimatischer Bedingungen

Zum einen spielt das Klima eine entscheidende Rolle: Länder unterscheiden sich demnach darin, welche klimatischen Anforderungen an seine Bewohner gestellt werden. In milden Klimazonen sind die Anforderungen niedriger als in Ländern mit einem sehr kalten oder einem sehr heißen Klima. Als perfektes

Klima beschreibt van de Vliert Temperaturen von ca. 22 Grad ohne allzu große jahreszeitliche Schwankungen. Unter solchen Bedingungen muss der Körper weder Energie zur Kälte- noch zur Hitzeregulation verwenden (d.h. weder Zittern noch Schwitzen) und stellt die Umwelt durch eine natürliche Artenvielfalt ein reichhaltiges Angebot an Nahrung und Flüssigkeit bereit.

„Perfektes" Klima

Länder mit einem annähernd „perfekten" Klima sind demnach die Seychellen oder die Malediven, Länder mit sehr anspruchsvollem Klima hingegen z. B. Kanada (mit heißen Sommern und sehr kalten Wintern).

Einfluss wirtschaftlichen Wohlstands

Neben dem Klima sieht van de Vliert eine zweiten entscheidenden Faktor für die Erklärung von kulturellen Unterschieden: wirtschaftlicher Wohlstand. Es gibt Länder, in denen Menschen über viele bzw. nur über wenige ökonomische Ressourcen verfügen.

Mit Verweis auf eine ganze Reihe soziologischer und psychologischer Theorien argumentiert van de Vliert, dass Menschen durch eine Kombination von hohen Anforderungen und hinreichenden Ressourcen an ihren Aufgaben wachsen können (d.h. ein Gefühl von Kontrolle entwickeln und Bedrohungen als positive Herausforderungen interpretieren). Wenn hingegen Menschen objektiv großen Herausforderungen mit ungenügenden Ressourcen gegenübertreten müssen, führt dies zu einem Gefühl der Verunsicherung und des Scheiterns. Wenn Menschen durch ihre Umwelt in nur geringem Maße mit Herausforderungen konfrontiert sind, sollte ihr psychisches Funktionieren nur wenig davon beeinflusst sein, welche Ressourcen ihnen zur Verfügung stehen.

Abbildung 10.9: Klima *und* Wohlstand prägen die Kultur: Sowohl Kanada (linkes Bild) als auch die Mongolei (rechtes Bild) sind von einem eher anspruchsvollen Klima geprägt, doch verfügen Menschen in Kanada über wesentlich mehr Ressourcen, um mit den klimatischen Anforderungen zurechtzukommen. (© Andreas Edelmann und © Johann Loigge – Fotolia.com)

Diese beiden generellen Hypothesen hat van de Vliert an einer Vielzahl von abhängigen Variablen empirisch überprüft und bestätigen können, z. B. im Hinblick auf positive Emotionen und Prosozialität, die Motive ehrenamtlicher und bezahlter Arbeit, die Bedeutung egoistischer bzw. altruistischer Erziehungsziele, sowie Einstellungen zu autokratischer versus demokratischer Führung.

In einer weiteren Studie hat er überprüft, wie das allgemeine Wertesystem einer Kultur durch eine Interaktion aus klimatischen Bedingungen und ökonomischen Wohlstand zu erklären ist. Hierbei unterscheidet er in Anlehnung an den US-amerikanischen Politologen Ronald Inglehart (1977, 1990), der sich mit dem Thema Wertewandel beschäftigt, zwischen zwei einander gegenüberstehenden Werten: Auf der einen Seite stehen Sicherheitswerte wie die Vermeidung körperlicher und ökonomischer Risiken und eine extrinsische Arbeitsmotivation, die auf das Erreichen von Wohlstand und Status gerichtet ist. Auf der anderen Seite stehen expressive Werte, die auf Selbstaktualisierung, Glück, und intrinsische Arbeitswerte (wie z. B. Spaß an der eigenen Tätigkeit) gerichtet sind. Anhand einer Stichprobe von 77 Ländern zeigte sich tatsächlich der von van de Vliert vorhergesagte Zusammenhang.

Expressive Werte waren vor allen Dingen in wohlhabenden Nationen mit hohen klimatischen Anforderungen zu beobachten (wie z. B. in Kanada oder Skandinavien), Sicherheitswerte hingegen vor allem in armen Nationen mit hohen klimatischen Anforderungen (wie z. B. in Russland oder Moldavien). Bei Ländern mit einem milden Klima zeigte sich hingegen kein Zusammenhang zwischen Wohlstand und den vorhandenen Wertorientierungen.

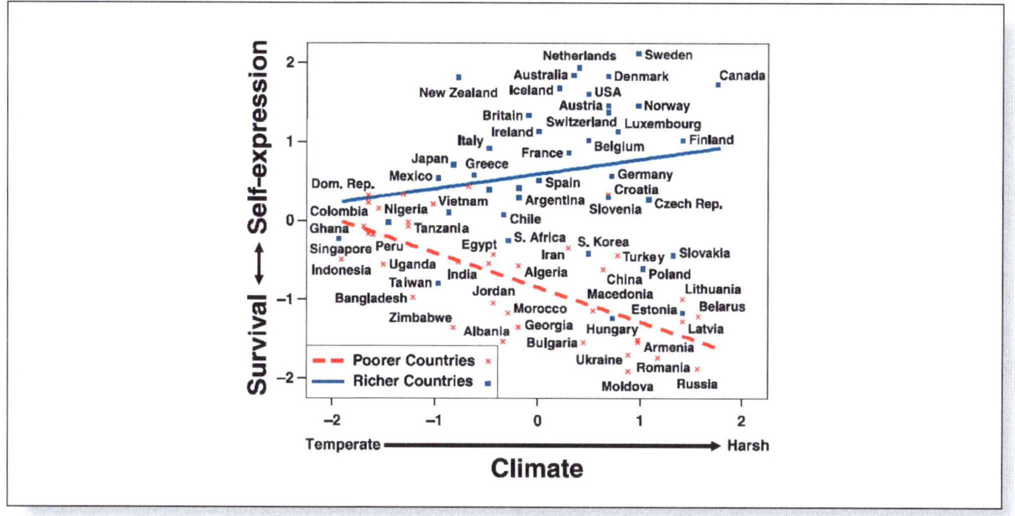

Abbildung 10.10: In relativ reichen Ländern mit rauem Klima haben sich durch die klimatischen Herausforderungen selbst-expressive Wert entwickeln können; in relativ armen Ländern mit rauem Klima dominiert hingegen das bloße Ziel, zu überleben. (Quelle: Van de Vliert, 2007)

Dänen lügen nicht – finanzielle Ehrlichkeit und interpersonales Vertrauen

„Kann man den meisten Mitbürgern in Ihrem Lande vertrauen oder sollte man dies besser nicht tun?" Wenn man Menschen weltweit diese Frage stellt, wird man je nach Land sehr unterschiedliche Antworten erhalten. Während z. B. in Frankreich nur ca. 20 % diese Frage mit „ja" beantworten, sind es in Norwegen mit ca. 60 % dreimal so viele Befragte.

Wahrgenommene und tatsächliche Vertrauenswürdigkeit im Vergleich

Spiegeln sich in solchen Umfragewerten lediglich individuelle Eigenheiten dieser Länder wider oder gibt es einen Zusammenhang zwischen Vertrauen in einem Land und der tatsächlichen Vertrauenswürdigkeit seiner Bewohner?

Über ein interessantes Experiment, das diese Frage beantworten kann, wird in der Zeitung The Economist (1996) berichtet: In 20 verschiedenen europäischen Städten wurden Portemonnaies mit Geld im Wert von 50 $ und der Adresse des Besitzers „verloren". Der Anteil der Portemonnaies, die an ihren Besitzer zurückgeschickt wurden, fiel in diesem Experiment recht unterschiedlich aus. Während in der norwegischen Stadt Oslo und in Odense in Dänemark alle Portemonnaies zurückgegeben wurden, belief sich die Rückgabequote in Lausanne (Schweiz), Ravena (Italien) und im deutschen Weimar nur auf 20 % der Geldbeutel. Setzt man diese Ergebnisse zu dem Vertrauen in den unterschiedlichen Ländern in Bezug, zeigen sich sehr deutliche positive Zusammenhänge.

Finanzielle Ehrlichkeit

Ein ähnliches Ergebnis zeigte sich auch in einer Studie von Fetchenhauer & van der Vegt (2001), in der anhand von Daten aus dem so genannten „World Value Survey" die durchschnittliche finanzielle Ehrlichkeit von Bürgern verschiedener Länder bestimmt wurde. Die finanzielle Ehrlichkeit wurde hierbei gemessen über sieben Fragen nach der Legitimität von finanziell unehrlichem Verhalten (wie z. B. Steuerhinterziehung, Schwarzfahren, oder dem Beziehen staatlicher Leistungen, die einem nicht zustehen).

Die Ergebnisse dieser Analyse und die Beziehung von finanzieller Ehrlichkeit und Vertrauen in den verschiedenen Ländern ist in der nachfolgenden Abbildung dargestellt.

In Ländern mit hoher finanzieller Ehrlichkeit vertrauen die Menschen einander mehr als in Ländern mit niedriger finanzieller Ehrlichkeit. Mit anderen Worten: Die Menschen in den untersuchten westlichen Industrienationen haben offensichtlich ein intuitives Gespür dafür, ob sie ihren Mitmenschen vertrauen können oder nicht.

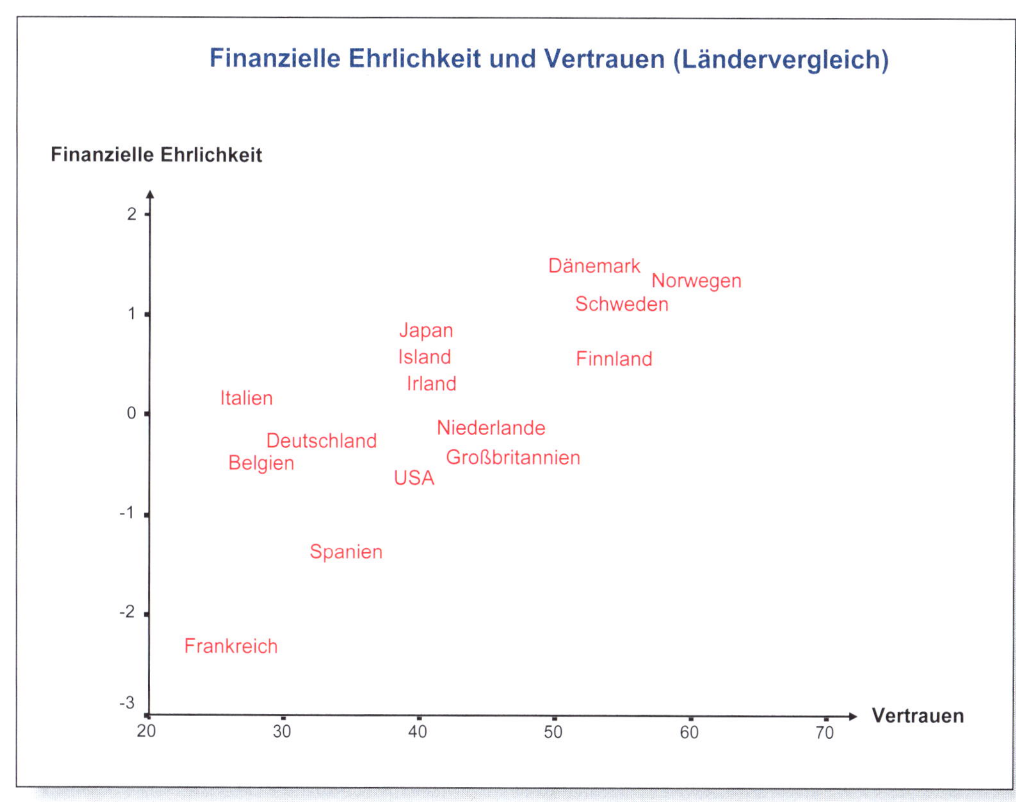

Abbildung 10.11: Ehrlichkeit und Vertrauen im Ländervergleich: Vertrauen und finanzielle Ehrlichkeit in westlichen Industriegesellschaften sind positiv korreliert. (Quelle: Fetchenhauer & van der Vegt, 2001)

Die Abbildung verweist auch auf einige Variablen, die mit der Ehrlichkeit und dem Vertrauen der Menschen in den unterschiedlichen Ländern korrelieren (Fetchenhauer & van der Vegt, 2001). So sind Menschen in protestantischen Ländern (wie z. B. Norwegen und Schweden) ehrlicher und haben mehr Vertrauen in ihre Mitbürger als Menschen in katholischen Ländern wie Frankreich, Portugal oder Belgien. Länder mit einer gemischtkonfessionellen Tradition wie die USA oder die Niederlande liegen hingegen ganz überwiegend in der Mitte.

Ferner zeigt sich, dass Menschen vor allem in solchen Ländern Vertrauen zu ihren Mitmenschen haben, in denen es eine lange demokratische Tradition gibt (definiert über den Zeitraum, seitdem es in den einzelnen Ländern ein ununterbrochenes demokratisches Regime gibt). Während z. B. skandinavische Länder seit sehr langer Zeit demokratisch verfasst sind, gab es in Portugal und auch in Frankreich nach dem zweiten Weltkrieg zumindest für eine gewisse Periode ein nichtdemokratisches Regierungssystem.

Auffallend ist zudem, dass in Ländern mit einem hohen Maß an Vertrauen und finanzieller Ehrlichkeit die Emanzipation der Frau sehr viel stärker realisiert ist als in Ländern mit niedrigem Vertrauen und nur geringer finanzieller Ehrlichkeit. So waren z. B. bereits im Jahr 1990 in Norwegen über ein Drittel der Parlamentssitze mit Frauen besetzt, in Frankreich hingegen nur jeder fünfzehnte.

In einer Reihe von Studien konnte darüber hinaus gezeigt werden, dass hohe finanzielle Ehrlichkeit und hohes interpersonelles Vertrauen das Wirtschaftswachstum von Gesellschaften positiv beeinflusst (Fetchenhauer & van der Vegt, 2001; Knack & Keefer, 1997).

Zusammenfassung

In diesem Kapitel ging es um die Frage, inwiefern Menschen durch die Kultur, in der sie leben bzw. aufgewachsen sind, beeinflusst werden. Auch wenn aus Platzgründen nur einige wenige empirische Studien zu dieser Frage vorgestellt werden konnten, sollte deutlich geworden sein, dass Menschen immer auch das Produkt ihrer kulturellen Umwelt sind.

Ein durchschnittlicher Däne lebt in einer Gesellschaft, in der er den meisten seiner Mitbürger vertrauen kann und dies auch tut, in der es nur geringe Unterschiede zwischen arm und reich gibt, in der man mit Unsicherheiten entspannt umgeht und in der Frauen und Männer sich nur geringfügig unterscheiden.

Ein Franzose, der nur wenige hundert Kilometer entfernt lebt, lebt hingegen in einer Gesellschaft, in der er den meisten Mitmenschen mit Misstrauen begegnet (oftmals zurecht), in der Unterschiede zwischen unterschiedlichen sozialen Schichten groß und allgemein akzeptiert sind, in der man versucht, Unsicherheiten durch strikte Regeln zu vermeiden und in der nach wie vor „echte Männer“ (wie z. B. Staatspräsident Sarkozy) das Sagen haben.

Dennoch sollte man den Einfluss von Kultur auch nicht überschätzen. Hinter den meisten Unterschieden verbergen sich viele Gemeinsamkeiten und die psychologische Analyse interkultureller Unterschiede sagt immer nur etwas über Mittelwerte aus, aber nichts über den Charakter eines einzelnen Menschen.

Kurz und gut

1. Kulturen lassen sich als Systeme von Normen und Werten, als ein Geflecht von Institutionen und Regeln sowie als die Summe des Wissens über Techniken und Strategien zur Lösung bestimmter Alltagsprobleme definieren.
2. Hofstede weist darauf hin, dass sich kulturelle Praktiken wandeln können, ohne dass sich der Kern kultureller Werte verändert.
3. Kulturelle Werte sind subjektiv nur schwer hinterfragbar, sondern werden als natürlich und selbstevident empfunden.
4. Evolutionspsychologen weisen darauf hin, dass es neben kulturellen Unterschieden auch viele transkulturelle Universalien gibt.
5. Machtdistanz beschreibt das Maß, in dem in einer Kultur soziale Ungleichheit und soziale Statusunterschiede akzeptiert werden.
6. Maskuline Kulturen zeichnen sich dadurch aus, dass die gesellschaftlichen Rollenerwartungen an Männer und Frauen deutlich getrennt sind.
7. Unsicherheitsvermeidung beschreibt, inwieweit Mitglieder einer Kultur unbekannte und undefinierte Situationen als belastend und bedrohlich empfinden.
8. Bei der Unterscheidung zwischen individualistischen und kollektivistischen Kulturen geht es um die Frage, ob Menschen sich vor allem als individuelle Persönlichkeit oder als Mitglieder einer sozialen Gruppe definieren.
9. In Ländern mit einem herausfordernden Klima gelingt das Zusammenleben umso besser, über je mehr Wohlstand ein Land verfügt. In Ländern mit gemäßigtem Klima gibt es hingegen keinen solchen Zusammenhang.
10. Kulturen unterscheiden sich darin, inwiefern sich Menschen einander vertrauen und ob ein solches Vertrauen in Fremde gerechtfertigt ist.

Studentenfutter

Hofstede, G. (2001). *Culture's consequences: Comparing values, behaviors, institutions, and organizations across nations*. Thousand Oaks: Sage Publications.

Nisbett, R. E. (2003). *The geography of thought: How asians and westerners think differently … and why*. New York: Free Press.

Kapitel 11

Warum Logik oftmals nicht weiterhilft – normative versus deskriptive Entscheidungstheorie

Kapitel 11 Warum Logik oftmals nicht weiterhilft – normative versus deskriptive Entscheidungstheorie

Inhalt

Normative Entscheidungstheorie

In ihrem Leben müssen Menschen nahezu unendlich viele Entscheidungen treffen. Die meisten dieser Entscheidungen sind trivial. Beispiel: „Soll ich heute Wurst oder Käse zum Frühstück essen?" Andere beeinflussen hingegen unser gesamtes Leben. Beispiel: „Soll ich Psychologie oder doch besser BWL studieren?"

„In zweifelhaften Fällen entscheide man sich für das Richtige."
Karl Kraus (1874–1936), östr. Schriftsteller

Rationalität von Entscheidungen

In diesem Kapitel geht es darum, wie Menschen Entscheidungen treffen. Hierbei geht es zunächst darum, wie Menschen sich rationalerweise entscheiden sollten, dann werden wir diskutieren, warum Menschen dies häufig nicht tun.

Ein Beispiel für rationale Logik: Nichts ist besser als immerwährendes Glück. Ein Schinkensandwich ist besser als nichts. Ein Schinkensandwich ist besser als immerwährendes Glück.
R.S. Nickerson, 1996

Eine Entscheidung ist allgemein dann als rational zu bezeichnen, wenn sie besser als alle anderen Alternativen geeignet erscheint, die Ziele eines Entscheiders zu realisieren (Baron, 2000).

Hierbei ist Folgendes zu beachten:

Erstens: Es ist nicht möglich, eine Entscheidung nach ihrem Ergebnis zu beurteilen, weil dieses von zufälligen Ereignissen beeinflusst sein kann, die der handelnde Akteur zum Zeitpunkt seiner Entscheidung nicht antizipieren konnte. Beispiel: Sie gehen schlecht vorbereitet in eine Klausur, fallen durch, müssen die Klausur wiederholen und lernen bei dieser Gelegenheit den Mann ihres Lebens kennen. Im Nachhinein war es gut, dass sie sich auf den ersten Klausurtermin so schlecht vorbereitet haben, aber genauso gut hätte es auch sein können, dass Ihr Traummann nur am ersten Klausurtermin teilnimmt.

Ein ähnlicher Fall liegt vor, wenn Sie eine bestimmte Konsequenz antizipiert haben, das Eintreten dieser Konsequenz aber objektiv unwahrscheinlich war. Beispiel: Sie setzen beim Roulette alles auf die Zahl 7, und da diese tatsächlich fällt, haben Sie Ihren Einsatz vervielfacht. Trotz des offensichtlich positiven Ergebnisses hat es sich nicht um eine rationale Entscheidung, sondern nur das Ergebnis eines glücklichen Zufalles gehandelt.

„Zu mancher richtigen Entscheidung kam es nur, weil der Weg zur falschen gerade nicht frei war."
Hans Krailsheimer (1888–1958), dt. Schriftsteller

Dies bedeutet: Es ist nicht möglich, die Rationalität einer Entscheidung aus ihrem Ergebnis abzuleiten. So macht es z. B. wenig Sinn, wenn erfolgreiche Künstler, Schriftsteller oder Musiker anderen erklären, sie hätten vor allem deshalb Erfolg gehabt, weil sie immer an sich geglaubt hätten (denn wie viele andere haben auch an sich geglaubt und hatten trotzdem nie Erfolg?).

Zweitens: Die Rationalität der Ziele, die ein Akteur verfolgt, lässt sich nicht objektiv feststellen. Die beiden bekannten Ökonomen Gary Becker (s. Kapitel 12) und George Stigler (1977) publizierten diesem Gedanken folgend einen Artikel mit dem Titel „De gustibus non est disputandum" (für alle Nichtlateiner: „Über Geschmack lässt sich nicht streiten").

Ein Beispiel: Wenn ein Muslim daran glaubt, durch einen Märtyrertod ins Paradies zu kommen, und dieses Ziel ihm wichtiger ist als alles andere, dann kann es höchst rational sein, ein Verkehrsflugzeug zu entführen und mit diesem ins World Trade Center zu fliegen. Die normative Entscheidungstheorie macht keine Aussage darüber, ob ein solcher Glaube rational (d. h. zutreffend) ist oder nicht.

Grundsätzlich werden im Rahmen der normativen Entscheidungstheorie drei Arten von Entscheidungen unterschieden (Baron, 2000): 1) Entscheidungen unter Sicherheit; 2) Entscheidungen unter Risiko, und 3) Entscheidungen unter Unsicherheit.

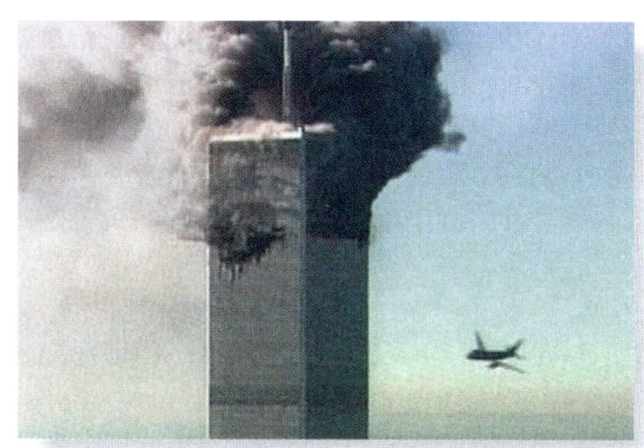

Abbildung 11.1: Wahnsinnig oder rational? Welche Entscheidung rational ist, lässt sich nicht so einfach sagen, da für die meisten Entscheidungen gewisse Grundannahmen getroffen werden müssen, die sich nicht rational herleiten lassen. So sind bspw. beim Selbstmord Annahmen über ein mögliches Leben nach dem Tod nötig. (Quelle: AP)

Entscheidungen unter Sicherheit

Bei Entscheidungen unter Sicherheit sind die verschiedenen Konsequenzen einer Entscheidung sicher (d. h. ihr Eintreten ist gewiss), bei Entscheidungen unter Risiko sind die Konsequenzen einer Entscheidung nicht sicher, aber ihre Eintrittswahrscheinlichkeiten sind bekannt (z. B. bei einem Münzwurf, bei dem die Wahrscheinlichkeit für beide möglichen Ausgänge genau 0,5 beträgt), bei Entscheidungen unter Unsicherheit sind die Eintrittswahrscheinlichkeiten verschiedener Konsequenzen nicht bekannt, sondern können allenfalls geschätzt werden. Beispiel: Wird der Dollar im Vergleich zum Euro in den kommenden sechs Monaten an Wert gewinnen oder verlieren?

Bei einer Entscheidung unter Sicherheit muss ein rationaler Entscheider allen verschiedenen Konsequenzen einer Entscheidung einen bestimmten kardinalen Nutzen zuordnen. Damit ist gemeint, dass neutralen Konsequenzen eine Null, positiven Konsequenzen positive und negativen Konsequenzen negative Nutzenwerte zugeordnet werden und darüber hinaus die einzelnen Werte so abgebildet sind, dass ihr Verhältnis ihrer Nutzenrelation entspricht (z. B. dass ein Nutzenwert von 10 einen genau doppelt so hohen Nutzen signalisiert wie ein Nutzenwert von 5). In einem nächsten Schritt werden alle Nutzenwerte addiert und die Alternative gewählt, die den höchsten Gesamtnutzen aufweist.

Nehmen wir ein ganz einfaches Beispiel: Sie stehen in einer Imbissbude und überlegen, ob sie sich ein Döner für 3,50 € kaufen sollen. Um zu entscheiden, ob Sie dies tun wollen, müssen Sie alle positiven Konsequenzen eines solchen Kaufs vergleichen mit allen negativen Konsequenzen (z. B. dass Sie an Gewicht zulegen und dass Sie 3,50 € weniger haben). Je positiver Sie den Verzehr einer Portion Döner bewerten, desto eher werden Sie bereit sein, 3,50 € dafür auszugeben.

Entscheidungen unter Risiko

Entscheidungen unter Risiko folgen einem ähnlichen Prinzip, nur werden dort die Nutzenwerte mit den jeweiligen Wahrscheinlichkeiten der Konsequenzen multipliziert, bevor diese addiert werden. Einfaches Beispiel: Jemandem werde ein Münzwurf angeboten. Wenn er gewinnt, erhält er als Gewinn eine Portion Döner, im anderen Fall verliert er eine Summe von 5,00 €.

In diesem Fall muss ein rationaler Entscheider den Nutzenwert der beiden möglichen Konsequenzen eines Münzwurfs (5 € zu verlieren versus kostenlos eine Portion Döner zu gewinnen) zunächst mit ihrer Eintretenswahrscheinlichkeit (in diesem Fall 0,5) multiplizieren, beide Werte aufaddieren und mit dem Nutzenwert vergleichen, der entsteht, wenn er sich auf diesen Münzwurf nicht einlässt.

Entscheidungen unter Unsicherheit

Bei Entscheidungen unter Unsicherheit müssen die Eintretenswahrscheinlichkeiten geschätzt werden. Die normative Entscheidungstheorie postuliert, dass bei einer solchen Schätzung von Wahrscheinlichkeiten sämtliche zur Verfügung stehenden Informationen in adäquater Weise genutzt und z. B. mathematische Regeln der Wahrscheinlichkeitsrechnung nicht verletzt werden.

Das wohl berühmteste Beispiel dafür, wie eine rationale Entscheidung unter Unsicherheit getroffen werden solle, stammt von Blaise Pascal. Dieser dachte darüber nach, ob es in Zeiten religiösen Zweifelns Sinn mache, an Gott zu glauben. Hierbei wurden von ihm vier mögliche Fälle unterschieden (siehe die folgende Tabelle).

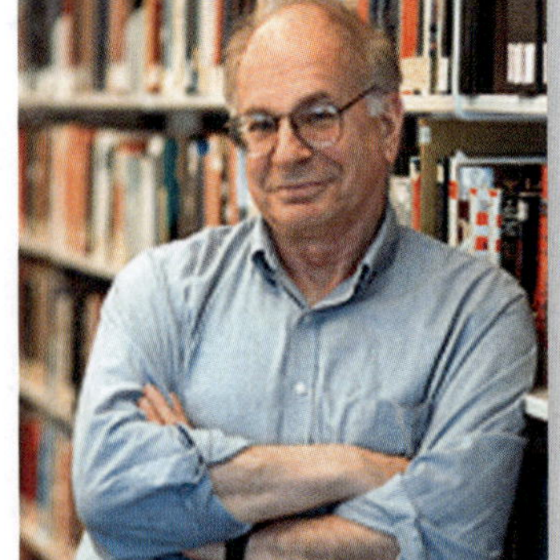

Daniel Kahneman (*1934)

Israelisch-US-amerikanischer Kognitionspsychologe – Kahneman gilt zusammen mit Amos Tversky (s.u). als wissenschaftlicher Vater der Urteilsheuristiken und kognitiven Verzerrungen und wurde vor allem durch die Prospect Theory (s. u.) bekannt. Er beeinflusste mit seiner Forschung zur „Irrationalität" menschlichen Verhaltens auch die Wirtschaftswissenschaften und erhielt daher als erster Psychologe 2002 den Wirtschaftsnobelpreis.

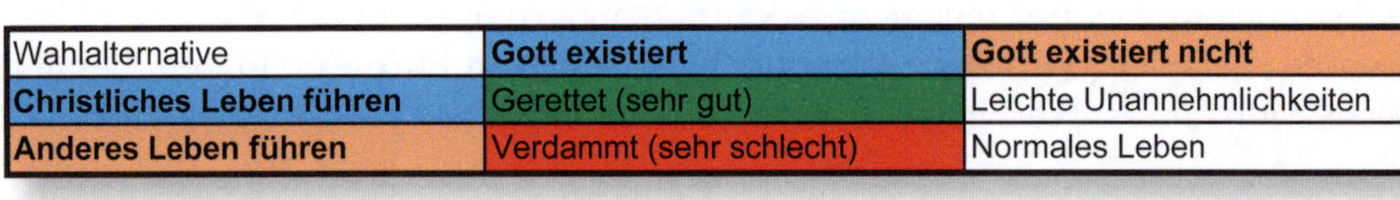

Wahlalternative	Gott existiert	Gott existiert nicht
Christliches Leben führen	Gerettet (sehr gut)	Leichte Unannehmlichkeiten
Anderes Leben führen	Verdammt (sehr schlecht)	Normales Leben

Abbildung 11.2: Ein frühes Beispiel für rationales Entscheiden unter Ungewissheit: die berühmte Wette von Blaise Pascal. (Quelle: Eigene Darstellung, nach Baron, 2000, S. 228)

1) Eine Person glaubt an Gott, obwohl dieser nicht existiert; 2) Eine Person glaubt an Gott und dieser existiert tatsächlich; 3) Eine Person glaubt nicht an Gott und dieser existiert tatsächlich nicht, und 4) Eine Person glaubt nicht an Gott, obwohl dieser tatsächlich existiert.

Hierbei ging Pascal davon aus, dass Gott – so er denn existiert – einen Menschen nach dessen Tod ins Paradies lasse, wenn dieser an ihn geglaubt hat, Ungläubigkeit hingegen mit ewiger Verdammnis bestrafe.

Pascal argumentiert, dass es in diesem Fall auf jeden Fall Sinn mache, an Gott zu glauben, weil die positiven Konsequenzen eines ewigen Lebens im Paradies und die negativen Konsequenzen einer ewigen Verdammnis so groß seien, dass ein Glaube an Gott selbst dann Sinn mache, wenn seine Existenz eher unwahrscheinlich sei.

Fassen wir zusammen: Die normative Entscheidungstheorie gibt an, wie Individuen unter der Annahme bestimmter Präferenzen Entscheidungen treffen sollten, die geeignet sind, zur Erreichung der Ziele eines Akteurs zu führen.

Viele Ökonomen argumentieren, dass normative Modelle rationalen Entscheidens nicht nur angeben, wie sich Menschen entscheiden sollten, sondern auch, wie diese sich tatsächlich entscheiden (Kirchgässner, 2008). Diese Annahme ist auch unter dem Begriff „homo oeconomicus" bekannt. Auch wenn mittlerweile mehrere Nobelpreise für Ökonomie an Autoren gegangen sind, die einer solchen Sichtweise deutlich widersprechen (z. B. an Herbert A. Simon im Jahr 1978 und an Daniel Kahneman im Jahr 2002), wird diese Annahme von der Mehrzahl aller Ökonomen sowie von einigen Rational Choice Soziologen nach wie vor aufrecht erhalten (Smith, 1991; Kirchgässner, 2008).

homo oeconomicus

Demgegenüber vertreten viele psychologische Entscheidungsforscher (z. B. Baron, 1998) die Auffassung, dass solche Rationalitätsmodelle das tatsächliche Entscheidungsverhalten von Menschen nicht realistisch wiedergeben, sie aber als normatives Modell durchaus Gültigkeit hätten. Dies ist bis heute das vorherrschende Denkmodell der Entscheidungsforschung in der Psychologie: Von der Logik, der Mathematik und der Ökonomie werden die wesentlichen Rationalitätskriterien übernommen und es wird überprüft, unter welchen Bedingungen und auf welche Weise reale Entscheider von diesen normativen Vorgaben abweichen.

Jonathan Baron (*1944)

US-amerikanischer Psychologe – Baron hat die Entscheidungspsychologie als einer der ersten auf soziale Probleme wie ethische Entscheidungen und Ressourcenverteilung angewendet und mit Wirtschaft, Recht und Politik verbunden. Bekannt ist er u. a. für den so genannten Omission Bias, welcher besagt, dass Menschen eher Nicht-Handeln akzeptieren als Handeln (vgl. das Organspende-Beispiel in Kapitel 2).

Gerd Gigerenzer (2008a, 2008b) geht darüber hinaus und ist viel radikaler. Er ist der Meinung, dass rationale Entscheidungsmodelle weder eine deskriptive noch eine normative Gültigkeit beanspruchen können (siehe auch Klein, 1999, 2004).

Die Prospekt Theorie

Eine der wohl bekanntesten Theorien im Bereich der deskriptiven Entscheidungsforschung ist die Prospekt Theorie von Daniel Kahneman und Amos Tversky (1979). Diese Theorie beschäftigt sich mit der Frage, wie reale Akteure Entscheidungen unter Risiko treffen. Hierbei wird an einigen wesentlichen Grundannahmen der normativen Entscheidungstheorie festgehalten (z. B. an einer multiplikativen Verknüpfung von Bewertung und Wahrscheinlichkeiten), an anderen Stellen hingegen kommt die Prospekt Theorie zu gänzlich anderen Vorhersagen als die weiter oben diskutierten normativen Modelle.

Die wesentlichen Aussagen der Prospekt Theorie beziehen sich zum einen darauf, wie Menschen mit unterschiedlichen Wahrscheinlichkeiten umgehen und zum Anderen, wie von ihnen objektive Konsequenzen in subjektive Nutzenwerte übersetzt werden.

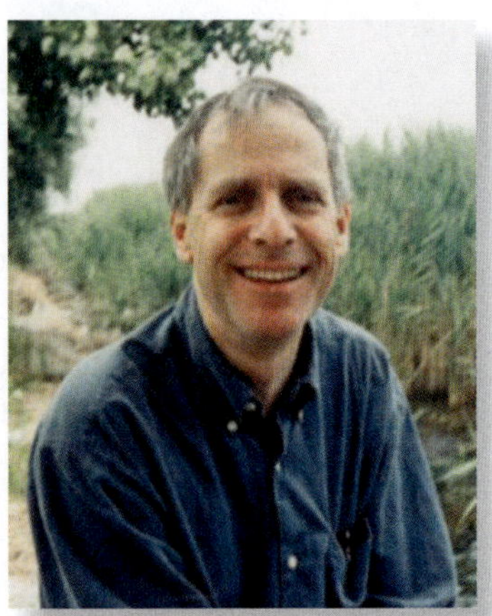

Amos Tversky (1937–1996)

Israelischer Kognitionspsychologe – Tversky stellte mit Kahneman ein wissenschaftliches Tandem dar. Daher ist auch sein Name mit dem Gebiet der Heuristiken und Biases sowie der Prospect Theory unabdingbar verbunden. Nur da er bereits zuvor verstorben war, erhielt Tversky nicht gemeinsam mit Kahneman den Wirtschaftsnobelpreis.

Die Gewichtung von Wahrscheinlichkeiten

Die subjektive Bewertung von Wahrscheinlichkeit lässt sich aus objektiven Wahrscheinlichkeiten nicht in einer linearen Form ableiten. Wie objektive Wahrscheinlichkeiten (p's) in subjektive Wahrscheinlichkeitswerte π übersetzt werden, zeigt die folgende Graphik:

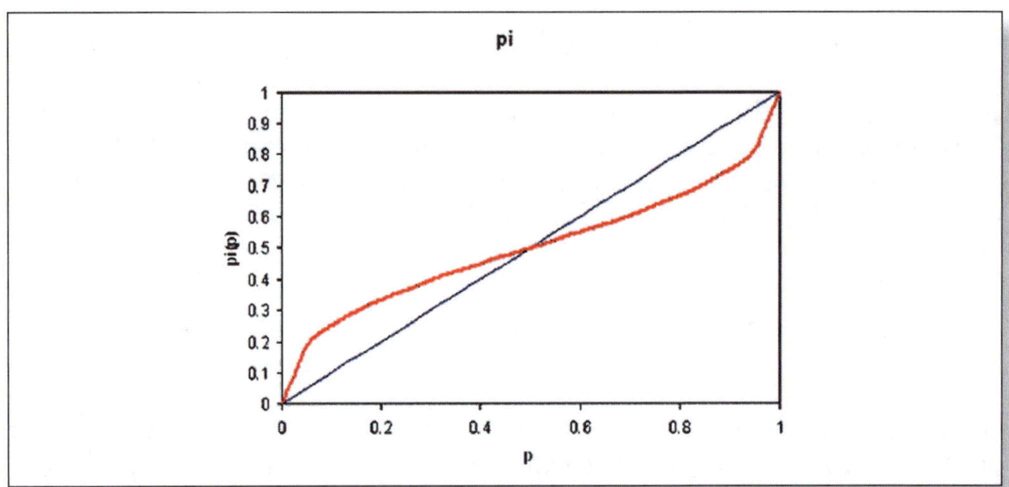

Abbildung 11.3: Laut der Prospekt Theorie überschätzen Menschen kleine Wahrscheinlichkeiten und unterschätzen mittlere und große Wahrscheinlichkeiten (Quelle: Eigene Darstellung, angelehnt Tversky & Kahnman, 1992)

Auf der x-Achse sind die objektiven Wahrscheinlichkeiten abgetragen, auf der y-Achse hingegen die subjektiven π Werte. Wie man sieht, werden – im Vergleich zu einer linearen Transformation – kleine Wahrscheinlichkeiten über- und große Wahrscheinlichkeiten unterbewertet.

Überbewertung kleiner Wahrscheinlichkeiten

Die Überbewertung kleiner Wahrscheinlichkeiten führt dazu, dass Menschen sich vor bestimmten Ereignissen fürchten, auch wenn diese objektiv recht unwahrscheinlich sind (siehe z. B. die Furcht schwangerer Frauen vor einer Missbildung bei ihrem Kinde). Die Prospekt Theorie erklärt daher zum Beispiel das Bedürfnis nach Versicherungen. Sie kann aber auch erklären, warum Menschen Lotto spielen, obwohl die Chance auf sechs richtige so niedrig ist wie … wie die Chance auf sechs richtige im Lotto.

Unterbewertung sehr hoher Wahrscheinlichkeiten

Die Unterbewertung sehr hoher Wahrscheinlichkeiten führt dazu, dass Menschen sehr viel dafür tun, um aus einem „sehr wahrscheinlich“ ein „ganz sicher“ zu machen, man spricht daher vom „certainty effect“. Kahneman und Tversky veranschaulichen dies mit einem Gedankenexperiment: Angenommen Sie sind zu einem „Russischen Roulette" gezwungen, aber erhalten die Gelegenheit, eine Kugel aus der geladenen Waffe zu entfernen. Wie viel würden Sie zahlen, um die Anzahl der Kugeln von vier auf drei zu reduzieren und wieviel, um sie von eins auf null zu senken? Richtig, die meisten Menschen würden wesentlich mehr Geld dafür zahlen, die Anzahl zu senken, wenn die Kugeln dadurch komplett eliminiert würden als wenn danach immer noch die Wahrscheinlichkeit eines tödlichen Schusses bestünde.

Die Wertefunktion und die Bedeutung von Framingeffekten

Eine zweite wichtige Aussage der Prospekt Theorie bezieht sich auf die Frage, wie ein Entscheider verschiedene Ausprägungen eines Ereignisses (z. B. die Höhe des Gewinns, den ein Entscheider erzielen kann) subjektiv bewertet. Die wesentlichen Eigenschaften dieser „Wertefunktion" zeigt die folgende Abbildung.

Gewinn- und Verlustbewertung

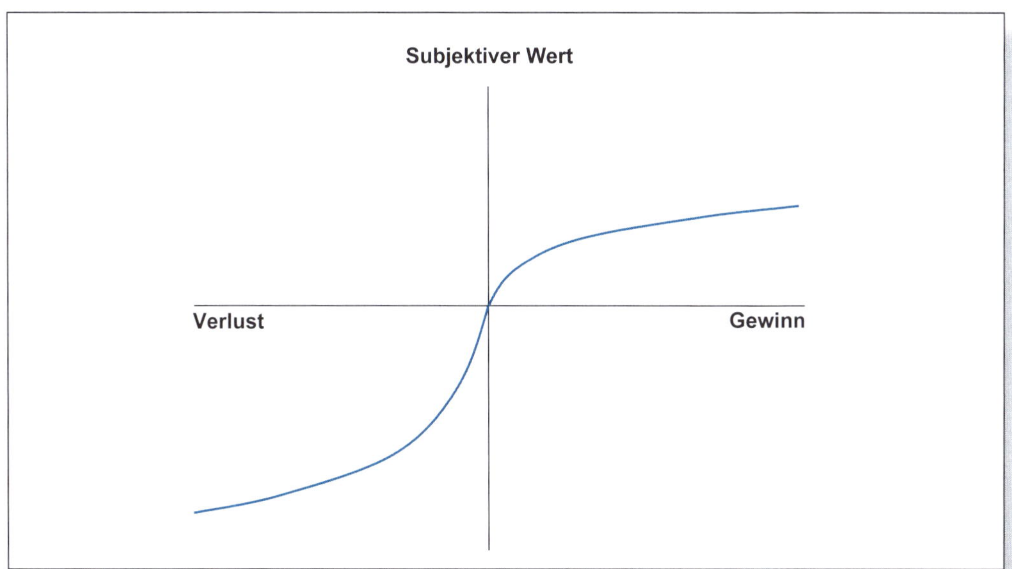

Abbildung 11.4: Die Wertfunktion der Prospekt Theorie: Sie weist gleich auf mehre Eigenschaften der Prospekt Theorie hin: Referenzpunkt, Risikoaversion bei Gewinnen, und Risikofreude bei Verlusten sowie „Losses loom larger than gains". (Quelle: Eigene Darstellung, nach Kahneman & Tversky, 1979)

Erstens: Die Kurve ist im Gewinnbereich konkav, im Verlustbereich hingegen konvex. Dies bedeutet, dass im Gewinnbereich die positive, subjektive Bewertung eines Gewinns langsamer steigt als ihr objektiver Wert. So wird z. B. ein Gewinn von 100 € nicht doppelt so positiv bewertet wie ein Gewinn von 50 €. Dies führt dazu, dass Menschen sich hinsichtlich möglicher Gewinne zumeist risikoavers

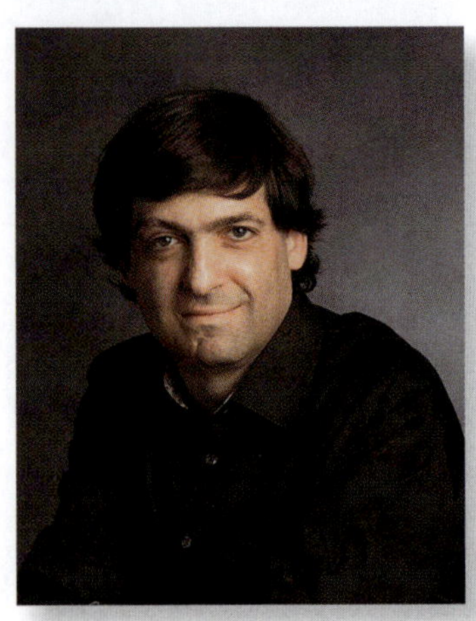

Dan Ariely (*1967)

Israelischer Marketingpsychologe und Verhaltensökonom – Ariely gilt als einer der bekanntesten Verhaltensökonomen (auch Behavioral economists genannt). Durch seine Bücher „Predictably Irrational“ und „The Upside of Irrationality“ hat er die breite Öffentlichkeit darauf aufmerksam gemacht, dass Menschen in ihren Entscheidungen oft nicht rational im herkömmlichen Sinne sind (vgl. Kapitel 12).

verhalten. Nur eine Minderheit aller Menschen ist bereit, auf einem Münzwurf zu setzen, bei dem sie ihren Einsatz entweder verdoppeln oder verlieren (Kahneman & Tversky, 1979). Im Verlustbereich hingegen wird das Verlieren von 100 € nicht als doppelt so schwer empfunden wie das von 50 €. Dies führt dazu, dass Menschen sich zur Vermeidung von Verlusten oftmals sehr risikofreudig verhalten.

Zweitens: Die Kurve ist im Gewinnbereich flacher als im Verlustbereich. Dies bedeutet z. B., dass ein Gewinn von 100 € weniger positiv bewertet wird als ein Verlust von 100 € negativ bewertet wird – „Losses loom larger than gains“ (Kahneman & Tversky, 1979). Aus dieser Tatsache lässt sich ableiten, dass die potentiellen Verkäufer eines bestimmten Gutes systematisch mehr Geld für dieses Gut verlangen als potentielle Käufer zu zahlen bereit sind. Die Erklärung dieses als „Endowment-Effect“ bekannten Phänomens (Thaler, 1980) liegt darin, dass ein potentieller Käufer den Verlust eines bestimmten Betrages, den er für ein Gut bezahlen müsste, schwerer gewichtet als ein potentieller Verkäufer den Gewinn dieses Betrages. Umgekehrt wird der Verkäufer den Verlust des verkauften Gutes negativer bewerten als der Erwerb dieses Gutes vom Käufer positiv bewertet wird.

Eine sehr bemerkenswerte Illustration dieses Effekts stammt von Carmon und Ariely (2000). Auf dem Campus der Duke University wurden sie Zeuge, wie in einem sehr aufwändigen Verfahren Tickets für Spiele des universitätseigenen Basketballteams verlost werden. Um auch nur ein Los für eine Lotterie zu erlangen, müssen die Fans bei wichtigen Spielen vor einem Basketballspiel wochenlang auf einer Wiese campieren, wobei in unvorhersehbaren Intervallen ihre Anwesenheit (tagsüber, aber auch nachts) kontrolliert wird. Unmittelbar nachdem die Tickets für ein wichtiges Spiel verlost worden waren, fragten Carmon und Ariely Gewinner dieser Lotterie, für wieviel Dollar sie bereit wären, ihre Tickets zu verkaufen und Verlierer dieser Lotterie, wieviel Dollar sie bereit wären, für ein Ticket zu bezahlen. Ihr Ergebnis: Verlierer waren bereit, im Schnitt $175 für ein Ticket zu bezahlen, aber die potentiellen Ticketverkäufer verlangten mehr als 14mal so viel dafür (im Schnitt waren es $2.400) obwohl beide Gruppen zuvor gleich viel Mühe investiert hatten, um ein Ticket zu erhalten.

Referenzpunkt der Wertefunktion

Drittens: Der Referenzpunkt der Wertefunktion entscheidet, ob ein Ereignis als Gewinn oder Verlust wahrgenommen wird. Kahneman und Tversky verweisen darauf, dass dieser Referenzpunkt nicht rational gewählt wird, sondern sich zumeist an einem bestimmten Status Quo orientiert. Ein Beispiel: Ein Aktionär sollte sich bei der Frage, ob er eine bestimmte Aktie verkauft oder nicht, einzig an der zukünftig zu erwartenden Kursentwicklung der Aktie orientieren. Tatsächlich aber zeigt sich, dass viele Aktionäre Probleme damit haben, eine Aktie für einen Preis zu verkaufen, der unterhalb dessen liegt, was sie selber dafür bezahlt haben, weil ein Verkauf in diesem Fall als Verlust wahrgenommen wird.

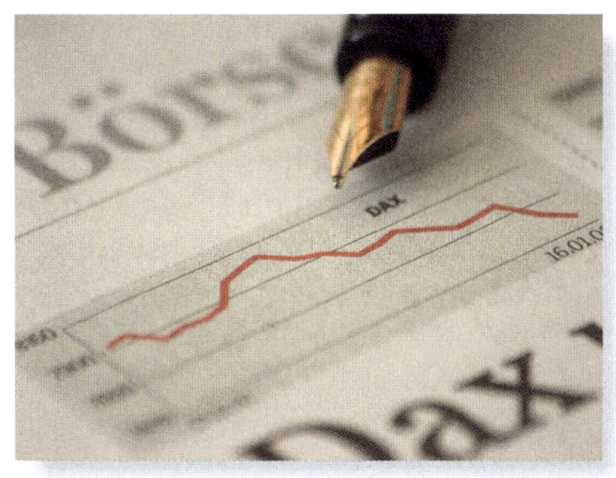

Abbildung 11.5: Ob ein Ereignis als Gewinn oder als Verlust wahrgenommen wird, hängt immer vom Referenzpunkt ab. Die meisten Aktionäre wählen bspw. nicht den erwarteten künftigen Verkaufspreis der Aktie als Referenzpunkt, sondern ihren einstigen Kaufpreis, sodass sie bei stetig fallenden Kursen irrationalerweise die Aktie behalten, um den Verlust nicht zu realisieren. (© ChaotiC_PhotographY – Fotolia.com)

Wie schätzen Menschen Wahrscheinlichkeiten?

„Zur Wahrscheinlichkeit gehört auch, dass das Unwahrscheinliche eintreten kann!“
Aristoteles (384–322 v. Chr.), gr. Philosoph

Es wurde bereits darauf hingewiesen, dass in vielen Situationen die Wahrscheinlichkeit, mit der ein bestimmtes Ereignis eintreten wird, nicht bekannt ist und deshalb von einem rationalem Entscheider geschätzt werden muss. Die psychologische Entscheidungsforschung hat gezeigt, dass Menschen bei der Schätzung solcher Wahrscheinlichkeiten oftmals drei Heuristiken verwenden: die Verfügbarkeitsheuristik, die Ankerheuristik und die Repräsentationsheuristik.

Verfügbarkeitsheuristik

Die Verfügbarkeitsheuristik. Sie besagt, dass Menschen sich bei der Schätzung von Häufigkeiten bestimmter Ereignisse daran orientieren, wieviel Beispiele dieser Kategorie ihnen kognitiv verfügbar sind (d. h. wieviele Beispiele ihnen spontan einfallen). In den meisten Fällen führt die Anwendung dieser Heuristik zu durchaus validen Einschätzungen. Wenn Sie z. B. gefragt werden, ob es mehr Studenten der Rechtswissenschaften oder mehr Studenten der Archäologie gibt, könnten Sie sich fragen, wieviele Studierende aus beiden Fächern Sie kennen und würden ziemlich sicher zu dem validen Schluss gelangen, dass es mehr Juristen als Archäologen gibt. Wenn Sie allerdings selbst Archäologie studieren, würde Sie diese Heuristik offensichtlich in die Irre führen.

Die Verfügbarkeitsheuristik verleitet zudem immer dann zu Fehleinschätzungen, wenn die Erinnerung an bestimmte Ereignisse nicht nur von deren Häufigkeit abhängt, sondern auch von der Leichtigkeit, mit der man sich an einzelne Ereignisse erinnert. Deshalb wird z. B. die Häufigkeit dramatischer und schwerer Straftaten (wie z. B. Mord und Totschlag) stark über-, die Häufigkeit trivialer Straftaten (wie z. B. Diebstahl) hingegen unterschätzt. So wurde in einer Befragung der Anteil von Tötungsdelikten an der Gesamtzahl aller Straftaten im Schnitt auf im Schnitt 10 % geschätzt, obwohl ihr wahrer Anteil nur bei 0,04 % liegt (Schwind et al., 2001).

Ankerheuristik

Die Ankerheuristik. Bei der Schätzung numerischer Größen orientieren sich Menschen oftmals unbewusst an bestimmten Ankerwerten. Dies tun sie auch dann, wenn diese keinerlei Informationen im Bezug auf den zu schätzenden Wert enthalten. Die klassische Studie zum Nachweis dieses Effekts wurde bereits 1974 von Kahneman und Tversky durchgeführt. Zunächst wurde ein Glücksrad gedreht, das je nach Versuchsbedingung entweder bei der Zahl 10 oder bei der Zahl 65 stehenblieb. Im Anschluss wurden die Versuchspersonen danach gefragt, ob der Anteil afrikanischer Staaten in der Uno über oder unter diesem Ankerwert liege (d.h. danach, ob der Wert über oder unter 10% bzw. über oder unter 65% liege). Nachdem die Versuchspersonen diese Frage beantwortet hatten, sollten sie den genauen Prozentwert schätzen. Tatsächlich zeigte sich ein starker Einfluss des Ankers auf die Schätzungen der Versuchspersonen. Bei einem Anker von 10 lag die durchschnittliche Schätzung bei 25%, bei einem Anker von 65 hingegen bei 45%, und das, obwohl der Anker offensichtlich zufällig gewählt worden war und keinerlei Informationswert beinhaltete.

Dieser Ankereffekt lässt sich damit erklären, dass Menschen – im Sinne des in Kapitel 7 diskutierten Confirmation Bias – systematisch nach Informationen suchen, die einen Ankerwert als plausibel und valide erscheinen lassen (Strack & Mussweiler, 1997).

Eine alternative Erklärung zielt darauf ab, dass von einem als falsch erkannten Ankerwert ausgehend die eigene Schätzung nach oben bzw. nach unten adjustiert wird. Diese Adjustierung wird in dem Moment abgebrochen, in dem das obere bzw. untere Ende eines Konfidenzinternvalls erreicht wird, innerhalb dessen man den wahren Wert ohne die Vorgabe eines Ankers vermutet hätte (Epley & Gilovich, 2006).

Ankereffekte sind mittlerweile auch außerhalb des Labors nachgewiesen. So wirkt z.B. bei Verkaufsverhandlungen das erste Angebot oftmals wie ein Anker, der den weiteren Verlauf der Verhandlung maßgeblich beeinflusst.

Ankereffekte bei Gerichtsentscheidungen

Eine andere Anwendung betrifft die Frage, inwiefern sich Richter in ihren Strafmaßentscheidungen von den Plädoyers des Staatsanwalts bzw. des Verteidigers beeinflussen lassen. Im Gerichtssaal hat bekanntlich die Verteidigung das letzte Wort, weil man ihr die Möglichkeit geben will, auf die Ausführungen des Staatsanwalts zu reagieren (und weil Gerichte sich „im Zweifel für den Angeklagten" entscheiden sollen). Tatsächlich aber konnte belegt werden, dass der erste Anker (d.h. das Plädoyer des Staatsanwalts) richterliche Entscheidungen sehr viel stärker beeinflusst als der vom Verteidiger gesetzte Gegenanker (Englich et al., 2005). Interessanterweise scheint sogar das Plädoyer des Verteidigers durch den Anker des Staatsanwalts beeinflusst zu sein.

Repräsentativitätsheuristik

Die Repräsentativitätsheuristik. Wenn Menschen einschätzen sollen, mit welcher Wahrscheinlichkeit ein bestimmter Einzelfall zu einer übergeordneten Kategorie gehört, verwenden sie oftmals die so genannte Repräsentativitätsheuristik. Als je typischer z. B. eine bestimmte Person für eine übergeordnete Kategorie empfunden wird (d. h. je mehr sie diese Kategorie „repräsentiert"), desto eher wird davon ausgegangen, dass sie tatsächlich ein Element dieser Kategorie ist. Ein Beispiel: Wenn Sie der Meinung sind, dass Zuhälter fettige, nach hinten gegelte Haare haben, ein Goldkettchen tragen und einen roten Ferrari fahren, werden sie eine Person mit diesen Eigenschaften mit hoher Wahrscheinlichkeit für einen Zuhälter halten.

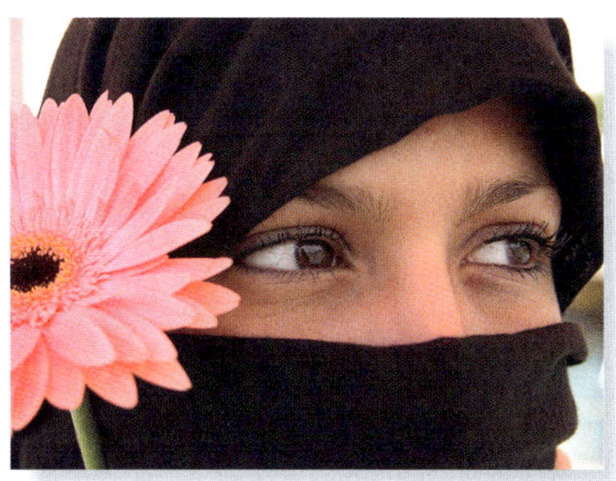

Abbildung 11.6: Angenommen, Sie träfen diese Dame vor einer Moschee in einem arabischen Land: Vermutlich würden Sie die Frau spontan für eine gläubige Muslimin halten. In den meisten Fällen lägen Sie mit dieser Einschätzung richtig. Doch könnte es sich ebenso gut um eine deutsche Christin handeln, die sich auf Bildungsreise befindet und sich nur für den Besuch der Moschee ein Kopftuch geliehen hat. (© Claus Mikosch – Fotolia.com)

In der Regel führt die Repräsentativitätsheuristik zu durchaus validen und alltagstauglichen Schätzungen. Sie führt aber dann in die Irre, wenn durch die Anschaulichkeit eines Einzelfalls die Basisraten (d. h. die Häufigkeit) bestimmter Ereignisse vernachlässigt werden. Tversky und Kahneman (1973) konnten zeigen, dass solche Basisraten umso eher vernachlässigt werden, je lebhafter und detaillierter eine Person beschrieben wird und je mehr diese Beschreibung mit dem Stereotyp einer Person übereinstimmt, die zu einer bestimmten Kategorie gehört. So wurden einzelne Stimuluspersonen entweder so beschrieben, dass sie dem Stereotyp eines typischen Juristen bzw. eines typischen Ingenieurs entsprachen. Unabhängig davon wurde den Versuchspersonen mitgeteilt, dass diese Stimulusperson aus einer Stichprobe stamme, die zu 70 % aus Juristen und zu 30 % aus Ingenieuren bestehe. Tatsächlich bestätigte sich, dass Informationen über diese Basisraten von den Versuchspersonen nahezu völlig ignoriert wurden.

Wissen Menschen eigentlich, was sie wollen?

In der normativen Entscheidungstheorie spielt das Konzept des erwarteten Nutzens eine wichtige Rolle, wird aber in den meisten Fällen sehr abstrakt definiert.

Tatsächlich streben Menschen nicht nach der Maximierung eines abstrakten, antizipierten Nutzens, sondern ihr Handeln ist auf das Erreichen positiver Emotionen ausgerichtet. So ist das Ziel eines Anlegers nicht, möglichst viele Aktien anzuhäufen, sondern vielmehr das gute Gefühl zu erleben, „reich und erfolgreich" zu sein (siehe hierzu auch Kapitel 3). Wenn wir eine Entscheidung treffen, müssen wir also versuchen, zu antizipieren, welche Emotionen die potentiellen Konsequenzen dieser Entscheidung bei uns auslösen.

Die Vorhersage zukünftiger Emotionen

Die Forschung hat allerdings gezeigt, dass uns die Vorhersage von Emotionen nicht immer gut gelingt. Stattdessen sind diesbezüglich eine Reihe von Biases (d.h. systematische Verzerrungen, vgl. Kapitel 3) bekannt:

Diversication Bias

Erstens: Menschen überschätzen ihr Bedürfnis nach Abwechslung. In einer Studie sollten Versuchspersonen am Beginn eines Semesters für jedes Seminar des laufenden Semesters festlegen, welches kleine Geschenk (z.B. Süßigkeiten oder Getränke) sie jeweils am Ende erhalten wollten, wobei ihre Entscheidung für das gesamte Semester verbindlich war (Simonson, 1990). In einer Kontrollgruppe entschieden sich die Versuchspersonen am Ende einer jeden Woche spontan, welches Geschenk sie erhalten wollten. Dabei stellte sich heraus, dass die Versuchspersonen in der Experimentalgruppe ihr Bedürfnis nach Abwechslung dramatisch überschätzten. Diese Fehleinschätzung nennt man „diversication bias" (Read & Loewenstein, 1995).

Impact Bias

Zweitens: Bereits in Kapitel 3 hatten wir den so genannten „Impact Bias" diskutiert. Menschen überschätzen die Dauerhaftigkeit, mit der zukünftige Ereignisse ihr Glück und ihr Wohlbefinden beeinflussen werden. Allerdings konnte auch demonstriert werden, dass ebenso Fälle existieren, in denen das Gegenteil zutrifft: In einer Untersuchung mit österreichischen Hypothekennehmern glaubten die Befragten zum Beginn einer Hypothek, dass sie sich an die monatlichen Belastungen mit der Zeit gewöhnen würden, tatsächlich trat ein solcher Effekt aber nicht ein (Hölzl et al., 2009). Verallgemeinert lässt sich somit festhalten, dass Menschen Schwierigkeiten haben, vorherzusehen, wie sehr und wie lange sie auf zukünftige Ereignisse emotional reagieren werden.

Aggressionsabbau

Drittens: Die meisten Menschen denken, dass es ihnen gut tut, wenn sie Ärger und Aggressionen nicht einfach „herunterschlucken", sondern sie ihren Emotionen Luft lassen können. In einer Reihe von Studien konnten jedoch gezeigt werden, dass dies ganz und gar nicht so ist (Bushman et al., 1999). Bei Versuchspersonen wurde Ärger und Aggression induziert, indem man diese glauben ließ, eine andere Versuchsperson hätte sie beleidigt. Anschließend erhielt ein Teil aller Versuchspersonen die Gelegenheit, ihre Aggressionen dadurch abzubauen, dass sie auf einen Boxsack einschlugen. Viele der Versuchspersonen machten von dieser Möglichkeit Gebrauch, in der Erwartung, dadurch ihre Aggressionen abzubauen. Tatsächlich aber fühlten sie sich danach keineswegs besser und verhielten sich im Anschluss auch aggressiver als Versuchspersonen, denen nicht die Gelegenheit gegeben wurde, „Dampf abzulassen".

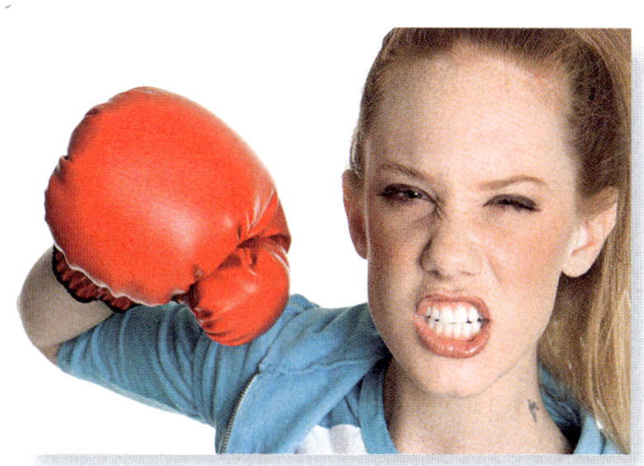

Abbildung 11.7: Entscheidungen zu treffen, bei denen man eigene Emotionen vorhersagen muss, ist besonders schwierig: So vermuten die meisten Menschen, bei Aggressionen würde es nützen, jenen freien Lauf zu lassen und zum Beispiel auf einen Boxsack einzuschlagen, doch werden die Aggressionen dadurch keineswegs abgebaut. (© Jason Stitt – Fotolia.com)

Zusammenfassend lässt sich somit festhalten, dass Menschen Probleme haben, ihre zukünftigen Gefühle vorherzusagen. Andererseits: Wie schön, dass wir unsere zukünftigen Gefühle nicht vorhersagen können, denn sonst würden wir vom Leben ja gar nicht mehr überrascht! Denn normalerweise arbeiten Menschen aktiv daran, negativen und positiven Ereignissen in ihrem Leben einen Sinn zuzuschreiben, was dazu führt, dass wir mit zunehmendem Alter vom Leben immer weniger überrascht werden (Wilson & Gilbert , 2005). Dadurch werden wir von negativen Ereignissen nicht mehr derart übermannt wie in unserer Kindheit oder unserer Jugend (man denke nur an den ersten Liebeskummer), andererseits aber lässt dadurch auch die Wirkung positiver Ereignisse schneller nach.

Die Erinnerung an vergangene Ereignisse

„Aus Erfahrung wird man klug", so lautet ein deutsches Sprichwort, dass auf dem ersten Blick so wahr wie trivial klingt. Ähnlich wie seine Variante „Im Nachhinein ist man immer klüger." Tatsächlich aber sind diese Sprichwörter vielleicht

„Die Erinnerung malt meist mit goldenem Pinsel."
Deutsches Sprichwort

sehr viel weniger zutreffend als vermutet. Denn selbst dann, wenn wir für die Vorhersage zukünftiger Emotionen auf die erlebten Konsequenzen vergangener Entscheidungen zurückgreifen können, unterliegen wir systematischen Verzerrungen.

In Kapitel 7 hatten wir diskutiert, dass Menschen dazu neigen, an einmal aufgestellten Hypothesen festzuhalten, auch wenn diese empirisch nicht bestätigt werden. Dieser Confirmation Bias ist nicht nur wirksam bei der Wahrnehmung von Ursache-Wirkungszusammenhängen, sondern auch beim emotionalen Erleben von Situationen (Nickerson, 1998).

Wenn wir z. B. davon ausgehen, uns bei Familienfesten köstlich zu amüsieren, dann wird diese Erwartung auch die Erinnerung an vergangene Familienfeste beeinflussen.

Ein anderes Beispiel: Rationale Konsumenten sollten z. B. in der Lage sein, sich an die objektive Qualität einer Speise oder eines bestimmten Getränkes zu erinnern und die Erinnerung daran bei ihren zukünftigen Konsumentscheidungen zu berücksichtigen. Tatsächlich aber sind die Entscheidungen von Konsumenten in hohem Maße durch so genannte Labelling Effekte beeinflusst. Diese bestehen daraus, dass wir uns bei der Wahrnehmung der Qualität von Produkten durch irrelevante Eigenschaften wie Marke, Preis oder Verpackung leiten lassen (siehe Kapitel 6). In einer an meinem Institut durchgeführten Studie zeigte sich z. B., dass Konsumenten Champagner systematisch besser bewerteten als spanischen Sekt, dieser ihnen aber – im Rahmen einer Blindverkostung – besser schmeckte als der deutlich teurere Champagner (Christandl et al, in Vorbereitung). Da viele Konsumenten in ihrem Geschmacksurteil eher ihren kognitiven Erwartungen als ihrem eigenen Geschmacksempfinden folgen, lernen sie niemals, welche Speisen und Getränke ihnen eigentlich am besten schmecken. Ein kleiner Gedanke am Rande: Vielleicht kann man damit auch erklären, warum jedes Jahr Menschen

Abbildung 11.8: Um zu verhindern, dass Konsumenten in ihrem Geschmacksurteil von peripheren Hinweisreizen beeinflusst sind, werden ihnen bei Produkttests manchmal die Augen verbunden. (Quelle: Consumer Union of U.S., Inc.)

Unsummen dafür zahlen, ein Ticket für die Bayreuther Wagner-Festspiele zu erwerben.

Unsere Erinnerung an vergangene Erlebnisse ist aber noch aus anderen Gründen verzerrt. Wenn wir z. B. gefragt werden, wie gut uns der letzte Urlaub gefallen hat, dann müssen wir bei der Beantwortung dieser Frage eine enorm komplexe Berechnung vornehmen. Eigentlich müssten wir für jede Stunde eine gesonderte Bewertung abgeben und über diese Einzelbewertungen einen Mittelwert errechnen. Weil dies enorm aufwändig ist, greifen Menschen zur Lösung dieser Aufgabe vielfach auf eine sehr simple Heuristik zurück: die so genannte „Peak End Rule" (Kahneman et al., 1993). Peak End Rule

Wenn Menschen ein Ereignis mit Hilfe dieser Heuristik bewerten, orientieren sie sich an den folgenden Fragen:

- Wie schön war der schönste – bzw. wie schlimm war der schlimmste – Moment dieses Ereignisses (Peak)?
- Wie schön bzw. wie schlimm war der letzte Moment dieses Ereignisses (End)?

Nach der Peak End Rule entspricht die Gesamtbewertung eines Ereignisses genau dem Mittelwert dieser beiden Werte.

Wie bei vielen Heuristiken (siehe Kapitel 2) liegt ihr Vorteil in ihrer einfachen Anwendbarkeit, da sie nur mit einem geringen Aufwand an Informationsverarbeitung verbunden ist. Darüber hinaus führt ihre Anwendung in den meisten Fällen zu effizienten Lösungen. In spezifischen Fällen jedoch kann es zu verzerrten Bewertungen kommen.

Dies wurde in einer Reihe von eindrucksvollen Studien an Patienten gezeigt, bei denen die Dauer von Darmspiegelungen systematisch variiert wurde (Redelmeier & Kahneman, 1996). In einer Kontrollgruppe wurden die Magenspiegelungen einzig nach medizinischen Gesichtspunkten durchgeführt und in dem Moment beendet, in dem keine diagnostische Veranlassung mehr bestand, diese weiterzuführen. In einer Experimentalgruppe wurde hingegen das Koloskop noch für einige Zeit im Darm des Patienten belassen, ohne dass es bewegt wurde. Dies führte zu einer längeren Schmerzdauer, aber zu einem weniger schmerzvollen Ende als in der Kontrollgruppe. Demzufolge wurde die Untersuchung von den Versuchspersonen in der Experimentalgruppe als deutlich weniger schmerzhaft erinnert als von den Versuchspersonen in der Kontrollgruppe. Ein Jahr später zeigte sich zudem, dass signifikant mehr Versuchspersonen aus der Experimental- als aus der Kontrollgruppe zu einer medizinisch notwendigen erneuten Darmspiegelung erschienen.

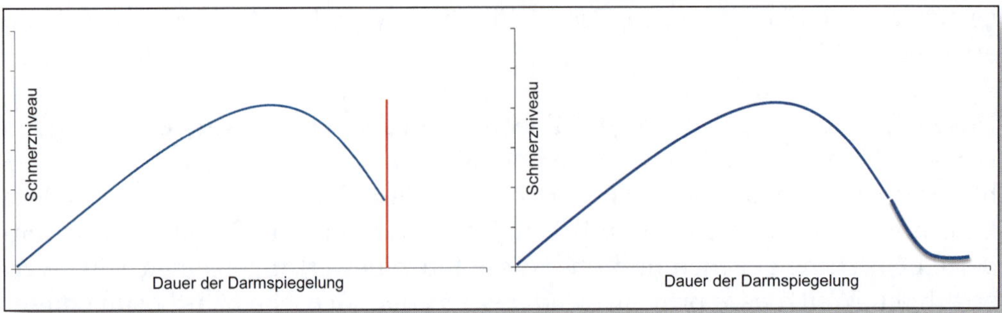

Abbildung 11.9: Die Peak End Heuristik: Am wichtigsten für die emotionale Beurteilung eines Ereignisses sind die Empfindungen am Höhe- und Endpunkt des Ereignisses. Die Länge ist unwichtig. Daher werden schmerzhafte Erlebnisse – wie eine Darmspiegelung – als im Ganzen weniger schmerzvoll erinnert, wenn man das Ende weniger schmerzvoll gestaltet – und zwar selbst, wenn die Spiegelung dadurch länger dauert. (Quelle: Eigene Darstellung)

Warum wir vom Leben eigentlich gar nichts lernen können

Man kann diesen letzten Gedanken noch radikaler formulieren und erklären, dass wir aus der Erfahrung eigentlich überhaupt nichts lernen können. Wenn wir uns für eine bestimmte Alternative X entscheiden, dann erfahren wir einzig die Folgen dieser Entscheidung – wobei selbst dann oftmals unklar bleibt, welcher kausale Verband tatsächlich zwischen einem Ereignis und unserer vorangehenden Entscheidung besteht. Bestenfalls sind wir in der Lage, zu beurteilen, ob diese Konsequenz positiv oder negativ zu bewerten ist, aber wir wissen niemals, wie die Konsequenzen bei einer anderen Entscheidung ausgesehen hätten.

Nehmen wir ein sehr persönliches Beispiel: Wenn ich über mein Leben nachdenke, bin ich sehr dankbar dafür, den Beruf eines Universitätsprofessors ausüben zu dürfen. Ich weiß aber gar nicht, wie mein Leben verlaufen wäre, wenn ich einen anderen Beruf ergriffen hätte. Vielleicht wäre ich dann noch glücklicher geworden? Ich werde es niemals erfahren. Hinzu kommt, dass bestimmte Konsequenzen unserer Entscheidungen, selbst wenn diese schon lange zurückliegen, noch gar nicht eingetreten sind. Beispiel: Vielleicht stürzt ja das Flugzeug ab, mit dem ich nächste Woche auf eine Konferenz in die USA fliegen werde. Das wäre ein hoher Preis für meine Berufswahl – denn ohne diese würde ich dieses Flugzeug niemals benutzen. Das bedeutet: Wir werden niemals erfahren, ob die Entscheidungen, die wir treffen, richtig oder falsch waren.

Die Qual der Wahl

Unser modernes Leben ist dadurch gekennzeichnet, dass wir aus immer mehr Alternativen die für uns passende auswählen können.

Alternativenvielfalt

Nehmen wir das Beispiel Partnerschaft und Familie: Früher waren die meisten Menschen ab einem bestimmten Alter verheiratet und blieben dies auch für den Rest ihres Lebens. „Verliebt, verlobt, verheiratet", haben Kinder früher gesungen – bis dass der Tod uns scheidet.

Heutzutage gestaltet sich unser Intimleben sehr viel bunter und vielfältiger und wenn zwei Menschen sich ineinander verlieben, ist ihnen durch die Gesellschaft immer weniger vorgegeben, wie sie ihre Liebe im Alltag zu gestalten haben. Menschen können selber entscheiden, ob sie mit ihrem Partner zusammenleben wollen oder nicht. Sie können selber entscheiden, ob sie mit ihrem Partner schon in der ersten Nacht Sex haben oder erst in der Hochzeitsnacht. Wenn sie mit ihrem Partner zusammenleben, können sie entscheiden, ob sie dies mit Trauschein wollen oder nicht. Wenn sie heiraten, können sie entscheiden, ob sie nur standesamtlich oder auch kirchlich heiraten wollen. Sie können entscheiden, ob sie Kinder haben wollen und wenn ja, wie viele. Sie können selber entscheiden, welchen Stellenwert sexuelle Treue in ihrer Beziehung spielt. Ist ein Seitensprung ein Scheidungsgrund oder aber einigen Sie sich mit Ihrem Partner darauf, dass sexuelle Erfahrungen außerhalb ihrer Beziehung erfrischend und stimulierend wirken? Und wem all' dies zu anstrengend ist, kann sich auch dafür entscheiden, lieber als Single sein Dasein zu fristen.

Aber nicht nur in der Liebe nehmen unsere Wahlmöglichkeiten zu, auch in allen anderen Lebensbereichen ist ein ähnlicher Trend festzustellen, etwa im Bereich von Studium und Beruf. So kann man in Deutschland ca. 15 000 verschiedene Studiengänge an 370 Hochschulen an 170 verschiedenen Standorten studieren. Ein anderes Beispiel ist unser Konsumverhalten. Auch hier gilt immer mehr: Alles geht. Mittlerweile gibt es Käse aus der Tube und Bier mit Grapefruit.

Unsere Wahlmöglichkeiten nehmen also in allen Lebensbereichen permanent zu (Schwartz, 2004).

Reversibilität von Entscheidungen

Dies wird dadurch verstärkt, dass viele unserer Entscheidungen zumindest potentiell reversibel sind. Entscheidungsprozesse sind so auch nachdem eine Entscheidung getroffen wurde, niemals wirklich abgeschlossen. Am Beispiel Partnerschaft verdeutlicht, bedeutet das: Falls Sie unverheiratet zusammenleben: Wollen Sie nicht vielleicht doch noch heiraten? Oder sollen Sie sich vielleicht von Ihrem Partner trennen? Sollen Sie nicht vielleicht doch Kinder bekommen? Und nach einer Scheidung: Sollen die Kinder nicht vielleicht doch beim Vater leben anstatt bei der Mutter oder bei der Mutter anstatt beim Vater?

Nochmals: Wir modernen Menschen können uns unser Leben sehr individuell zusammenbasteln und während noch unsere Eltern und Großeltern erheblich durch gesellschaftliche Zwänge bedrängt wurden, können wir immer mehr Entscheidungen ganz selbständig und frei treffen.

Zufriedenheit durch Optionenvielfalt?

Aber machen mehr Alternativen uns auch glücklich? Die meisten Menschen gehen davon aus, dass dem so ist. Die Logik dahinter: Je mehr Alternativen ich habe, umso höher ist die Wahrscheinlichkeit, dass genau die Alternative dabei ist, die am besten zu mir passt.

Aus evolutionspsychologischer Perspektive ist es allerdings fraglich, ob uns mehr Alternativen immer glücklicher machen. Menschen sind angepasst an eine Umwelt, in der aus wenigen verfügbaren Alternativen schnell die richtige gewählt werden musste. Wenn wir aus einer Vielzahl an Möglichkeiten die richtige auswählen müssen, sind wir oftmals paralysiert, wägen endlos ab und vergessen, dass uns Entscheidungen buchstäblich Zeit kosten – obwohl Zeit doch unsere kostbarste Ressource ist.

Abbildung 11.10: Die Qual der Wahl: Selbst im Supermarkt erzeugt die immer größer werdende Auswahl an Produkten oft eher Stress als Freude. (© Eisenhans – Fotolia.com)

So hatten in einer Studie (Iyengar & Lepper, 2000) Kunden in einem Supermarkt die Möglichkeit, an einem aufwändig gestalteten Verkaufsstand verschiedene Sorten exotischer Marmelade zu probieren. In der einen Versuchsbedingung hatten sie sechs Alternativen zur Auswahl, in der anderen Versuchsbedingung waren es 24. Und wie erwartet blieben die Kunden, denen 24 Sorten angeboten wurden, häufiger stehen und probierten auch häufiger eine der Marmeladen. An der Kasse drehte sich dieses Bild allerdings radikal um: Nur 3 % der Kunden, die aus 24 verschiedenen Sorten auswählen konnten, kauften auch tatsächlich mindestens eine Marmelade. Hatten die Kunden nur die Wahl aus sechs verschiedenen Sorten waren dies 30 % und somit 10mal so viele. Was war passiert? Wenn die Kunden nur sechs Sorten probieren konnten, waren sie in der Lage, alle Sorten zu testen und haben die Marmelade gekauft, die ihnen am besten geschmeckt hat. Bei 24 verschiedenen Sorten hingegen war das kaum möglich und die Anzahl an Alternativen schlicht verwirrend: „Hm, nehme ich die mit dem Pfirsich Maracuja Geschmack oder doch die Kombination aus Heidelbeere und Kiwi?“

In der Gestaltung unseres Lebens sind wir also immer freier. Sowohl im Beruf, in der Liebe als auch im Konsum stehen uns immer mehr Alternativen zur Verfügung. Aber dies macht uns nicht notwendigerweise glücklicher. Wie von Barry Schwartz in seinem Buch „The paradox of choice“ (2004) gezeigt wurde, empfinden es viele von uns als Bürde, sich ständig aufs Neue entscheiden zu müssen.

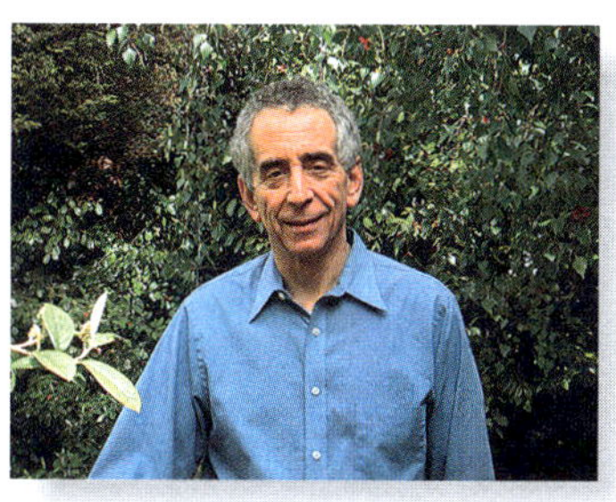

Barry Schwartz (*1946)

US-amerikanischer Psychologe – Schwartz widmet sich vorrangig der Entscheidungspsychologie, sowie psychologischen Lernprozessen und dem Thema Moralität versus Selbstinteresse. Berühmt wurde er durch sein populärwissenschaftliches Buch „The Paradox of Choice“ zur Überforderung durch Entscheidungsvielfalt.

Dieser Tatsache scheinen sich die meisten Menschen jedoch nicht bewusst zu sein. Sie präferieren Entscheidungen, die sie zu einem späteren Zeitpunkt revidieren können, obwohl diese Möglichkeit ihre Zufriedenheit mit der Entscheidung signifikant senkt (Gilbert & Ebert, 2002). Zudem zahlen sie sogar Geld dafür, sich Alternativen offenzuhalten, von denen sie eigentlich wissen, dass sie diese niemals wählen werden (Ariely, 2008).

Warum normative Modelle nicht immer weiterhelfen

In den letzten beiden Abschnitten haben wir einige Ergebnisse der deskriptiven Entscheidungsforschung diskutiert. Wie zuvor beschrieben, werden von vielen Entscheidungsforschern die logischen Prämissen der normativen Entscheidungstheorie nicht in Frage gestellt. Sie sehen ihre Aufgabe darin, zu untersuchen, inwiefern das tatsächliche Verhalten von Versuchspersonen bzw. ihre Einschätzung von bestimmten Häufigkeiten und Wahrscheinlichkeiten von einem objektiven Vergleichswert abweicht.

Kritische Betrachtung der normativen Entscheidungstheorie

Von Gerd Gigerenzer wird diese Arbeitsteilung zwischen normativer und deskriptiver Entscheidungsforschung radikal in Frage gestellt (Gigerenzer, 2008a; Gigerenzer et al., 1999). Nach seiner Überzeugung sollten Entscheider gar nicht erst versuchen sich gemäß der normativen Entscheidungstheorie zu verhalten. Denn das Modell des homo oeconomicus vernachlässige systematisch, dass Entscheider so gut wie nie über alle Alternativen und ihre potentiellen Konsequenzen informiert sind. Dies sei aus folgenden Gründen der Fall:

a) Die Beschaffung von mehr zusätzlichen Informationen ist jeweils mit erheblichen Kosten verbunden.

b) Im Gegensatz zu den Modellen der normativen Entscheidungsforschung ist der Alternativenraum jeweils nahezu unendlich (denken Sie nur an die Millionen von Männern oder Frauen, die Sie theoretisch heiraten könnten).

c) Die Fülle an potentiellen Konsequenzen jeder einzelnen Alternative können nicht antizipiert werden (selbst wenn wir uns dabei von allen Biases befreiten).

d) Die Wahrscheinlichkeiten des Eintretens verschiedener Konsequenzen sind in aller Regel nicht bekannt und auch kaum abschätzbar (selbst wenn wir uns dabei von allen Biases befreiten).

Aus diesem Grund plädiert Gigerenzer dafür, dass Menschen sich bei ihren Entscheidungen an den bereits in Kapitel 2 beschriebenen Heuristiken orientieren. Solche einfachen Daumenregeln führten zwar nicht immer zu perfekten Entscheidungen, hätten aber den Vorteil, schnelle Entscheidungen ohne hohen Aufwand an Informationsverarbeitung zu ermöglichen.

„Ich überlege. Mein Bauch entscheidet." Max Grundig (1908–89), dt. Industrieller

Auch andere Autoren haben in den letzten Jahren theoretische Argumente und empirische Studien vorgelegt, die dafür plädieren, sich gerade auch bei wichtigen und komplexen Entscheidungen auf das eigene Bauchgefühl (d.h. die Intuition) zu verlassen, anstatt normativen Entscheidungsregeln zu folgen (siehe hierzu Plessner et al., 2008). Aus Platzgründen kann auf diese Befunde hier aber leider nicht näher eingegangen werden.

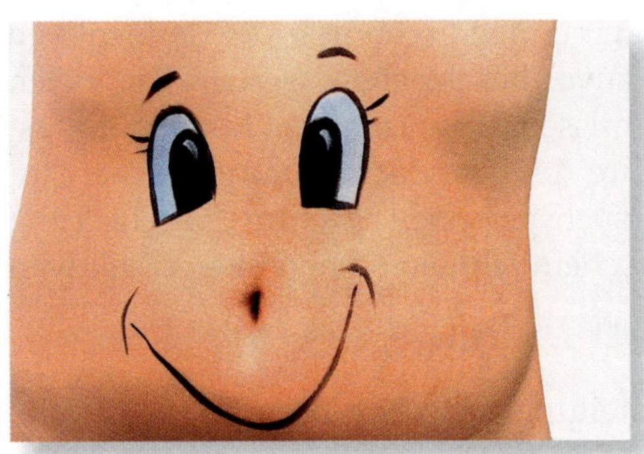

Abbildung 11.11: Auch bei wichtigen Entscheidungen verlassen sich Menschen oftmals auf ihr Bauchgefühl. Nach Meinung mancher Psychologen eine durchaus sinnvolle Heuristik. (© Finetti – Fotolia.com)

Schöne Frauen und Gebrauchtwagen: Sequentielle vs. simultane Entscheidungen

Die meisten normativen Theorien der Entscheidungsforschung modellieren Situationen, in denen Menschen sich zwischen verschiedenen Alternativen entscheiden, die ihnen zeitgleich zur Verfügung stehen. Man spricht deshalb auch von simultanen Entscheidungen (wie z.B. dem Kauf eines Neuwagens, bei dem man zeitgleich aus mehreren Modellen wählen kann).

Viele Entscheidungen, die wir im Leben treffen, folgen allerdings einer ganz anderen Logik. Bei so genannten sequentiellen Entscheidungen stehen uns die verschiedenen Alternativen nicht zeitgleich, sondern jeweils nur nacheinander zur Verfügung. Das Problem dabei: Wenn wir uns gegen eine bestimmte Alternative entscheiden, weil wir hoffen, noch eine bessere zu finden, laufen wir Gefahr, dass uns diese Alternative zu einem späteren Zeitpunkt nicht mehr zur Verfügung steht. Dies ist der Fall beim Kauf von Gebrauchtwagen, wenn wir überlegen, eine bestimmte Wohnung zu mieten bzw. zu kaufen, wenn wir vor der Wahl stehen, ein bestimmtes Stellenangebot anzunehmen oder nicht, aber auch, wenn wir auf der Suche nach einem Vater bzw. einer Mutter für unsere Kinder sind.

Herbert Simon (1916–2001)

US-amerikanischer Sozialwissenschaftler – Simon widmete sein Leben der Entscheidungstheorie und erhielt 1978 den Wirtschaftsnobelpreis. Sein Name ist unabdingbar mit der Idee der „begrenzten Rationalität" verbunden.

Das Problem dabei ist, dass die nächste Option potentiell noch besser als alle vorherigen seien könnte. Wollen Menschen solche Entscheidungen „rational" treffen, brauchen sie eine Heuristik, die ihnen sagt, wann sie ihre Suche beenden sollten. Von Herbert Simon ist in diesem Kontext das Konzept des so genannten „Satisficing" entwickelt worden. Der erste Schritt besteht dabei im Setzen eines Standards durch die Bewertung einer vorab festgelegten Anzahl an Alternativen. Zur Veranschaulichung: Wenn Sie sich auf Wohnungssuche befinden, könnten Sie sich entscheiden, zunächst 10 Besichtigungen zu machen, um aus diesen 10 Besichtigungen die beste Wohnung als Standard zu definieren. Im Anschluss daran evaluieren (d.h. begutachten) Sie so lange weitere Alternativen, bis eine Alternative besser ist als der Standard aus der Evaluierungsphase. Genau diese Alternative wird dann gewählt, und eine weitere Suche wird abgebrochen.

Interdependente Entscheidungen – Rationalität in einer irrationalen Welt

Viele unserer Entscheidungen sind sozial interdependent, das heißt, ihr Nutzen hängt davon ab, wie andere Menschen sich verhalten. Um vollkommen rationale Entscheidungen zu treffen, ist es also nötig zu berücksichtigen, dass andere Menschen sich oftmals weniger rational verhalten als man selbst.

Für den hypothetischen homo oeconomicus ist dies kein großes Problem. Nicht nur er selber ist vollkommen rational, sondern alle anderen Akteure sind dies ebenso, wessen sich der homo oeconomicus vollständig bewusst ist (Ökonomen sprechen deshalb von der „common knowledge assumption", Vanderschraaf, 2007). Um z.B. bei einer Verhandlung eine rationale Entscheidung zu treffen, muss homo oenonomicus somit nichts weiter tun, als sich zu fragen, was er selber in der Position des anderen tun würde. Psychologen mögen ein solches Verhalten egozentrisch nennen, aus Sicht der ökonomischen Entscheidungsforschung ist es hingegen vollständig rational.

Common Knowledge Assumption

Nehmen wir als ein Beispiel das so genannte Ultimatum Spiel (Güth et al., 1982). Zwei Personen (Person A und Person B) interagieren miteinander unter der Bedingung vollständiger Anonymität. Person A erhält vom Versuchsleiter einen bestimmten Betrag Geld, den sie zwischen sich und Person B aufteilen soll. Im Anschluss an deren Entscheidung wird Person B über diesen Vorschlag informiert und hat ihrerseits zwei Alternativen: Entweder sie akzeptiert das Angebot

Ultimatum Spiel

Abbildung 11.12: Interdependente Entscheidungen: Fahre ich erst Samstag morgen in den Urlaub, oder starte ich schon Freitag Abend, um nicht in einen Stau zu geraten? Welche Entscheidung die bessere ist, hängt oft davon ab, wie sich andere Menschen verhalten.
(© Mihai Musunoi – Fotolia.com)

und das Geld wird genauso aufgeteilt, wie von Person A vorgeschlagen. Oder aber sie lehnt das Angebot von Person A ab. In diesem Fall erhalten sowohl Person A als auch Person B nichts.

Angenommen, Sie sind Person A in diesem Spiel und Ihr Ziel ist es, so viel Geld wie möglich zu verdienen (d. h. Fairnessargumente spielen für Sie keine Rolle). Wieviel Geld sollten Sie Person B anbieten? Eine normative Analyse kommt zu dem Schluss, dass Sie Person B den kleinstmöglichen Betrag anbieten und den Rest für sich behalten sollten. Angenommen, Sie haben insgesamt 100 € und bieten Person B davon 1 €, dann sollte eine rationale Person B diesen Betrag akzeptieren, weil 1 € besser ist als 0 €.

Tatsächlich zeigt eine Vielzahl an Studien, dass eine solche rationale Strategie ziemlich sicher dazu führen würde, dass Ihr Angebot abgelehnt wird. Die finanziell erfolgreichste Strategie für Person A besteht darin, den Betrag gleichmäßig aufzuteilen (Güth et al., 1982; Thaler, 1988.). Personen B sind offenbar nicht nur an ihrem materiellen Ertrag interessiert, sondern sind bereit, beträchtliche Ressourcen zu investieren, um Person A für ein als ungerecht empfundenes Angebot zu bestrafen.

Das Ultimatum Game ist nur ein Beispiel dafür, dass wir das Verhalten anderer Menschen und ihre vermeintliche „Irrationalität" berücksichtigen müssen, um eine gute Entscheidung zu treffen.

Zusammenfassung und Ausblick

In diesem Kapitel ging es um die Frage, wie Menschen Entscheidungen treffen. Menschen verhalten sich – im Gegensatz zum homo oeconomicus – oftmals ganz anders als dies die logischen Regeln normativer Rationalität vorschreiben würden. Die psychologische Entscheidungsforschung hat in den letzten Jahrzehnten einen wichtigen Beitrag zum Verständnis dieser Grenzen menschlicher Rationalität geleistet. Allerdings sollte man die Irrationalität menschlichen Entscheidens auch nicht überschätzen.

Zum einen sind die vermeintlich simplen Heuristiken durchaus hilfreiche und effiziente Entscheidungshilfen. Ihre Anwendung ist selbst unter Berücksichtigung manchmal auftretender systematischer Fehlentscheidungen sinnvoll (und somit „rational"). Zum anderen ist die dem homo oeconomicus zugrunde liegende Annahme, dass sich Menschen bei der Auswahl zwischen verschiedenen Alternativen für jene entscheiden, die den größten Nutzen verspricht, in den allermeisten Fällen wohl ebenso zutreffend wie die Aussage, dass Menschen nur dann etwas tun, wenn sie glauben, dass der Nutzen einer Handlung größer sein wird als ihre Kosten (Frank, 2007).

Kurz und gut

1. Es nicht möglich, die Rationalität einer Entscheidung aus ihrem Ergebnis abzuleiten.
2. Über die Sinnhaftigkeit von Präferenzen lässt sich kein rationales Urteil fällen.
3. Die normative Entscheidungstheorie gibt an, wie Individuen unter der Annahme bestimmter Präferenzen Entscheidungen treffen sollten, die geeignet sind, zur Erreichung der Ziele eines Akteurs zu führen.
4. Einige Psychologen (wie z.B. Gerd Gigerenzer) argumentieren, dass rationale Entscheidungsmodelle weder eine deskriptive noch eine normative Gültigkeit beanspruchen können.
5. Die Prospekt-Theorie von Kahneman und Tversky besagt, dass objektiv kleine Wahrscheinlichkeit überbewertet, objektiv große Wahrscheinlichkeiten hingegen unterbewertet werden.
6. Die Wertfunktion der Prospekt-Theorie gibt an, dass Verluste stärker gewichtet werden als Gewinne.
7. Bei der Schätzung von Wahrscheinlichkeiten orientieren sich Menschen oftmals an bestimmten Heuristiken (Verfügbarkeits-, Anker- und Repräsentativitätsheuristik), die unter bestimmten Umständen zu dramatischen Fehleinschätzungen führen.
8. Menschen streben nicht nach der Maximierung eines abstrakten, antizipierten Nutzens, sondern ihr Handeln ist auf das Erreichen positiver Emotionen ausgerichtet.
9. Menschen können aus der Vergangenheit nur sehr begrenzt Schlüsse für die Zukunft ziehen, weil ihre Erinnerung an vergangene Ereignisse systematisch verzerrt ist.
10. Vor allem bei sequentiellen Entscheidungen brauchen Menschen eine Stopp-Regel, die ihnen sagt, wann ein Entscheidungsprozess abzubrechen ist.

Studentenfutter

Baron, J. (2000). *Thinking and deciding*. New York: Cambridge University Press.

Gigerenzer, G. (2007). *Bauchentscheidungen: Die Intelligenz des Unbewussten und die Macht der Intuition*. München: Bertelsmann.

Kapitel 12

Odysseus und die Sirenen – warum wir manchmal das Falsche tun, obwohl wir wissen, was das Richtige ist.

Kapitel 12 Odysseus und die Sirenen – warum wir manchmal das Falsche tun, obwohl wir wissen, was das Richtige ist.

Inhalt

Was ist ein Selbstkontrollproblem?

„When the gods want to punish us they answer our prayers."
Oscar Wilde (1854–1900), irischer Schriftsteller

Der Franzose Zinedine Zidane galt viele Jahre als bester Fußballer der Welt. Im Alter von 34 Jahren spielte er bei der Weltmeisterschaft 2006 in Deutschland sein letztes großes Turnier. Nachdem Frankreich eine äußerst schwache Vorrunde gespielt hatte, wurden „les bleus" im Verlauf des Turniers immer besser – angetrieben durch ihren brillanten Kapitän Zinedine Zidane. Tatsächlich erreichte die Mannschaft das Finale gegen Italien. Bereits zuvor hatte Zidane erklärt, dies sei das letzte Spiel seiner Karriere. Bereits nach sieben Minuten ging Frankreich mit eins zu null in Führung – durch einen verwandelten Foulelfmeter von Zidane. Weil Italien in der 19. Minute den Ausgleich schoss, ging das Spiel in die Verlängerung. Und dann geschah es: Ohne erkennbaren Grund ging Zidane auf seinen italienischen Gegenspieler Materazzi zu und streckte diesen mit einem harten Kopfstoß zu Boden. Gesehen hatte dies zunächst kaum jemand – der Ball war zu diesem Zeitpunkt ganz woanders. Als einer seiner Assistenten den Schiedsrichter auf die Tätlichkeit Zidanes aufmerksam machte, blieb dem Schiedsrichter nichts Anderes übrig, als den Franzosen vom Platz zu stellen. Mit versteinerter Miene

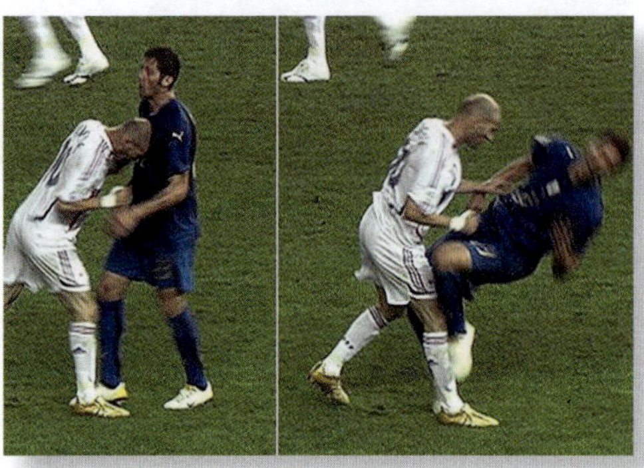

Abbildung 12.1: Sportler gelten eigentlich als diszipliniert (s. Kapitel 8), doch wie das Kopfstoß-Foul von Zinedine Zidane verdeutlicht, haben alle Menschen oft Probleme, sich selbst unter Kontrolle zu behalten. (Quelle: dpa)

ging er in die Kabine – vorbei an dem Pokal, den er keine Viertelstunde später in Händen hätte halten können.

Es ist bis heute nicht ganz geklärt, was der Auslöser für den Kopfstoß war. Aber es scheint so, als habe sein italienischer Gegenspieler ihn durch eine Anspielung auf Zidanes Schwester provoziert. Worin diese Provokation auch immer bestanden haben mag, es ist kaum zu vermuten, dass Zidane sein Verhalten rückwirkend nicht furchtbar bereut haben wird. Innerhalb dieser einen Sekunde, in der bei ihm „alle Sicherungen durchbrannten" hat er sich um die Krönung seiner glanzvollen Karriere gebracht.

Warum aber tun Menschen oftmals Dinge, die sie im Nachhinein furchtbar bereuen – selbst dann, wenn sie bereits zum Zeitpunkt ihrer Handlung wissen, dass sie diese bereuen werden?

Alltägliche Selbstkontrollprobleme

Wir alle kennen solche Situationen und die Liste der Beispiele ist fast unendlich:

So haben Menschen z. B. Probleme, ihr Gewicht zu regulieren. Auch wenn wir vom Buffet eigentlich nur ein paar Häppchen essen wollten – am Ende nehmen wir erst einen Vorspeisenteller, dann einen Fischteller, später etwas Fleisch und anschließend noch einen Nachtisch – und ärgern uns, wenn wir später auf der Waage stehen und wieder einmal zugenommen haben. Der Geist ist willig, aber das Fleisch ist lecker.

Menschen rauchen, trinken zu viel Kaffee, haben Probleme mit dem Alkohol oder konsumieren andere Drogen. 66 % aller Raucher haben schon einmal versucht, sich ihr Laster abzugewöhnen und kaum einer von ihnen erklärt, dass er sich gesundheitsschädlichen Wirkung des Rauchens durchaus bewusst sei, aber trotzdem mit voller Überzeugung weiterrauche, weil die Freude daran dies wert sei. Und trotzdem fällt es den meisten Rauchern schwer, damit aufzuhören.

Viele Süchte haben übrigens die diabolische Eigenschaft, dass die positiven Konsequenzen des jeweils nächsten Konsums mit der Zeit abnehmen, die negativen Konsequenzen eines Verzichts auf diesen Konsum mit der Zeit aber zunehmen. Viele Heroinabhängige tun alles, um an „den nächsten Schuss" zu kommen, auch wenn das wunderschöne Gefühl einer ekstatischen Verzückung sich schon lange nicht mehr einstellt. Aber die Qualen eines Entzugs erscheinen unerträglich und die Aussicht auf ein Leben jenseits der Droge ist kaum noch vorstellbar.

Fast alle Menschen kennen die Schwierigkeit, in ihrer Arbeit oder in ihrem Studium den „inneren Schweinehund" zu überwinden. Die meisten Studenten wissen, dass man sich auf Klausuren am besten dadurch vorbereitet, dass man frühzeitig mit dem Lernen beginnt. Aber trotzdem gelingt es nur den wenigsten, einer solchen Maxime zu folgen. Die Konsequenz: Durchgearbeitete Nächte in den Tagen unmittelbar vor einer Klausur, Ärger über die eigene Disziplinlosigkeit, eine Note, die deutlich besser hätte sein können, der feste Vorsatz, es beim nächsten Mal anders zu machen und später die Erkenntnis, dass man aus Schaden zwar oft klug, aber nicht selbstdisziplinierter wird.

Es ist allseits bekannt, dass zu einem gesunden Leben regelmäßige Bewegung gehört. Aber auch das ist leichter gesagt als getan. Der Vorsatz, am Abend laufen zu gehen, fühlt sich anders an, wenn man ihn morgens beim Frühstück fasst, als wenn man ihn zwölf Stunden später auch in die Tat umsetzen muss.

Ein weiteres Beispiel zeigt sich im Bezug auf regelmäßige Vorsorgeuntersuchungen: Viele gesundheitliche Probleme (und die damit verbundenen Schmerzen) könnten dadurch vermieden werden. So wird z. B. empfohlen, mindestens zweimal pro Jahr zum Zahnarzt zu gehen. Viele Menschen aber gehen sehr viel seltener und jeder siebte besucht nur dann den Zahnarzt, wenn er unter akuten Schmerzen leidet.

Bei der Erziehung von kleinen Kindern stehen Eltern oftmals vor der Entscheidung, an ihren erzieherischen Grundsätzen festzuhalten, auch wenn dies zu wütenden Protesten der Kinder führt, oder aber den Kindern nachzugeben, weil dies zumindest kurzfristig Konflikte vermeidet, auch wenn dies langfristig den Kindern schadet. Beispiele hierfür sind das Quengeln um Süßigkeiten an der Supermarktkasse, oder Entscheidungen darüber, wie viel Zeit Kinder vor dem Fernseher oder dem Computer verbringen dürfen, bzw. wann sie abends ins Bett gehen.

Auch in ihrem Sexualleben haben Menschen oft Probleme, an einmal gefassten Vorsätzen festzuhalten. So betrügen Menschen ihre Partner – in einer Studie gab lediglich ein Drittel aller Befragten an, sie seien „noch nie" untreu gewesen (Helms & Bierhoff, 2001). Menschen haben Sex, ohne Kondome zu benutzen, auch wenn sie wissen, dass dies zu Geschlechtskrankheiten oder ungewollten

Schwangerschaften führen kann. Viele Männer verbringen unzählige Stunden damit, sich im Internet nackte Frauen anzuschauen. Frauen verschieben den Zeitpunkt, zu dem sie ihr erstes Kind bekommen wollen, weil es „jetzt beruflich ganz ungünstig" wäre, eine Babypause zu machen (auch wenn es keinen Grund zu der Annahme gibt, irgendein späterer Zeitpunkt sei günstiger).

Abbildung 12.2: Engelchen und Teufelchen: In vielen Lebenssituationen – wie der Ernährung – haben Menschen Probleme, sich für das Verhalten zu entscheiden, von dem sie wissen, dass es eigentlich besser für sie wäre. (© artzone – Fotolia.com)

Unmittelbare vs. langfristige Konsequenzen

All' diesen Beispielen ist folgendes gemeinsam: Menschen müssen sich zwischen zwei Alternativen entscheiden, deren Konsequenzen unterschiedlich weit entfernt in der Zukunft liegen. Die Alternative mit den langfristigen Konsequenzen wird objektiv positiver bewertet. Im konkreten Entscheidungsmoment erscheint aber die Alternative mit den unmittelbaren Konsequenzen wesentlich anziehender. Daher haben Menschen so oft das Problem, sich für die „vernünftige" Option zu entscheiden, die absolut den größeren Nutzen erwarten lässt.

Innerhalb dieser Klasse von Problemen lassen sich die folgenden vier Fälle unterscheiden:

Erstens: Eine Person fasst den Vorsatz, zur Erreichung eines langfristigen Ziels ein bestimmtes Verhalten auszuführen, hat aber Schwierigkeiten, diesen Vorsatz in die Tat umzusetzen, ohne dass sich ihre Bewertung des langfristigen Zieles geändert hätte. Oftmals sind sich Menschen eines Konflikts zwischen kurzfristigen und langfristigen Zieles selbst in dem Moment bewusst, in dem sie sich für das kurzfristig erreichbare Ziel entscheiden (z. B., in dem Moment, in dem sie beim Ober die Dessertkarte verlangen).

Zweitens: Menschen sind sich eines solchen Konfliktes zwischen kurzfristigen und langfristigen Zielen zwar durchaus bewusst, aber sie treffen gar nicht erst den Vorsatz, selbstdiszipliniert auf kurzfristigen Genuss zu verzichten („I'm here for a good time, not a long time").

Drittens: Menschen vermuten, dass es einen Gegensatz zwischen kurzfristigen und langfristigen Zielen gibt, sind sich in der relativen Bewertung der Alternativen aber nicht sicher. Beispiel: Ein kinderloses Ehepaar argwöhnt, dass sie sich im Alter einsam und alleine fühlen werden, wenn sie keine eigenen Kinder kriegen, die sie sonntags mit den Enkeln besuchen kommen. Andererseits sind sie sich dessen aber auch nicht sicher.

Viertens: Darüber hinaus sind Fälle denkbar, in denen Menschen noch nicht einmal *vermuten*, dass es einen Gegensatz zwischen kurz- und langfristigen Zielen gibt. So sind z. B. die gesundheitsschädlichen Wirkungen des Nikotins erst seit Mitte des vergangenen Jahrhunderts bekannt.

Selbstkontrolle als intertemporales Problem

Auch aus der Perspektive der normativen Entscheidungstheorie macht es Sinn, dass wir einem Ereignis umso weniger Gewicht beimessen, je weiter entfernt es in der Zukunft liegt (Behrens, 2004; Cansier & Bayer, 2003). Der Grund dafür ist ziemlich simpel: Je weiter entfernt ein Ereignis liegt, desto weniger sicher können wir sein, dieses Ereignis überhaupt zu erleben. Wie der britische Ökonom John Maynard Keynes in einem anderen Zusammenhang einmal formulierte: „In the long run we are all dead" (1923).

Zukunfts- vs. Gegenwartspräferenz

Die normative Entscheidungstheorie macht allerdings keine Aussagen darüber, in welchem Maße (d. h. zu welchen „Zinssatz") wir in der fernen Zukunft liegende Ereignisse niedriger bewerten als Ereignisse in der nahen Gegenwart (Ökonomen sprechen hierbei von „diskontieren"). Nehmen wir folgendes Beispiel: Einer Person wird angeboten, entweder sofort 100 € zu erhalten oder in einer Woche 110 €. Für welche Alternative sie sich entscheiden sollte, lässt sich rational nicht begründen. Ein anderes Beispiel: Der gleichen Person werde angeboten, entweder in 52 Wochen 100 € zu erhalten oder aber in 53 Wochen 110 €. Auch hier lässt sich rational nicht begründen, welche von beiden Alternativen die bessere ist (Hummel, 1999).

Eines aber lässt sich aus Sicht der normativen Entscheidungstheorie durchaus sagen: Eine Person handelt nur dann rational, wenn sie sich *in beiden Fällen* entweder für die kurzfristigere oder für die längerfristigere Alternative entscheidet, denn in beiden Fällen beträgt der zeitliche Abstand zwischen beiden Ereignissen exakt eine Woche.

Aber wie Sie vermutlich schon lange ahnen: Menschen verhalten sich auch hier nicht gemäß der ökonomischen Rationalität. Stattdessen zeigen empirische Befunde (Thaler, 1981), dass viele Menschen sich für die 100 € entscheiden würden, wenn sie diese sofort erhalten, aber für die 110 €, wenn sie darauf ohnehin mindestens ein Jahr warten müssen.

Diskontierung künftiger Ereignisse

Von Ainslee (2001) ist argumentiert worden, dies habe damit zu tun, dass die Rate, mit der Menschen (und andere Organismen) zukünftige Ereignisse diskontieren, einer hyperbolischen Funktion folge.

Die folgende Graphik verdeutlicht, welche Konsequenz ein solches hyperbolisches Diskontieren am Beispiel eines Alkoholikers hat, der morgens mit einem Kater aufwacht und beschließt, nie mehr zu trinken:

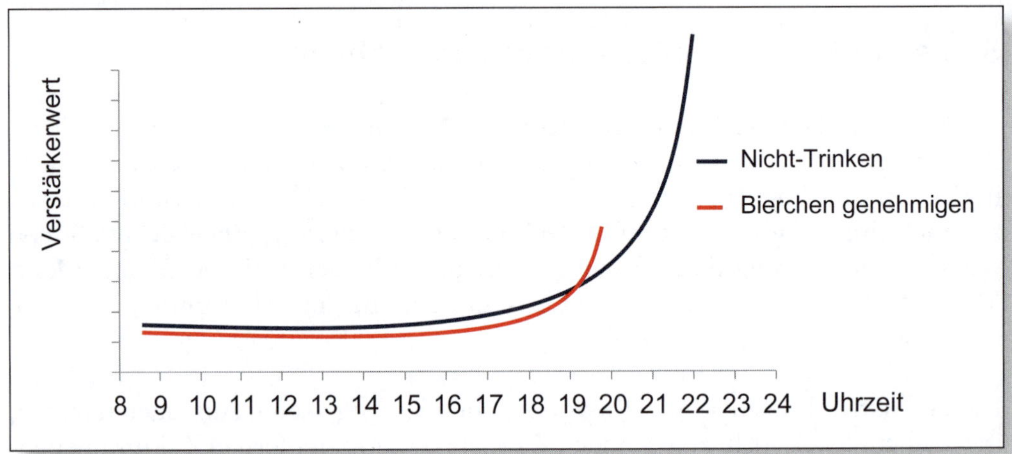

Abbildung 12.3: Hyperbolische Diskontieren: Die Präferenzen wechseln im Lauf der Zeit. (Quelle: Eigene Darstellung)

Zum Zeitpunkt t1 (morgens um 11:00) hat die Alternative, keinen Alkohol zu sich zu nehmen und um 23:00 mit dem guten Gefühl ins Bett zu gehen, den ganzen Tag nichts getrunken zu haben, einen höheren Verstärkerwert als die Alternative, sich abends um 20:00 ein kleines Bier zu genehmigen. Aber um 17 Uhr steigt der Verstärkerwert der kurzfristigen Alternative so steil an, dass er kurzfristig über dem Verstärkerwert der langfristigen Alternative liegt – und unser armer Alkoholiker macht sich auf den Weg in die Kneipe.

Strategien zur Stärkung der eigenen Selbstkontrolle

Wie gezeigt werden konnte, haben Menschen manchmal Probleme, ihre langfristigen Ziele zu verfolgen, auch wenn sie durchaus konkret wissen, was diese Ziele sind.

Auch wenn ein Bewusstsein dieser Probleme noch nicht automatisch zu ihrer Lösung führt, hilft es doch oftmals, nach effizienten Wegen zu suchen, um sich selber gegen zukünftige Versuchungen zu schützen.

Eine Möglichkeit, dies zu tun, besteht darin, zu möglichen Verführungen eine räumliche und damit vor allem zeitliche Distanz aufzubauen. So lohnt es sich z. B. vor einer Diät, sämtliche Süßigkeiten aus der Wohnung zu verdammen. Wenn dann abends der Heißhunger kommt, müsste man erhebliche Mühen auf sich nehmen, um dennoch an eine Tafel Schokolade zu kommen.

Man kann aber auch einfach die Kosten erhöhen, die es mit sich bringt, einer Versuchung nachzugeben. Diese Strategie nutzen viele Raucher, die auf Silvesterpartys erklären, um Mitternacht mit dem Rauchen aufzuhören. Je mehr Leuten man auf der Party von diesem Vorsatz erzählt, desto peinlicher wäre es, diesen Vorsatz nicht durchzuhalten. Ein anderes Beispiel: Man kann mit einem Kollegen vereinbaren, sich einmal pro Woche auf die Waage zu stellen. Wenn man bei diesem Wiegen ein vorab definiertes Gewicht überschreitet, muss man dem Kollegen einen ebenfalls vorab festgelegten Geldbetrag geben.

Hilfreich kann es auch sein, wenn man versucht, durch systematische Aufmerksamkeitskontrolle den Gedanken an kurzfristige Verführer aus seinem Bewusstsein zu verbannen.

Manchmal probieren Menschen auch, bestimmte Emotionen so zu kultivieren, dass kurzfristige Verführer gar nicht mehr als solche erscheinen. So mögen

Abbildung 12.4: Reaktionsformation: Um dem Selbstkontrollproblem zu entgehen, kann man sich tatsächlich – mit viel Übung – eine Abneigung gegen verführerische Dinge antrainieren. (© Udo Kroener – Fotolia.com)

Menschen sich z. B. dazu erziehen, einen Big Mac als unappetitlich zu empfinden („igitt, so was fettiges kannst Du essen?"). Von Freud ist dieser Prozess als „Reaktionsformation" bezeichnet worden (Freud, 1905, 1953).

Entwicklung persönlicher Regeln

Als die auf Dauer viel versprechendste Methode zur Lösung von Selbstkontrollproblemen erscheint die Entwicklung persönlicher Regeln, die man für sich selbst verbindlich erklärt und von denen man versucht, möglichst nicht abzuweichen. Solche Regeln sind umso eher in der Lage, bestimmte Selbstkontrollprobleme zu lösen, je spezifischer diese formuliert sind, weil nur dann ihre Einhaltung kontrolliert werden kann. Der bloße Vorsatz, regelmäßig Sport zu machen, hilft sehr viel weniger als der Entschluss, zweimal die Woche eine Stunde Joggen zu gehen. Noch besser ist es in diesem Beispiel, genau zu definieren, an welchen Tagen und zu welchen Uhrzeiten man Joggen will.

Die Einhaltung solcher guten Vorsätze ist auch deshalb schwierig, weil Menschen oftmals in den verschiedensten Domänen ihres Lebens mit Selbstkontrollproblemen zu tun haben. So mag eine Person an einem Tage mit folgenden Problemen zu kämpfen haben: 1) rechtzeitig aufstehen, 2) nicht zu viel Zeit im Bad vertrödeln, 3) nicht zu viel Kaffee trinken, 4) mit dem Fahrrad und nicht mit dem Auto zur Arbeit fahren, 5) dem Chef *nicht* die Meinung sagen, 6) das unangenehme Gespräch mit dem Mitarbeiter x nicht verschieben, 7) zum Mittag in der Kantine nur einen Salatteller und kein Jägerschnitzel essen, 8) nach der Mittagspause den Kaffee mit Kollegen auf eine Viertelstunde beschränken, 9) den Nachmittag nicht mit unwichtigen E-Mails oder Surfen im Internet verbringen, 10) nach Feierabend nicht fernzusehen, sondern noch eine Stunde Laufen zu gehen, 11) sich nicht mit dem Partner über unwichtige Kleinigkeiten streiten, 12) beim Abendessen nur eine Portion essen, 13) nur ein Glas und nicht eine ganze Flasche Wein trinken, 14) das Einräumen der Spülmaschine nicht auf den anderen Tag verschieben, 15) rechtzeitig ins Bett gehen.

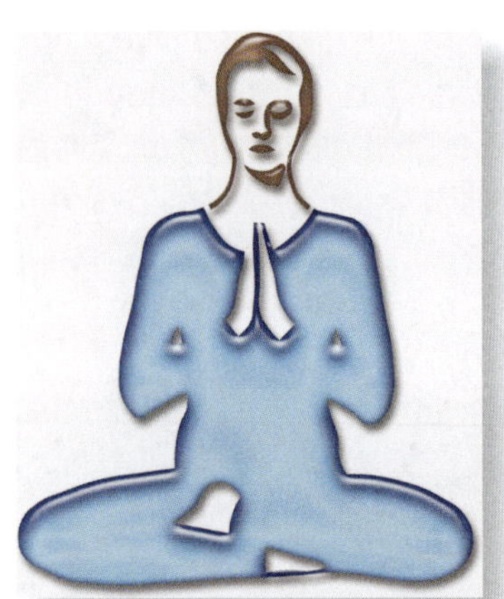

Abbildung 12.5: Selbstkontrolle ein Muskel? Manche Forscher vermuten, dass sich die Selbstkontrolle durch Konzentration und Übung (wie beim Meditieren) stärken lässt. (© Helmut Niklas – Fotolia.com)

Dieses ständige Praktizieren von Selbstkontrolle ist ermüdend. Selbstkontrolle kann nämlich mit einem Muskel verglichen werden, der durch Belastung – zumindest kurzfristig – an Stärke verliert (Baumeister & Muraven, 2000). So sind Menschen z.B: weniger lange in der Lage, ihre Hände in eiskaltes Wasser zu halten, wenn sie zuvor bereits in einer anderen Aufgabe Selbstkontrolle praktiziert haben (z. B. wenn ihnen gesagt wurde, eine Minute lang an alles mögliche, aber *nicht* an einen weißen Eisbären zu denken) (Baumeister & Muraven, 2000).

Auf der anderen Seite, so spekuliert Baumeister (2005) könnte durch ständige Übung unser Selbstkontrollmuskel auch an Stärke gewinnen, vor allem, wenn wir ihn regelmäßig be- aber nicht überlasten. Empirisch ist diese These bislang allerdings kaum bestätigt, auch wenn sie die Grundlage vieler Erziehungsmethoden ist (von den Eliteschulen im dritten Reich bis zu Übungen in Zen-Meditation).

Selbstkontrolle als Persönlichkeitsmerkmal

Auch wenn *alle* Menschen Schwierigkeiten damit haben, sich bei der Verfolgung ihrer langfristigen Ziele nicht von kurzfristigen Verlockungen vom Weg abbringen zu lassen, ist dennoch zu berücksichtigen, dass Menschen sich im Ausmaß ihrer Selbstkontrolle deutlich unterscheiden. Wie können solche interpersonellen Unterschiede identifiziert werden? Und wie beeinflussen sie unser Leben?

Selbstkontrolle und Lebenserfolg

Von der US-amerikanischen Psychologin Tangney und ihren Kollegen (2004) wurde eine Skala zur Messung von interindividuellen Unterschieden in Selbstkontrolle entwickelt. Diese besteht aus insgesamt 36 Items (Aussagen) wie z. B. „Ich kann Versuchungen gut widerstehen" oder „Ich wünschte, ich hätte mehr Selbstdisziplin". Die Befragten müssen jeweils auf einer fünfstufigen Skala angeben, inwiefern diese Aussagen auf sie zutreffen. Je nach Itemformulierung wird eine Zustimmung jeweils als Indikator für eine hohe bzw. niedrige Selbstkontrolle gewertet.

Im Kapitel 8 hatten wir diskutiert, dass die am häufigsten untersuchten Persönlichkeitsdimensionen die so genannten Big Five sind, die mit nahezu allen anderen Persönlichkeitsmaßen in Beziehung stehen (zur Erinnerung: Emotionale Stabilität, Extraversion, Offenheit für Neues, Verträglichkeit, Gewissenhaftigkeit).

Tatsächlich zeigten sich in zwei studentischen Stichproben substantielle Korrelationen zwischen der Selbstkontrollskala von Tangney et al. und den beiden Dimensionen Gewissenhaftigkeit und emotionale Stabilität: Je selbstkontrollierter eine Person, desto gewissenhafter und emotional stabiler ist sie. Mit den anderen Dimensionen ergaben sich hingegen keine oder wenig robuste Zusammenhänge.

Korrelate von Selbstkontrolle

Ausgehend von der Hypothese, dass eine hohe Selbstkontrolle Menschen hilft, langfristige Ziele zu verfolgen und zu erreichen, wurde von den Autoren die Skala zur Messung von Selbstkontrolle mit einer ganzen Reihe von Variablen korreliert, die als Maß dafür genommen werden können, inwiefern jemand in seinem Leben zurecht kommt. So stellte sich z. B. heraus, dass Selbstkontrolle positiv mit den Noten korrelierte, welche die Befragten bisher in ihrem Studium erreicht hatten. Schon in Kapitel 8 hatten wir darauf verwiesen, dass Studienerfolg neben dem IQ auch von der Fähigkeit determiniert ist, zielstrebig und ausdauernd zu lernen und zu arbeiten. Befragte mit niedrigen Werten auf der Selbstkontrollskala von Tangney et al. litten darüber hinaus deutlich häufiger unter Essstörungen (wie z. B. Fresssucht oder Bulimie) als Befragte mit hohen Werten, sie hatten häufiger Probleme mit Alkohol, und neigten deutlich häufiger zu Depressionen,

Walter Mischel (*1930)

Österreichisch-US-amerikanischer Persönlichkeitspsychologe – Mischel wurde für seine Arbeit zum Belohnungsaufschub bekannt, besonders durch den an der Schnittstelle von intertemporellen Entscheidungen und Persönlichkeitspsychologie angesiedelten Marshmallow-Test.

Ängstlichkeit, Paranoia und Psychotizismus. Zudem zeigten sie in sehr hohem Maße antisoziale und sadistische Tendenzen.

Diese Ergebnisse zeigen, dass Selbstkontrolle in der Tat als situationsübergreifendes Persönlichkeitsmerkmal aufgefasst werden kann.

Kleine Kinder und die Fähigkeit zum Belohnungsaufschub

Ein möglicher Kritikpunkt an den Studien von Tangney et al. könnte darin liegen, dass diese lediglich verschiedene Selbstberichte ihrer Befragten miteinander korreliert haben, ohne tatsächliches Verhalten zu messen. Zudem handelt es sich bei den Daten lediglich um Querschnittsuntersuchungen, die nur unter Vorbehalt kausal interpretiert werden sollten.

Allerdings wurden durch Walter Mischel eine Reihe von Studien durchgeführt, auf die eine solche Kritik nicht zutrifft (für eine Zusammenfassung siehe Mischel et al., 1989). Dabei ging er so vor, dass er kleine Kinder im Alter von vier Jahren vor die Alternative stellte, entweder eine kleine Belohnung sofort zu bekommen – genauer gesagt *einen* Marshmallow – oder aber auf eine größere Belohnung – *zwei* Marshmallows – zu warten. Den Kindern wurde gesagt, dass der Versuchsleiter das Spielzimmer, in dem die Kinder sich befanden, verlassen würde und sie die größere Belohnung erhielten, wenn sie solange warteten, bis der Versuchsleiter von alleine wieder ins Zimmer käme. Sollte ihnen diese Zeit zu lang werden, könnten sie aber jederzeit ins Nebenzimmer gehen, um den Versuchsleiter zu holen. In diesem Fall erhielten sie allerdings nur die kleine Belohnung.

Abbildung 12.6: Selbstkontrolle bei Kindern: Mit Marshmallows testete Walter Mischel die Fähigkeit zum Belohnungsaufschub in jungen Jahren. (Quelle: Corbis)

Tatsächlich kam der Versuchsleiter niemals von alleine zurück in das Spielzimmer (Psychologen sind manchmal garstig!) und die abhängige Variable bestand darin, wie lange die Kinder mit Warten verbrachten, bevor sie den Versuchsleiter zurück ins Zimmer riefen. Diese Variable korrelierte damit, wie diese Kinder

10 Jahre später (!) von ihren Lehrern und Eltern beurteilt wurden. Je länger ein Kind gewartet hatte, als desto besser wurde seine soziale Integration in die Klasse beschrieben, desto besser waren seine Schulnoten, desto besser konnte es mit Frustrationen umgehen und Versuchungen widerstehen. Kinder, die eine lange Zeit gewartet hatten, bevor sie den Versuchsleiter riefen, waren aufmerksamer, hatten eine höhere Konzentrationsfähigkeit, und waren besser in der Lage, ihre Zukunft zu planen als Kinder, die nur eine kurze Zeit gewartet hatten. In einer weiteren Folgestudie konnte sogar gezeigt werden, dass Selbstkontrolle im Alter von vier Jahren mit den Testergebnissen korrelierten, welche die Kinder 15 Jahre später erzielten, wenn sie sich für ein College bewarben.

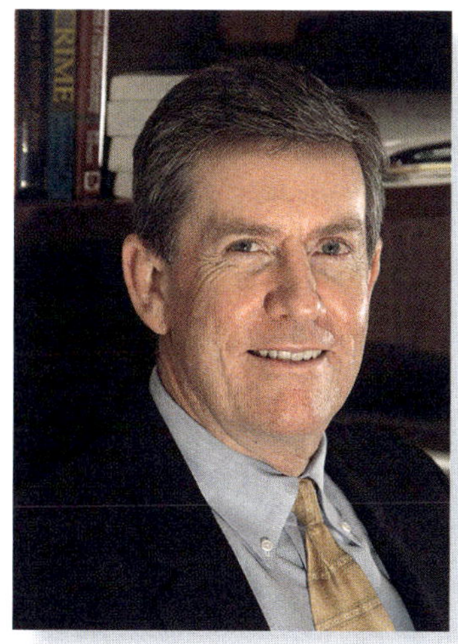

Michael Gottfredson

US-amerikanischer Kriminologe – Gottfredson hat mehrere Bücher zum Thema Kriminalität und ihre Ursachen geschrieben und wurde oftmals von Gerichten als Berater hinzugezogen. Zusammen mit Travis Hirschi hat er die „Allgemeine Kriminalitätstheorie" entwickelt.

Auch die Ergebnisse von Mischel sprechen somit dafür, dass Selbstkontrolle viel mit der Persönlichkeit eines Menschen zu tun hat und dass die Grundlagen dafür bereits in der frühen Kindheit gelegt sind (sei es durch frühkindliche Sozialisationseinflüsse oder durch genetische Veranlagung).

Selbstkontrolle und Kriminalität – die Theorie von Gottfredson und Hirschi

Nach Meinung der beiden Kriminologen Michael Gottfredson und Travis Hirschi (1990) ist mangelnde Selbstkontrolle eine der wesentlichen Ursachen kriminellen Verhaltens.

Zu dieser Hypothese gelangen sie interessanterweise nicht durch die Anwendung psychologischer Tests, sondern durch eine Analyse typischer krimineller Handlungen. Diese lassen sich demnach durch folgende drei Eigenschaften beschreiben:

Eigenschaften krimineller Handlungen

(1) Kriminelles Verhalten führt zu unmittelbaren Belohnungen (z. B. Aggressionsabbau bei Gewalt- oder sexuelle Befriedigung bei Sexualdelikten);

(2) Kriminelle Handlungen sind zumeist selten geplant, sondern erfolgen zumeist spontan (so wohnen bei Einbrüchen Täter und Opfer zumeist im gleichen Viertel);

(3) Der „Gewinn" einer kriminellen Handlung ist meistens gering (z. B. ein gebrauchter Fernseher, der zudem billig auf dem Schwarzmarkt verkauft werden muss) (Gottfredson & Hirschi, 1990).

Sie fassen zusammen, dass die typischen Eigenschaften krimineller Handlungen in der überwiegenden Mehrheit triviale und profane Angelegenheiten sind, die sich durch kleinen Verlust und noch weniger Gewinn auszeichnen (Gottfredson & Hirschi, 1990).

Die beiden Autoren folgern daraus, dass Kriminelle über nur eine sehr geringe Selbstkontrolle verfügen und sich durch folgende Eigenschaften auszeichnen: „People who lack self-control will tend to be impulsive, insensitive, physical (as opposed to mental), risk-taking, short-sighted and nonverbal and will therefore tend to engage in criminal … acts" (Gottfredson & Hirschi 1990, S. 89). Aufgrund dieser Charaktereigenschaften neigen Menschen mit niedriger Selbstkontrolle, so die beiden Autoren, nicht nur zu Kriminalität, sondern auch zu Alkoholproblemen, Rauchen, Drogenmissbrauch, Schulabbrüchen, instabilen Erwerbskarrieren, ungewollten Schwangerschaften, zu Verwicklungen in Verkehrs- und sonstigen Unfällen sowie zu Ehescheidungen.

General Theory of Crime

Kritiker führen an, in dieser Liste spiegele sich nicht so sehr der Stand der empirischen Forschung, sondern vor allem das puritanische Weltbild der beiden Autoren (siehe hierzu Fetchenhauer et al., 2007). Wie alle monokausalen Theorien ist auch die „General Theory of Crime" nicht in der Lage, mit Hilfe einer einzigen unabhängigen Variablen (nämlich Selbstkontrolle von Tätern) ein so vielschichtiges Phänomen wie Kriminalität zu erklären. Dennoch aber haben die von ihr angeregten empirischen Forschungen in der Tat zeigen können, dass Kriminalität zumindest auch durch einen Mangel an Selbstkontrolle verursacht wird (Pratt & Cullen, 2000).

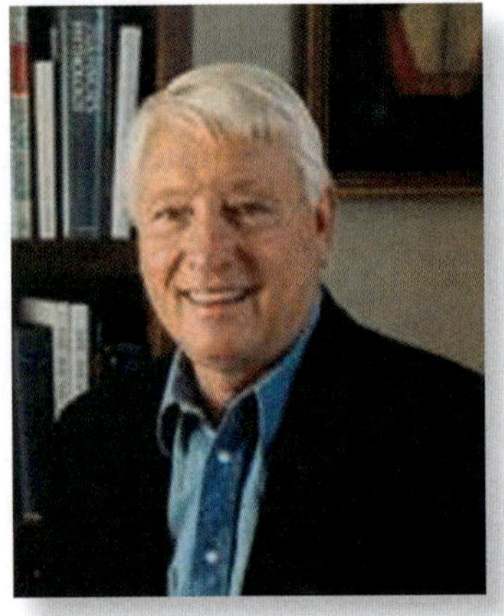

Travis Hirschi (*1935)

US-amerikanischer Soziologe und Kriminologe – Hirschi begründete zwei weltweit beachtete Kriminalitätstheorien: 1969 publizierte er eine vielbeachtete Theorie, wonach Kriminalität vor allem eine Folge mangelnder Bindung ist. Noch stärkeren Einfluss hatte jedoch seine mit Gottfredson publizierte „Allgemeine Kriminalitätstheorie".

Abbildung 12.7: Liegt Kriminalität in einer generell mangelnden Selbstkontrolle begründet? Die „General Theory of Crime" von Gottfredson und Hirschi postuliert dies und auch bei Disneys Panzerknackerbande lässt die Leibesfülle der Herren sehr wohl auf einen Zusammenhang schließen, doch Kritik an der Theorie ist zahlreich. (Quelle: AP)

Der wichtigste Kritikpunkt an ihrer Theorie ist vielleicht der folgende: Gottfredson und Hirschi unterteilen die Menschen nahezu kategorisch in zwei Klassen. Solche mit hinreichend hoher und solche mit zu niedriger Selbstkontrolle. Sinnvoller aber erscheint es, Selbstkontrollprobleme als integralen Bestandteil der conditio humana zu begreifen. Alle Menschen haben Probleme damit, ihre Leidenschaften zu beherrschen. Dies wird sehr deutlich, wenn wir uns einer weiteren Facette dieses Themas zuwenden, nämlich dem Zusammenhang von Selbstkontrolle und Sexualität.

Selbstkontrolle und sexuelle Gewalt

Häufigkeit sexueller Gewalt

Jedes Jahr werden in Deutschland über 50 000 Fälle von sexueller Gewalt bei der Polizei angezeigt. Die Dunkelziffer aber ist sehr viel höher. Laut der Potsdamer Sozialpsychologin Krahé (2001) berichtet ca. ein Viertel aller Frauen, schon einmal Opfer einer versuchten oder vollendeten Vergewaltigung geworden zu sein, darüber hinaus berichtet ein ähnlich hoher Prozentsatz schon einmal sexuell belästigt worden zu sein. Für jedes dieser vielen Opfer von sexueller Gewalt gibt es (mindestens) einen Täter. Dies bedeutet: Viele Frauen werden Opfer sexueller Gewalt und viele Männer begehen sexuelle Gewalt.

Wie ist dies zu erklären? Von einigen Forschern wird argumentiert, dass viele Männer sich aufgrund eines frauenfeindlichen Weltbildes subjektiv berechtigt fühlen, sexuelle Gewalt anzuwenden bzw. von der irrigen Vorstellung ausgehen, dass Frauen eine heimliche sexuelle Befriedigung dabei empfinden, von Männern sexuell missbraucht zu werden (u. a. Ellis, 1913, 2006; Schneider 1975, Deutsch, 1948–1954, Duhm, 1972).

Dies kann aber nur ein Teil einer Erklärung sein. Das eigentliche Rätsel besteht darin, dass viele Männer Frauen sexuelle Gewalt antun, obwohl dies eben nicht ihren Einstellungen und Werten entspricht. In einer großen Vorlesung habe ich einmal männliche Studierende anonym danach gefragt, ob sie sich vorstellen könnten, a) einen Mord zu begehen und b) eine Frau zu vergewaltigen (jeweils unter der Voraussetzung, sich ganz sicher sein zu können, dafür niemals gefasst und bestraft zu werden). Auf einer Skala von 1 („kann ich mir unter keinen Umständen vorstellen") bis 7 („kann ich mir sehr gut vorstellen") lag der Mittelwert bei beiden Fragen bei ca. 1,4. Mit anderen Worten: Für die allermeisten Befragten war die Vorstellung, eine Frau zu vergewaltigen, ähnlich abwegig wie der Gedanke, jemanden zu ermorden. Ich persönlich hätte übrigens anders geantwortet: Wie viele andere Menschen (Buss, 2006) hatte auch ich schon Mordphantasien in meinem Leben und ich hätte deshalb angegeben, mir durchaus vorstellen zu können, einen anderen Menschen umzubringen. Aber einer Frau sexuelle Gewalt antun? Unvorstellbar.

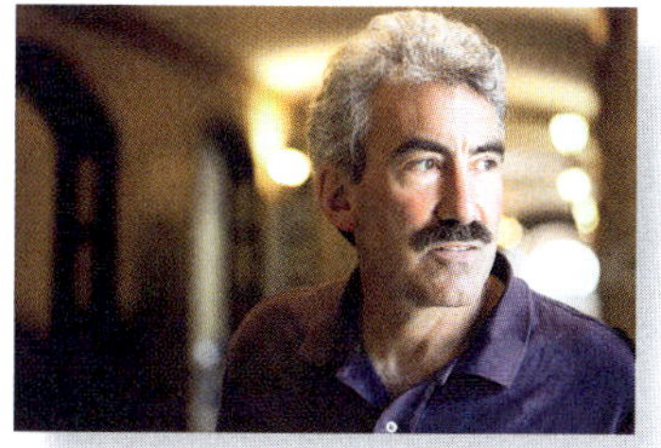

George Loewenstein (*1955)

US-amerikanischer Psychologe – Loewenstein gehört zu den führenden Verhaltensökonomen, insbesondere im Bereich intertemporelle Entscheidungen und Vorhersage von Emotionen (affective forecasting). Sehr bekannt ist u. a. sein Cold-versus-hot-Modell, welches besagt, dass es in unemotionalen, „kalten" Situationen schwierig ist, die eigenen Entscheidungen in „heißen", gefühlsgeladenen Situationen vorherzusagen.

Tatsächlich aber stehen in Deutschland den 50 000 Anzeigen wegen sexueller Gewalt nur ca. 2 500 Tötungsdelikte gegenüber (wobei die Dunkelziffer bei Sexualdelikten deutlich höher ist). Die meisten Männer mögen sich beides nicht vorstellen können. Im Falle sexueller Gewalt handelt es sich dabei offensichtlich um eine Täuschung.

Ariely und Loewenstein (2006) haben die Hypothese aufgestellt, dass bei Männern ihre Haltung zur Sexualität (u. a. die Neigung zu sexueller Gewalt) mit dem Grad ihrer sexuellen Erregung zusammenhängt. Hierzu haben sie folgende – auf

Abbildung 12.8: Wird er es akzeptieren, wenn sie gleich nicht mit ihm schlafen will? Die meisten Männer können sich nicht vorstellen, eine Frau zu vergewaltigen, dennoch kommen Vergewaltigungen sehr häufig vor. Denn auch in diesem Bereich kommen kurzfristige Reize den eigentlichen Zielen und Werten in die Quere. (© diego cervo – Fotolia.com)

den ersten Blick vielleicht merkwürdig – anmutende Studie durchgeführt: Eine Stichprobe von männlichen Studierenden der University of Berkeley wurde darum gebeten, einen Fragebogen auszufüllen, in dem die Einstellung zu verschiedenen Facetten von Sexualität abgefragt wurde. Hierbei wurden die Versuchspersonen explizit aufgefordert, die Fragen so zu beantworten, wie sie dies auch in einem Zustand hoher sexueller Erregung tun würden.

In einer zweiten Phase wurde den gleichen Versuchspersonen ein Laptop überreicht, auf dem sich pornographische Bilder befanden, zu denen sie sich selbst befriedigen sollten. Im Zustand hoher sexueller Erregtheit, sollten die Versuchspersonen den gleichen Fragebogen ausfüllen, wie zuvor.

Die Ergebnisse bestätigten eindrucksvoll die Hypothese von Ariely und Loewenstein.

Erstens: Sexuell erregte Männer waren weniger wählerisch. „Sex mit Tieren", „urinierende Frauen" sowie „Sex mit einer extrem übergewichtigen Partnerin" wurden als deutlich attraktiver eingestuft, wenn die Versuchspersonen die entsprechenden Fragen im Zustand sexueller Erregung beantworteten.

Zweitens: Sexuell erregte Männer neigten stärker zu sexueller Gewalt. Zum einen wurden sadomasochistische Spielarten der Sexualität (wie Fesseln oder Auspeitschen) im Zustand sexueller Erregung deutlich positiver bewertet (übrigens sowohl die Vorstellung, dabei der aktive als auch die Vorstellung, dabei der passive Part zu sein). Zum anderen konnten sich sexuell erregte Männer wesentlich besser vorstellen, das sexuelle Selbstbestimmungsrecht von Frauen zu missachten (d.h. eine Frau betrunken zu machen, ihr absichtlich Drogen zuzuführen, sowie ein „Nein" nicht zu akzeptieren).

Wenn Männer nicht sexuell erregt sind, haben sie offensichtlich nur ein sehr begrenztes Wissen darüber, welche sexuellen Präferenzen und Vorlieben sie im Zustand sexueller Erregung haben. Obwohl den befragten jungen Männern der Zustand sexueller Erregung sehr vertraut sein dürfte, waren sie im „cold state" nicht in der Lage, ihre Einstellungen im „hot state" vorherzusagen (Ariely & Loewenstein, 2006).

Cold state vs. hot state

Dies mag eine Warnung für alle weiblichen Leserinnen dieses Buches sein. Vermeiden Sie gefährliche Situationen mit einem Mann (z.B. betrunken zu ihm ins Auto zu steigen) auch dann, wenn dieser Mann einen höflichen und zuvorkommenden Eindruck macht.

Dies mag aber ebenso eine Warnung für alle männlichen Leser dieses Buches sein. Wahrscheinlich können auch Sie sich nicht vorstellen, sexuelle Gewalt gegenüber einer Frau zu gebrauchen. Sorgen Sie dafür, dass es auch tatsächlich nie dazu kommt.

Selbstkontrolle und Staatliche Intervention

Weiter oben hatten wir bereits diskutiert, dass aus ökonomischer Perspektive – genauer: aus Sicht der neoklassischen Ökonomie – Selbstkontrollprobleme nicht existieren. Rationale Entscheider berücksichtigen bei ihren Entscheidungen sowohl die kurzfristigen wie die langfristigen Konsequenzen ihres Handelns, wobei langfristige Konsequenzen mit einem stabilen Zinssatz diskontiert werden.

Im Sinne dieser Logik hat der US-amerikanische Ökonom und Nobelpreisträger Gary Becker argumentiert, dass sowohl kriminelles Verhalten (Becker, 1968) als auch Drogensucht (Becker & Murphy, 1986) und sogar Selbstmord (Becker & Posner, 2004) als rationale Handlungen zu verstehen seien. Ob man Becker in dieser Argumentation folgt oder nicht, ist nicht nur von akademischem Interesse, sondern bei dieser Frage stehen sich zwei grundlegend unterschiedliche Konzeptionen des Verhältnisses von Staat und Bürger gegenüber. Auf der einen Seite

Libertarismus vs. Paternalismus

versucht der *Libertarismus* die Rolle des Staates auf ein Minimum zu beschränken und argumentiert, dass die Freiheit des Einzelnen ein Gut sei, in das der Staat unter keinen Umständen eingreifen dürfe. Auf der anderen Seite steht die Idee eines *paternalistischen* Staates, der wie ein guter Vater für seine Kinder (Bürger) zu sorgen habe und diese zur Not auch gegen ihren Willen dazu zwingen müsse, ihre Selbstkontrollprobleme zu lösen.

Diese Problematik lässt sich an den folgenden Beispielen verdeutlichen:

Erstens: Soll der Staat die Bürger dazu zwingen, sich durch Zwangseinzahlungen in Sozialversicherungen gegen mögliche Notfälle abzusichern (Rentenversicherung, Arbeitslosenversicherung, Krankenversicherung, Pflegeversicherung)? Solche Zwangsversicherungen werden zum einen damit begründet, dass unversicherte Bürger die Allgemeinheit belasten würden, wenn sie in Not geraten (z. B. wenn ein nicht krankenversicherter Patient im Krankenhaus behandelt werden muss). Zum Teil werden diese Systeme aber auch dadurch legitimiert, dass sie dem Wohle der Beitragszahler dienen, die dadurch zu ihrem eigenen Nutzen gezwungen würden, ausreichend Vorsorge zu treiben. Solche Güter, die privatwirtschaftlich weniger nachgefragt werden als es ihrem eigentlichen Nutzen entspricht, werden ganz allgemein als „meritorische Güter" bezeichnet (Musgrave, 1957).

Zweitens: Soll der Gebrauch von Suchtmitteln wie Nikotin oder Alkohol durch hohe Steuern belastet werden, um dadurch die Nachfrage zu drosseln? Sollen bestimmte Drogen (wie z. B. Kokain oder Heroin) gänzlich verboten sein oder sollten diese legalisiert werden? Auch hierbei gibt es neben dem Verweis auf externe Effekte (z. B. die Behandlungskosten von Heroinabhängigen) oftmals das Argument, durch entsprechend hohe Steuern bzw. Verbote würde man den Süchtigen helfen, von ihren Drogen loszukommen (Edwards, 1997).

Drittens: Sollen Menschen daran gehindert werden, Selbstmord zu begehen, z. B. dadurch, dass man akut selbstmordgefährdete Menschen auch gegen ihren Willen in die geschlossene Abteilung der Psychiatrie einweist? Oder sollte man im Gegenteil Privatpersonen und Firmen ermöglichen, selbstmordwilligen anderen aktiv und gegen Bezahlung bei ihren Vorhaben zu unterstützen („Wochenendseminar: Selbstmord ohne Reue – mit praktischen Übungen")?

Die Antworten auf diese Fragen sind schwierig. Eine mögliche Antwort mag jedoch in der Idee des so genannten libertären Paternalismus (libertarian paternalism) liegen, die in den vergangenen Jahren unter Ökonomen aufgekommen ist. Ganz im Sinne des Libertarismus lehnen seine Anhänger Eingriffe des Staates in die Freiheit seiner Bürger ab, plädieren aber andererseits dafür, dass der Staat durch sinnvolle Vorgaben seine Bürger dazu motivieren solle, sich freiwillig im

Abbildung 12.9: Pflichtversicherungen gegen Krankheit und Arbeitslosigkeit, hohe Tabaksteuer als finanzielle Abschreckung gegen das Rauchen und Entmündigung bei Suizidgefahr: Wann darf der Staat in die Freiheit des einzelnen Bürgers einschreiten, um dessen Selbstkontrollproblemen entgegenzuwirken? (© fotofrank – Fotolia.com)

Sinne ihres eigenen langfristigen Interesses zu verhalten (Sunstein & Thaler, 2008; Loewenstein et al., 2007; Loewenstein & Haisley, 2008).

So wurde in einem berühmten Feldexperiment bei amerikanischen Arbeitnehmern der Prozentsatz dessen variiert, was von ihrem Gehalt jeden Monat in eine private Rentenversicherung eingezahlt wurde (Beshears et al., 2006). In der einen Bedingung waren dies 3 %, in der anderen Bedingung hingegen 6 %. In beiden Bedingungen handelte es sich dabei um Voreinstellungen, die von den Arbeitnehmern jederzeit und ohne großen Aufwand geändert werden konnten. Dennoch unterschied sich die Summe, die monatlich in die Rentenversicherung eingezahlt wurde, zwischen beiden Bedingungen ganz erheblich.

Selbstkontrolle aus evolutionärer Perspektive

Aus evolutionspsychologischer Perspektive fällt auf, dass Probleme der Selbstkontrolle keineswegs allgegenwärtig sind. In vielen Situationen sind Menschen, aber auch andere Spezies, sehr gut dazu in der Lage, Dinge zu tun, die hohe psychische und somatische Kosten verursachen, aber erst langfristig von Nutzen sind.

So zeigen z. B. kleine Kinder eine bemerkenswerte Ausdauer, wenn sie lernen zu sitzen, zu stehen oder zu laufen. Auch der Erwerb der Muttersprache ist ein ausgesprochen aufwändiges Unterfangen, das viele Jahre in Anspruch nimmt und welches kurzfristig mit keinerlei Vorteilen verbunden ist. Es dauert nämlich eine ganze Weile, bis Kinder so gut sprechen können, dass sie verbal besser als nonverbal in der Lage sind, ihren Müttern oder Vätern anzuzeigen, welche Präferenzen sie haben (Grimm & Engelkamp, 1981).

Schwangerschaft als Selbstkontrollproblem

Genau genommen impliziert auch jede Schwangerschaft ein Selbstkontrollproblem. Bevor eine (hoffentlich glückliche) Mutter ihr Neugeborenes in den Armen hält, muss sie für einen Zeitraum von neun Monaten erhebliche physische und psychische Ressourcen investieren, d. h. sie muss kurzfristig erhebliche Nachteile in Kauf nehmen um langfristig ihren reproduktiven Nutzen zu maximieren.

Auch Tiere weisen häufig ein enorm effizientes Vorsorgeverhalten auf (z. B. Zugvögel oder Tiere, die ihren Winterschlaf vorbereiten), das zunächst mit enormen Kosten verbunden ist (z. B. ein Flug von Norwegen nach Spanien) und das erst zu einem sehr viel späteren Zeitpunkt einen Nutzen bringt.

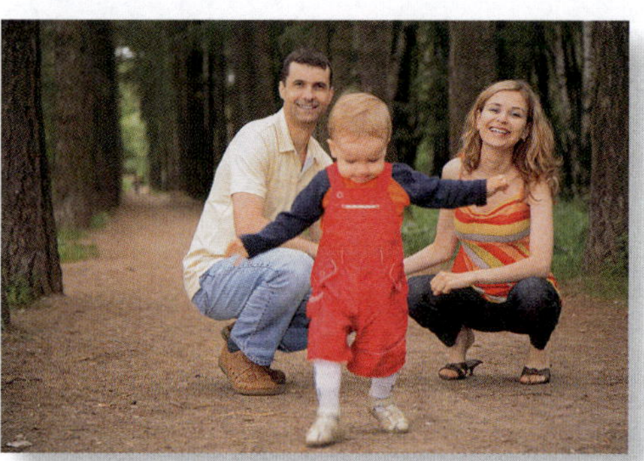

Abbildung 12.10: Laufen lernen ist langfristig sinnvoll, doch kurzfristig anstrengend. Dennoch besteht für Kinder hier offenbar kein Selbstkontrollproblem. Fleißig und ausdauernd üben sie das Gehen. (© Pavel Losevsky – Fotolia.com)

Somit ergibt sich ein scheinbar verwirrendes Bild: in manchen Situationen sind Menschen und andere Spezies sehr wohl in der Lage, ihren langfristigen Nutzen zu maximieren, in anderen Situationen hingegen sind sie völlig gefangen in einem irrational erscheinenden Kurzfristdenken.

Bei näherer Betrachtung aber lassen sich diese zwei Arten von Situationen sehr genau voneinander unterscheiden. Immer dann nämlich, wenn sich ein bestimmtes Selbstkontrollproblem im Laufe unserer evolutionären Geschichte immer wieder stellte, wird es motivational gar nicht mehr als solches empfunden. Immer dann aber, wenn ein Selbstkontrollproblem das Produkt moderner Umwelten ist, sind wir Menschen ihm oftmals hilflos ausgesetzt (z. B. wenn wir zu viel Süßes und Fettes essen oder wenn wir drogenabhängig werden).

Selbstkontrolle und die Frage nach dem Selbst

Dass Menschen oftmals unter einem Mangel an Selbstkontrolle leiden, rührt unter anderem daher, dass wir – im Gegensatz zu allen anderen Spezies – nicht in der Gegenwart gefangen sind, sondern zukünftige Ereignisse antizipieren können. Weil wir uns Zukunft vorstellen können, können wir auch versuchen, diese Zukunft nach unserem Willen zu gestalten. Aber leider sind beim Umgang mit der Zukunft unsere kognitiven Fähigkeiten weiter entwickelt als unser motivationales System.

Die Tatsache, dass Menschen oftmals das Falsche tun, obwohl sie eigentlich genau wissen, was das Richtige wäre, löst bei näherem Hinsehen Zweifel an einer Grundannahme aus, die von den meisten Menschen in ihrem Alltag so gut wie nie in Zweifel gezogen wird: Nämlich, dass es so etwas wie eine feste Persönlichkeit gibt, die den unteilbaren Kern unseres Selbst darstellt. Einen Satz mit den Worten „ich will" zu beginnen, impliziert, dass es nur ein Ich gibt, das da etwas will. Mag sein, dass dieses Ich daran gehindert wird, seine Pläne auch in die Realität umzusetzen, aber das ändert nichts an seinem Willen.

Selbst als Illusion?

Auf die Einsicht, dass wir manchmal das Opfer unserer Leidenschaften werden, reagieren Menschen zumeist so, dass sie an der Idee eines kohärenten Selbst festhalten, es fehle diesem Selbst eben manchmal die Selbstdisziplin, unsere Vorsätze auch in die Tat umzusetzen. Schon die Metapher, jemand werde zum „Opfer seiner Leidenschaft" drückt dieses Beharren aus. Wir erleben uns keineswegs als die Summe unserer Leidenschaften, sondern wir werden von diesen überwältigt – das heißt von etwas, das außerhalb von uns selbst besteht.

Von Ainslee (2001) ist argumentiert worden, dass es so etwas wie *ein* Selbst gar nicht gäbe, sondern dass unser motivationales Selbst aus verschiedenen Teilsystemen bestehe, die miteinander im Konflikt stünden und günstigstenfalls halbwegs stabile Kompromisse miteinander schließen.

Vielleicht hilft uns dieser Gedanke zu der Einsicht, dass zu viel Selbstkontrolle auch schädlich sein kann. Es besteht nämlich die Gefahr, dass Menschen sich allzu strikte Regeln auferlegen, dadurch zwar in der Lage sind, ein bestimmtes Selbstkontrollproblem zu regeln, auf der anderen Seite aber zum Gefangenen dieser sich selbst auferlegten Regeln werden. Manchmal macht es Sinn, Regeln zu brechen, z. B. für eine gute Flasche Champagner oder für eine unvergessliche Stunde mit einer schönen Frau (oder einem schönen Mann, je nach Geschlecht und sexueller Vorliebe des Lesers).

Daher sollten wir uns immer bewusst sein, dass eine Überwindung unserer Selbstkontrollprobleme dazu führen sollte, dass wir glücklicher werden, d.h. mehr positive Emotionen erleben. Es besteht jedoch die Gefahr, dass wir durch Selbstdisziplin und Mäßigung vor allem *weniger* Emotionen erleben, denn viele positive Emotionen sind nur denkbar, wenn zugleich unser Selbstkontrollzentrum „abgeschaltet" ist.

Kurz und gut

1. Oftmals haben Menschen aufgrund mangelnder Selbstkontrolle Probleme, ihre eigenen Vorsätze in Handlungen umzusetzen.
2. Selbstkontrollprobleme sind dadurch gekennzeichnet, dass Menschen dazu neigen, einen kurzfristigen Verstärker sehr viel stärker zu gewichten als einen langfristigen Verstärker, der sehr viel höher bewertet wird.
3. Selbstkontrolle gelingt am besten, wenn man sich genaue Regeln und Ziele setzt.
4. Selbstkontrolle wird von Muraven und Baumeister mit einem Muskel verglichen, der durch ständige Belastung ermüdet.
5. Empirische Studien zeigen, dass Personen mit einem hohen Maß an Selbstkontrolle einen höheren Studien- und Berufserfolg haben und psychisch stabiler sind als Personen mit niedriger Selbstkontrolle.
6. Je besser ein kleines Kind in der Lage ist, Belohnungsaufschub zu praktizieren, desto erfolgreicher ist es später in Studium und Beruf.
7. Nach Meinung der beiden Kriminologen Gottfredson und Hirschi ist kriminelles Verhalten ganz wesentlich auf einen Mangel an Selbstkontrolle zurückzuführen.
8. Sexuell erregte Männer neigen deutlich stärker zu sexueller Gewalt als sexuell nicht erregte Männer.
9. Vertreter eines wohlfahrtstaatlichen Paternalismus plädieren dafür, dass staatliche Institutionen den Bürgern helfen sollten, ihre Selbstkontrollprobleme zu überwinden.
10. Aus evolutionärer Perspektive tauchen Selbstkontrollprobleme immer dann auf, wenn Menschen Entscheidungen treffen müssen, mit denen sie in ihrer evolutionären Vergangenheit nicht konfrontiert waren.

Studentenfutter

Ainslie, G. (2001). *Breakdown of will*. New York: Cambridge University Press.

Gottfredson, M. R., & Travis H. (1990). *A General Theory of Crime*. Stanford: Stanford University Press.

Kapitel 13

Is there anybody out there? Wie Menschen ihre soziale Umwelt sehen

Kapitel 13 Is there anybody out there? Wie Menschen ihre soziale Umwelt sehen

Inhalt

Grundlegende Perspektiven sozialer Wahrnehmung

Um sich in ihrer physikalischen und sozialen Umwelt zurechtzufinden, müssen Menschen diese Umwelten wahrnehmen, die wahrgenommenen Informationen verarbeiten und schließlich in ihrem eigenen Verhalten berücksichtigen. In diesem Kapitel geht es darum, welchen Gesetzmäßigkeiten unsere Wahrnehmung folgt und wie diese zu erklären sind.

„Es hört doch jeder nur, was er versteht."
Johann Wolfgang von Goethe (1749–1832)

Naiver Realismus und Egozentrismus

Menschen folgen in der Wahrnehmung ihrer physikalischen und ihrer sozialen Umwelt zumeist einer Haltung, die man als „naiven Realismus" bezeichnen kann (Haug, 2004; Fish, 2009). Dieser basiert auf den folgenden Annahmen:

Annahmen des naiven Realismus

(1) „Die Welt ist so, wie ich sie wahrnehme."

(2) „Es gibt *eine* objektive Realität."

(3) „Diese Realität ist aus meiner Perspektive die gleiche wie aus Deiner Perspektive, unabhängig von der Lokation und der Zeit meiner bzw. Deiner Wahrnehmung."

Subjektivität von Wahrnehmung

Diese grundsätzliche Haltung offenbart sich bereits im Begriff der „Wahrnehmung“ selbst – „Wahr“Nehmung als das für wahr nehmen (halten) unserer Sinneseindrücke. Ein solcher naiver Realismus basiert jedoch oftmals auf einer Illusion. Dieser Gedanke soll zunächst am Beispiel der visuellen Wahrnehmung unserer physikalischen Umwelt verdeutlicht werden:

Optische Täuschungen sind ein von Psychologen oftmals verwandtes Mittel, um zu veranschaulichen, dass die physikalische Welt oftmals ganz anders ist als wir sie wahrnehmen. Schauen Sie sich z. B. die folgende Abbildung an.

Abbildung 13.1: Wahrnehmungsfehler: Obwohl Feld A dunkler erscheint als Feld B, weisen beide den gleichen Grauton auf. (Quelle: Edward Adelson)

Ziemlich sicher haben Sie den Eindruck, das Feld A sei dunkler als das Feld B. Tatsächlich aber haben beide Felder den gleichen Grauton.

Auch andere Befunde zeigen, dass wir physikalische Stimuli niemals absolut, sondern immer relativ zu ihrer Umgebung wahrnehmen (Wertheim, 1981). So wurden in einem klassischen Versuch von Ernst Heinrich Weber Versuchspersonen gebeten, die linke Hand in eine Schale mit kaltem Wasser zu halten und die rechte in eine mit warmem Wasser. Anschließend sollten die Versuchspersonen beide Hände in zwei weitere Schalen halten, die *beide* mit Wasser mittlerer Temperatur gefüllt waren. Die Versuchspersonen waren in ihrer Wahrnehmung jedoch dramatisch davon beeinflusst, in welcher Schale sie zuvor ihre Hand gehalten hatten und nahmen deshalb die objektiv identische Temperatur in beiden Schalen als sehr unterschiedlich wahr.

Die schon mehrfach erwähnten Studien zu Labelingeffekten bei der Geschmackswahrnehmung zeigen ebenfalls, dass wir unsere physikalische Umwelt keineswegs immer so wahrnehmen, wie sie tatsächlich ist. In einer Studie (Christandl et al., 2010) wurde den Versuchspersonen entweder teures Mineralwasser der Marke „S. Pellegrino“ verkostet (Preis pro Liter: 0,98 €) oder mit Kohlensäure versetztes Leitungswasser (Preis pro Liter: 0,09 €). Unabhängig davon, welches Wasser die Versuchspersonen tranken, wurde der Hälfte gesagt, sie tränken Sankt Pellegrino und der anderen Hälfte, sie tränken mit Kohlensäure versetztes Leitungswasser. Versuchspersonen, die *glaubten*, sie tränken eine italienische Edelmarke, schmeckte das Wasser deutlich besser als Menschen, die *glaubten*, sie tränken Leitungswasser. Welches Wasser die Versuchspersonen tatsächlich tranken, war für die Geschmacksbeurteilung hingegen vollkommen irrelevant.

Dass Menschen naive Realisten sind, zeigt sich auch daran, wie sie mit Krankheiten bzw. objektiven Fehlfunktionen ihrer Wahrnehmungsorgane umgehen. Wenn ältere Menschen schwerhörig werden, sind sie sich dieser Tatsache oftmals nicht bewusst. Stattdessen beklagen sie sich darüber, dass „junge Leute so stark nuscheln" oder z. B. der Redner bei einem Vortrag kein Mikrophon benutzt. Manchmal führt Altersschwerhörigkeit sogar zu Paranoia, etwa wenn jemand sich darüber beklagt, dass seine Mitmenschen so viel hinter seinem Rücken flüstern und tuscheln, damit er nicht höre, was sie schlechtes über ihn reden (Cooper, Garside & Kay, 1976).

Rot-Grün-Blindheit

Ein anderes Beispiel hierfür ist Rot-Grün-Blindheit. Schauen Sie z. B. auf die folgende Abbildung.

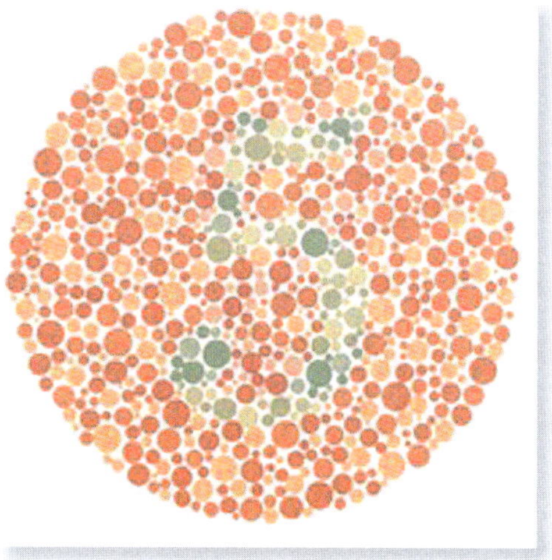

Abbildung 13.2: Intuitiv gehen wir davon aus, dass die Welt so ist, wie wir sie wahrnehmen, doch viele Dinge werden von Person zu Person unterschiedlich wahrgenommen. Ein Beispiel sind Farben, die bei Wahrnehmungsstörungen wie der Rot-Grün-Blindheit anders erscheinen. Hier ein Test für die Rot-Grün-Blindheit. (Quelle: Ishihara, 1917)

Wenn Ihr Farbempfinden voll funktionstüchtig ist, sehen Sie eine grüne Fünf vor einem roten Hintergrund. Wenn Sie jedoch die beiden Farben grün und rot nicht unterscheiden können, sind Sie nicht in der Lage, die Zahl zu erkennen. Menschen mit einer angeborenen Farbenblindheit sind sich dieser Tatsache intuitiv jedoch nicht bewusst, bis sie von ihrer Umwelt darauf aufmerksam gemacht werden.

Weil Menschen davon ausgehen, dass die Dinge so sind, wie sie von ihnen wahrgenommen werden, haben sie zudem oftmals Probleme, Dinge als real anzuerkennen, die sie nicht „sehen" können (z. B. Viren, radioaktive Strahlen).

Egozentrismus

Darüber hinaus nehmen Menschen die Welt notwendigerweise aus einer ganz bestimmten Perspektive wahr, nämlich ihrer eigenen. Dieser Tatsache sind wir uns aber selten bewusst. Auf der nächsten Seite sehen Sie z. B. drei Weltkarten. Die oberste entspricht einer Anordnung der Kontinente, wie Sie diese als Mitteleuropäer vermutlich seit Kindesbeinen gewohnt sind. Europa liegt in der Mitte und dies entspricht der Perspektive, aus der wir die Welt mit europäischen Augen betrachten. So wurde z. B. zu Zeiten des britischen Empire der Nullmeridian und damit der nullte Längengrad so festgelegt, dass er durch Greenwich bei London verläuft. Die zweite Abbildung zeigt eine Weltkarte, wie sie in amerikanischen Klassenzimmern zu finden ist. Auf dieser hat sich der Mittelpunkt der Welt nach Westen verlagert und „God's own country" liegt auch geographisch im Zentrum des Geschehens. Die Weltkarte auf der dritten Abbildung zeigt schließlich die chinesische Sicht. Auf dieser Karte liegt der Mittelpunkt der Welt weiter östlich als wir es gewohnt sind und Europa liegt buchstäblich am Rande des Geschehens (China bezeichnet sich traditionell als „Reich der Mitte").

Die meisten Europäer sind sich nicht bewusst, dass Weltkarten in anderen Teilen der Welt anders aussehen als bei ihnen und ähnliches gilt für Amerikaner und Chinesen. Diese Wahrnehmungsverzerrung wird allgemein als Egozentrismus bezeichnet (d. h. das Ego wird als Zentrum der Welt betrachtet) (Piaget, 1954; Elkind, 1967). Diese zeigt sich aber nicht nur hinsichtlich der Frage, wie eine Weltkarte organisiert sein sollte, sondern er prägt ganz allgemein die Art und Weise, wie wir die Welt sehen. In Kapitel 2 hatten wir diskutiert, dass Menschen über die Fähigkeit verfügen, sich in die Rolle eines anderen zu versetzen und zu realisieren, dass dessen Wahrnehmung sich von ihrer eigenen unterscheiden kann. Diese Fähigkeit ist allerdings phylogenetisch relativ jung und die Überwindung des eigenen Egozentrismus ist deshalb mühsam (Baron-Cohen, 1999).

Hinzu kommt, dass es sich beim Egozentrismus nicht nur um ein rein kognitives Phänomen handelt, sondern dass wir häufig auch zum Schutz unseres eigenen Selbstwertes darauf beharren, die Welt so zu sehen, wie sie ist, weil die Vorstellung, es gebe so etwas wie eine objektive Realität gar nicht, für die meisten Menschen etwas zutiefst beunruhigendes hat (siehe auch Kapitel 10).

Dies erklärt wohl auch zum Teil den Hass vieler religiöser Menschen auf die „Ungläubigen" und die Intoleranz vieler Anhänger von politischen Ideologien, weil jeder Andersdenkende das eigene Weltbild in Frage stellt.

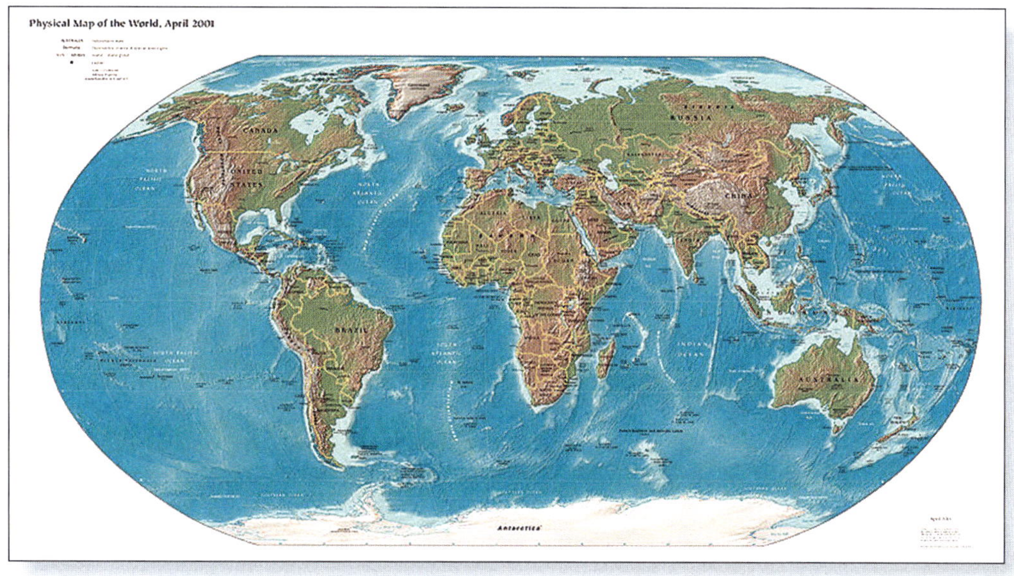

Abbildung 13.3: Wir selbst sehen uns immer im Mittelpunkt der Welt: Welcher Kontinent bei Weltkarten im Mittelpunkt steht , hängt vom Kontinent ab, auf dem die Karte erstellt wurde. (Quelle: oben: wikicommons; u.li: www.culturaldetective.com; u.re: Hema)

Wie sehr wir die Welt aus unserem eigenen egozentrischen Blickwinkel betrachten, sieht man auch daran, dass wir beginnen, über andere Menschen in der Vergangenheitsform zu reden, sobald diese in unserem Leben keine Rolle mehr spielen. „Petra war immer so kompliziert" muss nicht notwendigerweise bedeuten, dass Petra tot ist – vielleicht haben wir uns auch nur von ihr getrennt oder sie aus den Augen verloren.

Konstruktivismus versus evolutionäre Erkenntnistheorie

Die Welt ist also nicht immer so, wie wir sie wahrnehmen. Ist es uns überhaupt möglich so etwas wie eine „objektive Realität" wahrzunehmen? Diese Frage wird von Philosophen seit vielen Jahrtausenden diskutiert (für eine Zusammenfassung siehe Musgrave, 1998). Und auch Vertreter der Sozialwissenschaften sind sich diesbezüglich uneinig. So haben einige Wissenschaftler die radikale Schlussfolgerung gezogen, es sei sinnlos, so etwas wie eine objektive soziale Realität erfassen zu wollen. Stattdessen sehen sie die Aufgabe der Sozialwissenschaften vielmehr darin, die jeweils subjektiven Weltsichten von Akteuren zu analysieren und miteinander zu vergleichen, ohne den Anspruch zu haben, diese mit einem objektiven Maßstab zu vergleichen (Von Glaesersfeld, 1997).

Sozialer Konstruktivismus

Hinter dieser als „sozialer Konstruktivismus" bezeichneten Strömung verbergen sich zwei mögliche Weltsichten. Die eine Weltsicht geht davon aus, dass es so etwas wie eine objektive Realität zwar gäbe, sie vom Menschen aber nicht erkannt werden könne. Eine radikalere Ansicht – wie sie z. B. von Watzlawick vertreten wird – nimmt hingegen an, dass so etwas wie objektive Realität gar nicht existiere, sondern Realität immer erst im Prozess des Wahrnehmens konstruiert würde.

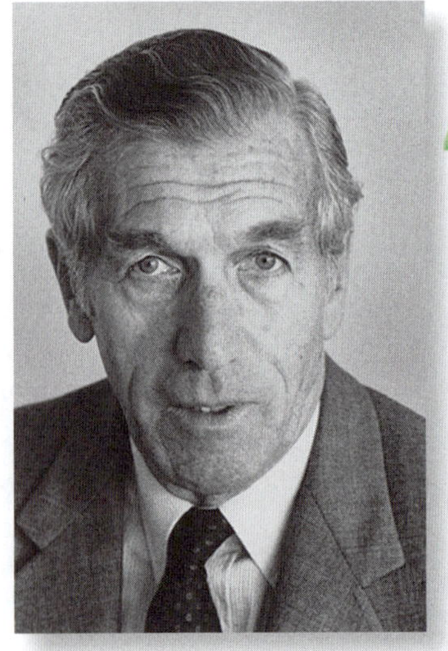

Paul Watzlawick (1921–2001)

Österreichischer Philosoph und Psychologe – Watzlawick war Vertreter des radikalen Konstruktivismus (vgl. Kapitel 9) und wurde in Deutschland vor allem durch seine populärwissenschaftlichen Bücher zum Thema bekannt wie „Anleitung zu Unglücklichsein". Ferner beschäftigte er sich in einschlägiger Weise mit den Kommunikationswissenschaft („Man kann nicht nicht kommunizieren").

Im Kontrast zu solch einem radikalen Konstruktivismus betont die so genannte Evolutionäre Erkenntnistheorie, dass es zwar grundsätzlich nicht möglich sei, Realität als solche zu erkennen, dass aber alles organisches Leben als Anpassung an eine objektive Realität zu verstehen sei und deshalb dieser zumindest nicht fundamental widersprechen könne. Oder mit den Worten eines der Hauptvertreter der evolutionären Erkenntnistheorie, Gerhard Vollmer: „Unser Erkenntnisapparat ist ein Ergebnis der Evolution. Die subjektiven Erkenntnisstrukturen passen auf die Welt, weil sie sich im Laufe der Evolution in Anpassung an diese reale Welt herausgebildet haben. Und sie stimmen mit den realen Strukturen (teilweise) überein, weil nur eine solche Übereinstimmung das Überleben ermöglichte" (Vollmer, 1975/2002, S. 102).

Das menschliche Gehirn ist allerdings evolviert, um das Verhalten seines Trägers in der Umwelt eines Jäger- und Sammlers zu steuern. Damit lässt sich auch erklä-

Abbildung 13.4: Obwohl wir einen Tisch nie von allen Seiten gleichzeitig sehen und daher nie ganz wissen können, wie er in Realität aussieht, erstellen wir aus allem, was wir vom Tisch gesehen haben, automatisch ein Vollbild. Dies ist aus evolutionärer Sicht auch sinnvoller als sich des eingeschränkten menschlichen Wahrnehmungsvermögens ständig bewusst und daher im Handeln eingeschränkt zu sein. (© rooms.de; Beispiel entnommen von Wolfgang Leidholdt)

ren, in welchen Domänen Menschen ihre Umwelt valide bzw. verzerrt wahrnehmen werden. So ist z. B. zu erklären, warum radioaktive Strahlung für uns sinnlich nicht wahrnehmbar ist. Ein entsprechender Alarmmechanismus, um uns vor den Gefahren solcher Strahlen zu schützen, ist deshalb nicht evolviert, weil diese Gefahr in unserer Evolutionsgeschichte nicht bestanden hat. Ähnliches gilt für Geschwindigkeiten. Sehr hohe Geschwindigkeiten (wie z. B. die des Lichts, das sich mit einer Schnelligkeit von knapp 300000 Km pro Sekunde bewegt) als auch sehr niedrige Geschwindigkeit (wie z. B. Verschiebungen der Kontinente, die sich mit 1 cm bis 10 cm pro Jahr bewegen) können wir zwar abstrakt verarbeiten, sie entziehen sich aber unserer Vorstellungskraft.

Intuitives Wissen

Entgegen all diesen Wahrnehmungsproblemen haben wir allerdings auch so etwas wie eine intuitive Physik (folk physics) bzw. Biologie (folk biology), die Kinder, aber auch andere Spezies, selbst ohne formale Erziehung entwickeln. So erwarten z. B. sowohl Kinder als auch Schimpansen, dass feste Gegenstände auf den Boden fallen, wenn man sie fallen lässt und sie reagieren mit Überraschung, wenn dies nicht der Fall ist (Povinelli, 2000). Schon kleine Kinder haben zudem ein Verständnis biologischer Arten und wissen z. B., dass die Eltern ihres Meerschweinchens ebenfalls beides Meerschweinchen waren. Zeichentrickfilme sind für Kinder wohl auch deshalb so spannend, weil sie genau wissen, dass sich ein Elefant normalerweise nicht mit einer Maus unterhalten kann.

Adaptivität von Wahrnehmung

In einem letzten Sinne können wir tatsächlich niemals irgendetwas wissen. Daraus zu schlussfolgern, es gebe keinerlei objektive Realität, scheint aber nur wenig sinnvoll. Stattdessen ist zu vermuten, dass Menschen und andere Spezies unter einem enormen Realitätsdruck stehen, die Welt kognitiv so zu repräsentieren, dass ihre Wahrnehmung mit der Realität zumindest korrespondiert (wenn auch nicht notwendigerweise übereinstimmt). Menschen, die z. B. glaubten, dass sie fliegen können oder die sich für unverwundbar hielten, sind niemandes Vorfahre geworden.

Gerhard Vollmer (*1943)

Deutscher Physiker und Philosoph – Vollmer ist neben Karl Popper, Konrad Lorenz, Donald T. Campbell und Rupert Riedl einer der Begründer der Evolutionären Erkenntnistheorie. Er verfasste mehrere Bücher zum Thema wie „Evolutionäre Erkenntnistheorie“ (1975), „Was können wir wissen?“ (1988) und „Wieso können wir die Welt erkennen?“ (2002)

In manchen Situationen kann es allerdings aus einer evolutionären Perspektive auch adaptiv sein, unsere Umwelt *nicht* so wahrzunehmen, wie sie ist (siehe auch Kapitel 14). So ist es z. B. durchaus adaptiv, wenn wir bei Menschen, die wir lieben und die uns wichtig sind (z. B. unsere Eltern, Partner, Freunde oder Kinder), positive Eigenschaften über- und negative Eigenschaften hingegen unterschätzen, weil solche Fehlwahrnehmungen unsere Bindung an diese Personen stärken können. Was hätte z. B. eine 30jährige Ehefrau davon, sich jeden Abend beim Zubettgehen einzugestehen, dass ihr Ehemann so gar nicht wie George Clooney aussieht? Wie viel klüger ist es von dieser Frau, sich selber davon zu überzeugen, dass sie das sanfte Gemüt ihres Mannes liebt und dass sein nächtliches Schnarchen die Familie vor wilden Tieren schützt?

„Es gibt keine Fakten. Es gibt nur unsere Wahrnehmung davon."
Leo (Lew) Nikolajewitsch Graf Tolstoi (1828–1910), russischer Erzähler und Romanautor

Bereits in Kapitel 7 hatten wir thematisiert, dass Menschen über einen „hyperactive Agency Detection Device" verfügen (Barrett, 2004), der dazu führt, dass wir z. B. das nächtliche Rascheln eines Baumes eher auf einen Menschen oder ein Tier als auf den Wind zurückführen. Dieser kognitive „Bias" ist hochgradig adaptiv, weil die Unterschätzung einer Gefahr durch einen potentiellen Feind sehr viel gravierendere Folgen haben kann als ein „blinder Alarm".

Error Management Theory

Haselton und Buss (2000) haben diesen Gedanken verallgemeinert und argumentieren in ihrer „Error Management Theory", dass menschliche Wahrnehmung ganz allgemein nicht dem Ziel folgt, unsere Umwelt möglichst valide wahrzunehmen, sondern die potentiellen Kosten durch eine Fehleinschätzung zu minimieren. So können z. B. Männer das Interesse einer Frau an einer sexuellen Affäre mit ihnen entweder über- oder unterschätzen. Eine Überschätzung führt zu einer Abfuhr, was aus evolutionärer Perspektive keine allzu hohen Kosten verursacht. Eine Unterschätzung führt hingegen zu einer verpassten Reproduktionschance, was aus evolutionärer Perspektive mit äußerst hohen Kosten verbunden ist. Kein Wunder also, so Haselton und Buss, dass so viele Männer sich für unwiderstehlich halten.

Martie G. Haselton (*1970)
US-amerikanische Evolutionspsychologin – Haselton hat zusammen mit David Buss die Error Managment Theory begründet (vgl. Kapitel 17). Sie versucht herauszufinden, wie die Evolution den sozialen Geist des Menschen formen konnte. Beispiele für Forschungsgebiete sind Partnerwahl und -werbung sowie Geschlechterunterschiede (vgl. Kapitel 9).

Abbildung 13.5: Manchmal ist es weniger wichtig, richtig wahrzunehmen, als vielmehr eine Wahrnehmung zu haben, welche die Fitness maximiert. So überschätzen Männer ihre Wirkung bei Frauen manchmal. (© Johannes Borer)

Erkennen versus Durchwurschteln – wie Menschen ihren Alltag bestehen

Aus dem zweiten Kapitel wissen wir bereits, dass Wahrnehmung vor allem die Funktion hat, unser Verhalten zu steuern („perception is for doing"). Da unsere Umwelt unendlich komplex, unser kognitives Fassungsvermögen aber sehr begrenzt ist, sind wir gezwungen, uns mit einem wenig fundierten Halbwissen durch das Leben zu navigieren.

Das meiste, was wir zu wissen meinen, kennen wir nur vom Hörensagen (woher wissen Sie z. B., dass die Erde sich um die Sonne dreht?). Doch wie Berger und Luckmann (2009) argumentieren, stehen wir unserer eigenen Ignoranz recht gleichgültig gegenüber, solange uns dieses Halbwissen ermöglicht, unsere

Ziele zu erreichen. Ein Beispiel: Wenn wir mit unserem Handy mit einer Person sprechen wollen, die hunderte von Kilometern entfernt ist, dann tippen wir die entsprechende Nummer ein und sind zufrieden. Wir verstehen nicht, wie ein Mobiltelefon funktioniert, aber wir brauchen dieses Verständnis auch nicht, um es zu gebrauchen.

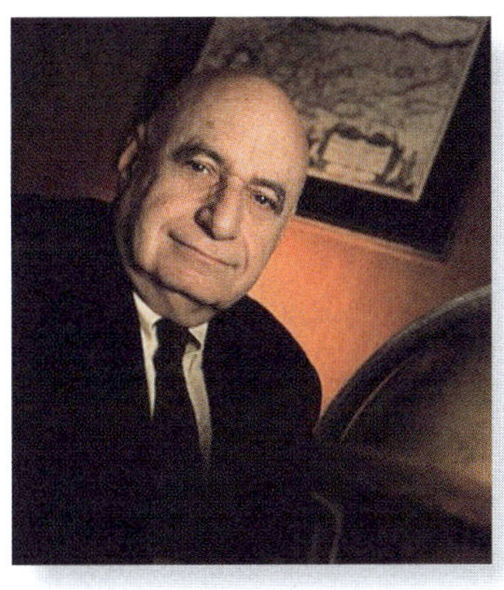

Peter Ludwig Berger (*1929)

US-amerikanischer Soziologe – Berger ist Vertreter des Sozialkonstruktivismus und der Wissenssoziologie, welche besagt, dass Wissen und Erkenntnis innerhalb von Gruppen entsteht und durch den sozialen Kontext geprägt ist. Wissen sei daher immer relativ. Zu diesem Thema verfasste er 1966 gemeinsam mit Thomas Luckmann das vielbeachtete Buch „Die gesellschaftliche Konstruktion der Wirklichkeit".

Dies gilt jedoch nicht nur für unseren Umgang mit moderner Technik. Beispielsweise verstehen wir auch nicht, wie es möglich ist, uns face to face mit einer anderen Person zu unterhalten. Welche physikalischen (z. B. neurologischen) Prozesse sind dafür verantwortlich, dass wir eine Lautäußerung produzieren, die in kontingenter Weise von einer Person zutreffend interpretiert wird, so dass wir mit unserem Sprechakt das Ziel erreichen, das wir damit erreichen wollten? Wir nehmen unsere Currywurst in Empfang und sind zufrieden, dass der Wurstverkäufer uns das gibt, was wir bestellt haben.

Selbst die simpelsten Verhaltensweisen des Menschen (z. B. Stehen, Gehen oder Atmen) sind unendlich kompliziert und entziehen sich weitgehend unserer Kontrolle, auf jeden Fall aber entziehen sie sich unserem Verständnis.

Kümmert und das? Im Grunde nicht, bzw. nur dann, wenn wir nicht in der Lage sind, durch unsere Handlungen die Reaktionen unserer sozialen oder physikalischen Umwelt zu erzielen, die wir erreichen wollten (z. B. wenn uns der Wurstverkäufer anstatt einer Currywurst eine Krakauer geben will).

Handlungswissen

Das meiste unseres Wissens ist also pures „Handlungswissen" und wir sind zumeist nur an einer sehr proximaten Erklärung eines Problems interessiert. Beispiel: Der Tank unseres Autos ist leer (Problem), also fahren wir zu einer Tankstelle (Lösung). Warum das Tanken unseres Autos dazu führt, dass wir weiterfahren können, verstehen wir nicht und es interessiert uns auch nicht.

Abbildung 13.6: Allwissen versus Effizienz: Meist ist pures Handlungswissen ausreichend – und nützlich, um kognitive Ressourcen zu sparen –, doch manchmal benötigen wir Menschen auch Hintergrundinformationen: so zum Beispiel beim Telefonieren auf der einen Seite oder bei der Meinungsbildung über Atomkraft auf der anderen Seite. (© HelleM – Fotolia.com)

Thomas Luckmann (*1927)
Deutscher Soziologe – Wie Berger beschäftigt sich Luckmann mit der Wissenssoziologie. In ihrem gemeinsamen Buch argumentieren beide, dass es reiche, Wirklichkeit als Phänomene zu definieren, die ungeachtet des eigenen Wollens vorhanden sind und dass sich Wissen definieren lasse als Gewissheit, dass diese Phänomene wirklich sind und bestimmbare Eigenschaften haben.

Dennoch sind wir in der Begrenztheit unseres Wissens zumindest latent schmerzlich bewusst, was erklären mag, warum viele Menschen ein Bedürfnis nach Religiosität und anderen umfassenden Allerklärungen haben. Im 21. Jahrhundert lebt der Mensch in einer Umwelt, die zunehmend von ihm selber geschaffen und durch ihn gefährdet ist. Wir stehen vor Fragen, bei denen wir – z. B. als Wähler – aufgefordert sind, Stellung zu beziehen, obwohl wir eigentlich nicht verstehen, worüber wir da abstimmen. Beispiele: Wie sicher sind Atomkraftwerke? Welche Politik ist am Besten geeignet, die Folgen der Erderwärmung zu mindern?

Exkurs: Wie ökonomische Laien die Wirtschaft sehen

Ein weiterer Bereich, der in seiner Komplexität verwirrt und verunsichert, ist die moderne Volkswirtschaft. Die meisten Bundesbürger sind nicht in der Lage, die komplexen Zusammenhänge und Rückkopplungsprozesse ökonomischer Zusammenhänge gänzlich zu durchschauen. Dennoch müssen sie sich – zumindest in ihrer Funktion als Wähler – zwischen unterschiedlichen ökonomischen Programmen entscheiden.

Es lässt sich zeigen, dass Wähler hierbei auf eine Reihe simpler Heuristiken zurückgreifen, die in anderen Kontexten höchst adaptiv sind, aber kaum geeignet erscheinen, zu sinnvollen wirtschaftspolitischen Entscheidungen zu führen.

Zusammenhang von Wahlerfolg und Attraktivität

Eine simple Strategie besteht darin, sich als Wähler weniger auf die Botschaft als auf die Person eines Politikers zu konzentrieren. So gibt es einen positiven Zusammenhang zwischen Attraktivität und Wahlerfolg (Rosar et al., 2005, 2008). Größeren Männern wird im Allgemeinen mehr Durchsetzungsvermögen zugeschrieben als kleinen Männern. In amerikanischen Präsidentschaftswahlkämpfen gewinnt häufig der jeweils größere Kandidat und sind die Kandidaten in der Regel größer als der Durchschnitt der Bevölkerung (Page, 2004).

„Fixed Pie"-Annahme

Aber auch wenn Wähler zumindest versuchen, sich in ihren wirtschaftspolitischen Entscheidungen nicht von der persönlichen Ausstrahlung eines Politikers beeinflussen zu lassen, bleibt ihnen kaum etwas anderes übrig als sich in ihrem Urteil auf einige simple Heuristiken zu verlassen. Eine weitere Heuristik besteht darin, den Gesamtwohlstand eines Landes als gegeben zu betrachten, so dass Wirtschaftspolitik vor allem darin zu bestehen habe, diesen Wohlstand effizient und gerecht zu verteilen. Diese Heuristik wird als „Fixed Pie"-Annahme bezeichnet (Baron, 1998). In Jäger- und Sammlergesellschaften ist diese Annahme gerechtfertigt, aber in modernen Volkswirtschaften mit der ihnen eigenen Dynamik führt diese Annahme systematisch in die Irre. So hat sich der weltweite Wohlstand in den letzten 200 Jahren versechsfacht. Da Menschen nicht an dynamische Wachstumsraten gewöhnt sind, fehlt ihnen jedoch die Fähigkeit, diese valide einzuschätzen (Christandl & Fetchenhauer, 2009). Ein Beispiel: Stellen Sie sich eine Volkswirtschaft vor, die (inflationsbereinigt) in den nächsten 25 Jahren jedes Jahr um 5 % wächst. Um wie viel Prozent wird der Wohlstand dieses Landes in den nächsten 25 Jahren insgesamt wachsen? Bitte notieren Sie sich Ihre eigene Schätzung, bevor Sie weiterlesen! Diese und ähnliche Fragen wurden ökonomischen Laien, aber auch fortgeschrittenen Wirtschaftsstudenten gestellt. Tatsächlich stiege der Wohlstand dieses Landes um mehr als 230 %. Wenn Sie mit Ihrer Schätzung deutlich darunter lagen, sind Sie nicht alleine. Die durchschnittliche Schätzung unserer Versuchspersonen lag bei 82 % (Christandl & Fetchenhauer, 2009).

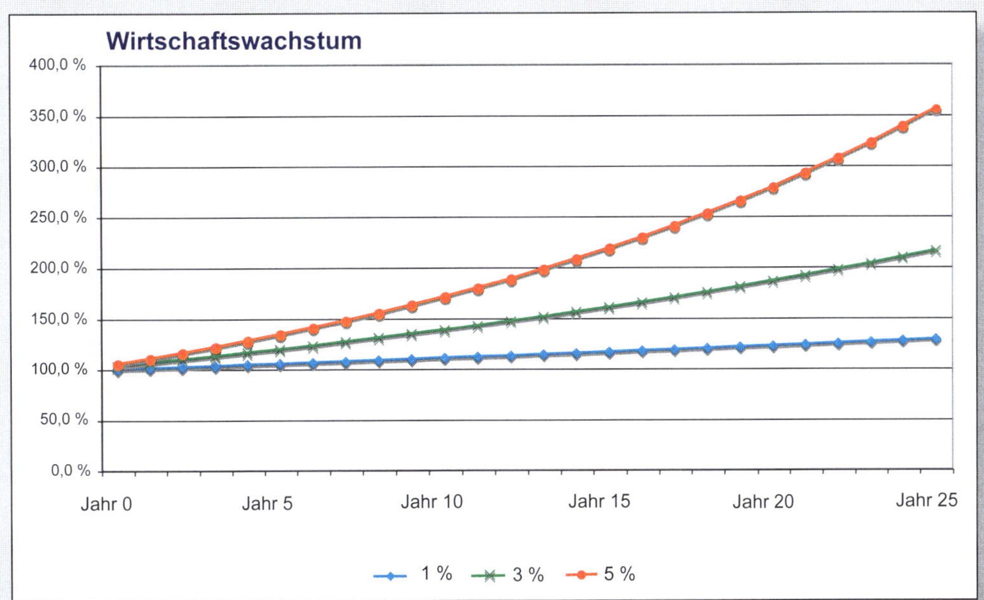

Abbildung 13.7: Die meisten Menschen können wirtschaftliche Vorgänge wie etwa das Wirtschaftswachstum nicht richtig einschätzen. So erwarten wirtschaftliche Laien bei einem Wachstum von fünf Prozent, dass die Wirtschaft nach 25 Jahren um rund 82 Prozent gewachsen ist; in Wahrheit sind es jedoch 230 Prozent. (Quelle: Eigene Darstellung)

Wenn der Wohlstand eines Landes nicht als dynamisch und veränderbar, sondern als fixe Größe aufgefasst wird, liegt es nahe, diesen durch Umverteilungsmaßnahmen gerechter zu verteilen. Folgerichtig befürworten die meisten Bundesbürger eine Einführung gesetzlicher Mindestlöhne und eine gesetzliche Deckelung von Spitzengehältern. Von einer großen Mehrzahl aller Ökonomen werden solche Maßnahmen hingegen abgelehnt (siehe hierzu vertiefend Fetchenhauer & Haferkamp, 2007; Enste et al., 2009).

Die Fixed Pie-Annahme führt auch dazu, dass viele Bürger sich nicht vorstellen können, dass die Weltwirtschaft schrumpfen könne. So glauben viele Menschen, dass die Verluste durch die Finanzkrise in den Jahren 2007 bis 2009 dazu geführt haben, dass Einige sehr viel reicher geworden sind – „irgendjemand muss dieses Geld doch haben" (Gironde et al., 2010).

Dass ökonomische Laien beim Umgang mit komplexen Zusammenhängen auf (allzu) simple Heuristiken zurückgreifen, zeigt sich auch beim Umgang mit dem Thema Außenhandel. Während Ökonomen davon überzeugt sind, dass Handel über Ländergrenzen hinweg zum Vorteil beider Länder ist (Ricardo, 1817), sehen viele Laien darin vor allem einen Konflikt zwischen der eigenen und anderen Nationen. So reagierte z. B. der CDU-Politiker Jürgen Rüttgers auf den Vorschlag, in Deutschland offene Stellen durch qualifizierte ausländische Informatiker zu besetzen, mit dem Slogan „Kinder statt Inder". Mit diesem Satz sprach Rüttgers durchaus im Sinne des gesunden (?) Volksempfindens, während eine übergroße Mehrheit aller Ökonomen befürwortet, hochqualifizierten Ausländern Stellen in Deutschland anzubieten (Jacob et al., in Vorbereitung).

Eine große Mehrheit aller Deutschen ist gegen die Abschaffung von Einfuhrzöllen, eine große Mehrheit aller Ökonomen ist dafür. Ähnliche Divergenzen zeigen sich hinsichtlich der Frage, ob Unternehmen steuerlich begünstigt werden sollten, wenn sie ausschließlich in Deutschland produzieren.

Nicht auszuschließen natürlich, dass ökonomische Laien die Wirtschaft tatsächlich besser begreifen als ökonomische Experten. Die Frage, wie sich denn eine rationale Wirtschaftspolitik begründen lässt, ist offensichtlich sehr komplex und kann hier aus Platzgründen nicht weiter vertieft werden. Worum es vor allem ging, war anhand des Beispiels der Wirtschaft zu verdeutlichen, dass alle Menschen in den allermeisten Bereichen ihres Lebens nahezu vollständige Ignoranten sind. „Ich weiß, dass ich nichts weiß", sagte Sokrates bekanntlich schon vor ca. 2400 Jahren. Aber die Menge dessen, was Menschen nicht wissen, sie aber eigentlich wissen sollten, wird jedes Jahr größer und beunruhigender.

Wahrnehmung und Erwartung

Menschen sind darauf angewiesen, Informationen aus ihrer Umwelt aufzunehmen und zu verarbeiten. Solche Informationen werden von uns aber niemals vollkommen unvoreingenommen wahrgenommen und verarbeitet. Stattdessen bilden wir aufgrund unserer bisherigen Lernerfahrungen und bestimmter angeborener Wahrnehmungsdispositionen beständig Hypothesen über das, was wir vermutlich in einer bestimmten Situation wahrnehmen werden und diese Hypothesen beeinflussen, was wir tatsächlich wahrnehmen.

Was sehen Sie z. B. in der folgenden Abbildung? Bitte notieren Sie sich ihre Antwort.

Abbildung 13.8a: Was sehen Sie auf dieser Abbildung? (Quelle: Kahneman, 2003)

Ziemlich sicher haben Sie geantwortet, dass Sie die *Buchstaben* A, B, und C sehen.

Betrachten Sie nun die nächste Abbildung und notieren Sie, was Sie dort sehen.

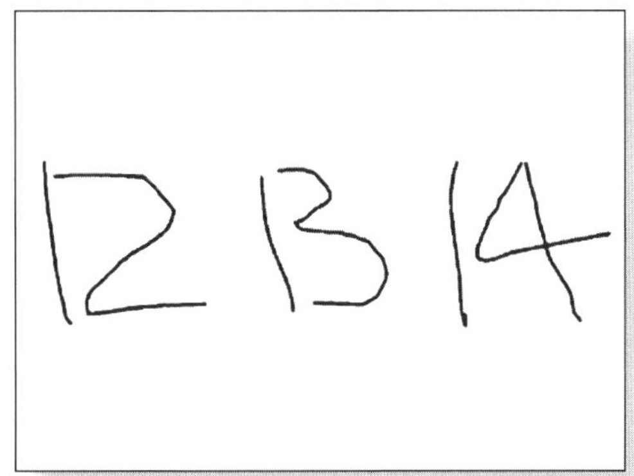

Abbildung 13.8b: Und was sehen Sie hier? Vermutlich haben Sie beim Bild zuvor einen Buchstaben gesehen, während sie bei diesem Bild aufgrund der ersten und dritten Zeichnung eine Zahl in der Mitte erwarteten und eine 13 sahen. Tatsächlich ist die Zeichnung in der Mitte jedoch bei beiden Bildern die gleiche. (Quelle: Kahneman, 2003)

Ziemlich sicher sehen Sie dort die drei *Zahlen* 12, 13 und 14. Das mittlere Symbol ist jedoch bei beiden Abbildungen gleich. In der ersten Abbildung ist bei Ihnen durch die beiden anderen Buchstaben die Erwartung geweckt worden, auch bei dem mittleren Symbol handle es sich um einen Buchstaben, in der zweiten Abbildung ist durch die beiden anderen Zahlen die Erwartung geweckt worden, auch bei dem mittleren Symbol handle es sich um eine Zahl.

Einfluss bisheriger Wahrnehmungserfahrungen

Unsere Wahrnehmung ist also immer auch durch unsere Erwartung geprägt. Aufgrund unserer bisherigen Wahrnehmungserfahrungen bilden wir Hypothesen über das, was wir in der Zukunft wahrnehmen werden und wie wir bereits erfahren haben, halten Menschen an einmal formulierten Hypothesen auch dann fest, wenn diese empirisch kaum bestätigt werden (Confirmation Bias). Dies erklärt, warum Menschen ein und dasselbe Ereignis manchmal ganz unterschiedlich wahrnehmen und interpretieren, wenn ihre zuvor aufgestellten Hypothesen über dieses Ereignis unterschiedlich waren. Dieses Phänomen lässt sich z. B. immer dann beobachten, wenn Menschen zusammen ein Fußballspiel sehen und sich dabei mit unterschiedlichen Mannschaften identifizieren. Die Erwartung, dass die eigene Mannschaft besser sei, einen schöneren Fußball spiele und weniger Fouls begehe als die Mannschaft des Gegners, führt dazu, dass am Ende die Fans beider Mannschaften davon überzeugt sind, den Sieg verdient zu haben – und eine etwaige Niederlage auf Pech oder einen parteiischen Schiedsrichter zurückführen (Hastorf & Cantril,1954). Dieses Beispiel verweist darauf, dass unsere Wahrnehmung oftmals auch durch motivationale Faktoren beeinflusst ist (Balcetis & Dunning, 2006).

Abbildung 13.9: Tor oder kein Tor? Bei dem berühmten Wembley-Tor von 1966, bei dem der Ball von der Unterkante der Torlatte nach unten sprang, landete aus Sicht der Engländer hinter der Linie und war ein Tor, doch die Deutschen sahen den Ball vor der Linie. Beide Wahrnehmungen lassen sich motivational erklären. (Quelle: dpa)

Kognitive Schemata

Unsere Hypothesen über unsere physikalische und soziale Umwelt sind oftmals in so genannten Schemata gespeichert. Ein Schema besteht aus einzelnen Kernelementen und den Relationen zwischen diesen Elementen. Beispiel: Eine Familie besteht aus bestimmten Elementen (ein Mann, eine Frau, ein Kind oder mehrere Kinder) und aus Relationen zwischen diesen Elementen (so ist z. B. die Frau die Mutter eines Kindes).

Skripte

Eine Sonderform kognitiver Schemata sind so genannte Skripte (Schank & Abelson, 1977). Skripte beziehen sich auf die typischen Handlungsfolgen von Menschen in bestimmten Interaktionssituationen. So beinhaltet z. B. das Restaurantskript bestimmte Handlungen, die in wechselseitiger Abfolge vom Gast und vom Kellner auszuführen sind. Dieses Beispiel verweist auch auf die kulturelle

Gebundenheit vieler Skripte und sozialer Rollen ganz allgemein. So beginnt ein Restaurantbesuch in Deutschland damit, dass sich ein Gast selber einen freien Tisch sucht, während man in den USA am Eingang des Restaurants darauf wartet, dass man als Gast einen bestimmten Tisch zugewiesen bekommt.

Wenn wir bestimmte Phänomene in unserer Umwelt wahrnehmen, werden zu ihrer Erklärung zumeist automatisch ganz bestimmte Schemata aktiviert. Wenn wir z. B. eine 30jährige Frau sehen, die ein 5jähriges Kind an ihrer Hand führt, gehen wir automatisch davon aus, dass es sich hierbei um Mutter und Kind handelt. Solche automatisch aktivierten Schemata stellen wir nur dann in Frage, wenn wir dazu einen spezifischen Anlass haben (z. B. wenn das kleine Kind seine Tante fragt, wann denn „die Mama" endlich wiederkomme).

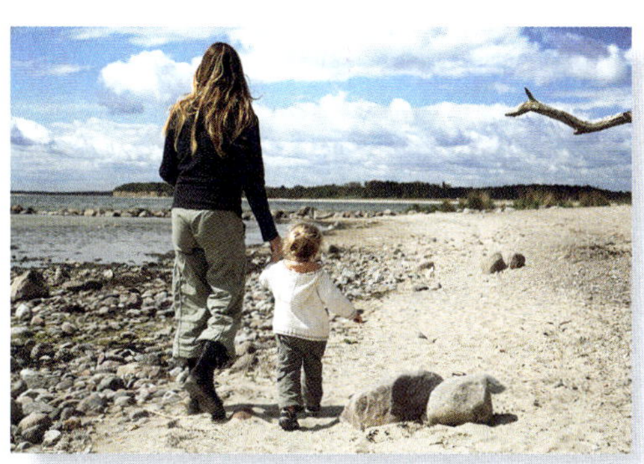

Abbildung 13.10: Mutter mit Kind. Oder vielleicht doch ein Kind mit seiner Tante, Schwester oder dem Au-Pair-Mädchen? Das Schema beim Sehen einer Frau mit Kind lässt sofort an die Mutter denken, was wie bei anderen Heuristiken sicher meist auch stimmt, aber nicht immer. (© Ramona Heim – Fotolia.com)

Es kann für Menschen sehr verunsichernd sein, wenn es ihnen auch nach längerem Nachdenken nicht gelingt, bestimmte Ereignisse bzw. bestimmte Personengruppen einem bestimmten Schema zuzuordnen. So gehört es zum Schema eines „Kriminellen", dass dieser aggressiv und gewalttätig ist und aus niederen sowie egoistischen Motiven handelt. Islamistische Selbstmordattentäter (wie die Terroristen des 11. September) entsprechen diesem Schema in einigen Aspekten (sie sind offensichtlich sehr gewalttätig), in anderen jedoch nicht. So handeln sie nicht aus einer egoistischen Motivation, sondern opfern ihr Leben für ihre Überzeugung.

Erwartungen haben also zwei Effekte auf unsere Wahrnehmung: Zum einen erleichtern sie uns die Zu- und Einordnung von Informationen, andererseits führen sie durch automatische Schlussfolgerungen manchmal zu voreiligen Urteilen.

*„Am Anfang war nicht das Wort, auch nicht die Tat oder die alberne Schlange. Am Anfang war das Warum? Warum pflückte sie den Apfel? Langweilte sie sich? War sie neugierig? Wurde sie bezahlt? Hat Adam sie dazu angestiftet? Wenn nicht er, wer dann?“ John le Carré (*1931), englischer Schriftsteller*

Warum hat der das getan? Zur Psychologie von Attributionen

Um uns in unserer sozialen Umwelt zurechtzufinden, ist es notwendig, dass wir nicht nur bestimmte Ereignisse beobachten, sondern diese auch angemessen interpretieren. Hierzu gehört es, einem Ereignis bestimmte kausale Ursachen zuzuschreiben. Solche subjektiven Ursachenzuschreibungen werden in der Psychologie als „Kausalattributionen“ bezeichnet und wurden erstmals von dem österreichischen Psychologen Fritz Heider untersucht.

Kausalattributionen

Menschen sind ständig damit beschäftigt, solche Kausalattributionen vorzunehmen, denn es ist uns ein Bedürfnis, die Ursachen von Ereignissen zu verstehen. So fragen sich z. B. Studenten, warum sie durch eine bestimmte Klausur gefallen sind. Liebhaber, fragen sich, warum ihr Partner sie verlassen hat. Attributionen beziehen sich aber nicht notwendig auf die eigene Person, manchmal wollen wir auch Sachverhalte verstehen, von denen wir nicht unmittelbar betroffen sind, etwa wenn wir darüber nachdenken, warum manche Menschen arbeitslos sind.

Fritz Heider (1896–1988)
Österreichischer Psychologe – Heider gilt als Begründer der Attributionstheorie, welche sich damit beschäftigt, wie Menschen ihrem eigenen oder anderer Menschen Verhalten Ursachen zuschreiben. Er war auch einer der bekanntesten Vertreter der Gestaltpsychologie, welche davon ausgeht, dass Menschen Dinge immer nur als auf bestimmten Gesetzmäßigkeiten beruhendes Ganzes wahrnehmen (vgl. Kontingenz im Kapitel 7).

Attributionen dienen aber nicht nur dem abstrakten Verständnis, sondern beeinflussen auch unser Verhalten: Werden wir z. B. in der U-Bahn von einer anderen Person angerempelt, dann wird unsere Reaktion davon abhängen, ob wir diesen Rempler als absichtlich oder als unabsichtlich interpretieren. Wenn eine Person glaubt, Menschen seien arbeitslos, weil die Gesellschaft ihnen keine Chance gebe, wird sie eine andere Partei wählen als wenn sie glaubt, Menschen seien nur deshalb arbeitslos, weil sie zu faul sind, sich um einen neuen Job zu kümmern (Witte, 2001).

Weil Menschen intuitiv um die Verhaltenswirksamkeit von Attributionen wissen, sind sie darum bemüht, bei anderen Menschen ganz bestimmte Attributionen zu stimulieren bzw. zu vermeiden. Wenn wir zu einer Verabredung zu spät kommen, versuchen wir den Eindruck zu vermeiden, dies sei unsere eigene Schuld gewesen. Und Unternehmen versuchen bei ihren Kunden den Eindruck zu wecken, das Versagen eines Produktes sei auf falsche Handhabung und nicht auf einen Mangel des Produktes zurückzuführen.

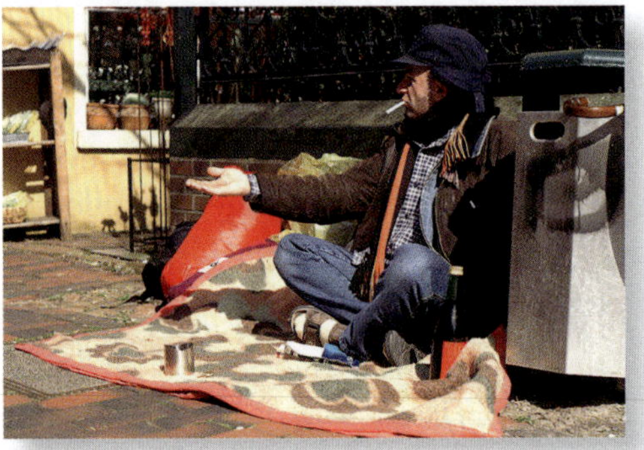

Abbildung 13.11: Selber schuld oder nicht? Wir Menschen sind ständig damit beschäftigt, Ereignisse und Umstände an Ursachen zu attribuieren. Nur so können wir entscheiden, wie wir uns am besten verhalten – z. B. beim Anblick eines Obdachlosen für oder gegen eine Spende.
(© Susanne Güttler – Fotolia.com)

Internale versus externale Attributionen

Wenn wir ein bestimmtes Verhalten oder Ereignis beobachten, können wir dies auf zwei grundlegend verschiedene Gründe attribuieren: entweder auf *internale* oder *externale* Ursachen. Bei einer internalen Attribution wird die Ursache des Ereignisses in den Eigenschaften der handelnden Person gesehen, bei einer externalen Attribution wird hingegen die spezifische Situation, in der das Verhalten stattfand, als Ursache wahrgenommen. Beispiel: Wenn ein Student durch eine Klausur fällt, kann er dies auf seine mangelnde Begabung zurückführen (internale Attribution) oder darauf, dass die Klausur zu schwer war (externale Attribution).

Fundamentaler Attributionsfehler

Wenn wir nur wenige Informationen über ein Ereignis haben, ist es uns nur schwer möglich, darüber zu entscheiden, welche von beiden Attributionen angemessener ist. Eine Vielzahl an Studien zeigt jedoch, dass wir die Neigung haben, das Verhalten anderer Menschen grundsätzlich eher internal als situational (also external) zu attribuieren, selbst dann, wenn für eine solche internale Attribution eigentlich kein Anlass besteht. Aufgrund seiner weiten Verbreitung wird dieses Phänomen als *fundamentaler Attributionsfehler* bezeichnet.

Die folgende Studie verdeutlicht diesen Effekt (Ross et al., 1977): In ihr nahmen Versuchspersonen an einem Quiz teil, wobei sie zufällig der Rolle des Quizmaster oder des Kandidaten zugelost wurden. Die Quizmaster sollten sich eine Reihe von Fragen ausdenken, die schwierig waren, aber nicht unbeantwortbar sind. Nachdem den Kandidaten die von den Quizmastern entwickelten Fragen gestellt wurden, sollte jede Teilnehmergruppe die Intelligenz der andern schätzen. Das Ergebnis: Die Quizmaster wurden von neutralen Beobachtern im Durchschnitt intelligenter wahrgenommen als die Kandidaten. Auch die Kandidaten selbst glaubten, weniger intelligent zu sein als ihre Quizmaster, während dieser Effekt für die Quizmaster selber hingegen sehr viel schwächer war.

„Jede Nation ist im Ausland hauptsächlich durch ihre Untugenden bekannt."
Joseph Conrad, (1857–1924) britisch-polnischer Autor

Interessanterweise bevorzugen Menschen internale Attributionen nicht nur bei der Beurteilung von Menschen, sondern auch bei der Bewertung von Organisationen bzw. Staaten. So lässt sich beobachten, dass die Politik eines Landes sehr viel seltener auf seine spezifische Situation zurückgeführt wird als auf seinen „Nationalcharakter". Darüber hinaus werden sogar den einzelnen Bewohnern verschiedener Länder Charaktereigenschaften zugeschrieben, die sich aus der Politik ihres Landes ableiten lassen. Dies erklärt, warum die Einwohner kleiner Länder als friedliebender und sympathischer wahrgenommen werden als die Einwohner eines großen Landes. Die meisten Europäer finden z. B. Dänen oder Schweden sympathischer als Deutsche oder Franzosen (Van Oudenhoven et al., 2002).

Abbildung 13.12: Fundamentaler Attributionsfehler ad extremum: In der Antike wurden Boten, die eine schlechte Nachricht überbrachten, persönlich für den Inhalt der Nachricht verantwortlich gemacht und geköpft. Auch heute noch fungieren z. B. Führungskräfte, die Entlassungen mitteilen, oder Politiker, die in Krisenzeiten reagieren, oft ungerechtfertigterweise als Sündenböcke. Sie werden geächtet oder abgewählt, da Menschen die Bedeutung der Umstände verkennen, welche die Manager oder Politiker zu ihrem Handeln führten.

Warum gibt es den fundamentalen Attributionsfehler?

Eine Erklärung liegt darin, dass Personen eine höhere Salienz (d. h. Auffälligkeit) haben als Situationen. Personen sind schlicht sichtbarer und stechen in unserer Wahrnehmung mehr hervor als Situationen, die oftmals visuell gar nicht wahrnehmbar sind. Beispiel: Bestimmte Normen, die das Verhalten einer Person steuern, sind nicht beobachtbar und werden deshalb von einem Beobachter leicht ignoriert.

In einer Studie hatten Versuchspersonen die Aufgabe, der Konversation zweier Menschen zu folgen. Hierbei handelte es sich um Mitarbeiter des Versuchsleiters, welche der Vorgabe folgten, über ein bestimmtes Thema nach einem vorgegeben Skript zu diskutieren. Anschließend wurden die Versuchspersonen gefragt, welche der beiden Diskutanten einen stärkeren Einfluss auf den Gang des Gespräches ausgeübt habe. Die Antworten auf diese Frage waren in hohem Maße davon beeinflusst, von welcher Blickwinkel die Versuchsperson der Konversation gefolgt waren. Wenn sie diese von der Seite beobachtet und beide Diskutanten im gleichen Maße im Blick hatten, wurde beiden Gesprächsteilnehmern ein identischer Einfluss zugeschrieben. Hatten die Versuchspersonen jedoch schräg hinter einem der Gesprächsteilnehmer gesessen, dann wurde demjenigen der Diskutanten ein höherer Einfluss zugeschrieben, den die Versuchspersonen während der Konversation im Blick hatten.

Salienz von Personen versus Situationen

Die höhere Salienz von Personen gegenüber Situationen kann allerdings nicht erklären, warum der fundamentale Attributionsfehler selbst dann auftritt, wenn Versuchspersonen explizit auf den Einfluss der Situation aufmerksam gemacht werden. So zeigte sich in einer Reihe von Studien, dass Versuchspersonen von den politischen Äußerungen einer beobachteten Person auch dann auf deren politische Einstellung schließen, wenn den Versuchspersonen zuvor erklärt wurde, das die beobachteten Personen explizit aufgefordert worden waren, eine bestimmte politische Haltung zu vertreten (Jones & Harris, 1967).

Nach Gilbert (vgl. Kapitel 3) (2002) lässt sich der fundamentale Attributionsfehler wie folgt erklären: Im Gegensatz zu einem streng logisch vorgehenden Urteiler verarbeiten Menschen Informationen über eine Person, deren Verhalten sie beobachten, und Informationen über die Situation, in der das Verhalten stattfindet, nicht gleichgewichtig und unvoreingenommen. Stattdessen, so Gilbert, findet in einem ersten Schritt nahezu automatisch eine personale Attribution statt. Beispiel: Wir sehen, dass eine Person sich aggressiv verhält und schlussfolgern unmittelbar, dass es sich um eine aggressive Person handelt. Erst im Anschluss daran reflektieren wir Gründe, die vielleicht gegen eine solche personale Attribution sprechen, und adjustieren unser Urteil dementsprechend. Ähnlich wie bei der Verwendung der Ankerheuristik (siehe Kapitel 11) erfolgt eine solche Adjustierung aber nicht vollständig. Solange eine einmal von uns vorgenommene personale Attribution halbwegs plausibel erscheint, wird diese beibehalten.

Man kann den fundamentalen Attributionsfehler auch mit Hilfe der bereits behandelten „Error Management Theory" erklären. Wann immer wir das Verhalten einer Person beobachten, können wir bei unseren Attributionen zwei mögliche Fehler begehen: 1) Wir attribuieren personal, obwohl eine situationale Attribution angemessener wäre. 2) Wir attribuieren situational, obwohl eine personale Attribution angemessener wäre. In den meisten Situationen erscheint der 1. Fehler weniger gravierend als der 2. Fehler, denn um unser eigenes Verhalten gegenüber anderen anpassen zu können, ist vor allem eine valide Identifikation von Personenvariablen erforderlich. Die Übergewichtung von personalen gegenüber situationalen Attributionen könnte somit der adaptiven Funktion dienen, unser Verhalten möglichst effizient zu steuern. Wenn wir z. B. sehen, dass eine Person sich aggressiv verhält, dann kann es sehr sinnvoll sein, dieser Person mit Vorsicht zu begegnen, auch wenn es sich bei ihr eigentlich um einen sehr verträglichen und friedfertigen Menschen handelt.

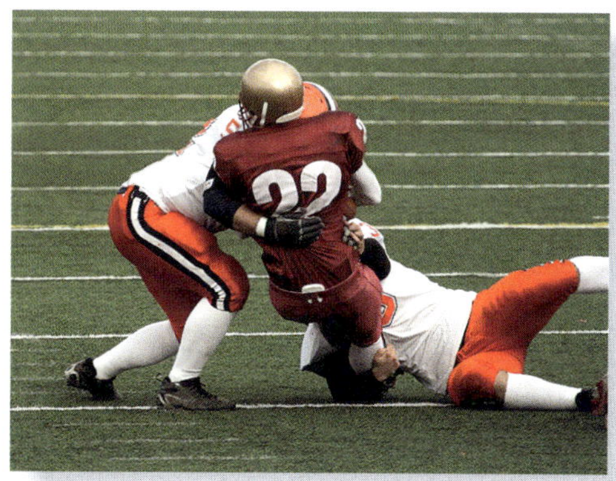

Abbildung 13.13: Sind American Football-Spieler von ihrer Persönlichkeit her generell aggressiv oder versuchen sie nur während des Spiels, sich notfalls mit Gewalt durchzusetzen? Vermutlich sind die meisten der Spieler friedfertig, dennoch ist es aus Sicht der Error Management Theorie sinnvoll, zunächst davon auszugehen, dass die Person generell aggressiv ist. (© Nicholas Piccillo – Fotolia.com)

Selbstwertdienliche Attributionen

„Kein Sieger glaubt an den Zufall." Friedrich Nietzsche (1844–1900), deutscher Philosoph, Dichter und Philologe

Menschen neigen aber nicht immer dazu, Ereignisse eher personal als situational zu attribuieren. Wenn es um die Wahrnehmung unserer eigenen Person geht, lässt sich der fundamentale Attributionsfehler nicht beobachten. Allerdings ist dies nicht dadurch zu erklären, dass Menschen sich selbst unvoreingenommener oder objektiver betrachten als andere (siehe hierzu das folgende Kapitel). Stattdessen neigen Menschen dazu, hinsichtlich ihrer eigenen Person solche Attributionen zu wählen, durch die sie selber in einem möglichst positiven Licht erscheinen. Man spricht deshalb auch von „selbstwertdienlichen Attributionen". Dies führt dazu, dass Menschen eigene Erfolge bevorzugt auf ihre eigenen Fähigkeiten (d. h. personal) attribuieren: „Ich habe in Mathe eine so gute Note, weil ich intelligent bin." Misserfolge werden entsprechend eher auf situationale Faktoren attribuiert: „Ich bin durch die Matheklausur gefallen, weil der Lehrer mich nicht leiden kann."

Mit der Frage, welche Vorteile es hat, sich selbst durch eine rosarote Brille zu sehen, werden wir uns im nächsten Kapitel ausführlich beschäftigen.

Kurz und gut

1. In den meisten Situationen verhalten sich Menschen wie „naive Realisten", d. h. sie gehen davon aus, dass die Wirklichkeit genauso ist, wie sie von ihnen wahrgenommen wird.
2. Der radikale Konstruktivismus argumentiert, dass es so etwas wie objektive Realität nicht gibt.
3. Die evolutionäre Erkenntnistheorie argumentiert, dass unsere Wahrnehmung vor allem in solchen Domänen mit der Realität übereinstimmt, in denen eine wirklichkeitsadäquate Wahrnehmung von reproduktivem Vorteil ist.
4. Die „Error Management Theorie" besagt, dass menschliche Wahrnehmung nicht dem Ziel folgt, unsere Umwelt möglichst valide wahrzunehmen, sondern die potentiellen Kosten durch eine Fehleinschätzung zu minimieren.
5. In unserem Alltagshandeln sind wir zumeist nicht an einem tiefen Verständnis kausaler Zusammenhänge interessiert, solange unsere Handlungen zu einem erwünschten bzw. erwartetem Ergebnis führen.
6. Unsere Wahrnehmung ist immer auch durch unsere Erwartungen geprägt.
7. Unsere Hypothesen über unsere physikalische und soziale Umwelt sind oftmals in so genannten Schemata gespeichert. Ein Schema besteht aus einzelnen Kernelementen und den Relationen zwischen diesen Elementen.
8. Menschen sind fortwährend bestrebt, das eigene Handeln sowie das Handeln anderer Menschen angemessen kausal zu interpretieren.
9. Bei einer internalen Attribution wird die Ursache des Ereignisses in den Eigenschaften der handelnden Person gesehen, bei einer externalen Attribution wird hingegen die spezifische Situation, in der das Verhalten stattfand, als Ursache wahrgenommen.
10. Eigene Erfolge bzw. Misserfolge werden zumeist selbstwertdienlich attribuiert: Erfolge auf eigene Fähigkeiten und Anstrengung, Misserfolge auf externale Ursachen wie Zufall oder Pech.

Studentenfutter

Berger, P. L. & Luckmann, T. (2009). *Die gesellschaftliche Konstruktion der Wirklichkeit.* Frankfurt am Main: Fischer-Taschenbuch.

Fiske, S. T. & Taylor, S. E. (2008). *Social cognition: From brains to culture.* New York: McGraw-Hill

Kapitel 14

Is there anybody in there? Warum es so schwer ist, sich selbst zu erkennen

Kapitel 14 Is there anybody in there? Warum es so schwer ist, sich selbst zu erkennen

Inhalt

Wer bin ich?

„Einmal auf der Welt, und dann ausgerechnet als Klempner in Detmold."
Christian Dietrich Grabbe (1801–1836), deutscher Dramatiker

Es gibt keinen Menschen, dem wir so nahe sind wie uns selbst. Seitdem wir denken können, beobachten wir unser Verhalten 24 Stunden am Tag, sieben Tage in der Woche. Hierbei sehen wir uns in den unterschiedlichsten Situationen und in den unterschiedlichsten sozialen Rollen (z. B. als Vorgesetzter, als Kollege, als Vater oder Mutter, als Freund), während andere uns immer nur in bestimmten Kontexten erleben (z. B. als Vorgesetzten, als Kollegen, als Vater oder Mutter, als Freund).

Aber wir haben nicht nur mehr Informationen über uns selbst als jeder andere Mensch, wir haben auch einen exklusiven Zugang zu unseren eigenen *Gedanken* und *Gefühlen*, die andere bestenfalls erraten bzw. aus unserem Verhalten erschließen können. Wie ein Freund von mir einmal meinte: „Wenn ich zu meiner

Freundin sage, dass ich sie liebe, weiß ich ganz genau, dass dies stimmt. Wenn sie das Gleiche zu mir sagt, kann ich dies nur hoffen." Mit anderen Worten: Introspektion (d. h. die unmittelbare Wahrnehmung von Gefühlen und Gedanken) ist immer nur bei uns selber möglich.

Hieraus ließe sich der Schluss ableiten, dass wir über niemanden so viel wissen wie über uns selbst und dass wir sehr gut in der Lage sind, einzuschätzen, wie intelligent oder attraktiv wir im Vergleich zu anderen sind, welche Vorlieben und Abneigungen wir haben oder was in unserem Leben fehlt, damit wir endlich glücklich werden.

Selbsterkenntnis ist nicht trivial

Andererseits scheint Selbsterkenntnis keineswegs einfach zu sein. Schon Wilhelm von Humboldt hielt „Selbsterkenntnis für schwierig und selten, die Selbsttäuschung dagegen für sehr leicht und gewöhnlich." Und auch wir Heutigen bemühen uns nach wie vor, uns selber besser zu verstehen, wie ein Blick in die Abteilung „Psychologie und Esoterik" jeder Bahnhofsbuchhandlung oder ein Blick ins Internet lehrt (wenn man den Begriff „Selbsterkenntnis" in die Internet-Suchmaschine „Google" eingibt, gelangt man zu 728 000 Einträgen).

Ein Grund, warum Selbsterkenntnis durchaus schwierig ist, liegt in der Tatsache, dass wir uns immer nur von innen wahrnehmen, aber niemals von außen beobachten können.

Ein Beispiel: Wenn wir uns fragen, welcher unserer beiden besten Freunde mehr Humor habe, können wir uns an Situationen erinnern, in denen diese witzige Anekdoten aus ihrem Leben erzählt haben und können uns daran erinnern, wie sehr wir selbst und andere darüber gelacht haben. Wenn wir uns aber fragen, wer mehr Humor habe, unser bester Freund oder wir selbst, haben wir mit dem Problem zu kämpfen, dass wir uns niemals von außen sehen, wenn wir anderen einen Witz erzählen, was den Vergleich zwischen unserem Freund und uns selber ungleich schwieriger macht.

Abbildung 14.1: Selbsterkenntnis ist wichtig, aber schwierig. Denn man kann sich nie selbst von außen sehen und so wahrnehmen, wie andere es tun. (Quelle: unbekannt)

Dieses Kapitel wird Ihnen zeigen, dass Sie tatsächlich verblüffend wenig über sich selber wissen und wie die moderne Psychologie diese Tatsache erklärt. Zunächst aber soll es um die Frage gehen, ob Menschen überhaupt daran interessiert sein sollten, sich selbst zu erkennen.

Selbsterkenntnis: Wollen wir das überhaupt?

Während meines Studiums sind mir manchmal Menschen begegnet, die mir sagten, „Psychologie" klänge zwar ungemein spannend, aber ein solches Studium käme für sie selber nicht in Betracht. Am Ende würden sie dort Dinge über sich selbst erfahren, die sie gar nicht wissen wollten.

In der Tat sind Menschen nicht immer darum bestrebt, möglichst viel über sich selber zu lernen. So haben Menschen nur wenig Interesse daran, zu erfahren, ob sie an einer bestimmten Krankheit leiden, wenn diese Krankheit unheilbar ist (Dawson et al., 2006). Schon Goethe sagte, sich selbst zu erkennen sei „eine seltsame Forderung, der bis jetzt niemand genüget hat und der auch niemand genügen *soll*."

Adaptivität von Selbsterkenntnis

Sollen wir also gar nicht erst versuchen, uns zu erkennen? Gegen diesen Standpunkt lässt sich einwenden, dass ein Mindestmaß an Selbsterkenntnis für jeden Menschen hilfreich ist und zwar mindestens in zweierlei Hinsicht:

Zum einen müssen wir in vielen Situationen einschätzen, welche Eigenschaften wir im Vergleich zu anderen haben. Ein Beispiel: Wenn Menschen ihre eigene berufliche Qualifikation systematisch überschätzen, führt dies dazu, dass sie sich ständig auf Stellen bewerben, die sie niemals bekommen werden. Wenn Menschen hingegen ihre eigene berufliche Qualifikation systematisch unterschätzen führt dies zu verpassten Gelegenheiten und dazu, dass diese sich „unter Wert verkaufen". Mit anderen Worten lohnt es sich also, wenn Menschen in der Lage sind, ihre eigenen Fähigkeiten im Vergleich zu anderen valide einzuschätzen.

Zum anderen brauchen Menschen ein – zumindest intuitives – Wissen darüber, was sie überhaupt wollen bzw. was zu ihrer Persönlichkeit passt, um die richtigen Entscheidungen zu treffen. Nur wenn wir unsere eigenen Motive, Vorlieben und Sehnsüchte kennen, sind wir in der Lage, das richtige Fach zu studieren, das richtige Hobby zu finden, die richtige Wohnung in der richtigen Stadt zu wählen, den richtigen Mann oder die richtige Frau zu heiraten und uns im richtigen Moment scheiden zu lassen (oder nicht). Kurz: Um in ihrem Leben glücklich zu werden, müssen Menschen wissen, was sie eigentlich wollen. Wie schwierig dies ist, weiß jeder, der schon einmal vor einer schweren Entscheidung in seinem Leben stand.

Das Erkennen eigener Fähigkeiten und Defizite

Korrelation von Selbsteinschätzung und Realität

Es gibt eine Vielzahl an Studien zu der Frage, wie gut Menschen in der Lage sind, ihre eigenen Fähigkeiten im Vergleich zu den Fähigkeiten anderer einzuschätzen. In all' diesen Studien geht es darum, dass die Selbstbewertung der Versuchsteilnehmer (z. B. hinsichtlich ihrer Intelligenz) in Beziehung gesetzt wird zu einem objektiven Verhaltenskriterium (z. B. ihrem Abschneiden in einem Intelligenztest). Ihre Ergebnisse lassen sich wie folgt zusammenfassen: In der Tendenz gibt es einen positiven und signifikanten Zusammenhang zwischen der Selbsteinschätzung der Probanden und ihrem tatsächlichen Wert, aber dieser Zusammenhang ist zumeist recht schwach und liegt im Mittel bei einem Korrelationskoeffizienten von ca. r =.30 (für eine Übersicht siehe Dunning, 2005). Dies bedeutet: Im Durchschnitt schätzen sich objektiv kompetente Menschen fähiger ein als inkompetente Menschen, aber es gibt sehr viele inkompetente Menschen, die ihre Fähigkeiten dramatisch über- und viele kompetente Menschen, die ihre Fähigkeiten dramatisch unterschätzen.

Dieses Ergebnis konnte hinsichtlich einer Vielzahl von Dimensionen gefunden werden, z. B. hinsichtlich kognitiver Fähigkeitsmaße wie logisches Denken (Hansford & Hettie, 1982), Humor (Kruger & Dunning, 1999), beruflicher Qualifikationen (Hodges et al., 2001; Edwards et al., 2003; Haun et al., 2000; Marteau et al., 1989; Tracy et al., 1997), der Fähigkeit, zu erkennen, ob andere die Wahrheit sagen oder lügen (DePaulo et al., 1997) oder dem eigenen Wissen über die Benutzung von Kondomen (Crosby & Yarber, 2001).

David Dunning

US-amerikanischer Sozialpsychologe – Dunning ist Experte für die Fehlerhaftigkeit von menschlichen Selbsteinschätzungen und Augenzeugenberichten. Er forscht außerdem zum Thema Vertrauen (s. Kapitel 17).

Eine Studie hat beispielsweise demonstriert, wie wenig wir über unsere eigene Intelligenz Bescheid wissen (Borkenau & Liebler, 1993). In dieser Studie nahmen Versuchspersonen an einem Intelligenztest teil und wurden gebeten, ihre eigene Intelligenz einzuschätzen. Danach wurden die gleichen Personen auf Video aufgenommen, während sie ein Büro betraten, einen vorgefertigten Wetterbericht verlasen und das Büro wieder verließen. Anschließend wurden diese Videos einer Gruppe von Beurteilern vorgelegt, die den Intelligenzquotienten der Stimuluspersonen (d. h. der Personen auf den Videos) einschätzen sollten. Das Ergebnis: Die Korrelation zwischen der Selbsteinschätzung der Stimuluspersonen und dem Ergebnis ihres IQ-Tests betrug r =.32. Die Korrelation zwischen den IQ-Tests und der Einschätzung der Stimuluspersonen durch die Beobachter betrug r =.30. Mit anderen Worten: Nach 60 Sekunden eines recht ereignislosen Videos wussten die Beobachter genau so viel über die Intelligenz der Stimuluspersonen wie diese nach einem ganzen Leben.

Wie lässt es sich erklären, dass Menschen offensichtlich nur sehr begrenzt in der Lage sind, ihre eigenen Fähigkeiten und Kompetenzen einzuschätzen? Hierzu wurde von Dave Dunning (Kruger & Dunning, 1999; zu genaueren Erklärungen

Abbildung 14.2: Selbst unsere eigene Intelligenz können wir Menschen oft nicht valide einschätzen. (Quelle: Werner Stangl in Anlehnung an Gary Larson)

siehe Dunning, Heath & Suls, 2004; Dunning, 2005) eine Vielzahl an Experimenten durchgeführt, in denen die Probanden verschiedene Fähigkeiten unter Beweis stellen mussten (z.B. die Fähigkeit zu logischem Denken, ihre Rechtschreib- und Grammatikkenntnisse sowie ihre Fähigkeit, gute von schlechten Witzen zu unterscheiden). Anschließend wurden die Probanden nach ihren objektiven Fähigkeiten in vier gleichgroße Gruppen (d.h. Quartile) unterteilt. Jedem Quartil kann ein bestimmter Prozentrang zugeordnet werden, d.h. er gibt an, wie viel Prozent der Versuchspersonen ein schlechteres Ergebnis erzielt haben. Beispiel: Im obersten Quartil sind all' jene Versuchspersonen zusammengefasst, die zum besten Viertel gehörten, d.h. Versuchspersonen mit einem Prozentrang zwischen 75% und 100%. Hieraus lässt sich ableiten, dass der *durchschnittliche* Prozentrang dieser Gruppe bei 87,5% liegt.

Nachdem die Versuchspersonen einen Test beendet hatten, wurden sie darum gebeten, einzuschätzen, wie viel Prozent aller anderen Versuchspersonen schlechter waren als sie selbst. Die Ergebnisse in einer Vielzahl an Studien waren sehr ähnlich und sind in der Abbildung auf der nächsten Seite zusammengefasst.

Wie man sieht zeigt sich auch in den Experimenten von Dunning ein positiver, allerdings nur schwacher Zusammenhang zwischen der objektiven Testleistung der Probanden und ihrer Selbsteinschätzung.

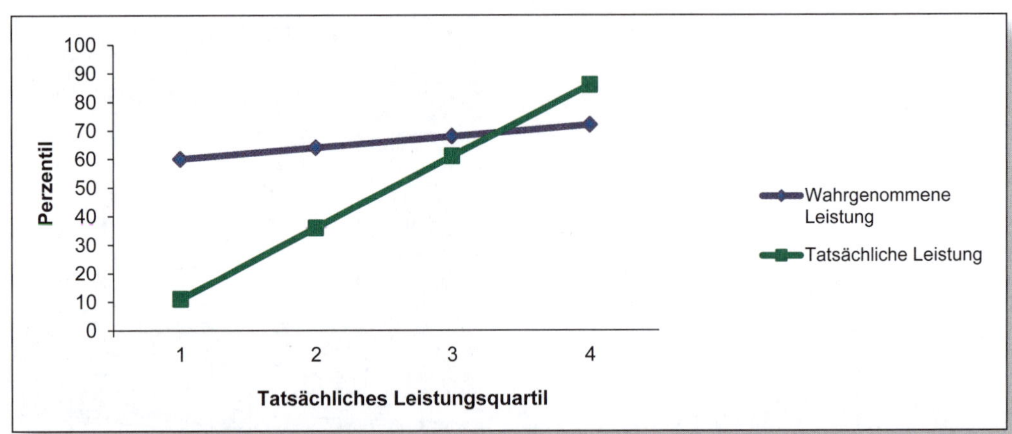

Abbildung 14.3: Über- und Unterschätzung: Bei den meisten Menschen stimmt die tatsächliche Leistung kaum mit der selbst wahrgenommenen überein. (Quelle: Eigene Darstellung, nach Dunning, 2005)

Warum erkennen inkompetente Menschen ihre Unfähigkeit nicht?

Bei Betrachtung der Selbsteinschätzungen fällt besonders auf, dass die objektiv inkompetenten Versuchspersonen ihre Fähigkeiten massiv überschätzen. Die Versuchspersonen im unteren Quartil hatten einen objektiven Prozentrang von 12,5 %, schätzten diesen jedoch auf ca. 60 %.

Selbsteinschätzung und Deutschland sucht den Superstar

Dass Menschen ihre eigene Inkompetenz nicht erkennen, zeigt sich nicht nur im sozialpsychologischen Labor, sondern auch bei den in den letzten Jahren so erfolgreichen „Casting-Shows“ wie z. B. „Deutschland sucht den Superstar“. Für diese Sendung bewerben sich jedes Mal zehntausende junge Menschen, von denen nur ein kleiner Teil über musikalisches und sängerisches Talent verfügt. Warum erkennt die große Zahl der völlig Unbegabten nicht, dass ihr Gesang selbst in der Badewanne kaum erträglich ist, geschweige denn auf einer Bühne vor Millionen von Fernsehzuschauern?

Einen Teil dieses Phänomens erklärt Dunning folgendermaßen: Um das Versagen bei einer Aufgabe zu erkennen, sind genau jene Fähigkeiten notwendig, die zum Bewältigen der Aufgabe erforderlich gewesen wären (Kruger & Dunning, 1999). Ein Beispiel: Einer Gruppe von Versuchspersonen wurde ein Text vorgelegt, der auf Rechtschreib- und Grammatikfehler hin überprüft werden sollte. Anschließend hatten die Versuchspersonen die Aufgabe, ihre eigene Leistung im Vergleich zu allen anderen Probanden einzuschätzen. Hierbei ergab sich das gewohnte Bild: Objektiv inkompetente Versuchspersonen überschätzten ihre eigenen Fähigkeiten ganz dramatisch.

Anschließend wurden diejenigen Versuchspersonen, die zum objektiv besten bzw. objektiv schlechtesten Viertel gehörten, noch einmal eingeladen, um an einem zweiten Teil des Experiments teilzunehmen. Hierbei wurden ihnen ihre eigenen Lösungsblätter sowie die Lösungsblätter von zehn anderen Versuchspersonen vorgelegt, die bewusst so ausgewählt waren, dass sie die gesamte Breite aller Lösungen abdeckten. Im Anschluss daran wurden die Versuchspersonen gebeten, noch einmal ihren eigenen Prozentrang einzuschätzen. Während diese Einschätzung bei den Kompetenten von 70 % auf 80 % stieg, blieb die Einschätzung bei den Inkompetenten konstant bei 60 %. Die Erklärung hierfür: Ihre eigene Inkompetenz sorgte dafür, dass die objektiv Unfähigen nicht in der Lage waren, zu erkennen, dass die Mehrheit der ihnen vorgelegten Lösungsblätter besser war als ihre eigenen Lösungen.

Warum unterschätzen kompetente Menschen ihre Fähigkeiten?

Ein weiteres Ergebnis der Studien von Dunning besteht in dem Befund, dass objektiv kompetente Versuchspersonen ihre eigenen relativen Fähigkeiten in der Regel *unter*schätzen. Eine mögliche Erklärung dafür sieht Dunning (2005b) im so genannten „False Consensus Effect" (Marks & Miller, 1998; Ross et al., 1977). Dieser besteht darin, dass Menschen dazu neigen, die Häufigkeit eigener Eigenschaften in der Gesamtbevölkerung zu überschätzen (Fussel & Kraus, 1992; Nickerson et al., 1987; Murstein & Pryer, 1959). Mit anderen Worten: Die meisten Menschen glauben, dass die meisten Menschen so sind wie sie selbst. Dies führt dazu, dass objektiv kompetente Menschen nicht in der Lage sind, zu erkennen, dass ihre eigenen Fähigkeiten überdurchschnittlich sind und dazu führen, bestimmte Aufgaben als einfach und trivial zu empfinden, die für andere durchaus schwierig und herausfordernd sind.

False Consensus Effect

Abbildung 14.4: Viele begabte Menschen sind sich ihrer eigenen Außergewöhnlichkeit gar nicht bewusst. So wie der Gewinner bei „Wer wird Millionär", Hochbegabte wie der Brite Daniel Tammet (re. ob), der die Zahl Pi bis auf über 22.000 Nachkommastellen auswendig kennt, der russische Mathematiker Grigori Perelman, der schon mehrere hohe Auszeichnungen ausschlug oder Sportler, die selbst davon überrascht sind, dass sie Weltrekorde brechen. (Quelle ob. li. RTL, ob. re. unbekannt, u. li. dpa, u. re. Fotothek, Emil Zátopek)

Warum lernen Menschen nicht aus ihren Erfahrungen?

Man mag argumentieren, dass sich die Unfähigkeit von Menschen, ihre eigenen Fähigkeiten im Vergleich zu anderen valide einzuschätzen, auf jene Bereiche beschränkt, über die wir nur wenig Feedback erhalten. Hinsichtlich zentraler Bereiche unseres Lebens aber sollten wir uns selber sehr genau einschätzen können, weil wir „aus Erfahrung klug" werden, d. h. weil wir Illusionen über uns selber immer nur eine begrenzte Zeit aufrechterhalten können.

Gegen dieses Argument gibt es eine Reihe empirischer Einwände. So zeigen Studien, dass Menschen nicht nur dann Schwierigkeiten haben, ihre Fähigkeiten valide einzuschätzen, wenn es dabei um relativ periphere Eigenschaften geht (wie z. B. Humor), sondern auch hinsichtlich zentraler, täglich relevanter beruflicher Qualifikationen. Es konnte z. B. belegt werden, dass Chirurgen ihr eigenes chirurgisches Vermögen nur sehr unzureichend einschätzen können (Risucci et al., 1989).

Warum aber lernen wir mit der Zeit nicht immer mehr über uns?

Ambivalenz von Feedback

Zum einen zeigt sich, dass das Feedback, das wir über unsere eigenen Leistungen und Fähigkeiten erhalten, oftmals ambivalent (d. h. doppeldeutig) und unvollständig ist. Beispiel: Sie bewerben sich bei Firma X für eine Stelle und erhalten nach einer Woche Ihre Bewerbungsunterlagen zurück, mit dem Hinweis, dass aufgrund der Vielzahl an Bewerbungen auch sehr gute Bewerber nicht berücksichtigt werden konnten. Bedeutet dies, dass Sie sich zukünftig nur noch auf Stellen bewerben sollten, bei denen weniger Anforderungen gestellt werden (und das Gehalt entsprechend niedriger ist)? Eine solche Entscheidung wäre vermutlich voreilig, weil die Tatsache, dass Sie *eine* ganz bestimmte Stelle nicht erhalten, nur sehr ungenaue Auskunft darüber gibt, wie gut Ihre Arbeitsmarktchancen ganz allgemein sind. Aber ab der wievielten Ablehnung sollten Sie sich durchaus Gedanken darüber machen, Ihre Bewerbungsstrategie zu ändern?

Hinzu kommt ein Phänomen, dem wir schon häufiger begegnet sind: der Confirmation Bias. Wenn Menschen einmal davon überzeugt sind, über eine bestimmte Fähigkeit zu verfügen, lassen sie sich auch durch empirische Widersprüche nicht vom Gegenteil überzeugen, weil es immer auch Beispiele geben wird, die für eine hohe Fähigkeit sprechen („wie intelligent ich bin, sieht man doch schon daran, wie geschickt ich jeweils die besten Schnäppchen bei Ebay mache").

Umgang mit positivem und negativem Feedback

Darüber hinaus neigen Menschen dazu, positives Feedback unkritisch zu akzeptieren, negatives Feedback jedoch kritisch zu hinterfragen (Dawson et al. 2002, Ditto & Lopez, 1992). Ein Beispiel: An meiner Fakultät werden alle Lehrveranstaltungen von den Studierenden evaluiert (d. h. in aufwändigen Fragebogenuntersuchungen werden die Studierenden danach gefragt, wie gut ihnen die verschiedenen Lehrveranstaltungen gefallen). Viele meiner Kollegen, die bei solchen Evaluationen eher schlecht abschneiden, argumentieren, dies habe vor allem mit der Schwierigkeit ihres Faches zu tun oder damit, dass sie selber hohe Ansprüche an ihre Studierenden haben und die Studenten die Qualität ihrer Lehre nicht erkennen.

Eine weitere Verzerrung, die Menschen beim Umgang mit Feedback zeigen, besteht darin, Erfolge als Indikator für eine sehr allgemeine Fähigkeit zu interpretieren („Ich bin sehr intelligent"), Misserfolge hingegen lediglich als Indikator für eine sehr spezifische Fähigkeit („Mit Computern habe ich nur wenig Erfahrung") (Fiske & Neuberg, 1990, Dunning et al., 1991).

Abbildung 14.5: „Der andere war Schuld", „Das Auto hat nicht gemacht, was ich wollte", „Die Straßenführung ist auch objektiv unlogisch" oder „Nur wenn die Sonne blendet, kann ich nicht gut Auto fahren": Menschen finden fast immer einen Weg, um negatives Feedback so umzudeuten, dass es ihrem Selbstwertgefühl nicht schadet. (Quelle: Daniel Bujack – Fotolia.com).

Zusammenfassend lässt sich somit festhalten, dass Menschen oftmals Probleme haben, aus ihren Erfahrungen valide Informationen über ihre eigenen Fähigkeiten und Eigenschaften abzuleiten. Dies liegt daran, dass Feedback zumeist ambivalent und uneindeutig ist, dass wir dazu neigen, an einmal entwickelten Überzeugungen über uns selber festzuhalten (auch wenn die Mehrzahl aller Erfahrungen dagegen spricht) und dass wir Feedback in solcher Weise interpretieren, dass es uns in einem positiven Licht erscheinen lässt.

Der „Better-than-average" Effekt

Aus dem soeben Gesagten lässt sich ableiten, dass Menschen ihre positiven Eigenschaften überschätzen und ihre negativen Eigenschaften unterschätzen sollten. Dass dies in der Tat so ist, sieht man bereits in Abbildung 1. In den Studien von Dunning gab sich die durchschnittliche Versuchsperson jeweils einen Prozentrang von etwas über 60 % (obwohl dieser logischerweise bei 50 % liegen sollte). Ein solcher „Better than Average" Effekt – auch „Overaverage Effekt" genannt

– konnte auch in einer Vielzahl anderer Studien nachgewiesen werden (Krueger & Mueller, 2002; Harrison & Shaffer, 1994; Rutter et al. 1998).

So waren in einer Studie 60 % aller befragten amerikanischen High School Schüler davon überzeugt, sportlicher zu sein als der Durchschnitt, 34 % hielten sich für durchschnittlich und nur 6 % aller Befragten hielten sich für unterdurchschnittlich sportlich (College Board 1976–1977). Da aber der durchschnittliche Schüler nicht sportlicher sein kann als der durchschnittliche Schüler, zeigt sich in diesem Ergebnis eine deutliche Verzerrung. In der gleichen Studie wurden die Teilnehmer nach ihrer Fähigkeit gefragt, „mit anderen Menschen zurecht zu kommen": Keine einzige Versuchsperson beschrieb sich auf dieser Dimension als unterdurchschnittlich, 25 % aller Befragten gaben sich einen Prozentrang von 99 % (College Board 1976–1977).

Ironischerweise konnte empirisch belegt werden, dass dieser „Better than Average"-Effekt selbst für die Fähigkeit gilt, „sich selbst unvoreingenommen und zutreffend einzuschätzen" (Friedrich, 1996, Pronin et al., 2002). Und auch Professoren sind vor dem „Better than Average" Effekt nicht gefeit: In einer Studie glaubten 94 % von ihnen, bessere Professoren zu sein als der Durchschnitt ihrer Kollegen (Cross, 1977).

Somit lässt sich festhalten: Die meisten Menschen sind nur sehr unzureichend in der Lage, ihre eigenen Fähigkeiten und Kompetenzen valide einzuschätzen. Stattdessen zeigen sich zwischen objektiv vorhandenen und subjektiv wahrgenommenen Fähigkeiten zumeist nur recht schwache Zusammenhänge. Anstatt ein realistisches Bild von sich selbst zu haben, sehen sich die meisten Menschen lieber durch eine rosarote Brille.

Der Kern unseres Selbst

Bisher ging es in diesem Kapitel vor allem darum, inwiefern Menschen in der Lage sind, ihre eigenen Fähigkeiten und Kompetenzen im Vergleich zu anderen einzuschätzen. Im Folgenden beschäftigen wir uns mit einer anderen Art der Selbsterkenntnis, nämlich damit, inwiefern wir einen introspektiven Zugang zu unserer Persönlichkeit, unseren Wünschen und unseren Sehnsüchten haben, d. h. es geht um die Frage: Was will ich und wer bin ich?

Unser Leben als Geschichte

Wenn Menschen über sich selbst nachdenken, denken sie selten in abstrakten Eigenschaften. Es gibt z. B. kaum Menschen, die sich durch ihre relative Ausprägung auf verschiedenen Eigenschaftsdimensionen definieren („Ich bin durchschnittlich neurotisch, aber überdurchschnittlich gewissenhaft") (zu allgemeinen Persönlichkeitsmerkmalen siehe Kapitel 8). Stattdessen beschreiben die meisten Menschen sich und ihr Leben in der Form von Geschichten, deren Hauptdarsteller sie sind.

Dan McAdams

US-amerikanischer Psychologe – McAdams beschäftigt sich mit dem autobiografischen Gedächtnis und damit, wie Menschen ihre eigene Identität und Entwicklung im Laufe des Lebens wahrnehmen. Er hat die so genannte Life-Story-Theorie entwickelt, wonach Menschen ihrem Leben durch Verpackung in eine Geschichte Sinn, Konsistenz und Einzigartigkeit verleihen.

Nach McAdams (2008) lassen sich hierbei unterschiedliche Genres unterscheiden, in denen Menschen ihre Lebensgeschichte konstruieren. Einige Menschen sehen sich als Hauptdarsteller in einer Komödie, in der sie einige Irrungen und Wirrungen zu bestehen haben, das „Happy End" aber niemals in Frage steht (siehe Shakespeare's „A Midsummernights's Dream"). Andere sehen sich als Held eines romantischen Epos. Auch hier gibt es ein Happy End, aber dieses muss hart erkämpft werden und winkt erst, nachdem der Hauptdarsteller einige gefährliche Abenteuer bestanden hat, die ihn weit in die Welt hinaustreiben (Homers „Odyssee" ist ein Beispiel für diese Art von Lebensgeschichte). Wieder andere Menschen begreifen ihr Leben als Tragödie, in der ihre Aufgabe vor allem darin besteht, ein hartes und ungerechtes Schicksal mit Würde zu ertragen (ein Beispiel hierfür sind „Die Leiden des jungen Werther" von Goethe). Eine sehr moderne Form schließlich ist die Satire, in welcher der Held die Absurdität allen menschlichen Daseins erkennt und zynisch kommentiert, während viele seiner naiven Mitmenschen diese Absurdität noch nicht begriffen haben (siehe z. B. den Hauptdarsteller in dem amerikanischen Film „American Beauty").

Eine andere Klassifikation von „Lebensgeschichten" verweist darauf, dass die meisten Menschen einen bestimmten Verlauf in ihrem Leben wahrnehmen. Hierbei lassen sich vier unterschiedliche Muster unterscheiden (Hankiss, 1981):

Klassifikation von „Lebensgeschichten"

Erstens: Das Leben beginnt gut und geht ebenso gut weiter (siehe „Wilhelm Meisters Lehrjahre" von Goethe). Dies sind die Geschichten von Menschen, die sich „on the sunny side of life" wahrnehmen. Diese „Sonntagskinder" betonen in ihren Lebensgeschichten oftmals die eigene glückliche Kindheit, die sie als Basis dafür sehen, auch als Erwachsener ein zufriedenes und erfolgreiches Leben zu führen.

Zweitens: Das Leben beginnt schlecht, wird aber immer besser. Dieser Typus entspricht dem Selbstbild vieler Menschen, die sich selber als „Aufsteiger" bezeichnen. In diesen Geschichten wird oftmals auf eine harte und entbehrungsreiche Kindheit verwiesen, aus der sich der Held aus eigener Kraft befreit und „nach oben" arbeitet (ein literarisches Beispiel hierfür wäre die Hauptfigur in Charles Dickens Oliver Twist).

Drittens: Das Leben beginnt gut, wird aber immer schlechter. Der Ton solcher Lebensgeschichten ist oftmals nostalgisch und sentimental, indem einer unbeschwerten Kindheit hinterher getrauert wird (in seinem Roman „Die Buddenbrocks" hat Thomas Mann in der Figur der „Toni" diesem Typus ein literarisches Denkmal gesetzt).

Viertens: Das Leben beginnt schlecht und geht schlecht weiter. Negative Erfahrungen in der frühen Kindheit bestimmen das weitere Leben und machen es unmöglich, jemals ein glückliches Leben zu führen (wie z. B. in der Geschichte „Unterm Rad" von Herrmann Hesse).

Je nachdem, welchem Genre unsere Lebensgeschichte angehört und welchen Verlauf sie nimmt, spielen wir in diesen Geschichten ganz bestimmte Rollen, wie z. B. den „lustigen Gesellen" oder den „einsamen Wanderer". Solche Lebensgeschichten sind zu begreifen als elaborierte Schemata, die Menschen von

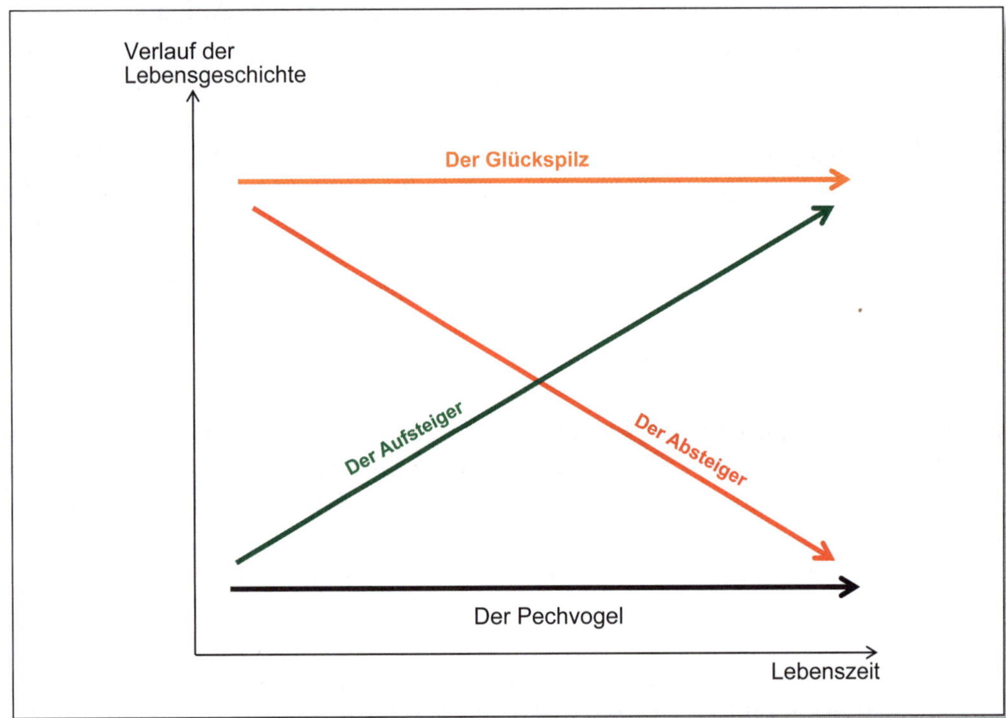

Abbildung 14.6: Die meisten Menschen nehmen ihr Leben als Geschichte wahr und sehen sich selbst z. B. als Hauptdarsteller in einer Tragödie oder Komödie und erleben sich selbst als typischen Aufsteiger oder Glückspilz. (Quelle: Eigene Darstellung)

sich selber im Laufe ihres Lebens entwickeln. Man kann sie auch verstehen als komplexe Systeme von Hypothesen, die Menschen über sich selber haben und die – wie alle Hypothesen – falsch sein können. Allerdings sind sich die meisten Menschen dieses hypothetischen Charakters ihres Selbstbildes selten bewusst. Wie wir bereits beschrieben haben, neigen Menschen dazu, an einem einmal entwickelten Hypothesensystem festzuhalten, auch wenn dies durch die Realität nicht gerechtfertigt ist.

Max Frisch (1911–1991)

Schweizer Schriftsteller – Wie viele Schriftsteller mit hervorragender Beobachtungsgabe deckte Frisch in seinen Romanen und Theaterstücken beinahe besser als manch ein Psychologe die menschliche Natur auf. Zu den Themen seiner Werke gehören vor allem Identitäts- und Beziehungsprobleme und der Tod.

Der Schriftsteller Max Frisch hat einmal gesagt: „Jeder Mensch erfindet sich früher oder später eine Geschichte, die er für sein Leben hält." (1998, 49). In seinem Roman „Mein Name sei Gantenbein" erzählt Frisch von einem Menschen, der sich selbst für einen Pechvogel hielt. „Kaum ein Tag verging für diesen Mann, ohne dass er Grund hatte, zu klagen ... und in der Tat, es stieß ihm immer etwas zu, was den anderen erspart bleibt." Doch dann passierte „das Unglaubliche": Er gewann im Lotto. Der Mann aber „konnte es nicht fassen, dass er kein Pechvogel sei, und war so verwirrt, dass er, als er von der Bank kam, tatsächlich seine Brieftasche verlor. Und ich glaube, es war ihm lieber so, andernfalls hätte er sich ja ein anderes Ich erfinden müssen, der Gute, er könnte sich nicht mehr als Pechvogel sehen. Ein anderes Ich, das ist kostspieliger als der Verlust einer vollen Brieftasche, versteht sich, er müsste die ganze Geschichte seines Lebens aufgeben, alle Vorkommnisse noch einmal erleben und zwar anders, da sie nicht mehr zu seinem Ich passen" (Frisch, 1998, S. 51).

Dass es sich bei diesem Phänomen keineswegs nur um Fiktion handelt, wissen wir aus der Beziehungsforschung. Wer der Meinung ist, in seinen intimen Beziehungen niemals glücklich zu werden, wird gar nicht erst den Mut entwickeln, sich auf das Wagnis einer wirklich tiefen Beziehung einzulassen. Stattdessen wird er zu einem „ambivalent ängstlichen Bindungsstil" neigen. Ein solcher Bindungsstil führt jedoch zu einer niedrigen Beziehungszufriedenheit und -stabilität und damit genau zu der Art von Beziehung, die von vorneherein befürchtet wurde (Hazan & Shaver, 1987; Levy & Davis, 1988).

Mit anderen Worten: Die Geschichten, mit denen wir unserem Leben Sinn zu vergeben versuchen, wirken oftmals wie sich selbst erfüllende Prophezeiungen.

Bewusstes versus unbewusstes Selbst

Von Timothy Wilson (2002) ist allerdings darauf aufmerksam gemacht worden, dass unsere Selbstbildnisse nicht notwendigerweise unser Handeln bestimmen, sondern unter Umständen lediglich ex post als Erklärung herangezogen werden für Handlungen, die uns ansonsten nicht erklärlich wären. Nach Wilson ist unser Verhalten nicht von unseren Lebens*geschichten*, d. h. von unserem bewussten

Das adaptive Unbewusste

Selbstkonzept, sondern vor allem von dem determiniert, was er als das „Adaptive Unbewusste" beschreibt. Unserer Introspektion weitestgehend unzugänglich wird, so Wilson, unser Verhalten hauptsächlich von Motiven und Präferenzen beeinflusst, deren wir uns nicht bewusst sind – und auch kaum bewusst werden können. Dem Gedanken, dass unser Denken, Fühlen und Handeln weniger durch unser Bewusstsein, sondern durch unbewusste Prozesse gesteuert werden, sind wir in diesem Buch ja schon häufiger begegnet (so z.B. in Kapitel 3, wo auf die Wirksamkeit unbewusster Motive hingewiesen wurde).

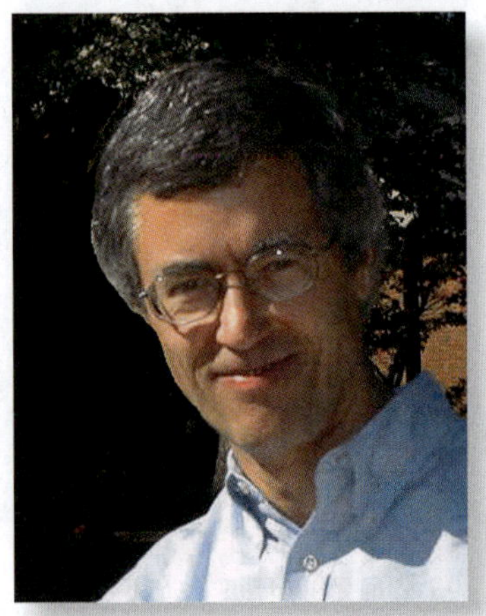

Timothy Wilson

US-amerikanischer Psychologe – Wilson beschäftigt sich mit Selbsterkenntnis und der Vorhersage von Emotionen (affective forecasting). Er arbeitet häufig gemeinsam mit Daniel Gilbert (vgl. Kapitel 3) und publizierte mit dem ebenfalls bekannten Kognitions- und Kulturpsychologen Richard Nisbett einen der meistzitierten Artikel darüber, wie wenig Zugang Menschen zu ihren eigenen kognitiven Prozessen haben.

Wir hatten bereits erörtert, dass Menschen ein Bildnis von sich selber machen, indem sie sich als Hauptdarsteller einer ganz bestimmten Geschichte begreifen. Einem solchen Leitmotiv zu folgen, ist auch deshalb gefährlich, weil es bestenfalls unser explizites Motivsystem, nicht aber unser implizites Motivsystem abbilden wird. Wie genau das explizite Selbstbildnis eines Menschen seine Handlungen beeinflusst und Bewertungen färbt, ist nicht ganz geklärt – unstrittig ist allerdings, dass Selbsterkenntnis ein sehr komplexer Prozess auf vielen Ebenen ist.

Wie gelangen wir zu besserer Selbsterkenntnis?

Bisher haben wir betrachtet, warum es alles andere als trivial ist, sich selbst zu erkennen und warum Menschen von sich selbst erstaunlich wenig wissen. Was aber können wir tun, um uns selbst ein wenig besser zu verstehen und Entscheidungen zu treffen, die übereinstimmen mit unseren wahren Bedürfnissen und Wünschen?

Wilson (2002) diskutiert drei mögliche Wege, dies zu tun, nämlich 1) Introspektion, 2) Feedback durch andere sowie 3) die Beobachtung unseres eigenen Verhaltens. Alle diese Verfahren beinhalten mögliche Fehler und Verzerrungen, weswegen ich nach ihrer Diskussion eine weitere Alternative vorschlagen will.

Introspektion

Die meisten Menschen würden argumentieren, es sei wichtig, „in sich zu gehen" bzw. „in sich hinein zu horchen", wenn man erkennen möchte, was einem wirklich wichtig ist. Wie heisst es in einem alten Song der Band Supertramp: „Feel all you can, let your heart speak and guide you ". Aber nicht nur amerikanische Softrocker sind der Meinung, dass wir auf unsere „innere Stimme" hören sollten, schon Cicero war der Meinung: „Niemand kann Dich besser beraten als Du selbst."

Abbildung 14.7: Selbsterkenntnis durch tiefgreifende Beschäftigung mit sich selbst und seinem Inneren ist Hauptziel und -strategie der Psychoanalyse. Doch funktioniert diese Strategie immer? (Quelle: Couch in Freuds Arbeitszimmer, Wikicommons, Konstantine Binder)

Moderne Psychologen würden dieser Aussage allerdings nicht ohne weiteres zustimmen. Wie wir bereits näher beleuchtet haben, führt Introspektion zwar zu mehr Einsichten in unser bewusstes Selbst (d. h. unser bewusstes Selbstbild und unsere bewussten Motive), unser unbewusstes Selbst ist aber der Introspektion – definitionsgemäß – nicht zugänglich.

Entscheidungen und gründliches Nachdenken

Wenn Menschen vor einer wichtigen Entscheidung darüber nachdenken, für welche Alternative sie sich entscheiden sollen, greifen sie manchmal zu Stift und Papier und machen eine Liste mit allen Argumenten, die für bzw. gegen die einzelnen Alternativen sprechen. Dies ist in Übereinstimmung mit dem, was die meisten Ökonomen ihren Studenten mit auf den Weg geben würden: Vor dem Treffen einer Entscheidung möglichst detailliert über mögliche Vor- und Nachteile aller Alternative nachzudenken und sich dann für die Alternative zu entscheiden, die den größten erwarteten Nutzen aufweist (siehe hierzu Kapitel 11).

Eine Studie von Timothy Wilson und seinem Kollegen Jonathan Schooler (1991) illustriert allerdings, dass dieser Rat nicht immer sehr hilfreich sein muss: Versuchspersonen (amerikanische College-Studenten) bekamen die Gelegenheit, sich ein Poster ihrer Wahl aus einer Vielzahl an Alternativen auszusuchen. Während sich ein Teil der Versuchspersonen spontan für ein Poster entscheiden konnte, wurde die andere Hälfte gebeten, ihre Entscheidung zunächst möglichst ausführlich schriftlich zu begründen und erst dann mit einer Posterrolle unterm Arm nach Hause zu gehen. Einige Wochen danach wurden alle Versuchspersonen angerufen und danach gefragt, ob ihnen das Poster nach wie vor gefalle, ob es in ihrem Zimmer an der Wand hänge und zu welchem Preis sie bereit wären, es wieder zu verkaufen. Das Ergebnis: Jene Versuchspersonen, die ihre Entscheidung weitgehend spontan getroffen hatten, bewerteten ihr Poster positiver, hatten es häufiger in ihrem Zimmer hängen und verlangten einen höheren Preis für ihr Poster als jene Versuchspersonen, die über ihre Entscheidung nachgedacht und diese schriftlich begründet hatten. Warum war dies so? Eine Antwort auf diese Frage ergab sich, als die beiden Wissenschaftler die Art von Poster analysierten, für welche die beiden Gruppen sich entschieden hatten. Versuchspersonen, die über ihre Entscheidung nachdenken sollten, hatten sich eher für Cartoons und seltener für Landschaftsaufnahmen entschieden als solche Versuchspersonen, die sich spontan entschieden hatten. Der Grund: Es ist leichter, zu verbalisieren, warum man einen bestimmten Cartoon lustig und amüsant findet, als zu erläutern, warum man von einem bestimmten Landschaftsbild angerührt wird. Ein Nachteil von Cartoons aber besteht darin, dass sie nur für eine kurze Zeit witzig sind – wenn wir sie uns zum zwanzigsten Mal anschauen, können wir auch über das beste Cartoon nicht mehr lachen.

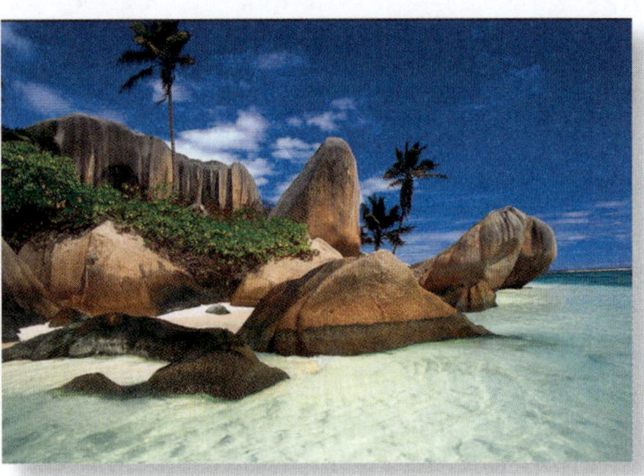

Abbildung 14.8: Lieber Comic oder lieber Landschaftsbild für die eigene Wohnung? Mit Nachdenken können wir unsere wahren Präferenzen oft nicht erkennen.
(li. (c) Kiru100 www.snafu-comics.com)

Kurz gesagt: Wenn Menschen lange über eine Entscheidung nachdenken, berücksichtigen sie vor allem solche Attribute der verschiedenen Alternativen, für die sich auf einer bewussten Ebene gute Gründe finden lassen (d.h. sich leicht verbalisieren lassen). Die Ergebnisse dieser Studie zeigen somit, dass wir manchmal zu besseren Entscheidungen kommen, wenn wir diese „intuitiv“ treffen, d.h. unseren unbewussten Präferenzen vertrauen. Allzu langes Nachdenken führt nicht notwendigerweise dazu, dass wir uns dieser unbewussten Präferenzen bewusster werden. Ganz im Gegenteil kann es dazu führen, dass wir uns bei unserer Entscheidung *ausschließlich* an unseren bewussten Präferenzen orientieren.

Nachteile übermäßigen Ruminierens

Auch beim Nachdenken über unsere Vergangenheit ist allzu ausgiebige Introspektion nicht immer hilfreich. Viele Studien zeigen, dass vor allem langes Nachdenken über eigene Misserfolge oder Niederlagen („warum hat mein Partner mich verlassen?“) nicht dazu führt, dass wir die Ursache dieser kritischen Lebensereignisse besser verstehen, sondern dass solches „Ruminieren“ (Grübeln) lediglich das eigene Selbstwertgefühl beeinträchtigt (u.a. Nolen-Hoeksema, 2000).

Feedback durch andere

Eine andere Möglichkeit, uns selbst besser zu erkennen, besteht darin, andere Menschen um eine Einschätzung unserer eigenen Persönlichkeit bzw. unserer Lebenssituation zu bitten.

In der Tat gibt es Hinweise darauf, dass unsere Freunde uns oftmals besser kennen als wir selbst. So wurden in einer Studie amerikanische College-Sudenten darum gebeten, die Stabilität ihrer eigenen romantischen Liebesbeziehung und die ihres Zimmergenossen einzuschätzen. Das Ergebnis: Die Zimmergenossen waren deutlich besser als die Befragten selber in der Lage, vorzusagen, ob ihre Beziehung ein halbes Jahr später noch Bestand haben würde oder nicht (MacDonald & Ross, 1999). Auch andere Studien zeigen: zumindest manchmal sehen uns gute Freunde und uns nahe stehende Personen anders als wir selbst uns sehen – und oftmals ist ihr Blick auf uns und unser Leben realistischer als unserer eigener (Funder & Colvin, 1996; Bass & Yammarino, 1991; MacDonald & Ross, 1999; Harris & Schaubroeck, 1988; Risucci et al., 1989).

Allerdings sind wir uns dieser Tatsache nur selten bewusst. Zumeist gehen Menschen im Sinne des im vorigen Kapitels vorgestellten „naiven Realismus" davon aus, dass andere sie genauso sehen wie sie sich selbst. Auch dies hat mit dem zuvor besprochenen Confirmation Bias zu tun: Wir nehmen vor allem solches Feedback aus unserer Umgebung wahr, dass mit unserem eigenen Selbstkonzept kompatibel ist.

Ein anderes Problem besteht darin, dass Freunde auch deshalb unsere Freunde sind, weil sie bereit sind, unser eigenes Bild von uns selbst zu akzeptieren. Zumindest wissen Freunde, was uns wichtig und was uns unwichtig ist. Gerade deshalb aber werden Freunde dazu neigen, uns solches Feedback zu ersparen, das im Widerspruch zu unserem Selbstbild steht. Einem anderen Menschen das zu sagen, was er hören will, spart uns oftmals Zeit und Stress.

„Die Freunde nennen sich aufrichtig. Die Feinde sind es – daher man ihren Tadel zur Selbsterkenntnis benutzen sollte, als eine bittere Arznei." Arthur Schopenhauer (1788–1860), deutscher Philosoph

Ein Beispiel: Würden Sie einem guten Freund sagen, dass er Mundgeruch hat – oder würden Sie lieber darauf hoffen, dass ein anderer diese Wahrheit ausspricht? Im Übrigen: Wenn Sie dies tun, könnte es sein, dass Ihr Freund mit den Worten reagiert: „Das glaube ich nicht, das hat noch *niemand* zu mir gesagt."

Manchmal sind Freunde auch deshalb nicht ehrlich zu uns, weil sie glauben, dass wir die Wahrheit selber – zumindest zum jetzigen Zeitpunkt – gar nicht wissen wollen. Sie wären nicht die erste Person, die nach ihrer Scheidung zu hören bekommt: „Ich habe mir gleich gedacht, dass Ihr überhaupt nicht zusammen passt, aber damals warst Du so verliebt – das wolltest Du doch ohnehin nicht einsehen!"

Ganz allgemein gilt: Hüten Sie sich davor, Freunde danach zu fragen, wie diese Ihre Fähigkeiten einschätzen („meinst Du, ich bin klug genug, um Medizin zu studieren?") – die Antwort wird oftmals aufmunternd und selten ehrlich sein.

Abbildung 14.9: Für Selbsterkenntnis unverzichtbares negatives Feedback erleben wir im „wahren" Leben so gut wie nie, sei es aus Rücksichtnahme, Pietät oder Angst unserer Mitmenschen. Online-Plattformen wie Mein.Prof, Ebay, Amazon und Holidaychecks bieten eine Möglichkeit, auch negatives Feedback loszuwerden. Doch selbst hier schrecken die meisten Nutzer vor Negativbewertungen zurück, sobald Ihre Anonymität nicht völlig gewahrt ist.

Beobachtung unseres eigenen Verhaltens und Schluss auf unsere Motive

Als dritte Möglichkeit zu besserer Selbsterkenntnis bietet sich der Versuch an, von unserem eigenen Verhalten auf unsere eigene Persönlichkeit und Motive zu schließen.

Ein Problem dabei ist das folgende: Die Tatsache, dass wir etwas häufig oder selten tun, ist kein hinreichender Grund zu der Annahme, dass wir es gerne oder ungern tun. Es wäre z. B. unsinnig zu denken, dass jemand im Gefängnis sitzt, weil es ihm Spaß macht.

Ein weiteres Problem besteht darin, dass wir uns unseres Verhaltens oftmals gar nicht bewusst sind. So zeigt beispielsweise die neuere Vorurteilsforschung, dass es notwendig ist, zwischen bewussten und unbewussten Vorurteilen zu unterscheiden (z. B. gegenüber nichtdeutschen Mitbürgern) (Crosby et al., 1980, für eine Übersicht siehe Blair, 2001).

Jemand mit bewussten Vorurteilen würde diese in einem Fragebogen offen zugeben und würde sich in solchen Situationen gemäß seinen Vorurteilen verhalten, in denen er bewusste Entscheidungen trifft (so würde er z. B. einen türkischen Stellenbewerber nicht zum Vorstellungsgespräch einladen) (Hardin & Rothman, 1993). Vieler unserer Vorurteile sind wir uns hingegen selber gar nicht bewusst – und sie beeinflussen unser Verhalten vor allem in solchen Situationen, in denen wir uns auch der Tatsache nicht bewusst sind, uns von solchen impliziten Vorurteilen leiten zu lassen (Greenwald & Banaji, 1995). Beispiel: Wie weit entfernt von einem türkischen Mitbürger setzen Sie sich im Wartezimmer eines Arztes? (mehr zum Thema explizite versus implizite Vorurteile im Kapitel 16).

Systematische Variation unserer eigenen Umwelt

Die bislang vorgestellten Wege zu mehr Selbsterkenntnis wurden eher pessimistisch beurteilt. Durch Introspektion ist Selbsterkenntnis nur bedingt möglich, Freunde und andere sagen uns oftmals nicht die Wahrheit (oder wir wollen sie nicht hören) und der Schluss von unserem eigenen Verhalten auf unseren Charakter gelingt nur dann, wenn wir uns unseres Verhaltens zumindest bewusst sind.

Eine andere Möglichkeit, uns selbst besser zu verstehen, besteht darin, dass wir uns verschiedenen Umweltbedingungen aussetzen und registrieren, wie wir uns in diesen verschiedenen Umwelten fühlen und verhalten. „Wenn Du ein System verstehen willst, musst Du es verändern" (Bronfenbrenner, 1981, 268). Dies gilt sowohl für soziale Systeme, aber auch für das System unseres eigenen Selbst. Dadurch, dass wir uns bewusst in vielen verschiedenen Kontexten und Umwelten erleben, können wir lernen, was uns glücklich und was uns unglücklich macht.

Aber auch dies ist kein Königsweg zu mehr Selbsterkenntnis. In Kapitel 11 hatten wir bereits reflektiert, dass wir zu jedem gegebenen Moment unseres Lebens immer nur eine Entscheidung treffen können und mit dieser Entscheidung leben müssen, ohne jemals zu erfahren, wie es uns mit einer anderen Entscheidung ergangen wäre.

Wahrscheinlich bleibt uns nur, die verschiedenen Möglichkeiten so miteinander zu kombinieren, dass wir – in einer „Politik der kleinen Schritte" – tatsächlich mehr und mehr über uns erfahren.

Abbildung 14.10: Eher intro- oder extrovertiert? Dies lässt sich zum Beispiel testen, indem man verschiedene Hobbys ausprobiert – z. B. Disko mit Freunden versus Lesen alleine Zuhause – und beobachtet, wobei es einem besser geht. (© Adam Radosavljevic und © Galina Barskaya – Fotolia.com)

Lohnt sich Selbsterkenntnis?

Positive Illusionen

Nachdem wir so viel darüber gesprochen haben, wie schwer es ist, sich selbst zu erkennen, wollen wir zum Abschluss dieses Kapitels zu einer Frage zurückkommen, die wir bereits am Anfang kurz gestreift haben. Lohnt sich Selbsterkenntnis überhaupt? Oder ist es besser, wenn wir in einer „positiven Illusion“ von uns selber leben?

Aus einer evolutionären (d.h. funktionalistischen) Perspektive ist zu vermuten, dass Menschen sich vor allem dann überschätzen, wenn sie solche Einschätzungen *abstrakt* und ohne Risiko vornehmen. Wenn es aber um *spezifische* Fähigkeiten geht, sollten Menschen eher dazu neigen, sich selbst und ihre eigenen Kompetenzen realistisch wahrzunehmen.

Overconfidence Bias

Tatsächlich gibt es Hinweise dafür, dass Menschen genau dies tun. Nehmen Sie als Beispiel die Fernsehsendung „Wer wird Millionär?“ Ein Reiz dieser Sendung liegt darin, dass man als Fernsehzuschauer jeden Abend das Gefühl hat, man hätte sehr viel mehr gewusst als die „dummen“ Kandidaten. Allerdings sollten Sie sich dieses Gefühls nicht zu sicher sein. Viele Studien zum „Overconfidence Bias“ zeigen, dass Menschen ihre eigenen Lösungswahrscheinlichkeiten bei solchen Aufgaben massiv überschätzen (Fischhoff et al., 1977). Vermutlich erinnern Sie sich selektiv an Fragen, deren Antworten Sie wussten, der Kandidat aber nicht („wie lange dauerte der dreißigjährige Krieg?“). Auf der anderen Seite vergessen Sie selektiv Fragen, deren Antworten Sie nicht wussten, der Kandidat aber sehr wohl („wie lautet der bürgerliche Name der Sängerin Madonna?“).

Wie aber ist es mit den Kandidaten? Leiden diese auch unter einem solchen Overconfidence Bias? In der Sendung „Wer wird Millionär“ gibt es zwei Gründe, warum ein Spiel beendet wird:

(1) Der Kandidat gibt eine falsche Antwort und verliert einen erheblichen Teil des Geldes, das bislang gewonnen wurde.

(2) Der Kandidat verzichtet auf die Beantwortung der Frage und erhält den bislang gewonnenen Betrag.

Tatsächlich ist der zweite Fall sehr viel häufiger als der erste. Die Kandidaten wissen also ganz gut einzuschätzen, ob sie eine Frage richtig beantworten können oder nicht. Aus einer funktionalistischen Perspektive erscheint es ausgesprochen adaptiv, dass wir vor allem dann dazu neigen, uns zu überschätzen, wenn dies nicht mit negativen Konsequenzen verbunden ist.

Andererseits können uns positive Illusionen dabei helfen, Hürden zu überwinden und die nötige Ausdauer für objektiv schwierige Aufgaben zu entwickeln (Armor et al., 2008; Benabou & Tirole, 2002; Greenwald, 1980).

Planning Fallacy

So zeigen beispielsweise Untersuchungen zur so genannten „Planning Fallacy", dass Menschen dazu neigen, die erforderliche Zeit für den Abschluss eines bestimmten Projekts massiv zu unterschätzen (Buehler, Griffin, & Ross, 1994). Allerdings besteht zwischen der eingeschätzten und tatsächlich benötigten Zeit durchaus ein Zusammenhang. Beispiel: sie brauchen für Projekt A 4 Monate, planen aber nur 2 Monate dafür ein; für Projekt B brauchen Sie 10 Monate, planen aber nur 5 Monate dafür ein. In beiden Fällen benötigen Sie genau doppelt so lange für das Projekt wie Sie anfangs geglaubt haben.

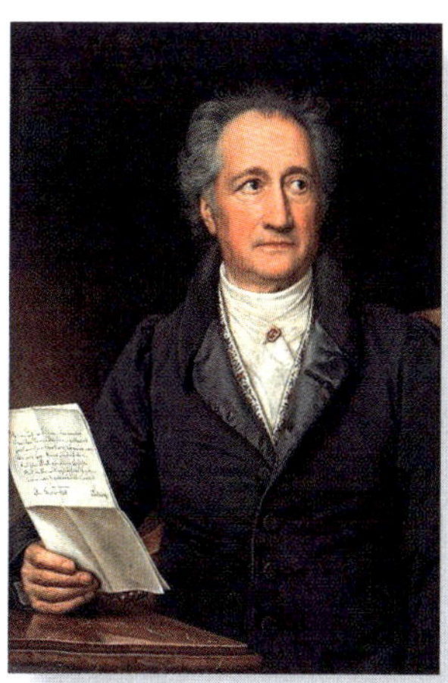

Abbildung 14.11: Die Oper in Sydney ist ein Paradebeispiel für die so genannte Planning Fallacy, denn die Bauherren hatten die Bauzeit um ganze zehn Jahre unterschätzt. Auch Buchautoren und Studierende unterschätzen oft die Zeit, die sie für ihr Projekt benötigen. Doch die Planungsfehler haben auch ihr Gutes: ohne sie würde es heute vermutlich viele Bauwerke, gute Bücher und ausgezeichnete Akademiker nicht geben. Auch dieses Buch ist im Übrigen der Planning Fallacy erlegen. (Quelle: li. wikicommons, Matthew Field; re. wikicommons)

Vielleicht neigen wir auch deshalb dazu, die für schwierige Aufgaben erforderliche Zeit zu unterschätzen, um uns nicht den Mut zu nehmen, mit einer solchen Aufgabe überhaupt zu beginnen? Vor diesem Hintergrund könnte es ausgesprochen adaptiv sein, dass Kinder noch mehr als Erwachsene dazu neigen, ihre eigenen Fähigkeiten zu überschätzen (Bjorklund, 1997). So erzählte z.B. mein damals vierjähriger Sohn voller Begeisterung seiner Großmutter von seinem ersten Tag in der internationalen Schule, auf die seine Eltern ihn schickten, als sie mit ihm in den Niederlanden lebten. „Mensch, klasse, dann lernst Du ja jetzt Englisch", sagte seine Großmutter. „Hab' ich doch schon gelernt", antwortete mein Sohn (tatsächlich hatte er an seinem ersten Schultag die beiden Worte „hello" und „goodbye" gelernt). Woher sollten kleine Kinder den Mut nehmen, sich den vielen unermesslich schwierigen Entwicklungsaufgaben zu stellen, die das Leben ihnen aufträgt, wenn sie die Schwere dieser Aufgaben realistisch einschätzen würden?

Auch bei Erwachsenen ist ein unrealistischer Optimismus manchmal besser als eine realistische Einschätzung. So zeigen verschiedene Studien, dass unheilbar an Krebs erkrankte Patienten sich in einem besseren subjektiven und objektiven Gesundheitszustand befinden und tatsächlich länger leben, wenn sie davon überzeugt sind, ihre Krankheit überwinden zu können – und zwar unabhängig von ihrer objektiven Diagnose (Taylor, Lichtman & Wood, 1984).

Gilt also tatsächlich „Don't worry, be happy"?

Dave Dunning (2005) verweist darauf, dass eine solche Sichtweise zu einseitig ist. So haben bislang ca. 4000 Bergsteiger den Gipfel des Mount Everest erreicht. Jede einzelne dieser Gipfelbesteigungen ist eine enorme Leistung. Allerdings hat jeder 20te dieser Bergsteiger die 24 Stunden nach diesem persönlichen Triumph nicht überlebt, sondern ist beim Abstieg abgestürzt oder erfroren. Ein ähnliches Bild zeigt sich hinsichtlich der Überlebenschance von neu gegründeten Unternehmen. In einer Studie von Cooper et al. (1988) gaben 81 % der befragten Unternehmer an, die Erfolgschance ihres Unternehmens liege bei mindestens 70 %. Tatsächlich überlebten aber nur 25 % dieser Unternehmen die nächsten fünf Jahre.

Mit anderen Worten: Es kann sehr hilfreich sein, wenn wir uns ein wenig überschätzen, aber es kann buchstäblich tödlich enden, wenn wir uns allzu positiven Illusionen hingeben.

Kurz und gut

1. Über niemanden wissen wir so viel und gleichzeitig so wenig wie über uns selbst.
2. Nur wenn wir ein halbwegs zutreffendes Bild von uns selbst haben, sind wir in der Lage, unsere Fähigkeiten realistisch einzuschätzen und die richtigen Entscheidungen zu treffen.
3. Die meisten Menschen überschätzen das Ausmaß ihrer positiven und unterschätzen das Ausmaß ihrer negativen Eigenschaften („better than Average Effect").
4. Inkompetente Menschen erkennen ihre Inkompetenz oftmals deshalb nicht, weil sie hierfür genau jene Kompetenz benötigten, über die sie nicht verfügen.
5. Menschen konstruieren ihr eigenes Leben oftmals als Geschichte, deren Hauptdarsteller sie sind.
6. Überzeugungen über uns selbst und unsere Zukunft wirken oftmals wie „sich selbst erfüllende Prophezeiungen."
7. Menschen haben nur einen sehr limitierten Zugang zu ihren eigenen unbewussten Einstellungen und Motiven.
8. Wenn wir mehr über unsere Wünsche und Fähigkeiten erfahren wollen, ist es hilfreich, uns selbst systematisch in verschiedenen Situationen zu beobachten.
9. Positive Illusionen helfen uns, auch bei schwierigen Aufgaben nicht den Mut zu verlieren.
10. Allzu positive Illusionen über unsere eigenen Fähigkeiten sind gefährlich und können uns buchstäblich das Leben kosten.

Studentenfutter

Dunning, D. (2005). *Self-insight: Roadblocks and detours on the path to knowing thyself.* New York: Psychology Press

Wilson, T. D. (2002). *Strangers to ourselves: Discovering the adaptive unconscious*. Cambridge: The Belknap Press of Harvard University Press.

Kapitel 15

Das komplexe Verhältnis von Einstellungen und Verhalten – nur wer sich ändert, bleibt sich treu

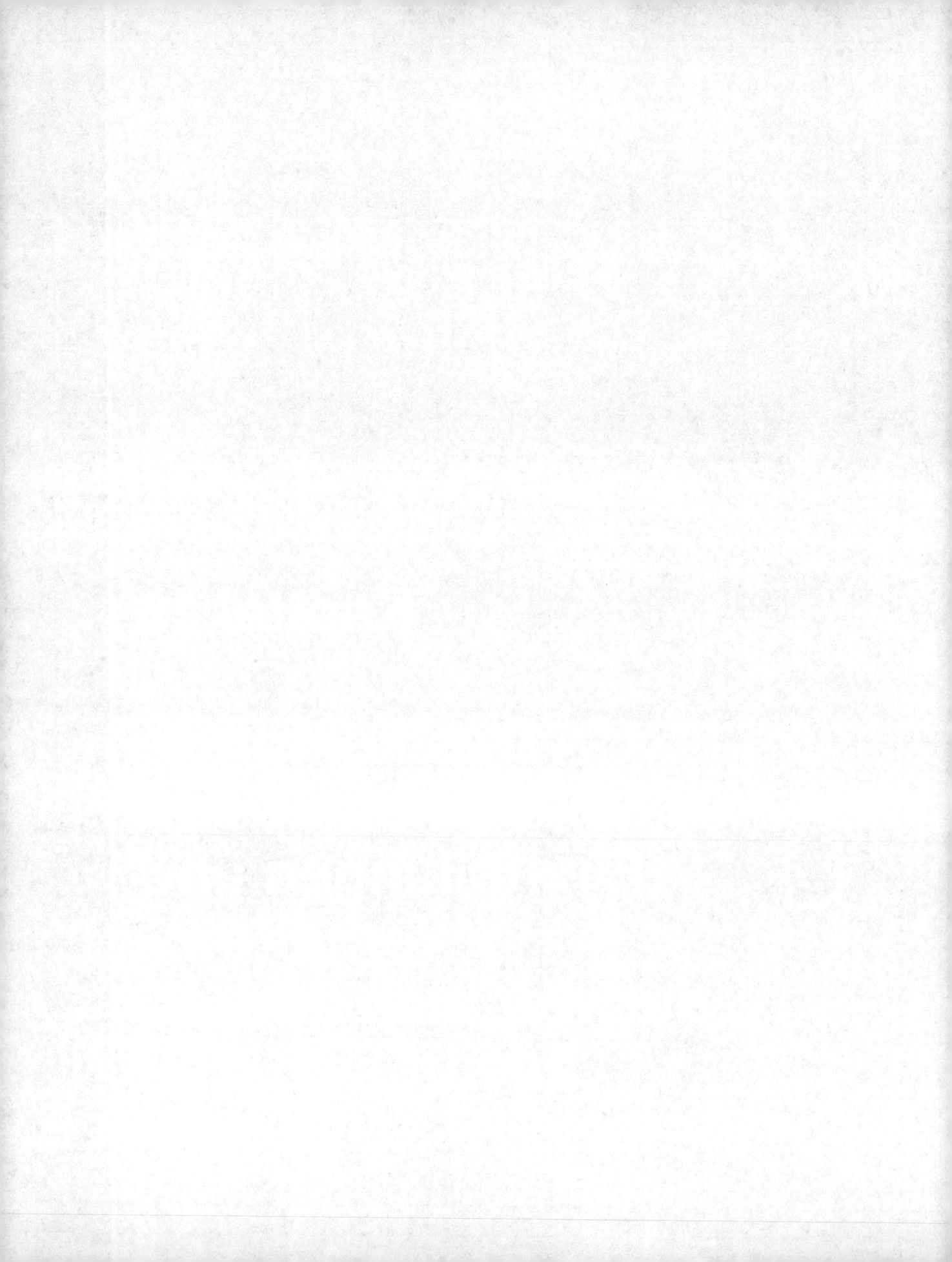

Kapitel 15 Das komplexe Verhältnis von Einstellungen und Verhalten – nur wer sich ändert, bleibt sich treu

Inhalt

Was sind Einstellungen?

Welche Einstellungen haben Sie zum Papst, zu Vegetariern, der deutschen Fußballnationalmannschaft, dem Buddhismus oder in der Nase bohren? Und haben Sie sich je gefragt, woher diese Haltungen rühren und was genau sie eigentlich sind?

Einstellungen lassen sich vereinfacht definieren als die Bewertung eines Einstellungsobjekts. Hierbei können sich Einstellungen auf nahezu beliebige Objekte beziehen. Die wichtigsten Kategorien sind die folgenden:

Kategorien von Einstellungsobjekten

Erstens: Menschen können eine Einstellung zu *konkreten Personen* haben, wie z. B. zu Angela Merkel, zu Lukas Podolski, zu ihrem Vorgesetzten, ihrem besten Freund, aber auch zu sich selbst.

Zweitens: Einstellungen können sich auf *abstrakte Gruppen* von Personen beziehen, wie z. B. auf Politiker, Deutsche, Ausländer, Kapitalismus, CDU-Wähler oder Psychologen.

Drittens: Menschen haben Einstellungen zu bestimmten *Institutionen*, wie z. B. politischen Parteien, dem 1. FC Köln oder der katholischen Kirche.

Viertens: Auch im Bezug auf (abstrakte) *Ideen* oder *Ideologien* bilden wir Einstellungen, so z. B. zur Demokratie, zu Mindestlöhnen, Abtreibung, Pazifismus oder zu einer bestimmten Religion.

Fünftens: Schließlich haben Menschen auch Einstellungen zu ganz bestimmten *Verhaltensweisen*, wie z. B. der Teilnahme an der Bundestagswahl, Skifahren oder dem Kirchgang.

Darüber hinaus wird oftmals zusätzlich eine kognitive und eine behaviorale (d. h. verhaltensgerichtete) Dimension von Einstellungen unterschieden. In diesem Kapitel sollen unter Einstellungen jedoch ausschließlich die affektiven Bewertungen eines Einstellungsobjekts verstanden werden, da es nur bei einer solchen definitorischen Trennung möglich ist, den Zusammenhang zwischen Kognitionen, Bewertungen und Verhalten empirisch zu untersuchen.

Aus einer rationalistischen Perspektive wäre zu vermuten, dass Menschen ein Einstellungsobjekt zunächst in einer bestimmten Weise kognizieren (d. h. wahrnehmen), sie aufgrund dessen eine (affektive) Einstellung bilden, aus der schlussendlich ein bestimmtes Verhalten folgt. Nehmen wir als Beispiel eine Person, die

Abbildung 15.1: Bei öffentlichen Demonstrationen machen Menschen Ihre Einstellungen besonders deutlich. Doch bilden Menschen nicht nur Einstellungen zu politischen Themen, sondern auch zu den meisten andere Dingen, die ihnen im Leben begegnen, wie Personen, Personengruppen, Institutionen, Ideen und Verhaltensweisen. (Quelle dpa)

sich überlegt, welche Partei sie bei der nächsten Bundestagswahl wählen soll. Diese Person könnte die Programme der verschiedenen Partei mit ihren eigenen politischen Grundüberzeugungen vergleichen, feststellen, mit welcher Partei sie die höchste Übereinstimmung aufweist und aufgrund dessen dieser Partei ihre Stimme geben.

Tatsächlich aber ist der Zusammenhang zwischen den drei Einstellungskomponenten oftmals sehr viel komplexer. Auf das komplizierte Verhältnis von Kognitionen, Einstellungen und Verhalten werden wir in diesem Kapitel deshalb mehrfach zu sprechen kommen. Zunächst wenden wir uns dem Verhältnis von Einstellung und Verhalten zu.

Warum man aus Einstellungen nicht auf Verhalten schließen kann

Psychologen und andere Sozialwissenschafter verwenden einen großen Teil ihrer Forschung darauf, Einstellungen zu messen – wohl auch deshalb, weil man zu nahezu jedem Thema die Einstellungen von Menschen ohne allzu großen Aufwand messen kann. Oftmals werden hierzu kurze Skalen mit nur wenigen oder gar nur einem Item verwandt. Beispiel: „Wie bewerten Sie die Arbeit der derzeitigen Bundesregierung?“

In vielen Fällen, in denen Einstellungen gemessen werden, gehen die Fragesteller zumindest implizit davon aus, dass 1) Einstellungen und daraus folgendes Verhalten hoch miteinander korreliert sind, und dass 2) Einstellungen *kausale* Determinanten von Verhalten sind.

Die klassische Studie von LaPiere

Dieser enge Zusammenhang zwischen Einstellung und Verhalten erweist sich jedoch oftmals als eine Illusion, was bereits in den 1930er Jahren durch eine berühmte Studie des Soziologen Richard LaPierre (1934) gezeigt werden konnte. LaPierre reiste zusammen mit einem chinesischen Ehepaar durch die USA, wobei zu dieser Zeit Chinesen in den Vereinigten Staaten häufig offen diskriminiert wurden. Deshalb hatte er im Vorfeld Briefe an Hotels und Restaurants geschickt und gefragt, ob er und seine beiden chinesischen Begleiter willkommen seien. In den meisten Fällen lautete die postalische Antwort, dass man Chinesen nicht gerne empfangen würde. LaPierre suchte die Hotels und Restaurants dennoch auf und es stellte sich heraus, dass man sich, als die drei Gäste erst einmal da waren, in keinem Fall weigerte, diese zu bedienen oder zu beherbergen.

Auch spätere Übersichtsarbeiten (wie z. B. von Wicker, 1969) bestätigten den Befund, dass zwischen Einstellungen und Verhalten oftmals nur eine geringe

Korrelation besteht. Im Folgenden sollen einige Erklärungen für dieses zunächst überraschende Ergebnis diskutiert werden.

Die Theorie des geplanten Verhaltens

Eine Erklärung bietet die Theorie des geplanten Verhaltens nach Ajzen (1985). Diese besagt, dass es neben Einstellungen zwei wichtige andere Faktoren gibt, die das Verhalten in einer bestimmten Situation beeinflussen, 1) subjektive Normen und 2) subjektive Verhaltenskontrolle.

Subjektive Normen

Subjektive Normen beziehen sich auf die Hypothesen eines Individuums darüber, wie Menschen in seiner Umgebung auf ein bestimmtes Verhalten reagieren würden. Ein Beispiel: Angenommen, Sie seien ein Universitätsprofessor und sie schwärmten dafür, einmal einen Ford Mustang Cabrio zu besitzen (d. h. Sie haben zum Kauf dieses Autos eine positive Einstellung). Trotzdem könnte es sein, dass sie auf den Kauf eines solchen Autos verzichten, weil sie für diesen Fall mit negativen Reaktionen aus ihrer sozialen Umwelt rechnen würden. So könnten Sie z. B. erwarten, dass ihre Kollegen über den Kauf eines solchen primitiven amerikanischen Autos die Nase rümpfen, dass Ihre Freunde das Auto albern und protzig finden und dass ihre Studierenden vermuten, Sie wollten mit einem solchen „Muscle Car" lediglich ihre Midlife Crisis übertünchen.

Empirische Studien zeigen in diesem Zusammenhang, dass die von einem Akteur *erwarteten* Reaktionen seiner Umwelt das Verhalten stärker determinieren als die tatsächlichen Reaktionen (mal wieder: Das Thomas Theorem) (Ajzen & Fishbein, 1980).

Subjektive Verhaltenskontrolle

Subjektive Verhaltenskontrolle bezieht sich darauf, ob eine Person glaubt, ein als positiv bewertetes Verhalten auch tatsächlich ausführen zu können. So haben z. B. viele Raucher eine positive Einstellung dazu, mit dem Rauchen aufzuhören.

Abbildung 15.2: Nicht immer verhalten sich Menschen gemäß ihren Einstellungen, und zwar u. a. weil sie Angst haben, ihre Mitmenschen könnten das Verhalten missbilligen. So fahren z. B. Mitarbeiter von Autokonzernen oftmals einen Wagen desselben Konzerns, obwohl sie eigentlich eine andere Marke bevorzugen würden. (© Jürgen Effner – Fotolia.com)

Dennoch rauchen sie weiter, weil sie sich nicht in der Lage fühlen, ihre Sucht zu überwinden. Das Konzept der subjektiven Verhaltenskontrolle von Ajzen entspricht somit weitgehend dem Konzept der Effizienzerwartungen bei Bandura.

Durch empirische Studien konnte belegt werden, dass die subjektive Verhaltenskontrolle in vielen Kontexten ein Verhalten stärker determiniert als die Einstellung zu diesem Verhalten. Dies ist vor allem dann der Fall, wenn ein Verhalten (bzw. das Unterlassen eines Verhaltens) mit Anstrengung und Selbstkontrolle verbunden ist.

Als erste mögliche Erklärung lässt sich also festhalten, dass aus einer Einstellung oftmals deshalb nicht immer ein bestimmtes Verhalten folgt, weil dieses auch von subjektiven Normen und der subjektiven Verhaltenskontrolle eines Akteurs beeinflusst ist.

Multideterminiertheit von Handlungen

Neben subjektiven Normen und subjektiver Verhaltenskontrolle gibt es weitere Gründe, weshalb Einstellungen nicht immer das Verhalten determinieren. Ein Grund kann darin liegen, dass aus einer bestimmten Einstellung zwar ein bestimmtes Verhalten zu folgen scheint, dieses aber nicht stattfindet, weil eine andere Einstellung diesem Verhalten entgegensteht. Nehmen wir z. B. eine Person, die zugleich eine positive Einstellung zur Marktwirtschaft und eine negative Einstellung zur Atomkraft hat. Aufgrund der positiven Einstellung zur Marktwirtschaft könnte man vermuten, dass diese Person eher eine konservative Partei wählt (CDU oder FDP), aus ihrer negativen Einstellung zur Atomkraft ließe sich hingegen das Gegenteil vorhersagen. Handlungen können somit durch verschiedene Einstellungen beeinflusst sein, die im Konflikt zueinander stehen können. Dies erschwert den Schluss von einer Einstellung auf eine Handlung.

Spezifische versus abstrakte Einstellungen

Auch die Spezifität von Einstellungen spielt eine wichtige Rolle. Abstrakte Einstellungen korrespondieren weniger mit einem spezifischen Verhalten als Einstellungen, die sich bereits auf das konkret in Frage stehende Verhalten beziehen.

Dieser Effekt lässt sich anhand einer Studie zum Thema Empfängnisverhütung verdeutlichen (Davidson & Jaccard, 1979). In dieser Studie wurden verheiratete Frauen danach gefragt, 1) welche Einstellung sie ganz allgemein dazu haben, empfängnisverhütende Mittel zu gebrauchen, 2) welche Einstellung sie ganz allgemein zur Antibaby-Pille haben, 3) welche Einstellung sie zum persönlichen

Gebrauch der Antibaby-Pille haben, und 4) welche Einstellung sie dazu haben, in den nächsten zwei Jahren eine solche Pille zu verwenden. Zwei Jahre später wurden dieselben Frauen noch einmal kontaktiert und danach gefragt, ob sie in den letzten zwei Jahren eine Antibaby-Pille verwandt haben oder nicht.

Die folgende Abbildung zeigt den Zusammenhang zwischen den verschiedenen Einstellungen und dem Verhalten der befragten Frauen. Je spezifischer die Einstellung war, die gemessen wurde, desto stärker korrespondierte diese Einstellung mit dem Verhalten.

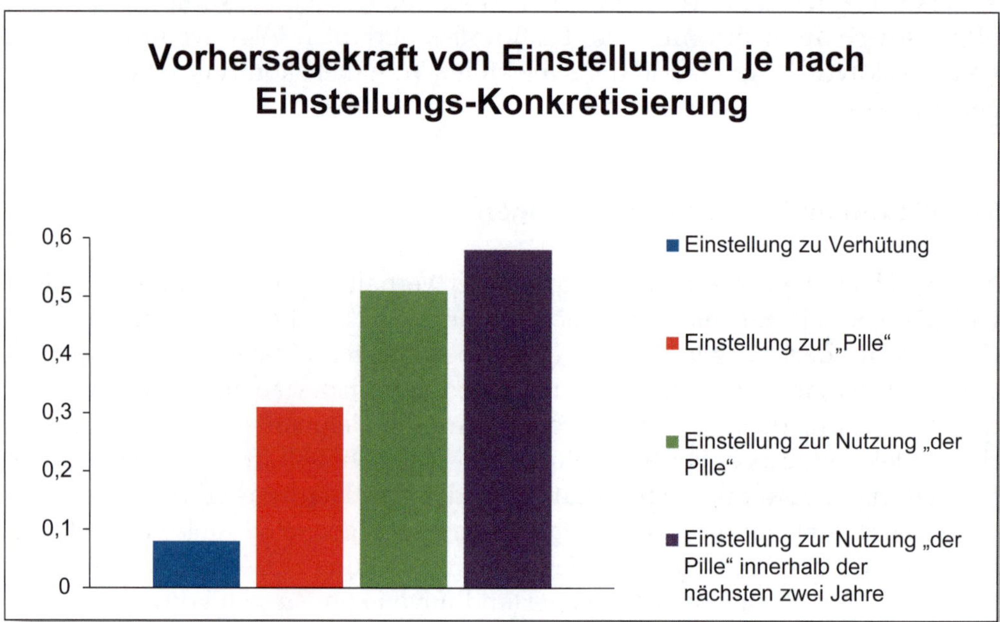

Abbildung 15.3: Je konkreter die Einstellung, desto mehr stimmen Verhalten und Einstellung überein. (Quelle: Eigene Darstellung, nach Davidson & Jaccard, 1979)

Kritisch ist allerdings anzumerken, dass man mit einer allzu hohen Passung zwischen Einstellung und vorhergesagtem Verhalten in die Nähe der Tautologie rückt. Das Ziel der Einstellungsforschung ist es ja eigentlich, von abstrakten Einstellungen auf sehr *unterschiedliche* Verhaltensweisen schließen zu können. Wenn dies nicht der Fall ist, stellt sich die Frage, welchen forschungsökonomischen Sinn es noch macht, Einstellungen zu erheben. Diese Kritik ist allerdings im Bereich der Grundlagenforschung stichhaltiger als im Bereich der angewandten Forschung, in der es oftmals genau darum geht, ein ganz bestimmtes Verhalten vorhersagen zu können (z. B., wieviele Konsumenten ein neues Produkt erwerben oder wieviele Wähler eine bestimmte Partei wählen).

Elaboriertheit von Einstellungen und die Rolle eigener Erfahrungen

Verschiedene Studien zeigen, dass Einstellungen einer Person umso mehr Einfluss auf ihr Verhalten haben, je mehr diese Einstellung auf einer persönlichen Betroffenheit beruht (Regan & Fazio, 1977) und je mehr Erfahrungen die Person mit dem in Frage stehenden Verhalten hat (Davidson et al., 1985).

Angenommen, ein Forscher wolle untersuchen, welche Korrelation es bei Jugendlichen zwischen der Einstellung zum Gebrauch von Kondomen und deren tatsächlichen Verwendung gibt. Diese Korrelation wird größer sein bei Jugendlichen, die von diesem Thema betroffen sind (d.h. die schon einmal mit ihrem Partner Geschlechtsverkehr hatten) und sie wird größer sein bei Jugendlichen, die in der Vergangenheit schon einmal Kondome verwendet haben.

„Wir glauben, Erfahrungen zu machen, aber die Erfahrungen machen uns." Eugène Ionesco (1909–1994), franz. Dramatiker

Viele Einstellungen sind unbewusst

Ein weiterer Grund, warum man aus den Einstellungen einer Person nur bedingt auf ihr Verhalten schließen kann, liegt darin, dass wir uns unserer Einstellungen nicht immer bewusst sind. Demzufolge ist es sinnvoll, zwischen bewussten und unbewussten Einstellungen zu unterscheiden. Nehmen wir als Beispiel die Einstellung gegenüber ethnischen Minderheiten. Viele weiße Amerikaner sind darum bemüht, jegliche Vorurteile gegenüber Afroamerikanern zu vermeiden. Wenn man deshalb nach ihren bewussten Einstellungen gegenüber Schwarzen fragt, werden sie jegliche Äußerungen vermeiden, die als negative Einstellung gegenüber dieser Bevölkerungsgruppe interpretiert werden können. So würden sie z.B. der Aussage zustimmen, dass Afroamerikaner auf dem Arbeitsmarkt nicht diskriminiert werden dürfen. Unabhängig von diesen bewussten Einstellungen kann eine Person jedoch auf einer unbewussten Ebene durchaus Vorbehalte gegenüber Afroamerikanern haben.

IAT („Implicit Association Test"

Ein häufig verwandtes Verfahren zur Messung unbewusster Einstellungen ist der so genannte IAT („Implicit Association Test"), bei dem eine Reihe von Wörtern auf einem Computerbildschirm gezeigt werden (Greenwald & Banaji, 1995). Die Versuchspersonen werden dabei gebeten, je nach Art des Wortes entweder eine linke oder eine rechte Taste zu drücken. Sie sollen beispielsweise so schnell wie möglich die linke Taste drücken, wenn das Wort eine negative Konnotation hat (z.B. „böse") bzw. so schnell wie möglich die rechte Taste drücken, wenn das Wort eine positive Konnotation hat (z.B. „gut"). Neben diesen Wörtern sehen die Versuchspersonen Photos von Weißen und Schwarzen und werden z.B. aufgefordert, die linke Taste zu drücken, wenn sie einen Schwarzen und die rechte Taste zu drücken, wenn sie einen Weißen sehen. Hierbei werden sowohl die dem Stimulusmaterial (d.h. positive versus negative Wörter) als auch die dem

Einstellungsobjekt (in diesem Fall „Weiße" versus „Schwarze") zugewiesenen Tasten systematisch gewechselt.

Abhängig davon, welche Reaktionsgeschwindigkeiten sich bei Erfüllung der Aufgaben ergeben, kann auf die Einstellung der Versuchsperson geschlossen werden (Greenwald & Banaji, 1995). Wenn z. B. eine Versuchsperson die Anweisung hat, bei positiven Worten auf den linken Knopf zu drücken und länger braucht, bei schwarzen als bei weißen Stimuluspersonen ebenfalls auf den linken Knopf zu drücken, wird daraus auf eine negative Einstellung gegenüber Schwarzen geschlossen. Wenn Sie selber einmal an einem „Implicit Association Test" teilnehmen wollen, können Sie dies auf der folgenden Website tun: https://implicit.harvard.edu/implicit/

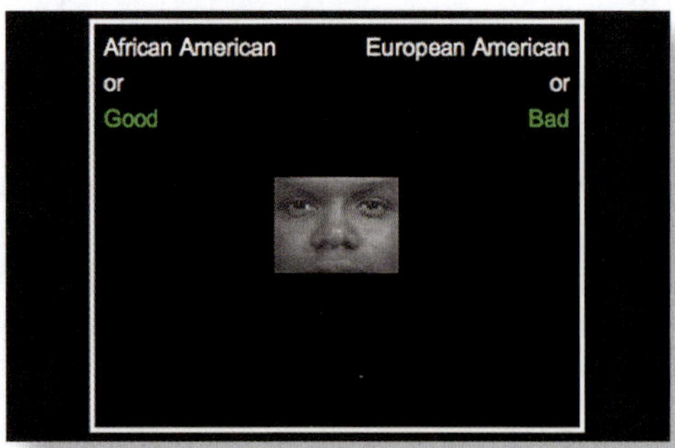

Abbildung 15.4: Beispielaufgabe aus einem Implicit Association Test zum Test von unbewussten Einstellungen durch Reaktionsgeschwindigkeit.
(Quelle: Harvard University, Screenshot von https://implicit.harvard.edu/implicit/)

In vielen Studien zeigte sich, dass bewusste und unbewusste Einstellungen nur schwach miteinander korreliert sind (Hofmann et al. 2005). Dies legt die Frage nahe, durch welche Methode denn nun die „wahren" Einstellungen eines Menschen gemessen werden, durch konventionelle Methoden wie dem Ausfüllen eines Fragebogens oder durch Verfahren wie dem IAT. Und hier lautet die Antwort ebenfalls: Es kommt darauf an. Denn auch diesbezüglich hängen die unterschiedlichen Einstellungsarten mit unterschiedlichen Verhaltensweisen zusammen, nämlich bewusste Einstellungen mit bewusstem Verhalten und unbewusste mit unbewusstem Verhalten. So zeigte sich in Studien, dass bewusste besser als unbewusste Einstellungen in der Lage sind, vorherzusagen, ob Schwarze etwa bei einem Bewerbungsgespräch diskriminiert werden (Dovido et al., 2002; Hendricks & Bootzin, 1976; Fazio & Olson, 2003). In einer anderen Studie betraten die Versuchspersonen einen Raum, in dem sie zusammen mit einem Schwarzen auf den Beginn eines Experiments warten sollten. Hierbei wurde gemessen, wie weit entfernt von der schwarzen Versuchsperson sie sich hinsetzten. Tatsächlich korrelierte der gewählte Abstand stärker mit den zuvor gemessenen impliziten als mit den expliziten Einstellungen.

Moralische Einstellungen

Einstellungen beziehen sich oftmals auf die moralische Bewertung bestimmter Handlungsweisen bzw. Institutionen. Einige Beispiele: 1) Ist es moralisch erlaubt, Schwangerschaften abzubrechen, wenn die Frau dies möchte? 2) Ist es moralisch legitim, dass ein Staat sich gegen den feindlichen Angriff durch einen anderen Staat mit Waffengewalt verteidigt? 3) Dürfen Menschen Tiere essen? 4) Dürfen Unternehmen Mitarbeiter entlassen, auch wenn sie Gewinne machen? 5) Ist Homosexualität eine Sünde?

Diese Beispiele zeigen, dass unsere Einstellungen oftmals durch moralische Bewertungen determiniert sind und empirische Studien zeigen, dass Menschen sich in diesen moralischen Bewertungen z. T. grundlegend unterscheiden.

Wie aber kommt es, dass der Eine es völlig in Ordnung findet, Fleisch zu essen, während ein anderer dies für unmoralisch hält?

Jean Piaget (1896–1980)

Schweizer Entwicklungspsychologe – Piaget gilt als einer der Gründer der Entwicklungspsychologie. Er entwarf ein Stufenmodell der kognitiven Entwicklung.

Wie Menschen moralische Urteile fällen sollten, wird seit Tausenden von Jahren von Moralphilosophen diskutiert. Auch wenn sich innerhalb der Moralphilosophie sehr unterschiedliche Standpunkte unterscheiden lassen, sind sich die allermeisten Moralphilosophen einig: Die Moralität einer konkreten Handlung sollte stets aus übergeordneten und abstrakten Prinzipien abgeleitet werden. So erklärt z. B. Kant, dass Menschen sich hierbei an seinem so genannten „kategorischen Imperativ" orientieren sollten, welcher besagt, dass ein Handeln dann moralisch ist, wenn die ihm zugrundeliegende Maxime sinnvoll als allgemeines Prinzip formuliert werden kann.

Aufgrund welcher Prinzipien aber treffen Menschen, die nicht über ein Studium der Philosophie verfügen, in ihrem Alltag moralische Urteile?

Moralpsychologie

Mit dieser Frage befasst sich die so genannte Moralpsychologie, die maßgeblich durch Jean Piaget (1932, 1965) und Lawrence Kohlberg (1974) beeinflusst worden ist. Beide Forscher verfolgten hierbei einen entwicklungspsychologischen Ansatz und untersuchten, wie sich moralische Urteile von der frühen Kindheit bis zum Erwachsenenalter entwickeln. Sie fanden heraus, dass diese Entwicklung einem allgemeinen Schema folgt: Zunächst orientieren Kinder sich bei ihrem moralischen Urteil vor allem an der Erwartung von Belohnungen und Bestrafungen. Später wird das als moralisch bewertet, was den allgemeinen gesellschaftlichen Konventionen entspricht, bis schließlich eine Stufe erreicht wird, auf der Menschen sich in ihrem Urteil an abstrakten moralischen Prinzipien orientieren und diese gegeneinander abwägen. Mit anderen Worten: Nach Piaget und Kohlberg urteilen Menschen – zumindest diejenigen, die ein solches postkonventionelles Niveau erreichen – nach ähnlichen Prinzipien wie dies Moralphilosophen tun.

Lawrence Kohlberg (1927–1987)

US-amerikanischer Entwicklungspsychologe – Kohlberg formulierte aufbauend auf den Ideen Piagets eine Theorie, welche die moralische Entwicklung des Menschen in Stufen einteilt.

Wenn z. B. jemand gefragt wird, ob Menschen Tiere essen dürfen, würde er ein solches Urteil aus allgemeinen Prinzipien über die Stellung des Menschen in seiner Umwelt ableiten.

Abbildung 15.5: Warum und wie fällen Menschen moralische Urteile? Laut Piaget und Kohlberg leiten Menschen moralische Urteile aus übergeordneten Prinzipien ab. Gegen das Töten von Tieren zur Fleisch- oder Fellverwendung könnte demnach sprechen, dass Tiere wie auch Menschen Schmerzen fühlen, und man keinem anderen Wesen Schmerzen zufügen soll. Genau so argumentieren jedenfalls viele Vegetarier und Tierschützer. (Quelle: resistanceforpeace.org)

Dieser rationalistische Ansatz war lange sehr populär, wurde aber in den letzten Jahren grundsätzlich in Frage gestellt. Nach Jonathan Haidt (2001, 2008) werden moralische Urteile und Einstellungen nicht aufgrund abstrakter Überlegungen und Prinzipien gebildet. Stattdessen basierten solche Urteile auf Intuitionen, die wesentlich über *moralische Emotionen* vermittelt seien. So würde z. B. ein Vegetarier das Essen von Tieren ablehnen, weil dieser Gedanke in ihm Ekel und Abscheu hervorruft. Moralische Argumente haben nach Haidt vor allem die Funktion, die eigenen moralischen Intuitionen und Emotionen gegenüber anderen zu rechtfertigen.

Moralischer Intuitionismus

Als ein Beispiel zitiert Haidt (2001) die folgende Geschichte: Die beiden Geschwister Petra und Mark reisen in den Semesterferien durch Frankreich. Eines nachts beschließen sie gemeinsam, miteinander zu schlafen. Petra nimmt ohnehin die Pille, aber zur Sicherheit benutzen sie zusätzlich ein Kondom. Sie beide genießen die Erfahrung, beschließen aber dennoch, diese nicht zu wiederholen. Stattdessen bewahren sie die Nacht als Geheimnis, was ihre ohnehin schon intensive Beziehung zueinander zusätzlich vertieft.

Wie beurteilen Sie das Verhalten der beiden Geschwister?

Haidt berichtet, dass eine Mehrheit seiner amerikanischen Studenten das Verhalten spontan und ohne großes Nachdenken für unmoralisch erklärt. Nach Gründen dafür gefragt, geben sie an, dass es aufgrund der hohen Gefahr von Missbildungen unmoralisch sei, unter Geschwistern ein Kind zu zeugen. Darauf aufmerksam gemacht, dass die Geschwister eine solche Schwangerschaft sehr sorgfältig vermieden haben, erklären die Befragten, dass die Geschwister durch diese Affäre emotional belastet und verletzt würden. Auf den Einwand, dass dies offensichtlich nicht der Fall sei, erklärten viele Befragte, sie könnten vielleicht ihre Gründe dafür nicht gut erklären, aber sie seien sich trotzdem sicher, dass dieses Verhalten unmoralisch sei. Mit anderen Worten: Die kognitiven Begründungen, die wir für unsere moralischen Einstellungen angeben, sind nicht ihre kausale Ursache. Stattdessen fällen wir unsere moralischen Urteile zumeist sehr spontan und emotional.

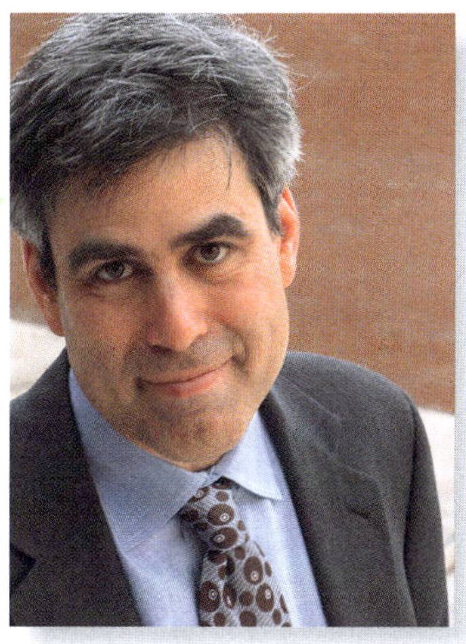

Jonathan Haidt

US-amerikanischer Sozialpsychologe – Haidt beschäftigt sich u. a. mit der Frage, wie sich Moral von Kultur zu Kultur unterschiedet und der moralischen Basis von Politik. Generell geht er davon aus, dass moralische Urteile aufgrund von Emotionen gebildet werden statt anhand genereller Prinzipien.

Allerdings betont Haidt, dass sein Ansatz lediglich *beschreibe*, wie Menschen moralische Urteile fällen. Er wolle damit jedoch nicht behaupten, dass Menschen auf diese Art und Weise moralische Urteile fällen *sollen*. Es gibt allerdings auch Moralphilosophen, die explizit einen solchen „moralischen Intuitionismus" als normativ richtig vertreten (Moore, 1903, 1996).

Das Problem dabei ist, dass man daraus nicht immer eindeutig das „richtige" Verhalten ableiten kann. Und Menschen werden sich nur solange einigen, so lange sie in ihrem intuitiven Urteil übereinstimmen (etwa, wenn zwei Mitteleuropäer sich einig sind, dass man seine Katzen nicht essen darf). Wenn aber die ethischen Urteile zweier Menschen sich unterscheiden, bietet der moralische Intuitionismus keinerlei Grundlage für einen rationalen Diskurs.

Allerdings zeigt sich bei näherer Analyse, dass moralische Urteile grundsätzlich nicht logisch begründet werden können, sondern eine solche Begründung immer den Verweis auf zumindest ein weiteres moralisches Urteil implizieren (Reichenbach, 1969).

Unabhängig von solchen logischen Überlegungen aber, haben Menschen ein tiefes Bedürfnis nach Kategorien von „richtig" und „falsch", worin ein Grund für die Schwierigkeiten interkulturellen Zusammenlebens liegt.

Abbildung 15.6: Egal ob Menschen moralische Urteile kognitiv anhand genereller Prinzipien bilden oder spontan aufgrund ihres Gefühls. Ein Bedürfnis nach einer festen Einteilung von „richtig" und „falsch" haben jedenfalls fast alle Menschen. (© styleuneed – Fotolia.com).

Leon Festinger (1991–1989)
US-amerikanischer Sozialpsychologe – Festinger wurde hauptsächlich durch seine Theorie der kognitiven Dissonanz und der Theorie des sozialen Vergleiches bekannt.

Grundlegende Aussagen der Dissonanztheorie

Die klassische Einstellungsforschung geht davon aus, dass Einstellungen einen kausalen Einfluss auf das Verhalten von Menschen ausüben. Einstellungen entsprechen somit weitgehend dem, was Ökonomen als „Präferenzen" bezeichnen würden – Werte und Ziele, die das Verhalten eines Menschen determinieren.

In den folgenden Abschnitten werden wir hingegen eine Theorie besprechen, die eine radikal andere Perspektive vertritt, nämlich die Dissonanztheorie von Leon Festinger (1957). Die Dissonanztheorie wird von vielen Sozialpsychologen als eine der wichtigsten und einflussreichsten sozialpsychologischen Theorien betrachtet, die bis heute Wissenschaftler weltweit zu empirischer Forschung stimuliert.

Wie bei vielen psychologischen Theorien sind die grundlegenden Aussagen der Dissonanztheorie relativ einfach zusammenzufassen: Menschen haben ein Bedürfnis danach, ihre Einstellungen, ihre Gefühle und ihr Verhalten als miteinander konsistent wahrzunehmen. Ist eine solche Konsistenz nicht gegeben, führt dies zu einem Zustand psychischer Belastung, der von Festinger als „kognitive Dissonanz" bezeichnet wurde. Laut Festinger werden Menschen durch einen solchen Zustand kognitiver Dissonanz dazu motiviert, ihre Dissonanzen zu reduzieren, in dem sie ihre Kognitionen umgewichten oder uminterpretieren.

Grundlegende Aussagen der Dissonanztheorie

Nehmen wir als Beispiel einen Raucher, der eine Schachtel Zigaretten öffnet und auf der Verpackung liest, dass Rauchen Lungenkrebs verursacht. Dies kann zu kognitiver Dissonanz führen, weil die beiden Kognitionen „durch mein Rauchen gefährde ich meine Gesundheit" und „ich will gesund leben" einander widersprechen. In diesem Beispiel gibt es mehrere Möglichkeiten, diese erlebte Dissonanz zu mindern. Eine naheliegende Möglichkeit bestünde darin, mit dem Rauchen aufzuhören. Eine andere Möglichkeit liegt aber auch darin, sich davon zu überzeugen, dass die Gesundheitsrisiken des Rauchens übertrieben werden oder dass es sich ohnehin nicht lohne, älter als 60 Jahre zu werden.

„When Prophecy fails."

Bevor Festinger seine Theorie im Jahre 1957 veröffentlichte, führten er und seine Mitarbeiter 1954 eine bemerkenswerte Studie durch, bei der sie im Rahmen einer teilnehmenden Beobachtung einer bestimmten Sekte beitraten. Marion Keech, Hausfrau aus Chicago und Leiterin dieser Sekte, verkündete, dass die gesamte Erde am Morgen des 20. Dezember 1954 einer Sintflut zum Opfer fallen werde, ein kleiner Teil aller Menschen aber um Mitternacht von außerirdischen Wesen gerettet und in einem Ufo von der Erde evakuiert werde. Sie gab an, telepathisch mit den außerirdischen Wesen zu kommunizieren und von diesen über die bevorstehende Katastrophe informiert worden zu sein. Da der Platz in dem Raumschiff begrenzt war, verzichtete diese Sekte weitgehend auf Missionierung. Als der Tag des Weltuntergangs nahte, verkauften die Sektenmitglieder zum

Teil Haus und Hof und versammelten sich in dem Haus der Sektenleiterin, um auf die Ankunft des Ufos zu warten. Tatsächlich aber erschien kein Ufo. Nach einigen Stunden verbreitete sich zunehmend Ratlosigkeit und Unruhe unter den Sektenmitgliedern. Um 4:45 morgens (d. h. knapp fünf Stunden nach der erwarteten Ankunft des Ufos) aber erklärte Keech, sie habe eine neue Botschaft von den Außerirdischen empfangen: Weil die Mitglieder der Sekte so tapfer an ihre Rettung geglaubt hätten, sei von den Außerirdischen beschlossen worden, die Erde doch nicht zu vernichten. Die Reaktionen der Sektenmitglieder auf diese Verlautbarung waren sehr unterschiedlich: Diejenigen, die schon zuvor Zweifel geäußert und auch ihre bürgerliche Existenz nicht aufgegeben hatten, verließen die Sekte und wunderten sich vermutlich darüber, warum sie jemals an die Worte ihrer Führerin hatten glauben können. Diejenigen Mitglieder hingegen, die zuvor ihre Jobs aufgegeben und ihr Eigentum verschenkt hatten, glaubten nur umso stärker an die Worte ihrer Führerin und begannen im Anschluss auch eine aktive Missionsarbeit, um durch die Verbreitung ihres Glaubens die Außerirdischen auch für die Zukunft zu besänftigen. Mit anderen Worten: Diese Sektenmitglieder überwanden ihre kognitive Dissonanz dadurch, dass sie umso stärker an ihrem Glauben festhielten.

Wann tritt Dissonanz auf?

Kognitive Dissonanz kann unter drei verschiedenen Bedingungen auftreten.

Dissonanz nach Entscheidungen

Erstens: *Dissonanz nach Entscheidungen*. Viele Entscheidungen gehen damit einher, dass die gewählte Alternative auch negative Aspekte beinhaltet und wir auf positive Aspekte der nicht gewählten Alternativen verzichten müssen. Diese Tatsache führt dazu, dass Menschen unmittelbar nach einer Entscheidung häufig kognitive Dissonanzen erleben (Festinger, 1964; Fischer & Wiswede, 2009). Vielfach empfinden Menschen Entscheidungen als besonders anstrengend, weil sie mögliche negative Emotionen, Zweifel und Reue in Hinblick auf eine Entscheidung schon im Vorhinein antizipieren. In diesem Fall tritt Nachentscheidungsdissonanz bereits *vor* der eigentlichen Entscheidung auf.

Das Ausmaß an Nachentscheidungsdissonanz hängt dabei neben der Güte der gewählten Option auch von der Qualität der nicht gewählten Alternativen ab. Wir empfinden umso mehr Nachentscheidungsdissonanz, je besser die Qualität der Alternativen war, für die wir uns am Ende nicht entschieden haben. Da das Erleben kognitiver Dissonanz als unangenehm empfunden wird, werden nach einer Entscheidung die gewählte Alternative zusätzlich auf- und die nicht gewählten Alternativen zusätzlich abgewertet.

In einer klassischen Studie (Knox & Inkster, 1968) wurden z. B. Menschen vor dem Wettbüro auf einer Pferderennbahn danach gefragt, wie sicher sie sich ihres Tipps seien. Unmittelbar nachdem sie ihren Wettschein abgegeben hatten, waren die Befragten von ihrem Tipp sehr viel mehr überzeugt als unmittelbar davor.

Dissonanz bei enttäuschten Erwartungen

Zweitens: *Dissonanz bei enttäuschten Erwartungen.* Häufig treffen Menschen Entscheidungen in der Erwartung, dass diese zu einer bestimmten Konsequenz führen. Wenn diese Erwartungen aber enttäuscht werden, führt dies zu kognitiver Dissonanz, die umso höher ist, je mehr Kosten eine Person bei ihrer ursprünglichen Entscheidung auf sich genommen hat (siehe z. B. die Jünger von Marion Keech).

Dissonanz durch einstellungsdiskrepantes Verhalten

Drittens: *Dissonanz durch einstellungsdiskrepantes Verhalten.* Wenn Menschen etwas tun, von dem sie wissen, dass dieses Verhalten im Widerspruch zu ihren Einstellungen steht, führt dies ebenfalls zu kognitiver Dissonanz. Dieser Effekt kann an einem berühmten Experiment von Festinger und seinem Kollegen Carlsmith (1959) verdeutlicht werden:

Das $1/$20-Experiment

Die Wissenschaftler baten ihre Versuchspersonen darum, 60 Minuten lang eine extrem langweilige Aufgabe zu verrichten: Sie mussten Garn auf Spulen aufwickeln. Eine erste Gruppe (Kontrollbedingung) wurde unmittelbar danach gefragt, wie interessant sie diese Aufgabe empfunden hatte. Eine andere Gruppe von Versuchspersonen wurde im Anschluss gebeten, zukünftigen Versuchsteilnehmern zu berichten, wie ausgesprochen spannend und aufregend die Aufgabe sei. Als Belohnung für diese „Werbung" wurde der einen Hälfte $1, der anderen Hälfte $20 in Aussicht gestellt. Nachdem die Versuchspersonen den anderen Teilnehmern mitgeteilt hatten, dass das Experiment sehr spannend gewesen sei, wurden sie gefragt, für wie interessant sie die 60 Minuten des Experiments tatsächlich empfunden hätten.

Die folgende Abbildung zeigt das Ergebnis des Experiments.

Wie erwartet bewerteten Versuchsteilnehmer der Kontrollbedingung die Aufgabe als sehr langweilig – bei ihnen gab es keinerlei Grund, sich das Gegenteil einzureden. Was aber passierte bei den Teilnehmern, die ihre Nachfolger angelogen hatten? Die meisten Menschen empfinden es als wichtig, andere Menschen nicht willentlich anzulügen. Deshalb konnte aus der Dissonanztheorie die Vorhersage abgeleitet werden, dass die Versuchspersonen in den beiden Experimentalbedingungen die Aufgabe als interessanter bewerten würden als die Versuchspersonen der Kontrollgruppe. Wenn sie sich selber einredeten, die Aufgabe sei eigentlich recht interessant gewesen, mussten sie sich selbst nicht als Lügner wahrnehmen.

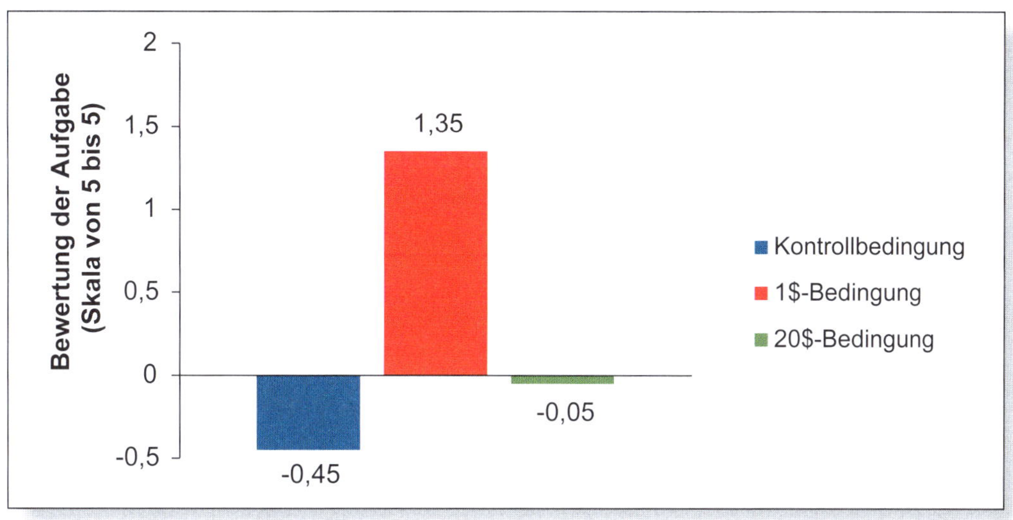

Abbildung 15.7: Je größer die Dissonanz aufgrund mangelnder Rechtfertigung für das eigene Verhalten, als desto interessanter wurde die Aufgabe wahrgenommen. (Quelle: Eigene Darstellung, nach Festinger & Carlsmith, 1959).

Diese Hypothese wurde bestätigt. Es zeigte sich zudem noch ein weiterer, zunächst überraschender Effekt: Die Bewertung durch die Teilnehmer der $1-Bedingung war wesentlich positiver als die Bewertung, die durch die Teilnehmer der $20-Bedingung vorgenommen wurde. Weshalb? In der $20 Bedingung nahmen die Versuchspersonen zwar wahr, dass sie gelogen hatten, aber sie hatten dafür immerhin $20 bekommen. Somit gab es für sie einen objektiv nachvollziehbaren Grund für ihr Verhalten. In der $1 Bedingung wurden von den Versuchspersonen ebenfalls wahrgenommen, dass sie gelogen hatten und sie wussten um den einen Dollar, den sie dafür erhalten hatten. Allerdings reichte dieser als Rechfertigung für ihr Verhalten nicht aus. Durch Anpassung ihrer Einstellung (in diesem Fall einer besseren Bewertung der Aufgabe) versuchten die Teilnehmer folglich, die entstandene Dissonanz zu reduzieren.

Schlussfolgerungen aus der Dissonanztheorie

Mit Hilfe der Dissonanztheorie kann eine Vielzahl an Phänomenen erklärt werden, die ohne diese Theorie nur schwer verständlich wären. Die wichtigsten Anwendungsfälle dieser Theorie sollen im Folgenden kurz erläutert werden.

Rechtfertigung des Aufwands

Häufig sind Menschen bereit, negative Konsequenzen einer Entscheidung zu akzeptieren, in der Hoffnung, dass diese Entscheidung zu einem späteren Zeitpunkt zu positiven Konsequenzen führt. So müssen z. B. Studenten in einigen Fächern sehr hart für ihr Studium arbeiten, eine Mühsal, die nur ertragen wird in der Hoffnung, dadurch später einen gut bezahlten und interessanten Job zu bekommen. Viele Paare bleiben auch in Krisenzeiten beieinander, in der Hoffnung, sich danach nur umso stärker miteinander verbunden zu fühlen.

Wie aber reagieren Menschen darauf, wenn sich ein solcher langer Atem nicht lohnt und die positiven Konsequenzen niemals eintreten? Die Dissonanztheorie kommt zu der Vorhersage, dass Menschen Probleme haben, vor sich selbst und anderen zuzugeben, eine Fehlentscheidung getroffen zu haben. Dies gilt umso mehr, je höher die Kosten sind, die man in der Vergangenheit bereits auf sich genommen hat. Statt Fehlentscheidungen zuzugeben, versuchen Menschen ihren Entschluss zu rechtfertigen, weshalb man dieses Phänomen auch als „Rechtfertigung des Aufwands" bezeichnet.

Nehmen wir ein einfaches Beispiel: Eine Frau kauft ein Paar Schuhe und stellt nach dem ersten Tragen fest, dass diese eigentlich zu eng sind. Wenn die Schuhe sehr billig waren, wird es ihr leichter fallen, den Kauf als Irrtum abzuhaken und die Schuhe wegzuwerfen als wenn die Schuhe sehr teuer waren. Dann wird sie sich einreden, dass die Schuhe nur ein wenig „gedehnt" werden müssen, vielleicht sogar, dass die Schmerzen eigentlich ein Zeichen für die Qualität der Schuhe sind, weil diese nicht so leicht ausleiern wir andere, billigere Schuhe.

Sunk costs

Aufwand, den man in der Vergangenheit betrieben hat, wird von Ökonomen als „sunk costs" (versunkene Kosten) bezeichnet. Aus normativer Perspektive sollten diese keine Rolle für künftige Entscheidungen spielen. Für die Bewertung einer Alternative sollte stattdessen immer nur der zukünftig erwartete Nutzen bewertet werden.

Abbildung 15.8: Sunk costs: Auch der Rhein-Main-Donau-Kanal wurde über 30 Jahre hinweg immer weiter gebaut, obwohl schon bald nach Baubeginn feststand, dass er sich wirtschaftlich nicht rentieren würde. Und in der Tat ist der Kanal häufig alles andere als von Schiffen überfüllt.

Wie sunk cost-Effekte wirken, verdeutlicht auch das folgende Experiment (Arkes & Blumer, 1985). Hierbei wurde drei Gruppen von Versuchspersonen ein Abonnement für eine Theatergruppe verkauft. Am Ticketschalter hatten die Versuchspersonen die Möglichkeit, an einer Lotterie teilzunehmen. Als Gewinn wurden die Abonnements zu verschiedenen vergünstigten Preisen vergeben: Die erste Gruppe zahlte den regulären Preis, die zweite Gruppe erhielt einen Abschlag von $2, die dritte Gruppe erhielt einen Abschlag von $7. Bei einer späteren Messung zeigte sich, dass die Versuchspersonen umso häufiger ins Theater gingen, je mehr sie für das Ticket bezahlt hatten.

Wenn Menschen Probleme haben, eine frühere Entscheidung als falsch anzuerkennen, kann dies das Commitment (d. h. die Bindung) an eine Entscheidung sogar erhöhen. Ein Beispiel hierfür ist das amerikanische Engagement in Vietnam, dem 58 000 amerikanische Soldaten und 2 000 000 Vietnamesen zum Opfer gefallen sind. Obwohl das Scheitern dieses Engagements offensichtlich war, hat die amerikanische Regierung den Krieg in Vietnam jahrelang fortgesetzt, mit der Begründung, bei einem Rückzug der Truppen seien die gefallenen Soldaten umsonst gestorben.

Es gibt übrigens auch einen umgekehrten Effekt: Etwas, für das wir nicht kämpfen mussten, wissen wir oftmals nicht zu schätzen. Diesem Effekt erliegen Menschen sowohl bei der Bewertung ihres Studienplatzes, ihres Jobs, aber auch ihres Partners. Studentenverbindungen und Wirtschaftsunternehmen sind sich dessen bewusst und koppeln die Aufnahme eines neuen Mitglieds bewusst an aufwändige und teure Initiationsriten. Bei schlagenden Verbindungen nennt sich dies „Schmiss“ (Bezeichnung für eine Narbe, die durch eine Verletzung beim Fechten entstanden ist), bei Unternehmen spricht man von einem „Assessment Center“ und Frauen tun gut daran, dem Werben eine Verehrers nicht zu schnell nachzugeben.

Dissonanztheorie und die Moralität unseres Verhaltens

Zuvor haben wir diskutiert, dass Dissonanz als Folge einstellungsdiskrepanten Verhaltens auftreten kann. Da die meisten Menschen in starkem Maße von moralischen Normen geprägt sind, empfinden sie Dissonanz, wenn ihr Verhalten im Widerspruch zu moralischen Normen steht, denen sie sich verpflichtet fühlen.

Ob ein Verhalten zu kognitiver Dissonanz führt, hängt allerdings von folgenden Fragen ab:

(1) Hat aus Sicht des handelnden Individuums ein Mindestmaß an Entscheidungsfreiheit bestanden? Wer in Notwehr jemanden verletzt, weil er keinen

Stanley Milgram (1933–1984)

US-amerikanischer Psychologe – Milgram wurde bekannt durch seine Arbeit zum Gehorsam gegenüber Autoritäten, welcher Menschen sogar dazu bewegt, andere Menschen zu misshandeln.

anderen Ausweg gesehen hat, wird auch dann, wenn er Gewalt grundsätzlich ablehnt, keine Dissonanz empfinden.

(2) Lagen hinreichende Rechfertigungsgründe vor? Wenn man vor sich und anderen ein legitimes Argument für sein Verhalten hat, wird dieses Verhalten keine Dissonanz erzeugen.

(3) Hat das Verhalten zu negativen Konsequenzen für eine andere Person geführt? Falls ein unmoralisches Verhalten keinerlei negative Folgen für eine andere Person verursacht, wird es auch keine Dissonanz nach sich zeihen.

(4) Waren die Konsequenzen vorhersehbar? Es wird auch dann keine Dissonanz empfunden, wenn ein Verhalten zwar zu negativen Konsequenzen führt, diese für den Verursacher aber völlig unvorhersehbar waren.

In Kapitel 13 ging es darum, dass Menschen bei der Interpretation ihres Verhaltens zu selbstwertdienlichen Attributionen tendieren. Dies bedeutet, dass Menschen dazu neigen werden, ihr eigenes Verhalten auch dann als legitim zu bewerten, wenn sie das gleiche Verhalten bei einer anderen Person aufs Schärfste verurteilt hätten.

Milgram Experiment

Die menschliche Neigung, eigenes unmoralisches Verhalten zu legitimieren, um Dissonanz zu vermeiden, kann dazu führen, dass dieses Verhalten auch in der Zukunft beibehalten wird (Travis & Aronson, 2007). Ein Beispiel hierfür ist das berühmte Milgram Experiment (1964). In diesem wurden Versuchspersonen gebeten, an einer Studie zum Thema „Lernen“ teilzunehmen. Hierbei hatten sie als „Lehrer“ die Aufgabe, eine andere Person (den „Schüler“) durch Stromstöße zu bestrafen, wenn diese auf die Nennung eines Wortes nicht mit einem bestimmten, zuvor gelernten anderen Wort reagierte (Diese andere Person war in Wahrheit ein Mitarbeiter des Versuchsleiters und spielte lediglich das Empfinden fiktiver Stromstöße). Hierbei waren die Stromstöße so angeordnet, dass diese zunächst lediglich 15 Volt betrugen, bei jedem weiteren Fehler jedoch um 15 Volt gesteigert wurden – und zwar bis zu 450 Volt. Bei Stromstößen von 120 Volt hörten die Versuchspersonen die andere Person vor Schmerz aufschreien und bei 150 Volt darum bitten, den Versuch abzubrechen. Bei 330 Volt schließlich reagierte die andere Person überhaupt nicht mehr. Vom Versuchsleiter wurde daraufhin den Versuchspersonen mitgeteilt, dass dies als „falsche Antwort“ zu werten sei und ein weiterer, noch stärkerer Stromstoß zu erfolgen habe. Auf jegliche Einwände der Versuchsperson, das Experiment abzubrechen oder der anderen Person zu helfen, reagierte der Versuchsleiter mit der ruhig, aber bestimmt vorgetragenen Aufforderung, das Experiment fortzusetzen. Von allen Versuchspersonen haben lediglich 35 Prozent das Experiment vorzeitig abgebrochen, alle anderen haben die vermeintlichen Schüler mit Stromschlägen von bis zu 450 Volt für ihre falschen bzw. fehlenden Antworten bestraft.

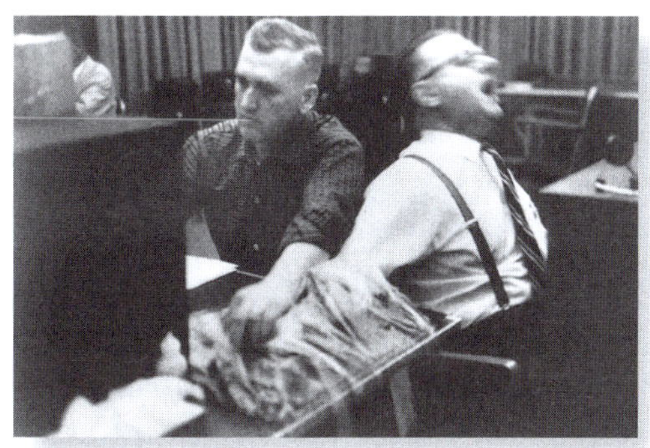

Abbildung 15.9: Szene des ersten Milgram Experimentes, bei dem Versuchsteilnehmer einer anderen Person vermeintlich Schmerzen durch Stromschläge zufügten, da sie von der Autorität des Versuchsleiters dazu aufgefordert worden waren. (Quelle: Alexandra Milgram)

Das Milgram Experiment ist eine der bekanntesten Untersuchungen der Sozialpsychologie und zeigt eindrucksvoll die Bereitschaft von Menschen, sich Autoritäten – wie einem Versuchsleiter, der einen Doktortitel und einen weißen Kittel trägt – bedingungslos zu unterwerfen. Es zeigt aber auch die Bedeutung der Dissonanztheorie. Es wäre nämlich zu vermuten, dass kaum eine Versuchsperson bereit gewesen wäre, eine falsche Antwort des „Schülers" sofort mit der maximalen Stromstärke zu bestrafen. Die Perfidität der Versuchsanordnung bestand gerade darin, dass die Stromstärke mit jeder weiteren Bestrafung zunahm. Ein Ausstieg aus dem Experiment fiel den Versuchspersonen vermutlich auch deshalb schwer, weil dies das Eingeständnis impliziert hätte, dass man das Experiment eigentlich schon sehr viel früher hätte abbrechen müssen.

Noch drastischer lässt sich diese Dynamik am Beispiel des Dritten Reiches darstellen. Viele Deutsche haben damals aktiv geholfen, ihre jüdischen Mitbürger in Konzentrationslager zu sperren und anschließend zu ermorden. Einige Deutsche aber haben oftmals unter dem Einsatz ihres eigenen Lebens geholfen, Juden vor der Vernichtung durch die Nazis zu retten. Was unterschied die Mörder und die Retter? Vermutlich ihre politischen Überzeugungen, vielleicht auch ihre Persönlichkeit, ganz sicher aber auch ihr Umgang mit Juden zu Beginn des dritten Reiches. Je länger man sich dem Naziregime nicht widersetzte, desto größer wurde die kognitive Dissonanz und desto stärker war die Neigung, das Naziregime zu verteidigen, um das eigene Mitmachen oder zumindest Mitlaufen zu rechtfertigen. Auf der anderen Seite handelten Deutsche, die sich aktiv an der Rettung von Juden beteiligt haben, selten aufgrund eines heldenhaften Entschlusses. Stattdessen folgten auch sie einer Dynamik, die dissonanztheoretisch gut erklärbar ist: Zunächst wurde der Kontakt mit jüdischen Freunden entgegen der Nazi Propaganda nicht abgebrochen, dann wurde jüdischen Freunden und Bekannten zunächst für eine „kurze Zeit" Unterschlupf gewährt, woraus schließlich eine jahrelange Unterbringung wurde.

Um mit einem Bild der beiden Psychologen Carol Tarvis und Elliot Aronson (2007) zu sprechen: Die Moralität unseres Verhaltens ist oftmals mit einer Murmel zu vergleichen, die auf die Spitze einer Pyramide gelegt wird. Je nachdem, an welcher Seite die Murmel zufällig herunterkullert, wird sie schließlich an ganz unterschiedlichen Stellen landen.

Commitment und Dissonanz

Wie erwähnt kann Dissonanz zu einem höheren Commitment führen. Umgekehrt führt ein hohes Commitment aber auch zu mehr Dissonanz, da die Betroffenheit größer ist. Das Commitment an eine einmal getroffene Entscheidung ist dann besonders hoch, wenn

(1) eine Einstellungsäußerung mit einem Versprechen verbunden wird,

(2) dieses Versprechen schriftlich fixiert wird, und

(3) dieses Versprechen öffentlich geäußert wird.

Ein gutes Beispiel hierfür ist das „Ja-Wort" vor dem Traualter, bei dem sich die Eheleute vor ihren Familien und Freunden versprechen, zusammenzustehen in „guten wie in schlechten Tagen" bis das der Tod sie scheidet.

Commitment kann äußerst wirksam bei der Manipulation des eigenen Verhaltens sein, zum Beispiel bei Selbstkontrollproblemen, bei denen es schwer fällt, sich gemäß der Entscheidungen zu verhalten. So besteht die Therapiebegleitung durch die Anonymen Alkoholiker in der offenen Erörterung der Alkoholprobleme und der Festsetzung von Zielen vor der versammelten Gruppe. Das Phänomen der Dissonanz wird somit zum Nutzen des Patienten angewandt (eine ähnliche Methode wird auch bei Weight Watchers-Treffen benutzt). Ganz allgemein können Menschen ihr Commitment an ein persönliches Ziel erhöhen, indem sie dieses Ziel Familienmitgliedern, Freunden und Bekannten mitteilen, weil dies die Peinlichkeit erhöht, wenn das Ziel doch nicht erreicht wird.

Abbildung 15.10: Die eigenen Einstellungen offen anderen zu bekunden, erhöht das Commitment zu den Einstellungen und erhöht dadurch die Wahrscheinlichkeit, sich auch gemäß den Einstellungen zu verhalten. Bei den Anonymen Alkoholikern etwa ist die Bekundung des Abstinenzwillens in der Gruppe einer der wichtigsten Therapie-Bestandteile. (Quelle: Sven Döring)

Commitment wird aber oft auch zur Manipulation anderer angewandt, vor allem im Marketing bzw. Verkaufswesen. Bei der so genannten „Foot in the door"-Technik etwa geht es darum, zunächst durch einen kleinen Gefallen oder den Kauf einer Kleinigkeit Commitment aufzubauen – also den Fuß in der Tür zu haben – und dann mit immer größeren Bitten oder teureren Produkten aufzuwarten. Viele Spendenorganisationen etwa fordern zunächst zu einer minimalen Einmalspende auf und schicken den Personen, die einmal ihre Spendenbereitschaft bekundet haben, danach Spendenaufforderungen für monatliche oder jährliche, größere Spenden zu. Ebenso bitten viele Zeitschriftenverkäufer, so genannte Drücker, die potentiellen Kunden an der Haustür oftmals zunächst darum, an einer Befragung teilzunehmen, in der die Kunden dazu aufgefordert werden, ihre Hilfsbereitschaft gegenüber ehemals Drogenabhängigen zu bekunden. Erst danach gibt der Zeitschriftenverkäufer sich als solcher zu verstehen und sagt, dass er selbst ein ehemals Drogenabhängiger ist und man ihm mit dem Kauf eines Abonnements viel helfen würde.

Es gibt jedoch auch weitaus negativere Beispiele für die Anwendung dieses Manipulationsmechanismus, etwa der Eid deutscher Soldaten und Offiziere auf den „Führer Adolf Hitler". Viele preußische Offiziere schreckten auch deshalb vor einem Attentat auf Hitler zurück, weil dies einen Bruch ihres persönlichen Eides bedeutet hätte (Fest, 1994).

Das Leben ist nicht konsequent...

Wir haben gesehen, dass die menschliche Neigung, kognitive Dissonanzen zu vermeiden und sich möglichst konsistent verhalten zu wollen, oftmals zu unsinnigem Verhalten führt, mit dem wir uns selbst und andere belasten. Deshalb wäre es auf einem höheren Abstraktionsniveau manchmal schlüssig, wenn wir unsere eigenen Widersprüche akzeptieren würden. Ein Erziehungspsychologe sagte mir einmal: „Das Leben ist nicht konsequent, wir müssen es auch nicht sein".

„Entweder man lebt, oder man ist konsequent."
Erich Kästner (1899–1974), deutscher Schriftsteller

Stattdessen neigen Menschen jedoch zu dem, was von Jonathan Baron (1998, S. 13) als „belief overkill" bezeichnet wurde: Wenn Menschen sich zwischen zwei Alternativen entscheiden müssen, reicht es ihnen nicht, dass die eine Alternative geringfügig besser ist als die andere. Stattdessen werden die Alternativen so lange kognitiv bearbeitet, bis mit der gewählten Alternative nur positive und mit den nicht gewählten Alternativen nur negative Konsequenzen verbunden sind. So kann man sich z. B. hinsichtlich der Legitimität von Tierversuchen in der medizinischen Forschung die folgenden zwei Fragen stellen: 1) Dürfen Menschen Tiere quälen, d.h wie sind Tiere im Vergleich zu Menschen und zu leblosen materiellen Gegenständen moralisch zu bewerten? 2) Inwiefern sind Tierversuche medizinisch nützlich? Logisch sind diese beiden Fragen vollkommen unabhängig voneinander. Stattdessen aber zeigt sich zwischen den Antworten auf beide Fragen eine hohe Korrelation. Wer aus ethischen Gründen gegen Tierversuche ist, hält sie auch medizinisch für wenig sinnvoll (Baron, 1988).

Es kann eine geradezu befreiende Wirkung haben, sich vom eigenen Streben nach kognitiver Konsistenz loszusagen. Damit ist nicht gemeint, dass wir unser moralisches Verhalten am jeweiligen Einzelfall und so ausrichten sollten, wie es unseren eigenen Interessen am besten nützt. Aber aus der Perspektive des kritischen Rationalismus sollten wir, wie der Verhaltensforscher Konrad Lorenz (s. Kapitel 19) einmal gesagt hat, „täglich vor dem Frühstück eine Lieblingshypothese einstampfen“ (1963, S. 20). Etwas lyrischer formuliert: „Nur wer sich ändert, bleibt sich treu“ (Wolf Biermann, 1991).

Kurz und gut

1. Einstellungen lassen sich definieren als die affektive Bewertung von konkreten Personen, abstrakten Gruppen, Institutionen, Ideen, Ideologien oder Verhaltensweisen.
2. Die Theorie des geplanten Verhaltens von Ajzen besagt, dass Handlungen sowohl durch Einstellungen als auch durch subjektive Normen und die subjektive Verhaltenskontrolle (Effizienzerwartungen) determiniert sind.
3. Der Zusammenhang zwischen Einstellungen und Verhalten ist umso größer, je spezifischer eine Einstellung gemessen wird, je elaborierter eine Einstellung ist bzw. je mehr Erfahrungen eine Person mit einem bestimmten Einstellungsobjekt hat.
4. Menschen sind sich ihrer Einstellungen nicht immer bewusst.
5. Bewusste Einstellungen beeinflussen vor allem solche Handlungen, die von einem Akteur willentlich und kontrolliert ausgeführt werden.
6. Jonathan Haidt argumentiert, dass viele moralische Einstellungen weniger durch rationales Abwägen als vielmehr durch intuitive moralische Emotionen zu erklären sind.
7. Menschen haben ein Bedürfnis danach, ihre Einstellungen, ihre Gefühle und ihr Verhalten als miteinander konsistent wahrzunehmen. Ist eine solche Konsistenz nicht gegeben, führt dies zu einem Zustand psychischer Belastung, der als „kognitive Dissonanz" bezeichnet wird.
8. Dissonanz tritt vor allem nach Entscheidungen, bei enttäuschten Erwartungen und bei einstellungsdiskrepantem Verhalten auf.
9. Menschen sind in ihren Entscheidungen oftmals von „versunkenen Kosten" beeinflusst, obwohl diese aus normativer Perspektive keine Rolle spielen sollten.
10. Die menschliche Neigung, eigenes unmoralisches Verhalten zu legitimieren, um Dissonanz zu vermeiden, kann dazu führen, dass dieses Verhalten auch in der Zukunft beibehalten wird.

Studentenfutter

Haidt, J. (2001). The emotional dog and its rational tail. *Psychological Review, 108*, 814–834.

Travis, C. & Aronson, E. (2007). *Mistakes were made (but not by me): Why we justify foolish beliefs, bad decisions, and hurtful acts*. Orlando: HarcourtBooks.

Kapitel 16

Von Kölnern und Düsseldorfern – über Stereotype, Vorurteile und soziale Identitäten

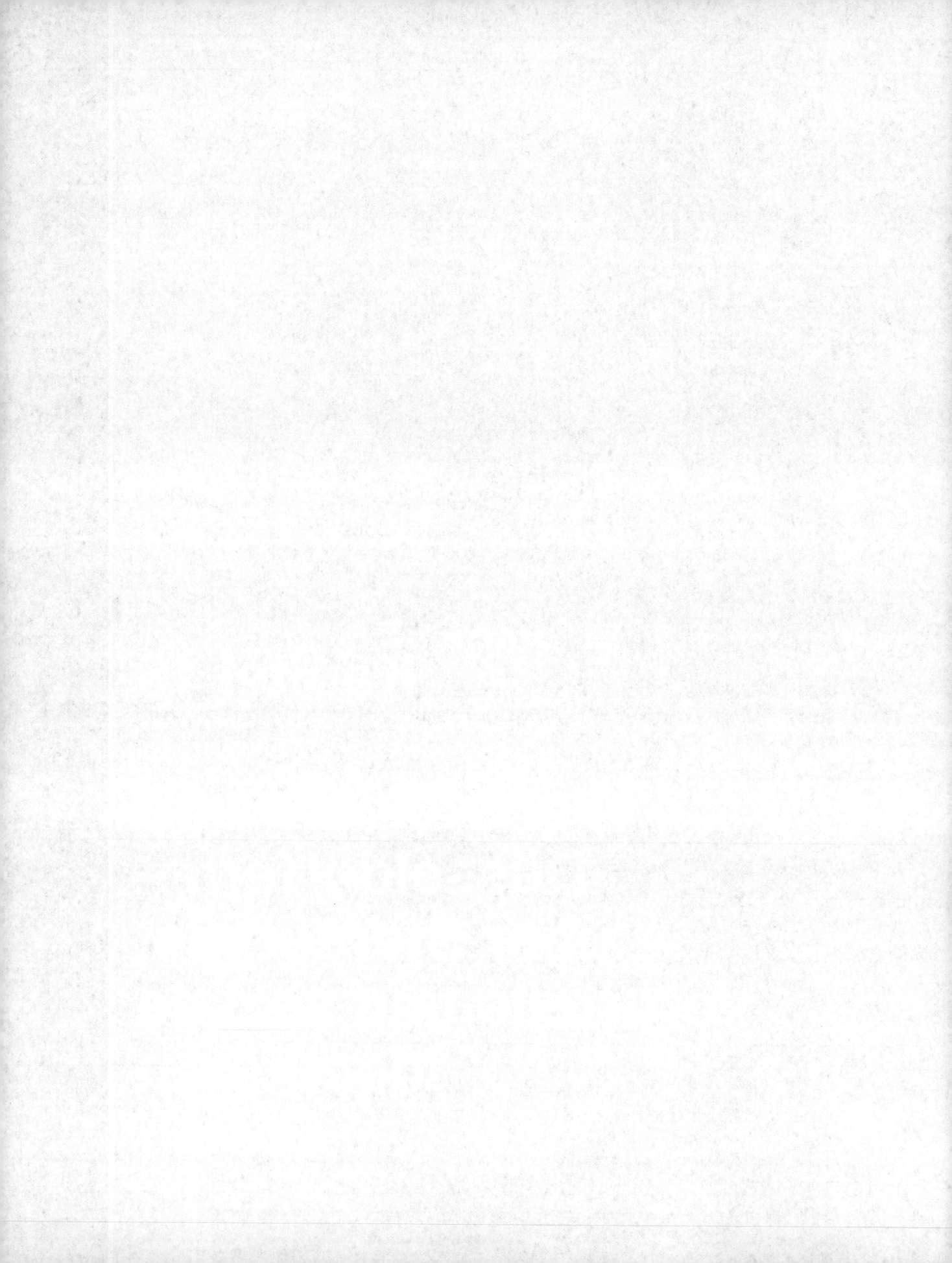

Kapitel 16 Von Kölnern und Düsseldorfern – über Stereotype, Vorurteile und soziale Identitäten

Inhalt

Wir und die anderen

Am 12. Oktober 1492 schrieb Christoph Columbus über seine erste Begegnung mit den Ureinwohnern von San Salvador die folgenden Sätze in sein Tagebuch: „... Sie schwammen zu unserem Schiff und begannen sogleich einen regen Handel mit uns (z. B. über Glaskugeln, die wir ihnen zum Tausch anboten). Hierbei zeigten sie eine große Gutmütigkeit. ... Sie sind wunderschön und haben kräftige, aber dennoch elegante Körper. ... Sie tragen keine Waffen und sie kennen auch keine Waffen... Sie sind ziemlich groß, gut aussehend und wohlproportioniert ...“ Offensichtlich war Columbus von diesen Indianern sehr beeindruckt und er beschreibt sie mit durchweg positiven Worten. Was glauben Sie, war der nächste Satz in dieser Tagebuchaufzeichnung? Columbus schrieb: „Sie werden hervorragende Sklaven sein.“

In diesem Kapitel geht es um die Frage, woher es kommt, dass wir andere Menschen oftmals diskriminieren und ihnen mit Abfälligkeit oder Feindseligkeit

Abbildung 16.1: Ganz automatisch ordnen wir Menschen, die wir zum ersten Mal sehen, einer bestimmten Gruppe zu. So meinte Christoph Kolumbus in den Ureinwohner Amerikas den Prototyp des Sklaven zu entdecken. (Quelle: Theodore de Bry: Landung des Kolumbus auf Guanahani)

begegnen. Grundsätzlich lässt sich feststellen, dass wir uns oftmals als Teil einer sozialen Einheit wahrnehmen und deshalb dazu neigen, die Welt in „Wir" und „Die Anderen" zu trennen. Die Kriterien, nach denen solche „Ingroups" und „Outgroups" unterschieden werden, sind dabei höchst vielfältig. Hier einige Beispiele:

Ingroups vs. Outgroups

(1) Ethnische Zugehörigkeit (Deutsche versus Türken),

(2) Regionale Herkunft (Kölner versus Düsseldorfer),

(3) Geschlecht (Frauen versus Männer),

(4) Religionszugehörigkeit (Christen versus Moslems),

(5) Identifikation mit bestimmten Institutionen oder Vereinen (Anhänger des FC Bayern München versus Anhänger des 1. FC Köln).

Bei genauerer Betrachtung wird schnell deutlich, dass sich die Kriterien zur Einteilung in verschiedene Gruppen überlappen können: Sowohl Kölner als auch Düsseldorfer sind Deutsche. Aber nicht alle Deutschen sind Männer. Je nach Kontext kann deshalb ein und dieselbe Person einmal als Mitglied einer Outgroup und einmal als Mitglied der Ingroup definiert werden.

Bei vielen dieser Kategorisierungen gehen Menschen (zumindest implizit) von folgenden Annahmen aus (Tajfel, 1982).

(1) Die Mitglieder der eigenen Ingroup sowie die Mitglieder der jeweiligen Fremdgruppe sind durch spezifische Eigenschaften gekennzeichnet, die sich deutlich voneinander unterscheiden.

(2) Die typischen Eigenschaften der Ingroup sind positiver zu bewerten als die typischen Eigenschaften der Outgroup.

Bevor wir verschiedene theoretische Erklärungen für dieses Phänomen diskutieren, sollen zunächst einige definitorische Unterscheidungen zwischen den Begriffen „Stereotyp“, „Vorurteil“, „Diskriminierung“ und „Ethnozentrismus“ vorgenommen werden.

Stereotype

Stereotype sind Vorstellungen über *typische* Eigenschaften einer Personengruppe. Diese Vorstellungen lassen es als wahrscheinlich erscheinen, dass ein bestimmtes Mitglied der Gruppe X die Eigenschaft Y aufweist. Beispiel: „Alle Italiener sind gute Liebhaber. Luigi ist Italiener. Also ist Luigi ein guter Liebhaber.“ Stereotype sind dabei zunächst wertneutral und können sowohl eine positive als auch eine negative Konnotation haben.

Vorurteile

„Es ist schwieriger, eine vorgefasste Meinung zu zertrümmern als ein Atom.“
Albert Einstein (1879–1955), dt. Physiker

Vorurteile hingegen sind Stereotype über *negative* Eigenschaften von Personengruppen. Das bedeutet, dass Vorurteile emotional nicht neutral sind, sondern eine negative und (teilweise) feindselige Bewertung von anderen implizieren. Der Stereotyp, alle Italiener seien gute Liebhaber, ist somit – zumindest aus Sicht von Frauen – kein Vorurteil, der Stereotyp, Italiener seien faul, hingegen schon.

Diskriminierung

Als *Diskriminierung* wird die negative und feindselige Behandlung von Angehörigen bestimmter gesellschaftlicher Gruppen bezeichnet. Diese wird häufig durch Vorurteile hervorgerufen. Zudem können Diskriminierungen allerdings auch durch kalten und wohl kalkulierten Eigennutz motiviert sein (z. B. wenn der Herrscher eines Landes bestimmte ethnische Minderheiten mit Strafsteuern belegt).

Ethnozentrismus

Ethnozentrismus schließlich beschreibt die Neigung von Menschen, andere Kulturen aus der Perspektive der eigenen Kultur zu bewerten, wobei die Werte und Eigenschaften der eigenen Kultur unhinterfragt positiv, Abweichungen von der

Abbildung 16.2: Neutraler Stereotyp versus negatives Vorurteil: Dass Frauen nicht Autofahren können, ist ein Vorurteil, dass sie fürsorglicher sind als Männer hingegen ein Stereotyp. (Quelle: li: Ulli Stein; re: Persscheid)

Henri Tajfel (1919–1982)

Britisch-polnischer Sozialpsychologe – Tajfel wurde bekannt durch seine „Minimalgruppen"-Experimente und die Entwicklung der Theorie der sozialen Identität gemeinsam mit John Turner.

eigenen Kultur hingegen negativ bewertet werden. Diese Tendenz ist uralt. Bereits die Griechen unterschieden zwischen „Griechen" und „Barbaren".

Wir werden im Folgenden diskutieren, wie diese Phänomene aus motivationaler, ökonomischer, kognitiver und evolutionärer Perspektive erklärt werden können. Diese verschiedenen Perspektiven sollten jedoch nicht als Gegensätze verstanden werden. Tatsächlich ergänzen sie sich und sind notwendig, um die verschiedenen Dimensionen des Phänomens zu verstehen (Gilovich et al., 2006).

Die motivationale Perspektive

Aus einer motivationalen Perspektive haben Stereotype und Vorurteile die Funktion, Menschen dabei zu helfen, ein positives Selbstbild aufrecht zu erhalten oder aber die Angst vor dem eigenen Tod zu lindern.

Social Identity Theory

Die von Tajfel und Turner (1979) geprägte Theorie der sozialen Identität (Social Identity Theory) verweist darauf, dass Menschen ihr Selbstkonzept und ihre Identität unter anderem aus ihrer Zugehörigkeit zu bestimmten sozialen Gruppen ableiten. Darum streben Menschen danach, eine soziale Identität zu entwickeln, die a) möglichst deutlich definiert, und b) möglichst positiv ist. Aus diesem Grunde sind sie darum bemüht, ihre eigene Gruppe von anderen Gruppen abzugrenzen, indem der eigenen Gruppe spezifische positive Eigenschaften, Fremdgruppen hingegen negative Eigenschaften zugeschrieben werden.

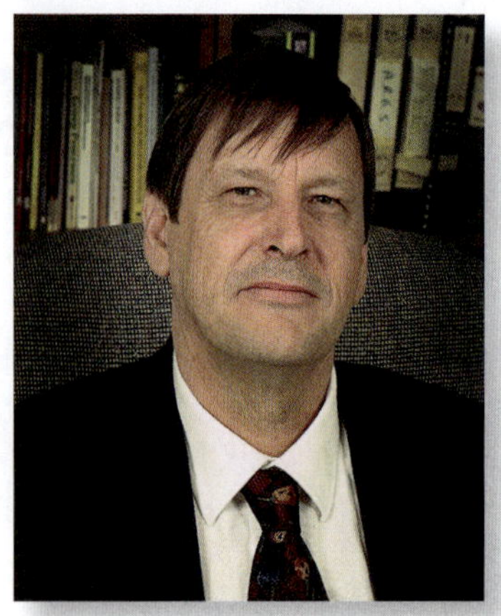

John Turner

Britischer Sozialpsychologe – Turners Spezialgebiet sind Gruppenprozesse sowie Vorurteile und Stereotype. Gemeinsam mit Tajfel entwickelte er in den 1970er Jahren die Theorie der sozialen Identität.

Das Bedürfnis nach positiver Distinktheit kann erklären, warum italienische Gastarbeiter einen Autokorso auf dem Kölner Ring bilden, wenn „ihre" Fußballmannschaft Weltmeister wird, warum Mancher „stolz" darauf ist „ein Deutscher zu sein" oder warum japanische Arbeitnehmer morgens vor der Arbeit stolz ihre „Unternehmenshymne" singen. Solche Hymnen gibt es übrigens auch in deutschen Unternehmen. So singen die Mitarbeiter von Kaufland: *„Ein Lächeln ist mehr wert als du denkst. Ein Lächeln ist Gold, das du verschenkst. Ein Lächeln ist billig, kostet gar kein Geld, und erobert dir trotzdem die Kundenwelt."*

Die relative Bedeutung, die Menschen verschiedenen sozialen Identitäten zuschreiben, hängt immer auch davon ab, inwiefern diese geeignet ist, zu einem positiven Selbstbild beizutragen. Der Wunsch nach *positiver* Distinktheit kann auch erklären, warum amerikanische Studenten sehr viel häufiger ein T-Shirt ihrer Universität tragen, wenn das eigene Footballteam am Tag zuvor gewonnen als wenn es am Tag zuvor verloren hat (Cialdini et al., 1976).

Aus der Theorie der sozialen Identität kann abgeleitet werden, dass Gefühle von Distinktheit unter anderem dadurch bedroht werden können, dass es objektive Ähnlichkeiten mit einer anderen sozialen Gruppe gibt, von der man sich abgrenzen will. Dies ist vor allem dann der Fall, wenn diese Vergleichsgruppe als größer oder mächtiger und somit als Bedrohung erlebt wird (Bar-Ta, 1997).

„Der Mensch ist von Natur ein Gemeinschaft bildendes Wesen."
Aristoteles (384–322 v. Chr.), griech. Philosoph

Diese Hypothese wurde in einer spannenden Studie (van Oudenhoven et al., 2002, van Oudenhoven & Matser, 2007) anhand der Einstellungen von Einwohnern verschiedener europäischer Länder über ihre jeweiligen Nachbarn bestätigt. So halten die meisten Deutschen Niederländer für sympathisch und betrachten die niederländische Sprache oftmals als einen deutschen Dialekt. Niederländer auf der anderen Seite sind sehr darum bemüht, sich von ihren deutschen Nachbarn zu unterscheiden. Deutsche werden oftmals als arrogant und unsympathisch wahrgenommen, vor allem aber werden die Unterschiede zwischen Niederländern und Deutschen betont.

Diese Vorbehalte gegenüber Deutschen erklären viele Niederländer mit den Erfahrungen des zweiten Weltkriegs. Die Autoren der Studie konnten jedoch zeigen, dass diese Erklärung nicht hinreichend ist, weil sich in den Verhältnissen zu anderen Nachbarländern ganz ähnliche Effekte beobachten lassen. Hierzu untersuchten sie die Einstellungen von Niederländern zu Flamen und von Flamen zu Niederländern (als Flamen wird der niederländisch sprechende Teil Belgiens bezeichnet). In dieser Konstellation sind die Niederländer der große und mächtige Nachbar. Und tatsächlich: Die meisten Niederländer finden Flamen sympathisch und „knuffig", halten allerdings die Unterschiede zwischen den Niederlanden und Flamen insgesamt für eher gering. Flamen hingegen erleben ihre niederländischen Nachbarn als arrogant und unsympathisch und betonen die Unterschiede zwischen sich und den Niederlanden.

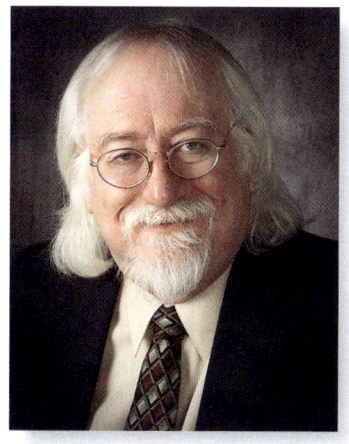

Tom Pyszcynski (*1954)

US-amerikanischer Sozialpsychologe – Pyszcynski hat bedeutend zur Entwicklung der so genannten Experimentellen Existentiellen Psychologie beigetragen, die sich damit beschäftigt, wie Menschen auf die Konfrontation mit existentiellen Problemen wie Tod, Freiheitsverlust, Isolation und Naturgewalt reagieren. Teil davon ist die von ihm gemeinsam mit Jeff Greenberg und Sheldon Solomon entwickelte Terror Management Theorie (TMT).

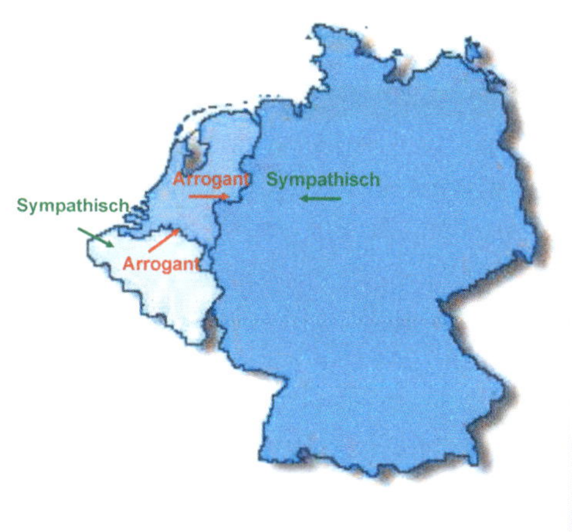
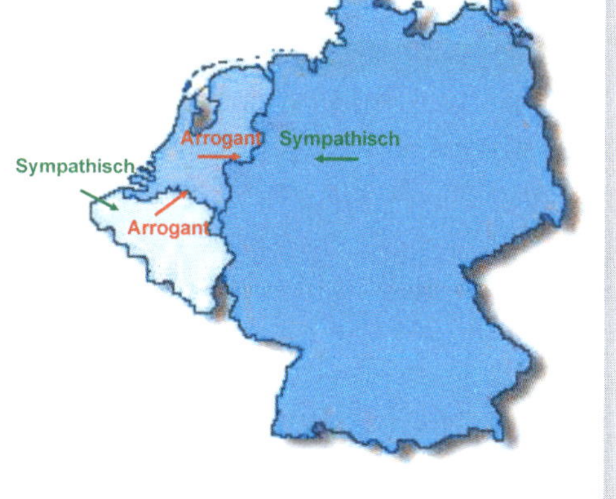

Abbildung 16.3: Groß, klein, noch kleiner: Wenn Menschen sich objektiv sehr ähnlich sind, sind sie sich sympathisch – allerdings nur solange keine Bedrohung vom jeweils anderen ausgeht. Fühlen sie sich durch den anderen bedroht (z. B. weil er einflussreicher ist), sind sie umso mehr darum bemüht, sich abzugrenzen und solche Unterschiede herauszustellen, die sie selbst in positivem und den anderen in negativem Licht erscheinen lassen. So halten Niederländer die Deutschen für arrogant und die Flamen wiederum die Niederländer. (Quelle: Eigene Darstellung)

Jeff Greenberg

US-amerikanischer Psychologe – Greenberg ist einer der Mitentwickler der Terror Management Theorie (TMT). Nach eigenen Angaben wurde er bereits in seiner Jugend von dem Kulturanthropologen Ernest Becker beeinflusst, der in seinem Buch „The denial of death" argumentierte, jegliche menschliche Zivilisation diene bloß dem Zweck, unsere eigne Sterblichkeit zu leugnen, und damit quasi die Grundlagen für die TMT legte.

Terror Management Theorie

Eine andere Erklärung der Tatsache, dass Menschen ihre eigene Gruppe auf- und andere Gruppen abwerten, liefert die Terror Management Theorie (Solomon et al., 2004). Diese von Pyszczynski, Greenberg und Solomon entwickelte Theorie basiert auf den folgenden Annahmen:

(1) Menschen haben, wie alle anderen Organismen, ein starkes Motiv, das eigene Überleben zu sichern (siehe Kapitel 3).

(2) Menschen wissen, im Gegensatz zu allen anderen Tieren, dass ihnen dies auf Dauer nicht gelingen wird.

(3) Dieses Wissen um die eigene Sterblichkeit führt zu einem Gefühl existentieller Bedrohung.

(4) Um mit dieser Bedrohung leben zu können, versuchen Menschen sich zumindest symbolisch unsterblich zu machen.

Eine Möglichkeit, mit Todesangst umzugehen, besteht darin, eigene Werke zu schaffen, die den eigenen Tod überdauern werden (z. B. indem man ein „unsterbliches" Gedicht schreibt).

Eine zweite Möglichkeit, symbolische Unsterblichkeit zu erlangen, besteht in der Identifikation mit größeren sozialen Einheiten, die auch dann noch existieren werden, wenn man selber bereits tot ist. Die Terror Management Theorie erklärt damit die Bereitschaft von Menschen, sich mit ihrer Religion oder ihrem Staat zu identifizieren und für diese teilweise sogar ihr eigenes Leben zu opfern.

Symbolische Unsterblichkeit

Aus der Terror Management Theorie lässt sich ableiten, dass Menschen vor allem unter hoher Mortalitätssalienz (d. h., wenn sie zuvor an ihre eigene Sterblichkeit erinnert werden) zu einer Aufwertung der eigenen Ingroup und zu einer Abwertung von Outgroups neigen werden. Diese Hypothese konnte in einer Vielzahl empirischer Studien bestätigt werden (Greenberg et al., 1990; Ochsmann, 2002; Ochsmann & Reichelt, 1994). So steigt z. B. unter Mortalitätssalienz die Bereitschaft von Muslimen, sich an Selbstmordattentaten gegen die USA zu beteiligen (Pyszczynski et al., 2006). In einer anderen Studie hatten amerikanische Studenten die Aufgabe, ein Kreuz an einer Wand aufzuhängen. Hierzu stand ihnen zwar ein Nagel, aber kein Hammer zur Verfügung. In Übereinstimmung mit der Terror Management Theorie zögerten Versuchspersonen unter Mortalitätssalienz sehr viel länger, das Kreuz als Hammer zu gebrauchen als Versuchspersonen in einer Kontrollgruppe. Die Erklärung: Unter Mortalitätssalienz fand eine Aufwertung der eigenen – christlichen – Kultur und ihrer Symbole statt, so dass es als Blasphemie empfunden wurde, ein Kreuz als Werkzeug zu verwenden (Greenberg et al., 1995).

Kölner vs. Düsseldorfer

An meinem Institut wurden diese Hypothesen auf den Bereich der Konsumpsychologie übertragen und anhand der Frage überprüft, wie von Kölnern und Düsseldorfern der Geschmack von Kölschbier und Altbier bewertet wird (Marchlewski, 2007). Hierzu muss man wissen, dass Kölner und Düsseldorfer sich seit Jahrhunderten als gegenseitige Konkurrenten betrachten. Demzufolge ist es in Köln nahezu unmöglich, in einer Kneipe ein (Düsseldorfer) Altbier zu erhalten ebenso wie es nahezu unmöglich ist, in Düsseldorf ein Kölsch zu trinken.

Abbildung 16.4: Düsseldorfer und Kölner verbindet seit je her eine Hassliebe, bei der man sich auch über die Gewohnheiten der jeweils anderen lustig macht. Für Kölner gilt z. B. nur Kölsch als wahres Bier; mit einem Altbier der Düsseldorfer Schickeria darf man da nicht kommen (Quelle: Früh Brauerei)

Die erste Hypothese lautete somit, dass Düsseldorfern Altbier besser schmeckt als Kölsch und Kölnern Kölsch besser schmeckt als Altbier. Diese Hypothese konnte in der Tat bestätigt werden, allerdings nur, wenn die Versuchspersonen wussten, welches Bier sie tranken. Wenn ihnen zuvor die Augen verbunden wurden, konnten sie die beiden Biere nicht auseinander halten.

Sheldon Solomon

US-amerikanischer Psychologe – Solomon ist durch die Entwicklung der Terror Management Theorie gemeinsam mit Greenberg und Pyszynski bekannt geworden. Den übergeordneten Rahmen dafür bildet seine Forschung zu psychologischen Funktionen von Selbstvertrauen und der Auswirkung spezieller politischer und wirtschaftlicher Institutionen auf die psychische Gesundheit.

Die spannendste Hypothese aber lautete, dass die Bevorzugung des jeweils eigenen Bieres und die Abwertung des jeweils fremden Bieres noch stärker wird, wenn die Versuchspersonen vorher an ihren eigenen Tod erinnert werden. Zur Induzierung von Mortalitätssalienz wurde – wie in vielen anderen Studien zur Überprüfung der Terror Management Theorie – die Hälfte aller Versuchspersonen darum gebeten, aufzuschreiben, was mit ihnen physisch und psychisch in den Minuten passieren wird, in denen sie sterben werden. Die andere Hälfte aller Versuchspersonen wurde hingegen gefragt, was mit ihnen physisch und psychisch passiert, während sie Fernsehen gucken. Im Anschluss daran wurde den Versuchspersonen entweder ein Glas Kölsch oder ein Glas Altbier angeboten und sie wurden darum gebeten, dessen Geschmack auf einer Skala von 0 bis 100 anzugeben. Die folgende Abbildung zeigt, dass diese Hypothese tatsächlich bestätigt werden konnte. Die Bevorzugung des eigenen Bieres war stärker, wenn die Versuchspersonen zuvor an ihren eigenen Tod erinnert wurden.

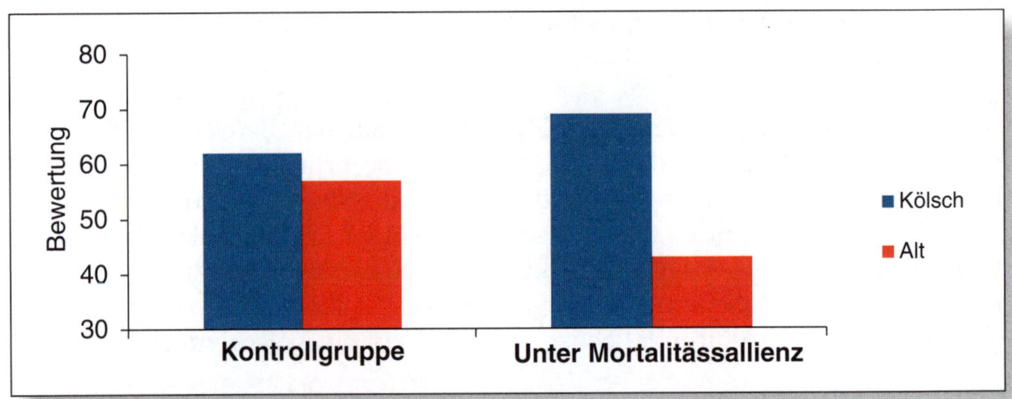

Abbildung 16.5: Unter Mortalitätssalienz wird die Ingroup und deren Symbole noch mehr aufgewertet, die Outgroup noch mehr abgewertet: So schmeckte Kölnern und Düsseldorfern ihr jeweiliges Bier (Kölsch bzw. Alt) im Vergleich zum Bier der anderen Stadt umso besser, wenn sie zuvor über den Tod nachgedacht haben. (Quelle: Eigene Darstellung)

Die ökonomische Perspektive

Aus einer ökonomischen Perspektive sind Vorurteile und Diskriminierung keine Folge der motivational verzerrten Wahrnehmung anderer. Stattdessen haben sie die Funktion, der eigenen Gruppe einen möglichst ungehinderten Zugang zu knappen Ressourcen zu ermöglichen.

Zusammenhang von Einkommen und Fremdenfeindlichkeit

So gibt es in Deutschland eine negative Korrelation zwischen Einkommen und Bildung einerseits, und Fremdenfeindlichkeit und Ausländerhass andererseits (Staas, 1994; Stolz, 2000): Wer wenig Geld hat, neigt eher zur Fremdenfeindlichkeit als jemand, der sich um seine materielle Existenz keine Sorgen macht. Aus bildungsbürgerlicher Perspektive mag man solche Fremdenfeindlichkeit verurteilen. Aber eine offene Haltung gegenüber Nichtdeutschen fällt leichter, wenn man seine Kinder auf deutsche Privatschulen schickt, bei denen der Ausländeranteil sehr niedrig ist und das eigene Kind allenfalls mit dem Kind eines pakistanischen Oberarztes oder eines britischen Spitzenmanagers spielt. Ein marokkanischer Freund erzählte mir einmal, er habe in Deutschland studiert, weil er den Ausländerhass seiner Mitstudenten in Frankreich nicht länger ertragen habe. Seine Interpretation: Für seine französischen Kommilitonen war er durch sein perfektes Französisch ein viel ernstzunehmenderer Konkurrent als später mit seinem gebrochenen Deutsch für seine deutschen Mitstudenten.

Das Ferienlagerexperiment von Sherif et al.

Die Idee, dass Konflikte zwischen Gruppen durch die Konkurrenz um knappe Ressourcen genährt werden, kann an den Ergebnissen des berühmten „Ferienlagerexperiments" verdeutlicht werden, das in den 50er Jahren von Muzafer Sherif und seinen Mitarbeitern durchgeführt wurde (Sherif et al., 1961). Teilnehmer dieser Studie waren 22 Jungen im Alter von ca. zehn Jahren, die einen Teil ihrer Sommerferien in einem so genannten Ferienlager verbrachten (wobei die Kinder übrigens nicht wussten, dass sie an einem Versuch teilnahmen).

Muzafer Sherif (1906–1988)

Türkischstämmiger US-amerikanischer Sozialpsychologe – Sherif beschäftigte sich mit Inter- und Intragruppen-Konflikten sowie Gruppendruck und Konformität und wurde dabei vor allem durch sein „Ferienlagerexperiment" bekannt.

Während dieses Experiments ließen sich die folgenden Phasen unterscheiden.

Phase 1: Die Gesamtgruppe der Jungs wurde in zwei Untergruppen aufgeteilt, die an zwei unterschiedlichen Stellen in einem Nationalpark ihr Zeltlager aufschlugen. Während dieser Phase wussten beide Gruppen nichts von der Existenz der jeweils anderen Gruppe. Gemeinsame Aktivitäten führten alsbald zu einer hohen Kohäsion (d.h. einem starken Zusammenhalt) innerhalb der Gruppen.

Phase 2: In der zweiten Phase traten beide Gruppen über mehrere Tage in einem Wettkampf an, bei dem für die siegreiche Partei eine Medaille und ein wertvolles Taschenmesser ausgelobt wurden. Der Verlierer hingegen sollte leer ausgehen.

Durch diesen Wettbewerb verstärkte sich der Zusammenhalt innerhalb beider Gruppen, zugleich entwickelte sich sehr schnell ein Gefühl von Feindseligkeit gegenüber der jeweils anderen Gruppe. Die Andersartigkeit der Eigengruppe gegenüber der Fremdgruppe unterstrichen die Jungen dadurch, dass sie der eigenen Gruppe martialische Namen gaben („Adler" versus „Klapperschlangen") und sich gegenseitig mit Schimpfwörtern belegten.

Phase 3: Auch nachdem der Wettbewerb vorbei war, hielt das feindselige Klima zwischen beiden Gruppen an, da die Jungen ihre Vorurteile gegenüber ihren „Feinden" offensichtlich verinnerlicht hatten.

Phase 4: In der letzten Phase des Experiments wurden die beiden Gruppen von ihren Teamleitern schließlich mit einer Herausforderung konfrontiert, die nur durch beide Gruppen gemeinsam bewältigt werden konnte. So steckte z.B. der Lastwagen, der frische Nahrung und Getränke liefern sollte, im Morast fest und konnte nur dadurch befreit werden, dass alle Kinder ihn gemeinsam herauszogen. Diese gemeinsamen Aufgaben führten in kurzer Zeit zu einer dramatischen Verbesserung der Beziehungen, zwischen Mitgliedern der ehemals verfeindeten Gruppen entspannen sich Freundschaften und für die Heimfahrt bestanden beide Gruppen darauf, gemeinsam in *einem* Bus zu fahren und nicht in zwei verschiedenen Bussen, wie dies auf der Hinfahrt der Fall gewesen war.

Die Tatsache, dass aus Feinden Freunde werden können, wenn diese gegen einen gemeinsamen Feind kämpfen, wird auch in einer ganzen Reihe von Hollywoodfilmen reflektiert. So steht im Film „Independence Day" die ganze Menschheit zusammen, um sich gegen den Angriff von Außerirdischen zu wehren (auch wenn es natürlich die Amerikaner sind, die dabei die Führung übernehmen).

Abbildung 16.6: Der Rest der Welt gegen Deutschland, Italien und Japan: Im zweiten Weltkrieg verbündeten sich Länder, die sonst alles andere als die besten Freunde sind, um der alle betreffenden Bedrohung durch Hitler und den Faschismus gemeinsam Herr zu werden (Die Oberbefehlshaber der vier Besatzungsmächte (v.l.n.r.): Tassigny, Schukow, Eisenhower, Montgomery). (Quelle: Deutsches Historisches Museum, Berlin)

Rationale Diskriminierung auf Arbeitsmärkten

In vielen Gesellschaften lässt sich beobachten, dass bestimmte Personengruppen auf dem Arbeitsmarkt systematisch diskriminiert werden, auch dann, wenn eine solche Diskriminierung gesetzlich verboten ist. So haben z. B. Frauen, Behinderte oder Nichtdeutsche Probleme, eine Stelle zu finden bzw. sie verdienen weniger als andere (u. a. Granato & Kalter, 2001; Diekmann et al., 1993; Abrahan & Hinz, 2005).

Warum kommt es zu solchen Benachteiligungen? Hierbei lassen sich zwei mögliche Erklärungen unterscheiden:

Erstens: Vorurteile von Arbeitgebern, die zu chauvinistischem Verhalten gegenüber Frauen und rassistischem bzw. ausländerfeindlichem Verhalten gegenüber Nichtdeutschen führen. Allerdings sollte man sich klar machen, dass solche Vorurteile in dem Sinne irrational sind, dass sie mit Kosten nicht nur für die diskriminierten Personengruppen verbunden sind, sondern auch für denjenigen, der sie diskriminiert. Wenn z. B. auf einem bestimmten Arbeitsmarkt Frauen 20 % weniger verdienen als Männer, obwohl ihre Leistung identisch ist, sollte ein rationaler Arbeitgeber bevorzugt Frauen einstellen und diesen etwas mehr zahlen als sie bei anderen Arbeitgebern verdienen. Wenn alle (rationalen) Arbeitgeber sich so verhalten würden, sollte der Verdienst von Frauen und Männern im Laufe der Zeit immer ähnlicher werden.

Zweitens: Es kann aus der Sicht von Arbeitgebern rational sein, bestimmte Personengruppen zu diskriminieren, wenn es zwischen der Zugehörigkeit zu einer bestimmten Gruppe und der zu erwartenden beruflichen Leistung tatsächlich einen statistischen Zusammenhang gibt – auch wenn dieser sehr klein ist und dazu führt, dass die meisten Angehörigen der diskriminierten Gruppen gänzlich zu Unrecht benachteiligt werden (Arrow, 1973). Dies gilt besonders dann, wenn es sehr aufwändig bzw. schwierig ist, individuelle Eigenschaften einer Person zu erheben, deren Vorhersagekraft höher ist als ihre Gruppenzugehörigkeit.

Dieses Verfahren wird z. B. sehr regelmäßig von Versicherungsgesellschaften angewandt. So zahlen junge Männer höhere Prämien für ihre Kfz-Versicherung als junge Frauen, weil junge Männer häufiger in Unfälle verwickelt sind als Frauen. Dieses Verfahren ist für die Versicherer außerordentlich simpel und effizient, weil es viel kostengünstiger ist, das Geschlecht eines Versicherungsnehmers zu erheben als seine Persönlichkeit zu messen.

Die Logik einer solchen „rationalen Diskriminierung" lässt sich an folgendem Experiment verdeutlichen (Fryer, Goeree & Holt, 2005): Die Versuchspersonen wurden zunächst zufällig entweder der Rolle eines „Arbeitgebers" oder eines potentiellen „Arbeitnehmers" zugeordnet, wobei allen Arbeitnehmern zufällig eine bestimmte Farbe zugewiesen wurde (entweder grün oder lila). In einem zweiten Schritt konnten die Arbeitnehmer entscheiden, ob sie eine bestimmte Summe Geldes (echtes Geld) in eine „Ausbildung" investieren, wodurch die Wahrscheinlichkeit erhöht wurde, in einem bestimmten Test ein gutes Ergebnis zu erzielen. In einem dritten Schritt schließlich wurden die Arbeitgeber über die Testergebnisse der Arbeitnehmer informiert und konnten sich entscheiden, wem sie eine Stelle anboten. Hierbei hatten sie einen finanziellen Anreiz, möglichst gut ausgebildete Arbeitnehmer einzustellen.

Dieser Versuchsaufbau wurde über 20 Runden wiederholt, wobei alle Versuchsteilnehmer über die Testergebnisse aller Arbeitnehmer informiert waren, sowie darüber, ob diese einen Job hatten und welcher Farbe sie zugeordnet waren. In der ersten Runde hatten die grünen Arbeitnehmer zufällig etwas mehr in ihre Ausbildung investiert als die lila Arbeitnehmer. Aus diesem Grunde wurden grüne Arbeitnehmer in der zweiten Runde von den Arbeitgebern etwas bevorzugt. Dies setzte in den nachfolgenden Runden eine enorme Dynamik frei. Für lila Arbeitnehmer erwies es sich als zunehmend weniger lohnend, in die eigene Ausbildung zu investieren, weil sie selbst dann keine Stelle bekamen, wenn sie die Kosten für eine solche Ausbildung investiert hatten. Für die Arbeitgeber erwies es sich als zunehmend weniger sinnvoll, lila Arbeitnehmer einzustellen, weil diese tatsächlich schlechter ausgebildet waren.

Aus einem kleinen und völlig zufälligen Unterschied war durch das rationale Verhalten aller Marktteilnehmer ein Zustand systematischer Diskriminierung entstanden (Harford, 2008).

Die kognitive Perspektive

Aus der Sicht der Social Cognition Forschung sind Vorurteile und Stereotype weder durch bestimmte Motive noch durch ökonomisches Kalkül zu erklären. Stattdessen werden diese auf die kognitiven Limitationen des Menschen zurückgeführt.

Stereotype als Kategorisierungsprozesse

Dies zeigt sich zum einen darin, dass Menschen periphere (d. h. oberflächliche) Hinweisreize verwenden, um eine Person einer bestimmten Kategorie zuzuweisen und daraus Schlüsse auf Eigenschaften dieser spezifischen Person zu ziehen. Kognitionspsychologen verweisen darauf, dass Kategorisierungsprozesse zu den wesentlichen Kennzeichen jeglicher menschlicher Wahrnehmungsprozesse gehören. Alles, was wir wahrnehmen, ordnen wir automatisch einer bestimmten übergeordneten Kategorie zu, weil wir ansonsten ständig von der schieren Menge dessen, was an Informationen und Sinnesreizen auf uns herniederprasselt, überwältigt würden (siehe Kapitel 2).

Das folgende Beispiel verdeutlicht diesen Mechanismus. Betrachten Sie die drei Vierecke in der folgenden Abbildung. Was sehen Sie?

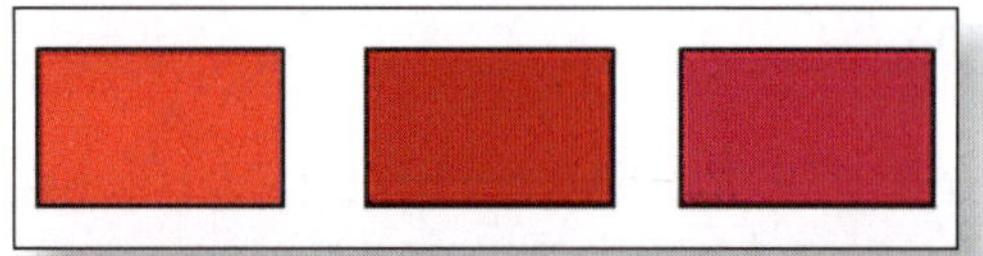

Abbildung 16.7: Noch Rot oder schon Violett? Kategorien sind nicht sehr präzise, dafür aber sparen sie kognitive Energie. (Quelle: Eigene Darstellung)

Vermutlich werden Sie sagen, dass es sich bei dem linken Teil der Abbildung um ein hellrotes Viereck und bei dem mittleren Teil der Abbildung um ein dunkelrotes Viereck handelt. Das rechte Viereck werden Sie vermutlich als violett bezeichnen. Aus physikalischer Perspektive ist der Unterschied zwischen dem mittlerem Viereck und dem linken bzw. rechten Viereck genau gleich. Im einen Fall aber werden beide als Element der gleichen Kategorie wahrgenommen, im anderen Fall hingegen nicht.

Ähnlich verfahren wir bei der Wahrnehmung von Personen, wenn wir diese bestimmten Kategorien bzw. bestimmten Schemata zuordnen. Die Verwendung solcher Kategorien spart dabei kognitive Energie: Daher neigen Menschen auch vermehrt zur Verwendung von Stereotypen, wenn sie müder oder abgelenkt sind (Sherman, Macrae & Bodenhause, 2000). Bei der Anwendung solcher kognitiv bedingter Stereotype lässt sich oftmals der so genannte „Outgroup Homogeneity Effect" beobachten (Quattrone, 1986). Dieser besteht darin, dass die Unterschiede zwischen Mitgliedern einer Outgroup systematisch unterschätzt werden (Park & Rothbarth, 1982; Ostrom & Sedikides, 1992; Haslam et al., 1996).

Outgroup Homogeneity Effect

So wurden Studenten der Universitäten Princeton und Rutgers Videos eines anderen Studenten gezeigt, in dem dieser eine Präferenz für Rockmusik oder für klassische Musik äußerte (Quattrone & Jones, 1980). Der einen Hälfte wurde gesagt, es handle sich um einen Studenten der eigenen Universität, der zweiten Hälfte wurde gesagt, es handle sich um einen Studenten der jeweils anderen Universität. Danach wurde ermittelt, für wie repräsentativ die Versuchspersonen das Urteil des Studenten auf dem Video für die Studentenschaft der gesamten Universität hielten. Hierbei zeigte sich, dass die Versuchspersonen bei einer Stimulusperson von der jeweils anderen Universität davon ausgingen, deren Urteil sei repräsentativ für ihre gesamte Universität, während sie – korrekterweise – angaben, von einer Einzelperson nicht auf den Geschmack ihrer Mitstudierenden schließen zu können, wenn es sich um einen Studenten der eigenen Universität handelte.

Abbildung 16.8: „Alles Rockfans" versus „Alles Klassikliebhaber" – so dachten Studierende zweier US-amerikanischer Universitäten über die Studierenden der jeweils anderen Hochschule. Denn Mitgliedern der Outgroup schert man schnell alle über einen Kamm, während man in der eigenen Gruppe die Individualität der einzelnen Mitglieder sehr wohl wahrnimmt. (© Franz Metelec und © Sean Gladwell – Fotolia.com)

In Kapitel 7 hatten wir uns bereits eingehend mit dem Confirmation Bias beschäftigt (d.h. unserer Tendenz, vor allem solche Informationen wahrzunehmen, die unsere zuvor aufgestellte Hypothese bestätigen). Beim Umgang mit Stereotypen führt der Confirmation Bias dazu, dass Stereotype als valide wahrgenommen werden, obwohl sie objektiv nicht zutreffen. Vielfach wird versucht, Vorurteile dadurch abzubauen, dass man Menschen unterschiedlicher Gruppen in Kontakt miteinander bringt und darauf hofft, dass dadurch gegenseitige Stereotype und Vorurteile abgebaut werden. Diese als „Kontakthypothese" bezeichnete Vermutung lässt sich in dieser einfachen Form empirisch allerdings kaum bestätigen (Alpheis, 1990; Amir, 1998; Rothbart, 1996; Thomas, 2004). Stattdessen kommt es

Kontakthypothese

manchmal sogar zu einem gegenteiligen Effekt, weil durch den Confirmation Bias zuvor bestehende Vorurteile sich sogar zu bestätigen scheinen.

Stereotype und Vorurteile als sich selbst erfüllende Prophezeiungen

Zudem führen Stereotype und Vorurteile oftmals zu sich selbst erfüllenden Prophezeiungen (Greytemeier, 2008). Ein solcher Effekt kann z. B. bei der Interaktion mit vermeintlich „lebensfrohen" und „fröhlichen" Individuen und Gruppen auftreten: Ein Italiener, der in Deutschland lebt und eigentlich eher ruhig und in sich gekehrt ist, mag sich extravertiert und fröhlich verhalten, wenn auch sein deutscher Gesprächspartner das tut – z. B. in dem er ihn anlacht und Witze erzählt. Vielfach wird aber der Deutsche sich gerade deswegen humorvoll verhalten, weil er meint, der Italiener sei eine fröhliche und extravertierte Person. Ähnliches gilt, wenn Mitglieder zweier Gruppen miteinander agieren, die sich gegenseitig als aggressiv und feindselig wahrnehmen. Unter Umständen wird genau diese Wahrnehmung zu einer Bestätigung der gegenseitigen Vorurteile führen, weil beide Gruppen sich zum Schutz vor der Feindseligkeit der anderen Gruppe tatsächlich aggressiv verhalten.

Genau dieser Effekt wurde in einer Studie (Word et al., 1974) anhand des Verhaltens gegenüber weißen und schwarzen Stellenbewerbern nachgewiesen. In der ersten Phase des Experiments wurden weiße und schwarze Stellenbewerber in einem fiktiven Bewerbungsgespräch interviewt. Eine Analyse der ausschließlich weißen Interviewer zeigte, dass die schwarzen Bewerber weniger freundlich behandelt und ihnen weniger Fragen gestellt wurden als den weißen Bewerbern. In einer zweiten Phase wurden Schauspieler dazu angewiesen, eine Gruppe von ausschließlich weißen Bewerber entweder ausnehmend freundlich und ausführlich oder aber eher unfreundlich und kurz angebunden zu interviewen. Schließlich wurde das Verhalten aller Stellenbewerber aus beiden Phasen des Interviews nach einem vorgegebenen Schema ausgewertet. Hierbei zeigte sich, dass in der

Abbildung 16.9: Sich selbsterfüllende Prophezeiungen: Zwischen Staaten kommt es immer wieder zum Wettrüsten – so z. B. zwischen Deutschland und England am Vorabend des ersten Weltkrieges oder zwischen den USA und der UdSSR während des kalten Krieges. Der Grund: Das eine Land geht davon aus, dass das andere bedrohlich ist und rüstet daher auf. Daraufhin fühlt sich das andere Land wiederum bedroht, rüstet ebenfalls auf und wird dadurch tatsächlich zur Bedrohung. (Quelle: Britisches Schlachtschiff von 1907; wikicommons)

ersten Phase die schwarzen Stellenbewerber tatsächlich einen aggressiveren und weniger kompetenten Eindruck hinterlassen hatten als die weißen. In der zweiten Phase zeigte sich allerdings genau der gleiche Unterschied zwischen den (weißen) Bewerbern, die freundlich bzw. unfreundlich behandelt wurden.

„Wie man in den Wald hineinruf, so schallt es auch wieder heraus."
Deutsches Sprichwort

Viele Studien zeigen, dass Angehörigen ethnischer Minderheiten oftmals ungerechtfertigterweise negative Eigenschaften (wie z. B. kriminelles Verhalten) zugeschrieben werden (u. a. Hormel, 2006). Auch diese Wahrnehmungsverzerrung könnte ihren Ursprung in der kognitiven Architektur unserer Informationsverarbeitung haben. Allgemein erinnern sich Menschen besser an distinkte, außergewöhnliche sowie an negative Ereignisse als an alltägliche, gewöhnliche und positive. Wenn wir z. B. sehen, wie eine Person eine andere Person brutal zusammenschlägt, dann können wir uns an dieses Ereignis lange erinnern. Aber auch Angehörige von ethnischen Minderheiten fallen durch ihre Andersartigkeit mehr auf als ein typischer Deutscher. Wenn nun beides zusammenkommt (z. B. dadurch, dass ein Angehöriger einer Minderheit sich auffallend antisozial verhält), dann führt dies zu einer nochmals gesteigerten Aufmerksamkeit und Erinnerung beim Betrachter.

Die evolutionäre Perspektive

Die meisten Menschen sind sich wahrscheinlich darin einig, dass Stereotype und Vorurteile bekämpft werden sollten, wobei wir dazu neigen, Vorurteile vor allem bei anderen zu sehen (z. B. bei kleinbürgerlichen Schrebergartenbesitzern oder bei glatzköpfigen Neonazis), während sich unser eigenes Urteil auf objektiven Tatsachen gründet. Die Ubiquität (d. h. Allgegenwart) von Vorurteilen verweist jedoch aus evolutionärer Perspektive darauf, dass diese – zumindest in der Environment of Evolutionary Adaptedness – einen funktionalen Nutzen gehabt haben. Diese Vermutung liegt schon deshalb nahe, weil die oftmals mit Stereotypen und Vorurteilen einhergehende Feindseligkeit potentiell zu gewalttätigen und damit gefährlichen Konflikten führt. Aus einer evolutionären Perspektive ist es nur sinnvoll, diese Kosten aufzuwenden, wenn demgegenüber ein Nutzen steht. Doch was könnte dieser Nutzen durch Vorurteile sein? Hierzu ist folgendes festzuhalten: In der „Environment of Evolutionary Adaptedness" stellten Mitglieder anderer Stämme Konkurrenten um knappe Ressourcen (wie z. B. Wasser, Nahrung oder Frauen, etc.) dar.

Funktionaler Nutzen von Stereotypen und Vorurteilen

Beim Umgang mit Fremden konnten dabei zwei mögliche Fehler gemacht werden:

Erster möglicher Fehler: Fremde werden als feindselig betrachtet, obwohl sie es nicht sind.

Zweiter möglicher Fehler: Fremde werden als friedfertig betrachtet, obwohl sie es nicht sind.

Der erste Fehler führte u. U. zu verpassten Chancen gegenseitiger Kooperation, während der zweite – wesentlich gravierende – Fehler u. U. den eigenen Tod zur Folge hatte. Vor diesem Hintergrund scheint die menschliche Tendenz, Fremden mit Vorbehalten und Feindseligkeit zu begegnen, durchaus adaptiv und als ein Anwendungsbeispiel der in Kapitel 13 diskutierten Error Management Theory.

Auch die Automatizität, mit der Menschen zwischen Mitgliedern ihrer Ingroup und einer Outgroup unterscheiden, erscheint aus evolutionärer Perspektive adaptiv. Ein solcher Automatismus lässt sich anhand der Forschungen zum so genannten „Minimal Group Paradigm" verdeutlichen (Tajfel, 1970). Verteilt man z. B. auf eine Gruppe von Menschen zufällig blaue und gelbe Hüte, so definieren diese sich in kürzester Zeit als „die Gelben" bzw. als „die Blauen", neigen zu Solidarität gegenüber der eigenen und zur antisozialem Verhalten gegenüber der jeweils anderen Gruppe. Auch wenn diese Experimente zeigen, wie leicht wir Menschen hinsichtlich willkürlicher Merkmale kategorisieren, so spielen bei Konflikten zwischen Gruppen doch vorrangig Indikatoren der Stammeszugehörigkeit eine Rolle: Intergruppenkonflikte finden vor allem zwischen solchen Gruppen statt, die sich durch Hautfarbe, Sprache, Religion oder andere ethnische Unterschiede definieren.

Dass Stereotype und Vorurteile einst adaptiv waren, heißt natürlich nicht, dass wir sie gutheißen sollten. Doch nur wenn wir anerkennen, dass Vorurteile Teil unseres stammesgeschichtlichen Erbes sind, werden wir in der Lage sein, diese effektiv zu bekämpfen.

Abbildung 16.10: Selbst aufgrund noch so unwichtiger oder gar zufälliger Merkmale fühlen sich Menschen motiviert, sich und andere in In- und Outgroup einzuteilen. Bei dem ersten Experiment zum Minimal Group Paradigm mussten sich die Versuchspersonen über Bilder der Maler Wassily Kandinsky und Paul Klee äußern. Danach wurde ihnen willkürlich eine Präferenz für einen der Maler nachgesagt. Sofort identifizierten sich die Versuchspersonen mit denjenigen Studienteilnehmern, die angeblich eine Vorliebe für den selben Maler hatten. (Quelle: li: Balancement 1925, Kandinsky; re: Südliche Gärten, Klee)

Zum Umgang mit Stereotypen und Vorurteilen

Bisher haben wir uns mit der Frage beschäftigt, warum Menschen anderen mit Stereotypen und Vorurteilen begegnen. Im Folgenden soll es darum gehen, wie Menschen darauf reagieren, Gegenstand solcher Stereotypen und Vorurteile zu sein.

Stereotype als Informationen über das eigene Selbst

In den Kapiteln 13 und 14 haben wir erörtert, wie Menschen Wissen über ihre Umwelt, ihre Mitmenschen, aber auch sich selbst erwerben. Es wurde deutlich, dass unser Weltbild (d. h. die Welt, in der wir subjektiv leben) in hohem Maße sozial vermittelt ist. Mit anderen Worten: Wer wir selber sind, leiten wir maßgeblich daraus ab, wie wir von anderen gesehen werden. Dies bedeutet, dass Stereotype oftmals die Funktion sich selbst erfüllender Prophezeiungen haben.

Zusammenhang von Eigen- und Fremdwahrnehmung

Max Frisch hat dies in seinem Theaterstück Andorra eindrucksvoll dargestellt. Die Hauptperson, der junge Andri, wird von den Einwohnern des Landes für einen Juden gehalten, der bei seinem nichtjüdischen Ziehvater aufgewachsen sei (Tatsächlich aber ist er dessen leiblicher Sohn und auch seine Mutter nicht jüdischer Abstammung). Aufgrund seiner vermeintlichen Herkunft wird Andri permanent mit Vorurteilen konfrontiert, z. B. dass er kein handwerkliches Geschick habe, aber sehr gut mit Geld umgehen könne. Er wehrt sich lange gegen diese Vorurteile, akzeptiert aber schließlich seine vermeintliche jüdische Identität und beharrt schließlich selbst dann darauf, Jude zu sein, als ihm seine wahre Herkunft eröffnet wird. Am Ende wird Andri ermordet, weil ihm aufgrund seines angeblich jüdischen Ursprungs ein Mord zur Last gelegt wird, den er gar nicht begangen hat.

Ebenso wie man mit seiner vermeintlichen religiösen Zugehörigkeit stark identifiziert ist, kann man seiner nationalen Identität nur schwer entkommen. Darauf hat der Schriftsteller H.M. Enzensberger eindrücklich hingewiesen (Enzensberger, 1964): „Seit Jahren höre ich die einen wie die anderen sagen, dass ich ein Deutscher bin … Ich sehe es ihren Gesichtern an, dass sie das Gefühl haben, als hätten sie damit etwas bewiesen, als hätten sie mich aufgeklärt über meine eigene Natur und als wäre es nun an mir, mich entsprechend, nämlich als Deutscher, zu verhalten. Aber wie? Soll ich stolz sein? Soll ich mich genieren? Soll ich die Verantwortung übernehmen, und wenn ja, wofür? Soll ich mich verteidigen, und wenn ja, wogegen? Ich weiß es nicht, aber wenn ich das Gesicht meines Gegenübers aufmerksam betrachte, kann ich erraten, welche Rolle er mir zugedacht hat. Ich kann diese Rolle ausschlagen oder akzeptieren. Aber selbst indem ich sie ausschlage, werde ich sie nicht los; denn in der Miene meines Gegenübers zeichnet sich bereits die Reaktion auf meine Reaktion ab: Empörung oder Genugtuung, Billigung oder Wut, nämlich darüber, dass ich mich, als Deutscher, so oder anders verhalte."

Mit anderen Worten: Wir werden von anderen Menschen oftmals nicht als Individuen wahrgenommen, sondern als Mitglieder bestimmter sozialer Gruppen, von denen aufgrund dieser Gruppenzugehörigkeit ein bestimmtes Verhalten erwartet wird und das beeinflusst sowohl unser Selbstbild als auch unser tatsächliches Verhalten.

Attributionale Ambiguität

In den USA habe ich einmal einen Native American (d.h. einen Indianer) kennengelernt, den ich als solchen gar nicht erkannt hätte. Dieser aber war davon überzeugt, dass alle anderen ihn sofort als Indianer identifizierten und dass sehr viele Amerikaner ihm aufgrund dessen mit Vorbehalten begegnen. Zum Beispiel erzählte er mir, dass noch vor wenigen Stunden die Mitarbeiterin eines Fitnessstudios seine Einladung zum Dinner nur deshalb ausgeschlagen habe, weil er Indianer sei. Aber vielleicht hatte sie an diesem Abend schon etwas vor oder sie hatte einen Freund?

Diese Anekdote verweist auf ein grundsätzliches Problem: Oftmals fällt es uns schwer, zu entscheiden, ob wir nur deshalb in bestimmter Weise behandelt werden, weil wir einer bestimmten sozialen Gruppe angehören. Wenn z.B. eine Frau feststellt, dass nicht sie, sondern ihr männlicher Kollege die erhoffte Beförderung erhält, dann kann dies daran liegen, dass ihr Vorgesetzter Vorbehalte gegenüber

Abbildung 16.11: Auf der Karriereleiter stoßen Frauen oft gegen eine gläserne Decke. D.h. sie bleiben trotz hoher Qualifikation aufgrund ihres Geschlechtes im mittleren Management hängen, der so genannte Glass-Ceiling-Effect. Doch woran liegt es im Einzelfall, wenn eine Frau bei einer Beförderung hinter einem männlichen Kollegen zurückstecken muss? Wird sie wirklich wegen Ihres Geschlechts diskriminiert oder sind es doch andere individuelle Gründe? Oftmals gehen wir davon aus, dass andere uns nur anhand von Stereotypen beurteilen, obwohl jenes nicht der Fall ist. (Quelle: Morris)

Frauen hat, es kann aber auch ganz andere Ursachen haben. Dennoch, falls die Frau ihre Nichtbeförderung auf Vorbehalte ihres Chefs gegenüber Frauen in Führungsrollen attribuiert, wird sie sich in der Zukunft vielleicht gar nicht mehr um eine Beförderung bemühen.

Solche attributionalen Ambiguitäten können jedoch auch dann vorliegen, wenn Menschen etwas Positives widerfährt und sie sich eigentlich über einen Erfolg freuen könnten. In den USA, aber auch in Deutschland wird versucht, durch „positive Diskriminierung" bestimmte Personengruppen besonders zu fördern. So gibt es an vielen amerikanischen Universitäten feste Quoten für die Vergabe von Studienplätzen an afroamerikanische Bewerber. Wenn nun ein Afroamerikaner einen Studienplatz erhält, wird er sich unter Umständen fragen, ob dies vor allem dem Bestreben der Universität zugeschrieben werden kann, einen bestimmten Prozentsatz schwarzer Bewerber aufzunehmen oder das Ergebnis seiner eigenen Leistung ist.

Bedrohung durch Stereotype

Stereotype können nicht nur durch die Erwartungen des Gegenübers zu einer sich selbst erfüllenden Prophezeiung werden. Auch die Angst, ein Stereotyp zu erfüllen – der sogenannte „Stereotype Threat" (Steele & Aronson, 1995), kann bei Angehörigen diskriminierter Minderheiten eben dieses stereotypkonforme Verhalten auslösen.

Stereotype Threat

So besteht z. B. bei vielen Menschen das Stereotyp, dass Frauen mathematisch weniger begabt seien als Männer. Im Kapitel 9 hatten wir bereits diskutiert, dass ein solcher Unterschied nicht besteht. Dennoch schneiden Frauen tatsächlich in manchen mathematischen Tests schlechter ab als Männer – nämlich dann, wenn sie vorher auf das Vorurteil aufmerksam gemacht werden. So wurde in einer Studie mit einem Mathematiktest den Teilnehmern entweder mitgeteilt, dass Männer in diesem Test bessere Leistungen erzielen als Frauen oder aber es wurde den Teilnehmern mitgeteilt, dass bei diesem Test Frauen im Schnitt genauso gut abschneiden wie Männer. Die folgende Abbildung zeigt, dass Frauen tatsächlich sehr viel schlechtere Testleistungen erbrachten, wenn sie zuvor auf einen vermeintlichen Geschlechtsunterschied in den zu erwartenden Testleistungen aufmerksam gemacht wurden. Gab es keinen solchen Hinweis, unterschieden sich die Testleistungen von Männern und Frauen hingegen nicht signifikant (Spencer, Steele & Quinn, 1999).

In einer Folgestudie konnte gezeigt werden, dass ein solcher Effekt auch dann zu beobachten ist, wenn die Testteilnehmer sehr viel subtiler auf ihr eigenes Geschlecht aufmerksam gemacht wurden. Wenn weibliche Versuchspersonen einen

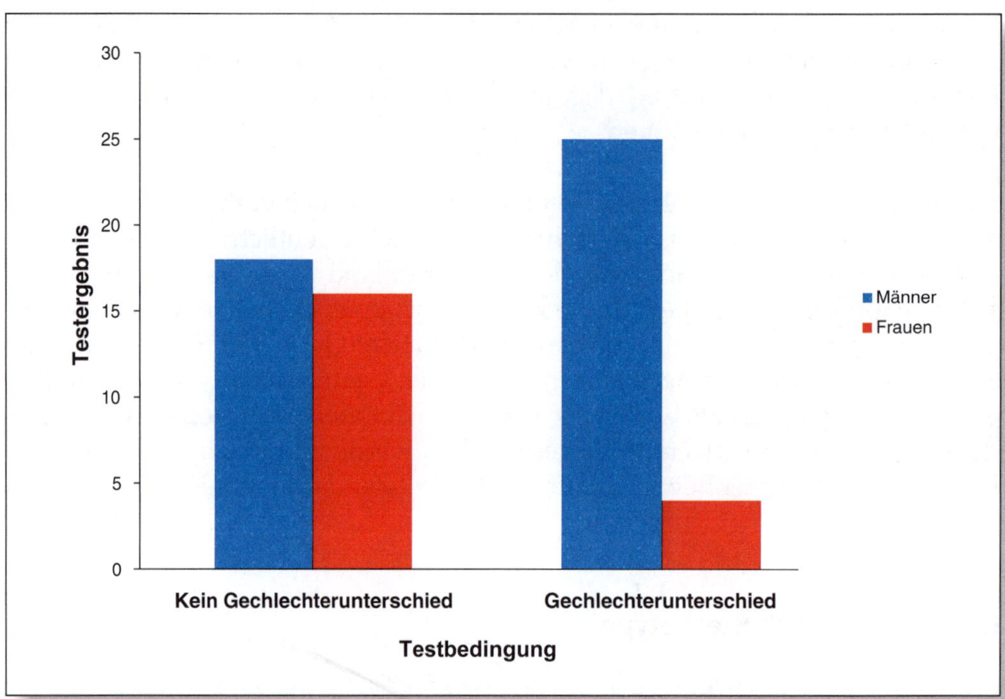

Abbildung 16.12: Stereotype Threat: Werden wir auf unsere Zugehörigkeit zu einer gewissen sozialen Gruppe aufmerksam gemacht, verhalten wir uns meist automatisch im Einklang mit Stereotypen, welche mit der Gruppe assoziiert werden. So schneiden Frauen bei Intelligenztests schlechter ab als Männer, wenn ihnen ihr Geschlecht bewusst ist – und zwar nur dann. (Quelle: Eigene Darstellung)

Mathematiktest in Anwesenheit zwei weiterer Frauen ausfüllten, waren ihre Testleistungen signifikant höher als wenn dies in Anwesenheit zweier Männer geschah (Inzlicht & Ben-Zeev, 2000).

Vor allem in den USA gibt es das Stereotyp, dass Weiße intelligenter seien als Schwarze, diese aber athletischer seien als Weiße. In einer Studie (Stone et al., 1999), in denen die Versuchspersonen an einem virtuellen Golfspiel teilnahmen, wurde den weißen bzw. schwarzen Versuchspersonen dieses Spiel entweder als „sportpsychologischer" Test beschrieben, als ein Test zur Messung der „sportlichen Intelligenz" oder aber als ein Test zur Messung der „natürlichen athletischen Fähigkeiten". Die Ergebnisse zeigten, dass sich keinerlei Unterschiede zwischen weißen und schwarzen Versuchspersonen finden ließen, wenn der Versuch als „sportpsychologischer" Test beschrieben wurde. Wenn der Test hingegen vermeintlich die „sportliche Intelligenz" der Versuchspersonen maß, erzielten weiße Versuchspersonen bessere Ergebnisse als schwarze. Wenn es bei dem Test jedoch vermeintlich um die Messung der „natürlichen athletischen Fähigkeiten" ging, schnitten schwarze Versuchspersonen im Durchschnitt besser ab als weiße.

Kurz und gut

1. Die Theorie der sozialen Identität (Social Identity Theory) verweist darauf, dass Menschen ihr Selbstkonzept und ihre Identität unter anderem aus ihrer Zugehörigkeit zu bestimmten sozialen Gruppen ableiten.
2. Menschen sind darum bemüht, ihre eigene Gruppe von anderen Gruppen abzugrenzen, indem der eigenen Gruppe spezifische positive Eigenschaften, Fremdgruppen hingegen negative Eigenschaften zugeschrieben werden.
3. Die Terror Management Theorie argumentiert, dass Menschen versuchen, „symbolische Unsterblichkeit“ zu erlangen, indem sie sich mit sozialen Gruppen identifizieren, die auch nach ihrem eigenen Tod fortbestehen werden.
4. Aus einer ökonomischen Perspektive haben Vorurteile und Diskriminierung die Funktion, der eigenen Gruppe einen möglichst ungehinderten Zugang zu knappen Ressourcen zu ermöglichen.
5. Aus der Sicht der Social Cognition Forschung sind Vorurteile und Stereotype auf die kognitiven Limitationen des Menschen zurückzuführen.
6. Die Allgegenwart von Vorurteilen verweist aus evolutionärer Perspektive darauf, dass diese – zumindest in der Environment of Evolutionary Adaptedness – einen funktionalen Nutzen gehabt haben.
7. Stereotype führen oftmals zu sich selbst erfüllenden Prophezeiungen.
8. Der Confirmation Bias führt dazu, dass wir auch dann an Stereotypen festhalten, wenn diese empirisch nicht bestätigt werden.
9. Menschen haben oftmals Schwierigkeiten, zu entscheiden, ob das Verhalten eines Interaktionspartners auf dessen Vorurteile zurückzuführen ist.
10. Die Angst, ein bestimmtes Stereotyp zu erfüllen, kann bei Angehörigen diskriminierter Minderheiten ein stereotypkonformes Verhalten auslösen.

Studentenfutter

Förster, J. (2007). *Kleine Einführung in das Schubladendenken: Über Nutzen und Nachteil des Vorurteils*. München: Deutsche Verlags-Anstalt.

Tajfel, H. (1982). Social psychology of intergroup relations. *Annual Review of Psychology, 33*, 1–39.

Kapitel 17

Die Furcht vor dem Alleinsein oder „Die Hölle, das sind die Anderen“. Warum sind Menschen soziale Wesen?

Kapitel 17 Die Furcht vor dem Alleinsein oder „Die Hölle, das sind die Anderen". Warum sind Menschen soziale Wesen?

Inhalt

Der Mensch – ein Herdentier

Die meisten Menschen können sich ein Leben ohne andere Menschen nicht vorstellen. Wilhelm von Humboldt formulierte dies so: „Im Grunde sind es doch Verbindungen mit Menschen, welche dem Leben seinen Wert geben."

Erich Fromm sieht im Erleben von Gemeinschaft die einzige Möglichkeit, aus der existenziellen Einsamkeit unseres Lebens zu entkommen: „Dieses Bewusstsein seiner selbst als einer eigenständigen Größe, das Gewahrwerden dessen, dass er eine kurze Lebensspanne vor sich hat, dass er ohne seinen Willen geboren wurde und gegen seinen Willen sterben wird ..., dass er allein und abgesondert und den Kräften der Natur und der Gesellschaft hilflos ausgeliefert ist – all das macht seine abgesonderte, einsame Existenz zu einem unerträglichen Gefängnis. Er würde dem Wahnsinn verfallen, wenn er sich nicht aus diesem Gefängnis befreien könnte – wenn er nicht in irgendeiner Form seine Hände nach anderen Menschen ausstrecken und sich mit der Welt außerhalb seiner selbst vereinigen könnte." (Fromm, 1956, 1998, S. 20).

Aber wenn wir auch ohne andere Menschen nicht leben können, so sind doch andere Menschen gleichzeitig auch die Ursache der größten Not und der größten Schmerzen des Menschen. Menschen sind selten so glücklich, wie wenn sie frisch

Erich Fromm (1900–1980)

Deutsch-amerikanischer Psychoanalytiker und Sozialpsychologe – Fromm (s. auch Kapitel 9) ist wie kaum ein anderer in Deutschland geborener Sozialwissenschaftler weltweit bekannt. Er war Vertreter des Normativen Humanismus, nach dem der Mensch nicht nur physische, sondern auch psychische Grundbedürfnisse hat, die in seiner Existenz wurzeln und von einer Gesellschaft unterdrückt oder gefördert werden können.

verliebt sind. Aber sie sind auch selten so unglücklich, wie wenn sie Liebeskummer haben. Der französische Philosoph Jean Paul Sartre formulierte sogar: „Die Hölle, das sind die Anderen." (Sartre, 1944, 1986).

In diesem Kapitel geht es um die Frage, wie Menschen mit dem Dilemma umgehen, dass sie einerseits einen starken Wunsch nach Selbstaktualisierung und Individualität erleben, andererseits aber auch den Wunsch haben, sich als Teil einer größeren Gemeinschaft zu fühlen. So singen z. B. die Fans des FC Liverpool: „You never walk alone". Wie stark dieser Wunsch nach Gemeinschaft ist, lässt sich leicht an den Szenen beobachten, die sich beim „Public Viewing" abspielen, wenn die deutsche Fußballnationalmannschaft an einer Welt- oder Europameisterschaft teilnimmt.

Abbildung 17.1: Wie groß das Bedürfnis nach Gemeinschaft ist, wird in Deutschland seit einigen Jahren besonders beim Public Viewing von Welt- oder Europameisterschaften im Fußball deutlich. Obwohl Nationalstolz hierzulande lange verpönt war, haben Menschen ein Bedürfnis nach Identifikation mit einer größeren Gruppe. (Quelle: Presseservice Region Stuttgart)

The Need to belong

Für Psychoanalytiker wie Erich Fromm oder für einen Existenzphilosophen wie Martin Heidegger ist der Wunsch nach Gemeinschaft der Versuch des Menschen, seinem „Ins Sein Geworfen Sein" (Heidegger, 1927, 2006) zu entkommen. Wie so oft bietet auch hier die Evolutionspsychologie eine sehr viel profanere und nüchternere Alternativerklärung. Menschen sind soziale Wesen und brauchen die ständige Gesellschaft von Artgenossen, um ihr eigenes Überleben zu sichern bzw. Nachkommen zu produzieren. Dies hat der Mensch mit vielen anderen Tieren gemeinsam, die ebenfalls im Rudel leben. Es gibt aber auch solitär lebende Spezies (wie z. B. Katzen oder viele Spinnenarten), die weitgehend als Einzelgänger existieren und nur zu sehr spezifischen Gelegenheiten (z. B. um sich fortzupflanzen) den Kontakt mit Artgenossen suchen.

Da Menschen jedoch – im Vergleich zu Katzen und Spinnen – in Kooperation mit anderen mehr erreichen können als alleine, hatten im Laufe der Evolution solche Individuen mehr Nachfahren, die bereit und fähig waren, enge Beziehungen mit anderen Menschen zu knüpfen.

Menschen brauchen ganz sicher auch die *Fähigkeit* zum Alleinsein, weil sie durch diese Fähigkeit besser in der Lage sind, sich dem Druck einer Gruppe zu widersetzen. Aber Menschen, die kein Bedürfnis nach Gesellschaft haben, kommen weder als Freund (d. h. als Kooperationspartner) noch als Sexualpartner in Frage.

Im Kapitel 3 hatten wir diskutiert, dass Gefühle die Funktion haben, uns zu solchen Verhaltensweisen zu motivieren, die geeignet sind, unsere inklusive Fitness zu maximieren. Der Wunsch nach Gemeinschaft ist somit adaptiv und damit auch die Gefühle, die uns motivieren, diesen Wunsch zu realisieren. Hierzu gehört das schöne Gefühl, einen Sonnenuntergang mit einem guten Freund zu erleben oder aber das Erleben von Intimität und Nähe mit einem Sexualpartner. Hierzu gehört aber auch das Gefühl von Einsamkeit und Traurigkeit, wenn wir z. B. als Student in eine fremde Stadt umgezogen sind, weil diese Gefühle uns dazu motivieren, Freunde zu suchen und uns ein soziales Unterstützungsnetzwerk aufzubauen.

Abbildung 17.2: Andere Menschen verkomplizieren das Leben zwar manchmal, aber allein sein möchte doch niemand. (© Simon Coste – Fotolia.com)

Relevanz der Gesellschaft Anderer

In einer Studie von Kahneman et al. (2004) sollten Versuchspersonen die vergangenen Tage jeweils in logische Zeitblöcke unterteilen (z. B. „Frühstücken“, „Zur Arbeit fahren“ oder „Ins Kino gehen“) und anschließend angeben, wie glücklich sie sich während dieser Episoden ihres Lebens gefühlt haben. Alle diese Episoden ließen sich danach unterteilen, ob sie alleine oder in der Gesellschaft anderer erlebt wurden. Es zeigte sich, dass Menschen in den Episoden, die sie mit anderen verbrachten, im Schnitt deutlich glücklicher waren als in den Episoden, die sie alleine verbrachten.

Doch wie viele Freunde braucht ein Mensch? Kulturvergleichende Studien zeigen, dass die meisten Menschen zwischen vier und sechs wichtige Bezugspersonen in ihrem Leben haben (Baumeister, 2005). Menschen mit weniger engen Kontakten neigen zu Gefühlen von Einsamkeit und Depression, ein größeres Netzwerk führt hingegen oftmals zu Gefühlen von sozialem Stress. Im Bedürfnis nach Intimität und Nähe gibt es allerdings große Unterschiede (wovon manches Paar ein trauriges Lied singen kann). Darüber hinaus gibt es Hinweise darauf, dass Männer eher als Frauen ihr Bedürfnis nach sozialer Nähe und Anerkennung auch über vergleichsweise anonyme Kontakte (wie z. B. die Mitgliedschaft zu bestimmten Berufsverbänden und Organisationen) befriedigen können (Baumeister, 2005).

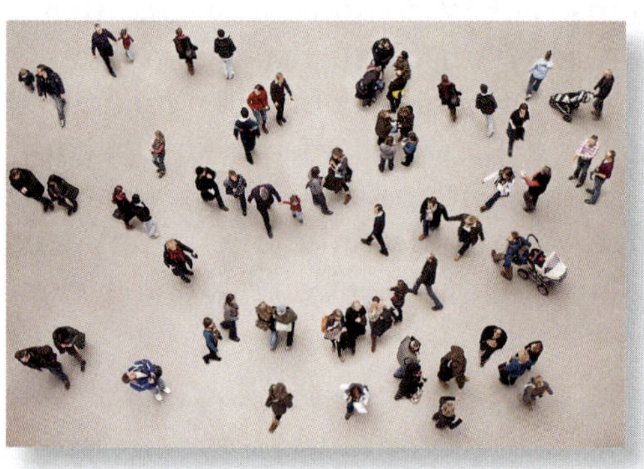

Abbildung 17.3: Eine Frage des richtigen Maßes: Zu wenige Kontakte und Freundschaften machen unglücklich, doch zuviel kann zu Stress führen. (© Zoe – Fotolia.com)

Kipling D. Williams (*1953)

US-amerikanischer Sozialpsychologe – Williams forscht zu Gruppenprozessen und sozialem Einfluss. Sein Hauptinteresse gilt dem Ostrazismus, sprich dem Ausschluss aus einer Gruppe und dem dadurch verursachten Schmerz.

Ostrazismus

Der Begriff „Ostrazismus" stammt aus der Geschichte Athens und bezeichnet den Vorgang, dass einzelne, gegen den Staat opponierende Bürger für eine Periode von zehn Jahren aus dem städtischen Leben ausgeschlossen werden. Im Englischen wird Ostrazismus oftmals als „silent treatment" tituliert.

Wie reagieren Menschen darauf, von anderen missachtet und aus einer Gruppe ausgeschlossen zu werden? Der Psychologe Kipling D. Williams lag einmal in einem Park in Sydney und dachte darüber nach, mit welchem experimentellen Paradigma man genau diese Frage untersuchen kann. Auf einmal flog eine Frisbeescheibe in seine Nähe und aus Höflichkeit warf er sie zu einem der beiden, denen die Frisbeescheibe offensichtlich gehörte. Zu seiner großen Überraschung wurde er in das Spiel der beiden integriert und die Scheibe flog zwischen den drei Spielern hin und her. Nach einer Weile allerdings – und ohne dass er einen besonderen Grund dafür entdecken konnte – ignorierten ihn die beiden anderen und spielten fortan nur noch zu zweit. Williams war über diese Reaktion sehr verärgert, zugleich fühlte er sich zurückgewiesen und verunsichert – und dann erkannte er, dass er soeben das experimentelle Paradigma gefunden hatte, nachdem er so lange suchte.

Wirkung des Ausschlusses aus einer Gruppe

In einer Vielzahl von Studien wurden von Williams Versuchspersonen ins Labor eingeladen, die zusammen mit zwei anderen Versuchspersonen (in Wahrheit Mitarbeiter des Versuchsleiters) darauf warteten, dass das eigentliche Experiment beginnt (Williams, 2001). Einer der beiden Mitarbeiter des Versuchsleiters entdeckte daraufhin wie zufällig einen Ball und begann diesen, zwischen sich und den beiden anderen hin und her zu werfen. In einer Kontrollbedingung wurde darauf geachtet, dass die tatsächliche Versuchsperson in ca. einem Drittel der Fälle den Ball zugeworfen bekam. In der Experimentalbedingung hingegen wurden die echten Versuchspersonen nur kurz in das Spiel integriert. Anschließend warfen sich die beiden Mitarbeiter des Versuchsleiters über eine Periode von vier bis fünf Minuten den Ball nur noch gegenseitig zu. Als danach das „eigentliche" Experiment begann, wurden bei den Versuchspersonen unter einem Vorwand die kognitiven und affektiven Reaktionen gemessen.

Über eine Vielzahl von Studien zeigte sich, dass die Versuchspersonen emotional außerordentlich stark auf die beiden Experimentalbedingungen reagierten. Versuchspersonen in der Experimentalgruppe berichteten über ein deutlich niedrigeres Selbstwertgefühl und beschrieben sich selbst als trauriger und verunsicherter als Versuchspersonen in der Kontrollgruppe. Neben diesen affektiven Reaktionen zeigte sich in der Experimentalgruppe auch eine höhere Bereitschaft, bestimmten sozialen Normen zu folgen und sich gegenüber anderen Gruppenmitgliedern möglichst prosozial zu verhalten. Dieses Verhalten kann als Versuch gewertet werden, die bedrohte Gruppenzugehörigkeit durch normenkonformes Verhalten zu retten.

Williams weist allerdings darauf hin, dass beim Erleiden von chronischem Ostrazismus die Versuche aufgegeben werden, sich durch besondere Normenkonformität bei den anderen Gruppenmitgliedern beliebt zu machen. Stattdessen kommt es in solchen Fällen auf Dauer zu Aggressionen und Feindseligkeit gegenüber der Gruppe, aus der man ausgeschlossen wurde. Viele Amokläufe an Schulen können auf diesen Mechanismus zurückgeführt werden (Leary et al., 2003).

Konformität

Da wir große Furcht davor haben, aus einer sozialen Gruppe ausgeschlossen zu werden, ist es nicht überraschend, dass wir uns in unserem Verhalten zumeist am Verhalten anderer Gruppenmitglieder orientieren (siehe auch das folgende Kapitel).

Normkonformität als Heuristik

Darüber hinaus aber kann Konformität mit bestehenden Normen auch als eine simple und effiziente Heuristik verstanden werden (siehe hierzu auch Kapitel 2). Menschen sparen sich die Kosten aufwändiger Informationsverarbeitung, wenn sie sich am Verhalten anderer orientieren. Um ein einfaches Beispiel zu nennen: Es ist höchst empfehlenswert, in England auf der linken Seite der Straße zu fahren.

Abbildung 17.4: Verschmähter Wunsch nach Zugehörigkeit: Amok-Läufer handeln oft aus Rache dafür, dass sie nicht in die Klassengemeinschaft integriert wurden. (Quelle: dpa, Amoklauf in Winnenden)

Wie alle Heuristiken kann aber auch diese Heuristik uns systematisch in die Irre führen. So argumentiert z. B. die Werbung mit dem Verweis auf die große Zahl „zufriedener Kunden" eines Produkts, ohne dass diese Kunden tatsächlich existieren müssen. In amerikanischen „Informercials" wird zumeist mit einer Vielzahl von Modellpersonen operiert, die vor laufender Kamera von den unglaublichen Vorzügen der bepriesenen Fitnessgeräte, Küchenmaschinen oder Messersets schwärmen.

Die amerikanische Schuhfirma „Hush Puppies" stellt seit vielen Jahrzehnten äußerst konventionell aussehende Hausschuhe her. Aufgrund ihres extrem biederen Images stand die Firma 1994 kurz vor dem Konkurs. Gerettet wurde sie durch die Tatsache, dass einige Jugendliche begannen, in den wichtigsten Szene-Clubs Manhattans Hush Puppies als ironisches Accessoire zu tragen. Damit wurde aus den spießigen Hausschuhen über Nacht ein „angesagtes In-Produkt", deren Verkauf von 30.000 Paar im Jahr 1994 auf über eine Million im Jahr 1996 empor schnellte (eine ähnliche Geschichte ließe sich über die deutsche Schnapsmarke Jägermeister erzählen). Ganz allgemein basiert Mode auf der Tatsache, dass von einigen Meinungsführern (z. B. Modedesignern, Stars und Prominente) Trends definiert werden, denen daraufhin Millionen von Kunden wie die Lemminge folgen.

Bystander Effekt

Eine beunruhigende Implikation der Tatsache, dass Menschen sich in ihrem Verhalten an anderen orientieren, besteht in dem so genannten „Bystander Effekt", der als erstes von Darley & Latané (1968) beschrieben wurde. Wenn Menschen jemanden beobachten, der sich in einer Notlage befindet, etwa wenn jemand bewusstlos auf der Straße liegt oder von einer anderen Person bedroht wird, sind sie oftmals verunsichert und beobachten zunächst, wie andere auf diese Situation reagieren. Hierbei sind sie sich jedoch selten bewusst, dass ihre eigene Untätigkeit wiederum von anderen beobachtet wird. Als eine Folge kommt es in solchen Situationen zu einer Kaskade der Unentschlossenheit, die oftmals dazu führt, dass überhaupt niemand hilft. Viele Studien haben gezeigt, dass die Wahrscheinlich-

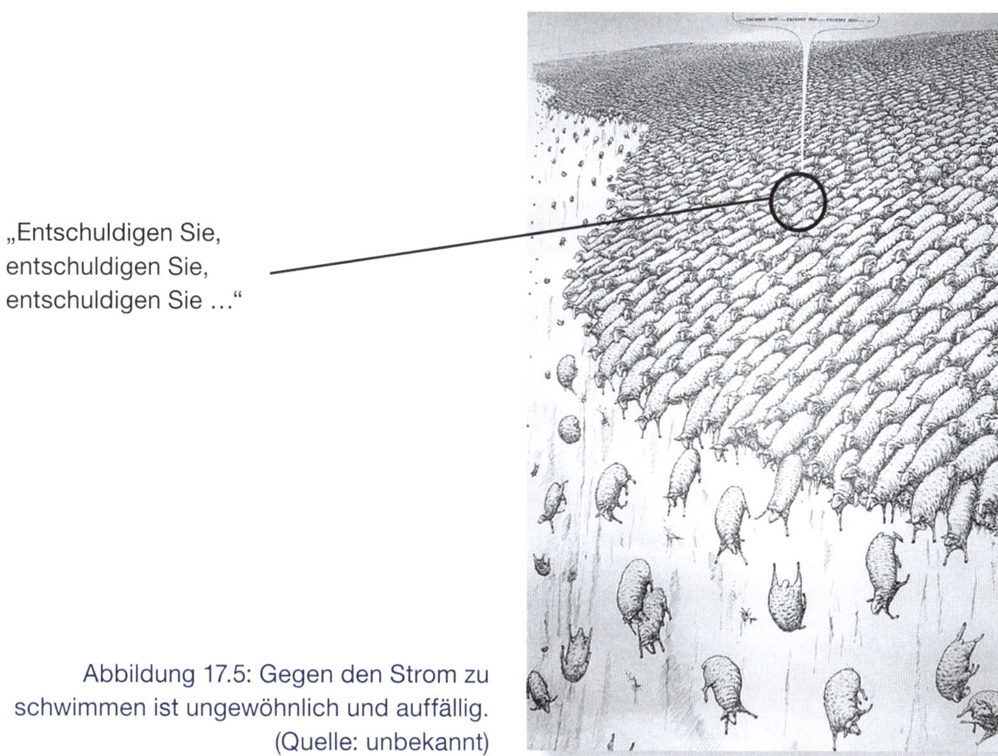
„Entschuldigen Sie,
entschuldigen Sie,
entschuldigen Sie …"

Abbildung 17.5: Gegen den Strom zu schwimmen ist ungewöhnlich und auffällig. (Quelle: unbekannt)

keit, mit der eine Person einem anderen in Not hilft, umso niedriger ist, je mehr potenzielle Helfer es in der Situation gibt. Als ein berühmtes Beispiel für diesen Effekt gilt die Ermordung von Kitty Genovese in New York City, die von ihrem Mörder über mehr als eine halbe Stunde bedrängt und bedroht wurde, ohne dass einer der nachweislich 38 Zeugen dieses Vorgangs die Polizei alarmiert hätte.

Aber Konformität kann auch noch auf eine andere Art und Weise tödlich sein. Es lässt sich nämlich beobachten, dass auch potenzielle Selbstmörder sich in ihrem Verhalten an anderen orientieren. Dieses Phänomen ist bereits seit langem bekannt und wird auch als „Werther-Effekt" bezeichnet. Nachdem Goethe 1774 sein Buch über „Die Leiden des jungen Werther" veröffentlicht hatte, ließ sich in ganz Europa geradezu eine Welle von Selbstmorden beobachten, bei der unglücklich verliebte junge Männer ihrem literarischen Vorbild in den Tod folgten. Goethe selber hingegen hat nach der Veröffentlichung des Buches noch 58 Jahre gelebt. Auch heute tritt dieser Effekt auf. So steigt die Selbstmordrate vor allem in solchen Gebieten, in denen zuvor über einen bestimmten Selbstmord berichtet wurde (Philips, 1974). Zudem steigt nach Berichten über tödliche Unfälle die Häufigkeit weiterer Unfälle, was als Indiz dafür genommen werden kann, dass einige Selbstmörder ihren Suizid als Unfall tarnen wollen. Ferner lassen sich hohe Übereinstimmungen zwischen dem Alter und dem Geschlecht

Werther-Effekt

eines Vorbilds und dem Alter und dem Geschlecht seiner Nachahmer feststellen (Ciadini, 2007). Als im Herbst 2009 der deutsche Nationaltorhüter Robert Enke Selbstmord beging, ließ sich im Übrigen ein ganz ähnlicher Effekt beobachten (Cadenbach, 2010).

Konformität muss nicht immer gleich tödlich enden. Oftmals führt sie auch bloß zu schweren Alkoholvergiftungen wie im Falle des so genannten „Binge Drinking" (Komasaufen). Dieses besteht darin, dass viele Jugendliche sich – vor allem an Wochenenden – dazu verabreden, Unmengen Alkohol zu konsumieren. Über die Gründe für solche Alkoholexzesse ließe sich vieles sagen, uns soll an dieser Stelle der folgende Aspekt interessieren: Verschiedene Studien zeigen, dass viele Jugendliche nur deshalb daran teilnehmen, weil sie denken, dass den anderen dieses „Komasaufen" wirklich Spaß mache und nur sie selber die Neben- und Nachwirkungen als unangenehm empfinden (worum es sich hier im Einzelnen handelt, überlasse ich Ihrer Phantasie). Ihnen ist nicht bewusst, dass sie selber von anderen ganz genauso wahrgenommen werden.

Abbildung 17.6: Trinken wider Willen: Egal ob das Glas Sekt, das zum Anstoßen sein „muss", aber viele eigentlich gar nicht mögen, oder Komasaufen mit literweise Alkohol: Manchmal führt das wechselseitige Bemühen um Konformität dazu, dass die Mehrheit der Gruppenmitglieder gegen ihren eigenen Willen handelt. (© Konstantin Sutyagin – Fotolia.com)

Reziprozität

Wenn Menschen miteinander kooperieren, ist ihr Verhalten oftmals durch die so genannte Reziprozitätsregel geprägt. Diese besagt, dass wir auf den Gefallen einer anderen Person damit zu reagieren haben, dass wir ihr zu einem späteren Zeitpunkt ebenfalls einen Gefallen tun (dies ist der Grund, warum Sie tunlichst zu der Beerdigung von Freunden und Verwandten gehen sollten).

Reziprozitätsnorm

Die Wirksamkeit dieser Reziprozitätsnorm lässt sich an den Ergebnissen des folgenden Experiments illustrieren (Regan, 1971). Die Versuchspersonen warteten zusammen mit einer anderen Person auf den Beginn einer Studie. Diese andere Person aber war in Wirklichkeit ein Mitarbeiter des Versuchsleiters (Sie sehen, dass dieser Trick von Sozialpsychologen ziemlich häufig angewandt wird). In der Experimentalbedingung ging diese andere Person irgendwann aus dem Raum und kam nach zwei Minuten mit zwei Flaschen Cola zurück („ich habe mir eine Cola geholt und habe Dir gleich eine mitgebracht"). In der Kontrollbedingung verließ der Mitarbeiter des Versuchsleiters den Raum und kam nach zwei Minuten zurück, ohne der anderen Versuchsperson etwas mitgebracht zu haben. Nachdem das eigentliche Experiment vorbei war, fragte der Mitarbeiter des Versuchsleiters die Versuchsperson, ob sie Lust hätte, ihm einige Lose für eine Lotterie abzukaufen. Wenn er mehr als seine Konkurrenten verkaufe, habe er die Chance, einen Extrabonus von $ 50 zu erzielen.

Tatsächlich kauften die Versuchsperson mehr als doppelt so viele Lose, wenn ihnen zuvor eine Flasche Cola geschenkt worden war. Noch beeindruckender aber war ein anderes Ergebnis dieses Experiments: Im Anschluss an die Studie wurden die Versuchspersonen danach gefragt, wie sympathisch sie die andere Person gefunden hätten. Nicht sehr überraschend zeigte sich, dass die Versuchspersonen umso mehr Lose gekauft hatten, je sympathischer sie den Losverkäufer fanden. Dieser Zusammenhang bestand aber nur in der Kontrollbedingung. In der Experimentalbedingung gab es einen solchen Zusammenhang jedoch nicht – das Gefühl der Verpflichtung führte dazu, dass doppelt so viele Lose gekauft wurden, auch wenn man den Losverkäufer eigentlich sehr unsympathisch fand.

Verbreitung und Verwendung der Reziprozitätsregel

Die Bedeutung der Reziprozitätsregel ist kulturuniversal – sie lässt sich in allen menschlichen Kulturen beobachten (Gouldner, 1960). Und selbst das Sozialverhalten von Primaten (wie z. B. von Schimpansen) folgt dieser Regel (de Waal, 2008).

Viele Menschen bzw. Institutionen bedienen sich der Reziprozitätsregel oftmals ganz bewusst, um andere durch Geschenke und Gefälligkeiten zu bestimmten Gegenleistungen zu verpflichten (Cialdini, 2007). Hierzu gehören Gratisproben in Supermärkten, die im Kunden ein Gefühl der Verpflichtung hervorrufen, das probierte Produkt auch tatsächlich zu kaufen, ebenso wie Geschenke für Politiker oder sonstige Amtsträger. Als Gegenmaßnahme ist es Beamten in Deutschland verboten, Geschenke entgegenzunehmen, wenn diese Geschenke von Menschen kommen, mit denen sie auch beruflich zu tun haben. Mit einer ähnlichen Problematik sind im Übrigen auch Universitätsprofessoren konfrontiert, wenn diese Gutachten für private Wirtschaftsunternehmen schreiben („Wes Brot ich ess, dess Lied ich sing").

Die Reziprozitätsregel wird auch in folgender Weise strategisch eingesetzt: Jemand bittet eine andere Person um einen Gefallen, den diese ihr abschlägt. Daraufhin erfolgt eine zweite, deutlich kleinere Bitte, der sich die gefragte Person kaum entziehen kann. Warum? Weil sie durch die abgelehnte erste Bitte in der Schuld der anderen Person steht und sich deshalb verpflichtet fühlt, dieser nicht noch eine weitere Bitte abzuschlagen (Cialdini, 2007). Die Strategie, das eigene Verhalten als Zugeständnis zu bezeichnen und dadurch Zugeständnisse der Gegenseite einfordern zu können, wird deshalb von vielen professionellen Managern und Verkäufern in Verhandlungen eingesetzt und als „Door in the face"-Technik bezeichnet (Cialdini et al., 1975).

Ein schönes literarisches Vorbild, in dem die Reziprozitätsregel überstrapaziert wird, findet sich im Übrigen im Märchen vom Froschkönig. In diesem Märchen fällt der schönen Prinzessin bekanntlich ihr goldener Ball in einen Brunnen, und ein ekliger grüner Frosch bietet sich an, ihr den Ball aus den Brunnen zu holen, wenn sie dafür Tisch und Bett mit ihm teile. Nachdem der Ball aus dem Brunnen geholt ist, eilt die Prinzessin schnell nach Hause, in der Hoffnung, dass der Frosch ihr nicht folgen könne. Tatsächlich aber steht der Frosch wenig später auf der Schwelle des Schlosses und fordert die Einhaltung des ihm gegebenen Versprechens. Als er nach einem langen Mahl später am Abend fordert, in ihrem Bett zu schlafen, wirft die Prinzessin den Frosch vor lauter Wut an die Wand – und aus dem hässlichen Frosch wird ein schöner Prinz.

Abbildung 17.7: Die „Door in the Face"-Technik wendet die Reziprozitätsregel im Sinne gegenseitiger Zugeständnisse geschickt an. Doch immer funktioniert sie nicht. So auch in diesem Comic. (Quelle: Bill Watterson, 1988)

Soziale Dilemmata

In vielen Situationen stehen Menschen vor der Wahl, das zu tun, was für sie persönlich am Besten ist oder das zu tun, womit sie einer bestimmten Gruppe von Menschen dienen. In Kapitel 6 hatten wir bereits das Gefangenendilemma diskutiert, bei der eine Person die Wahl hat, entweder zu kooperieren (d.h. den Gruppennutzen zu maximieren) oder aber zu defäktieren (d.h. den eigenen Nutzen zu maximieren). Wenn man einmal darüber nachdenkt, stellt man fest, dass sehr viele Situationen im menschlichen Miteinander durch genau diese Logik gekennzeichnet sind. Dieses Phänomen wird auch als Tragik der Allmende oder als Kollektivgutproblem bezeichnet (Hardin, 1968). Kollektive Güter sind so definiert, dass alle Gruppenmitglieder ein Gut konsumieren können, unabhängig davon, ob sie durch einen eigenen Beitrag zur Erstellung dieses kollektiven Gutes beigetragen haben. Nehmen wir als Beispiel die Qualität unserer Umwelt. Von einer sauberen Luft profitiert jeder, egal ob er zu einer hohen Luftqualität beigetragen hat oder nicht (z.B. unabhängig davon, ob er mit dem Auto oder mit dem

Kollektivgutprobleme

Fahrrad zur Arbeit fährt). Das Dilemma bei kollektiven Gütern besteht nun darin, dass sich jeder besser stellt, wenn er sich nicht an ihrer Produktion beteiligt, ganz unabhängig davon, was alle anderen tun.

Um im Beispiel zu bleiben: Was gibt es Besseres, als der Einzige zu sein, der morgens über eine leere Autobahn mit dem Auto zur Arbeit fährt und mit seinem eigenen Schadstoffausstoß die Luftqualität nur minimal zu verschlechtern? Weil dies so ist, stehen jeden Morgen hunderttausende Berufspendler im Stau und belasten die Umwelt (warum sie in Deutschland für ein solches Verhalten auch noch steuerlich belohnt werden, ist allerdings eine andere Frage). Mit der gleichen Logik kann erklärt werden, warum Meere leer gefischt werden, Klimaschutzabkommen so schwer durchzusetzen sind, so viele Menschen Steuern hinterziehen oder in den Teeküchen von Universitätsinstituten niemand den Abwasch macht und keine Milch im Kühlschrank ist.

Lösungsmöglichkeiten für Kollektivgutprobleme

Ein Weg zur Lösung von Kollektivgutproblemen besteht darin, durch selektive Anreize diejenigen zu belohnen, die sich an der Produktion eines kollektiven Gutes beteiligen und diejenigen zu bestrafen, die dies nicht tun. Allerdings bedingt die Durchführung solcher selektiver Belohnung bzw. Bestrafung in sich erneut ein Kollektivgutproblem, das nur schwer lösbar ist.

„Ausnutzung der Großen durch die Kleinen“

Manchmal werden Kollektivgutprobleme auch dadurch gelöst, dass ein Einzelner ein derart hohes Interesse an der Erstellung des kollektiven Gutes hat, dass er bereit ist, die gesamten Kosten auf sich zu nehmen. Von dem amerikanischen Wirtschaftswissenschaftler Mancur Olson ist dieses Phänomen als „Ausnutzung der Großen durch die Kleinen“ bezeichnet worden (Olson, 1965, 2004). Es erklärt, warum die USA über Jahrzehnte den Löwenanteil der Verteidigungsausgaben der gesamten NATO bezahlt haben oder warum in Teeküchen derjenige Kaffee für alle besorgt, der ohne zehn Tassen Kaffee am Tag nicht arbeitsfähig ist.

Experimentelle Ökonomen und Psychologen haben in vielen Laborexperimenten das Verhalten von Menschen beobachtet, wenn diese sich in einem Kollektivgutdilemma befinden. Ein typisches Experiment sieht z. B. wie folgt aus: Vier Personen interagieren miteinander unter der Bedingung vollständiger Anonymität. Jede von ihnen erhält einen bestimmten Geldbetrag, von dem sie einen beliebigen Betrag für sich behalten bzw. in einen gemeinsamen Topf einzahlen kann. Für jede Geldeinheit, die in den gemeinsamen Topf gelangt, wird vom Versuchsleiter eine weitere Geldeinheit hinzugefügt: Wenn von den Versuchspersonen beispielsweise insgesamt zehn Geldeinheiten eingezahlt werden, fügt der Versuchsleiter weitere zehn Geldeinheiten hinzu. Anschließend wird diese Summe unter allen Gruppenmitgliedern gleichmäßig aufgeteilt, und zwar unabhängig davon, wie viel die einzelnen Personen in diesen Topf eingezahlt haben.

Eine rationale und eigennützige Versuchsperson wird unter diesen Bedingungen nichts in den gemeinsamen Topf zahlen. Ungeachtet dessen zeigte sich in einer Vielzahl von Studien, dass Versuchspersonen ca. 50 % ihrer Ressourcen in den gemeinsamen Topf einzahlen. Wenn die gleichen Versuchspersonen dieses Spiel mehrmals hintereinander spielen, sinkt jedoch die Kooperationsrate von Runde zu Runde, bis sie sich am Ende einem Nullpunkt nähert. Die Ursache hierfür liegt darin, dass sich die kooperativen Versuchspersonen zunehmend durch egoistische Versuchspersonen ausgebeutet fühlen und daraufhin selber nichts mehr zum kollektiven Gut beitragen (Fehr & Gächter, 2002; Fischbacher et al., 2001).

Altruistisches Bestrafen (altruistic punishment)

In einer vielbeachteten Studie haben die beiden Ökonomen Ernst Fehr und Simon Gächter untersucht, was passiert, wenn kooperative Versuchspersonen die Möglichkeit haben, egoistische Versuchspersonen zu bestrafen (Fehr & Gächter, 2002). Dazu wurde den Versuchspersonen in einer Experimentalbedingung die Möglichkeit gegeben, am Ende einer jeden Runde anderen Versuchspersonen Geldeinheiten abzuziehen, wobei sie die Hinwegnahme von drei Geldeinheiten mit einer eigenen Geldeinheit bezahlen mussten. In der Kontrollbedingung bestand diese Möglichkeit hingegen nicht.

Ernst Fehr (*1956)

Österreichischer Wirtschaftswissenschaftler – Fehr ist einer der derzeit bekanntesten empirischen und interdisziplinär arbeiten Wirtschaftswissenschaftler. Forschungsschwerpunkte sind strategische Interaktionen, soziale Normen und Präferenzen sowie die evolutionären Ursprünge des Altruismus.

Die Ergebnisse dieser Studie sind in der folgenden Grafik zusammengefasst. In Übereinstimmung mit vorherigen Studien zeigte sich, dass die Kooperationsrate in der Kontrollbedingung von Runde zu Runde niedriger wurde. In der Experimentalbedingung hingegen lag die Kooperationsrate bereits in der ersten Runde über der in der Kontrollbedingung und nahm im weiteren Verlauf des Experiments nicht ab, sondern zu.

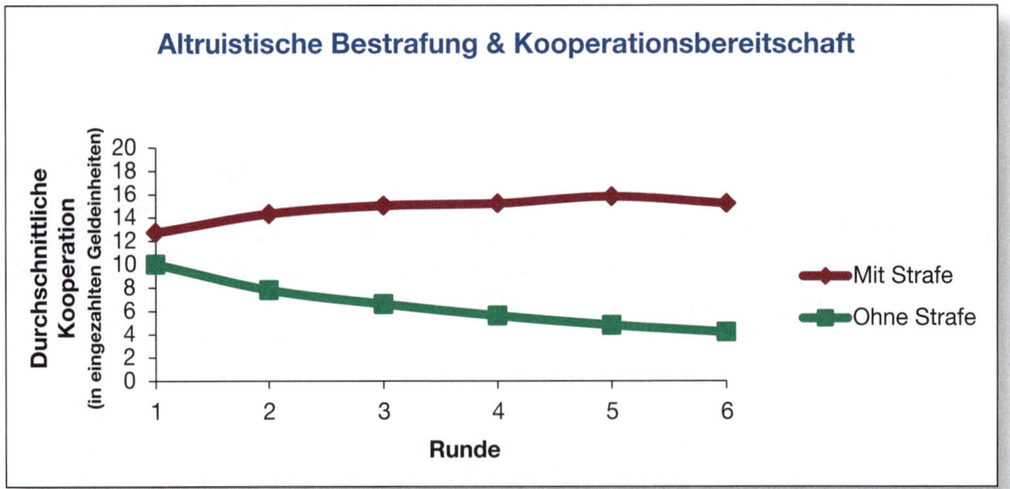

Abbildung 17.8: Altruistische Bestrafung: Zunächst ist sie für den Strafenden kostspielig, doch im Endeffekt hilft sie, denn die Kooperationsrate nimmt zu.
(Quelle: Eigene Darstellung; angelehnt an Fehr & Gächter, 2002)

Seine Ursache hatte dieser Effekt in der Bereitschaft vieler Versuchspersonen, das egoistische Verhalten anderer zu bestrafen, obwohl ein solches Bestrafen mit Kosten für den Bestrafenden verbunden war. Fehr und Fischbacher (2003) sprechen hierbei von altruistischem Bestrafen (altruistic punishment).

„Die Strafe zu fürchten ist der beste Weg, ihr zu entgehen."
Chinesisches Sprichwort

Menschliche Kooperation funktioniert also oftmals dadurch, dass „Free Rider" (d. h. Personen, die sich an der Kooperation nicht beteiligen) von anderen Gruppenmitgliedern für ein solches Verhalten bestraft werden.

Eine Tragik moderner menschlicher Gesellschaften besteht in ihrer Größe und Anonymität. Deshalb ist es in diesen Gesellschaften sehr viel schwieriger als in kleinen, überschaubaren Gruppen, soziale Normen reziproker Kooperation durchzusetzen.

Die Psychologie des Vertrauens

Auch am Thema des Vertrauens lässt sich illustrieren, dass Menschen nicht immer gut miteinander, aber ganz sicher nicht ohne einander leben können. Vertrauen spielt in vielen Bereichen des menschlichen Lebens eine eminent wichtige Rolle (Bierhoff & Herner, 2007; Dunning & Fetchenhauer, 2010; Petermann, 1996). So sind Freundschaften und romantische Beziehungen ohne das Vertrauen in die Aufrichtigkeit des anderen langfristig nicht möglich: Ein Ehepartner vertraut auf die sexuelle Treue seines Ehepartners, ein Freund vertraut darauf, dass ein Geheimnis, das er seinem besten Freund anvertraut, von diesem nicht weitererzählt wird und auch in Arbeitsbeziehungen besteht oftmals eine wechselseitige Abhängigkeit, die dazu führt, dass Personen sich aufeinander verlassen und Vertrauen entgegen bringen müssen: ein Kunde verlässt sich auf die pünktliche Lieferung eines dringend benötigten Produktes, ein Chef vertraut darauf, dass der Angestellte Daten für ihn korrekt zusammenstellt.

Doch gleichzeitig kann blindes, naives Vertrauen auch erheblichen Schaden anrichten. So werden nicht wenige Rentner von Betrügern beraubt und perfekt organisierte Kreditkartendiebe erschleichen sich erst die Informationen und anschließend das Geld. Wann sollte man Menschen also vertrauen, und wann nicht? Diese Frage wird von unterschiedlichen Denkschulen und Traditionen sehr unterschiedlich beantwortet:

Eigennutzaxiom der Ökonomie

Folgt man dem Menschenbild der neoklassischen Ökonomie, dann sind alle Menschen allzeit nur bestrebt, ihren eigenen Nutzen zu maximieren und lassen sich in diesem Streben durch moralische Hemmungen in keiner Weise beeinflussen. In Bezug auf Vertrauen bedeutet dies, dass es rational ist, nur dann zu vertrauen, wenn es im Interesse der anderen Person liegt, das Vertrauen nicht zu enttäuschen. Dies wäre z. B. dann der Fall, wenn eine Person mit erheblichen Sanktionen zu rechnen hätte, wenn sie sich als nicht vertrauenswürdig erweist (Kramer, 1999; Williamson, 1993). Ein Beispiel: Eine Person hinterlegt ihren Personalausweis und ihre Kreditkartennummer bei einem Autoverleih. Falls sie das geliehene Auto nicht zurückgibt, hat sie mit einer Anzeige bei der Polizei zu rechnen.

Definition von Vertrauen

Diese Sichtweise hat eine lange philosophische Tradition, die sich bis auf Sokrates und Plato zurückführen lässt, aber sich auch in den Schriften von Machiavelli sowie im Leviathan von Hobbes wieder findet (siehe Baier, 1986). Aus psychologischer Perspektive geht es bei Vertrauen jedoch um mehr, nämlich um das Vertrauen in die guten Absichten des anderen. Eine häufig verwandte Definition von Vertrauen lautet wie folgt: „Vertrauen ist ein psychologischer Zustand, der auf positiven Erwartungen in Bezug auf die Absichten und das Verhalten des anderen basiert, wobei die Bereitschaft vorhanden ist, eine Verletzung in Kauf zu nehmen.“ (Rousseau et al., 1998, S. 395).

Niccolò Machiavelli (1469–1527)

Italienischer Politiker und Philosoph – Machiavelli wurde in der Psychologie durch das Persönlichkeitsmerkmal des Machiavellismus verewigt. Analog zu der rücksichtslosen Machtpolitik Machiavellis beschreibt es u. a. geringe Bindung an konventionelle Moralvorstellungen, wie etwa die Tendenz ohne Skrupel andere Menschen zum eigenen Nutzen zu hintergehen und zu manipulieren.

Abbildung 17.9: Vertrauen hat aus psychologischer Sicht vor allem etwas damit zu tun, sich verletzlich zu machen. Diese Bedeutung kann man Teilnehmern in Vertrauensspielen sehr deutlich machen. Bei einem solchen Spiel muss sich zum Beispiel ein Person von einem Tisch fallen lassen und darauf hoffen, dass ihn die anderen Teilnehmer auffangen. (Quelle: Ullrich Kluge)

Wenn Menschen darüber reden, dass sie einer anderen Person vertrauen, kann sich dieses Vertrauen grundsätzlich auf zwei verschiedene Aspekte beziehen. Zum einen kann Vertrauen als eine Kognition gemeint sein (z. B.: „Ich bin mir sicher, dass X mir das geliehene Geld zurückgeben wird“). Zum anderen kann Vertrauen als Handlung verstanden werden (z. B.: „Ich leihe X einen bestimmten Betrag Geld“). Diese beiden Ebenen werden vielfach nicht deutlich unterschieden, und oftmals wird zumindest implizit angenommen, dass man das Vorliegen von Vertrauen auf der kognitiven Ebene aus dem gezeigten Verhalten schließen kann. Empirische Studien zeigen jedoch, dass eine deutliche Trennung zwischen Vertrauen als Kognition (d. h. Erwartung) und Vertrauen als Handlung mehr ist als ein definitorisches Spiel mit Worten (Fetchenhauer & Dunning, 2009).

Vertrauensspiel („Trust Game“)

Im Folgenden wollen wir uns mit der Messung von Vertrauen im Labor beschäftigen. Eine Möglichkeit, Vertrauen experimentell zu erfassen, ist das so genannte Vertrauensspiel („Trust Game“).

An diesem Spiel nehmen zwei Personen teil (Person A und Person B), die einander nicht kennen und sich auch nicht kennen lernen werden. Beide Personen interagieren miteinander vollkommen anonym und alleine über den Versuchsleiter.

Zunächst erhält Person A 5 € vom Versuchsleiter und hat zwei Alternativen, was sie mit dem Geld tun kann. Alternative 1: Sie behält die 5 € für sich. In diesem Fall erhält Person B kein Geld. Alternative 2: Sie gibt die 5 € an Person B. In diesem Fall wird vom Versuchsleiter der Betrag um weitere 15 € erhöht, so dass Person B insgesamt 20 € erhält. Falls Person A ihr Geld an Person B gibt, hat diese ihrerseits zwei Optionen. Alternative 1: Sie behält 10 € für sich und gibt 10 € an Person A. Alternative 2: Sie behält die gesamten 20 € für sich und gibt 0 € an Person A.

Die Logik des Vertrauensspiels ist somit wie folgt: Wenn Person A ihr Geld an Person B gibt und Person B sich als vertrauenswürdig erweist, hat sich das Vertrauen von Person A bezahlt gemacht. In diesem Fall erhält Person A 10 €, doppelt so viel wie sie erhielte, wenn sie ihre 5 € für sich behalten hätte. Wenn sich jedoch herausstellt, dass Person B die gesamten 20 € für sich behält, wäre es für Person A besser gewesen, die 5 € für sich zu behalten.

Bevor Sie nun weiter lesen, möchten wir Sie bitten, Ihre Antworten zu den folgenden Fragen zu notieren: 1) Wie würden Sie sich in der Position von Person A verhalten? 2) Was täten Sie in der Position von Person B? 3) Was glauben Sie – wie viele Personen in Position B behalten die 20 € für sich?

Gemäß der bereits erläuterten Sichtweise der Ökonomie ist die Situation klar: Alle beteiligten Personen wissen voneinander, dass sie sich vollständig rational verhalten und entsprechend bestrebt sind, ihren Eigennutz zu maximieren. Da es nicht im Eigeninteresse der Person B liegt, etwas zurückzugeben, wird sie dies auch nicht tun. Person A kann dieses Verhalten vorhersehen, da sie weiß, dass sich Person B eigennützig verhält. Daher wird Person A auch kein Geld an Person B geben und alles selbst behalten. Das kollektiv bessere Ergebnis (beide erhalten 10 €, wenn Person A vertraut und sich Person B sich als vertrauenswürdig erweist) wird so durch individuell rationales Verhalten verhindert.

Tatsächlich aber zeigt eine Vielzahl an Studien, dass eine deutliche Mehrheit von 75 % bis 90 % aller Personen B in der Tat vertrauenswürdig ist (d. h. das Geld gleichmäßig zwischen sich selbst und Person A aufteilt). Dieses Ausmaß an Vertrauenswürdigkeit wurde jedoch von den meisten Versuchspersonen deutlich unterschätzt. Danach gefragt, lag die durchschnittliche Schätzung in einem Bereich von ca. 50 % (Fetchenhauer & Dunning, 2009).

Unterschätzung der Vertrauenswürdigkeit Anderer

Warum unterschätzen Menschen die Vertrauenswürdigkeit anderer? Eine mögliche Erklärung lässt sich aus der bereits vorgestellten Error Management Theory

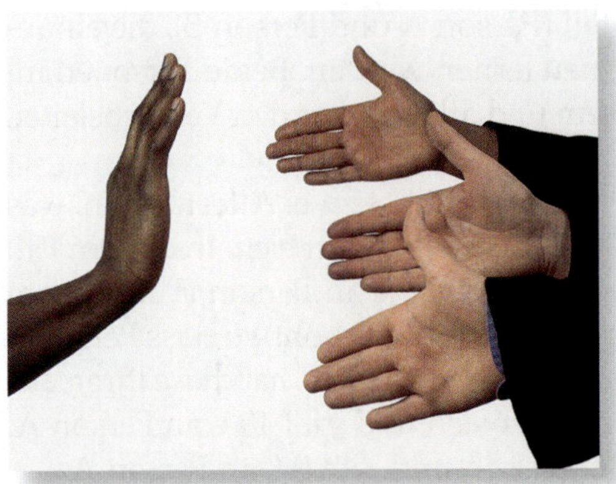

Abbildung 17.10: Sollen wir die Hand ergreifen, die uns hingehalten wird oder sollen wir misstrauisch sein? Beim Trust Game zeigt sich immer wieder, dass Menschen viel vertrauenswürdiger sind als andere annehmen. (© ArTo – Fotolia.com)

(Haselton & Buss, 2000; Haselton, Nettle & Andrews, 2005, siehe auch Kapitel 13) ableiten, die wie bereits erläutert zwischen zwei möglichen Fehlern unterscheidet. Danach ist die systematische Unterschätzung der Vertrauenswürdigkeit anderer ein Mechanismus, um zu verhindern, von anderen ausgebeutet zu werden. Es lässt sich argumentieren, dass über die Evolution der Menschen hinweg die zu tragenden Konsequenzen einer ausgelassenen Chance durch eine übermäßig argwöhnische Haltung weniger schwerwiegend waren als die möglicherweise extremen Konsequenzen, die aus unangemessen hohem Vertrauen resultieren, so dass im Laufe der Menschheitsgeschichte eine stabile Tendenz evolviert ist, die Vertrauenswürdigkeit anderer – zum Schutze der eigenen Person – systematisch zu unterschätzen.

Aus evolutionspsychologischer Perspektive handelt es sich hierbei um eine ultimate Erklärung – welche Fitnessvorteile hat es, die Vertrauenswürdigkeit anderer zu unterschätzen? Damit eine solche Erklärung überzeugend sein kann, muss sie aber zusätzlich einen proximaten Mechanismus angeben, der eine solche Unterschätzung der Vertrauenswürdigkeit anderer aufrechterhält. Ein solcher Mechanismus liegt möglicherweise darin, dass uns das Leben immer nur sehr einseitig Feedback über die Vertrauenswürdigkeit unserer Mitmenschen gibt. Wenn wir einer anderen Person zu Unrecht vertrauen, werden wir vom Leben darüber zumeist irgendwann informiert – oft genug mit großen Schmerzen (Fetchenhauer & Dunning, 2010). Wenn wir aber einer anderen Person nicht vertrauen, obwohl diese Person durchaus vertrauenswürdig gewesen wäre, werden wir einen solchen Irrtum nur selten erkennen, denn jemand kann uns seine Vertrauenswürdigkeit immer nur dann beweisen, wenn wir ihm zunächst einmal Vertrauen entgegenbringen. Aus diesem Grund erinnern wir uns sehr leicht an Fälle, in denen wir anderen zu Unrecht vertraut haben, aber nur selten an Fälle, in denen wir anderen zu Unrecht nicht vertraut haben. Dieser Schieflage ist sich unser kognitiver Apparat jedoch nicht bewusst.

Aber auch wenn die meisten Menschen die Vertrauenswürdigkeit anderer dramatisch unterschätzen, haben sie doch Hemmungen, ihr Misstrauen offen zu kommunizieren. So wurde in einer Studie den Versuchspersonen mitgeteilt, dass sie Person A seien und die Personen B aus einer anderen Stichprobe stamme, die ihre Entscheidung bereits getroffen hätten (Fetchenhauer & Dunning, under review). Natürlich könne man ihnen nicht sagen, wie ihr ganz konkreter Interaktionspartner sich in der Position von Person B entschieden habe, aber insgesamt hätten 40 % sich dazu entschieden, das Geld gleichmäßig aufzuteilen. In einer anderen Versuchsbedingung wurden die Versuchspersonen gefragt, ob sie bereit wären, an einer Lotterie teilzunehmen, bei der sie eine Chance von 40 % hätten, ihren Einsatz zu verdoppeln (und eine Chance von 60 %, ihren Einsatz zu verlieren). In der Lotterie entschieden sich nur 28 % aller Teilnehmer dazu, die risikoreiche Option zu wählen. Im Trust Game lag dieser Prozentsatz mit 56 % hingegen doppelt so hoch. Mit anderen Worten: Auch dann, wenn sie davon ausgehen, ihr Geld niemals wieder zu sehen, geben viele Menschen ihr Geld an Person B, obwohl sie unter anderen Umständen zu einem solchen Risikoverhalten niemals bereit wären.

Es lässt sich somit festhalten, dass Menschen auf einer kognitiven Ebene anderen Menschen zu wenig vertrauen (d. h. sie unterschätzen die Vertrauenswürdigkeit anderer), auf der Verhaltensebene vertrauen sie anderen hingegen zu viel (d. h. viele Versuchspersonen geben auch dann ihr Geld an Person B, wenn sie nicht davon ausgehen, dass sich Person B vertrauenswürdig verhalten wird).

Ein möglicher Grund für dieses Phänomen könnte darin liegen, dass wir negative Emotionen erleben (z. B. ein schlechtes Gewissen haben), wenn wir einer anderen Person offen unser Misstrauen signalisieren. Folgendes Beispiel soll diesen Gedankengang verdeutlichen (Fetchenhauer & Dunning, 2009): Bei einem Abendessen auf einer Konferenz bemerkt ein Kollege, den Sie heute erst kennen gelernt haben, dass er sein Portemonnaie vergessen hat und bittet Sie, ihm bis zum nächsten Tag auszuhelfen. Würden Sie nicht einen gewissen emotionalen Druck verspüren, dem Anliegen nachzukommen, auch wenn Sie keineswegs sicher wären, dass sie das ausgelegte Geld am Folgetag auch tatsächlich zurückbekommen?

Zusammenfassung

In diesem Kapitel haben wir uns mit dem Spannungsverhältnis zwischen dem Einzelnen und der Gesellschaft auseinandergesetzt. Hierbei haben wir gesehen, dass es uns mit der Gesellschaft genauso geht wie vielen alten Ehepaaren: Man kann nicht wirklich miteinander, aber ohne einander kann man auch nicht. Im folgenden Kapitel werden wir uns näher damit beschäftigen, inwiefern unser eigenes Verhalten durch gesellschaftliche Normen und Zwänge geprägt ist.

Kurz und gut

1. Menschen haben sowohl ein starkes Bedürfnis, in einer sozialen Gemeinschaft aufzugehen als auch das Bedürfnis, einzigartig zu sein.
2. Aus evolutionspsychologischer Perspektive ist das menschliche Bedürfnis nach Gemeinschaft dadurch zu erklären, dass dieses in hohem Maße adaptiv ist.
3. Wenn Menschen aus einer Gruppe ausgeschlossen werden, führt dies zu Verunsicherung, einem niedrigen Selbstwertgefühl sowie verstärkten Bemühungen, den normativen Erwartungen der Gruppenmitglieder zu genügen.
4. Die menschliche Neigung zu konformen Verhalten kann als eine simple und effiziente Heuristik aufgefasst werden.
5. Der so genannte Bystander-Effekt besagt, dass die Anzahl potenzieller Helfer oftmals negativ mit ihrer Hilfsbereitschaft korreliert.
6. Die Reziprozitätsregel schreibt vor, dass wir auf den Gefallen einer anderen Person damit zu reagieren haben, dass wir ihr zu einem späteren Zeitpunkt ebenfalls einen Gefallen tun.
7. Viele soziale Situationen bestehen aus sozialen Dilemmata, in denen die individuelle Rationalität der handelnden Akteure kollektiv rationales Verhalten verhindert.
8. Soziale Dilemmata werden oftmals dadurch gelöst, dass Trittbettfahrer von den anderen Gruppenmitgliedern für ihr Verhalten sanktioniert werden.
9. Menschen neigen dazu, die Vertrauenswürdigkeit ihrer Mitmenschen zu unterschätzen.
10. Ungeachtet ihres übergroßen Misstrauens versuchen die meisten Menschen, anderen dieses Misstrauen nicht offen zu signalisieren.

Studentenfutter

Cialdini, R. B. (2007). *Die Psychologie des Überzeugens: Ein Lehrbuch für alle, die ihren Mitmenschen und sich selbst auf die Schliche kommen wollen.* Bern: Hans Huber.

Williams, K., D. (2007). Ostracism: The kiss of social death. *Social and Personality Psychology Compass*, 1, 236–247.

Kapitel 18

Von Vätern und Metzgern: Wie soziale Rollen, soziale Normen und sozialer Status unser Handeln bestimmen

Kapitel 18 Von Vätern und Metzgern: Wie soziale Rollen, soziale Normen und sozialer Status unser Handeln bestimmen

Inhalt

Sozial normal – Was sind soziale Normen?

Nach John Turner (1991) können soziale Normen definiert werden als Regeln des Denkens, Fühlens und Handelns, an denen sich ein Akteur in einer bestimmten Situation orientieren sollte. Sie beziehen sich dabei auf die unterschiedlichsten Lebensbereiche: Welche Kleidung ist in einer bestimmten Situation – z. B. bei einer Hochzeit oder beim Besuch einer wissenschaftlichen Konferenz – angemessen? Welche Speisen sind erlaubt und welche nicht (z. B. dürfen Moslems kein Schweinefleisch essen)? Welche Sexualpraktiken sind „normal" und welche sind unmoralisch (z. B. Sex mit Minderjährigen)? Ist es legitim, dem Finanzamt einen Teil seiner Einkünfte zu verschweigen oder ist dies unmoralisch (unabhängig von der rechtlichen Bewertung dieses Verhaltens)?

Merkmale sozialer Normen

Anhand dieser Beispiele lassen sich bereits einige wesentliche Merkmale sozialer Normen verdeutlichen:

(1) Soziale Normen beinhalten immer auch eine moralische Komponente, d. h. der Verstoß gegen eine bestimmte soziale Norm wird von den Sendern dieser Norm als unethisch betrachtet.

(2) Verschiedene Normsender können sich in der Bewertung eines bestimmten Verhaltens sehr unterscheiden. So mag der eine Steuerhinterziehung als Kavaliersdelikt betrachten, ein anderer hingegen mag darin eine schwere moralische Verfehlung sehen.

(3) Soziale Normen beziehen sich nicht nur auf ein bestimmtes Verhalten, sondern auch auf das Denken und Fühlen einer Person. Ein Beispiel: Paula verlangt von Paul nicht nur, dass dieser sie nicht betrügt, sondern auch, dass dieser noch nicht einmal daran denkt, dies zu tun bzw. dies auch gar nicht will.

(4) Soziale Normen haben immer eine objektive und eine subjektive Komponente. Die objektive Komponente bezieht sich darauf, welche normativen Erwartungen von einem Normsender an eine andere Person – d. h. an den Normempfänger – gerichtet werden. Die subjektive Komponente bezieht sich darauf, welche normativen Erwartungen von einem Normempfänger in einer bestimmten Situation wahrgenommen werden. In manchen Fällen fällt es uns schwer, einer sozialen Norm zu folgen, weil wir unsicher sind, worin diese genau besteht. Solche Unsicherheiten stellen sich vor allem dann ein, wenn wir ein bestimmtes Verhalten zum ersten Mal zeigen sollen (z. B. wenn wir zum ersten Mal einen Hummer essen müssen oder wenn wir zum ersten Mal vor einem Traualtar stehen).

(5) Soziale Normen unterscheiden sich im Grad ihrer Allgemeinheit. Während einige soziale Normen abstrakt sind und einen breiten Gültigkeitsbereich haben (z. B. allgemeine Höflichkeitsnormen), gelten andere Normen nur für sehr spezifische Situationen (z. B. Bekleidungsvorschriften für Hochzeiten).

Injunktive versus deskriptive Normen

Normen lassen sich im Hinblick auf ihre Vermittlung und Wahrnehmung in zwei Kategorien unterscheiden: injunktive und deskriptive Normen (Cialdini et al., 1990). *Injunktive* Normen beziehen sich auf die von einem Akteur wahrgenommenen normativen Erwartungen seiner Umwelt. Erwartet meine Freundin zum Beispiel, dass ich im Restaurant für sie mitbezahle? Was sind die Erwartungen meiner Kollegen und meines Vorgesetzten hinsichtlich der Zeit, wann ich morgens ins Büro komme, und hinsichtlich der Zeit, wann ich dieses abends wieder verlasse? *Deskriptive* Normen hingegen beziehen sich auf das von einem Akteur wahrgenommene tatsächliche Verhalten anderer. Ist es üblich, für seine Freundin im Restaurant zu bezahlen? Wann kommen meine Kollegen morgens zur Arbeit und wann verlassen sie abends ihr Büro?

„Die Menschen scheinen nicht leben zu können ohne Normen, nach denen sie nicht leben wollen.“
Wolfgang Mocker, (1954–2009), dt. Journalist und Autor

Wirksamkeit injunktiver und deskriptiver Normen

Die Wirksamkeit injunktiver und deskriptiver Normen wurde experimentell eingehend untersucht (Reno, Cialdini & Kallgren, 1993). In einer Studie von Cialdini und Kollegen z. B. fanden Bürger (die nicht wussten, dass sie an einem Experiment teilnahmen) ein Flugblatt hinter der Windschutzscheibe ihres Autos. Die abhängige Variable bestand darin, ob sie dieses Flugblatt auf den Boden werfen würden oder nicht. Die unwissenden Versuchsteilnehmer befanden sich dabei in unterschiedlichen Versuchsbedingungen. In der ersten Bedingung warf ein Mitarbeiter des Versuchsleiters vor ihren Augen eine leere Tüte eines Fast Food-Unternehmens auf den Boden und signalisierte dadurch die deskriptive Norm, dass man auf diesem Parkplatz seinen Müll auf den Boden wirft. In der zweiten Versuchsbedingung hob ein Mitarbeiter des Versuchsleiters vor den Augen der Versuchsperson die leere Tüte vom Boden auf und warf sie in einen Papierkorb. Durch dieses Verhalten wurde die injunktive Norm signalisiert, dass das achtlose Wegwerfen von Müll unmoralisch sei. In einer dritten Bedingung (der Kontrollbedingung) ging ein Mitarbeiter des Versuchsleiters lediglich an der Versuchsperson vorbei, ohne Müll zu verursachen oder zu beseitigen. Unabhängig von diesen drei unterschiedlichen Versuchsbedingungen war der Parkplatz zusätzlich entweder mit Müll übersäht oder aber völlig sauber und aufgeräumt. Diese zweite Variable kann ebenfalls als eine Operationalisierung deskriptiver Normen aufgefasst werden.

Robert Cialdini (*1945)

US-amerikanischer Sozialpsychologe – Cialdini beschäftigt sich vorrangig mit Marketingpsychologie und dem Einfluss sozialer Normen. In der breiten Öffentlichkeit bekannt wurde er durch seine populärwissenschaftliche Bücher zur Psychologie der Überzeugung.

Die folgende Abbildung zeigt den Anteil der verschmutzenden Versuchspersonen in den unterschiedlichen Versuchsbedingungen, die das Flugblatt auf den Boden warfen.

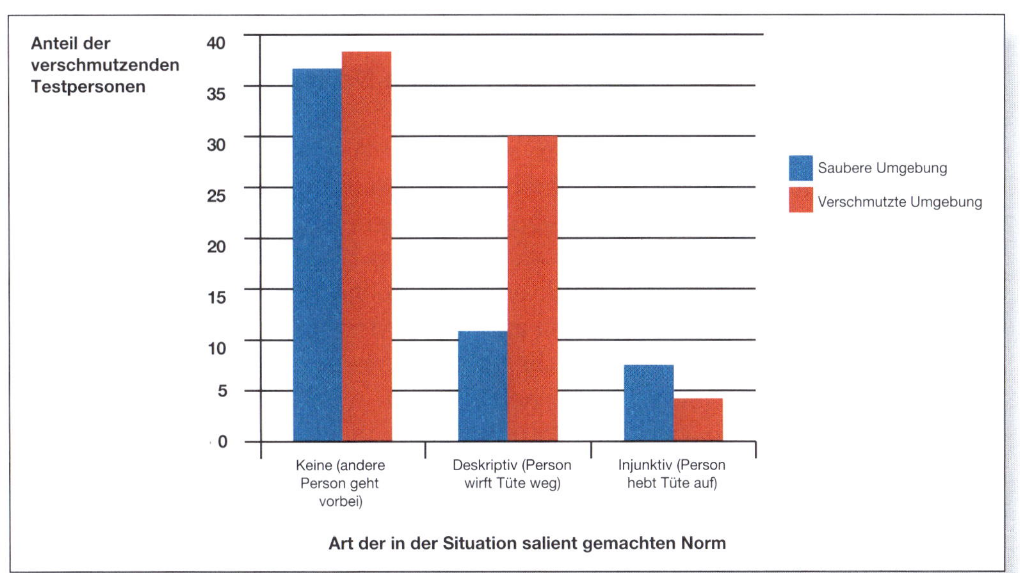

Abbildung 18.1: Injunktive Normen beeinflussen das Verhalten stärker als deskriptive Normen. (Quelle: Eigene Darstellung, nach Reno, Cialdini & Kallgren, 1993)

Wie man sieht, hatten in dieser Studie injunktive Normen einen hohen Einfluss auf das Verhalten der Versuchspersonen und zwar unabhängig davon, ob der Parkplatz insgesamt sauber war oder nicht. Der Einfluss deskriptiver Normen hingegen war schwächer und nur dann signifikant, wenn sowohl durch das Verhalten des Mitarbeiters des Versuchsleiters als auch durch den Müll auf dem Parkplatz signalisiert wurde, dass es in dieser Situation üblich ist, seinen Müll auf den Boden zu werfen.

Aus den Ergebnissen dieser Studie sollte jedoch nicht gefolgert werden, dass deskriptive Normen ganz allgemein weniger wichtig sind als injunktive Normen. So weist Cialdini (2005) darauf hin, dass deskriptive Normen das Verhalten von Menschen in einer sehr subtilen Weise beeinflussen. In einem Feldexperiment wurde beispielsweise der Text eines Hinweisschildes variiert, mit dem Hotelgäste dazu animiert werden sollten, ihre Handtücher nicht täglich waschen zu lassen sondern mehrfach zu benutzen (Goldstein et al., 2008). Hierbei verwandten sie vier verschiedene Texte: 1) „Helfen Sie die Umwelt zu schützen!“, 2) „Helfen Sie Ressourcen für zukünftige Generationen zu schonen!“, 3) „Werden Sie unser Partner im Umweltschutz!“, 4) „Machen Sie es so wie andere Hotelgäste und schützen Sie die Umwelt!“

Die Ergebnisse dieses Feldexperiments zeigten sehr deutlich, dass vor allem in der vierten Versuchsbedingung, in der Informationen über deskriptive Normen gegeben wurden, die Bereitschaft der Hotelgäste stieg, ihre Handtücher mehrfach zu benutzen.

Warum befolgen Menschen eigentlich soziale Normen?

Warum hält ein Autofahrer nachts an einer roten Ampel, auch wenn weit und breit weder ein anderer Verkehrsteilnehmer noch ein Polizist zu sehen ist? Warum geben Menschen Einkünfte aus Nebentätigkeiten bei ihrem Finanzamt an, auch wenn es sehr unwahrscheinlich erscheint, dass das Finanzamt einen Steuerbetrug entdecken würde und im Falle einer Aufdeckung nur mit einer geringen Geldstrafe zu rechnen wäre? Warum kaufen sich Menschen für eine Beerdigung einen schwarzen Anzug, obwohl sie diesen ansonsten kaum gebrauchen können (und der Tote ohnehin nichts davon hat)? Warum wird es einem kleinen Kind nachgesehen, wenn es in einem Restaurant nicht mit Messer und Gabel isst, seinen Eltern hingegen nicht?

Erklärung normkonformen Verhaltens

Bei der Beantwortung solcher Fragen ist zwischen Situationen zu unterscheiden, in denen es im materiellen Eigeninteresse einer Person liegt, bestimmten sozialen Normen zu folgen, und solchen, in denen dies im Widerspruch zu ihrem eigenen Interesse liegt. So ist es z. B. im eigenen Interesse eines Autofahrers, sich

Abbildung 18.2: Manche Normen befolgen Menschen aus direktem Eigeninteresse. So ist es z. B. sinnvoll, in Deutschland auf der rechten Straßenseite zu fahren, doch in angelsächsischen Ländern sollte man sich an die Norm des Linksverkehrs halten. (© Benshot – Fotolia.com)

(zumindest in Deutschland) an die Regel des Rechtsverkehrs zu halten. Im Falle solcher Koordinationsnormen ist die Befolgung einer Norm nicht weiter erklärungsbedürftig.

Sehr häufig aber halten sich Menschen auch dann an soziale Normen, wenn dies für sie mit Kosten und Unannehmlichkeiten verbunden ist. Zur Erklärung dieses Verhaltens werden in der Regel zwei unterschiedliche Erklärungsansätze angeboten:

Erstens: Die Nichtbefolgung sozialer Normen wird von Dritten negativ sanktioniert.

Zweitens: Soziale Normen werden im Laufe der Sozialisation internalisiert.

Sanktionen

Die erste Erklärung geht davon aus, dass sich Menschen oftmals deshalb an soziale Normen halten, weil sie von anderen bestraft werden, wenn sie dies nicht tun. Im Bereich gesetzlicher Normen gibt es spezialisierte Sanktionsinstanzen (wie die Polizei oder das Rechtssystem), die darauf achten, dass sich die Bürger an bestehende Gesetze halten.

Oftmals wichtiger als legale Normen sind für das soziale Miteinander jedoch informelle soziale Normen, deren Einhaltung nicht durch das Justizsystem erzwungen wird. Hierbei ist allerdings darauf hinzuweisen, dass die Durchsetzung sozialer Normen durch die Sanktionierung von Normabweichlern oftmals mit Kosten verbunden ist. Beobachtet z. B. jemand, wie in einer Fußgängerzone ein Ausländer von Skinheads provoziert wird und stellt sich auf die Seite des Ausländers, begibt er sich damit in die Gefahr, selbst von den Skinheads attackiert zu werden.

Bereits im vorigen Kapitel hatten wir diskutiert, dass Menschen bereit sind, sich unfair verhaltende andere Versuchspersonen zu bestrafen, auch wenn dies mit eigenen monetären Kosten verbunden ist und ein solches Verhalten nicht im finanziellen Eigeninteresse des Bestrafenden liegt (Fehr & Fischbacher, 2003; Yamagishi, 1986).

Warum sind Menschen bereit, die Kosten für die Bestrafung anderer auf sich zu nehmen? Verschiedene Studien wiesen nach, dass ein solches Verhalten oftmals durch moralische Emotionen wie Verärgerung oder Empörung motiviert ist und die Bestrafung einer Person, die gegen bestehende Normen verstößt, zu positiven Emotionen auf Seiten des Bestrafenden führt (de Quervain et al., 2004). Dies erklärt allerdings nicht, warum Menschen solche Emotionen erleben. Denn aus evolutionsgeschichtlicher Perspektive hätte es adaptiver sein sollen, die Bestrafung von „Free Ridern" anderen zu überlassen, da solche Sanktionen oftmals mit Kosten für den Bestrafenden verbunden sind (Fehr & Gächter, 2002).

Allerdings können Bestrafungen von Normabweichlern häufig auch relativ „preiswert", sein. Dies ist besonders dann der Fall, wenn die Bestrafungskosten unter einer Anzahl an Personen aufgeteilt werden und wenn die Sanktion aus der sozialen Meidung einer Person besteht. Eine Vielzahl an Studien zeigt, dass der Ausschluss aus einer sozialen Gruppe für Menschen eine massive psychische Belastung darstellt (siehe Kapitel 17). Es handelt sich dabei demnach um eine durchaus gefürchtete und effektive Sanktion. So wird z. B. ein bestimmter Mitarbeiter auf dem nächsten Betriebsausflug gemieden oder nicht mehr zu privaten Geburtstagsfeiern eingeladen, weil er gegen die Norm verstoßen hat, keine Über-

Abbildung 18.3: Ein weiterer Grund, warum Menschen sich meist an soziale Normen halten, ist die Angst vor Bestrafung, welche oft in Form von Ausschluss, Mobbing und Meidung erfolgt. (© godfer – Fotolia.com)

stunden zu machen. Einen solchen Ausschluss vermeidet man dadurch, dass man sich an die Normen seiner Bezugsgruppe hält (z. B. indem man als Jugendlicher die „richtigen“ Turnschuhe trägt und die „richtige“ Jeansmarke).

Sozialisation

Neben der Furcht vor den Sanktionen anderer halten sich Menschen aber auch deshalb an soziale Normen, weil sie diese im Laufe ihrer Sozialisation internalisiert haben. Dadurch werden Normen ein Teil von uns, dem wir uns kaum entziehen können und Menschen reagieren mit Gefühlen von Schuld und Scham, wenn sie sich nicht an bestimmte Normen halten, deren Befolgung sie selber für moralisch geboten halten. Schon Freud hat in seinem Instanzenmodell der Psyche (aus Es, Über-Ich und Ich) darauf hingewiesen, dass Menschen in ihrem Verhalten maßgeblich durch ihr „Über-Ich“ geprägt sind.

Menschen befolgen soziale Normen oftmals auch dann, wenn sie rein kognitiv den Sinn einer solchen Norm in Frage stellen. So erzählte mir einmal eine ältere Dame, dass ihr als kleines Kind unter Androhung von Hölle und Fegefeuer verboten worden sei, beim Schwimmen ins Meer zu urinieren. Heute, Jahrzehnte später, wisse sie, dass ein solches Verhalten zu keinerlei Schaden für die Umwelt oder andere Schwimmer im Meer führe, dennoch aber schäme sie sich bei dem Gedanken, ins Meer zu urinieren und sei körperlich nicht dazu in der Lage (wenn Sie, lieber Leser, dieses Beispiel unappetitlich finden, mag dies daran liegen, dass Sie als Kind ähnlich erzogen wurden). Solche Scham- und Schuldgefühle wider besseren Wissens sind ein häufiges Problem im Erleben der Sexualität von Menschen (vor allem Frauen), die in einem Klima erzogen wurden, in dem das Genießen der eigenen Sexualität als „schmutzig“ und „unmoralisch“ dargestellt wurde (Daniluk, 1998).

In diesem Zusammenhang ist auch darauf hinzuweisen, dass Religion häufig die Funktion übernimmt, die Einhaltung sozialer Normen (kostengünstig) zu kontrollieren. So kennen z. B. die drei monotheistischen Religionen des Judentums, des Christentums und des Islams die Vorstellung eines allwissenden Gottes, der jede Nichtbefolgung sozialer (religiöser) Normen beobachtet und entweder sofort oder nach dem Tode bestraft (Fetchenhauer, 2009). In einer Studie (Baldwin, Carrell & Lopez , 1990) verminderte sich das Selbstwertgefühl von Katholiken, wenn sie ein Bild des Papstes gesehen hatten, auf dem dieser unfreundlich guckte. Hierbei hatten Versuchspersonen das Bild des Papstes nur für wenige Millisekunden gesehen, so dass sie sich gar nicht bewusst an dieses Bild erinnern konnten.

Herkunft und Veränderung sozialer Normen

Eine wichtige Frage ist, wie Normen eigentlich entstehen und warum sie sich verändern. Diese Frage ist allerdings nur schwer zu beantworten (Elster, 2007) und der diesbezügliche Erkenntnisstand der Sozialwissenschaften (einschließlich der Sozialpsychologie) ist sehr unbefriedigend.

Erklärungsansätze zur Normentstehung

Zur Erklärung der Herkunft sozialer Normen können folgende drei Erklärungsansätze unterschieden werden (Opp, 1983; Horne, 2007):

Erstens: Soziale Normen entstehen dann, wenn ein bestimmtes Verhalten häufig ausgeführt wird. Juristen sprechen hierbei von der „normativen Kraft des Faktischen". Bei dieser Erklärung bleibt allerdings unklar, warum ein Verhalten so häufig gezeigt wird, dass es irgendwann von einer statistischen zu einer sozialen Norm wird. Zudem gibt es viele Verhaltensweisen, die sehr weit verbreitet sind, dennoch aber nicht zur sozialen Norm werden, sondern im Gegenteil sozial verurteilt werden, wie z. B. Neid und Missgunst.

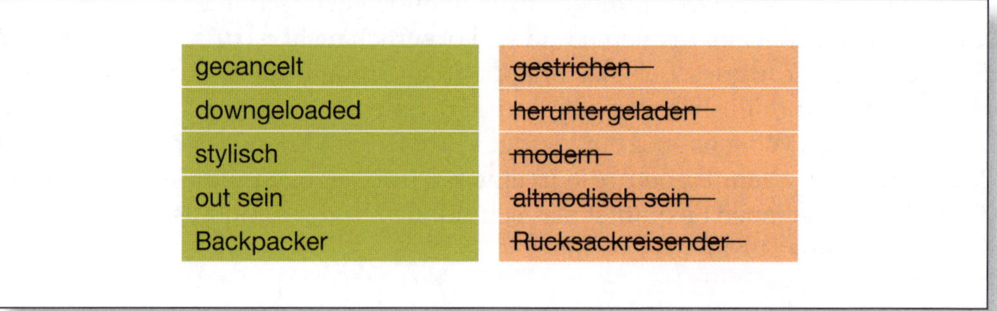

Abbildung 18.4: Die normative Kraft des Faktischen: Eine Erklärung zum Ursprung von Normen ist, dass zur Norm wird, was alle tun. So werden z. B. manche Wörter von Deutschen mittlerweile nur noch in ihrer englischen Form benutzt. Wer heute noch „Haarwaschmittel" statt „Shampoo" sagt, widersetzt sich einer unausgesprochenen Norm. (Quelle: Eigene Darstellung)

Funktionalistischer Fehlschluss

Zweitens: Soziale Normen dienen dem (friedlichen) Zusammenleben der Menschen in einer Gesellschaft. Diese Erklärung krankt allerdings daran, dass sie dem so genannten „funktionalistischen Fehlschluss" erliegt – das in Frage stehende Phänomen wird aus seiner sozialen Funktion heraus erklärt, ohne dass angegeben wird, welcher Mechanismus die einzelnen Akteure dazu bringt, sich in einer bestimmten Weise zu verhalten.

Drittens: Soziale Normen dienen den Interessen der Herrschenden und werden von diesen auch definiert sowie aufrechterhalten. Ein Beispiel: In vielen afrikanischen Ländern gilt es als soziale Norm, dass sich junge Frauen die Klitoris beschneiden lassen, wobei diese Norm nicht im Interesse der betroffenen Frauen liegt, sondern im Interesse der sie dominierenden Männer. Gemäß diesem Erklärungsansatz ließe sich argumentieren, dass Menschen oder Kollektive von Menschen dann soziale Normen einführen, wenn sie sich durch die Nichteinhaltung dieser Normen negativ betroffen fühlen und wenn sie die Macht haben, solche Normen auch durchzusetzen. So erfolgte die soziale Ächtung von Fahren unter dem Einfluss von Alkohol erst dann, als aus verschiedenen Studien deutlich wurde, wie sehr die Unfallwahrscheinlichkeit nach dem Genuss von Alkohol steigt (Horne, 2007).

Noch schwieriger als die Erklärung der Herkunft sozialer Normen gestaltet sich die Erklärung ihrer Veränderung. In den letzten Jahrzehnten haben sich in vielen westlichen Ländern soziale Normen hinsichtlich Sexualität, Ehe und Partnerschaft deutlich verändert. Während z. B. vor 50 Jahren das unverheiratete Zusammenleben von Mann und Frau massiv gegen soziale Normen verstieß (und sich z. B. ein Vermieter der „Kuppelei“ schuldig machte, wenn er dies duldete), wird ein solches Verhalten heute kaum noch negativ sanktioniert. Woran liegt es also, dass sich diese Norm verändert hat?

Auf der Mikroebene sind Veränderungen sozialer Normen immer dadurch gekennzeichnet, dass zunächst einige wenige und dann immer mehr Akteure sich nicht (mehr) an eine bestimmte Norm halten bzw. einer veränderten Norm folgen. Aus ökonomischer Sicht ließe sich argumentieren, dass Menschen dann einer sozialen Norm nicht mehr folgen, wenn die Kosten von Normkonformität über ihrem Nutzen liegt. Ein solcher Ansatz kann aber nur schwer erklären, warum Menschen oftmals auch dann an sozialen Normen festhalten, wenn dies für sie mit erheblichen Kosten verbunden ist.

Soziale Rollen und wie sie uns beeinflussen

Eng mit dem Konzept sozialer Normen verbunden ist der Begriff der sozialen Rolle. Unter sozialen Rollen versteht man die Gesamtheit der normativen Erwartungen, die an den Inhaber einer bestimmten sozialen Position gerichtet werden (zu unterschiedlichen Rollenerwartungen an Männer und Frauen siehe auch Kapitel 9). So erwartet man z. B. von einer Mutter Engagement und Einsatz für ihre Kinder, Warmherzigkeit, aber auch Durchsetzungsfähigkeit bei der Erziehung und oftmals das Zurückstellen eigener beruflicher Ambitionen. Katholische Geistliche haben ein keusches (d. h. asexuelles) Leben zu führen und sollten bereit sein, den eigenen Glauben in die Gemeinde zu tragen (d. h. ein katholischer Geistlicher sollte nicht an der Existenz Gottes zweifeln und schon

„Wir alle spielen Theater.“ Erving Goffman (1922–1982), US-amerikanischer Soziologe

gar nicht öffentlich darüber predigen). Diese Beispiele machen deutlich, dass die Gültigkeit bestimmter sozialer Normen oftmals an bestimmte Adressaten, d. h. an die Inhaber bestimmter sozialer Rollen und Positionen, geknüpft ist. So verlangt die katholische Kirche nicht von allen gläubigen Katholiken (völlige) sexuelle Enthaltsamkeit, sondern nur von ihren Priestern und Bischöfen.

Ein anderes Beispiel gibt Ariely (2008): Es ist sehr üblich und entspricht der sozialen Rolle des Gastes, wenn man im Restaurant für sein Essen bezahlt und sich für einen hervorragenden Service durch ein hohes Trinkgeld erkenntlich zeigt. Es entspricht jedoch nicht der Rolle eines Gastes, wenn man sich bei einer privaten Einladung für die hohe Qualität des Essens bedankt, indem man seiner Schwiegermutter einen 20-Euro-Schein zukommen lässt.

Verschiedene Konzeptionen sozialer Rollen

In der soziologischen Rollentheorie werden zumeist zwei unterschiedliche Konzeptionen sozialer Rollen unterschieden: Der Strukturfunktionalismus und der Symbolische Interaktionismus (Fischer & Wiswede, 2009). Sie unterscheiden sich vor allem durch die (angenommene) Generalität bzw. Individualität sozialer Rollen.

Strukturfunktionalismus

In der Tradition des von Parsons entwickelten Strukturfunktionalismus werden Rollen als gesellschaftliche Vorgaben betrachtet, denen sich der Inhaber einer sozialen Rolle weitgehend sklavisch zu unterwerfen hat (Parsons, 1991). In dieser Konzeption bestehen Gesellschaften bzw. soziale Organisationen vor allem aus einem System sozialer Positionen, die weitgehend unabhängig von den konkreten Personen existieren, welche diesen Positionen zugeordnet sind.

Symbolischer Interaktionismus

Der von Georg Herbert Mead (1934) begründete symbolische Interaktionismus betont hingegen den dynamischen Charakter sozialer Rollen. Danach werden Rollen jeweils individuell ausgehandelt und der Inhaber einer sozialen Rolle hat hohe Freiheitsgrade, seine Rolle individuell zu definieren.

Die Gültigkeit beider Paradigmen hängt in großem Maße von der konkreten Rolle ab, die eine bestimmte Person innehat. So kann z. B. ein Universitätsprofessor relativ frei entscheiden, in welchen Bereichen er forscht, wie viele Doktoranden er betreut und ob er zu den Studierenden ein vertrautes oder ein eher distanziertes Verhältnis pflegt. Auf der anderen Seite hat ein Gefreiter bei der Bundeswehr sehr viel weniger Möglichkeiten zur Gestaltung seiner eigenen Rolle und muss sich stattdessen weitgehend den Befehlen seiner Vorgesetzten unterordnen.

Grundsätzlich lässt sich allerdings festhalten, dass so gut wie jede Rolle sowohl Rollenzwänge als auch Freiräume zur individuellen Ausgestaltung der Rolle

Abbildung 18.5: Manche Rollen lassen mehr Spielraum als andere. So können ProfessorInnen ihren Arbeitsalltag relativ individuell gestalten, SoldatInnen müssen sich jedoch strengen Regeln und Befehlen beugen (Quelle: li: Pixelio; re: © Tetastock – Fotolia.com)

beinhaltet. So ist auch ein Universitätsprofessor Zwängen unterworfen und auch ein Bundeswehrsoldat hat begrenzte Freiheiten bei der Definition seiner Rolle.

Rollen als kognitive Schemata

Die Sozialpsychologie fügt den beiden genannten Konzepten eine weitere Perspektive hinzu, der zufolge soziale Rollen oftmals als kognitive Schemata definiert werden (zum Konzept sozialer Schemata siehe auch Kapitel 13). Soziale Rollen sind hierbei als besondere Formen sozialer Stereotype zu verstehen, die dem Inhaber einer Rolle bestimmte Eigenschaften zuschreiben, wobei diese sich nicht nur auf die normativen Inhalte, sondern ganz allgemein auf typische Eigenschaften des Inhabers einer bestimmten Rolle beziehen. So gehört es etwa zum Stereotyp eines Balletttänzers, dass dieser homosexuell ist, ohne dass dies von ihm normativ erwartet würde. Kognitive Schemata helfen somit als automatisierte Denkmuster, Informationen schneller auszuwerten und zu verarbeiten.

Bereits in Kapitel 13 hatten wir darauf hingewiesen, dass eine Sonderform kognitiver Schemata so genannte Skripte sind, die sich auf die typischen Handlungsfolgen von Menschen in bestimmten Interaktionssituationen beziehen.

George Herbert Mead (1863–1931)

US-amerikanischer Philosoph und Psychologe – Mead beschäftigte sich u. a. mit der Frage, wie die menschliche Identität zustande kommt und welchen Einfluss die Gesellschaft auf sie hat. Seine Vorstellung, dass der Mensch die Identität erst innerhalb und mithilfe sozialer Beziehungen entwickelt, wurde von seinem Schüler Herbert Blumer in den Begriff „Symbolischer Interaktionalismus“ gegossen.

Soziale Skripte sind oftmals kulturgebunden, was zu erheblichen Kommunikationsstörungen führen kann, wenn sich die beteiligten Akteure der Kulturgebundenheit ihres Verhaltens nicht bewusst sind. So hatte z. B. ein niederländischer Kollege einmal ein befreundetes amerikanisches Ehepaar zum Essen zu sich nach Hause eingeladen. Der Abend war sehr gelungen, aber ab einer bestimmten Uhrzeit hätte es der Gastgeber gerne gesehen, wenn die Gäste den Abend beendet hätten und nach Hause gegangen wären. Wie sich einige Stunden und mehrere Tassen Kaffee später herausstellte, wären auch die Gäste gerne gegangen, warteten aber darauf, dass die Gastgeber den Abend beendeten.

Übrigens: Das besagte amerikanische Paar verbrachte einige Monate in den Niederlanden, um sich aus Kultur vergleichender Perspektive mit Unterschieden zwischen Amerikanern und Niederländern zu beschäftigen, war also für Unterschiede zwischen beiden Kulturen hochgradig sensibilisiert – und brauchte dennoch Stunden, um sich der Kulturgebundenheit ihrer eigenen Rollenerwartungen hinsichtlich des Verhaltens von Gästen und Gastgebern bewusst zu werden.

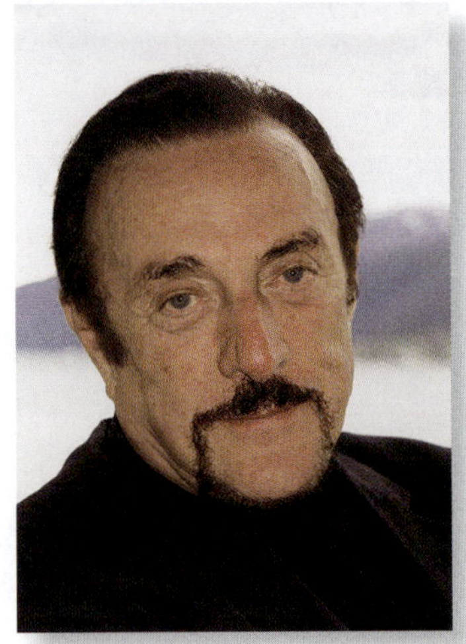

Phillip Zimbardo (*1933)

US-amerikanischer Psychologe – Zimbardo wurde in den 1970er Jahren durch das Gefangenenexperiment bekannt, welches den Einfluss von sozialen Situationen und zugewiesenen Rollen auf das Verhalten deutlich gemacht hat. Im Laufe seiner Karriere hat er sich auch mit einer Vielzahl von Themen wie Schüchternheit und Zeit beschäftigt.

Das Stanford-Gefangenenexperiment

Welche dramatischen Konsequenzen soziale Rollen auf das Verhalten von Menschen haben können, zeigt das berühmte Gefängnisexperiment von Zimbardo (Haney, Banks & Zimbardo, 1973; Zimbardo, 2007), das in Deutschland durch die Verfilmung mit Moritz Bleibtreu in einer der Hauptrollen bekannt wurde. In diesem Experiment wurden männliche Versuchspersonen der hochangesehenen Stanford University darum gebeten, für die Dauer von 14 Tagen an einem sozialpsychologischen Versuch teilzunehmen, in dem sie zufällig die Rolle der Wärter bzw. der Insassen eines Gefängnisses einnahmen. Hierbei erhielten sowohl die Wärter als auch die Gefangenen nur sehr vage formulierte Rollenerwartungen. Im Wesentlichen wurden die Teilnehmer aufgefordert, sich so zu verhalten, wie sie es ihrer Rolle für angemessen hielten.

Schon nach kurzer Zeit hatten die Versuchsteilnehmer die unterschiedlichen Rollen in einem für die Forscher verblüffenden Ausmaß internalisiert. So verhielten sich die Wärter zunehmend bösartiger und sadistischer, während die Gefangenen die Anweisungen der Wärter nach anfänglichem Protest nahezu ohne Widerstand akzeptierten. Aufgrund der zunehmenden Eskalation sowohl der psychischen als auch der physischen Aggressionen der Wärter musste das Experiment nach sechs Tagen abgebrochen werden.

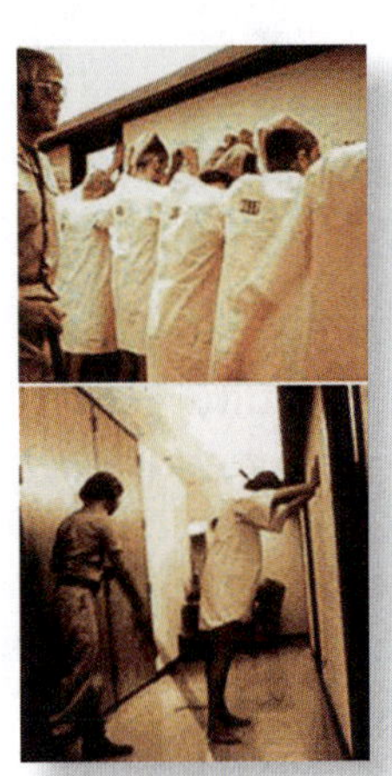

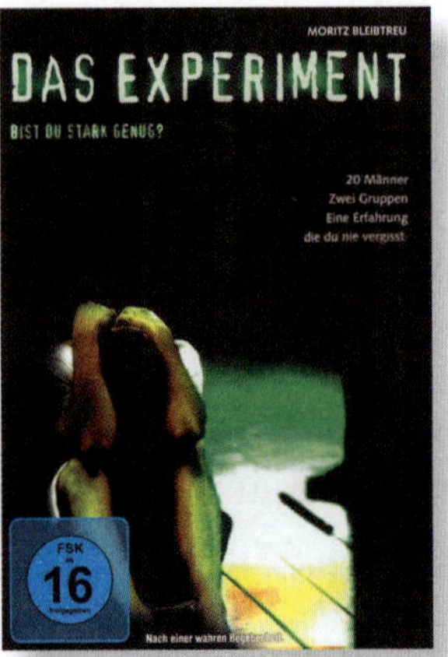

Abbildung 18.6: Szene aus dem Original des Stanford Gefängnis Experiments in den 1970er Jahren und Plakat einer populären Verfilmung von 2001 mit Moritz Bleibtreu. (Quelle: li: Zimbardo; re: Universum Film GmbH)

Rollenkonflikte

Soziale Rollen können eine Fülle an Erwartungen und impliziten Aufforderungen mit sich bringen. Darum wird die Übernahme bzw. das Ausüben sozialer Rollen oftmals als konfliktträchtig und belastend erlebt. Hierbei lassen sich folgende „Rollenkonflikte“ unterscheiden:

Formen von Rollenkonflikten

Erstens: Inter-Rollenkonflikte entstehen, wenn man zwei sich widersprechende Rollen gleichzeitig zu erfüllen versucht und so die Anforderungen der sozialen Rollen in Widerstreit zueinander stehen. Dies ist z. B. der Fall, wenn der Chef erwartet, dass ein wichtiges Projekt zur Not auch am Wochenende zu Ende gebracht wird, die Ehefrau oder der Ehemann hingegen erwarten, dass sich ihr Partner am Wochenende um sie kümmert.

Zweitens: Intra-Rollenkonflikte liegen dann vor, wenn innerhalb einer Rolle widersprüchliche Erwartungen an eine Person gestellt werden. Diesbezüglich wird oftmals noch zwischen Inter-Sender- und Intra-Senderkonflikten unterschieden. Ein Inter-Senderkonflikt liegt z. B. vor, wenn ein Vater von seiner Frau dazu angehalten wird, die gemeinsamen Kinder nicht zu verwöhnen, während die Kinder erwarten, von ihrem Vater nicht zu streng behandelt zu werden. Ein Intra-Senderkonflikt liegt dagegen z. B. vor, wenn ein Mann von seiner Partnerin sowohl Keuschheit als auch sexuelle Erfahrung erwartet.

Ralf Dahrendorf (1929–2009)

Deutsch-britischer Soziologe und Politiker – Als Soziologe ist Dahrendorf vor allem für sein Konzept des „homo sociologicus“ bekannt, welches den Mensch vorrangig als soziales Wesen darstellt, dass stark durch soziale Rollen, Normen, Erwartungen und Sanktionen anderer geprägt ist. Auf politischer Ebene war Dahrendorf u. a. für die FDP Mitglied des deutschen Bundestages, parlamentarischer Staatssekretär im Auswärtigen Amt und Mitglied der Europäischen Kommission.

Drittens: Rolle-Selbst-Konflikte, bei denen eine Person in einer Rolle agieren muss, die sie als unverträglich mit ihrer eigenen Persönlichkeit bzw. ihren eigenen Werten wahrnimmt. Jemand fühlt sich z. B. von seiner Rolle als Metzger belastet, weil er mittlerweile selbst Vegetarier ist.

Bereits in Kapitel 9 hatten wir diskutiert, dass Unterschiede zwischen Frauen und Männern von vielen Autoren vor allem darauf zurückgeführt werden, dass diese im Sinne bestimmter Geschlechterrollen sozialisiert werden (Eagly & Wood, 1999; Wood & Eagly, 2002). Nach Meinung dieser Autoren werden Jungen durch die Gesellschaft zu Männern gemacht und Mädchen zu Frauen. Gäbe es hingegen keine unterschiedlichen gesellschaftlichen Erwartungen an Männer und Frauen, dann ließen sich zwischen diesen auch keinerlei Unterschiede feststellen. So argumentieren die Autoren zum Beispiel, Frauen kämen vor allem deshalb nicht in Führungsrollen, weil die Rolle eines typischen Managers eine hohe Übereinstimmung mit der männlichen, nicht aber mit der weiblichen Geschlechterrolle aufweist („Think manager, think male“) (Eagly & Sczesny, 2009).

Rollen als Be- und Entlastung

Insgesamt lässt sich somit festhalten, dass die Wirkung sozialer Rollen auf unser Leben sehr ambivalent ist. Auf der einen Seite engen sie uns ein und erscheinen uns wie ein Korsett. Sie zwingen uns, Dinge zu tun, die wir oft eigentlich nicht tun wollen. Laut Dahrendorf (1965, 2006) geben sie nicht nur vor, wie wir uns in bestimmten Situationen zu verhalten, sondern auch, wie wir in diesen Situationen zu denken und zu fühlen haben. Eine solche Sichtweise auf soziale Rollen wäre jedoch zu einseitig. Denn auf der anderen Seite helfen uns soziale Rollen

Soziale Rollen als kognitive Heuristiken

dabei, unseren Alltag zu strukturieren und zu gestalten. Sie bewirken, dass das Verhalten unserer Mitmenschen vorhersehbar ist und sie verringern den Koordinationsbedarf bei der Ausgestaltung des sozialen Miteinanders. Soziale Rollen können somit auch als kognitive Heuristiken verstanden werden (zur Funktion von Heuristiken siehe Kapitel 2).

In Kapitel 11 hatten wir bereits dargestellt, dass Menschen Situationen bevorzugen, in denen sie zwischen verschiedenen Alternativen frei wählen können. Doch da die Optionsvielfalt in den letzten Jahren stark zugenommen hat und es zunehmend mehr Ressourcen erfordert, sich zwischen verschiedenen Alternativen rational zu entscheiden, können viele Alternativen häufig auch eine paralysierende Wirkung haben (Schwartz, 2005). Insofern können Rollen durch ihre Struktur gebende Art auch befreiend wirken.

Abbildung 18.7: „Schatz, was soll ich anziehen?" – Während Männern die Kleiderwahl bei festlichen Anlässen wie einer Hochzeit durch die Norm „Anzug" erleichtert wird, können Frauen zwischen vielen Alternativen wie Kostüm oder Hosenanzug, Cocktailkleid oder Ballkleid, schwarz oder rot, eng anliegend oder leger wählen. Haben sich Frauen jedoch zuvor für eine gewisse soziale Rolle entschieden – z. B. Femme fatale, graue Maus oder elegante Dame –, dann erfordert die Kleiderwahl weniger Anstrengung. (© seen und © romina rossi – Fotolia.com)

Sozialer Status

Der soziale Status einer Person bezeichnet den Grad der Wertschätzung, der dieser Person von anderen entgegengebracht wird. Dieser Grad an Wertschätzung ist abhängig von den unterschiedlichsten Variablen. In soziologischen Studien wird Status oftmals über eine Kombination aus Einkommen, Bildung und Berufsprestige operationalisiert (Miller & Salkind, 2002).

Darüber hinaus ist das Ansehen einer Person in ihrem sozialen Nahumfeld allerdings auch von den Fähigkeiten und Kompetenzen auf Dimensionen abhängig, die nur in einer ganz bestimmten Gruppe von Bedeutung sind. So ist z. B. in einer Gruppe von Skateboardfahrern die Fähigkeit zum „Crossfoot-Casper" bedeutend für den Status in der Gruppe, während diese Fähigkeit unter einer Gruppe von Psychologieprofessoren nur eine randständige Bedeutung hat.

Neben diesen sehr spezifischen Dimensionen ist das Ansehen einer Person auch von ihrer Attraktivität und ihrer Körpergröße abhängig. Attraktive, große Menschen genießen ein höheres Ansehen, sind beruflich erfolgreicher und erzielen ein höheres Einkommen als weniger attraktive, kleine Menschen (Hosoda, Stone-Romero & Coats, 2003; Judge & Cable, 2004; Kapitel 8 und 13).

Status, Macht und sozialer Einfluss

Formeller vs. Informeller Status

Es werden zwei Formen des sozialen Staus unterschieden: Ein formeller Status drückt sich durch eine offizielle Zuweisung aus (z. B. Stellenbezeichnung in einem Unternehmen oder Bürgermeisteramt), während sich ein informeller Status in sozialen Gefügen spontan ergibt und nicht festgeschrieben ist. Eine Vielzahl von Studien belegt, dass ein hoher formeller oder informeller Status den Einfluss und die Macht einer Person deutlich erhöht. So sind Menschen in Verhandlungsspielen umso mehr zu Zugeständnissen bereit, je höher der soziale Status ihres Verhandlungspartners ist, selbst dann, wenn der Status den Versuchspersonen nach offensichtlich eher zufälligen Merkmalen zugewiesen wurde (Ball et al., 2001).

Die berühmten, bereits in Kapitel 15 vorgestellten Studien von Milgram (1974) zeigen, dass Menschen bereit sind, den Anweisungen einer anderen Person Folge zu leisten, wenn diese Anweisungen mit dem Status eines Experten legitimiert werden.

Auch unter Wissenschaftlern beeinflusst der soziale Status eines Forschers seinen Erfolg. Die beiden amerikanischen Psychologen Ceci und Peters (1982) reichten unter einem gänzlich unbekannten Namen insgesamt zwölf Manuskripte bei führenden psychologischen Zeitschriften zur Veröffentlichung ein, wobei sie angaben, von einer unbekannten amerikanischen Forschungseinrichtung zu stammen. Sämtliche Manuskripte waren allerdings bereits vorher publiziert worden – in der Regel von namhaften Autoren hoch angesehener amerikanischer Universitäten – und zwar genau in den Journals, in denen Ceci und Peters ihre Dubletten einreichten. In drei Fällen fiel der Schwindel auf, von den übrigen neun Manuskripten wurden acht wegen ihrer vermeintlich niedrigen wissenschaftlichen Qualität abgelehnt.

Konsequenzen des sozialen Status

Wenn sozialer Status den Einfluss und die Macht einer Person beeinflusst, ist es nicht überraschend, dass Menschen daran interessiert sind, einen möglichst hohen Status zu erreichen. Dies macht auch aus evolutionspsychologischer Perspektive Sinn, weil Männer mit einem hohen sozialen Status über mehr Sexualpartner verfügen und mehr Kinder zeugen als Männer mit einem niedrigen sozialen Status.

Zusammenhang von sozialem Status und Lebenszufriedenheit

Demzufolge ist es auch nicht überraschend, dass sozialer Status – operationalisiert über das Einkommen – positiv mit Lebenszufriedenheit assoziiert ist. Man hört immer wieder, Geld mache nicht glücklich. Empirisch ist es aber eben doch so (Lucas & Schimmack, 2009).

Sozialer Status steigert jedoch nicht nur die Lebenszufriedenheit, er erhöht auch die Lebenserwartung. Marmot (2004) spricht in diesem Zusammenhang von einem „Status-Syndrom" und zeigt in einer Vielzahl von Studien, dass reiche und gebildete Menschen deutlich älter werden als arme und ungebildete Menschen.

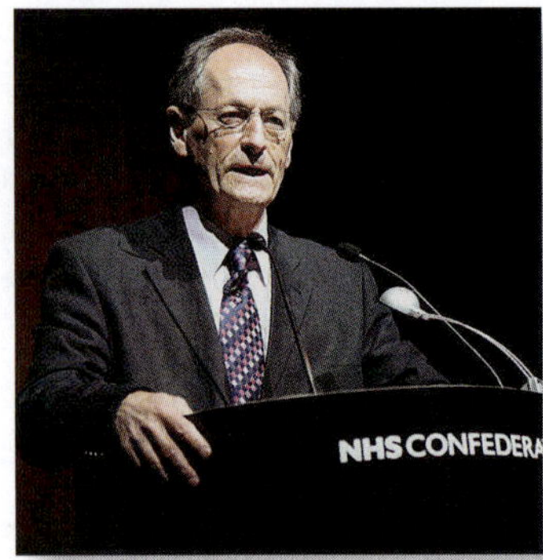

Michael Marmot (*1945)

Britischer Epidemologe – Marmot ist Professor für Epidemologie und Gesundheitswissenschaft sowie Vorsitzender der von der WHO 2005 eingerichteten Kommission für Soziale Determinanten der Gesundheit. Er forscht zur sozial bedingten Ungleichheit von Gesundheitschancen und vor allem zum Einfluss von geringem sozialen Status auf Herz-Kreislauf-Erkrankungen.

Abbildung 18.8: Hoher Status steigert die Lebenserwartung: Alt-Bundeskanzler Helmut Schmidt beispielsweise genießt in Deutschland den Status des beliebtesten Politikers der jüngeren deutschen Geschichte und hat seinen 90. Geburtstag schon längst hinter sich – trotz Rauchens. (Quelle: Süddeutsche Zeitung)

Zusammenfassung

In diesem Kapitel ging es um die Frage, inwiefern menschliches Denken, Fühlen und Verhalten durch unsere soziale Umwelt determiniert ist. Wie wir gesehen haben, ist dies in hohem Maße der Fall. Wir tun vieles, weil bestimmte soziale Normen uns dies nahe legen. Diese Normen sind oftmals an bestimmte soziale

Rollen gekoppelt. Ferner wird unser Verhalten auch von unserem eigenen sozialen Status und dem unserer Interaktionspartner beeinflusst. Auch wenn wir zumeist denken, unser soziales Verhalten sei frei und selbst bestimmt, tun wir oftmals nur dies, was die Gesellschaft von uns fordert.

Kurz und gut

1. Soziale Normen können definiert werden als Regeln des Denkens, Fühlens und Handelns, an denen sich ein Akteur in einer bestimmten Situation orientieren sollte.
2. *Injunktive* Normen beziehen sich auf die von einem Akteur wahrgenommenen normativen Erwartungen seiner Umwelt.
3. *Deskriptive* Normen beziehen sich auf das von einem Akteur wahrgenommene tatsächliche Verhalten anderer.
4. Menschen halten sich an soziale Normen, weil sie für ihre Nichteinhaltung von anderen sanktioniert werden und/oder weil sie diese im Laufe ihres Lebens internalisiert haben.
5. Soziale Normen dienen dem sozialen Miteinander aller Mitglieder einer Gruppe, werden zum Teil aber auch von den Herrschenden in einer Gesellschaft zur Sicherung ihrer Macht eingesetzt.
6. Unter sozialen Rollen versteht man die Gesamtheit der normativen Erwartungen, die an den Inhaber einer bestimmten sozialen Position gerichtet werden.
7. Das Stanford-Gefangenenexperiment zeigt sehr eindrucksvoll, wie sehr Menschen in ihrem Verhalten von sozialen Rollen beeinflusst werden.
8. Das Ausfüllen sozialer Rollen ist oftmals mit spezifischen Rollenkonflikten verbunden, die daraus entstehen, dass verschiedene Rollen nicht kompatibel miteinander erscheinen (Interrollenkonflikte) oder dass innerhalb einer bestimmten Rolle einander widersprechende Erwartungen bestehen.
9. Der soziale Status bezeichnet den Grad der Wertschätzung, der einer Person entgegengebracht wird.
10. Ein hoher sozialer Status führt zu mehr Lebenszufriedenheit und einer längeren Lebensdauer.

Studentenfutter

Dahrendorf, R. (2006). *Homo Sociologicus. Ein Versuch zur Geschichte, Bedeutung und Kritik der Kategorie der sozialen Rolle*. Wiesbaden: VS Verlag. (Original veröffentlicht 1958)

Marmot, M. (2004). *The status syndrome*. London: Bloomsbury Publishing.

Kapitel 19

Dr. Jeckyll und Mr. Hyde – zur Psychologie von Gut und Böse

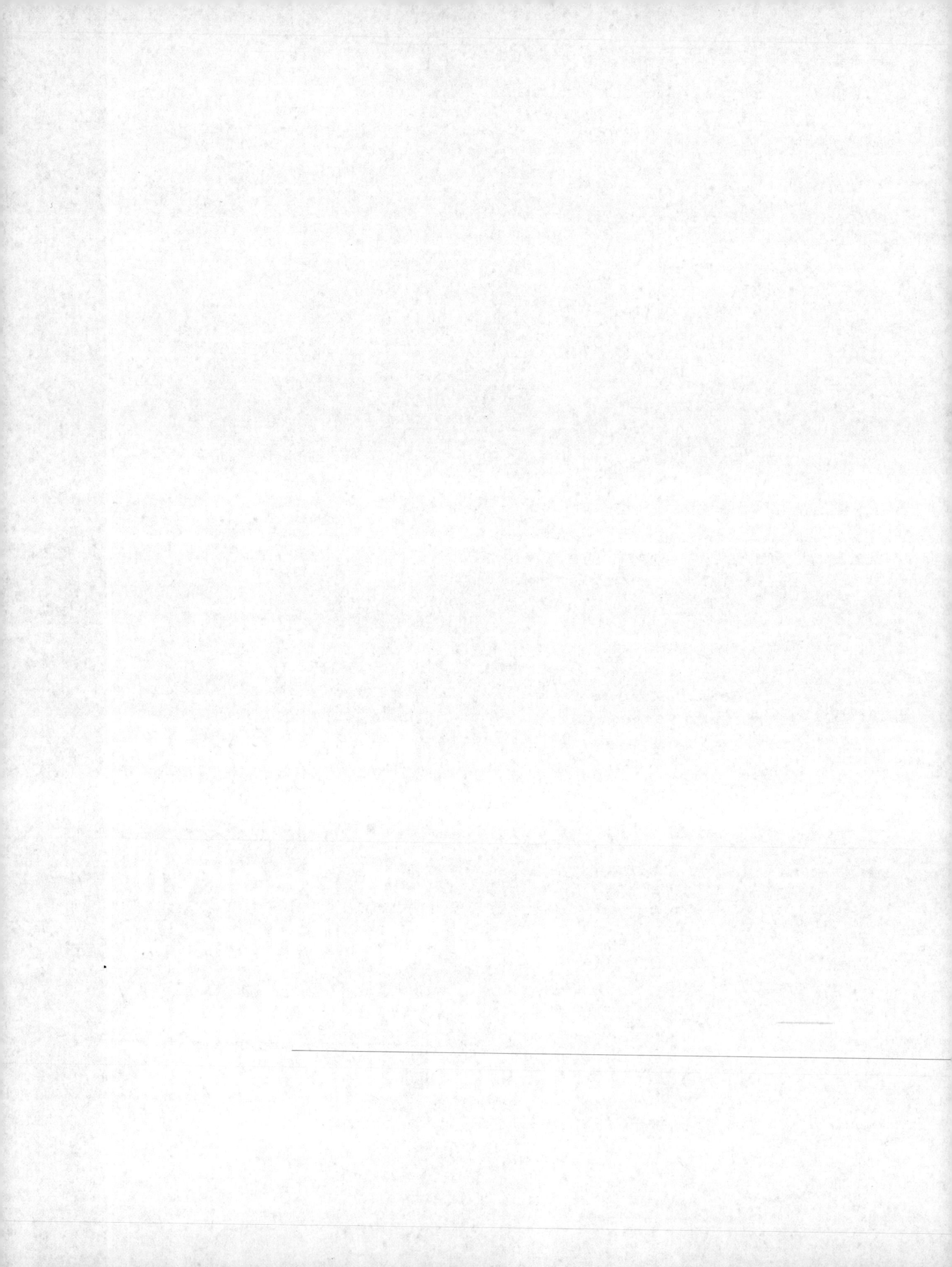

Kapitel 19 Dr. Jeckyll und Mr. Hyde – zur Psychologie von Gut und Böse

Inhalt

Jedes Jahr werden in Deutschland rund sechs Millionen Straftaten begangen. Doch ebenso werden jedes Jahr etwa drei Milliarden Euro gespendet. Auch im Alltag stoßen wir Menschen immer wieder auf andere Personen, die mal extrem hilfsbereit und gutmütig sind und sich ein anderes Mal sehr aggressiv und eigennützig verhalten. Wie Dr. Jeckyl und Mr. Hyde scheinen die meisten Menschen – und vor allem die Menschheit als solche – zwei Gesichter zu haben.

Welche möglichen Ursachen es dafür gibt und wie sich Aggression, Altruismus und Gerechtigkeitswunsch aus psychologischer Sicht darstellen, darum wird es in diesem Kapitel gehen.

„Was ist es, dass in uns stiehlt, lügt und mordet?“
Georg Büchner (1813–1837), deutscher Schriftsteller

Warum sind Menschen aggressiv?

Für die meisten Psychologen sind Gewalt und Aggression Ausdruck defizitärer Konfliktlösungsstrategien, die auf ungünstige Lebens- und Sozialisationsbedingungen zurückgeführt werden. Evolutionspsychologen betrachten dieses Phänomen hingegen aus einem grundsätzlich anderen Blickwinkel.

Ubiquität von Gewalt und Aggression

Die Ubiquität von Gewalt und Aggression bei Menschen und bei nichtmenschlichen Spezies lässt es als sehr unwahrscheinlich erscheinen, dass Gewalt ein Verhalten darstellt, das dem Gewalttäter grundsätzlich eher schadet als das es ihm nutzt. Denn wenn Gewalt überwiegend maladaptiv wäre, so stellte sich die Frage, warum im Verlauf der (menschlichen) Evolutionsgeschichte eine solche Verhaltenstendenz jemals hat entstehen können. Eine der Hauptaussagen der Evolutionspsychologie besteht ja darin, dass sich all jene physischen und psychischen Merkmale durchsetzen, welche die reproduktive Fitness eines Merkmalsträgers steigern. Folgerichtig betrachten Evolutionspsychologen Gewalt und Aggression als adaptive Mechanismen zur Lösung spezifischer Probleme.

Funktionen von Gewalt

Hierbei lassen sich folgende Funktionen von Gewalt unterschieden (Buss & Shackleford, 1997):

Vereinnahmung von Ressourcen

1) Vereinnahmung der Ressourcen anderer. Menschen unterscheiden sich von allen anderen Spezies in dem Maß, in dem sie materielle Ressourcen horten und konservieren können (z. B. Nahrungsmittel, Trinkwasser, Waffen). Da die möglichst umfassende Ausstattung mit solchen Ressourcen die eigene reproduktive Fitness erhöht, haben Menschen ein Bedürfnis danach, möglichst viele solcher Ressourcen zu besitzen. Eine Möglichkeit, in den Besitz solcher Ressourcen zu gelangen, besteht darin, sie anderen wegzunehmen.

Ein solches Vorgehen bei der Akquisition eigener Ressourcen ist dann adaptiv, wenn der Nutzen eines solchen Verhaltens die Kosten übersteigt. Dieses Nutzen-Kostenverhältnis ist umso günstiger, je mehr ein Täter in der Lage ist, seine Bereitschaft und seine Fähigkeit zur Ausübung von Gewalt gegenüber anderen zu signalisieren. Denn kann er durch derartige Drohgebärden mögliche Racheakte im Vorfeld verhindern, ist die Chance groß, dass er dauerhaft im Besitz der geraubten Ressourcen bleiben wird.

Verteidigung eigener Ressourcen

2) Verteidigung eigener Ressourcen. Die Kosten für Diebstahl und Raub für den Täter sind jedoch umso höher, je mehr ein Opfer bereit ist, sich gegen einen Täter zur Wehr zu setzen. Aus diesem Grund erscheint es adaptiv, dass Menschen eine starke Neigung haben, ihre materiellen Ressourcen notfalls mit Gewalt gegen andere zu verteidigen. Im Erfolgsfall ist ein solches Verhalten in der Lage, nicht nur den aktuellen Verlust von Ressourcen abzuwehren, sondern auch potentielle

zukünftige Angreifer abzuschrecken. Umgekehrt kann die kampflose Aufgabe eigener Ressourcen dazu führen, dass eine Person auch in der Zukunft das Opfer der Angriffe anderer wird, weil potentielle Angreifer antizipieren, dass die Wegnahme von Ressourcen bei einem bestimmten Opfer nur mit niedrigen Kosten und Risiken verbunden ist.

Auch hinsichtlich der Verteidigung eigener Ressourcen zeigt sich somit, dass in vielen Fällen das bloße Androhen von Gewalt ausreicht: je mehr ein potentielles Opfer seine Verteidigungsbereitschaft signalisiert, desto weniger wird es zu eigentlichen gewalttätigen Auseinadersetzungen kommen. Dies ist z. B. ein Grund, warum Besitzer von Diskotheken Bodybuilder als Türsteher bevorzugen. Ähnliches lässt sich auch bei anderen Tierarten beobachten. So muss sich z. B. das Alpha-Männchen einer Schimpansenhorde umso weniger aggressiv verhalten, je gesicherter sein sozialer Status in der Horde ist und desto mehr konkurrierende Hordenmitglieder davon ausgehen, dass das Alpha-Männchen bereit wäre, seinen Status notfalls mit Gewalt und Aggression zu verteidigen.

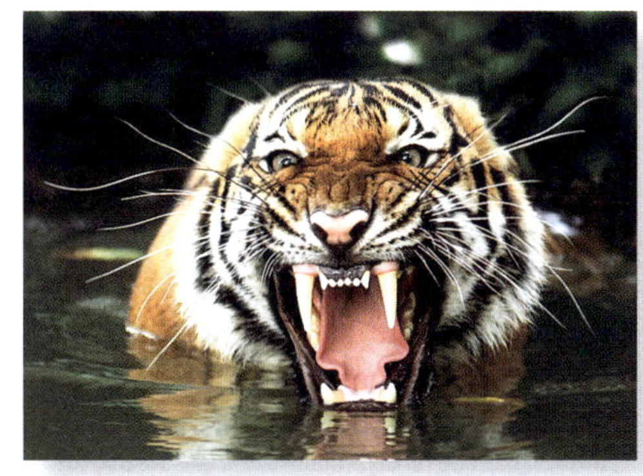

Abbildung 19.1: Aggression dienen u. a. dazu, eigene Ressourcen zu verteidigen. (© TMAX – Fotolia.com)

3) Abwehr von intra-sexuelle Rivalen. Gewalt und Aggression kann auch gegen gleichgeschlechtliche Rivalen eingesetzt werden, um diese davon abzuhalten, eine sexuelle Beziehung mit dem eigenen Sexualpartner einzugehen. Eine solche Form der Aggression wird in vielen Kulturen juristisch sehr milde beurteilt oder teilweise sogar offiziell toleriert (Daly & Wilson, 1988). So war es z. B. in Texas bis Ende der siebziger Jahre erlaubt, einen Rivalen zu erschießen, wenn man diesen „in flagranti" beim Geschlechtsverkehr mit der eigenen Ehefrau erwischte.

Abwehr von Rivalen

Auch hinsichtlich dieser Aggressionsform ist darauf hinzuweisen, dass ein „Image" von Gewaltbereitschaft die Notwendigkeit der Ausübung tatsächlicher Gewalt erheblich senken kann. Männliche Leser können sich diese Logik an folgendem Gedankenexperiment verdeutlichen: Stellen Sie sich vor, in einer Kneipe werden Sie von einer äußerst attraktiven Frau angelächelt. Würde sich ihr Verhalten gegenüber dieser Frau ändern, wenn diese Frau in Begleitung eines Mannes wäre? Würde sich ihr Verhalten ändern, wenn es sich bei diesem Begleiter um ein Mitglied der „Hell's Angels" handelte?

Erwerb und Sicherung von Status und Macht

4) Wettbewerbsvorteil im Kampf um Status und Macht. In vielen menschlichen (Sub-)Kulturen finden aggressive Auseinandersetzungen statt, deren Funktion es ist, den sozialen Status der verschiedenen Gruppenmitglieder zu bestimmen. So kommt es beispielsweise in vielen Jäger- und Sammlergesellschaften zu ritualisierten Zweikämpfen, deren Gewinner mit einem Zuwachs an Ansehen und Einfluss rechnen können. In Schulklassen und bei Straßenbanden lassen sich ähnliche Phänomene beobachten. Darüber hinaus steigt in vielen Kulturen der soziale Status von Männern, wenn diese erfolgreich an kriegerischen Auseinandersetzungen mit feindlichen Gruppen teilgenommen haben. So haben z. B. bei den Yamananö (einem Indianerstamm am Amazonas) Männer, die Mitglieder eines anderen Stammes getötet haben, mehr Frauen und mehr Kinder (d. h. einen höheren reproduktiven Erfolg) als Männer, die noch nie getötet haben (Chagnon, 1988). Eine ähnliche Funktion haben militärische Orden nach wie vor in vielen westlichen Gesellschaften. Mit dieser Funktion von Gewalt könnte es übrigens auch zu tun haben, dass nicht nur die Täter, sondern auch die Opfer von Raubtaten oftmals junge Männer sind. Ginge es beim Raub lediglich um die Erlangung materieller Güter, dann wären Raubtäter gut beraten, ihre Taten vor allem gegenüber Älteren und Frauen zu verüben, weil diese sich im Zweifel schlechter wehren könnten. Seinen eigenen Status zu demonstrieren gelingt jedoch viel besser, wenn man einem (potenziellen) Rivalen beraubt.

Auch bezüglich dieser Form von Aggression gilt, dass es in hohem Maße adaptiv sein kann, der sozialen Umwelt die eigene Aggressionsbereitschaft überzeugend zu signalisieren, weil ein solches Signal die Notwendigkeit zur tatsächlichen Aggressionsausübung senkt (man denke z. B. an das Verhalten von Mafiabossen).

Verhinderung sexueller Untreue

5) Verhinderung sexueller Untreue. Oftmals wird Aggression und Gewalt auch eingesetzt, um die sexuelle Untreue des Partners zu „bestrafen" und somit zukünftige Untreue des Partners zu verhindern. Frauen, die vor ihren prügelnden Partnern in ein Frauenhaus fliehen, berichten übereinstimmend, dass der Auslöser der Gewalt ihrer Ehemänner ganz überwiegend in deren – berechtigter oder unberechtigter – Eifersucht lag.

Zusammenfassend lässt sich also festhalten: Aggression und Gewalt sind evolviert, weil sie für den Täter in hohem Maße adaptiv waren. Damit sollen diese Phänomene in keiner Weise verteidigt werden (siehe die Ausführungen zum naturalistischen Fehlschluss in Kapitel 1). Ganz im Gegenteil wird man Aggression und Gewalt nur dann wirksam bekämpfen können, wenn man ihre evolutionären Wurzeln nicht ignoriert (und z. B. den Grund für die Gewalt von Jugendlichen in den modernen Massenmedien sucht).

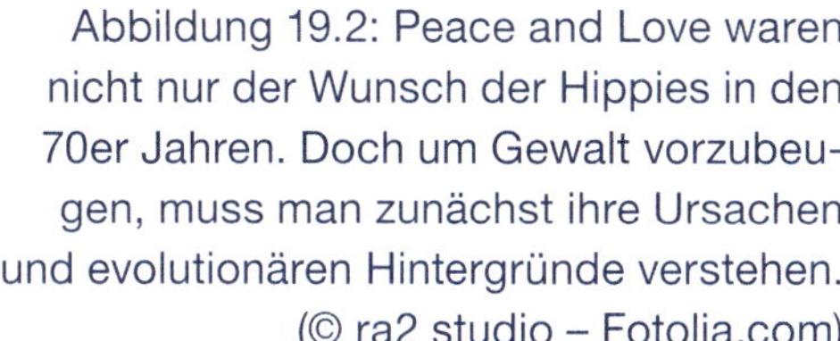
Abbildung 19.2: Peace and Love waren nicht nur der Wunsch der Hippies in den 70er Jahren. Doch um Gewalt vorzubeugen, muss man zunächst ihre Ursachen und evolutionären Hintergründe verstehen. (© ra2 studio – Fotolia.com)

Warum Professoren sich so selten prügeln

Zusammenhang von Status und Gewalt

Vor dem Hintergrund der bisherigen Ausführungen fällt jedoch auf, dass die Ausübung von Gewalt in modernen westlichen Gesellschaften negativ mit dem sozialen Status korreliert ist. Männer mit hohem sozialen Status verhalten sich sehr viel seltener körperlich aggressiv als Männer mit niedrigem sozialen Status. Darüber hinaus fällt auf, dass Gewalt als Mittel zur Lösung von Konflikten um so weniger akzeptiert ist, je höher das Bildungsniveau der beiden involvierten Konfliktparteien ist. So ist es z. B. sehr unüblich, dass Professoren sich um die Zuweisung von Assistentenstellen prügeln. Und ein Professor, der dies täte, müsste für ein solches Verhalten mit negativen Sanktionen rechnen und könnte keinesfalls darauf vertrauen, sein Ansehen zu steigern, wenn er sich in einer solchen Prügelei gegenüber seinem Konkurrenten durchsetzen könnte. Diese Tatsache ist aus evolutionspsychologischer Perspektive nur schwer zu erklären. Buss erklärt hierzu lapidar, menschliches Verhalten sei in hohem Maße kontextabhängig und Menschen hätten die Fähigkeit, zu erkennen, in welchen Kontexten sich Aggression lohnt und in welchen nicht (Buss, 2004).

Dennoch erscheint der negative Zusammenhang zwischen sozialem Status auf der einen Seite und der Ausübung bzw. Akzeptanz von Aggression auf der anderen Seite nur bedingt durch eine evolutionspsychologische Perspektive erklärbar. Sinnvoller erscheint diesbezüglich eine Orientierung an der Annahme, dass legale und soziale Normen durch die Mächtigen in einer Gesellschaft bestimmt werden (Vold & Bernard, 1986). Vor diesem Hintergrund stellt sich die Frage, welches Interesse Menschen mit hohem sozialen Status haben könnten, den Gebrauch körperlicher Gewalt zu verdammen. Es liegt nahe, dass in modernen Gesellschaften sozialer Status und körperliche Stärke weitgehend nicht – oder sogar negativ – miteinander korreliert sind. Dies hat zum einen mit dem Alter zu tun: Lebensalter korreliert positiv mit dem sozialen Status, aber negativ mit körperlichem Durchsetzungsvermögen (sprich, wer älter ist, hat in der Regel mehr erreicht, ist aber auch nicht mehr so fit). Zum anderen beinhalten Berufe mit

Konrad Lorenz (1903–1989)
Österreichischer Zoologe und Verhaltensforscher – Lorenz war gleichzeitig einer der Hauptvertreter der Evolutionären Erkenntnistheorie (s. Kapitel 13) und der Gründervater der Verhaltensbiologie. Aufgrund seiner Beobachtungen von Tieren – vor allem Gänsen – schlussfolgerte er, dass Verhalten vor allem durch innere Instinkte statt durch äußere Auslöser gesteuert werde. 1973 erhielt er für seine Entdeckung von Verhaltensmustern den Nobelpreis für Medizin.

hohem sozialen Status zumeist keinerlei körperliche Anstrengungen, während dies bei Berufen mit niedrigem sozialen Status eher der Fall ist: Man denke z. B. an die körperliche Auseinandersetzung zwischen einem 25jährigen Doktoranden der Rechtswissenschaften und einem 25jährigen Bauarbeiter.

Vor diesem Hintergrund ist es höchst funktional, dass wir die körperliche Gewalt als Mittel zur Konfliktlösung geächtet haben. Stattdessen besteht die Norm, interpersonale Konflikte durch Argumente zu lösen. Dieses Credo aber sollte nicht missverstanden werden als Zeichen überlegener moralischer Reife. Vielleicht hat diese Norm auch damit zu tun, dass seine Verfechter mit Worten und Argumenten besser umgehen können und zugleich körperlich schwächer sind als jene, die dazu neigen, Konflikte gewaltsam zu lösen.

Aggression als kontingentes Verhalten

Die neuere Evolutionspsychologie erklärt Aggressivität und Gewalt sehr viel kontextspezifischer als frühere, ebenfalls biologisch inspirierte Instinkttheorien (Euler, 2004). So ging z. B. Konrad Lorenz davon aus, dass aggressives Verhalten als das Produkt eines angeborenen Aggressionsinstinktes verstanden werden könne (Lorenz, 1963). In diesem „Dampfkesselmodell" führte demzufolge die Unterdrückung von Aggressionen nach einer gewissen Latenzperiode zu einem gewaltsamen und unkontrollierbaren Ausbruch von Aggression.

Heutige Evolutionspsychologen betonen demgegenüber sehr viel stärker, dass Aggressionen spezifische Reaktionen auf bestimmte Auslösebedingungen in der Umwelt eines Organismus sind. Ein Beispiel mag dies verdeutlichen: Junge Männer reagieren sehr viel heftiger auf verbale Provokationen eines Konkurrenten, wenn diese vor einem Publikum Gleichaltriger erfolgen als wenn kein solches Publikum anwesend ist. Offensichtlich sind verbale Provokationen also sehr viel aggressionsauslösender, wenn ihr Ignorieren zu einem öffentlichen Gesichtsverlust führen würde.

Instinkttheorien

Aggression als Reaktion auf Auslösebedingungen

Mit dieser funktionalistischen Perspektive auf menschliche Aggression erscheint es auch plausibel, dass Menschen sich keineswegs besser fühlen, wenn sie ihrem Ärger „Luft machen", ohne sich dabei unmittelbar an den Auslöser ihrer Aggressionen zu wenden (z. B. indem sie auf einen Boxsack einhauen) (siehe Kapitel 11).

Das Märchen von den „edlen Wilden"

Viele Menschen sehen in Aggression und Gewalt eine Folge der spezifischen Lebensbedingungen des modernen Menschen und argumentieren, dass Menschen in anderen, ursprünglicheren Gesellschaften friedlich und konfliktlos

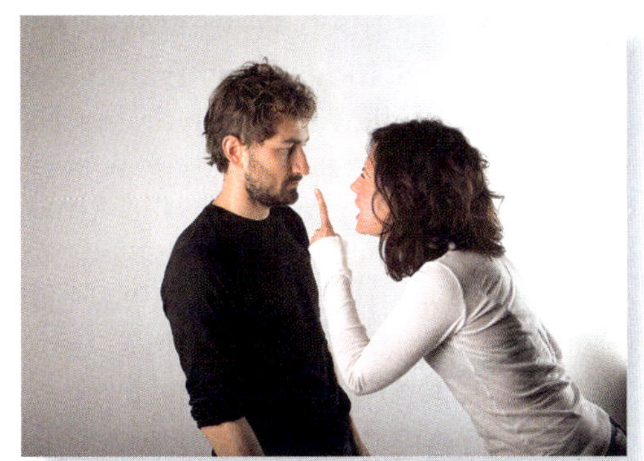

Abbildung 19.3: Oft ist Aggression nicht in der Persönlichkeit des Aggressors begründet, sondern wurde durch eine Provokation ausgelöst und hat daher auch eine gewisse Funktion. (© olly – Fotolia.com).

zusammenleben. Dieses Argument wurde als erstes von Margaret Mead (vgl. Kapitel 9) formuliert (1934) und basierte auf den Ergebnissen ihrer Feldforschung auf einigen Südseeinseln. Spätere Untersuchungen haben jedoch gezeigt, dass es sich hierbei um einen Mythos handelt. Tatsächlich verweist die Mehrzahl aller anthropologischen Befunde darauf, dass Mord und Totschlag im Laufe der Menschheitsgeschichte dramatisch abgenommen haben.

Auch wenn es überraschen mag: Gegenüber der Welt unserer Vorfahren erscheint selbst das blutgetränkte zwanzigste Jahrhundert als vergleichsweise harmlos. Weltweit sind vom Jahr 1900 bis zum Jahr 2000 weniger als 1 % der männlichen Bevölkerung der USA und Westeuropas eines gewaltsamen Todes gestorben (inklusiver zweier Weltkriege und Genoziden wie z. B. dem Holocaust). Das ist ein enormer Blutzoll – aber trotzdem sehr viel weniger als in Jäger und Sammler Gesellschaften, in denen zwischen 10 % und 50 % der Gewalt ihrer Mitmenschen zum Opfer fallen (Keeley, 1996).

„The life of man, solitary, poor, nasty, brutish, and short." Thomas Hobbes (1588–1679), Staatstheoretiker und Philosoph

Frauen, Männer und Gewalt

Im Hinblick auf Ihre Gewaltbereitschaft unterscheiden sich die Geschlechter deutlich. Eine Vielzahl an Studien belegt, dass Männer häufiger aggressive Phantasien haben als Frauen, physisch aggressiver sind, auf Provokationen durch andere häufiger mit Aggressionen reagieren, in Konflikten eher dazu neigen, von sich aus Aggressionen einzusetzen und eher bereit sind, in kontrollierten Laborexperimenten anderen einen elektrischen Schock zu verabreichen (Pinker, 2008).

Unterschiede bezüglich der Form der Gewalt

Dem gegenüber zeigen sich übrigens keine Unterschiede hinsichtlich der Feindseligkeit von Männern und Frauen. Auch dieses Ergebnis macht aus evolutionspsychologischer Perspektive Sinn. Frauen sind keineswegs von „Natur aus gut", sondern stehen – ähnlich wie Männer – mit anderen im Wettbewerb um knappe Ressourcen wie z. B. Nahrung oder attraktive Männer. Vor diesem Hintergrund erscheint es plausibel, dass auch Frauen zu Aggressionen neigen, allerdings

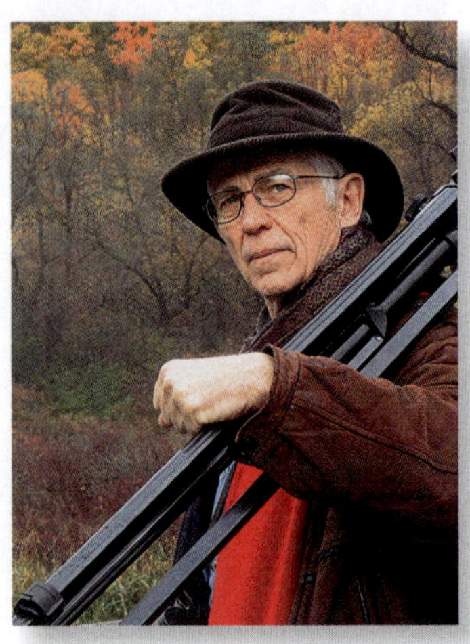

Martin Daly

Kanadischer Evolutionspsychologe – Daly beschäftigt sich aus evolutionspsychologischer Sicht mit zwischenmenschlicher Gewalt – vor allem innerhalb von Familien und zwischen Männern. Er ist einer der Hauptforscher zum so genannten Cinderella Effekt, der davon handelt, dass Stiefkinder wesentlich häufiger misshandelt und missbraucht werden als genetisch eigene Kinder.

handelt es sich hierbei oftmals um verbale Aggressionen wie Hänseln oder üble Nachrede (z. B. indem eine Frau über ihre Konkurrentin das Gerücht verbreitet, diese sei sexuell untreu, um dadurch deren Attraktivität für Männer zu senken).

Ganz besonders prägnant sind Unterschiede zwischen Männern und Frauen hinsichtlich der denkbar schwersten Form von Aggression, nämlich Mord und Totschlag. Daly und Wilson (1988) haben hierzu die Daten von 18 verschiedenen Studien ausgewertet, in denen die Häufigkeit gleichgeschlechtlicher Tötungsdelikte zwischen Männern bzw. Frauen untersucht wurde. Diese Studien bezogen sich auf moderne Gesellschaften in Nordamerika und Europa, aber auch auf einige südamerikanische und afrikanische Jäger- und Sammlergesellschaften. Mit einer einzigen Ausnahme kam die Kombination männlicher Täter/männliches Opfer mindestens 19mal so häufig vor wie die Kombination weiblicher Täter/weibliches Opfer.

Aber auch bei weniger schweren Gewaltdelikten zeigen sowohl offizielle Kriminalstatistiken als auch Täterbefragungen, dass Männer häufiger solche Straftaten begehen als Frauen, wobei dieser Geschlechtsunterschied in der Häufigkeit umso stärker ausfällt, je schwerer das jeweilige Delikt ist. So gaben in einer Untersuchung von Bochumer Jura-Studenten 66 % aller befragten Männer, aber auch 59 % aller befragten Frauen an, einem anderen schon einmal „eine Ohrfeige" gegeben zu haben. Hinsichtlich dieser leichten Form von Körperverletzung ergab sich somit kaum ein Geschlechtsunterschied. Das Bild änderte sich jedoch, wenn danach gefragt wurde, ob die Befragten einen anderen schon einmal „zusammengeschlagen" haben. Dies bejahten nur 6 % aller Frauen, aber immerhin 37 % aller Männer. Noch dramatischer wurde der Geschlechtsunterschied, wenn danach gefragt wurde, ob man jemanden schon einmal so geschlagen habe, dass dieser „zum Arzt" musste. Nach eigenen Angaben hatten dies nur 1 % aller Frauen jemals getan, aber 22 % aller Männer (Fetchenhauer, unveröffentlichte Daten).

Unterschiede schon im Kindesalter

Diese Geschlechtsunterschiede in Gewalt und Aggression lassen sich nicht nur bei Erwachsenen nachweisen, sondern auch bei Jugendlichen und Schülern (Olweus, 1978). Männliche Schüler sind häufiger in Prügeleien verwickelt, schubsen andere eher oder stellen ihnen ein Bein (Ahmed & Smith, 1994). Mädchen hingegen sind stärker darin involviert, über andere zu lästern oder Gerüchte zu verbreiten. Diese Unterschiede finden sich in verschiedenen Altersstufen und Schulformen und sind in den unterschiedlichsten Kulturen dokumentiert worden (Ittel & Salisch, 2005).

Es ist diesbezüglich aber klarzustellen, dass (männliche) Aggression nicht das Ergebnis eines unspezifischen Aggressionsinstinkts ist, der von Zeit zu Zeit und unabhängig von den sozialen Kontextbedingungen nach Entladung sucht. Vielmehr tritt Gewalt vor allem in solchen Kontexten auf, in denen der mögliche

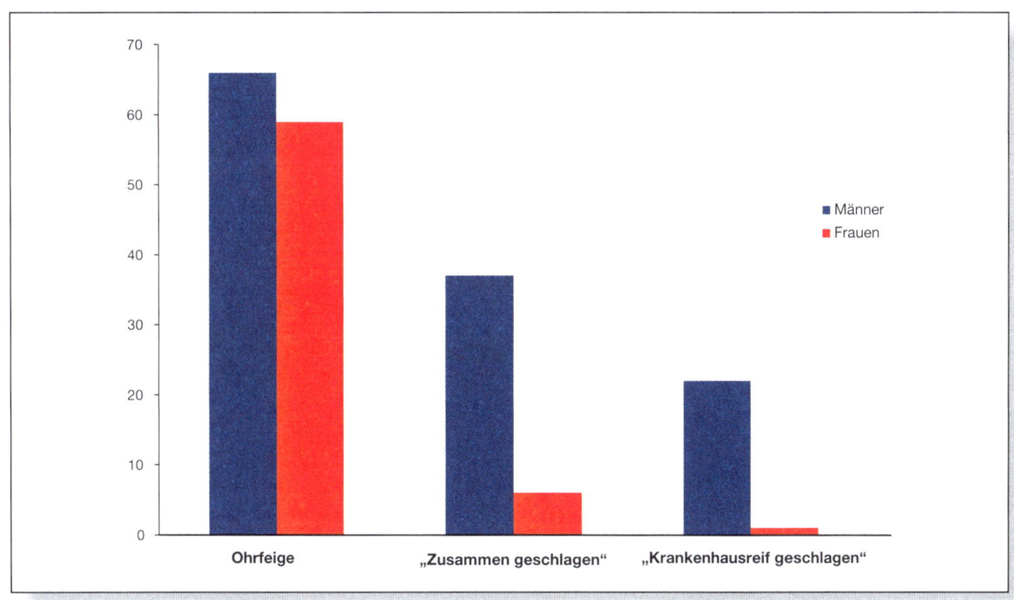

Abbildung 19.4: Männer neigen mehr zu Gewalt als Frauen. Der Geschlechtsunterschied fällt jedoch umso größer aus, je schwerwiegender das Delikt ist.
(Quelle: Eigene Darstellung)

Gewinn einer aggressiven Handlung sehr hoch, die möglichen Verluste hingegen eher niedrig erscheinen. Eine eindrucksvolle Untermauerung dieser Hypothese entstammt einer Studie von Wilson und Daly (1997), in welcher diese zeigen konnten, dass die Homizidraten (d.h. die Häufigkeit von Tötungsdelikten) in den verschiedenen Stadtteilen von Chicago außerordentlich hoch und negativ mit der Lebenserwartung in diesen Stadtteilen korrelierte (r = –.88). Die Interpretation der Autoren für dieses Ergebnis besteht darin, dass Jugendliche Informationen über die Langlebigkeit von Menschen in ihrer sozialen Umwelt als Indikator dafür nehmen, inwiefern es sich lohnt, langfristig in den Erwerb von Ressourcen (wie z.B. Bildung und Studium) zu investieren. Erscheint die Lebenserwartung eher niedrig, liegt es nahe, solche Strategien zu verfolgen, die auf den kurzfristigen Erwerb materieller Ressourcen durch Aggression und Gewalt angelegt sind.

Zusammenfassend lässt sich somit festhalten, dass Männer häufiger zu körperlichen Aggressionen neigen als Frauen. Die Tatsache, dass sich solche Unterschiede bis in die jüngste Zeit auch bei Schülerinnen und Schülern zeigen, lassen es zumindest zweifelhaft erscheinen, ob sich an diesem Bild – zumindest in der näheren Zukunft – etwas ändern wird.

Margo Wilson (1942–2009)

Kanadische Psychologin – Wilson gilt zusammen mit ihrem Mann und Kollegen Martin Daly als eine der Gründer der Evolutionspsychologie. Sie arbeitete wie Daly hauptsächlich zu interpersonellen Konflikten und Gewalttätigkeiten, vor allem in Ehe und Familie.

Altruismus versus Eigennutz

„Tugend will ermuntert sein, boshaft kann man schon allein."
Wilhelm Busch (1832–1908), deutscher Dichter

Menschen schlagen, quälen und ermorden andere Menschen. Aber auf der anderen Seite springen Menschen in eiskalte Flüsse, um wildfremde Andere vor dem Ertrinken zu retten oder spenden an Flutopfer, die tausende Kilometer entfernt wohnen. Wie ist dieser scheinbare Widerspruch zu erklären?

Definition von Altruismus

Bevor wir versuchen, menschlichen Altruismus zu erklären, müssen wir zunächst einmal definieren, was wir unter „Altruismus" verstehen. Von vielen Sozialpsychologen wie Batson (1991) wird Altruismus über die Motive einer Handlung definiert: Ein Mensch verhält sich dann und nur dann altruistisch, wenn sein Handeln einzig durch den Wunsch motiviert ist, einer anderen Person zu helfen. In diesem Sinn wäre ein Verhalten z. B. nicht altruistisch, wenn es dadurch motiviert wäre, eigene psychische Belastungen abzubauen (z. B. wenn man dem Opfer eines Verkehrsunfalls erste Hilfe leistet, um dem Gefühl der Hilflosigkeit zu entgehen) oder ein schlechtes Gewissen zu verhindern.

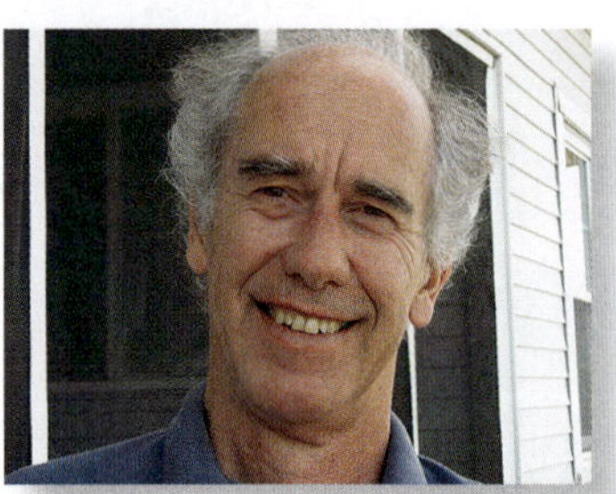

Daniel Batson (*1943)

US-amerikanischer Sozialpsychologe und Theologe – Batson hat sowohl einen Doktortitel in Psychologie als auch in Theologie und arbeitet mit seinen Forschungen zu Altruismus, Mitgefühl und Religion an der Schnittstelle beider Disziplinen. Er ist einer der stärksten Verfechter der Ansicht, dass Menschen oft aus bloßer Gutmütigkeit und Sorge um andere handeln sowie Co-Autor der in Kapitel 8 zitierten Barmherziger-Samariter-Studie.

Von Evolutionsbiologen wird Altruismus hingegen nicht über die Motive, sondern die intendierten Konsequenzen einer Handlung definiert: Eine Handlung ist dann altruistisch, wenn ein Akteur eigene Ressourcen opfert, um die Ressourcenausstattung eines anderen zu erhöhen, ohne die Erwartung zu haben, dafür auf lange Sicht kompensiert zu werden.

Es kann damit ironischerweise Altruismus nicht nur definiert, sondern zugleich vorhergesagt werden, dass wahrer Altruismus nicht existiert. Man stelle sich eine Population von Menschen vor, bei der es sowohl Egoisten als auch Altruisten gibt.

Abbildung 19.5: Altruismus scheint aus evolutionärer Sicht auf den ersten Blick maladaptiv zu sein. Tatsächlich gibt es nur wenige Extrem-Altruisten wie Mutter Theresa, dennoch verhalten sich die meisten Menschen gelegentlich altruistisch und spenden z. B. Blut oder gar Knochenmark. (Quelle: wikicommons)

Weil Altruismus die Aufgabe eigener Ressourcen impliziert, sollten Egoisten über zunehmend mehr, Altruisten über zunehmend weniger Ressourcen verfügen. Da aber die Ausstattung mit materiellen Ressourcen positiv mit reproduktiver Fitness korreliert, sollte es im Laufe der menschlichen Evolutionsgeschichte einen starken Selektionsdruck gegen die Verbreitung altruistischen Verhaltens gegeben haben.

Theorien zur Erklärung (scheinbar) altruistischen Verhaltens

Sowohl von evolutionären Biologen, als auch von Ökonomen und einigen Evolutionspsychologen wird deshalb argumentiert, dass Menschen sich nur dann (scheinbar) altruistisch verhalten, wenn dies zumindest langfristig zu ihrem eigenen Vorteil ist: „Scratch an altruist and watch a hypocrite bleed" (Ghiselin, 1974, S. 247).

Folgende Theorien wurden formuliert, um zu erklären, warum Menschen ihren langfristigen Nutzen maximieren, wenn sie mit anderen kooperieren:

Theorie der Verwandtenselektion

1) Die Theorie der Verwandtenselektion (Theory of kin selection). Im Sinne unserer inklusiven Fitness kann es höchst adaptiv sein, wenn wir solchen Menschen helfen, die mit uns genetisch verwandt sind (Hamilton, 1964). So teilen wir uns mit unseren Geschwistern, unseren Kindern und unseren Eltern 50 % unserer Gene, und bei unseren Cousins, unseren Nichten und Neffen sowie unseren Tanten und Onkeln sind dies immerhin 25 %. Altruismus unter Verwandten ist somit nichts anderes als der verdeckte Egoismus unserer Gene. Eine Vielzahl an Studien zeigt, dass sowohl Menschen als auch andere Spezies bereit sind, anderen zu helfen, wenn sie mit diesen genetisch verwandt sind.

Theorie des reziproken Altruismus

2) Die Theorie des reziproken Altruismus (Trivers, 1971). Gemäß dieser Theorie lässt sich Kooperation unter Nichtverwandten dadurch erklären, dass Interaktionspartner dem schon in Kapitel 17 diskutiertem Reziprozitätsprinzip folgen. Menschen helfen anderen Menschen, weil sie die berechtigte Erwartung haben, dass diese ihnen zu gegebener Zeit ebenfalls helfen werden. Als Voraussetzungen, unter denen ein solches System evolviert sein könnte, gelten die Folgenden (Trivers, 1971): 1) Die Kosten für einen Helfer sind vergleichsweise niedrig; 2) der Nutzen für den Empfänger der Hilfe ist groß; 3) der Hilfeempfänger verfügt über die Ressourcen, um sich in der Zukunft reziprok zu verhalten und 4) Geber und Empfänger werden auch in Zukunft miteinander interagieren. Die Evolutionsgeschichte von homo sapiens lässt es plausibel erscheinen, dass ein solches System tatsächlich entstehen konnte. So ist der Erfolg bei der Jagd höchst wechselhaft, die Kosten des Teilens von Nahrung relativ niedrig (da Fleisch nicht gelagert werden konnte), und der Nutzen für den Empfänger ausgesprochen hoch (da

Hunger ein ständiger Begleiter des Menschen war). Zudem war durch das Leben in kleinen, überschaubaren Gruppen sichergestellt, dass sich Menschen nicht aus den Augen verlieren und somit Reziprozitätsleistungen von anderen eingefordert werden konnten.

Altruismus als aufgeklärtes Eigeninteresse

3) Altruismus als aufgeklärtes Eigeninteresse: In vielen Situationen ist es strategisch sinnvoll, sich auch anderen, Nichtverwandten gegenüber kooperativ zu verhalten, weil eine solche Kooperativität als Investition in zukünftige Erträge interpretiert werden kann. So mag z. B. ein Mitarbeiter seinem Chef helfen, ein dringendes Projekt abzuschließen, aber er wird dies nur deshalb tun, weil er sich langfristig eine Beförderung davon verspricht. Theorien rationaler Kooperation sagen keineswegs vorher, dass Menschen (und andere Spezies) niemals miteinander kooperieren werden, sondern lediglich, dass es zu solcher Kooperation nur kommen wird, wenn sie für alle Beteiligten von Vorteil ist (Verkaufstrainer sprechen hierbei von einer so genannten Win-Win-Situation).

Indirekte Reziprozität

4) Indirekte Reziprozität (Alexander, 1987). Eine Reihe von Studien zeigt, dass Menschen durch eigenes kooperatives Verhalten eine bestimmte Reputation aufbauen können, die dazu führt, dass ihnen selber ebenfalls geholfen werden, wenn sie eine solche Hilfe benötigen (Nowak & Sigmund 2005). Hierbei erstreckt sich unsere Bereitschaft, hilfreiches Verhalten mit hilfreichem Verhalten zu belohnen, auch auf solche Fälle, in denen wir selber nicht der Empfänger dieser Hilfe waren, sondern das hilfreiche Verhalten lediglich beobachtet haben. Altruistisches Verhalten wäre somit deshalb adaptiv, weil wir für altruistisches Verhalten von anderen belohnt werden. Paul beobachtet also, dass Jens sich hilfsbereit gegenüber Klaus verhält, und ist deshalb bereit, Jens bei nächster Gelegenheit behilflich zu sein.

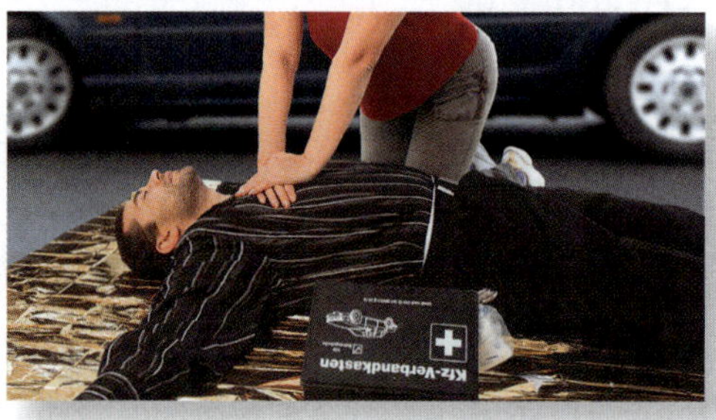

Abbildung 19.6: Indirekt-reziproker Altruismus: Unbewusst helfen Menschen anderen in Not auch, da sie hoffen, dass ihnen selbst geholfen würde, wenn ihnen ähnliches widerfährt. (© Dron – Fotolia.com)

Altruistisches Bestrafen

5) Altruistisches Bestrafen. Im Kapitel 17 hatten wir bereits diskutiert, dass Menschen bereits sind, andere zu bestrafen, wenn diese sich nicht an bestimmte Fairnessnormen halten und dass diese Bestrafungsbereitschaft auch dann erhalten bleibt, wenn ein solches Bestrafen kostspielig ist. Altruistisches Verhalten wäre somit deshalb adaptiv, weil egoistisch handelnde Personen mit Strafen durch Dritte rechnen müssen.

Letztlich leugnen alle diese Theorien die Existenz von echtem Altruismus. „Moralische Akteure sind in letzter Analyse eigeninteressierte Nutzenmaximierer" (Voland 2007, S. 118). Jeder dieser Theorien liefert einen wichtigen Beitrag zur Erklärung menschlichen Verhaltens, aber können mit diesen Theorien wirklich alle Facetten des menschlichen Altruismus erklärt werden?

Das Diktator Spiel

Durch die bloße Beobachtung alltäglichen Verhaltens lässt sich nicht abschließend bewerten, ob Menschen tatsächlich immer nur ihren eigenen Nutzen maximieren, denn bei jedem noch so altruistisch wirkendem Verhalten lässt sich ja nicht ausschließen, dass es letztendlich doch den langfristigen Interessen des handelnden Akteurs dient. Experimentelle Ökonomen haben jedoch in den letzten Jahren eine ganze Reihe von Studien durchgeführt, in denen mögliche eigennützige Erklärungen anscheinend altruistischen Verhaltens weitgehend ausgeschlossen wurden (Camerer, 2003).

Ein wichtiges Beispiel für diese Art von Forschung ist das so genannte Diktator Spiel (dictator game) (Forsythe et al., 1994). In diesem Spiel gibt es zwei Personen (Person A und Person B), die sich nicht kennen und sich auch während bzw. nach dem Spiel nie kennen lernen werden, da sie beide ausschließlich über den Versuchsleiter miteinander kommunizieren. Person A erhält einen bestimmten Betrag Geldes vom Versuchsleiter (z. B. 10 €) und ihre Aufgabe ist es, diesen Betrag zwischen sich selbst und der anderen Person (Person B) aufzuteilen. Wie sie dies tut, ist ihr völlig freigestellt. Sie kann z. B. die Hälfte des Geldes an Person B geben, sie kann aber auch den gesamten Betrag für sich behalten. Person B wird über die von Person A vorgenommene Aufteilung lediglich durch den Versuchsleiter informiert. Sie hat aber keinerlei Möglichkeit, diese Aufteilung zu beeinflussen. Beide Personen wissen, dass sie nur einmal miteinander interagieren werden und dass sie nach der Aufteilung des Geldes nichts mehr miteinander zu tun haben werden.

In diesem Spiel hat Person A somit keinerlei strategischen Grund, irgendetwas von ihrem Geld an Person B zu geben. Dennoch zeigt sich in einer Vielzahl an Studien sowohl in westlichen Industriegesellschaften (Camerer, 2003) als auch in zeitgenössischen Jäger und Sammlergesellschaften (Henrich et al., 2004), dass der durchschnittlich an Person B gegebene Betrag deutlich oberhalb eines Wertes von Null liegt, selbst dann, wenn Person A sehr große Geldbeträge zur Verfügung gestellt werden (Camerer, 2003). So teilten in einer Studie mit Kölner BWL-Studenten 66 % aller Versuchsteilnehmer einen Betrag von 10 Euro gleichmäßig zwischen sich und Person B auf (Fetchenhauer, unveröffentlichte Daten).

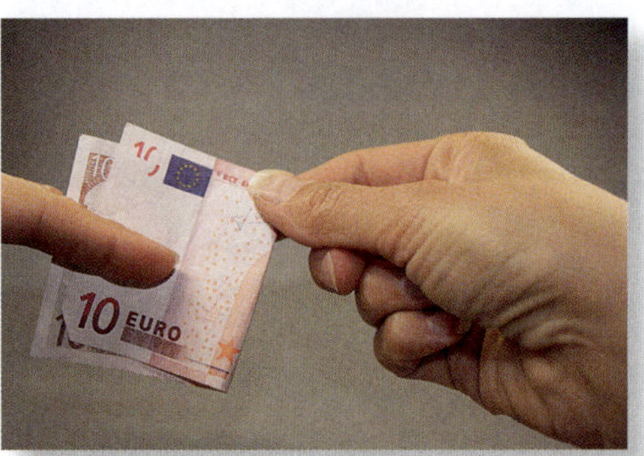

Abbildung 19.7: Beim so genannten Diktatorspiel, bei dem Menschen wie ein Diktator ohne Angst vor Widerspruch, bestimmen können, ob sie von zuvor geschenktem Geld etwas an eine andere Person abgeben oder nicht, zeigt sich immer wieder, dass die Teilnehmer das Geld freiwillig teilen, obwohl sie die Person nicht kennen und nie wieder mit ihr interagieren werden. (© Magda Fischer – Fotolia.com)

Robert H. Frank

US-amerikanischer Wirtschaftswissenschaftler – Frank befasst sich u. a. mit den Themen Status und Rolle von Emotionen bei Entscheidungen. Bekannt wurde er zudem durch monatliche Kolumnen in der New York Times und populärwissenschaftliche Bücher mit politisch liberalem Hintergrund.

Das Commitment Modell von Frank

Bei näherer Betrachtung fällt auf, dass keine der weiter oben diskutierten Theorien in der Lage ist, das Verhalten von Versuchspersonen im Diktator Spiel zu erklären. Da die Versuchspersonen miteinander nicht verwandt sind, können die Ergebnisse nicht über die Theorie der Verwandtenselektion erklärt werden. Da die Versuchspersonen vollkommen unbeobachtet sind und nur einmal miteinander interagieren, ist Altruismus im Diktator Spiel weder als aufgeklärtes Eigeninteresse zu interpretieren, noch kann es über die Theorie des reziproken Altruismus, die Hoffnung auf indirekte Reziprozität oder die Furcht vor altruistischem Bestrafen erklärt werden.

Deshalb soll an dieser Stelle mit dem Commitment Modell von Robert H. Frank eine weitere Theorie vorgestellt werden, die sehr genau vorhersagt, dass (einige) Menschen sich auch dann altruistisch verhalten, wenn dies nicht in ihrem strategischen Interesse ist (Frank, 1988, 2005, 2008).

Fähigkeit, Altruisten zu „erkennen“

Ausgangspunkt dieser Theorie ist die Beobachtung, dass Menschen – anders als in den meisten psychologischen und ökonomischen Experimenten – sich ihre Interaktionspartner selber aussuchen. Ein wichtiges Kriterium hierbei ist die Frage, wie zuverlässig und hilfsbereit (d. h. altruistisch) die Menschen sind, mit denen wir zu tun haben, sei es als Geschäftspartner, als Chef in einem Unternehmen, als Freund oder als Intimpartner. Weil es vorteilhaft ist, von anderen als altruistisch wahrgenommen zu werden, haben auch solche Menschen einen Anreiz, altruistisch zu erscheinen, die dies in Wahrheit nicht sind. Da es im Gegenzug vorteilhaft ist, wahren von nur vorgetäuschten Altruismus zu unterscheiden, haben Menschen einen Anreiz, beides voneinander unterscheiden zu können. Frank argumentiert, dass Menschen in der Tat in der Lage sind, den Altruismus ihrer Interaktionspartner zu erkennen. Dies führe dazu, dass Altruisten sich gegenseitig als Kooperationspartner wählen und durch ihren wechselseitigen Altruismus mehr Ressourcen akkumulieren (d. h. anhäufen) können als Egoisten.

Mittlerweile liegen eine Reihe von Studien vor, in denen diese Theorie empirisch bestätigt werden konnte (für eine Zusammenfassung dieser Befunde siehe Pradel & Fetchenhauer, im Druck). So sind Menschen in der Lage, das Verhalten anderer in einem Gefangenendilemma vorherzusagen, wenn sie sich zuvor 30 Minuten mit diesen unterhalten haben (Frank et al., 1993). In einer anderen Studie waren Versuchspersonen aufgrund eines 20sekündigen Videos (ohne Ton) besser als zufällig in der Lage vorherzusagen, wie die ihnen gezeigten Stimuluspersonen sich in einem Diktatorspiel verhalten hatten (Fetchenhauer et al., 2010). Es konnte darüber hinaus belegt werden, dass Schüler im Alter von 12 bis 18 Jahren valide einschätzen konnten, wie sich ihre Mitschüler in einem Diktatorspiel verhalten hatten und, dass altruistische Schüler auch altruistische Freunde hatten (Pradel et al., 2009).

Zur Psychologie von Fairness und Gerechtigkeit

Für die meisten Menschen ist Gerechtigkeit ein hohes Gut. Sokrates formulierte sogar, es sei das höchste Gut überhaupt. Studien zum „Gerechte Welt Glauben" (Lerner, 1980) zeigen zudem, dass für die meisten Menschen Gerechtigkeit nicht nur eine wichtige moralische Norm ist, sondern sie zudem glauben, dass die Welt tatsächlich ein gerechter Ort ist. Lerner argumentiert diesbezüglich, dass ein solcher Glauben eine wichtige Funktion hat, weil wir ohne ihn nicht in der Lage wären, hoffnungsvoll in die Zukunft zu blicken.

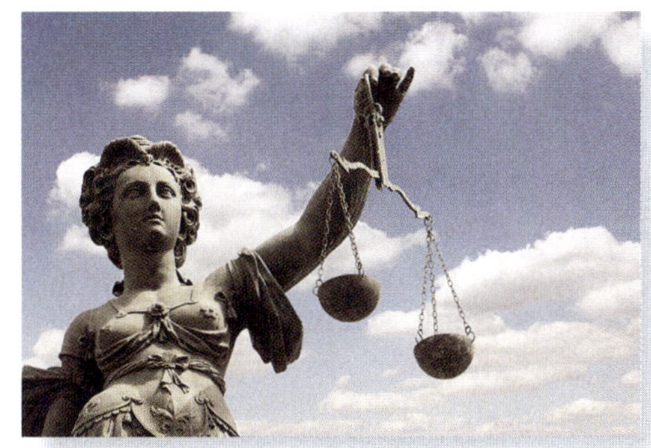

Abbildung 19.8: Den meisten Menschen ist Gerechtigkeit sehr wichtig und sie glauben auch daran, dass Justicia über die Welt wacht, es also im Großen und Ganzen gerecht auf der Welt zugeht. (© liveostockimages – Fotolia.com)

Distributive Gerechtigkeit

Grundsätzlich können knappe Ressourcen nach drei unterschiedlichen Prinzipien aufgeteilt werden: 1) Herrschaft, 2) Markt, und 3) Gerechtigkeit. Da Herrschaft von den Herrschenden zumeist ausgenutzt wird und Märkte oftmals zu sehr ungleichen Verteilungen führen, erscheint es nicht verwunderlich, dass Menschen eine starke Präferenz dafür haben, dass Ressourcen nach Gerechtigkeitsprinzipien verteilt werden (Fetchenhauer, 2010).

Die Psychologie hat drei allgemeine Prinzipien identifiziert, nach der die Aufteilung von Ressourcen unter Gerechtigkeitsperspektive bewertet wird.

Gleichheitsprinzip

Gleichheitsprinzip: jeder bekommt das Gleiche. Bei diesem Prinzip werden sowohl Beiträge als auch Erträge auf alle Mitglieder eines Kollektivs – unabhängig von ihren Leistungen und Bedürfnissen – gleichmäßig verteilt.

Bedürfnisprinzip

Bedürfnisprinzip: jeder bekommt, was er braucht. Bei diesem Prinzip werden sowohl Beiträge als auch Auszahlungen nach der Bedürftigkeit der einzelnen Mitglieder eines Kollektivs festgelegt.

Equity-Prinzip

Equity-Prinzip: jeder bekommt soviel, wie er anteilig beigetragen hat. Bei Aufteilungen nach dem Equity Prinzip werden die Aufteilungen so vorgenommen, dass die Relation aus den Beiträgen einer Person und den Auszahlungen an diese Person möglichst der Relation von Beiträgen und Auszahlungen der anderen Gruppenmitglieder entspricht.

Wenn es keine guten Gründe dagegen gibt, bevorzugen Menschen in den meisten Situationen das Gleichheitsprinzip. Dieses Prinzip ist sowohl phylogenetisch (stammesgeschichtlich) als auch ontogenetisch (d. h. auf der Ebene des einzelnen Individuums) das älteste Gerechtigkeitsprinzip. Man findet es schon bei nichtmenschlichen Primaten sowie bei kleinen Kindern – vielleicht weil es schlicht am einfachsten umzusetzen ist.

Was als gerecht empfunden wird, ist in verschiedenen Domänen allerdings sehr unterschiedlich. Bei der Aufteilung von Ressourcen innerhalb einer Gruppe dominiert oftmals das Gleichheitsprinzip, zwischen Gruppen herrscht jedoch oftmals Konkurrenz und Missgunst (siehe Kapitel 10). So ist nur jeder zehnte Deutsche bereit, den Verlust eines Arbeitsplatzes in Deutschland hinzunehmen, wenn dadurch in einem anderen Land 10 neue Arbeitsplätze geschaffen werden (Enste et al., 2009)

Interessanterweise gibt es einen zentralen Lebensbereich, in dem knappe Ressourcen seit jeher und auch schon in Jäger- und Sammlergesellschaften ganz überwiegend nach Marktprinzipien verteilt werden: Die Allokation von Frauen und Männern als Sexualpartnern. Männer und Frauen verpaaren sich gemäß den Gesetzen von Angebot und Nachfrage: Je attraktiver eine Frau, desto attraktiver in aller Regel auch ihr Partner – und umgekehrt. Gerecht ist dies nicht, aber dennoch gibt es keine politische Partei und keine Bewegung, die etwas daran ändern wollte. Selbst die Linkspartei fordert nicht, dass auch ein Hartz IV Empfänger Anspruch auf ein attraktives Photomodell haben solle.

Prozedurale Gerechtigkeit

In den letzten 20 Jahren haben sich Gerechtigkeitspsychologen vor allem mit der Frage beschäftigt, nach welchen Regeln und Prozeduren Ressourcen verteilt werden sollen. Hierbei zeigt sich, dass sowohl in juristischen, politischen aber auch betrieblichen Kontexten der Weg zur eigentlichen Entscheidung, also der Entscheidungsprozess, für das Gerechtigkeitsempfinden große Bedeutung hat. Er ist genauso wichtig oder sogar wichtiger als die jeweiligen daraus resultierenden Ergebnisse (Lind & Tyler, 1988). Beispielsweise scheinen Einstellungen gegenüber dem Arbeitgeber, Vertrauen in Vorgesetzte sowie die Einsatzbereitschaft und Loyalität zugunsten des Betriebs stärker durch die Fairness betrieblicher Verfahrensweisen bedingt zu sein als durch die Resultate von Entscheidungen (Farlin & Sweeny, 1992).

Relevanz des Entscheidungsprozesses

Was aber bedeutet Verfahrensgerechtigkeit? Man unterscheidet zwei relativ abstrakte Prinzipien (Thibaut & Walker, 1975):

Prinzipien der Verfahrensgerechtigkeit

(1) Einflussmöglichkeiten auf die Spielregeln eines Verfahrens (*process control*) und

(2) Einflussmöglichkeiten auf die Entscheidung selbst (*decision control*).

Abbildung 19.9: Ein gutes Beispiel für prozedurale Gerechtigkeit sind Volksentscheide. Weil dieses Verfahren als fair erachtet wird, sorgen Volksentscheide meist selbst im Empfinden derjenigen Menschen für mehr Gerechtigkeit, die mit dem Ergebnis des Entscheides unzufrieden sind. (Quelle: APN)

Ursprünglich wurden diese Konzepte für juristische Kontexte entwickelt, sie lassen sich aber auch auf andere Konfliktbereiche übertragen. Unter diese relativ abstrakten Konzepte der Prozess- und Entscheidungskontrolle lassen sich die meisten konkreten Verfahrenskriterien subsumieren.

Besonders bekannt geworden ist in diesem Zusammenhang die von dem US-amerikanischen Psychologen Gerald S. Leventhal (1980) aufgestellte Taxonomie, die sechs Aspekte umfasst: (1) Konsistenz (d.h. gleiche Regeln für alle Betroffenen), (2) Neutralität bzw. Unparteilichkeit des Beurteilenden, (3) Genauigkeit bei der Entscheidungsfindung, (4) Korrigierbarkeit des Urteils, (5) Repräsentativität (der Daten, auf deren Basis Entscheidungen gefällt werden) und (6) Übereinstimmung mit übergeordneten moralischen Standards.

Prozedurale Gerechtigkeit unterscheidet sich von distributiver in einem wesentlichen Punkt: Distributive Gerechtigkeitsprinzipien schließen einander aus. Man kann eine Ressource nicht gleichzeitig nach Leistung, nach Bedürfnis oder zu gleichen Anteilen verteilen. Prozedurale Kriterien sind hinsichtlich ihrer subjektiven Fairness additiv: Ein Verfahren ist maximal gerecht, wenn alle Kriterien der Verfahrensgerechtigkeit (z. B. die von Leventhal) erfüllt sind.

Das Leben als Fußballspiel

Von vielen Psychologen wird argumentiert, dass im wirtschaftlichen Kontext (z. B. am Arbeitsplatz) Ressourcen gemäß dem Equity-Prinzip verteilt werden. Bei näherem Hinsehen ist dies allerdings nur selten der Fall. Stattdessen werden Ressourcen oftmals im Sinne einer Wettbewerbsethik verteilt, bei der Gerechtigkeit als Einhalten von Spielregeln definiert wird.

Wie ist das zu verstehen? Am deutlichsten wird es vielleicht, wenn wir das Leben als eine Art Fußballspiel betrachten, bei dem es das Ziel ist, zu gewinnen. Hierbei gibt es die klare Regel: „The winner takes all". Und es gewinnt nicht zwingend die bessere Mannschaft, sondern ganz einfach die, die am Ende die meisten Tore geschossen hat. Wenn Mannschaften ähnlich gut sind, gibt es keinen 45 %-Fußballweltmeister und einen 55 %-Weltmeister – nur einer gewinnt den Pokal! Natürlich sollte die Anzahl der Tore in den meisten Fällen mit der Spielgüte korreliert sein, doch spielen immer auch gewisse situationale Faktoren und Glück eine wichtige Rolle – wie im echten Leben. Nichtsdestotrotz sind „Fußball-Regeln" klar definiert und akzeptiert. Das bedeutet: Es wird als legitim erachtet, dass die Verteilung von Outcomes extrem ungleich ist und dass Mitspieler streng eigennützige Interessen verfolgen. Es gibt nur eine Einschränkung: Sie müssen sich an die Spielregeln halten und „Fair Play" zeigen.

Wenn wir unsere Umwelt analysieren, werden wir feststellen, dass die oben beschriebene Metapher des Fußballspiels sehr vielen Aufteilungsentscheidungen in der realen Welt zugrunde liegt. Nehmen wir das Beispiel individueller Gehaltsverhandlungen zwischen Arbeitgebern und Arbeitnehmern: Je gefragter eine bestimmte Qualifikation ist, desto höher ist das Gehalt? Der beste Formel-

1-Fahrer verdient ein Vielfaches dessen, was der beste Volleyballspieler dieser Welt verdient – ist das gerecht?

Auf Märkten bilden sich Preise von materiellen Gütern nach ähnlichen Grundsätzen. So sind die Einwohner von vielen Skiorten in den letzten Jahrzehnten extrem wohlhabend geworden. Dieser Wohlstand korreliert stark mit der geographischen Lage der Skiorte. Während die Einwohner bestimmter Orte als Hotelbesitzer einen enormen Wohlstand erwerben, müssen die Einwohner benachbarter Orte als Kellner arbeiten – ist das gerecht?

Gehen wir einen extremen Schritt weiter: Menschen in der ersten Welt sind immer häufiger übergewichtig und fettleibig, während in der Dritten Welt Millionen von Menschen an Hunger sterben – ist das gerecht?

Wie wollen wir mit Erbschaftsregelungen umgehen? Der eine erbt, der andere nicht – ist das gerecht?

Ein sehr deutliches Beispiel sind schließlich (Arbeits- und) Beziehungsmärkte. Wie schon erwähnt, haben attraktive Menschen mehr Erfolg im Beruf und die attraktiveren Sexualpartner – ist das gerecht?

Der Mensch zwischen Moralität und Scheinheiligkeit

In diesem Kapitel haben wir diskutiert, dass Menschen sich nicht immer nur egoistisch verhalten, sondern bereit sind, sich in ihrem Verhalten an Normen von Fairness und Gerechtigkeit zu orientieren. Damit soll jedoch nicht gesagt sein, dass Menschen „Heilige" sind, die nicht an ihrem eigenen Vorteil interessiert

„Edel sei der Mensch, hilfreich und gut."
J. W. Goethe

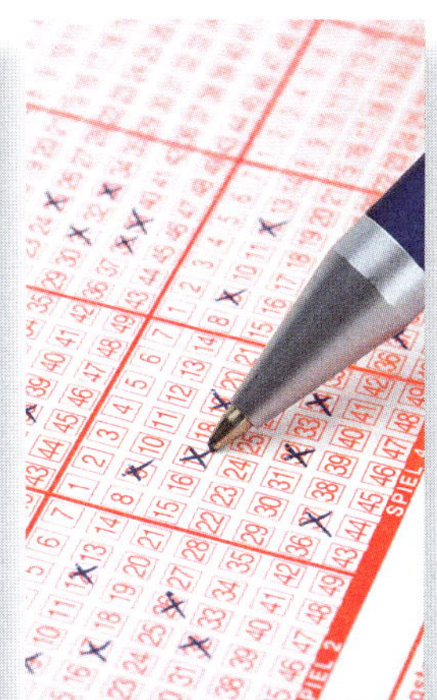

Abbildung 19.10: Viele Dinge sind nicht wirklich gerecht und doch akzeptiert. Manche Menschen sind extrem reich, obwohl sie der Welt nichts wirklich Bedeutendes gegeben haben, während andere Großes leisten und arm bleiben. Manche Menschen sind so intelligent, dass ihnen alles in den Schoß fällt, während andere hart arbeiten müssen. Andere wiederum haben Glück im Lotto, während viele, die das Geld nötiger hätten, nie gewinnen. (Quellen: wikicommons, celeboy; © Nicole Effinger und © by-studio – Fotolia.com)

„Was siehst du aber den Splitter in deines Bruders Auge und nimmst nicht wahr den Balken in deinem Auge?“ Matthäus Evangelium, 7.4

sind. Stattdessen sind Menschen hin und hergerissen zwischen Altruismus und Eigennutz. Wie treffen Menschen vor diesem Hintergrund moralische Entscheidungen?

Dialogisches Selbst

Bereits von Adam Smith stammt der Gedanke eines „dialogischen Selbst“: Wenn Menschen moralische Entscheidungen treffen, ist dieser Prozess zu verstehen als das Ergebnis eines Aushandlungsprozess, bei dem unterschiedliche Teile unseres Selbst als Staatsanwalt, Verteidiger und Richter fungieren. Der „Verteidiger“ in uns argumentiert, warum ein bestimmtes egoistisches Verhalten eigentlich doch legitim ist, der „Staatsanwalt“ hingegen vertritt abstrakte Normen und Werte. Der „Richter“ schließlich wägt beides gegeneinander ab und kommt zu einer Entscheidung. Hierbei ist es keinesfalls so, dass dieser „Richter“ beliebige Argumente der Verteidigung akzeptiert und der Staatsanwaltschaft kein Gehör schenken würde. Aber dieser Richter in uns ist oftmals sehr milde – und zumeist milder als er gegenüber dem Ansinnen einer anderen, dritten Person wäre. Mit anderen Worten: Menschen neigen zu „motivated reasoning“ und akzeptieren Entschuldigungen für ihr eigenes unmoralisches Verhalten, die sie bei anderen niemals akzeptieren würden.

Adam Smith (1723–1790)

Schottischer Moralphilosoph und Ökonom – Smith bezeichnete die Sympathie für die Mitmenschen als Grundlage der Moral und Triebfeder der Arbeit. Aus Missverständnis oft dazu im Widerspruch gesehen wird sein bekanntestes Werk „Der Wohlstand der Nationen“. Durch das Buch gilt Smith als Begründer der klassischen Nationalökonomie, welche davon ausgeht, das Eigennutz rational und wirtschaftlich vorteilhaft und die auch heute noch dominierende Wirtschaftsdoktrin ist.

Eine Studie zur moralischen Scheinheiligkeit (Hypokrasie) verdeutlicht diesen Gedanken (Batson et al., 1997). Versuchspersonen hatten die Aufgabe, sich selbst und eine andere Person zwei verschiedenen Experimentalbedingungen zuzuordnen. Die „positive“ Bedingung beinhaltete die Möglichkeit, Geld zu gewinnen und wurde als sehr interessant dargestellt, die „negative“ Bedingung beinhaltete hingegen keine Chance, Geld zu gewinnen und wurde als eher langweilig umschrieben. In einer ersten Studie wurden die Versuchspersonen gefragt, welcher der beiden Bedingungen sie sich selber zuordnen wollten. Die meisten Versuchspersonen entschieden, dass sie selber der positiven Versuchsbedingung zugewiesen werden sollten. In einer zweiten Studie wurde den Versuchspersonen angeboten, die Entscheidung per Münzwurf zu treffen. Ungefähr die Hälfte aller Versuchspersonen verzichtete auf den Münzwurf und ordnete sich unmittelbar der positiven Bedingung zu. Diejenigen, die eine Münze warfen, wurden dazu alleine im Laborraum zurückgelassen. „Erstaunlicherweise“ erfolgte auch bei diesem Münzwurf in 9 von 10 Fällen einer Zuordnung der Versuchspersonen auf die positive Bedingung.

Spätere Studien, bei denen die Versuchspersonen mit einer Kamera beim Münzwurf beobachtet wurden, konnten zeigen, dass das „zufällige Münzwurf-Ergebnis“ teilweise dadurch entstand, dass die Probanden äußerst erfinderisch in der Gestaltung neuer Regeln waren: einige warfen die Münze so lange, bis ihnen das Ergebnis zusagte, andere warfen mehrfach und spielten eine Art „Best out of 5 or 6 or 7 ...“; manche verließen den Laborraum schlicht und gaben vor, die Münze hätte sie der positiven Versuchsbedingung zugeteilt, obwohl sie gar nicht gewürfelt hatten.

Zusammenfassung

In diesem Kapitel ging es um die Frage, wie moralisch Menschen sich verhalten. Hierbei haben wir gesehen, dass Menschen zu echtem Altruismus in der Lage sind. Sie springen in eiskalte Flüsse, um wildfremde andere vor dem Ertrinken zu retten oder spenden an Flutopfer, die tausende Kilometer entfernt wohnen. Menschen sind aber auch bereit, andere zu diskriminieren oder gar zu töten, nur weil diese eine andere Hautfarbe haben oder einer anderen Religion angehören als sie selbst. Die meisten Menschen sind keine hemmungslosen Egoisten, aber Heilige sind sie eben auch nicht.

Kurz und gut

1. Aggressionen sollten nicht einseitig als defizitäres Verhalten kategorisiert werden, da sie für den Aggressor oftmals eine positive Funktion erfüllen.
2. In westlichen Wohlstandsgesellschaften wird der Einsatz körperlicher Gewalt negativ sanktioniert. Dies ist erklärbar durch die Tatsache, dass hoher sozialer Status dort zumeist nicht mit körperlicher Durchsetzungsfähigkeit korrespondiert.
3. Menschen haben kein situationsunabhängiges Aggressionsmotiv. Aggressionen sind vielmehr zu verstehen als kontingente Reaktionen auf spezifische situationale Randbedingungen.
4. Aggression und Gewalt haben im Laufe des menschlichen Zivilisationsprozesses kontinuierlich abgenommen.
5. Männer neigen kulturübergreifend zu mehr körperlicher Gewalt als Frauen.
6. Die Evolution von Altruismus wird von den meisten Forschern entweder über die Theorie der Verwandtenselektion, die Theorie des reziproken Altruismus, als aufgeklärtes Eigeninteresse, als Ergebnis indirekter Reziprozität oder als Furcht vor altruistischem Bestrafen erklärt.
7. Diese Theorien können jedoch nicht erklären, warum Menschen sich auch dann altruistisch verhalten, wenn sie anonym und einmalig mit einem fremden Interaktionspartner kooperieren (Diktatorspiel).
8. Das Commitment Modell von Frank postuliert, dass altruistische Menschen einander erkennen können und wechselseitig miteinander kooperieren.
9. Innerhalb der Gerechtigkeitspsychologie wird zwischen distributiver Fairness (wer bekommt wie viel?) und prozeduraler Fairness unterschieden (nach welchen Regeln werden Ressourcen aufgeteilt)?
10. Auch wenn sich nicht alle Menschen ständig egoistisch verhalten, sind die meisten Menschen keine Heiligen und suchen nach Gründen, eigennütziges Verhalten als legitim erscheinen lassen.

Studentenfutter

Frank, R. H. (1988). *Passions within reason: the strategic role of the emotions*. New York: W.W. Norton.

Krahé, B. (2001). *The social psychology of aggression*. Hove: Psychology Press.

Literaturverzeichnis

Ahmad, Y., & Smith, P. K. (1994). Bullying in schools and the issue of sex differences. In John Archer (Hrsg.), *Male violence*. London: Routledge.

Abraham, M. & Hinz, T. (2005) *Arbeitsmarktsozioloige. Probleme, Theorien, emprisische Befunde.* Wiesbaden: Verlag für Sozialwissenschaften

Ainslie, G. (2001). *Breakdown of will*. New York: Cambridge University Press.

Ajzen, I. (1985). From intentions to actions: A theory of planned behavior. In J. Kuhl & J. Beckman (Hrsg.), *Action-control: From cognition to behavior* (S. 11–39). Heidelberg: Springer.

Ajzen, I., & Fishbein, M. (1980). *Understanding attitudes and predicting social behavior.* Englewood Cliffs, NJ: Prentice-Hall.

Alexander, R. D. (1987). *The Biology of Moral Systems*. New York: de Gruyter.

Alpheis, H. (1990). Erschwert die ethnische Konzentration die Eingliederung? In Esser, H. & Friedrichs, J. (Hrsg.), *Generation und Identität. Theoretische und empirische Beiträge zur Migrationssoziologie* (S. 147–184). Opladen: Westdeutscher Verlag.

Amir, J. (1998). Contact Hypothesis in Ethnic Relations. In Weiner, E. (Hrsg.), *The Handbook of Interethnic Coexistence* (S. 162–181). New York: Continuum Publishing.

Ariely, D. (2008). *Predictably irrational: The hidden forces that shape our decisions.* New York: HarperCollins Publishers.

Ariely, D. & Loewenstein. G.(2006). The Heat of the Moment: The Effect of Sexual Arousal on Sexual Decision Making. *Journal of Behavioral Decision Making.* 19, 87–98.

Arkes, H. R. & Blumer, C. (1985). The psychology of sunk cost. *Organizational Behavior and Human Decision Processes, 35*, 124–140.

Armor, D. A., Massey, C. & Sackett, A. M. (2008). Prescribed optimism: Is it right to be. wrong about the future? *Psychological Science*, 19, 329–331.

Arrow, K. (1973): The Theory of Discrimination. In: Ashenfelter, O. und A. Rees (Hrsg.): *Discrimination in Labor Markets.* Princeton, New Jersey: Princeton University Press.

Asendorpf, J. B. (2007). *Psychologie der Persönlichkeit*. Heidelberg: Springer Medizin Verlag.

Atran, S. (2002). *In gods we trust: The evolutionary landscape of religion.* New York: Oxford University Press.

Atran, S. (2008): Religions' social and cognitive landscape. An evolutuionalry perspective. In S. Kitayama & D. Cohen, *Handbook of Cultural Psychology* (S. 417–453), New York: Guilford.

Averill, J.R. (1980). A constructivist view of emotion. In R. Plutchik and H. Kellerman Hrsg.), *Emotion: Theory, research and experience* (S. 305–339). New York: Academic Press.

Baier, A. C. (1986): Trust and Antitrust, *Ethics, 96*, 231–260.

Balcetis, E., & Dunning, D. (2006). See what you want to see: Motivational influences on visual perception. *Journal of Personality and Social Psychology, 91*, 612–625.

Baldwin, M. W., Carrell, S. E. & Lopez, D. F. (1990). Priming relationship schemas: My advisor and the pope are watching me from the back of my mind. *Journal of Experimental Social Psychology, 26*, 435–454.

Ball, S., Eckel, C., Grossman, P. J. & Zame, W. (2001). Status in markets. *Quarterly Journal of Economics, 116*, 161–188.

Banaji, M. R., Hardin, C. & Rothman, A. J. (1993). Implicit stereotyping in person judgment. *Journal of Personality and Social Psychology*, 65(2), 272–281.

Bandura, A. (1977). Self-efficacy: Toward a unifying theory of behavioral change. *Psychological Review, 84*, 191–215.

Bandura, Albert (1979): *Die sozial-kognitive Lerntheorie.* Stuttgart: Klett.

Bargh, J. A. & Chartrand, T. L. (1999). The unbearable automaticity of being. *American Psychologist, 54*(7), 462–479.

Bargh, J. A., Chen, M., & Burrows, L. (1996). Automaticity of social behavior: Direct effects of trait construct and stereotype activation on action. *Journal of Personality and Social Psychology, 71,* 230–244.

Bargh, J. A. & Morsella, E. (2008). The unconscious mind. *Perspectives on Psychological Science, 3*(1), 73–79

Baron, J. (1998). *Judgment misguided: Intuition and error in public decision making.* New York: Oxford University Press.

Baron, J. (2000). *Thinking and deciding.* New York: Cambridge University Press.

Baron-Cohen, S. (1997). *Mindblindness: an essay on autism and theory of mind.* Palation: MIT Press.

Baron-Cohen, S. (1999). The evolution of a theory of mind. In M. Corballis & S. Lea, S. (Hrsg.) *The descent of mind: psychological perspectives on hominid evolution.* (S. 261–277). Oxford: Oxford University Press.

Baron-Cohen, S., Leslie, A. M., & Frith, U. (1985): Does the autistic child have a „theory of mind?" *Cognition 21,* 37–46.

Barrett, J. L. (2004). *Why would anyone believe in God?* Plymouth: Altamira Press.

Bar-Ta, D. (1997). Formation and change of ethnic and national stereotypes: an integrative model. *International Journal of Intercultural Relations, 21,* 491–523.

Bass, B. &. Yammarino, F. J. (1991). Congruence of self and others' leadership rating of naval officers for understanding successful performance. *Applied Psychology* 40, 437–454.

Batson, C. D. (1991). *The altruism question: toward a social psychological answer.* Hillsdale Erlbaum.

Batson, C. D., Kobrynowicz, D., Dinnerstein, J. L., Kampf, H. C. & Wilson, A. D. (1997) In a different voice: Unmasking moral hypocrisy. *Journal of Personality and Social Psychology, 72,* 1335–1348.

Baumeister, R. F. (1989). *Masochism and the self.* Hillsdale: Erlbaum.

Baumeister, R. F. (1999). *Evil: Inside human violence and cruelty.* New York: Holt Paperbacks.

Baumeister, R. F. (2005). *The cultural animal: Human nature, meaning, and social life.* New York: Oxford University Press.

Baumeister, R. F. (2008). Free will in scientific psychology. *Perspectives on Psychological Science, 3*(1), 14–19.

Baumeister, R. F., & Leary, M. R. (1995). The need to belong: Desire for interpersonal attachments as a fundamental human motivation. *Psychological Bulletin, 117,* 497–529.

Becker, G. S. (1968): Crime and Punishment: An Economic Approach. *Journal of Political Economy* 76(2): 169–217.

Becker, G. S. (1993) *Der ökonomische Ansatz zur Erklärung menschlichen Verhaltens.* Tübingen: Mohr.

Becker, G. S. & Murphy, K. M. (1986). *A Theory of Rational Addiction*, University of Chicago.

Becker, G. S. & Posner, R. (2004) Suicide: An Economic Approach. Universtiy of Chicago: unpublished working paper.

Becker, G. S. & Stigler, *G. J.* (1977). De gustibus non est disputandum. *The American Economic Review* 67, 76–90.

Becker, J. (2007). *Ja, was glauben Sie denn? Ein Religions-TÜV.* Köln: Kiepenheuer & Witsch.

Becker, J. (2008). *Religion ist, wenn man trotzdem stirbt: Ein Handbuch für Humor im Himmel.* Köln: Kiepenheuer & Witsch.

Behrens, C.-U. (2004) *Makroökonomie,* München: Oldenbourg.

Bellinger, G. (1991). *Knaurs großer Religionsführer*: 670 Religionen, Kirchen und Kulte, weltanschaulich-religiöse Bewegungen und Gesellschaften sowie religionsphilosophische Schulen. Augsburg: Weltbild.

Benabou, R. & Tirole, J. (2002): Self-Confidence And Personal Motivation. *The Quarterly Journal of Economics*, 117(3), 871–915.

Bentham, Jeremy (2005). *Introduction to the Principles of Morals and Legislation.* Whitefish: Kessinger. (Original veröffentlicht 1789).

Berger, P. L. & Luckmann, T. (2009). *Die gesellschaftliche Konstruktion der Wirklichkeit.* Frankfurt am Main: Fischer-Taschenbuch.

Bering, J. M. (2002). Intuitive conceptions of dead agents' minds: The natural foundations of afterlife beliefs as phenomenological boundary. *Journal of Cognition and Culture, 2*(4), 263–308.

Bering, J. M. (2006). The folk psychology of souls. *Behavioral and Brain Sciences, 29*, 453–498.

Bering, J. M., McLeod, K. A., & Shackelford, T. K. (2005). Reasoning about dead agents reveals possible adaptive trends. *Human Nature 16*, 360–381

Bierhoff, H. W. & Frey, D. (2006). *Handbuch der Sozialpsychologie und Kommunikationspsychologie.* Göttingen: Hogrefe.

Bierhoff, H. W. & Herner, M. J. (2007). Vertrauen. In H. Schuler & K. Sonntag (Hrsg.), *Handbuch der Arbeits- und Organisationspsychologie* (S. 300–305). Göttingen: Hogrefe.

Biermann, W. (1991). Nur wer sich ändert, bleibt sich treu. In *Über das Geld und andere Herzensdinge* (S. 51–71). Köln: Kiepenheuer & Witsch.

Bischof, N. (2008). *Psychologie: Ein Grundkurs für Anspruchsvolle.* Stuttgart: Kohlhammer.

Bischof-Köhler, D. (2006). *Von Natur aus anders: Die Psychologie der Geschlechtsunterschiede.* Stuttgart: Kohlhammer.

Bjorklund, D. F. (1997). The role of immaturity in human development. *Psychological Bulletin,* 122, 153–169.

Bjorklund, D. F. & Greve, W. (2009). The Nestor effect: Extending evolutionary developmental psychology to a lifespan perspective. *Developmental Review, 29,* 163–179.

Blair, I. V. (2001). Implicit stereotypes and prejudice. In *Cognitive social psychology: The princeton symposium on the legacy and future of social cognition* (S. 359–374). Mahwah, NJ: Erlbaum.

Blume, M. (2009). The Reproductive Benefits of Religious Affiliation. In E. Voland & W. Schiefenhövel (Hrsg.), *The Biological Evolution of Religious Mind and Behaviour.* Dordrecht, Heidelberg, London, New York: Springer.

Bohlen, D. & Kessler, K. (2002): *Nichts als die Wahrheit*, München: Heyne.

Borkenau, P. & Liebler, A. (1993). Convergence of stranger ratings of personality and intelligence with self- ratings, partner ratings, and measured intelligence. *Journal of Personality and Social Psychology, 65*, 546–553.

Bowlby, J. (1969), *Attachment and loss, Vol. 1: Attachment.* New York: Basic Books.

Boyer, P. (2001). *Religion explained: The evolutionary origins of religious thought.* New York: Basic Books.

Brecht, B. (1934) Ulm 1592. In *Kalendergeschichten 1949.* Berlin: Gebrüder Weiß.

Brehm, S. S., & Brehm, J. W. (1981). *Psychological Reactance: A Theory of Freedom and Control.* Academic Press.

Brickman, P., Coates, D. & Janoff-Bulman, R. (1978). Lottery winners and accident victims: Is happiness relative? *Journal of Personality and Social Psychology, 36* , 917–927.

Bronfenbrenner, U. (1981). *Die Ökologie der menschlichen Entwicklung. Natürliche und geplante Experimente.* Klett-Cotta.

Brunstein, J. C., Lautenschläger, U., Nawroth, B. & Pöhlmann, J. & Schultheiss, O. C. (1995). Persönliche Anliegen, soziale Motive und emotionales Wohlbefinden. *Zeitschrift fur Differentielle und Diagnostische Psychologie, 16,* 1–10.

Brunstein, J. C., Schultheiss, O. C. & Grässmann, R. (1998). Personal goals and emotional well-being: The moderating role of emotive dispositions. *Journal of Personality and Social Psychology, 75,* 494–508.

Brown, D. E. (2004). Human universals, human nature & human culture. *Daedalus, 133,* No. 4, 47–54.

Bryson, B. (2005). *Eine kurze Geschichte von fast allem.* München: Goldmann.

Buehler, R., Griffin, D. & Ross, M. (1994). Exploring the „planning fallacy": Why people underestimate their task completion times. *Journal of Personality and Social Psychology, 67,* 366–381.

Bundesregierung (2009, 10.8.). *Integration in Deutschland – Erster Integrationsindikatorenbericht.* Abgerufen am 26.10.2009 unter http://www.bundesregierung.de/nsc_true/Content/DE/Artikel/IB/Anlagen/2009-06-10-indikatorenbericht,property=publicationFile.pdf/2009-06-10-indikatorenbericht.

Busch, W. (1999). *Gedichte.* Frankfurt am Main: Insel.

Bushman, B., Baumeister, R. & Stack, A. (1999). Catharsis, aggression, and persuasive influence: Self-fulfilling or self-defeating prophecies? *Journal of Personality and Social Psychology, 76,* 367–376.

Buss, D. (1989). Sex differences in human mate preferences: Evolutionary hypotheses tested in 37 cultures. *Behavioral and Brain Sciences, 12,* 1–49.

Buss, D. (1995). Psychological sex differences: Origins through sexual selection. *American Psychologist, 50,* 164–168.

Buss, D. (2004). *Evolutionäre Psychologie.* München: Pearson Studium.

Buss, D. M. (2005). *The handbook of evolutionary psychology.* Hoboken: John Wiley & Sons.

Buss, D. (2006): The murderer next door. New York: Pinguin. (dt. *Der Mörder in uns. Warum wir zum Töten programmiert sind.* 2007. Spektrum Akademischer Verlag.

Buss, D. M., & Shackelford, T. K. (1997). Human aggression in evolutionary psychological perspective. *Clinical Psychology Review, 17* , 605–619.

Buss, D. & Schmitt, D. (1993). Sexual strategies theory: An evolutionary perspective on human mating. *Psychological Review, 100,* 204–232.

Byrne, R. (2007). *The Secret.* München: Goldmann.

Cadenbach, C. (2010). Nachspiel. *Süddeutsche Zeitung, 7,* 19. Februar, S. 26–30.

Camerer, C. (2003): *Behavioral Game Theory.* Princeton: Princeton University Press.

Carmon, Z., & Ariely. D. (2000): Focusing on the forgone: How value can appear so different to buyers and sellers. *Journal of Consumer Research, 27,* 360–370.

Cartwright, J. (2000). *Evolution and human behavior. Darwin perspectives on human nature.* Mendham: Bradford.

Caspi, A., McClay, J., Moffitt, T. E., Mill, J., Martin, J, Craig, I. W., Taylor, A., & Poulton, R. (2002). Role of Genotype in the Cycle of Violence in Maltreated Children, *Science, 297,* 851–845.

Cansier, D. & Bayer S. (2003*): Einführung in die Finanzwissenschaft.* München: Oldenbourg.

Cattell, R. B. (1973). *Personality and mood by questionnaire.* San Francisco: Jossey-Bass.

Ceci, S. J., Barnett, S., Kanaya, T. (2003). Developing childhood proclivities into adult competencies: The overlooked multiplier effect. In R. J. Sternberg & E. L. Grigorenko (Hrsg.), *The psychology of abilities, competencies, and expertise* (S. 70–92). Cambridge: Cambridge University Press.

Ceci, S. J. & Peters, D. P. (1982). Peer review: A study of reliability. *Change,* 14(6), 44–48.

Ceci, S. & Williams, W. (1999). *The nature-nurture debate. The essential readings.* Oxford: Blackwell Publishing.

Chagnon, N. (1988). Life histories, blood revenge, and warfare in a tribal population, *Science 239,* 985–992.

Chalmers, A. F. (2007). *Wege der Wissenschaft: Einführung in die Wissenschaftstheorie.* Berlin: Springer.

Chomsky, N. (1967). A review of B. F. Skinner's Verbal Behavior. In L. A. Jakobovits & S. Miron (Hrsg.), *Readings in the psychology of language* (S. 142–143), Upper Saddle River: Prentice-Hall.

Chomsky, N. (1985). *Knowledge of language: its nature, origin, and use.* Santa Barbara: Greenwood Publishing.

Chomsky, N. (2002). *Syntactic structures.* Berlin: Walter de Gruyter.

Christandl, F. & Fetchenhauer, D. (2009). How laypeople and experts misperceive the effect of economic growth. *Journal of Economic Psychology, 30,* 381–392.

Christandl, F., Fetchenhauer, D. & Fischer, L. (in press). „Ich glaube nur an Statistiken, die ich selbst gefälscht habe" – Wie ökonomische Laien reagieren, wenn ihre Überzeugungen durch Experten in Frage gestellt werden. *Wirtschaftspsychologie.*

Christandl, F., Stuckenberg, S., Lotz, S. & Fetchenhauer, D. (2010). How materialsm moderates the labeling effect in the quality evaluation of products. In M. Meloy & A. Duhachek (Hrsg.), *Advances in consumer psychology,* II.

Cialdini, R. B. (2005), Basic social influence is underestimated. *Psychological Inquiry, 16,* 158–161.

Cialdini, R. B. (2007). *Die Psychologie des Überzeugens: Ein Lehrbuch für alle, die ihren Mitmenschen und sich selbst auf die Schliche kommen wollen.* Bern: Hans Huber.

Cialdini, R. B., Borden, R. J., Thorne, A., Walker, M. R., Freeman, S. & Sloan, L. R. (1976): Basking in reflecting glory: Three (football) field studies. *Journal of Personality and Social Psychology, 34,* 366–375.

Cialdini, R. B., Reno, R. R. & Kallgren, C. A. (1990). A focus theory of normative conduct: Recycling the concept of norms to reduce littering in public places. *Journal of Personality and Social Psychology, 58,* 1015–1026.

Cialdini, R. B., Vincent, J. E., Lewis, S. K., Catalan, J., Wheeler, D. & Darby, B. L. (1975). Reciprocal concessions procedure for inducing compliance: the door-in-the-face technique. *Journal of Personality and Social Psychology, 31,* 206–215.

Cochran, G. & Harpending, H. (2009). *The 10,000 year explosion: How civilization accelerated human evolution.* New York: Basic Books.

Colapinto, J. (2000). *As nature made him: The boy who was raised as a girl.* New York: HarperCollins Publishers.

College Board. (1976–1977). *Student descriptive questionnaire.* Princeton, NJ: Educational. Testing Service.

Colvin, G. (2008). *Talent is Overrated: What really separates world-class performers from everybody else.* London: Portfolio.

Comte-Sponville, A. (2008). *Woran glaubt ein Atheist? Spiritualität ohne Gott.* Zürich: Diogenes.

Cooper, A. F., Garside, R. F. & Kay, D. W. (1976). A comparison of deaf and non-deaf patients with paranoid and affective psychoses. *British Journal of Psychiatry, 129,* 532–538.

Cooper, A., Woo, C., & Dunkelberg, W. (1988): Entrepreneurs' perceived chances for success. *Journal of Business Venturing, 3,* 97–108.

Cosmides, L. & Tooby, J. (1994). Better than rational: Evolutionary psychology and the invisible hand. *American Economic Review, 84,* 327–332.

Crawford, C. & Krebs, D. (2008). *Foundations of evolutionary psychology.* New York: Lawrence Erlbaum.

Crosby, F., Bromley, S. & Saxe, L. (1980). Recent unobtrusive studies of black and white discrimination and prejudice: a literature review. *Psychological Bulletin*, 87, 546–563.

Crosby, R. A. & Yarber, W. L. (2001). Perceived versus actual knowledge about correct condom use among U.S. adolescents: Results from a national study. *Journal of Adolescent Health*, 19, 134–139.

Cross, P. (1977). Not Can, But Will College Teaching Be Improved. *New Directions for Higher Education*, 1–15.

Csikszentmihalyi, M. (2000). *Das Flow-Erlebnis. Jenseits von Angst und Langeweile im Tun aufgehen.* Stuttgart: Klett. (Original veröffentlicht 1990)

Cunningham, M. C. (1979). Weather, mood, and helping behavior: Quasi experiments with the sunshine Samaritan. *Journal of Personality and Social Psychology, 37,* 1947–1956.

Dahrendorf, R. (2006). *Homo Sociologicus. Ein Versuch zur Geschichte, Bedeutung und Kritik der Kategorie der sozialen Rolle.* Wiesbaden: VS Verlag. (Original veröffentlicht 1958.)

Daly, M. & Wilson, M. (1988). *Homicide.* New Jersey: Transaction Publishers.

Daniluk, J. (1998). *Women's sexuality across the life span: Challenging myths, creating meanings.* New York: Guilford Press.

Darley, J. M., and Batson, C. D. (1973). From Jerusalem to Jericho: A study of Situational and Dispositional Variables in Helping Behavior. *Journal of personality and social psychology, 27,* 100–108.

Darley J. B. & Latané, M. (1968). Bystander intervention in emergencies: Diffusion of responsibility. *Journal of Personality and Social Psychology, 8,* 377–383.

Darwin, C. (1979). *The origin of species.* New York: Gramercy Books. (Erstmals veröffentlicht 1859.)

Darwin, C. (2004). *Descent of man and selection in relation to sex.* London: Penguin Books.

Davidson, A. R. & Jaccard, J. J. (1979). Variables that moderate the attitude-behavior relation results of a longitudinal survey. *Journal of Persaonlity and Social Psychology, 37,* 1364–1376.

Davidson, A. R., Yantis, S., Norwood, M. & Montano, D. E. (1985). Amount of information about the attitude object and attitude-behavior consistency. *Journal of Personality and Social Psychology*, 49 ,1184–1198.

Dawkins, R. (1996). *Der blinde Uhrmacher. Ein neues Plädoyer für den Darwinismus.* München: Deutscher Taschenbuch Verlag.

Dawkins, R. (2006). *The god delusion.* London: Bantam Press.

Dawkins, R. (2009). *The Greatest Show on Earth: The Evidence for Evolution.* London: Bantam Press.

Dawson, E., Gilovich, T. & Regan, D. T. (2002). Motivated reasoning and performance on the Wason selection task. *Personality and Social Bulletin*, 28 (10) 1379–1387.

Dawson, E., Savitsky, K. & Dunning, D. (2006). „Don't tell me, I don't want to know": Understanding people's reluctance to obtain medical diagnostic information. *Journal of Applied Social Psychology*, 36 (3), 751–768.

De Beauvoir, S. (2000). *Das andere Geschlecht.* Reinbek: Rowohlt. (Original veröffentlicht 1949.)

de Quervain, D., Fischbacher, U., Treyer, V., Schellhammer, M., Schnyder, U., Buck, A. & Fehr, E. (2004). The neural basis of altruistic punishment. *Science, 305,* 1254–1258.

De Waal, F. (2008). *Primaten und Philosophen. Wie die Evolution die Moral hervorbrachte.* München: Hanser.

DeCatanzaro, D. (1981). *Suicide and self-damaging behavior: a sociobiological perspective.* New York: Academic Press.

Deci, E. L. (1971). Effects of externally mediated rewards on intrinsic motivation. *Journal of Personality and Social Psychology, 18,* 105–115.

DeLong, B. (2000): *Cornucopia. The Pace of Economic Growth in the Twentieth Century.* NBER Working Paper 7602.

Dennett, D. C. (2004). *Freedom evolves.* London: Penguin Books.

Dennett, D. C. (2007). *Breaking the spell: Religion as a natural phenomenon.* London: Penguin Books.

DePaulo, B. M., Charlton, K., Cooper, H., Lindsay, J. J. & Muhlenbruck, L. (1997). The accuracy-confidence correlation in the detection of deception. *Personality and Social Psychology Review,* 1, 346–357.

Descartes, R. (1969). Über *den Menschen.* (Hrsg. K. E. Rothschuh). Heidelberg: Lambert Schneider. (Original veröffentlicht 1632.)

Deutsch, H. (1948–54). *Psychologie der Frau.* Bern: Hans Huber. (Englisches Original 1944–45.)

Diamond, J. M. (1999). *Guns, germs, and steel: The fates of human societies.* New York: W. W. Norton & Company.

Diekmann A., Engelhardt, H., & Hartmann, P. (1993). *Einkommensungleichheit in der Bundesrepublik Deutschland: Diskriminierung von Frauen und Ausländern? Mitteilungen aus der Arbeitsmarkt- und Berufsforschung (MittAB), 26.*

Diekmann, A. (2009). *Empirische Sozialforschung: Grundlagen, Methoden, Anwendungen.* Reinbek bei Hamburg: Rowohlt Taschenbuch.

Diener, E. & Oishi, S. (2000). Money and Happiness: Income and Subjective Well-Being Across Nations. In E. Diener & E. M. Suh (Hrsg.), *Subjective Well-Being Across Cultures,* Cambridge MA: MIT Press.

Dion, K., Berscheid, E. & Walters, E. (1972), What is beautiful is good. *Journal of Personality and Social Psychology,* 24, 285–290.

Dittmann, C. & Büttner, M. (1993). *Brave Mädchen, böse Buben?: Erziehung zur Geschlechtsidentität in Kindergarten und Grundschule.* Weinheim: Beltz.

Ditto, P. H. & Lopez F. (1992). Motivated Skepticism: Use of Differential Decision Criteria for Preferred and Nonpreferred Conclusions. *Journal of Personality and Social Psychology,* 63 (4), 568–84.

Dobel, R. (1995). *Lexikon der Goethe-Zitate.* München: Deutscher Taschenbuch Verlag.

Doherty, M. (2009): *Theory of mind. How children understand others' thoughts and feelings.* New York: Psychology Press.

Dörner, D. (1989). *Die Logik des Misslingens – Strategisches Denken in komplexen Situationen.* Hamburg: Rowohlt.

Dovidio, J. F., Kawakami, K. & Gaertner, S. L. (2002). Implicit and explicit prejudice and interracial interaction. *Journal of Personality and Social Psychology, 82,* 62–68.

Du Bois-Reymond, E. H. (1872). *Über die Grenzen des Naturerkennens.* Leipzig: Verlag von Veit.

Duhem, P. (1998). *Ziel und Struktur der physikalischen Theorien.* (Hrsg. Schäfer, L.). Hamburg: Meiner. (Original veröffentlicht 1906.)

Duhm, D. (1972). *Angst im Kapitalismus.* Mannheim: Kübler.

Dunbar, R. (2004a). *Grooming, gossip, and the evolution of language.* London: Faber and Faber Limited.

Dunbar, R. (2004b). *The human story: A new history of mankind's evolution.* London: Faber and Faber Limited.

Dunning, D. (2005). *Self-insight: Roadblocks and detours on the path to knowing thyself.* New York: Psychology Press.

Dunning, D. & Fetchenhauer, D. (2010). Understanding the psychology of trust. In D.

Dunning (Hrsg), *Handbook of social motivation.* New York: Psychology Press.
Dunning, D., Heath, C. & Suls, J. M. (2004). Flawed self-assessment: Implications for health, education, and the workplace. *Psychological Science in the Public Interest*, 5(3), 69–106.
Dunning, D., Perie, M. & Story, A. L. (1991). Self-serving prototypes of social categories. *Journal of Personality and Social Psychology*, 61, 957–968.
Dylan, E. & Zarate, O. (2005). *Introducing Evolutionary Psychology.* Cambridge: Totem Books.
Eagly, A. H. & Sczesny, S. (2009). Stereotypes about women, men, and leaders: Have times changed? In: Barreto, M., Ryan, M. & Schmitt, M. (Hrsg.), *Barriers to diversity: The glass ceiling after 20 years,* Washington: APA Books.
Eagly, A. H. & Wood, W. (1999). The origins of sex differences in human behavior: Evolved dispositions versus social roles. *American Psychologist, 54*(6), 408–423.
Ebbeling, S. & Schmitz, S. (2006). *Geschlechterforschung und Naturwissenschaften. Einführung in ein komplexes Wechselspiel.* Wiesbaden: Verlag für Sozialwissenschaften.
Economist (1996, June 22). Whom can you trust? Economist, p. 33.
Edwards, G. (1997). *Alkoholkonsum und Gemeinwohl. Strategien zur Reduzierung des schädlichen Gebrauchs in der Bevölkerung.* Stuttgart: Enke.
Edwards, R. K., Kellner, K. R., Sistron, C. L. & Magyari, E. J. (2003). Medical student self- assessment of performance on an obstetrics and gynecology clerkship. *American Journal of Obstretics and Gaynecology*, 188, 1078–1082.
Ehrlinger, J. & Dunning, D. (2003). How chronic self-views influence (and potentially mislead) assessments of performance. *Journal of Personality and Social Psychology*, 84, 5–17.
Ellis, H. (2006). *Studies in the Psychology of Sex, Vol. III: Analysis of the Sexual Impulse; Love and Pain; the Sexual Impulse in Women.* Charleston: Bibliobazaar. (Orignial veröffentlicht 1913.)
Elkind, D. (1967). Egozentricm in adolescence. *Child Development, 38,* 1025–1034.
Elster, J. (2007). *Explaining social behavior: More nuts and bolts for the social sciences.* New York: Cambridge University Press.
Englich, B., Mussweiler, T. & Strack, F. (2005). The last word in court – A hidden disadvantage for the defense. *Law and Human Behavior, 29,* 705–722.
Enste, D., Haferkamp, A. & Fetchenhauer, D. (2009). Unterschiede im Denken zwischen Ökonomen und Laien – Erklärungsansätze zur Verbesserung der wirtschaftspolitischen Beratung. *Perspektiven der Wirtschaftspolitik, 10,* 60–78.
Enzensberger, H. M. (05.06.1964). Bin ich ein Deutscher? *Die Zeit.* Abgerufen am 28.02.2009 unter http://www.zeit.de/1964/23/Bin-ich-ein-Deutscher.
Epley, N. & Gilovich, T. (2006). The anchoring and adjustment heuristic: Why the adjustments are insufficient. *Psychological Science, 17,* 311–318.
Epstein, S. (1979). The stability of behavior: On predicting most of the people most of the time. *Journal of Personality and Social Psychology, 37,* 1097–1126.
Ericsson, K. A., Krampe, R. T. & Tesch-Roemer, C. (1993). The role of deliberate practice in the acquisition of expert performance. *Psychological Review, 100,* 363–406.
Esser, H. (1996). What is wrong with ‚variable sociology'? *European Sociological. Review, 12,* 159–166.
Euler, H. A. (2004). Die Beitragsfähigkeit der evolutionären Psychologie zur Erklärung von Gewalt. In W. Heitmeyer & H.-G. Soeffner (Hrsg.*), Gewalt Entwicklungen, Strukturen, Analyseprobleme* (S. 411–435). Frankfurt a. M.: Suhrkamp.
Evans C. & Richardson P. H. (1988). Improved recovery and reduced postoperative stay after therapeutic suggestions during general anaesthesia. *Lancet*. 431–433.
Färber, C., & Spangenberg, U. (2008). *Wie werden Professuren besetzt? Chancengleichheit in Berufungsverfahren.* Frankfurt/M: Campus.

Farlin, D. & Sweeny, P. (1992). Distributive and Procedural Justice as Predictors of Satisfaction with Personal and Organizational Outcomes. *The Academy of Management Journal, 35,* 626–637.

Farrell, J., Rabin M. (1996). „Cheap Talk." *The Journal of Economic Perspectives,* 10 (3), 103–118.

Fazio, R. H. & Olsen, M. H. (2003). Implicit measures in social cognition research: Their meaning and use. *Annual Review of Psychology, 54,* 297–327.

Fehr, E. & Fischbacher, U. (2003). The nature of human altruism. *Nature, 425,* 785–791.

Fehr, E. & Gächter, S. (2002). Altruistic punishment in humans. *Nature, 415,* 137–140.

Fehr, E. & Gächter, S. (2003). The nature of human altruism. Proximate patterns and evolutionary origins. *Nature 425,* 785–791.

Fest, J. C. (1994). *Staatsstreich. Der lange Weg zum 20. Juli.* Berlin: btb.

Festinger, L. (1957). *A Theory of Cognitive Dissonance.* Stanford: Stanford University Press.

Festinger, L. (1964): *Conflict, decision, and dissonance.* Stanford: Stanford Univeisty Press.

Festinger, L. & Carlsmith, J. M. (1959). Cognitive consequences of forced compliance. *Journal of Abnormal and Social Psychology, 58,* 203–210.

Festinger, L., Riecken, H. W. & Schachter, S. (2008). *When prophecy fails.* London: Pinter & Martin.

Fetchenhauer, D. (2010). Soziale Gerechtigkeit und die Natur des Menschen. Eine wirtschaftspsychologische Betrachtung. In D. Fetchenhauer, N. Goldschmidt, S. Hradil & S. Liebig (Hrsg.), *Warum ist Gerechtigkeit wichtig.* München: Roman Herzog Institut.

Fetchenhauer, D. (2009). Evolutionary perspectives on religion – What they can and what they cannot explain (yet). In E. Voland & W. Schiefenhövel (Hrsg.), *The biological evolution of religious mind and behaviour.* 275–292.

Fetchenhauer, D. & Buunk, A. P. (2005). How to explain gender differences in fear of crime: Towards an evolutionary approach. Sexualities, *Evolution and Gender, 7,* 95–113.

Fetchenhauer, D., Groothuisc, T. & Prachel, J. (2010). Not only states but traits – Humans can identify permanent attruistic dispositions in 20s. *Evolution and Human Behaviour,* 31, 80–86.

Fetchenhauer, D. & Haferkamp, A. (2007). Viel zu tun – Umrisse einer Psychologie des Wohlfahrtsstaats. In D. Fetchenhauer & L. Fischer (Hrsg.), Zur Psychologie des Wohlfahrtsstaats. *Sonderheft der Zeitschrift Wirtschaftspsychologie,* 9, 5–24.

Fetchenhauer, D. & Rohde, P. A. (2002). Evolutionary personality psychology and victimology: Sex differences in risk attitudes and short-term orientation and their relation to sex differences in victimizations. *Evolution and Human Behavior, 23,* 233–244.

Fetchenhauer, D., Simon, J. & Fetchenhauer, F. (2007). Gottfredson and Hirschi in the Lab: An experimental test of the general theory of crime. *Experiments in Criminology and Law: A Research Revolution,* 21.

Fetchenhauer, D., & Vegt, G. v.d. (2001). Honesty, trust and economic growth. A cross-cultural comparison of Western industrialized countries. *Zeitschrift fur* Sozialpsychologie, 32, 189–200.

Fischer, L. & Wiswede, G. (2009). *Grundlagen der Sozialpsychologie.* München: Oldenbourg Wissenschaftsverlag.

Fischbacher, U., Gächter, S. & Feher, E. (2001). Are People Conditionally Cooperative? Evidence from a Public Goods Experiment. *Econnomic letters, 71,* 397–404

Fischhoff, B., Slovic, P. & Lichtenstein, S. (1977). Knowing with certainty: The appropriateness of extreme confidence. *Journal of Experimental Psychology: Human Perception and Performance,* 3, 552–564.

Fish, W. (2009). *Perception, Hallucination, and Illusion.* Oxford: University Press.

Fiske, S. T. & Neuberg, S. L. (1990). A continuum of impression formation, from category-based to individuating processes: Influences of information and motivation on attention and interpretation. In M. Zanna (Hrsg.), *Advances in Experimental Social Psychology*, 23, 1–74. San Diego: Academic Press.

Fiske, S. T. & Taylor, S. E. (2008). *Social cognition: From brains to culture*. New York: McGraw-Hill.

Flood A. N., Lorence D. P., Ding J., McPherson K. & Black. N. A. (1993). The role of expectations in patients' reports of post-operative outcomes and improvement following therapy. *Medial Care, 31*, 1043–56.

Flood, M. M. (1952). Some experimental games. *Research Memorandum RM-789.*

Flynn, J. R. (2007). *What is Intelligence?: Beyond the Flynn Effect.* Cambridge: University Press.

Förster, J. (2007). *Kleine Einführung in das Schubladendenken: Über Nutzen und Nachteil des Vorurteils.* München: Deutsche Verlags-Anstalt.

Frank, R. H. (1988). *Passions within reason: the strategic role of the emotions.* New York: W. W. Norton.

Frank, R. H. (2005). Altruists with green beards: Still kicking? *Analyse & Kritik, 27,* 85–96.

Frank, R. H. (2008). On the evolution of moral sentiments. In C. Crawford & D. Krebs (Hrsg.), *Foundations of evolutionary psychology* (pp. 371–379). New York: Lawrence Erlbaum Associates.

Frank, R. H., Gilovich, T. & Regan D. T. (1993). The evolution of one-shot cooperation: an experiment. *Ethology and Sociobiology, 14,* 247–256.

Freedman, J. L. & Fraser, S. C. (1966). Compliance without pressure: The foot-in-the-door technique. *Journal of Personality and Social Psychology, 4,* 195–202.

Freud, S. (1905). Three Essays on the Theory of Sexuality. In J. Strachey (Hrsg.), *The Standard Edition of the Complete Psychological Works of Sigmund Freud* (1953), Vol. 7, 220.

Freud, S. (1925). Die Verneinung. *IMAGO, Bd. 11,* S. 217–221.

Freud, S. (2009). *Die Traumdeutung.* Frankfurt: Fischer. (Original veröffentlicht 1899).

Freud, S. (2007). *Massenpsychologie und Ich-Analyse: Die Zukunft einer Illusion.* Frankfurt a. M.: Fischer.

Frey, B. S. (1997). *Not just for the money: An economic theory of personal motivation.* Cheltenham: Edward Elgar Publishing.

Friedrich, J. (1996). On seeing oneself as less self-serving than others: The ultimate selfserving bias? *Teaching of Psychology,* 23, 107–109.

Frijda, N. H. (2007). *The laws of emotion.* New Jersey: Lawrence Erlbaum Associates.

Frisch, M. (1975). *Andorra: Stück in zwölf Bildern.* Frankfurt am Main: Suhrkamp.

Frith, U. (2003). *Autism: Explaining the Enigma.* Malden: Blackwell Publishing.

Fromm, E. (1998). *Die Kunst des Liebens.* Berlin: Ullstein (Original veröffentlicht 1956.)

Fryer R. G., Goeree, J. K. & Holt, C. A. (2005). Experience-Based Discrimination: Classroom Games, *Journal of Economic Education,36,* 160–170.

Fukuyama, F. (1995). *Trust: The Social Virtues and the Creation of Prosperity.* New York: Free Press Paperback.

Funder, D. C. (2007). *The personality puzzle.* New York: W. W. Norton & Company.

Gangestad, S. W. & Simpson, J. A. (2000). The evolution of human mating: Trade-offs and strategic pluralism. *Behavioral and Brain Sciences,* 23, 573–644.

Gangestad, S. W., Simpson, J. A., Cousins, A. J., Garver-Apgar, C. E. & Christensen, P. N. (2004). Women's preference for male behavioral displays change across the menstrual cycle. *Psychological Science, 15,* 203–207.

Gangestad, S. W., Thornhill, R. & Garver, C. E. (2002). Changes in women's sexual interests and their partners' mate- retention tactics across the menstrual cycle: Evidence for shifting conflicts of interest. *Proceeding of the Royal Sciences of London Series B – Biological Sciences, 269*, 975–982.

Gangestad, S. W., Thornhill, R. & Garver-Apgar, C. E. (2005). Adaptations to ovulation: Implications for sexual and social behavior. *Current Directions in Psychological Science, 14*(6), 312–316.

Gangestad, S. W., Thornhill, R. & Garver-Apgar, C. E. (2005). Women's sexual interests across the ovulatory cycle depend on primary partner developmental instability. *Proceeding of the Royal Sciences of London Series B – Biological Sciences, 272*, 2023–2027.

Garcia J, & Ervin F. R. (1968). Gustatory-visceral and telereceptor-cutaneous conditioning: Adaptation in internal and external milieus. *Comm. Behav. Biol., 1*, 389–415.

Gardner, Howard. (1999). *Intelligence Reframed: Multiple Intelligences for the 21st Century.* New York: Basic Books.

Gaulin, S. J. C. & McBurney, D. H. (2004). *Evolutionary Psychology: Second Edition*. New Jersey: Pearson Education.

Geary, C. (1998) M*ale, Female: The Evolution of Human Sex Differences*. Washington: American Psychological Association.

Gergen, K. J. (1985). The social constructionist movement in modern psychology. *American Psychologist, 40*, 266–275.

Gheslin, M. T. (1974). *The economy of nature and the evolution of sex*. Berkeley: University of California Press.

Gigerenzer, G. (2007). *Bauchentscheidungen: Die Intelligenz des Unbewussten und die Macht der Intuition*. München: Bertelsmann.

Gigerenzer, G. (2008a). *Rationality for mortals: How people cope with uncertainty.* New York: Oxford University Press.

Gigerenzer, G. (2008b). Why heuristics work. *Perspectives on Psychological Science, 3*(1), 20–29.

Gigerenzer, G., Todd, P. M. & A. B. C. Research Group (1999). *Simple heuristics that make us smart*. New York: Oxford University Press.

Gilbert, D. T. (2002). Inferential correction. In T. Gilovich, D. W. Griffin, & D. Kahneman (Hrsg.), *Heuristics and biases: The psychology of intuitive judgement*. New York: Cambrigde University Press.

Gilbert, D. T. & Ebert, J. E. J. (2002). Decisions and revisions: The affective forecasting of changeable outcomes. *Journal of Personality and Social Psychology, 82*, 503–514.

Gilbert, D. T., Pinel, E. C., Wilson, T. D., Blumberg, S. J. & Wheatley, T. (1998). Immune neglect: A source of durability bias in affective forecasting. *Journal of Personality and Social Psychology, 75*, 617–638.

Gironde, S., Leister, D., & Beinta, R. (2010). Human Foibles or Systemic Failure – Lay Perceptions of the 2008–09 Financial Crisis, *Journal of Socio-Economics*, 2–39.

Gilovich, T., Keltner, D. & Nisbett, R. E. (2006*). Social Psychology*. New York: W. W. Norton.

Gladwell, M. (2008). *Outliers: The story of success*. London: Allen Lane.

Glover, J. (2001). *Humanity: A moral history of the twentieth century*. New Haven: Yale University Press.

Gneezy, U. & Rustichini, A. (2000). Pay enough or don't pay at all. *Quarterly Journal of Economics, 115*, 791–810.

Goffman, E. (2009). *Wir alle spielen Theater: Die Selbstdarstellung im Alltag*. München: Piper.

Goldstein, N. J., Cialdini, R. B. & Griskevicius, V. (2008). A room with a viewpoint: Using social norms to motivate environmental conservation in hotels. *Journal of Consumer Research, 35,* 472–482.

Goldstein, D.G. & Gigerenzer, G. (1999). The recognition heuristic: How Ignorance Makes US Smart. In G. Gigerenzer, P. M. Todd & ABC Research Group (Hrsg.), *Simple Heuristics That Make US Smart.* New York: Oxford University Press.

Goldstein, D. G. & Gigerenzer, G. (2002). Models of ecological rationality: The recognition heuristic. *Psychological Review, 109,* 75–90.

Goleman, D. (1997): *Emotionale Intelligenz.* München: Hanser-Verlag.

Gottfredson, M. R. & Travis H. (1990). *A General Theory of Crime.* Stanford: Stanford University Press

Gouldner, A. W. (1960). The norm of reciprocity: A preliminary statement. *American Sociological Review, 25,* 161–178.

Greytemeier, T. (2008). Sich selbst-erfüllende Prophezeiungen. In L-E. Petersn & B. Six (Hrsg.), *Stereotype, Vorurteile und soziale Diskriminierung. Theorien, Befunde und Interventionen.* (S. 80–87). Weinheim: Beltz

Grammer, K., Renninger, L. & Fischer, B. (2004). Disco clothing, female sexual motivation and relationship status: Is she dressed to impress? *Journal of Sex Research, 41,* 66–74.

Granato, N, & Kalter, F. (2001). Die Persistenz ethnischer Ungleichheit auf dem deutschen Arbeitsmark. Kölner Zeitschrift für Soziologie und Sozialpsychologie, 53, 497–520.

Grasmick, Hagan, Blackwell and Arneklev (1996). Risk Preferences and Patriarchy: Extending Power-Control Theory. *Social Forces 75,* 177–199.

Greenberg, J., Porteus, J., Simon, L., Pyszczynski, T. & Solomon, S. (1995). Evidence of a terror management function of cultural icons: The effects of mortality salience on the appropriate use of cherished cultural symbols. *Personality and Social Psychology Bulletin, 21,* 1221–1228.

Greenberg, J., Pyszczynski, T., Solomon, S., Rosenblatt, A., Veeder, M., Kirkland, S. & Lyon, D. (1990). Evidence for terror management theory II: The effects of mortality salience reactions to those who threaten or bolster the cultural worldview. *Journal of Personality and Social Psychology, 58,* 308–318.

Greenwald, A. G. (1980). The totalitarian ego: Fabrication and revision of personal history. *American Psychologist,* 35, 603–618.

Greenwald, A. G. & Banaji, M. R. (1995). Implicit social cognition: Attitudes, self-esteem, and stereotypes. *Psychological Review, 102,* 4-27.

Griffin, D. R. (2001) *Animal Minds Beyond Cognition to Consciousness.* Chicago: Chicago University Press.

Grimm; H. & Engelkamp, J. (1981). *Sprachpsychologie. Handbuch und Lexikom der Psycholinguistik.* Berlin: Schmidt.

Güth, W., Schmittberger, R. & Schwarze, B. (1982). An Experimental Analysis of Ultimatum Bargaining. *Journal of Economic Behavior and Organization,* 3, 367–388.

Haarmann, H. (2002). *Geschichte der Schrift.* München: C. H. Beck.

Hagan, J., Gillis, A. and Simpson, J. (1987). Class in the household: A power- control theory of gender and delinquency. *American Journal of Sociology* 92, 788–316.

Hagerty, M. R., Veenhoven, R. (2003). „Wealth and happiness revisited – growing national income does go with greater happiness". *Social Indicators Research,* 64 (1), 1–27.

Haidt, J. (2001). The emotional dog and its rational tail. *Psychological Review, 108,* 814–834.

Haidt, J. (2008). Morality. *Perspectives on Psychological Science, 3,* 65–72.

Hald, G. M. (2006). Gender differences in pornography consumption among young heterosexual danish adults. *Archives of Sexual Behavior. 35,* 577–585.

Hale, C. (1996). Fear of crime: A review of the literature. *International Review of Victimology 4*, 79–150.

Hammerstein, P. (Hrsg.), (2003). *Genetic and Cultural Evolution of Cooperation.*Cambridge: MIT Press.

Donnelly, D. & Fraser, J. (1998). Gender differences in sado-masochistic arousal among college students. *Sex Roles., 39*, 391–407.

Hamilton, W. D. (1964). The genetical evolution of social behaviour I and II., *Journal of Theoretical Biology 7*, 1–16.

Hansford, B. C. & Hattie, J. A. (1982). The relation between self and achievement/performance measures. *Review of Educational Research, 52, 123–142.*

Haney, C., Banks, W. C. & Zimbardo, P. G. (1973). A study of prisoners and guards in a simulated prison. *Naval Research Review, 30*, 4–17.

Hankiss, A. (1981). Ontologies of the self: On the metaphorical rearranging of one's life history. In D. Bertaux (Hrsg.), *Biography and society.* California: Sage.

Hardin, G. (1968). The Tragedy of the Commons. *Science, 162,* 1243–1248.

Harford, T. (2008). *The Logic of Life: The Rational Economics of an Irrational World.* New York: Random House.

Haring, B. (2003). *Warum ist der Eisbär weiß? Bas Haring erklärt die Evolution und die Geschichte des Lebens.* Frankfurt am Main: Campus.

Harris, M. M. & Schaubroeck, J. (1988). A meta-analysis of self-supervisor, self-peer, and peer-supervisor ratings. *Personnel Psychology, 41*, 43–62.

Harrison, D. A. & Shaffer, M. A. (1994). Comparative examinations of self reports and perceived absenteeism norms: Wading through Lake Wobegon. *Journal of Applied Psychology,* 79, 240–251.

Hartmann, K. H. (Hrsg.), (2007). *Wilhelm Busch zum Vergnügen: Was man besonders gerne tut, ist selten ganz besonders gut.* Stuttgart: Philipp Reclam jun.

Haslam S. A., Oakes P. J., Turner J. C., McGarty C. (1996). Social identity, self-categorization, and the perceived homogeneity of in-groups and out-groups: the interaction between social motivation and cognition. In R. M. Sorrentino & E. T. Higgins (Hrsg.) *Handbook of Motivation and Cogniton, 3,* S. 182–222. New York: Guilfod.

Haselton M. G. & Buss, D. M. (2000). Error management theory: A new perspective on biases in cross-sex mind reading. *Journal of Personality and Social Psychology, 78,* 81–91.

Haselton, M. G., Mortezaie, M., Pillsworth, E. G., Bleske-Rechek, A. & Frederick, D. A. (2007). Ovulatory shifts in human female ornamentation: Near ovulation, women dress to impress. *Hormones and Behavior, 51*, 40–45.

Haselton, M. G., Nettle, D. & Andrews, P. W. (2005). The evolution of cognitive bias. In D. M. Buss (Hrsg.), *The evolutionary psychology handbook* (S. 724–746). Hoboken: Wiley. Hastorf, A. & Cantril, H. (1954). They saw a game: a case study. *The Journal of Abnormal and Social Psychology, 49*, 129–134.

Haug, S. (2004). Wissenschaftstheoretische Problembereiche empirischer Wirtschafts- und Sozialforschung. Induktive Forschungslogik, naiver Realismus, Instrumentalismus, Relativismus. In F. Ulrich Frank (Hrsg.), *Wissenschaftstheorie in Ökonomie und Wirtschaftsinformatik. Theoriebildung und -bewertung, Ontologien, Wissensmanagement* (S. 85–107). Wiesbaden: DUV.

Haun, D. E., Zeringue, A., Leach, A., Foley, A. (2000). Assessing the competence of specimen-processing personnel. *Laboratory Medicine*, 31, 633–637.

Hazan, C. & Shaver, P. (1987). Romantic Love conceptualized as an attachment process. *Journal of Personality and Social Psychology*, 52 (3) 511–524.

Heckhausen, J. & Heckhausen, H. (2009). *Motivation und Handeln*. Berlin: Springer.

Heidegger, M. (2006). *Sein und Zeit*. Tübingen: Niemeyer. (Original veröffentlicht 1927)

Heine, H. (1857). *Buch der Lieder*. Hamburg: Hoffman und Campe.

Henrich, J., Boyd, R., Bowles, S., Camerer, C., Fehr, E. & Gintis, H. (2004): *Foundations of Human Sociality: Economic Experiments and Ethnographic Evidence from Fifteen Small-Scale Societies*. Oxford: Oxford University Press.

Helms, L. & Bierhoff, H. W. (2001). Lässt sich Untreue durch Geschlecht, Einstellung oder Persönlichkeit vorhersagen? (On the prediction of infidelity by gender, attitude or personality). *Zeitschrift für Familienforschung, 13*, 5–25.

Hendricks, M. & Bootzin, R. (1976). Race and sex as stimuli for negative affect and physical avoidance. *Journal of Social Psychology, 98*, 111–120.

Herkner, W. (2008). *Lehrbuch Sozialpsychologie*. Bern: Hans Huber.

Herrnstein, R. & Murray, C. (1994). *The Bell Curve – Intelligence and Class Structure in America*. New York: Freepress.

Hertwig, R. & Todd, P. M. (2003). More is not always better: The benefits of cognitive limits. In D. Hardman & L. Macchi (Hrsg.), *Thinking: Psychological perspectives on reasoning, judgment and decision making* (S. 213–231). Chichester: Wile.

Hyde, J. S. (2005). The gender similarities hypothesis. *American Psychologist, 60*, 581–592

Hodges, B., Regehr, G. & Martin, D. (2001). Difficulties in recognizing one's own incompetence: Doctors who are unskilled and unaware of it. *Academic Medicine*, 76, 87–89.

Hofer, J. & Chasiotis, A. (2003). Congruence of life goals and implicit motives as predictors of life satisfaction: Cross-cultural implications of a study of zambian male adolescents. *Motivation and Emotion, 27*, 251– 272.

Hofmann, W., Gawronski, B., Gschwendner, T., Le, H. & Schmitt, M. (2005). A Meta-Analysis on the Correlation Between the Implicit Association Test and Explicit Self-Report Measures. *Personality and Social Psychology Bulletin, 31*, 1369–1385.

Hofstede, G. (1984). *Culture's consequences: International Differences in Work Related Values*. Newbury Park: Sage.

Hofstede, G. (2001). *Culture's consequences: Comparing values, behaviors, institutions, and organizations across nations*. Thousand Oaks: Sage Publications.

Höller, J. (2000). *Alles ist möglich*. Berlin: Econ.

Hölzl, E., Pollai, M. & Kamleitner, B. (2009). Experience, prediction and recollection of loan burden. *Journal of Economic Psychology, 30*, 446–454.

Hood, B. M. (2009). *Supersense: Why we believe in the unbelievable*. New York: HarperCollins Publishers.

Hormel, U. (2006). *Diskriminierng in der Einwanderungsgesellschaft: Begründungsprobleme pädagogischer Strategien und Konzepte*. Wiesbaden: Verlag für Sozialwissenschaften.

Horne, C. (2007). Explaining norm enforcement. *Rationality and Society, 19*, 139–170.

Hosoda, M., Stone-Romero, E. F. & Coats, G. (2003). The effects of physical attractiveness on job-related outcomes: A meta-analysis of experimental studies. *Personnel Psychology, 56*, 431–462.

Huber, O. (2005). *Das psychologische Experiment: Eine Einführung*. Bern: Hans Huber.

Hull, Clark L. (1943). *Principles of behavior*. New York: Appleton-Century-Crofts.

Hume, D. (1993). *Dialogues and natural history of religion*. New York: Oxford University Press. (Original veröffentlicht 1757/1779).

Hume, D. (2000). *Die Naturgeschichte der Religion: Über Aberglaube und Schwärmerei, über die Unsterblichkeit der Seele, über Selbstmord*. Hamburg: Felix Meiner. (Original veröffentlicht 1757).

Hume, D. (2004). *Ein Traktat über die menschliche Natur.* Berlin: Xenomoi. (Original veröffentlicht 1739).
Hummel, M. (1999). *Zeitpräferenz in der Ökonomie — eine kritische Bestandsaufnahme.* Workingpaper. Abgerufen am 27.10.2009 unter http://www.ianus.tu-darmstadt.de/Publikationen/bericht_1_1999.pdf
Hutten, K. (1968). *Seher, Grübler, Enthusiasten.* Stuttgart: Quell Verlag.
Inglehart, R. (1977). *The Silent Revolution: Changing Values and Political Styles among Western Publics.* Princeton: Princeton University Press.
Inglehart, R. (1990). *Culture Shift in Advanced Industrial Society.* Princeton: Princeton University Press.
Inglehart, R., Foa, C., Peterson & Welzel, C. (2008). Development, Freedom and Rising Happiness: A Global Perspective 1981–2007. *Perspectives on Psychological Science, 3,* 264–285.
Inzlicht, M. & Ben-Zeev, T. (2000). A threatening intellectual environment: Why females are susceptible to experiencing problem-solving deficits in the presence of males. *Psychological Science, 11,* 365–371.
Ishihara, S. (1917). *Tests for colour-blindness.* Handaya, Tokyo: Hongo Harukicho.
Ittel, A. & Salisch von, M. (Hrsg.) (2005): *Lügen, Lästern, Leiden lassen. Aggressives Verhalten von Kindern und Jugendlichen.* Stuttgart: Kohlhammer.
Iyengar, S. S. & Lepper, M. R. (2000). When choice is demotivating: Can one desire too much of a good thing? *Journal of Personality and Social Psychology, 79,* 995–1006.
Jahr, S. (2001). *Emotionen und Emotionsstrukturen in Sachtexten.* Berlin/New York: De Gruyter.
Jensen, A. R. (1984). Test bias: Concepts and criticisms. In C. R. Reynolds & R. T. Brown (Hrsg.), *Perspectives on bias in mental testing* (507–586). New York: Plenum Press.
Joas, H., (2001). *Lehrbuch der Soziologie.* Frankfurt/M: Campus.
Jömann, N., Junker, C. & Touman, C. (Hrsg.), (2004). *Religion – wieso, weshalb, warum? zur Funktion von Religion aus soziologischer, biologischer, philosophischer und theologischer Sicht.* Münster: LIT Verlag.
John, O. P., Angleitner, A. & Ostendorf, F. (1988). The lexical approach to personality: A historical review of trait taxonomic research. *European Journal of Personality, 2,* 171–203.
Johnson, E. J. & Goldstein, D. G. (2003). Do defaults save lives? *Science, 302,* 1338–1339.
Jones, A. C. & Gosling, S. D. (2005). Temperament and personality in dogs. (Canis familiaris): A review and evaluation of past research. *Applied Animal Behaviour Science, 95,* 1–35.
Jones, E. E. & Harris, V. A. (1967). The attribution of attitudes. *Journal of Experimental Social Psychology, 3,* 1–24.
Judge, T. A. & Cable, D. M. (2004). The effect of physical height on workplace success and income. *Journal of Applied Psychology 89,* 428–441.
Junker, J. & Paul S. (2009). *Der Darwin-Code. Die Evolution erklärt unser Leben.* München: Beck.
Kahneman, D. (2003). Maps of bounded rationality: Psychology for behavioral economics. *American Economic Review, 93,* 449–1475.
Kahneman, D. & Frederick, S. (2002). Representativeness revisited: Attribute substitution in intuitive judgment. In T. Gilovich, D. Griffin & D. Kahneman (Hrsg.), *Heuristics of Intuitive Judgment: Extensions and Application.* Cambridge: University Press.
Kahneman, D. & Tversky, A. (1979). Prospect theory: An analysis of decision under risk. *Econometrica, 47,* 263–291.
Kahneman, D., Fredrickson, B. L., Schreiber, C. A. & Redelmeier D. A. (1993). When more pain is preferred to less: Adding a better end. *Psychological Science, 4,* 401–405.

Kahneman, D., Krueger, A. B., Schkade, D. A., Schwarz, N. & Stone, A. A. (2004). A Survey Method for Characterizing Daily Life Experience: The Day Reconstruction Method. *Science, 306,* 1776–1780.

Kallweit, G. (2008). *Verantwortung vor Gott.* Norderstedt: Books on demand.

Kaplan, H. (1996). A theory of fertility and parental investment in traditional and modern human societies. *Yearbook of Physical Anthropology 39,* 91–135.

Kast, B. (2008, 4. April). *Das extreme Geschlecht.* Abgerufen am 02.04.2010 unter http// www.tagesspiegel.de/m04.2010 unter http://www.tagesspiegel.de/magazin/wissen/ Maenner;art304,2506313

Kasten, E. (2007). *Einführung in die Neuropsycholgoie.* München: Ernst Reinhardt.

Kast-Zahn, A. & Morgenroth, H. (2007). *Jedes Kind kann schlafen lernen.* München: Gräfe und Unzer.

Keeley, L. H. (1996). *War before civilization: The myth of the peaceful savage.* New York: Oxford University Press.

Kehr, H. M. (2004). Implicit/Explicit motive discrepancies and volitional depletion among managers. *Personality and Social Psychology Bulletin, 30,* 315–327.

Kenntner, G. (1992). Wachstumsbeschleunigung und zunehmende Größe des Menschen. *Fridericiana, 46,* 45–54.

Keynes, M. (1997). *Ein Traktat über Währungsreform,* Berlin: Duncker und Humblot. (Original veröffentlicht 1924).

Kinnebrock, W. (1999). *Bedeutende Theorien des 20. Jahrhunderts.* München: Oldenbourg.

Kirchgässner, G. (2008). *Homo oeconomicus. Das ökonomische Modell individuellen Verhaltens und seine Anwendung in den Wirtschafts- und Sozialwissenschaften.* Tübingen: Mohr.

Klein, G. (1999). *Sources of power: How people make decisions.* Massachusetts: The MIT Press.

Klein, G. (2004). *The power of intuition: How to use your gut feelings to make better decisions at work.* New York: Doubleday.

Knack, S. & Keefer, P. (1997). Does Social Capital Have an Economic Payoff? A Cross-Country Investigation. *The Quarterly Journal of Economics. 112,* 1251–1288.

Knox, R. E. & Inkster, J. A. (1968). Post-decision dissonance at post time. *Journal of Personality and Social Psychology, 8,* 319–323.

Knutson, B., Adams, C. S., Fong, G. W. & Hommer, D. (2001). Anticipation of monetary reward selectively recruits nucleus accumbens. *Journal of Neuroscience, 21,* RC1.

Kohlberg, L. (1974). *Zur kognitiven Entwicklung des Kindes.* Frankfurt a. M.: Suhrkamp.

Kolar, D. W., Funder, D. C. & Colvin, C. R. (1996). Comparing the accuracy of personality judgements by the self and knowledgeable others. *Journal of Personality, 64 (2),* 311–337.

Krahé, B. (2001). *The social psychology of aggression.* Hove: Psychology Press.

Kramer, T. (1999). *Trust and distrust in organizations.* New York: Sage.

Krivohlavy, J. (1974). *Zwischenmenschliche Konflikte und experimentelle Spiele.* Bern: Hans Huber.

Kröner-Herwig, B. (2004). *Die Wirksamkeit von Verhaltenstherapie bei psychischen Störungen von Erwachsenen sowie Kindern und Jugendlichen: Expertise zur empirischen Evidenz des Psychotherapieverfahrens Verhaltenstherapie.* Tübingen: dgvt.

Krueger, J. & Mueller, R. A. (2002). Unskilled, unaware, or both? The better-than-average heuristic and statistical regression predict errors in estimates of performance. *Journal of Personality and Social Psychology,* 82, 180–188.

Krug, R., Pietrowsky, R., Fehm, H. L. & Born, J. (1994). Selective influence of menstrual cycle on perception of stimuli with reproductive significance. *Psychosomatic Medicine, 56,* 410–417.

Kruger, J. & Dunning, D. (1999). Unskilled and Unaware of It: How Difficulties in Recognizing One's Own Incompetence Lead to Inflated Self-Assessments. *Journal of Personality and Social Psychology, 77,* 1121–1134.

Lakatos I. (1977). *The Methodology of Scientific Research Programmes: Philosophical Papers (Volume 1).* Cambridge: University Press.

Laland, K. N. & Brown, G. R. (2002). *Sense and nonsense: Evolutionary perspectives on human behaviour.* Oxford: Oxford University Press.

Lang, F. R. & Neyer, F. J. (2004). Kooperationsnetzwerke und Karrieren an deutschen Hochschulen – Der Weg zur Professur am Beispiel des Faches Psychologie. *Kölner Zeitschrift für Soziologie und Sozialpsychologie, 56,* 520–538.

Langer, E. & Rodin, J. (1976). The effects of choice and enhanced personal reponsibility for the aged: A field experiment in an institutional setting. *Journal for Personality and Social Psychology,* 191–198.

Langlois, J., Kalakanis, L., Rubenstein, A. J., Larson, A., Hallam, M. & Smoot, M. (2000). Maxims or myths? A meta-analytic and theoretical review. *Psychological Bulletin,* 126, 390–423.

LaPiere, R. T. (1934). Attitudes vs. Actions. *Social Forces, 13,* 230–237.

Layard, R., Nickell, S. & Mayraz, G. (2008). The marginal utility of income. *Journal of Public Economics, Special Issue: Happiness and Public Economics, 92,* 1846–1857.

Leary, M. R., Kowalski, R. M., Smith, L. & Phillips, S. (2003). Teasing, rejection, and violence: Case studies of the school shootings. *Aggressive Behavior, 29,* 202–214.

Lefrancois G. (2003). *Psychologie des Lernens.* Berlin/Heidelberg/New York: Springer.

Lesch, H. & Zaun, H. (2008). *Die kürzeste Geschichte allen Lebens: Eine Reportage über 13,7 Milliarden Jahre Werden und Vergehen.* München: Piper.

Lerner, M. (1980). *The Belief in a Just World.* New York: Plenum Press.

Leventhal, G. S. (1980). What should be one with equity theory? New approaches to the study of fairness in social relationships. In K. Gergen, M. Greenberg & R. Willis (Hrsg.), *Social Exchange: Advances in Theory and Research* (S. 27–55). New York: Plenum Press.

Levine, D. (1998). Modeling Altruism and Spitefulness in Experiments. *Review of Economic Dynamics, 1,* 593–622.

Levitin, D. (2008). *This is Your Brain on Music – Understanding a Human Obsession.* London: Atlantic Books.

Levitt, S. D. & Dubner, S. J. (2005). *Freakonomics: A rogue economist explores the hidden side of everything.* New York: HarperCollins Publishers.

Levy, M. B. & Davis, D. E. (1988). Lovestyles and attachement styles compared. Their relations to each other and to various relationship characteristics. *Journal of Social and Personal Relationship, 5,* 439–471.

Lichtenberg, P., Bachner-Melman, R., Ebstein, R. P. & Crawford, H. J. (2004). Hypnotic susceptibility: Multidimensional relationships with cloninger's tridimensional personality questionnaire, comt polymorphisms, absorption, and attentional characteristics. *International Journal of Clinical and Experimental Hypnosis. , 52,* 47–72.

Lind, E. A., and Tyler, T. R. (1988). *The social psychology of procedural justice.* New York: Plenum Press.

Little, A. C., Jones, B. C., Penton-Voak, I. S., Burt, D. M. & Perrett, D. I. (2002). Partnership status and the temporal context of relationships influence human female preferences for sexual dimorphism in male face shape. *Proceeding of the Royal Sciences of London Series B – Biological Sciences, 269,* 1095–1100.

Locke, J. (1910). *Some thoughts concerning education* (Hrsg. Gray, P.), New York: Teachers College Press. (Original veröffentlicht 1692.)

Locke, J. (1690). *Versuch über den menschlichen Verstand.*

Loewenstein, G. (1996). Out of control: Visceral influences on behavior. *Organizational Behavior and Human Decision Processes, 65*, 272–92.

Loewenstein, G. & Haisley, E. (2008). The economist as therapist: Methodological issues raised by „light" paternalism. In Caplin, A. and Schotter, A. (Hrsg.), Foundations of Positive and Normative Economics, volume 1 in the *Handbook of Economic Methodologies*, Oxford: Oxford University Press.

Loewenstein, G., Brennan, T. and Volpp, K. G. (2007). Asymmetric paternalism to improve health behaviors. *Journal of the American Medical Association. 298(20)*, 2415–2417.

Loewenstein, G., Rick, S., & Cohen, J.D. (2008). Neurooeconomis. *Annual Review of Psychology, 59*, 647–672.

Lorenz, K. (1963). *Das sogenannte Böse. Zur Naturgeschichte der Aggression.* Wien: Borotha-Schoeler.

Lucas, R. E. & Schimmack, U. (2009). Income and well-being: How big is the gap between the rich and the poor? *Journal of Research in Personality, 43*, 75–78.

Lück, H. E. (2009). Geschichte der Psychologie: *Strömungen, Schulen, Entwicklungen.* Stuttgart: Kohlhammer.

Maccoby, E. E. & Jacklin, C. N. (1974). *The psychology of sex differences.* Stanford: Stanford University Press.

MacDonald, T. & Ross, M. (1999). Assessing the accuracy of predictions about dating relationships: How and why do lovers' predictions differ from those made by observers? *Personality and Social Psychological Bulletin*, 25, 1417–1429.

Marchlewski, T. (2007). I Die Therefore I Buy. Applications of Terror Management Theory to Consumer Behavior. Saarbrücken: Vdm Verlag Dr. Müller.

Mackie, J. L. (1985). *Das Wunder des Theismus.* Stuttgart: Reclam.

Marks, S. (Hrsg.). (2007). *Scham-Beschämung-Anerkennung.* Berlin: LIT Verlag.

Marks, G. & Miller, N. (1987). Ten years of research on the false-consensus effect: An empirical and theoretical review. *Psychological Bulletin*, 102, 72–90.

Markus, H. & Kitayama, S. (1991). Culture and the self: Implications for cognition, emotion, and motivation. *Psychological Review, 98*, 224–253.

Marmot, M. (2004). *The status syndrome.* London: Bloomsbury Publishing.

Marteau, T. M., Johnston, M., Wynne, G. & Evans, T. R. (1989). Cognitive factors in the explanation of the mismatch between confidence and competence in performing basic life support. *Psychology and Health*, 3, 173–182.

Marx, K. (1968). *Zur Kritik der politischen Ökonomie.* Berlin: Dietz. (Original veröffentlicht 1859.)

Mazur, J. E. (2006). *Lernen und Verhalten.* München: Pearson Studium.

McAdams, D. P. (2008). Personal narratives and the life story. In O. John, R. Robins & L. A. Pervin, *Handbook of personality: Theory and research*, 241–261.

McClelland, D. C. (1980). Motive dispositions. The merits of operant and respondent measures. In L. Wheeler (Hrsg.), *Review of personality and social psychology.* Beverly Hills: Sage.

McClelland, D. C., Koestner, R. & Weinberger, J. (1989). How do self-attributed and implicit motives differ? *Psychological Review, 96*, 690–702.

McCrae, R. R. & Costa, P. T., Jr. (1997). Personality trait structure as a human universal. *American Psychologist, 52*, 509–516.

Mead, G. H. (1934). *Mind, self, and society from the standpoint of a social behaviorist.* Chicago: University of Chicago Press.

Menzinger, T. (2009). *Der Ego Tunnel.* Berlin: Berlin Verlag.

Merton, R. K. (1957). *Social theory and social structure.* New York: Free Press of Glencoe.

Micus, C. (2002). *Friedfertige Frauen und wütende Männer? – Theorien und Ergebnisse zum Umgang der Geschlechter mit Aggression*. Weinheim: Juventa.

Milgram, S. (1963). *Behavioral Study of Obedience*. Journal of Abnormal and Social Psychology. 67, *371–378*.

Milgram, S. (1974). *Obedience to authority*. London: Tavistock.

Miller D. C. & Salkind, N. J. (2002). *Handbook of research design and social measurement*. Newbury Park, CA: Sage.

Miller, G. (2000). *The mating mind: How sexual choice shaped the evolution of human nature*. New York: Anchor Books.

Miller, G. (2009). *Spent: Sex, evolution, and consumer behavior*. New York: Viking Press.

Miller, G. F., Tybur, J. M. & Jordan, B. D. (2007). Ovulatory cycle effects on tip earnings by lap dancers: Economic evidence for human estrus? *Evolution and Human Behavior, 28*, 375–381.

Miller, G. M. & Gildea, P. M. (1987). How children learn words. *Scientific American, 257*, 94–99.

Mischel, W. (1968). *Personality and assessment*. New York: Wiley.

Mischel, W., Shoda, Y. & Rodriguez, M. L. (1989). Delay of gratification in children. *Science, 244*(4907), 933–938.

Money, J. (1987). Propaedeutics of diecious G-I/R: Theoretical foundations for understanding dimorphic gender identity roles. In J. M. Reinisch, L. A. Rosenblum & S. A. Sanders (Hrsg.), M*asculinity/femininity: basic perspectives* (S. 13–34). New York: Oxford University Press.

Moore, G. E. (1996). *Principia Ethica*. Stuttgart: Reclam. (Original veröffentlicht 1903.)

Morton-Pradhan S., Curtis Bay R., Coonrod D. V. Birth rate and its correlation with the lunar cycle and specific atmospheric *conditions. American Journal of Obstetrics and Gynecology, 192*, 1970–1973.

Moser, K. (1990). *Werbepsychologie*. München: Psychologie Verlags Union.

Muraven & Baumeister (2000). Self-regulation and depletion of limited resources: Does self-control resemble a muscle? *Psychological Bulletin*, 126, 247–259.

Murphy, J. (2000). *Die Macht Ihres Unterbewusstseins*. München: Ariston.

Murray, H. A. (1943). *Thematic Apperception Test*. Cambridge: Harvard University Press.

Murray, C. (1998). *Income Inequality and IQ*. Washington: AEI Press.

Murstein, B. I. & Pryer, R. S. (1959). The concept of projection: A review. *Psychological Bulletin*, 56, 5, 353–374.

Musgrave, R. A. (1957). A Multiple Theory of Budget Determination. *FinanzArchiv*, New Series 25(1), 33–43.

Musgrave, R. A. (1993). *Alltagswissen, Wissenschaft und Skeptizismus*. Tübingen: Mohr.

Nelson, L. D. & Morrison, E. L. (2005). The symptoms of resource scarcity: Judgements of food and finances influence preference for potential partners. *Psychological Science, 16*, 167–173.

Nesse R. M. (1987). An evolutionary perspective on panic disorder and agoraphobia. *Ethology and Sociobiology, 8*, 73–83.

Neugebauer, R., Kline, J., Shrout, P., Skodol, A., O'Connor, P., Geller, P. A., Stein, Z., Susser, M. (1997). Major Depressive Disorder in the six months after miscarriage. *The Journal of American Medical Association*, 277, 383–388.

Nickerson, R. S. (1996*). Reflections on reasoning*. Hillsdale, N.J.: Erlbaum.

Nicherson, R. S., (1998). Confirmation bias: A ubiquitous phenomenon in many guises. *Review of General Psychology, 2* , 175–220.

Nickerson, R. S., Baddeley, A. & Freeman, B. (1987). Are people's estimates of what other people know influenced by what they themselves know? *Acta Psychologica, 64*, 245–259.

Niederle, M. & Vesterlund, L. „Do Women Shy away from Competition? Do Men Compete too Much?", *Quarterly Journal of Economics*, 122 (3), 1067–1101.

Nietzsche, F. W. (2007). *Die fröhliche Wissenschaft.* Köln: Anaconda.

Nisbett, R. E. (2003). *The geography of thought: How asians and westerners think differently … and why.* New York: Free Press.

Nisbett, R. E. (2009). *Intelligence and how to get it: Why schools and cultures count.* New York: W. W. Norton & Company.

Nolen-Hoeksema, S. (2000). The role of rumination in depressive disorders and mixed anxiety/depressive symptoms. *Journal of Abnormal Psychology,* 109, 504–511.

Norris, P. & Inglehart, R. (2004). *Sacred and secular: Religion and politics worldwide.* New York: Cambridge University Press.

North, J. (2001). *Viewegs Geschichte der Astronomie und Kosmologie.* Braunschweig/Wiesbaden: Vieweg.

Northcutt, W. (2003): *Die Darwin Awards.* München: Goldmann.

Northcutt, W. (2005): *Neueste Darwin Awards.* München: Goldmann

Ochsmann, R. (2002). Umgang mit existentieller Angst: Der 11. September 2001 und seine Folgen. *Zeitschrift für Sozialpsychologie, 33,* 3–12.

Ochsmann, R. & Reichelt, K. (1994). *Evaluation of moral and immoralbehavior: Evidence for terror management theory.* Unveröffentlichtes Manuskript, Universität Mainz.

Olson, M. (2004). *Die Logik des kollektiven Handelns: Kollektivgüter und die Theorie der Gruppen.* Tübingen: Mohr. (Original veröffentlicht 1965.)

Olson, S. (2003). *Mapping human history: Unravelling the mystery of Adam and Eve.* London: Bloomsbury Publishing.

Olweus, D. (1978). *Aggression in the schools: Bullies and whipping boys.* Washington: Hemisphere Press.

Opp, K. D. (1983). *Die Entstehung sozialer Normen.* Tübingen: Mohr.

Organisation für wirtschaftliche Zusammenarbeit und Entwicklung (Hrsg.) (2007). *PISA 2006: Naturwissenschaftliche Kompetenzen für die Welt von morgen – Deutsche Fassung.* Gütersloh: Bertelsmann.

Ostrom, T. M, & Sedikides, C. (1992). Outgroup homogeneity effects in natural and minimal groups. *Psychological Bulletin, 112,* 536–552.

Oyserman, L. & Lee, S. W. (2007). Priming ‚culture': Culture as situated cognition. In Kitayama, S. & Cohen, D. (Hrsg.) *Handbook of Cultural Psychology* (Kapitel 10). New York: Guilford Press.

Page, S. (2004, 24. Juni). Election-predicting tools point both ways. *US Today,* S. A2.

Park, B. & Rothbarth, M. (1982). Perception of out-group homogeneity attributes of in-group and out-group members. *Journal of Personality and Social Psychology,* 42, 1051–1068.

Parsons, T. (1991). *The Social System.* London: Routledge.

Pascal, B. (1997). *Gedanken über die Religion und andere Themen.* Ditzingen: Reclam. (Original veröffentlicht 1670.)

Pease, A. & Pease, B. (2009). *Warum Männer nicht zuhören und Frauen schlecht einparken: Ganz natürliche Erklärungen für eigentlich unerklärliche Schwächen.* Berlin: Ullstein Taschenbuch.

Petermann, F. (1996). *Psychologie des Vertrauens.* Göttingen: Hogrefe.

Pette, J. (2001). *Psychologie des Romanlesens.* Weinheim/München: Juventa.

Philips, D. (1974). The Influence of Suggestion on Suicide: Substantive and Theoretical Implications of the Werther Effect. *American Sociological Review,* 39, 340–354.

Piaget, J. (1954). *The construction of reality in the child.* New York: Basic Books.

Piaget, J. (1965). *Das moralische Urteil beim Kinde.* Frankfurt a. M.: Suhrkamp.

Pinker, S. (1997). *How the mind works.* London: Penguin.

Pinker, S. (1998). *Wie das Denken im Kopf entsteht.* München: Kindler.

Pinker, S. (2000). *The language instinct: How the mind creates language.* New York: Harper Collins Publishers.

Pinker, S (2002). *The blank state.* London: Allen Lane.

Pinker, S. (2008). *Das Geschlechterparadox. Über begabte Mädchen, schwierige Jungs und den wahren Unterschied zwischen Männern und Frauen.* München: Deutsche Verlagsanstalt.

Plessner, H., Betsch, C. & Betsch, T. (2008). *Intuition in judgment and decision making.* New York: Taylor & Francis.

Pökl, M. & Schafler, H. (2002). Ist ein schönes Gesicht Indikator für Gesundheit oder Fruchtbarkeit? In Hergovich, A. (Hrsg.), *Psychologie der Schönheit – Physische Attraktivität aus wissenschaftlicher Perspektive* (S. 229–254). Wien: WUV-Universitätsverlag.

Popper, K. R. (2000). *Vermutungen und Widerlegungen.* Tübingen: Mohr Siebeck. (Original veröffentlicht 1963.)

Popper, K. R. (2009). *Auf der Suche nach einer besseren Welt.* München: Piper.

Poundstone, W. (1992) *Prisoner's Dilemma*, New York: Doubleday.

Povinelli, D. J. (2000). Folk Physics for Apes: The Chimpanzee's Theory of How the World Works. Oxford: Oxford University Press.

Pradel, J., Euler, H., & Fetchenhauer, D. (2009). Spotting altruistic dictator game players and mingling with them: The elective assortation of classmates. *Evolution and Human Behavior, 30*, 103 – 113.

Pratt, T. C. & Cullen, F. T. (2000). The empirical status of Gottfredson and Hirschi's general theory of crime: A meta-analysis. *Criminology*, 38, 931–964.

Premack, D., & Woodruff, G. (1978). Does the chimpanzee have a ‚theory of mind'? *Behavioral and Brain Sciences, 4*, 515–526.

Pronin, E., Lin, D. Y. & Ross, L. (2002). The bias blind spot: Perceptions of bias in self versus others. *Personality and Social Psychology Bulletin, 28*, 369–381.

Pyszczynski, T., Abdollahi, A., Solomon, S., Greenberg, J., Cohen, F. & Weise, D. (2006). Mortality salience, martyrdom, and military might: The Great Satan versus the Axis of Evil. *Personality and Social Psychology Bulletin, 32*, 525–537.

Quattrone, G. A. (1986). On the perception of a group's variability. In S. Worchel and W. G. Austin (Hrsg.) *Psychology of intergroup relations* (2nd edn.). Chicago: Nelson-Hall.

Quine, W. V. (1951). Two dogmas of empiricism. *The Philosophical Review, 60*, 20–43.

Read, D. & Loewenstein, G. (1995). Diversification Bias: Explaining the Discrepancy in Variety Seeking between Combined and Separated Choices. *Journal of Experimental Psychology: Applied, 1*, 34–49.

Redelmeier, D. & Kahneman, D. (1996). Patients' memories of painful medical treatments: Real-time and retrospective evaluations of two minimally invasive procedures. *Pain*, 66, 3–8.

Reichenbach, H. (1969). Die Suche nach ethischen Leitsätzen und der kognitiv-ethische Parallelismus. In H. Albert & E. Topitsch, (Hrsg.), *Werturteilsstreit.* Darmstadt: Wissenschaftliche Buchgesellschaft, 455–471.

Regan, R. T. (1971). Effects of favor and liking on compliance. *Journal of Experimental Social Psychology*, 7, 627–639.

Regan D. T., & Fazio R. (1977). On the Consistency between Attitudes and Behavior : Look to the Method of Attitude Formation, *Journal of Experimental Social Psychology, 13.* 28–45.

Reichenbach, H. (1938). *Experience and prediction: An analysis of the foundations and the structure of knowledge.* Chicago: The University of Chicago Press.

Reichenbach, H. & Kamlah, A. (1994) *Wahrscheinlichkeitslehre.* Braunschweig/Wiesbaden: Vieweg.

Reid, T. (2003). *Inquiry into the human mind: On the Principles of Common Sense*. Pennsylvania: The Pennsylvania University Press.

Reinecker, H. (2005). *Grundlagen der Verhaltenstherapie*. Weinheim: Beltz.

Reno, R. R., Cialdini, R. B. & Kallgren, C. A. (1993). The transsituational influence of social norms. *Journal of Personality and Social Psychology, 64*, 104–112.

Ricardo, D. (1817). *Principles of Political Economy and Taxation*. London: John Murray.

Richerson, P. J. & Boyd, R. (2005). *Not by genes alone: How culture transformed human evolution*. Chicago: University of Chicago Press.

Ridley, M. (2003). *Nature via nurture: Genes, experience, and what makes us human*. New York: Harper Collins.

Risucci, D. A., Tortolani, A. J. & Ward, R. J. (1989). Ratings of Surgical Residents by Self, Supervisors and Peers. *Surgery. Gynecology and Obstetrics*. 169:6, 519–526.

Rosar, U. & Klein, M. (2005). Physische Attraktivität und Wahlerfolg. Eine empirische Analyse am Beispiel der Wahlkreiskandidaten bei der Bundestagswahl 2002. *Politische Vierteljahresschrift, 46*, 263–287.

Rosar, U., Beckers, T. & Klein, M. (2008). The frog pond beauty contest. Physical attractiveness and electoral success of the constituency candidates at the North Rhine-Westphalia state election of 2005. *European Journal of Political Research, 47*, 64–79.

Ross, L., Amabile, T. M. & Steinmetz, J. L. L. (1977). Social Roles, Social Control, and Biases in Social Perception Processes. *Journal of Personality and Social Psychology 35*, 485–49.

Ross, L., Greene, D. & House, P. (1977). The „False Consensus Effect": An Egocentric Bias in Social Perception and Attribution Processes. *Journal of Experimental Social Psychology*. 13, 279–301.

Rost, Wolfgang (2001). *Emotionen – Elixiere des Lebens*. Heidelberg: Springer.

Roth, Gerhard (2003). *Aus Sicht des Gehirns*. Frankfurt: Suhrkamp.

Rousseau, D., Sitkin, S. B., Burt, R. S. & Camerer, C. (1998). Not so different after all: A cross-discipline view of trust. *Academy of Management Review, 23*, 393–404.

Russel, B. (2007). *Probleme der Philosophie*. Frankfurt a. M.: Suhrkamp. (Original veröffentlicht 1912.)

Rutter, M. (2006). *Genes and behavior: Nature–nurture interplay explained*. Oxford: Blackwell Publishing.

Sanbonmatsu, D. M., Akimoto, S. A. & Biggs, E. (1993). Overestimating causality: Attributional effects of confirmatory processing. *Journal of Personality and Social Psychology, 65*, 892–903.

Sartre, J. P. (1986). *Geschlossene Gesellschaft*. Reinbek: Rowohlt. (Original veröffentlicht 1944.)

Saucier, G. & Goldberg, L. R. (1996). The language of personality: Lexical perspectives on the five-factor model. In J. S. Wiggins (Hrsg.), *The five-factor model of personality: Theoretical perspectives* (21–50). New York: Guilford Press.

Schank, R. C. & Abelson, R. P. (1977). *Scripts, plans, goals, and understanding: An inquiry into human knowledge structures*. Hillsdale: Lawrence Erlbaum Associates.

Schlatter, C. (2008). *Stillen*. Hamburg: Tredition.

Schmitt, D. P. (2005). Sociosexuality from Argentina to Zimbabwe: A 48-nation study of sex, culture and strategies of human mating. *Behavioral and Brain Sciences, 28*, 247–311.

Schneider, H. J. (1975). *Viktimologie*. Tübingen: Mohr.

Schnell, R., Hill, P. B. & Esser, E. (2008). *Methoden der empirischen Sozialforschung*. München: Oldenbourg Wissenschaftsverlag.

Schooler, L. & Hertwig, R. (2005). How forgetting aids heuristic inference. *Psychological Review, 112*, 610–628.

Schultheiss, O. C. & Brunstein, J. C. (2001). Assessment of implicit motives with a research version of the TAT: Picture profiles, gender differences and relations to other personality measures. *Journal of Personality Assessment, 77,* 71–86.

Schuster, M. (2001). Kinderzeichnungen: Wie sie entstehen, was sie bedeuten. München/ Basel: Ernst Reinhardt.

Schwartz, B. (2004). *The paradox of choice: Why more is less.* New York: HarperCollins Publishers.

Schwarz, N. (2002). Feeling as information: Moods influence judgments and processing strategies. In Gilovich, T., Griffin, D. & Kahneman, D. (Hrsg.), *Heuristics and biases: the psychology of intuitive judgment (S. 534–547).* Cambridge: Cambridge University Press.

Schwarzer, A. (1977). *Der „kleine Unterschied" und seine großen Folgen: Frauen über sich: Beginn einer Befreiung.* Frankfurt am Main: Fischer Taschenbuch.

Schwender, C. (2001): *Medien und Emotionen. Evolutionspsychologische Bausteine einer Medientheorie.* Wiesbaden: Deutscher Universitätsverlag

Schwind, H. D. , Fetchenhauer, D., Ahlborn, W. & Weiß, R. (Hrsg.) (2001). *Kriminalitätsphänomene im Langzeitvergleich am Beispiel einer deutschen Großstadt. Bochum 1975 – 1986 – 1998,* Neuwied: Luchterhand.

Sherif, M., Harvey, O. J., White, B. J., Hood, W. R., & Sherif, C. W. (1961). *Intergroup conflict and cooperation: the Robbers Cave experiment.* Norman: University of Oklahoma Book Exchange.

Shakspeare, W. (2008). *Hamlet.* Frankfurt: Fischer. (Original veröffentlicht 1603.)

Sherman, J. W., Macrae, C. N., & Bodenhausen, G. V. (2000). Attention and stereotyping: Cognitive constraints on the construction of meaningful social impressions. *European Review of Social Psychology, 11,* 145–175.

Silverman, I. & Eals, M. (1992). Sex differences in spatial abilities: Evolutionary theory and data. In J. H. Barkow, L. Cosmides, J. Tooby (Hrsg.), *The Adapted Mind* (S. 533–549), New York: Oxford University Press.

Simon, A. (1993). Altruism and Economics. *The American Economic Review,* 83, 156–161.

Simonson, I. (1990). The effect of purchase quantity and timing on variety seeking behavior. *Journal of Marketing Research, 27,* 150–162.

Skinner, B. F. (1982).: *Was ist Behaviorismus?* Reinbek: Rowohlt.

Smith, E., Borgerhoff Mulder, M. & Hill, K. (2001). Controversies in the evolutionary social sciences: A guide for the perplexed. *Trends in Ecology & Evolution, 16,* 128–135.

Smith, P. B. & Bond, M. H. (1999). *Social psychology across cultures.* Massachusetts: Allyn and Bacon.

Smith, V. L. (1991). Rational Choice: The contrast between economics and Psychology. *Journal of Political Economy, 4,* 877–897.

Snyder, M., Tanke, E. D. & Berscheid, E. (1977). Social Perception and Interpersonal Behavior: On the self-fulfilling Nature of Social Stereotypes. *Journal of Experimental Social Psychology, 35,* 656–666.

Snyder, M. & Ickes, W. 1985. Personality and social behavior. In G. Lindzey & E. Aronson (Hrsg.), *Handbook of Social Psychology.* New York: Random House.

Soldz, S. & Vaillant, G. E. (1999). The Big Five personality traits and the life course: A 45-year longitudinal study. *Journal of Research in Personality, 33,* 208–232.

Solomon, S., Greenberg, J. & Pyszczynski, T. (2004). The cultural animal: Twenty years of Terror Management Theory and research. In J. Greenberg, S. L. Koole & T. Pyszczynski (Hrsg.), *Handbook of experimental existential psychology* (S. 13–34). New York: Guilford.

Spangler, W. D. (1992). Validity of questionnaire and TAT measures of need for achievement: Two meta-analyses. *Psychological Bulletin, 112,* 140–154.

Spearman, C. (1904). General intelligence, objectively determined and measured. *American Journal of Psychology, 15*, 201–293.

Spencer, S. J., Steele, C. M. & Quinn, D. M. (1999). Stereotype threat and women's math performance. *Journal of Experimental Social Psychology, 35*, 4–28.

Spencer, W. (2003): *Die Wege der Menschheit*. Frankfurt: S. Fischer Verlag.

Staas, D. (1994). *Migration und Fremdenfeindlichkeit als politisches Problem*. Reihe: Studien zu Migration und Minderheiten. Münster/Hamburg: Litverlag.

Steele C. M. & Aronson, J. (1995). Stereotype threat and the intellectual test performance of African Americans. *Journal of Personality and Social Psychology, 69*, 797–811.

Stern, W. (1912). *The Psychological Methods of Intelligence Testing*. Baltimore: Warwick and York.

Sternberg, R. J. (1988). *The triarchic mind: A new theory of human intelligence*. New York: Viking.

Stolz, J. (2000). *Soziologie der Fremdenfeindlichkeit – Theoretische und empirische Analysen*. Frankfurt: Campus.

Stone, J., Lynch, C. I., Sjomeling, M., & Darley, J. M. (1999). Stereotype threat effects on black and white athletic performance. *Journal of Personality and Social Psychology, 77*, 1213–1227.

Storch, V., Welsch, U. & Wink, M. (2007). *Evolutionsbiologie*. Berlin/Heidelberg: Springer.

Strack, F. & Mussweiler, T. (1997). Explaining the enigmatic anchoring effect: Mechanisms of selective accessibility. *Journal of Personality and Social Psychology, 73*, 437 – 446.

Stroebe, W., Jonas, K. & Hewstone, M. (2002). *Sozialpsychologie – Eine Einführung*. Heidelberg: Springer.

Sulloway, F. J. (1982). Freud and Biology: The Hidden Legacy. In W. Woodward & M. Ash (Hrsg.), *The problematic science: psychology in nineteenth-century thought* (S. 198–227). New York: Praeger Publishers.

Sulloway, F. J. (1996). *Born to rebel: Birth order, family dynamics, and creative lives.* Toronto: Pantheon Books.

Tajfel, H. (1970). Experiments in intergroup discrimination. *Scientific American, 223*, 96–102.

Tajfel, H. & Turner, J. (1979). An integrative theory of intergroup conflict. In W. G. Austin & S. Worchel (Hrsg.), *The social psychology of intergroup relations* (S. 94–109). Monterey: Brooks-Cole.

Tajfel, H. (1982). Social psychology of intergroup relations. *Annual Review of Psychology, 33*, 1–39.

Tangney, J. P., Baumeister, R. F. & Boone, A. L. (2004). High self-control predicts good adjustment, less pathology, better grades and interpersonal success. *Journal of Personality, 72*(2), 271–324.

Travis, C. & Aronson, E. (2007). *Mistakes were made (but not by me): Why we justify foolish beliefs, bad decisions, and hurtful acts.* Orlando: HarcourtBooks.

Taylor, S. E., Lichtman, R. R., Wood, J. V. (1984). Attributions, beliefs about control, and adjustment to breast cancer. *Journal of Personality and Social Psychology*, 46, 489–502.

Taylor, C. (2007). *A secular age*. Cambridge: Belknap Press of Harvard University Press.

Thaler, R. (1981). Some empirical evidence on dynamic inconsistency. *Economic Letters* 8, 201–207.

Thaler, R. (1980). Toward a positive theory of consumer choice. *Journal of Economic Behavior and Organization*, 1, 39–60.

Thaler, R. (1988): Anomalies: The Ultimatum Game. *The Journal of Economic Perspectives, 2*, 195–206.

Thaler, R. & Sunstein, C. (2008) *Nudge: Improving Decisions on Health, Wealth, and Happiness.* New Haven: Yale University Press.

Thibaut, J., & Walker, L, (1975). *Procedural justice: a psychological analysis*. Hillsdale: Lawrence Erlbaum Associates.
Thomas, A. (2004). Stereotype und Vorurteile im Kontext interkultureller Begegnung. In H.-J. Lüsebrink (Hrsg.), *Konzepte der Interkulturellen Kommunikation* (S. 157–175). St. Ingbert: Röhrig Universitätsverlag.
Thomas, W. I. & Thomas, D. (1928). *The Child in America: Behavior problems and programs*. New York: Knopf.
Thorndike, E. (1905): *The elements of psychology*. New York: Seiler.
Thornhill, R. & Gangestad, S. W. (1999). The scent of symmetry: A human sex pheromone that signals fitness? *Evolution and Human Behavior, 20*, 175–201.
Thornhill, R. & Palmer, C. T. (2000). *A natural history of rape: Biological bases of sexual coercion*. Cambridge: The MIT Press.
Tiger, L. & Shepher. J. (1975). *Women in the Kibbutz*. New York: Harcourt Brace Jovanovich.
Tooby, J. & Cosmides, L. (2001). Does beauty build adapted minds? Toward an evolutionary theory of aesthetics, fiction and the arts. *SubStance, 30*(1), 6–27.
Tooby, J. & Cosmides, L. (1990/2005). Conceptual foundations of evolutionary psychology. *The handbook of evolutionary psychology*, 5–67.
Townsend, F. (2000). Birth order and rebellion: Reconstructing the research in „Born to Rebel". *Politics and the Life Sciences, 19*, 135–156.
Triandis, H. C. (1995): *Individualism and Collectivism*, Boulder: Westview
Trivers, R. L. (1971). The evolution of reciprocal altruism. *Quarterly Review of Biology. 46*, 35–57.
Turner, J. (1991). *Social influence*. Buckingham: Open University Press.
Turner, J. H. & Stets, J. E. (2005). *The sociology of emotions*. Cambridge: Cambridge University Press.
Tversky, A. & Kahneman, D. (1973). Availability: A heuristic for judging frequency and probability, *Cognitive Psychology, 5*, 207–232.
Tversky, A. & Kahneman, D. (1992). Advances in prospect theory: cumulative representation of uncertainty. *Journal of Risk and Uncertainty, 5*, 297–323.
Tversky, A. & Kahneman, D. (2003). Availability: A heuristic for judging frequency and probability. In B. J. Baars, W. P. Banks & J. B. Newman (Hrsg.), *Essential Sources in the Scientific Study of Consciousness*. Cambridge: MIT Press.
Vanderschraaf, P. (2007). Common Knowledge. In E. N. Zalta (Hrsg.),*The Stanford Encyclopedia of Philosophy*, http://plato.stanford.edu/entries/common-knowledge/(abgerufen am 28.02.2010).
van de Vliert, E. (2007). Climates create cultures. *Social and Personality Psychology Compass, 1*, 53–67.
van de Vliert, E. (2009). *Climate, affluence, and culture*. New York: Cambridge University Press.
Van Oudenhoven, J. P., Askevis-Leherpeux, F., Hannover, B., Jaarsma, R. &. Dardenne, B. (2002). Asymmetrical international attitudes. *European Journal of Social Psychology, 32*, 275–289.
Van Oudenhoven, J. P. & Matser, C. (2007). Wie denken Niederländer und Deutsche übereinander? In A. Thomas & B. Schlizio, *Leben und Arbeiten in den Niederlanden. Was Sie über Land und Leute wissen sollten* (S. 79–99). Göttingen: Vandenhoeck & Ruprecht.
Veenhoven, R. & Hagerty, M. (2006) Rising happiness in nations, 1946–2004. A reply to Easterlin. *Social Indicators Research, 79*, 421–43.
Vogel, F. & Propping, P. (1981). *Ist unser Schicksal mitgeboren? Moderne Vererbungsforschung und menschliche Psyche*. Berlin: Severin und Siedler.
Voland, E. (2007). *Die Natur des Menschen: Grundkurs Soziobiologie*. München: C. H. Beck.

Voland, E. (2009). *Soziobiologie: Die Evolution von Kooperation und Konkurrenz.* Heidelberg: Spektrum Akademischer Verlag.

Vold, G. & Bernard, T. J. *Theoretical Criminology,* New York: Oxford University Press.

Vollmer, G. (2002). *Evolutionäre Erkenntnistheorie: Angeborene Erkenntnisstrukturen im Kontext von Biologie, Psychologie, Linguistik, Philosophie u. Wissenschaftstheorie.* Stuttgart: Hirzel. (Erstveröffentlichung 1975.)

Von Glaesersfeld, E. (1997). *Wege des Wissens. Konstruktivistische Erkundungen durch unser Denken.* Heidelberg.

Watson, J. B. (1968). *Behaviorismus.* Köln: Kiepenheuer & Witsch. (Original veröffentlicht 1930.)

Watterson, B. (1988). *The Essential Calvin and Hobbes.* Kansas City: Universal Press Syndicate.

Watzlawick, P. (1976). *Wie wirklich ist die Wirklichkeit – Wahn, Täuschung, Verstehen.* München: Piper.

Weber, M. (1988). Der Sinn der Wertfreiheit der soziologischen und ökonomischen Wissenschaften. In M. Weber (Hrsg.), *Gesammelte Aufsätze zur Wissenschaftslehre.* Tübingen: Mohr. (Original veröffentlicht 1917.)

Weber, M. (1996): *Wissenschaft als Beruf.* Berlin: Duncker & Humblot.

Wegner, D. M., & Wheatley, T. (1999). Apparent mental causation: Sources of the experience of will. *American Psychologist, 54,* 480–492.

Wegner, D. M. (2002). *The illusion of conscious will.* Massachusetts: The MIT Press.

Wegner, D. M. , Schneider, D. J. , Carter, S. R. & White, T. L. (1987). Paradoxical effects of thought suppression. *Journal of Personality and Social Psychology,* 53, 5–13.

Wehner, R. and Srinivasan, M. V. (1981). Searching behaviour of desert ants, genus Cataglyphis (Formicidae, Hymenoptera). *J. Comp. Physiol. 142,* 315–338.

Wertheim, A.H. (1981): On the relativity of perceived motion. *Acta Psychologica, 48,* 97–110.

Wertheimer, M. (1925). *Über Gestaltpsychologie,* Erlangen: Verlag der philosophischen Akademie.

Wertheimer, M. (2000). Gestalt Psychology. In A. E. Kazdin(Hrsg.), *Encyclopedia of Psychology,* Oxford: Oxford University Press.

Wicker, A. (1969). Attitudes versus actions: The relationship of verbal and overt behavioral responses to attitude objects. *Journal of Social Issues, 25,* 41–78.

Wiliam, J. (1890). *The Principles of Psychology.* Dover Publication.

Williams, K. D. (2001). *Ostracism: The power of silence.* New York: The Guilford Press.

Williams, K. D. (2007). Ostracism: The kiss of social death. *Social and Personality Psychology Compass,* 1, 236–247.

Williamson, O. E. (1993). Calculativeness, Trust and Economic Organization, *Journal of Law and Economics,* 36, 453–486.

Wilson, D. S. (2007). *Evolution for everyone: How Darwin's theory can change the way we think about our lives.* New York: Delta Book.

Wilson, G. D. & Lang, R. J. (1981). Sex differences in sexual fantasy patterns. *Personality and Individual Differences. 2,* 343–346.

Wilson, T. D. (2002). *Strangers to ourselves: Discovering the adaptive unconscious.* Cambridge: The Belknap Press of Harvard University Press.

Wilson, T. D. & Gilbert, D. T. (2005). Affective forecasting: Knowing what to want. *Current Directions in Psychological Science, 14*(3), 131–134.

Wilson, T. D., & Schooler, J. W. (1991). Thinking too much: Introspection can reduce the quality of preferences and decisions. *Journal of Personality and Social Psychology 60,* 181–192.

Witte, E. H. (2001). Wirtschaftspsychologische Ursachen politischer Prozesse. *Wirtschaftspsychologie, 4,* 235–252.

Wood, W. & Eagly, A. H. (2002). A cross-cultural analysis of the behavior of women and men: Implications for the origins of sex differences. *Psychological Bulletin, 128,* 699–727.

Word, C. O., Zanna, M. P., Cooper, J. (1974). The nonverbal mediation of self-fulfilling prophecies in interracial interaction. *Journal of Experimental Social Psychology, 10,* 109–120.

Wuketits, F. (2005). *Darwin und der Darwinismus.* München: Beck.

Yamagishi, T. (1986). The provision of a sanctioning system as a public good. *Journal* of *Personality and Social Psychology, 51,* 110–116.

Zahavi, A. (1975). Mate selection – a selection for a handicap. *Journal of Theoretical Biology 53,* 205–214.

Zimbardo, P. G. (2007). *The Lucifer effect: Understanding how good people turn evil.* New York: Random House.

Zimbardo, P. G. & Gerrig, R. J. (2004). *Psychologie (16. Aufl.).* München: Pearson Studium.

Sachverzeichnis

A

B

C

D

E

F

G

H

I

J

K

L

M

T

U

V

W

Z